I0644802

Sivaismus im Wandel

Neue Hallesche Berichte
Quellen und Studien zur Geschichte und Gegenwart Südindiens

Im Auftrag der Franckeschen Stiftungen zu Halle
herausgegeben von
Michael Bergunder und Daniel Cyranka

Band 10

Sivaismus im Wandel

Der tamilische Saiva Siddhanta seit dem 19. Jahrhundert

Rafael Klöber

Verlag der Franckeschen Stiftungen zu Halle 2019
Harrassowitz Verlag in Kommission

ISBN 978-3-447-11085-3

http://www.francke-halle.de und http://www.harrassowitz-verlag.de
Printed in Germany.
Satz: Nuran Tanriver
Umschlagmotiv: „caiva cittānta naṉmaṇi“ Zertifikat des Thiruvavaduthurai Adhinam (Ausschnitt); mit freundlicher Genehmigung des Thiruvavaduthurai Adhinam
Umschlaggestaltung: Klaus E. Göltz, Halle
Druck: Halberstädter Druckhaus GmbH, Halberstadt

Vorwort

Glaubt man den Presseberichten im Frühjahr 2012, befand sich die sivaitische Welt im südindischen Bundesstaat Tamil Nadu in einem akuten Schockzustand.[1] Die große Tageszeitung „The Times of India" berichtete am 29. April 2012 von skandalösen Vorgängen in einer traditionellen sivaitisch-monastischen Institution Südindiens, dem sogenannten Madurai Adhinam (*maturai ātīṉam*), da dort eine äußerst umstrittene Figur zum stellvertretenden Oberhaupt gekrönt worden war:

„Die Berufung Nithyanandas, eines selbst ernannten Gottesmannes, der wegen sexueller Eskapaden angeklagt ist, zum 293. Oberhaupt des alten Madurai Adhinam hat einen Sturm ausgelöst. Anführer von politischen Hindu-Gruppen und öffentliche Persönlichkeiten drückten ihre Überraschung über die Wahl aus und fragten sich, ob das gegenwärtige Oberhaupt die durch Tradition etablierten Regeln und Rituale befolgt habe, als er die Entscheidung traf."[2]

Der 1978 geborene Swami Nithyananda (*Cuvāmi Nittiyāṉantā*), der sich seit 2010 mit diversen Skandalen, Erpressungs- und Bestechungsvorwürfen sowie Gerichtsprozessen konfrontiert sah und bis heute sieht, stammt aus Tiruvannamalai (*Tiruvaṇṇāmalai*) im Nordosten Tamil Nadus und ist ein global aktiver spiritueller Lehrer.[3] Seine Inthronisierung als stellvertretendes Oberhaupt und designierter Nachfolger im Madurai Adhinam war vom Bekanntwerden an von massiven Vorwürfen begleitet und wurde in der sivaitschen Szene Südindiens generell als Affront empfunden. Das religiöse Zentrum im Herzen der alten Königsstadt Madurai (*maturai*) ist dem eigenen Selbstverständnis nach die älteste religiöse Institution der Welt.[4] Nithyananda verbreitete hierzu nach seiner

---

[1] Vgl. http://www.thehindu.com/todays-paper/tp-national/tp-tamilnadu/saivite-world-shocked-ooran-adigal/article3368694.ece (zuletzt aufgerufen am 29.07.2016).

[2] „*The appointment of Nithyananda, a self-styled godman accused of sexual escapades, as the 293rd pontiff of the ancient Madurai Adheenam (mutt) has kicked up a storm. Leaders of Hindu political groups as well as public persons expressed surprise at the choice and many wondered if the present head had followed the rules and rituals established by tradition while taking the decision.*" http://timesofindia.indiatimes.com/city/madurai/Nithyanandas-mutt-appointment-causes-flutter/articleshow/12918403.cms (zuletzt aufgerufen am 29.07.2016).

[3] Für eine Eigendarstellung Nithyanandas, seiner weltweiten Organisation und seinen über 500 Publikationen, siehe http://www.nithyananda.org/#gsc.tab=0 (zuletzt aufgerufen am 29.07.2016).

[4] Vgl. auch die Darstellung in Celvakkaṇapati 2013, 490–494.

Amtsübernahme in seinen täglichen Lehreinheiten, die er in Englisch abhielt und die per Internetübertragung für seine globale Anhängerschaft zugänglich waren, folgende Ansichten: Die Einrichtung sei am Anbeginn der Zeit von Gott selbst begründet und im 1. Jahrhundert u. Z. vom tamilischen Hymnen-Sänger Tirugnana Sampantar (*Tiruñāṉacampantar*) wiederbelebt worden.[5] Für ihn sei der Adhinam und seine zentrale Figur damit der Ursprung der bekannten religiösen Hindu-Schulen des Advaita Vedanta (*attuvita vētāntam*, Skt. *advaita vedānta*) und des Saiva Siddhanta (*caiva cittāntam*, Skt. *śaiva siddhānta*).[6]

Diese These ist in anderen einflussreichen sivaitischen Zentren Tamil Nadus negativ aufgenommen worden, da sich – wie diese Untersuchung zeigen wird – besonders zwei bestimmte orthodoxe Einrichtungen als eigentliche Träger des Saiva Siddhanta sehen. Weitaus schwerwiegender als diese historisch-philosophisch umstrittenen Äußerungen wurde aber die Person Nithyanandas und seine zweifelhaften Verstrickungen von vielen engagierten Sivaiten aufgenommen. Als ein beispielhafter Ausdruck für den Unmut zahlreicher Tamilen, die sich selbst als aktive Anhänger des Saiva Siddhanta betrachten, kann eine gemeinsame Petition oder Resolution *(tīrmāṉam)* von elf sivaitischen Organisationen aus Pondicherry *(Putuccēri)* aus dem Mai 2012 gesehen werden.

Dieses Schreiben trägt den Namen „Betreffend des Amtes des Oberhaupts des Madurai Adhinam: Nithyananda muss entfernt werden. Resolution der Saiva Vereinigungen Pondicherrys“[7] und fordert die Rücknahme der Ernennung des umstrittenen Swami Nithyananda als stellvertretendes und designiertes Oberhaupt des Madurai Adhinam. Die Petition, die von Vertretern aller elf in Pondicherry ansässigen Organisationen unterzeichnet wurde, ist an insgesamt 16 staatliche Stellen und religiöse Autoritäten adressiert. Dazu gehören neben der damaligen tamilischen Premierministerin J. Jayalalitha (*Je. Jeyalalitā*) (1948–2016) auch die Regierungsstelle, welche in Tamil Nadu für die Fragen von Hindu-Institutionen zuständig ist. Dieses sogenannte „Hindu Religious and Charitable Endowments Department“ (*intu camaya aṟanilayattuṟai, tamiḻnāṭu aracu*), dessen lokale Vertretungen in Madurai und Pondicherry sowie

---

[5] Tirugnana Sampantar gehört zu den klassischen „bhakti-Heiligen“ des tamilischen Sivaisums und wird i.d.R. auf die erste Hälfte des 7. Jahrhunderts datiert, vgl. Zvelebil 1995, 682–683.

[6] https://www.youtube.com/watch?v=lAwf6dsawwU (zuletzt aufgerufen am 29.07.2016).

[7] „*maturai ātīṉa karttar putavi: nitiyāṉantāvai nīkkavēṇṭum. putuccēri caiva maṉṉraṅkaḷ tīrmāṉam.*“ Das Schriftstück wurde mir in Kopie von Saiva Siddhanta Aktivisten und Vorsitzedenem der sivaitischen Vereinigungen Pondicherrys, Siva Mathavan, zur Verfügung gestellt. Die folgenden Zitate beziehen sich auf dieses Dokument, Mātavaṉ 2012

der damalige Gouverneur des Unionsterritoriums Pondicherry waren entsprechend Empfänger der Resolution. Die Liste der zehn weiterhin öffentlich angerufenen religiösen Oberhäupter lässt einen Rückschluss auf die Gewichtung der orthodoxen Autoritäten durch die sivaitischen Vereinigungen Pondicherrys zu. Angeführt wird die Liste vom Gurumaha Sannidhanam des Thiruvavaduthurai Adhinam (*tiruvāvaṭuturai ātīṉam*), gefolgt von dessen Äquivalent in Dharmapuram (*taramapuram ātīṉam*). Als dritte Institution wird der Leiter des Tiruppanandal Kasi Math (*tiruppaṉantāḷ kāci maṭam*) genannt, bevor die Gurumaha Sannidhanams des sivaitischen Adhinam im Pilgerort Tiruvannamalai (*tiruvaṇṇāmalai ātīṉam*), des Thondaimandala Adhinam in Kanchipuram (*kāñcipuram toṇṭaimaṇṭala ātīṉam*) und vier weitere sivaitische Zentren aufgeführt werden. Das Oberhaupt des Madurai Adhinam bildet den Abschluss dieser Adressatenliste. Alle vier hier namentlich genannten Einrichtungen werden im Laufe dieser Arbeit noch ausführlicher thematisiert, vor allem aber der Thiruvavaduthurai Adhinam.

Die Petition fordert, bei gleichzeitiger Unterstützung einer ähnlichen Resolution von 13 sivaitschen Maths und Adhinams, die sich nach einem Treffen im Dharmapuram Adhinam entsprechend öffentlich äußerten, die Absetzung des skandalträchtigen Nithyananda von seiner Position als stellvertretendes Oberhaupt des Adhinam.[8] Nicht nur steht für die Vereinigungen Pondicherrys fest, dass Nithyananda „sofort von dieser Verantwortung entbunden werden muss“,[9] sondern auch, dass das *Hindu Religious and Charitable Endowments Department* eine „gemeinsame Kommission, bestehend aus Vertretern des Sivaismus und der religiösen Oberhäupter“, einsetzen sollte, „um die Arbeitsweise des Madurai Adhinam zu ordnen“.[10] Die Forderung nach einer solchen gemeinsame Aktion staatlicher Stellen und religiöser Institutionen sehen die sivaitischen Vereinigungen Pondicherrys in der zweifelhaften moralischen Integrität Nithyanandas begründet. Gegen ihn, „der sich selbst als Swami bezeichnet“ (*taṉṉai-c cāmiyār eṉṟu*), liefen mehrere Gerichtsverfahren wegen „vieler moralischer Verfehlungen“ (*pala kuṟṟam*). Die Ernennung einer solch verrufenen Person zum Vertreter einer traditionellen sivaitischen Institution wie des Madurai Adhinam hätte „die Gefühle aller Saiva-Anhänger, Gläubigen, Bhaktas und der gewöhnlichen Leute verletzt.“[11] Damit seien

---

[8] http://www.newindianexpress.com/states/tamil_nadu/article517947.ece?service=print (zuletzt aufgerufen am 15.07.2016).

[9] „*uṭaṉaṭiyāka nittiyāṉantāvai apporuppiliruntu nīkkavēṇṭum*“ Mātavaṉ 2012.

[10] „*maturai ātīṉattiṉ ceyalpāṭukaḷai, caiva-p periyōrkaḷ, cannitāṉaṅkaḷ aṭaṅkiya kuḻu oṉṟai intu camaya aṟanilaiyatturai ēṟpaṭuttavēṇṭum eṉṟum orumaṉatāka-t tīrmāṉam niṟaivēṟṟappaṭukiṟatu.*“ Mātavaṉ 2012.

[11] „*caiva aṉparkaḷ, aṭiyārkaḷ, baktarkaḷ, potumakkaḷ eṉa ellōruṭaiya uṇarvaiyum puṇpaṭuttakkūṭiya valaikayil uḷḷatu.*“ Mātavaṉ 2012.

die „guten Eigenschaften unserer Mitmenschen wie Liebe, Gnade, Selbstkontrolle, Tugendhaftigkeit und Wahrheit“[12] in Tamil Nadu massiv gefährdet, sodass diese Entwicklung „ungeahntes Leid“ (*ar̲iyātu tun̲pam*) für alle Tamilen nach sich ziehen würde. Zusammenfassend lässt sich die Stoßrichtung der Petition durch folgendes Zitat verdeutlichen:

> „Besorgt um das geistige Wohlergehen der zukünftigen Gesellschaft stellen sich nicht nur die Saiva-Anhänger, sondern alle, die nach Spiritualität streben, gegen diese Ernennung. Asketisches Leben und Hunger nach göttlichem Wissen sind die Zeichen eines Asketen. Asketisches Leben heißt, dass man vom Pfad der Tugendhaftigkeit nicht abweicht. Nithyanandas Tugendhaftigkeit wurde jedoch angezweifelt. Dadurch, dass Nithyananda, der einer ist, dem vorgeworfen wird, dass seine Tugendhaftigkeit ruiniert sei, zum Oberhaupt des Madurai Adhinam ernannt worden ist, ist Schande über den Sitz des Gurus gebracht worden.“[13]

Die gemeinsame Petition der sivaitischen Vereinigungen Pondicherrys zeigt nicht nur, wie deutlich sie sich in die Nachfolge bestimmter tamilisch-sivaitischer Zentren stellen beziehungsweise welche Autorität sie diesen zusprechen. Vielmehr werden die Forderungen jener Institutionen wiederholt und deren Einschätzung der Gefahrenlage in Bezug auf den moralischen Zustand der gesamten tamilischen Gesellschaft durch die Ernennung Nithyanandas geteilt. Dazu gehört die Überzeugung, Nithyananda, der nur vorgebe, ein Swami oder Asket zu sein, wäre durch seine fehlende Tugendhaftigkeit eine Bedrohung der sozialen Verhältnisse. Diese Ansicht würde weiterhin von allen Sivaiten und sonstigen wahrhaft spirituellen Menschen geteilt. Nithyanandas Inthronisierung markiere damit einen Schandfleck für den Sivaismus und dessen Verfehlungen könnten zum moralischen Verfall der Gesellschaft beitragen.

Eine der führenden orthodoxen sivaitischen Institutionen, die sich öffentlich und ausdrücklich gegen Nithyananda ausgesprochen hat, ist der Thiruvavaduthurai Adhinam. Diese einflussreiche Einrichtung hat aber nicht nur den formalen Protest gegen die Vorgänge im Madurai Adhinam angeführt, sondern über ihren populären Arm auch aktiv versucht, die dortigen Verhältnisse zu verändern. Hierbei wurden die Anhänger jener populären Organisation vom Oberhaupt des Thiruvavaduthurai Adhinam keineswegs zu konkretem Eingreifen in Madurai aufgefordert. Vielmehr

---

12 *„an̲pu, aruḷ, aṭakkam, ol̲ukkam, uṇmai mutalān̲a nar̲paṇpukaḷ nāḷaṭaivil namatu nāṭṭu makkaḷ*“ Mātavan̲ 2012.

13 *„etirkāla-c camutāyttin̲ nalan̲ai-k karuttil koṇṭu, nittiyān̲antavin̲ niyaman̲attai caiva an̲parkaḷ maṭṭumallātu, ān̲mīka nāṭṭam koṇṭa an̲aivarum etirkkin̲r̲an̲ar. tavvāl̲kkaiyum ñān̲avēṭkaiyum tur̲aviyarukkuriya aṭaiyāḷaṅkaḷ. tavvāl̲kkai en̲patu ol̲ukkam kun̲r̲āta uyariya vāl̲vuner̲i. ān̲āl nittiyān̲antāvin̲ ol̲ukkam kēḷvikkur̲yāki uḷḷatu. .ol̲ukkakkēṭuṭaiyavar en̲r̲u kur̲r̲am cāṭṭappaṭṭuḷḷa nittiyān̲antā maturai ātīn̲a karttarāka niyamikkappaṭṭiruppatu anta kuru pīṭattir̲ku il̲ukkai ēr̲paṭuttiyuḷḷatu.*“ Mātavan̲ 2012.

veranlasste jener religiöse Führer alle seine Gefolgsleute in Tamil Nadu, bei monatlich abgehaltenen Versammlungen bestimmte klassische tamilisch-sivaitische Hymnen zu rezitieren.[14]

Im Oktober 2012 wurde Nithyananda durch das amtierende Oberhaupt des Madurai Adhinam, der ihn ein halbes Jahr vorher installiert hatte, wohl auch aufgrund des öffentlichen und rechtlichen Drucks, von seiner Position entfernt. Die Entscheidung wurde von vielen sivaitischen Institutionen und Organisationen öffentlich bejubelt.[15] Aus Sicht der Anhänger des Thiruvavaduthurai Adhinam ist dieser Prozess wohl auch Frucht ihrer eigenen religiösen Praxis der beständigen Rezitation ausgewählter Hymnen. Der Thiruvavaduthurai Adhinam, seine populäre Organisation und die von ihm vertretene Lehre des Saiva Siddhanta sind Gegenstand der folgenden Untersuchung.

Die vorliegende Untersuchung wurde im August 2016 als Dissertation im Fach Religionswissenschaft von der Philosophischen Fakultät der Universität Heidelberg angenommen. Sie trug den ursprünglichen Titel „Saiva Siddhanta in Tamil Nadu. Eine religionswissenschaftliche Untersuchung". Für den Druck habe ich Titel und Text geringfügig überarbeitet.

Die Entstehung und Drucklegung des Buches ist nur möglich geworden durch die vielfältige Hilfe zahlreicher Personen. Der erste Dank gilt allen Saiva Siddhantins in Südindien und London, ohne deren Gesprächs- und Auskunftsbereitschaft sowie die freundliche Aufnahme oder „Duldung" eines deutschen Religionswissenschaftlers bei „ihren" Veranstaltungen diese Untersuchung nicht möglich gewesen wäre. Besonders verpflichtet bin ich Swarna Somasundaram, die mich in Coimbatore als ihren deutschen Schüler aufnahm und in die philosophischen Grundlagen des Saiva Siddhanta eingeführt hat. Swarna Somasundaram verstarb im März 2018 und konnte so die Drucklegung dieses Buches leider nicht mehr erleben. Viel gelernt habe ich auch von Neela Venkatachalam und Arvind Ven-

[14] Konkret wurden drei Hymnen vorgeschrieben. Der erste dieser Gesänge sei unter anderem dafür hilfreich, begonnene Taten erfolgreich abzuschließen, Fieber und giftige Bisse zu heilen und vor „Hexerei"/„schwarzer Magie" (*pilli cūṉiyam*) zu schützen. Die zweite Hymne beugt kritischen Phasen im Leben im Allgemeinen und dem schlechten Einfluss des Planeten Saturn im Speziellen vor. Die letzte dieser empfohlenen Hymnen bewahrt vor Schande und ungerechtfertigten Anschuldigungen. Vaittiyanātaṉ 2008a, 45–48, 81–83, 83–85. In diesen Beschreibungen zeigt sich sehr bildlich, wie negativ Nithyanandas Wirken vom Thiruvavaduthurai Adhinam gesehen wurde, wenn es mit Fieber, giftigen Bissen, Hexerei, schlechtem plantetarischen Einfluss oder Schande in Verbindung gebracht wurde.

[15] http://www.thehindu.com/todays-paper/tp-national/tp-tamilnadu/hindu-outfits-welcome-nithyanandas-ouster/article4018352.ece (zuletzt aufgerufen am 11.06.2016).

katachalam, die mich nicht nur weiter in den philosophischen Prinzipien des Saiva Siddhanta unterrichteten, sondern die mich auch in die Saiva Siddhanta Szene Tamil Nadus eingeführt haben.

Die Feldforschung zu dieser Dissertation wurde zum Teil gefördert durch Reisekostenstipendien der Graduierten Akademie sowie durch das Südasien-Institut der Universität Heidelberg. Beiden Einrichtungen bin ich für diese Unterstützung sehr dankbar.

Ein ausdrücklicher Dank gilt Andreas Nehring, der mich als jungen Studenten in Erlangen wissenschaftlich geprägt und mir durch seinen Einsatz ein Stipendium für ein Auslandssemester 2007–08 in Bangalore/Indien ermöglicht hat. Der Entwicklung und Festigung meines Interesses für Indien im Allgemeinen und Südindien im Speziellen, das ich später während meines Studiums in Heidelberg vertiefen konnte, verdanke ich ihm. Die tiefergehende Fokussierung auf Südasien wurde maßgeblich beeinflusst durch die Lehrveranstaltungen der beiden späteren Betreuenden dieser Arbeit, Michael Bergunder und Gita Dharampal. Michael Bergunder hat diese Dissertation mit außerordentlicher Kompetenz und enormen Engagement begleitet. Von den von ihm veranstalteten Oberseminaren und Kolloquien sowie von den zahlreichen Besprechungen, Rückmeldungen und kritischen Anmerkungen hat diese Studie in höchstem Maße profitiert. Ihm und Daniel Cyranka danke ich als Herausgeber der „Neuen Halleschen Berichte“ für die Aufnahme des Buches in diese Reihe. Gita Dharampal-Frick hat mir nicht nur ab 2010 die Möglichkeit gegeben, an ihrem Lehrstuhl für Geschichte Südasiens am Südasien-Institut der Universität Heidelberg als wissenschaftlicher Mitarbeiter zu arbeiten und akademisch zu reifen, sondern meine Studien stets offen und hilfreich unterstützt. Gita Dharampal und Michael Bergunder bin ich für ihre Betreuung zutiefst dankbar.

Vielfach hatte ich die Chance, meine Ergebnisse und Überlegungen während wissenschaftlicher Veranstaltungen, Kolloquien, Tagungen und Workshops vorzustellen. Für die konstruktiven Rückmeldungen sei allen gedankt, die – wissentlich oder unwissentlich – das Fortschreiten meiner Forschung beeinflusst haben. Meinen Freund*innen und Kolleg*innen in der Südasienforschung und der Religionswissenschaft Heidelbergs, die mir in den vergangenen Jahren mit Rat und Tat zur Seite standen, bin ich zu großem Dank verpflichtet, vor allem Manju Ludwig, Ulrike Schröder, Heiko Frese, Rick Weiss, Ulrich Harlass, Jonas Buchholz, Felix Eickelbeck, Dagmar Brombierstäudel, Hans-Christian Bresgott und allen Mitstreitenden am Lehrstuhl für Religionswissenschaft und Interkulturelle Theologie. Die Karte Südindiens hat Nils Harm angefertigt, dem hierfür großer Dank gebührt.

Für konkrete Vorschläge und Hilfe in sowohl deutschen als auch tamilischen Sprachfragen bin ich besonders Heiko Frese, Erena Edmond Francis, Neela Venkatachalam, Karuna Sagari, Roman Sieler und meinen Sprachlehrern Thomas Lehmann und S. Arokianathan äußerst dankbar.

Bedanken möchte ich mich herzlich bei Nuran Tanriver, die für den Satz des Textes verantwortlich zeichnete. Zudem war sie dankenswerterweise zusammen mit Ihren Mitarbeitenden Jessica Albrecht und Frank Seifferth eine große Hilfe bei der Erstellung des Index. Ein Dank gebührt auch Metta Scholz vom Verlag der Franckeschen Stiftungen, die die Publikation gewissenhaft betreut hat.

Ein abschließender und sehr großer Dank gilt meiner Familie. Meine Eltern und meine Schwester haben meinen persönlichen und akademischen Weg seit einem guten Jahrzehnt immer positiv begleitet und unterstützt. Meiner Schwiegermutter bin ich sehr dankbar für ihre Hilfe in den letzten Wochen vor der ursprünglichen Einreichung dieser Arbeit als Dissertation im August 2016. Der größte Dank gebührt meiner Frau, die mich, meine Auslandsaufenthalte und meine akademische Eingebundenheit seit Beginn dieser Forschung nicht nur „ertragen“, sondern immer aktiv unterstützt hat. Die Geburt unseres ersten Kindes sechs Wochen vor Abgabetermin hat mir wahrscheinlich den letzten Ruck gegeben, den ursprünglichen Text abzuschließen. Unser zweites Kind wurde kurz vor Drucklegung geboren, was die Fertigstellung des finalen Manuskripts ebenfalls befördert hat. Meiner Frau Katharina und unseren Kindern Nuri und Lida ist das Folgende daher in Liebe und unendlicher Dankbarkeit gewidmet.

Heidelberg im Januar 2019

Rafael Klöber

Karte Südindiens

Konventionen

In dieser Untersuchung sind zentrale tamilische Titel, Begriffe, Orts- und Personennamen bei erster Nennung in Klammern in diakritischer Umschrift angegeben. Die Transliteration richtet sich nach der wissenschaftlich anerkannten Umschrift, wie sie beispielsweise Kamil Zvelebil im Lexicon of Tamil Literature (1995) verwendet. In der Regel werden diese Wörter im Text ohne Diakritika in ihrer verbreitetsten anglisierten oder – bei Personen und Institutionen – in der selbst gewählten Variante angegeben. Das Tamilische kennt keine Großbuchstaben. Orts- und Personennamen wurden in der Transliteration dennoch mit Kapitalen ausnotiert. Vor allem bei philosophischen Konzepten oder religiösen Traditionen wurde, wo als sinnvoll erachtet, die Sanskritversion in der etablierten Fassung von Monier-Williams angefügt, die als solche explizit markiert wurde. Englische Wörter sind in Klammern nicht zusätzlich als solche gekennzeichnet

Alle fremdsprachlichen Zitate sind im Fließtext in meinen eigenen Übersetzungen wiedergegeben. Diese Passagen sind im Original beziehungsweise in der diakritischen Umschrift in Fußnoten aufgeführt. Die eventuell abweichenden Schreibweisen oder Verwendung von Diakritika sind in den Zitaten im Original belassen.

Alle Personennamen wurden so vollständig wie möglich angegeben. Die Lebensdaten historischer Personen wurden nur dann angegeben, sofern diese nachweisbar waren.

Inhalt

Einleitung: Saiva Siddhanta in Tamil Nadu

Diese Untersuchung befasst sich mit der tamilischen Tradition des Saiva Siddhanta (*caiva cittāntam*, Skt. *śaiva siddhānta*). Jene sivaitische, philosophische Schule wird heute vor allem im südindischen Tamil Nadu (*Tamiḻ Nāṭu*)[1] gelehrt und gelebt. Aus Sicht seiner Anhänger stellt Saiva Siddhanta die ultimative Ausformulierung des Sivaismus und – dieser Argumentation folgend – des Hinduismus (*intu camayam*) dar. Als solche wird Saiva Siddhanta meist als Philosophie oder Theologie der Religion des tamilischen Sivaismus (*caiva camayam*) oder sivaitischen Hinduismus verstanden. Es ist daher gegenwärtig verbreitet, von Saiva Siddhanta, je nach Kontext, sowohl als „Religion" als auch als „Philosophie" (seltener auch als „Theologie") zu sprechen. Die vorliegende Untersuchung folgt jener begrifflichen Offenheit der tamilischen und englischen Sprachpraxis und verwendet für Saiva Siddhanta entsprechend beide Wörter.[2]

Die religionsgeschichtliche Forschung zu Hinduismus im Allgemeinen und zu südindischen Traditionen im Speziellen hat sich bisher wenig des tamilischen Sivaismus und fast gar nicht des Saiva Siddhanta angenommen. In Überblicksdarstellungen zum Hinduismus taucht Saiva Siddhanta entweder nicht auf, oder wird als lokale und marginale Tradition am Rande des normativen, in der Regel brahmanischen Sanskrit-Hinduismus, diskutiert.[3] Es ist allerdings ausdrücklich nicht das Anliegen dieser Arbeit, dem tamilischen Saiva Siddhanta einen prominenteren Platz innerhalb *des* Hinduismus zuzuweisen, auch wenn dies von seinen gegenwär-

[1] „Tamil Nadu" steht in dieser Untersuchung in erster Linie für den heutigen Bundesstaat der Indischen Union, der mit den gegenwärtigen Grenzen seit 1956 existiert. Vorher umfasste der Gliedstaat unter dem Namen „Madras" noch weitere Teile der heutigen Bundesstaaten Andhra Pradesh (*Āntira-p Piratēcam*), Telagnana *(Teluṅkāṉā)*, Karnataka (*Karunāṭakam*) und Kerala (*Kēraḷam*). Für die Zeit vor 1956 und vor allem vor der indischen Unabhängigkeit vor 1947 steht „Tamil Nadu" in der folgenden Betrachtung für den tamilischen Sprach- und Kulturraum auf dem indischen Subkontinent, der Teile der kolonialen Verwaltungseinheit der „Madras Presidency" sowie diverse indische Fürstenstaaten umfasste.

[2] Tamil und Englisch sind die verbreitetsten Sprachen in Tamil Nadu. Die Artikulationen über Saiva Siddhanta findet sich hauptsächlich in diesen Sprachen.

[3] Vgl. exemplarisch Radhakrishnan 2010, 722–731; Glasenapp 1958, 238–241; Michaels 1998, 39, 78; Stietencron 2001, 69–70; Rodrigues 2006, 175–176.

tigen Vertretern in Tamil Nadu dezidiert versucht wird.[4] Vielmehr versteht sich die vorliegende religionswissenschaftliche Untersuchung als Beitrag zur Kritik an einer überzeitlichen (oder 3000-jährigen) Vorstellung der „Weltreligion des Hinduismus". Letztere Kategorie ist zwar in jüngeren Studien ausdrücklich historisiert, das heißt, als konkrete geschichtliche Entwicklung der globalen Moderne eingeordnet worden.[5] Sie ist aber dadurch noch lange nicht aus dem „Gefängnis des Kontinuitätszwangs"[6] befreit, das den Hinduismus als transhistorische Religion mit einer (jeweils unterschiedlich) bestimmten Identität betrachtet. Im weiteren Sinne ist die folgende Arbeit, am Beispiel des tamilischen Saiva Siddhanta, also Teil einer Historisierung von Hinduismus, namentlich der Kenntlichmachung von Kämpfen und Widersprüchen in Bezug auf seine heute weltweit anerkannte Artikulation.

Die Leitfrage der vorliegenden Studie lautet: „Was ist Saiva Siddhanta?" Diese Frage wurde in tamilistischer und religionshistorischen Forschung zum einen selten gestellt, zum anderen gängigerweise nicht konsequent historisch beantwortet.[7] Betrachtet man eine 2012 online veröffentlichte Bibliographie vor allem englischsprachiger Werke für den Forschungsstand zu Saiva Siddhanta,[8] wird deutlich, dass die wenige wissenschaftliche Literatur zum Thema in überwältigender Mehrheit die hier formulierte Leitfrage nicht aufwirft. Ähnliches gilt für die in der mit Abstand ausführlichsten tamilsprachigen Bibliographie aufgeführten Werke aus dem Jahr 2008.[9] Insbesondere fehlen aber historisch-philologische Studien zu Saiva Siddhanta und tamilischen Sivaismus, die sich mit den globalgeschichtlich kaum zu überschätzenden modernen Konstellationen seit dem 19. Jahrhundert auseinandersetzen. Hierfür können drei eng verwobene Hauptgründe identifiziert werden:[10]

Erstens wird in der Forschung die tamilische literarische Produktion seit dem 19. Jahrhundert im Allgemeinen als paradigmatisches „Dunkles Zeitalter" gering geschätzt. Diese entscheidende Zeit gilt forschungshistorisch (und in der Lesart sivaitischer Autoren) meist als minderwertige Version einer vorgestellten Tamil-Klassik, die viele Jahrhunderte früher anzusiedeln ist. Während diese Sichtweisen aus literaturhistorischer Per-

---

[4] Auch vereinzelt in der Forschung, siehe bspw. Flood 1996; 2003.

[5] Vgl. u.a. King 2002; Bergunder 2012a; Nehring 2013.

[6] Bergunder 2013, 76.

[7] Zu den wenigen Ausnahmen zur Beantwortung dieser Frage für das frühe 20. Jahrhundert zählen Nehring 2010; Bergunder 2010. Folgende Beiträge befassen sich mit der Historisierung eines älteren tamilischen Kanons für den heutigen Saiva Siddhanta, Pechilis Prentiss 1996; 2001; Ishimatsu 1999.

[8] Ishimatsu 2012.

[9] Irājacēkaraṉ 2008.

[10] Vgl. hierzu auch Klöber 2017a.

spektive jüngst immer häufiger in Frage gestellt werden, hat sich jener kritische Impetus bisher kaum auf religionsgeschichtliche Betrachtungen übertragen.

Zweitens konzentrieren sich vorhandene Studien zu Saiva Siddhanta auf historische Kontinuität (oder einen „wahren Ursprung“). Was im Kontext sivaitischer (und tamilnationalistischer) Literatur zum Thema erwartbar erscheint – vor dem Hintergrund der Annahme einer initialen göttlichen Offenbarung – wirkt für die tamilistischen und religionswissenschaftlichen Beiträge befremdlich. Wenngleich dort die religiösen Prämissen nicht geteilt werden, zeigt sich in der Regel dennoch die Annahme einer ungebrochenen und überzeitlichen Kontinuität des Saiva Siddhanta. Während die Debatten um (brahmanischen/vedischen) Hinduismus durch postkoloniale Perspektiven die Relevanz moderner Entwicklungen und globalgeschichtlicher Verflechtungen seit dem 19. Jahrhundert anerkannt und bearbeitet haben,[11] ist dies für die tamilische Religionsgeschichte bisher kaum geschehen.[12] Dies ist wohl darauf zurückzuführen, dass tamilischer Saiva Siddhanta generell als nicht-brahmanische Tradition verstanden wird, die aufgrund ihrer Tamilsprachigkeit von den modernen Umwälzungen des brahmanisch-vedischen Hinduismus nicht betroffen war.[13] Eine solche Ansicht ist bestenfalls naiv, historisch aber in keiner Weise haltbar. Nicht nur ist die kategorische Unterscheidung zwischen brahmanisch und nicht-brahmanisch ein ausgesprochen modernes Produkt der global verflochtenen Wissensproduktion des 19. Jahrhunderts. Vielmehr existieren vereinzelte Studien zur vormodernen Geschichte der pan-indischen Saiva Siddhanta Tradition, die einen eindeutigen rein nicht-brahmanischen Charakter der Philosophie historisch widerlegen.[14]

Der dritte Grund für die relative Nicht-Beachtung der modernen Geschichte des tamilischen Saiva Siddhanta ist in den dominanten geschichtswissenschaftlichen Narrativen zu suchen.[15] Die Betrachtung der tamilische Geschichte seit dem 19. Jahrhundert wird überschattet von einem deutlichen Fokus auf die politischen Prozesse rund um die Entstehung und Entwicklung des tamilischen Nationalismus in der ersten Hälfte des 20. Jahrhunderts, der sich unter anderem kultur-, sprach- und religionspolitisch (hier vor allem religionskritisch) artikulierte. Den Betrach-

---

[11] Vgl. bspw. Dirks 2001; Nehring 2013.

[12] Bemerkenswerte Ausnahmen liefern Bergunder 2010; Harlass 2017; Klöber 2017b; Nehring 2003; 2010; Raman 2017; Weiss 2015; 2016.

[13] Vgl. hierzu auch Harlass 2017.

[14] Vgl. Goodall 2004; Steinschneider 2017a. Zur verwobenen und zunehmend konfliktuösen Geschichte im 19. Jahrhundert, siehe Steinschneider 2017b.

[15] Besonders wirkmächtig sind bis heute hierbei die Beiträge Eugene Irschicks, vgl. Irschick 1969; 1994. Siehe auch Rösel 1997.

tungen des tamilischen Nationalismus ist eine teleologische Stoßrichtung zu eigen, die die Zeit (unmittelbar) davor als bloßen Vorgeschichte zur späteren Entwicklung versteht. Dabei werden etwa die sivaitischen Debatten des späten 19. und frühen 20. Jahrhunderts, die inzwischen vereinzelt in der Forschung als „Saiva Siddhanta Revival" beschrieben werden,[16] nur noch auf das vermeintlich übergeordnete Ziel der Formulierung des tamilischen Nationalismus hin gelesen. Ein solches Vorgehen ist eindimensional und vergisst, die tamilische Kultur- und Religionsgeschichte des 19. und frühen 20. Jahrhunderts als komplexe historische Entwicklung ernst zu nehmen, die unterschiedliche Identitätspositionierungen hervorgebracht hat.[17]

Diese Ausgangslage in der Forschung betrifft explizit die Auseinandersetzung mit Saiva Siddhanta. Es wird bisher dort zudem kaum anerkannt, dass sich die Übertragung des heute relativ etablierten Saiva Siddhanta Verständnisses, aus genannten Gründen, auf geschichtliche Phasen vor allem vor dem 19. Jahrhundert, schwerlich rechtfertigen lässt. Diese Studie wird sich entsprechend bemühen ausführlich nachzuweisen, dass das verbreitete (ahistorische) Vorgehen äußerst problematisch ist. Sie wird anhand einer historischen Untersuchung jener gegenwärtig etablierten Lesart zu zeigen versuchen, wie modern die Provenienz des tamilischen Saiva Siddhanta trotz seiner Jahrhunderte alten Kerntexte ist. Die wenige relevante Forschungsliteratur zu diesem Komplex wird an den geeigneten Stellen dieser Arbeit besprochen.

Dieses Vorhaben wird durch die Vorstellung, Betrachtung und Analyse der heute einflussreichsten sivaitischen Institution Tamil Nadus umgesetzt. Es handelt sich hierbei um den Thiruvavaduthurai Adhinam (*tiruvāvaṭuturai ātīṉam*) und seine populäre Organisation zur Verbreitung von Saiva Siddhanta. Letztere ist noch nicht wissenschaftlich bearbeitet worden und zu ersterer existieren einzelne ethnographisch-tamilistische und sozialwissenschaftliche Untersuchungen aus dem späten 20. und frühen 21. Jahrhundert.[18] Obwohl sich aber die orthodoxe Einrichtung in Thiruvavaduthurai als dezidiertes Zentrum der tamilischen Saiva Siddhanta Propagierung versteht, ist die Frage danach, was Saiva Siddhanta für den Adhinam bedeutet (und den er heute großflächig öffentlich verbreitet), auch in diesen Studien nicht (historisch) gestellt worden. Dort findet sich, wie in anderen verstreuten Hinweisen auf die Einrichtung, in der Regel lediglich die Feststellung, dass der Thiruvavaduthurai Adhinam sich in der Saiva Siddhanta Tradition verortet. Umso wichtiger erscheint

---

[16] Prominent bei Bergunder 2010; Nehring 2003; 2010; Vaitheespara 1999; Vaithees 2015. Bergunder, Nehring, Vaitheespara

[17] Bergunder 2010, 31.

[18] Vgl. Koppedrayer 1990; Yocum 1990; Madhavan 2002.

es, diese Frage zu bearbeiten. Gerade weil Saiva Siddhanta allgemein ein Desiderat der Forschung darstellt und weil dort, wo das Thema verhandelt wird, kaum Rücksicht auf die historischen Kontexte genommen wird, lohnt es, einen solchen Versuch zu unternehmen.

Die vorliegende Untersuchung speist sich in erster Linie aus vier Feldforschungen in Tamil Nadu und London zwischen 2011 und 2015.[19] Während dieser Forschungsaufenthalte konnte zum einen eine große Menge an Textmaterial gesammelt werden, das in Deutschland nicht zugänglich ist. Dabei handelt es sich vor allem um kleinere tamilische Publikationen, Broschüren oder sonstige „graue Literatur", die in sivaitischen Kreisen Südindiens ausgesprochen verbreitet sind, aber normalerweise nicht den Weg in europäische Bibliotheken finden. Dieses Material bildet den Kern des für diese Arbeit verwendeten Quellenmaterials. Zum anderen konnte ich während dieser Forschungsreise zahlreiche Interviews mit Vertretern der einflussreichen sivaitischen Institutionen Tamil Nadus, mit Aktivisten, die kleine Saiva Siddhanta Gruppen leiten, oder mit „einfachen Siddhantins" führen, die durch ihre Äußerungen das publizierte Bild des Saiva Siddhanta vervollständigten. Diese Gespräche machen in transkribierter Form einen weiteren wichtigen Teil meines Quellenmaterials aus. Ich habe an etlichen Saiva Siddhanta Veranstaltungen verschiedenster Organisationen und Initiativen über ganz Tamil Nadu hinweg teilgenommen. Hierzu gehörten religiöse Zeremonien, öffentliche und private philosophische Lehreinheiten, Hochzeiten, Gesangsrunden oder häusliche Pujas (*pūcai*, Skt. *pūjā*). Meine Beobachtungen habe ich schriftlich festgehalten, um sie so in diese Untersuchung einfließen zu lassen. Als letzte Gruppe relevanten Quellenmaterials wurden vor allem historische Publikationen aus der zweiten Hälfte des 19. und des frühen 20. Jahrhunderts herangezogen, die den auf die jüngste Vergangenheit fokussierten Analysen die notwendige geschichtliche Tiefe geben sollen.

Die nachfolgende Untersuchung des tamilischen Saiva Siddhanta ist in vier Hauptkapitel untergliedert. Um einem ausgesprochen religionshistorischen Anspruch bei der Beantwortung der Frage nach Saiva Siddhanta gerecht zu werden, wird das erste Kapitel eine ausführliche Darstellung und Analyse des Thiruvavaduthurai Adhinam und vor allem seiner populären Organisation vornehmen. Die kontextuelle Einordnung dieser Entwicklungen der letzten beiden Jahrzehnte ist notwendig, um ein besseres Verständnis für die heutige Situation zu gewinnen. Die Untersuchung der Gegenwart beziehungsweise der jüngeren Vergangenheit des tamilischen Saiva Siddhanta ist damit explizit als historische Untersuchung zu verste-

[19] Diese Forschungsaufenthalte fanden in Tamil Nadu in der Zeit von August–September 2011, September–Oktober 2012, Februar–März 2015 und in London im September 2014 statt.

hen. Nach dieser Kontextualisierung der einflussreichsten Stimmen in den Debatten des südindischen Sivaismus, die sich heute vor einem zunehmend globalen Hintergrund abspielen, soll im zweigliedrigen Hauptteil dieser Studie eine vorläufige Antwort auf die Frage „Was ist Saiva Siddhanta?“ gegeben werden. Dabei wird in Kapitel II die formale Beantwortung jener Frage in Hinblick auf Kanon und Lehrstruktur durch den Thiruvavaduthurai Adhinam und seiner populären Organisation präsentiert, deren Einfluss für die tamilischen Debatten kaum zu überschätzen ist. In Kapitel III wird vor allem der Inhalt der öffentlichen Saiva Siddhanta Lehre in den Blick genommen. Diese philosophischen und lebenpraktischen Ansichten werden zum einen dargestellt und erläutert, zum anderen historisch mit Hinblick auf die Prozesse des tamilischen Sivaismus um 1900 eingeordnet. Diese Analyse wird zeigen, dass der heutige Saiva Siddhanta massiv von den Bedeutungsfixierungen dieser vergangenen Phase abhängig ist. In Kapitel IV wird die Antwort auf die Leitfrage dieser Arbeit in einen theoretischen Rahmen eingebettet, der den Anspruch erhebt, eine nicht-essentialistische Vorgehensweise für die Religionswissenschaft zu vertreten. Diese theoretischen Überlegungen werden konkret auf die vorher präsentierten Ergebnisse zurück bezogen und anhand weiterer Beispiele der Saiva Siddhanta Propagierung in Tamil Nadu erläutert. Abschließend wird hier eine Historisierung des tamilischen Saiva Siddhanta anhand aussagekräftiger Schlaglichter vor allem seit der zweiten Hälfte des 19. Jahrhunderts vorgenommen. Diese werden deutlich machen, wie umkämpft, umstritten und kontingent das heute selbstverständliche Verständnis von Saiva Siddhanta war und ist.

Die vorliegende Untersuchung verfolgt damit einen kritischen Impetus in mindestens viererlei Hinsicht: Erstens soll die bestehende Forschung zu Hinduismus, Sivaismus und Saiva Siddhanta sinnvoll ergänzt, und, wo nötig, kritisiert werden. Zweitens sollen religiöse und gängige kulturnationalistische Konzeptionen des Saiva Siddhanta historisiert und damit aus dem „Gefängnis des Kontinuitätszwangs“ vermeintlich überzeitlicher Traditionen befreit werden. Dies geschieht drittens unter Rückgriff auf neuere theoretische Überlegungen, die eine genau solche Möglichkeit einer nicht-essentialistischen, weil konsequent historisierenden, Darstellung bieten. Diese Vorschläge zielen damit nicht nur auf die hier vorgelegte Bearbeitung des Themas „Saiva Siddhanta“ im Speziellen ab, sondern auf die Religionswissenschaft im Allgemeinen. Viertens und letztens muss aber auch angemerkt werden, dass diese Untersuchung, im Sinne des bereits Gesagten, selbst *eine* Artikulation zum Thema darstellt, die eine Geschichte hat und die ohne bisherige Äußerungen – in der Forschung und durch tamilische Siddhantins – nicht möglich gewesen wäre. Die Verwendung und Rezeption jener Artikulationen sind als solche im

Folgenden kenntlich gemacht und in die Interpretationen und Argumentationen der Arbeit eingebettet. Das heißt, dass diese explizite Verortung des hier Gesagten die Kontingenz der neuen Artikulation zu Saiva Siddhanta in dieser Studie offenlegt und anerkennt. Es steht nun zu hoffen, dass das auf schlüssige und plausible Weise geschehen ist, die sich für die Leserin und den Leser als nachvollziehbar darstellt.

I

Die Verbreitung des Saiva Siddhanta durch den Thiruvavaduthurai Adhinam

Der Thiruvavaduthurai Adhinam gehört, neben dem Dharmapuram Adhinam (*taramapuram ātīṉam*) und dem Tiruppanandal Kasi Math (*tiruppaṉantāḷ kāci maṭam*), zu den heute einflussreichsten und wohlhabendsten nicht-brahmanischen, sivaitischen Zentren Tamil Nadus.[1] Diese religiösen Institutionen (*camay niṟuvaṉam*) zeichnen sich zum einen dadurch aus, dass sie bedeutende wirtschaftliche Faktoren darstellen, da sie nicht nur in ganz Tamil Nadu Land besitzen, das sie verpachten, sondern auch Tempel, Zweigstellen, Schulen, Colleges, Krankenhäuser und Verlage betreiben.[2] Alleine der direkte und indirekte Landbesitz des Thiruvavaduthurai Adhinam wird auf etwa 60.000 Hektar geschätzt.[3] Die Einrichtungen gelten darüber hinaus, wie das Beispiel des im Vorwort beschriebenen Skandals um Swami Nithyanda zeigt, als Zentren, die im öffentlichen Raum durch ihre Äußerungen enorme religiöse Autorität ausüben.

An der Spitze des Thiruvavaduthurai Adhinam, der den Fokus dieser Studie bildet, steht – wie in vergleichbaren Institutionen auch – ein absolutes, religiöses und administratives Oberhaupt (engl. meist „Pontiff"), das den Titel „Gurumaha Sannidhanam" (*kurumakācaṉnitāṉam*) trägt. Die Stellung dieser Figur hat der amerikanische Ethnologe Glenn Yocum in den 1980er Jahren mit der des Papstes im Katholizismus verglichen und dem Gurumaha Sannidhanam für die Existenz der Einrichtung und in den Augen seiner Anhänger eine sogar noch größere Bedeutung beigemessen.[4] Der jeweilige Gurumaha Sannidhanam steht in einer ungebrochenen Nachfolge (*paramparai*) des Gründers des Adhinam, Namasivaya Mur-thikal (*Namacivāyamūrttikaḷ*), der die Institution wohl

[1] Eine deskriptive Darstellung dieser drei Insitutionen findet sich bei Nambi Arooran 1981. Für Überblicksdarstellungen zu tamilisch-sivaitischen Maths und Adhinams, siehe Irājacēkaraṉ 2006, 20–49. Eine Kurzübersicht über heute besonders aktive Einrichtungen in Tamil Nadu bietet Madhavan 2002, 67–80.

[2] Für Thiruvavaduthurai führt Krishnamoorthy für die Zeit vor 1936 eine Zahl von 141 Zweig-Maths auf, 53 davon alleine im Distrikt von Tirunelveli (*Tirunelvēli*), Krishnamoorthy 2003, 213–218. Gegen Ende des 20. Jahrhunderts existierten nur noch 28 Maths unter der Kontrolle des Thiruvavaduthurai Adhinam, sowie 20 größere und 55 kleinere Tempel, vgl. Krishnamoorthy 2003, 219–224; Koppedrayer 1990, 340–341. Für eine historische Darstellung der Situation im 19. Jahrhundert siehe Oddie 1991a, 98–118.

[3] Vgl. Koppedrayer 1990, 18.

[4] Yocum 1990, 247.

in der zweiten Hälfte des 16. Jahrhunderts etabliert hat.[5] Sie ist damit die älteste unter den drei führenden Einrichtungen in Thiruvavaduthurai, Dharmapuram und Tiruppanandal, die alle in einer Entfernung von etwa 30 Kilometern voneinander in der Region Tanjavur (*Tañcāvūr*) im Delta des als heilig geltenden Kaveri-Flusses (*kāviri*) liegen. Seit Herbst 2012 regiert in Thiruvavaduthurai das insgesamt 24. Oberhaupt dieser Linie, mit dem vollen Namen und Titel „24. Gurumaha Sannidhanam des Thiruvavaduthurai Adhinam, Sri-la-Sri Ambalavana Desikar Paramacariya Swamikal“ (*Tiruvāvaṭuturai Ātīṉam 24 āvatu Kurumakācaṉṉitāṉam Ṣrī-la-Ṣrī Ampalavāṇa Tēcika Paramācāriya Cuvāmikaḷ*).[6]

Der Adhinam befindet sich im etwa 60 Kilometer nordöstlich von Tanjavur zwischen den Städten Kumbakonam (*Kumpakōṇam*) und Mayiladuthurai (*Mayilāṭuturai*) gelegenen Dorf Thiruvavaduthurai (*Tiruvāvaṭuturai*, alternativ auch *Turaicai*), das heute etwa 7.000 Einwohner hat.[7] Der jeweilige Gurumaha Sannidhanam wird in der Regel von seinem Vorgänger zu Lebzeiten ernannt. Das regierende Oberhaupt wählt den zukünftigen Nachfolger aus der Gruppe einer initiierten, zölibatär-asketischen Bruderschaft (*tirukūṭṭam*), den sogenannten „Tambirans“ (*tampirāṉ*), aus. Der Name „Tambiran“ ist ein ausgesprochenes Spezifikum dezidiert sivaitischer Institutionen im tamilischen Kontext.[8] Die Anzahl dieser zölibatären Brüder belief sich im

---

[5] Koppedrayer 1990, 17; Zvelebil 1995, 692; Krishnamoorthy 2003, 227. In einigen Publikationen des Adhinam findet sich sogar die zweite Hälfte des 14. Jahrhunderts als Gründungszeitraum, vgl. Thiruvavaduthurai Adhinam 2015, 10–11.

[6] Eine ausführliche Beschreibung der Lokalität für die frühen 1980er Jahre findest sich bei Koppedrayer 1990, 16–17; Yocum 1990. Die bauliche Zusammensetzung scheint sich, wie meine eigenen Beobachtungen 2011 und 2012 bestätigen, nicht stark geändert zu haben.

[7] Für 1906 berichtet der britische Kolonialbeamte F. R. Hemingway von etwa 3.000 Einwohnern, Hemingway 1906, 232.

[8] „*tampirāṉ*“ wird in neueren Wörterbüchern als „Mönch in einem sivaitischen Kloster“ (Malten 1994a, 118) und „*Saivite monk in the institution founded by a guru, performing religious and administrative duties*“ (Ramakrishnan 2008, 674) übersetzt. In kolonialen Nachschlagewerken findet sich zusätzlich zur Übersetzung als „gelehrter Mönch“ („*A kind of monk, devoted to celibacy, in token of which he wears red garments and clotted hair; is generally learned and qualified to perform the Siva-pujah. There are several colleges of the order in different places.*“) die Bedeutung „*God the Supreme Being*“ (Winslow 1984, 551), oder ähnlich „*God; Master, Lord, King*“ (University of Madras 1924, 1753). Die Bedeutung „Gott“ für „Tambiran“ scheint heute nicht mehr gebräuchlich. Im alltäglichen Sprachgebrauch werden die Tambirans heute meist schlicht mit dem in ganz Indien und global verbreiteten Titel „Swami“ (*cāmi/cuvāmi*) angesprochen, der für heilige Männer oder Asketen verwendet wird und eine ähnliche Bedeutungsverschiebung durchlaufen hat.

Jahr 2016 in Thiruvavaduthurai auf etwa zehn.[9] Der jeweilige „Kronprinz" (engl. meist „Junior Pontiff"), der im Falle Thiruvavaduthurais in der Regel vorher einer vom Adhinam abhängigen Institution in Kallidaikurichi (*Kallitaikkuṟicci*) in der Nähe von Tirunelveli (*Tirunelvēli*) im Süden Tamil Nadus vorsteht, wird durch eine spezielle Initiation oder „Diksha" (*tīkkai, tīṭcai, tīkṣai, Skt. dīkṣā*) formell zum Nachfolger bestimmt. Dass es immer wieder zu Schwierigkeiten bei dieser Prozedur kommen kann, zeigt ein Fall aus dem Jahr 2002, als der damalige designierte Nachfolger wegen eines Mordkomplotts gegen den 23. Gurumaha Sannidhanam Sivaprakasa Desikar (*Civappirakāca Tēcikar*) (1949–2012) zusammen mit einigen Mitverschwörern festgenommen und 2004 zu drei Jahren Haft verurteilt wurde.[10] Daraufhin verzichtete Sivaprakasa Desikar auf eine erneute Bestimmung eines „Juniors", was bei seinem Ableben 2012 zu der neuen Situation führte, dass in Anwesenheit von Vertretern anderer sivaitischer Zentren und der staatlichen Einrichtung des „Hindu Religious and Charitable Endowments Department" (*intu camaya aṟanilayattuṟai, tamiḻnāṭu aracu*) der 24. Gurumaha Sannidhanam zeremoniell ernannt wurde. Diese Ernennung führte das Oberhaupt des Dharmapuram Adhinam innerhalb eines Tages aus, auch um zu verhindern, dass der ehemalige, verurteilte Nachfolger seinen Anspruch unter Berufung auf die frühere formelle Initiation nochmals geltend machen konnte.[11]

Die interne Struktur und Hierarchie der größeren Einrichtungen wie des Thiruvavaduthurai Adhinam, basiert meist nominell auf einem persönlichen Lehrer-Schüler-Verhältnis zwischen dem leitenden Guru (*kuru*) und seinen initiierten und zölibatär lebenden Anhängern. Das Oberhaupt eines solchen Zentrums übt neben der formal-administrativen Leitung auch die höchste geistliche Autorität aus. Wie sich allerdings Mitgliedschaft und Nachfolge innerhalb solcher Institutionen organisieren, kann massiv variieren. Nicht alle Institutionen verlangen beispielsweise lebenslangen Zölibat von ihren Mitgliedern. Manche Einrichtungen werden durch

---

9 Kathleen Koppedrayer berichtet für die frühen 1980er Jahre von 16 Tambirans in Thiruvavaduthurai. Um 1900 gehörten dem Thiruvavaduthurai Adhinam etwa 50 Tambirans an. In Dharmapuram waren es ca. 20. Zur einflussreichen Rolle der Tambirans in der 2. Hälfte des 19. Jahrhunderts, die als Angestellte der zentralen Institutionen die Kontrolle der lokalen Zweigstellen und abhängigen Besitztümer ausübten, siehe Oddie 1991a, 101–118.

10 http://www.thehindu.com/2002/07/14/stories/2002071402290400.htm (zuletzt aufgerufen am 21.06.2016); http://www.thehindu.com/2003/12/23/stories/2003122308210400.htm (zuletzt aufgerufen am 21.06.2016).

11 http://timesofindia.indiatimes.com/city/madurai/Mutt-head-passes-away-in-Nagai/articleshow/17330377.cms (zuletzt aufgerufen am 21.06.2016); http://www.newindianexpress.com/states/tamil_nadu/article1350802.ece (zuletzt aufgerufen am 21.06.2016).

familiäre Bande zusammengehalten und führende Positionen schlicht von Vater zu Sohn vererbt, wohingegen in anderen Maths das Oberhaupt gewählt wird. Oftmals speisen sich die Angehörigen aus ausgewählten Kastengruppen. Die Mitgliedschaft im Thiruvavaduthurai Adhinam ist bestimmten, traditionell landbesitzenden, nicht-brahmanischen[12] Gruppen vorbehalten, namentlich den sogenannten sivaitischen Vellalars (*caiva veḷḷāḷar*) und einer Chettiar-Gemeinschaft (*ceṭṭiyār*).[13]

Im Folgenden soll zunächst auf Besonderheiten des Thiruvavaduthurai Adhinam hinsichtlich seiner Eigenschaften und historischen Selbstverortung hingewiesen werden. Hierzu wird zum einen näher auf seinen Namensteil „Adhinam", zum anderen auf seine „göttliche Abstammungslinie" eingegangen, die eine zentrale Referenz für die religiöse Autorität der Einrichtung darstellt.

1. Maths und Adhinams

Eine im Jahr 2003 von K. Krishnamoorthy veröffentlichte und vom Adhinam autorisierte englischsprachige Geschichte des Thiruvavaduthurai Adhinam verweist bereits in ihrem Titel „Thiruvavaduthurai Adheenam (History of the Thiruvavaduthurai Mutt)" auf einen besonderen Umstand in Bezug auf den Namen der religiösen Institution.[14] Diese wird hier nämlich gleichzeitig als „Adhinam" (*ātīṉam,* Skt. *adhīnam*) und als „Math"

---

[12] Die konsequente und kategorische Unterscheidung zwischen „Brahmanen" und „Nicht-Brahmanen" in Südindien, etwa im Sinne zweier historisch vollkommen unterschiedlicher „Rassen" und „Kastengemeinschaften" muss als Ergebnis der wissenschaftlichen und politischen Debatten des 19. und frühen 20. Jahrhunderts verstanden werden, vgl. Pandian 2007. Zur Verfestigung der Zentralität von „Kaste" in Südasien seit dem Einfluss des Kolonialismus siehe Dirks 2001. Die vorkoloniale Fluidität von „Kastenidentitäten" in Südindien beleuchtet ausführlich Dharampal-Frick 1994. Die Bedeutung der definitorischen Interventionen der Kolonialzeit für die heutigen sozialen Realitäten Tamil Nadus beschreibt eindrücklich Münster 2007.

[13] Die Namen dieser fünf Gemeinschaften lauten: „Pillai" (*piḷḷai*), „Thondaimandala Mudaliar" (*toṇṭaimaṇṭala mutaliyār*), „Karkathar Vellalar/Pillai" (*kārkāttār veḷḷāḷar/piḷḷai*) und „Desikar" (*tēcikar*). In einem ähnlichen Status bewegen sich die Händlerkasten der sivaitischen Chettiar (*caiva-c ceṭṭiyār*). Koppedrayer 1990, 99–101.

[14] Das englischsprachige Werk Krishnamoorthys wurde in Druck und Entstehung ideel und finanziell durch den Thiruvavaduthurai Adhinam unterstützt und ist über diese Institution erhältlich. Zudem hat der 23. Gurumaha Sannidhanam einen Segen (*aruḷ vāḻtturai*) als Geleitwort verfasst, welches das Buch ausdrücklich lobt. Es handelt sich bei Krishnamoorhtys Geschichte des Thiruvavaduthurai Adhinam wenn nicht um eine offizielle, aber doch um eine von höchster Stelle autorisierte Darstellung. Krishnamoorthy 2003, v–vi.

(*maṭam*, Skt. *maṭha*, anglisiert wie oben oftmals *Mutt*) bezeichnet. Eine solche synonyme Verwendung beider Begriffe ist im heutigen tamilischen Sprachgebrauch vollkommen üblich. In einer der wenigen ethnographischen Untersuchungen zum Thiruvavaduthurai Adhinam konstatiert Glenn Yocum für die Mitte der 1980er Jahre, dass in der alltäglichen Kommunikation in der Regel der Name „Math" verwendet wird. Vor allem für die in der Institution lebenden und arbeitenden Menschen ist der Adhinam schlicht *der* Math.[15] Diese Feststellung lässt sich ausdrücklich auch in den zahlreichen Gesprächen und Beobachtungen während meiner Feldforschung Anfang des 21. Jahrhunderts bestätigen. Diese äquivalente Benennung des sivaitisch-tamilischen Zentrums kann unter anderem darauf zurück geführt werden, dass der Thiruvavaduthurai Adhinam beides ist: Math und Adhinam. Eine Unterscheidung der Bedeutung beider Wörter wird meist nicht getroffen, obwohl eine Differenzierung und historische Einordnung der beiden tamilischen Versionen sanskritischer Namen hilfreich ist, um die Einrichtung in Thiruvavaduthurai besser erfassen zu können.

Der pan-indisch und über verschiedene religiöse Traditionen hinweg verwendete Begriff des „Math" steht heute – ähnlich wie das Wort „Ashram" (*āciramam*, Skt. *āśrama*) – gängigerweise für Institutionen religiöser Gemeinschaften, die von Gurus (*kuru*, Skt. *guru*) begründet wurden. Sie werden als „Klöster, religiöse Zentren, Orte der Residenz [eines Gurus], der Gelehrsamkeit und der religiösen Praxis, sowohl für religiöse Spezialisten als auch für Laien",[16] verstanden. Die etablierte Übersetzung als „Kloster" gilt auch für den tamilsprachigen Kontext, wie die Einträge aus jüngeren Wörterbüchern und Fachlexika deutlich zeigen. Kamil V. Zvelebil gibt für „Math" folgende Definitionen an: „Eremitage, Kloster, Konvent für zölibatäre Mönche".[17] In seinem literaturwissenschaftlichen Standardwerk von 1995, dem „Lexicon of Tamil Literature", beschreibt Zvelebil zusätzlich, dass Maths seit Jahrhunderten Künstler und Dichter gefördert und religiöse Philosophien verbreitet hätten.[18] Diese Ansicht, ein Math sei eben nicht nur ein Kloster und Ort religiöser Praxis, sondern auch eine Einrichtung, die für eine bestimmte philosophische Schule stünde, unterstreicht auch das weit verbreitete tamilisch-englische Wör-

---

[15] Yocum 1990, 245.

[16] *„(monasteries, religious centers), places of residence, study, and worship for religious specialists as well as lay people"* Malinar 2012.

[17] *„hermitage; monastery, convent for celibate monks;"* Zvelebil 1995, 422.

[18] *„Their endowments have helped for centuries to support scholars, poets and artists (musicians, sculptor etc.), and* ***propagate their respective philosophies****."* [Herv. RK] Zvelebil 1995, 422.

terbuch „kriyāviṉ taṟkālat tamiḻ akarāti“[19]. Dort wird für „Math“ folgende Bedeutung geführt: „jede religiöse (meist hinduistische) Institution, die etabliert wurde, um eine bestimmte philosophische Schule zu bewahren.“[20]

Diese rezenten Bestimmungen von Maths als Orte der Bewahrung und Verbreitung philosophischer Lehren korrespondiert mit den heutigen propagandistischen Tätigkeiten vieler Einrichtungen und deren gegenwärtigem Selbstverständnis, das im Laufe dieser Studie am Beispiel des Thiruvavaduthurai Adhinam analysiert werden soll. Ein Blick auf historische Wörterbücher und Glossare offenbart aber, dass es sich hierbei wohl um eine jüngere Bedeutungszuspitzung handelt. Eines der einflussreichsten Wörterbücher aus dem späten 18. Jahrhundert des deutschen Missionars Johann Philip Fabricius (1711–1791) beschreibt einen „Math“ als „eine Bildungseinrichtung oder Schule für religiöse Belehrung“ und „ein Kloster“.[21] Für den Kontext Ende des 19. Jahrhunderts sprechen koloniale Nachschlagewerke beispielsweise von „Math“ als „eine Art Konvent, an dem ein zölibatärer Priester (oder einer, der ein solches Gelübde abgelegt hat) mit Schülern lebt, die das gleiche Gelübde abgelegt haben und von denen einer sein Nachfolger wird“.[22] Ähnlich formuliert es der Eintrag aus dem 1862 erstmals erschienenen „Tamil and English Dictionary“ des amerikanischen Missionars Miron Winslow (1789–1864), das als zweite von zwei Bedeutungen für Math „Kloster, das von Asketen bewohnt wird“ angibt.[23]. Interessant ist in diesem Zusammenhang, dass die erste Definition in Winslows Wörterbuch die brahmanische Natur solcher Einrichtungen betont,[24] die, vor allem im Kontext tamilischer Sprachlexika, später offensichtlich verschwindet.[25] Diese Entwicklung ist sicherlich auch auf die anti-brahmanischen und tamilnationalistischen Bewegungen

[19] Ramakrishnan 2008. Das Wörterbuch erschien erstmals 1992 und wurde alleine bis 2011 schon zwölf Mal aufgelegt.

[20] *„any (chielfy Hindu) religious institution established to perpetuate a particular school of philosophy.“* Ramakrishnan 2008, 1062.

[21] *„1. a college or school for religious instruction; 2. a monastery“* Fabricius 1972, 289.

[22] *„a sort of convent where a celibate priest (or one making such profession) lives with disciples making the same profession, one of whom becomes his successor.“* Yule & Burnell 1903, 605.

[23] *„A monastery, occupied by ascetics.“* Winslow 1984, 837. Ähnlich auch im frühen 20. Jahrhundert, wo „Math“ als „monastery“ bezeichnet und mit *„virattar maṭam“* übersetzt wird. *virattar* stammt von *virattam*, also „Mönch“ („monk“), und spezifiziert die Einrichtung zusätzlich. Pope 1998, 62.

[24] *„A college or school for young brahmans prosecuting sacred studies“* Winslow 1984, 837.

[25] Siehe bspw. den Eintrag *„1. Hermitage; 2. Monastery, convent for celibate monks;“* im Tamil Lexicon der University of Madras aus der ersten Hälfte des 20. Jahrhunderts, University of Madras 1924, 3020.

in Südindien, insbesondere seit dem Beginn des 20. Jahrhunderts, zurückzuführen.[26]

Diese kurzen historischen Definitionen schließen die (öffentliche) Verbreitung einer Philosophie durch die Maths im 19. Jahrhundert nicht aus, allerdings wird dieses Charakteristikum – ganz im Gegenteil zu den Publikationen des späten 20. Jahrhunderts – nicht explizit genannt. Für die Bedeutung von „Math" im Tamil lässt sich aber seit dem 19. Jahrhundert eine historische Kontinuität nachweisen, die sich etwa als „Kloster mit einem geistlichen Oberhaupt und asketisch-zölibatärer Bruderschaft" zusammenfassen lässt.[27] Vorher bezeichnete das Wort wohl in der Regel die Residenz eines Asketen an einem bestimmten Ort (dadurch oftmals ein Pilgerort) und die Übertragung von „Math" auf Gemeinschaften solcher Asketen, die in bestimmter Ordnung und Hierarchie zusammenlebten, kann als Ergebnis der sprachlichen Entwicklungen des 19. Jahrhunderts verstanden werden.[28] Die semantische Verschiebung hin zu einer Einrichtung, die dezidiert für die Verbreitung einer bestimmten religiösen Lehre auch in der Öffentlichkeit steht, erscheint jüngeren Datums.

Kathleen I. Koppedrayer, die sich in den 1980er Jahren ausführlich mit den sivaitischen Zentren der Tanjavur-Region beschäftigt hat, lehnt die Übersetzungen von „Math" als „Kloster" oder „Seminar" als wenig akkurat ab.[29] Diese Worte würden eine Vergleichbarkeit mit christlichen Einrichtungen suggerieren, die für den tamilisch-sivaitischen Kontext wenig zielführend sei.[30] Sie weist darauf hin, dass der pan-indische Sammelbegriff „Math" im tamilischen Sprachgebrauch vor allem die Konnotation von „Ort" oder „Lokalität" enthält und gleichermaßen für einfache Gasthäuser in Pilgerzentren, wie für reich begüterte Institutionen, die eine große Anzahl von Tempeln, Ländereien und sonstigen Besitzungen ver-

---

[26] Vgl. hierzu u.a. Irschick 1969; Ramaswamy 1997.

[27] Ähnlich auch in neueren Tamil-Deutschen Wörterbüchern: „hinduistisches Sektenkloster", Malten 1994a, 186.

[28] Oddie 1991a, 98.

[29] Koppedrayer 1990, 1–10. Als einendes Charakteristikum in der großen Bandbreite der Einrichtungen, die den Namen „Math" tragen, konstatiert Koppedrayer, dass jene Zentren für Teile der allgemeinen Bevölkerung eine Verbindung zu den religiösen Überzeugungen und Praktiken der Tempeltraditionen des Hinduismus herstellen würden. Hierbei handelt es um eine problematische Behauptung, da beide Begriffe, „Hinduismus" und „Tempeltradition", diskursiv stark umkämpft sind und an dieser Stelle vollkommen ahistorisch verwendet werden. Koppedrayer versucht, diese These in einer Fußnote zu rechtfertigen, indem sie eine Unterscheidung zwischen den philosophischen Systemen Indiens und den Tempeltraditionen reproduziert, die implizit von einer Trennbarkeit von „Hochreligion" und „Volksreligion", also philosophischer Lehre und religiöser Praxis, ausgeht. Eine solche Benennung reiteriert dominante Narrative zu „Hinduismus" und „Religion", die aufgrund ihres ahistorischen Charakters ihre Plausibilität eingebüßt haben. Koppedrayer 1990, 3 und Fn 7.

[30] Koppedrayer 1990, 1. Ähnlich auch Yocum 1990, 277, Fn 3.

walten können, verwendet wird.[31] Obwohl sowohl in jüngeren Fachlexika für Hinduismus,[32] als auch im allgemeinen Sprachgebrauch implizit von einer Äquivalenz der Begriffe ausgegangen wird, hält Koppedrayer – im Gegensatz zu Glenn Yocum[33] – an einem kategoralen Unterschied zwischen beiden Wörtern und Institutionen fest. Beide Termini seien zwar verwandt, aber keinesfalls austauschbar.[34] Ob die amerikanische Religionswissenschaftlerin, die in enger Verbindung zu den Adhinams in Thiruvavaduthurai und vor allem Dharmapuram stand,[35] hiermit versuchte, die von ihr untersuchten Zentren besonders deutlich von dem wesentlich verbreiteteren Begriff „Math" abzugrenzen, um besonderen Charakter der Adhinams zu betonen, kann an dieser Stelle nur vermutet werden. Fest steht aber, dass der Thiruvavaduthurai Adhinam „Math" explizit eben nicht im Namen trägt, sondern „Adhinam". Es ist weiterhin schon darauf hingewiesen worden, dass die Einrichtung in Thiruvavaduthurai sowohl „Math" als auch „Adhinam" ist. Daher gilt es, den vergleichsweise seltenen Namenszusatz „Adhinam" näher zu beleuchten und seine weitergehenden Implikationen auszuloten.

Kamil Zvelebil schreibt dem Begriff „Adhinam" folgende Bedeutung zu:

> „Tamilisches, sivaitisches Kloster, eine religiöse Organisation, die sich aus Asketen zusammensetzt, mit einem Oberhaupt, das normalerweise sehr gelehrt und spirituell fortgeschritten ist. Dieser residiert in der Zentrale, initiiert Aspiranten und übt, auf generelle Weise, die Kontrolle über die Besitzungen des Maths aus."[36]

Der Adhinam erscheint hier als besondere Form eines Maths, der mit außergewöhnlichen Privilegien ausgestattet ist. Zudem wird der tamilische und sivaitische Charakter der Einrichtung hervorgehoben sowie die Rolle des Oberhaupts als religiöse Autorität und Gelehrter betont. Diese

---

[31] Koppedrayer 1990, 11.

[32] Malinar 2012.

[33] Im Gegensatz zu der oben erwähnten Beobachtung Glenn Yocums, diagnostiziert Kathleen Koppedrayer, dass die Mitglieder und Anhänger des Thiruvavaduthurai Adhinam im alltäglichen Sprachgebrauch sehr wohl zwischen „Math" und „Adhinam" unterscheiden. Namentlich wird das zentrale Gebäude auf dem Komplex als „*maṭam*", die gesamte Institution hingegen als „*ātīṉam*" bezeichnet, siehe Koppedrayer 1990, 11 Fn 22. Diese Unterscheidung konnte ich nicht beobachten.

[34] Koppedrayer 1990, 11.

[35] Eine Publikation des Dharmapuram Adhinam, die Teile der Masterarbeit Koppedrayers 1984 abdruckte, beschreibt sie als „*a true student of Saivism*", Sivaraman 1984, 198.

[36] „*Tam. Śaiva monastery, a religious organization composed of ascetics, with a head, usually of great learning and spiritual attainments, who resides at the head-quarters and initiates aspirants and, in a general way, keeps control over the properties of the maṭam.*" Zvelebil 1995, 78.

Behauptung Zvelebils, die er mit dem Zusatz „normalerweise“ abschwächt, muss durchaus kritisch gesehen werden, da der Kopf eines Adhinam nicht automatisch ein Gelehrter ist. Glenn Yocum stellte Mitte der 1980er Jahre für den Thiruvavaduthurai Adhinam unmissverständlich fest:

„Obwohl heute ein bedeutender Anteil der Ressourcen des Maths [sic!] dafür verwendet werden, eine bestimmte Weltanschauung und philosophische Perspektive zu propagieren, bemüht sich der Guru [maha Sannidhanam] des Thiruvavaduthurai Adhinam – soweit ich das sehen kann – wenig um formale »Lehre«. [...] Die Oberhäupter der jüngeren Vergangenheit waren, trotz ihrer Titel, eher keine »Lehrer« in diesem Sinne.“[37]

Die kontinuierlich erwähnte autoritative Rolle in Verwaltung und religiöser Praxis wird jedoch auch bei Yocum ansonsten hervorgehoben. Zvelebil nennt in seinem Eintrag übrigens weiterhin als prominenteste Beispiele einer solchen Einrichtung den Thiruvavaduthurai und den Dharmapuram Adhinam.[38]

In jüngeren Wörterbüchern zeigt sich abermals eine Bedeutungszuspitzung, die – ähnlich wie im Fall von „Math“ – ein neues, heute etabliertes Charakteristikum der Adhinams benennt. Im schon erwähnten „kriyāviṉ taṟkālat tamiḻ akarāti“ findet sich für „Adhinam“ folgender Eintrag: „religiöse Einrichtung zur Propagierung des Sivaismus, die von Asketen verwaltet wird; (in Indien) Math.“[39] Auch hier wird also deutlich die Gleichsetzung mit dem pan-indischen Begriff „Math“ vorgenommen. Ähnlich stellt sich die Verschiebung in der Bedeutungsangabe in einem der wenigen rezenten tamilisch-deutschen Wörterbüchern dar, wo es für „Adhinam“ heißt: „Organisation zur Verbreitung des Sivaismus“.[40] Hier fehlen zwar Hinweise darauf, dass es sich dabei zwingend um „eine Art Kloster“ handelt. Beide Begriffsbestimmungen unterstreichen aber, dass ein Adhinam eine Einrichtung darstellt, die aktiv damit beschäftigt ist, den Sivaismus zu propagieren.

Diese Eigenschaft wird in historischen Wörterbüchern meist nicht explizit genannt. Im 19. Jahrhundert taucht dort der Begriff „Adhinam” zwar auf, jedoch findet sich lediglich die Bedeutung „Eigentümerschaft,

---

[37] *„Although today considerable Mutt resources are comitted to propagating a particular worldview and philosophical perspective, the guru of the Thiruvavaduthurai Adheenam, from what I could see, engages in little formal »teaching« [...] [R]ecent heads of the Mutt, their titles notwithstanding, have not tended to be »teachers« in this sense.“* Yocum 1990, 249.

[38] Zvelebil 1995, 78.

[39] *„religious establishment managed by ascetics for the propagation of Saivism; (in India) mutt“* Ramakrishnan 2008, 107.

[40] Malten 1994a, 21.

vererbbarer Nachlass“[41] und in einem anderen Werk aus der ersten Hälfte des 20. Jahrhunderts „Eigentumsrecht, Besitz, Abhängigkeit”.[42] Diese Bedeutungsangaben, die Übernahmen der Bedeutung des Sanskrit-Wortes sind, weisen allerdings schon darauf hin, in welcher Weise der Namenszusatz „Adhinam“ eine solche Einrichtung von einem Math unterscheiden könnte.[43] Zudem ist das Fehlen einer Beschreibung von „Adhinam“ als religiöses Zentrum ein Indiz dafür, dass es sich dabei um einen nicht besonders verbreiteten Namen für solche Institutionen handelte, der den Autoren der Wörterbücher in dieser speziellen Bedeutung offensichtlich nicht bekannt oder nicht wichtig genug war. Dies scheint im späten 18. Jahrhundert noch anders gewesen zu sein. Im Wörterbuch von Fabricius heißt es für „Adhinam“ zunächst, ähnlich wie in den späteren Publikationen, „Eigentümerschaft, Autorität, Macht, Besitz“. Allerdings wird als zweite Bedeutung „Math sowie der Thiruvavaduthurai Adhinam, Dharmapuram Adhinam“ angegeben, was klar eine Verbindung zu den einflussreichen sivaitischen Institutionen als Beispiele solcher Einrichtungen zieht und die Äquivalenz zu Math unterstreicht.[44]

Der Name „Adhinam“ für religiöse Zentren taucht im tamilisch-sivaitischen Kontext (und wohl nur dort!) nachweislich erst im 18. Jahrhundert auf. Tatsächlich tragen neben dem Thiruvavaduthurai Adhinam nur wenige Institutionen diesen Zusatz im Titel. Ganz im Gegensatz zum panindischen Begriff „Math“ findet sich „Adhinam“ ausschließlich bei ausgewählten tamilisch-sivaitischen Einrichtungen, die dezidiert unter der Führung von Vellalar-Gemeinschaften stehen. Für diese Einrichtungen ist der Name „Adhinam“ seit dem frühen 18. Jahrhundert nachgewiesen und ersetzte wohl das Wort „Math“ in den epigraphischen Erwähnungen auf Kupferplatten, die beispielsweise Schenkungen dokumentierten.[45] Das Bewusstsein für eine historische Dimension beider Namen wird auch in heutigen sivaitischen Publikationen anerkannt. In der Einleitung von 2005 zu einer tamilischen, hagiographischen Beschreibung zum Ort Thiruvavaduthurai und seinem Tempel, die vom 23. Gurumaha Sannidhanam des Adhinam mit einem Segenswort versehen wurde, heißt es: „Math ist ein *altes Wort*, aber *in späteren Zeiten* wurde auch das Wort Adhinam

---

[41] „*Proprietorship, hereditary inheritance*“ Winslow 1984, 67.

[42] „*Ownership, possession; Dependence*“ University of Madras 1924, 230.

[43] Das verwandte Nomen „*ātīkkam*“ bedeutet nicht zuletzt „Herrschaft, Einfluß, Besitz, Kontrolle, Einwirkung“, siehe Malten 1994a, 21.

[44] „*1. proprietorship, authority, power, property; 2. maṭam as tituvāvaṭuturai ātīṉam, tarumpura ātīṉam*“ Fabricius 1972, 32.

[45] Koppedrayer 1990, 12 Fn 24.

verwendet.“ [Herv. RK][46] Hieran zeigt sich abermals, dass eine trennscharfe, kategorale Unterscheidung beider Termini wenig verbreitet ist.

Für Koppedrayer spiegelt diese Verschiebung in der Namensgebung jedoch die Ausweitung der sozialen Rollen wider, die die zu Adhinams umbenannten Maths übernommen hätten. Wie die oben dargestellten Wörterbucheinträge ebenfalls nahe legen, ist dem Wort „Adhinam“ eine Konnotation von Besitz und Abhängigkeit zu eigen, die sich in der Unabhängigkeit der Institution, einer eigenständigen internen Organisation und der Autorität und Kontrolle über andere Maths, Tempel und Ländereien ausdrückt.[47] Für die Besonderheit der Institution Adhinam auch innerhalb Tamil Nadus spricht weiterhin, dass, während eine Bedeutungsangabe im Sinne eines religiösen Zentrums in den Wörterbüchern des 19. und 20. Jahrhunderts weitgehend fehlt, der Kolonialbeamte F. R. Hemingway in seinem Bericht zum Tanjavur-Distrikt von 1906 einen der wenigen Versuche einer Definition unternommen hat. In jenem Distrikt befanden sich die zwei bis heute bedeutendsten Einrichtungen dieser Art, namentlich die Adhinams in Thiruvavaduthurai und Dharmapuram.[48] In der von ihm herausgegebenen „District Gazetteer“ bezeichnete Hemingway einen Adhinam als „zentrale Institution, von der aus der oberste Asket Kontrolle über untergeordnete Maths ausübt.“[49] Der britische Kolonialbeamte interpretierte die Adhinams gerade aufgrund dieses asketischen Charakteristikums daher als monastische Institutionen, die sich anhand des Modells der vier Maths begreifen lassen, die auf Sankara (*Āti Caṅkarar*, Skt. *Śankara*), den einflussreichen Philosophen des Advaita Vedanta (*attuvita vētāntam*, Skt. *advaita vedānta*), aus dem 8./9. Jahrhundert zurückgeführt

46 „*maṭaṅkaḷ eṉṟa peyar paḻaiya vaḻakku, ātīṉam eṉṟu kūṟṟum vaḻakkam piṟkālattil tōṉṟiyatu.*“ Mātavaṉ 2005, 27.

47 Koppedrayer 1990, 11–13.

48 Siehe hierzu auch die Beschreibung der wichtigsten religiösen Institutionen im Tanjavur-Distrikt bei Hemingway. Auch er nennt zuvorderst diese beiden Adhinams, wenngleich er sie in diesem Abschnitt unter dem Begriff „Math“ subsumiert: „*Tanjore possesses a number of important religious institutions called maths. These are native monastries, managed by a spiritual father, which often contain a number of monks and sometimes possess fine libraries. They are generally endowed (sometimes very richly) and often wield much influence owing to their having the right to appoint the priests and managers of rich temples in this and other districts. The chief of these institutions are the Śudra maths at Dharmapuram and Tiruváduturai [sic!] in the Máyavaram taluk, at Tiruppanandál (Kumbakónam taluk) and Tiruppagalúr (Nannilam taluk) and the Bráhman Smárta math of Sankaráchárya at Kumbakónam.*“ Hemingway 1906, 72.

49 „*central institution, from which the chief ascetic exercises control over subordinate maths.*“ Hemingway 1906, 229. Eine ähnliche Definition für liefert Geoffrey Oddie, der sich in seiner Studie fast ausschließlich auf koloniale Quellen stützt: „*The more important monastic centres were usually called adhinams, viz. central maths exercising control and supersvision over subordinate maths and other institutions such as temples.* [Herv. i. O.]“ Oddie 1991a, 99.

werden.[50] Der Umstand, dass bei der Bewertung der sivaitischen Zentren Tamil Nadus hier auch institutionell der Advaita Vedanta als Referenzrahmen fungiert, wird sich in der tiefer gehenden Betrachtung der Saiva Siddhanta Philosophie in dieser Arbeit weiter bestätigen.

Die Besonderheit des Thiruvavaduthurai Adhinam und vergleichbarer Einrichtungen liegt nach bisherigem Kenntnisstand darin, dass es sich hierbei um eine ganz bestimmte Form von Math handelt. Diese Form kommt erstens nur in der tamilsprachigen Welt unter dieser Bezeichnung vor und taucht zweitens nur in den Namen sivaitischer Zentren auf, die unter der Führung ausgewählter Vellalar-Gemeinschaften stehen. Charakteristisch für einen Adhinam wie den in Thiruvavaduthurai ist drittens, dass diese ausdrücklich religiöse und organisatorische Autorität über abhängige Institutionen oder Maths sowie Tempel, Schulen oder sonstige Einrichtungen und Ländereien ausübt. Es konnte zudem gezeigt werden, dass es in gegenwärtiger Sprachpraxis, ebenso wie in vielen wissenschaftlichen Publikationen, als etabliert gilt, dass ein Adhinam Sivaismus oder Saiva Siddhanta propagiert.[51] Wie anhand historischer Wörterbücher demonstriert werden konnte, war diese Bedeutung nicht immer so verbreitet, sondern stellt eine moderne Bedeutungszuspitzung dar, die heute auf die geschichtliche Betrachtung übertragen wird.[52] Am Beispiel des Thiruvavaduthurai Adhinam wird im weiteren Verlauf noch gezeigt werden, dass dies durchaus dem gegenwärtigen Selbstbild solcher Institutionen und deren Wahrnehmung von außen entspricht.[53] Zudem legt der Befund aus den Wörterbüchern und Nachschlagewerken nahe, dass der Name „Adhinam", der in Tamil Nadu als Bezeichnung für bestimmte Zentren erst seit dem 18. Jahrhundert nachgewiesen ist, buchstäblich *an Bedeutung gewonnen* hat: vom Auftauchen und Verschwinden bestimmter Definitionen in kolonialen Wörterbüchern hin zur Begriffsbestimmung in Fachpublikationen als speziellen Math, der sich durch seine hervorgehobene, autoritative und Kontrolle ausübende Position beschreiben lässt, und schließlich zur religiösen Organisation, die den Sivaismus verbreitet. All diese Charakteristika treffen heute auf den Thiruvavaduthurai Adhinam zu, wobei die nachweislichen Bedeutungsverschiebungen in den Wörterbüchern zumindest ein Indiz dafür sind, dass bestimmte Eigenschaften zu bestimmten Zeiten bedeutsamer gewichtet wurden als andere. Heute lässt sich, was die propagandistischen Tätigkeiten angeht, von einer relativen Bedeutungsäquivalenz bei „Math" und „Adhinam" spre-

[50] Koppedrayer 1990, 43–44.
[51] Siehe z.B. Ebeling 2010, 60.
[52] Besonders deutlich in Mātavaṉ 2005, 27–28.
[53] Vgl. u.a. Madhavan 2002, 81–85.

chen. Dennoch ist nicht jeder Math ein Adhinam, aber jeder Adhinam ein Math.

Für die hier vorgenommene Verfolgung von Wortbedeutungen sei gesagt, dass Wörterbücher Bedeutungen immer kondensieren und normieren. Sie sind damit keine neutralen Beschreibungen sprachlicher Realitäten, sondern vielmehr produktive Vorschläge oder gar Vorschriften für eine bestimmte Sprachpraxis, die bestimmte Bedeutungen privilegieren und andere auslassen. Die in ihnen vorgenommenen positiven Definitionen sind zudem meist vieldeutig. Wörterbücher bieten damit nie ein exaktes Abbild des geläufigen Sprachgebrauchs innerhalb einer bestimmten Sprache oder gar eindeutige Definitionen aller existierenden Begriffe in einer anderen Sprache. Dies ist aus mehreren Gründen prinzipiell unmöglich, wenn man davon ausgeht, dass Sprache eine dynamische Praxis darstellt, die sich kontinuierlich und unaufhaltsam verändert und damit natürlich auch Wörter und ihre Bedeutungen. Das heißt auch, dass regelmäßig bestimmte Begriffe aus dem Sprachgebrauch verschwinden, neue Wörter entstehen oder aus anderen Kontexten entlehnt und mit neuen Bedeutungen aufgeladen werden. Die prinzipielle Vorläufigkeit eines Wörterbuchs zeigt sich aber auch darin, dass jedes Wort – nicht zuletzt durch die Schrift – grundsätzlich zitierbar, also wiederholbar ist. In dieser Iterabilität jedes Wortes liegt auch die generelle Veränderbarkeit von Wortbedeutungen begründet, da keine Wiederholung in der Lage ist, die vorherige Bedeutung eines Namens exakt wiederzugeben.[54] Dabei ist es egal, ob es sich um schriftliche oder mündliche Formen der Artikulation von Sprache handelt. Wörterbücher versuchen zwar gängige Sprachpraxis in mindestens einer oder mehreren Sprachen abzubilden, allerdings produzieren sie unweigerlich immer neue Bedeutungen und versuchen, diese zu fixieren. Dies kann jedoch ausschließlich temporär (genauer gesagt nur für den Moment der Artikulation) gelingen. Aufgrund der Eigenschaften von Sprache ist dies im Sinne einer stabilen Bedeutungsfixierung prinzipiell unmöglich. Wörterbücher basieren, wie Lydia H. Liu bemerkt hat, auf einer zweifelhaften Logik der Äquivalenz, die einem bestimmten Begriff in einer Sprache eine wirkmächtige Bedeutungszuschreibung in einer anderen (oder derselben) Sprache als vergleichbar gegenüberstellt.[55] Dieses Ideal von exakter und sinngemäßer Übersetzung ist nicht haltbar, da es unter den genannten Bedingungen schlicht eine Unmöglichkeit darstellt. Übersetzung, wie sie in

[54] Jacques Derrida hat diesen Umstand mit dem Kunstwort *différance* beschrieben. Siehe hierzu die Aufsätze „Signatur Ereignis Kontext" und „Die différance" in Derrida 2004, 68–109 und 110–149. Zum hier vertretenen Ansatz siehe auch eine Ausarbeitung des Konzepts bei Bergunder 2012b, 28–47.

[55] Liu 2002.

Wörterbüchern paradigmatisch (und pragmatisch) betrieben wird, muss vielmehr als produktive und kreative Praxis verstanden werden, die versucht, Bedeutungen zu fixieren und damit automatisch begrenzt, erweitert und verändert.[56] Diese Logik der Sinnverschiebung gilt es auch ausdrücklich innerhalb der kommunikativen Praxis anzuerkennen, die als *eine* Sprache verstanden wird. Die hier in Kürze vorgestellte Bedeutungsgeschichte der Wörter „Math" und „Adhinam" seit dem 18. Jahrhundert zeigt exemplarisch, wie unterschiedlich diese Begriffe zu verschiedenen Zeiten übersetzt (also der Äquivalenzlogik des Wörterbuches folgend) und mit spezifischen und bestimmenden Bedeutungen versehen wurden. Diese Prozesse sind damit immer beides: das Aufgreifen und, durch Wiederholung oder Neuschöpfung, die normierende Produktion eines *herrschenden* Sprachgebrauchs.

Abschließend sei festgehalten, dass sich der Name „Adhinam" heute großer Beliebtheit erfreut, wenn zwar nicht zwingend in gesprochener Sprache, dann jedoch in den Namensgebungen diverser tamilischer religiöser Zentren. Heute tragen mindestens 17–18 Einrichtungen in Tamil Nadu diesen Titel im Namen.[57] Koppedrayer dagegen spricht lediglich von fünf ihr bekannten Adhinams.[58] Ob dies daran liegt, dass sie unzureichend informiert war, oder dass in den letzten 25 Jahren neue Adhinams gegründet wurden beziehungsweise bestehende Zentren ihren Namen zu „Adhinam" geändert haben, kann hier nicht abschließend geklärt, sondern nur vermutet werden. In Sri Lanka existiert beispielsweise lediglich ein eigenständiger Adhinam, der 1966 eingerichtet wurde und von den bekannten Institutionen Südindiens akzeptiert wird.[59] Welche Attraktivität der Name „Adhinam" inzwischen hat, zeigt ein Exempel aus der tamilischen Diaspora in London. Dort wurde 1985 eine gemeinnützige Stiftung namens „Meikandar Aadheenam London" etabliert, die sofort die propagandistischen Tätigkeiten zur Verbreitung sivaistischer Philosophie der 1979 gegründeten Organisation „British Saiva Siddhanta Centre" übernommen hat.[60]

Die Bedeutungsgleichung, dass ein Adhinam automatisch die Verbreitung des Sivaismus betreibt, ist also mindestens seit den 1980er Jahren in der tamilsprachigen Welt verbreitet und auch außerhalb Indiens aner-

[56] Ausführlich hierzu Prunč 2012, 261–366.

[57] Irājacēkaraṉ 2006, 20–49.

[58] Koppedrayer 1990, 11. Zvelebil nennt in seinem Tamil Lexikon die sechs wichtigsten Adhinams, Zvelebil 1995, 78.

[59] Vgl. u.a. Thiyagarajan 2013, xxi.

[60] Adikal 1988, 9. Heute fungiert die Stiftung gleichzeitig als Zentrale der global agierenden Organisation „World Saiva Council", http://www.saivaworld.org/pageview.cgi?iD=106&cat=1 (zuletzt aufgerufen am 24.04.2015).

kannt. Die Unterscheidung der beiden Termini „Math“ und „Adhinam“ ist heute nur in bestimmten Kommunikationskontexten relevant. So ist es in der Regel vollkommen unproblematisch, von der Institution in Thiruvavaduthurai als Math zu sprechen, denn der Adhinam stellt zweifelsohne eine besondere tamilisch-sivaitische und nicht-brahmanische Form eines Maths dar. Allerdings unterstreicht vor allem die Selbstbezeichnung „Adhinam“ dezidiert deren speziellen Charakter und korreliert mit dem heutigen Anspruch, eine traditionelle Lehreinrichtung zu sein, die die Philosophie des Saiva Siddhanta propagiert. Daher wird die vorliegende Arbeit ausdrücklich den Begriff „Adhinam“ verwenden.

2. Die „Heilige Kailash Abstammungslinie“ des Thiruvavaduthurai Adhinam

Die historisch-religiöse Selbstverortung des Thiruvavaduthurai Adhinam sieht die Einrichtung und ihre Oberhäupter in einer göttlichen Genealogie verwurzelt, die als „Heilige Kailash Abstammungslinie“ (*tirukkayilāya paramparai*) bezeichnet wird. Diese Tradition umfasst sowohl historische Figuren wie auch mythische Lehrer, die sich zusammen in drei unterschiedlich benannte Abstammungslinien einteilen lassen. Diese werden mit „Abhisheka Paramparai“ (*āpiṣēka-p paramparai,* Skt. *abhiṣeka parampara*), „Bhuta Paramparai“ (*pūta-p paramparai* Skt. *bhūta parampara*) und „Deva Paramparai“ (*tēvā paramparai,* Skt. *deva parampara*) beschrieben.[61] Die *Abhisheka Paramparai* umfasst die konkrete personale Tradition der Oberhäupter des Thiruvavaduthurai Adhinam und benennt in ihrem Namen mit „Abhisheka“ die relevante rituelle Initiation, die einen Gurumaha Sannidhanam als religiösen Nachfolger dieser Linie bestimmt. Seit September 2012 regiert in Thiruvavaduthurai, wie oben beschrieben, der 24. Gurumaha Sannidhanam. In der Lesart der Institution, die mir so auch bei meinen Besuchen des Adhinam 2011 und 2012 bestätigt wurde, befindet sich jener Gurumaha Sannidhanam damit in einer ungebrochenen Reihe von Oberhäuptern. Diese reicht demzufolge über personale Weitergabe der Führerschaft als religiöser Lehrer durch direkte Initiation bis zur Gründung des Adhinam durch Namasivaya Murthikal in das 16. Jahrhundert zurück.[62] Die Gräber (*camāti*, Skt.

[61] Eine ausführliche sivaitische Darstellung findet sich bei Celvakkaṇapati 2013b, 375–414.

[62] Vgl. hierzu, wenngleich äußerst hagiographisch, Krishnamoorthy 2003, 20–157.

samādhi)[63] der meisten vergangenen Gurumaha Sannidhanams werden täglich rituell verehrt, um so die Verbundenheit zu den Vorgängern performativ zu unterstreichen.[64]

Die *Bhuta Paramparai*, also die „weltliche Abstammungslinie", schließt die personale Genealogie der Gurumaha Sannidhanams des Thiruvavaduthurai Adhinam an eine größere tamilisch-sivaitische Tradition an, die von allen Saiva Siddhanta Organisationen für sich reklamiert wird, namentlich an die sogenannten großen „philosophischen Lehrer" (*cantānācariyar*)[65] des Saiva Siddhanta. Die Gründungsfigur des Adhinam, Namasivaya Murthikal, soll ein Schüler von Siddhar Sivaprakasa Desikar (*Cittar Civappirakāca Tēcikar*) gewesen sein. Dessen Guru wiederum war, gemäß dieser traditionellen Ansicht, Arul Namasivaya (*Aruḷ Namacivāya*), der in einem Schüler-Lehrer-Verhältnis zu Umapati Sivachariyar (*Umāpati Civācāriyar*) gestanden haben soll. Umapati, der am Beginn des 14. Jahrhunderts gewirkt haben soll, gilt als zeitlich letzter der vier großen „philosophischen Lehrer" des tamilischen Saiva Siddhanta. Diese vier Philosophen und ihre Schriften werden innerhalb der tamilischen Siddhanta-Tradition besonders verehrt, namentlich sind das Meykanda (*Meykaṇṭatēvār*) (erste Hälfte 13. Jahrhundert), Arulnandi Sivacharya (*Aruḷnanti Civācāriyar*) (Mitte 13. Jahrhundert), Maraignana Sampantar (*Maṟaiñāṉa Campantar*) (spätes 13. Jahrhundert) und Umapati Sivacharya. Arulnandi stand demzufolge in der Nachfolge Meykandas. Maraignana Sampantar, der wohl keine eigenen Werke verfasst hat, war der Guru Umapatis und wird ebenfalls in dieser Linie verortet. Die vier Personen gelten heute – neben zwei weiteren Autoren – als die Lehrer des expliziten Saiva Siddhanta in philosophischer Form.[66] Ihre Texte und Lehren bilden ein Kernelement der Verbreitung dieser Philosophie durch den Thiruvavaduthurai Adhinam.

Über Meykanda, den zentralen Philosophen und Autoren des Kerntextes des tamilischen Saiva Siddhanta, knüpft diese Tradition weiterhin an die *Deva Paramparai* an, also die „göttliche Abstammungslinie". Hierbei

---

[63] Die Oberhäupter des Thiruvavaduthurai Adhinam werden nach ihrem Ableben nicht verbrannt, sondern in einer Art Mausoleum bestattet, vgl. Koppedrayer 1990, 21.

[64] Vgl. Yocum 1990, 259–264.

[65] In Abgrenzung zu den „religiösen Lehrern" (*camay ācariyar*), namentlich den vier großen *bhakti*-Heiligen des tamilischen Sivaismus. Diese Einteilung in frühere „religiöse Lehrer" und spätere „philosophische Lehrer" findet sich sowohl in der Literatur des Adhinams, siehe z. B. Krishnamoorthy, *Thiruvavaduthurai Adheenam*, 225, als auch in der indologischen Forschung, siehe u.a. Zvelebil, *Lexicon of Tamil literature*, 435, 74, 418, 720. Ebenso auch in populärwissenschaftlichen Publikationen, siehe Venkatachalam, *Saiva Siddhantam*, 171–187. Alternativ wird diese Einteilung auch mit „religiöse Gurus" (*camaya kuravar*) und „spirituelle Gurus" (*cantāna kuravar*) bezeichnet, vgl. Gangadharan 1992, 3.

[66] Vgl. hierzu Koppedrayer 1990, 139–142.

handelt es sich abermals um vier Figuren, deren Hintergrund als eher mythologisch-religiös denn historisch zu betrachten ist und letztlich mit einer direkten Offenbarung Gottes, also Sivas (*civaṉ*, *civā*, Skt. *śiva*), begründet wird. Der traditionellen Darstellung zufolge bat das Reittier und erster Jünger Sivas, der Bulle Nandi (*Nantitēvār*, Skt. *Nandī*), seinen Herrn am Anbeginn der Zeit auf dem Berg Kailash (*kayilai malai*, Skt. *kailāśa*) im Himalaya um die Unterrichtung in den göttlichen Lehren und Mysterien.[67] Nachdem er diese Einsichten erhalten hatte, gab Nandi das Verständnis (*pōtam*, Skt. *bodha*) des göttlichen Siva-Wissens (*civañāṉa*, Skt. *śivajñāna*) weiter an den Weisen Sanarkumara Munivar (*Caṉaṟkumāra Muṉivar*, Skt. *Sanatkumāra*). Dieser lehrte wiederum Sathiyagnana Darshini (*Cattiyañāṉa Taricaṉa*, Skt. *Satyajñānadarśini*), der seinerseits Paranjothi Munivar (*Parañcōti Muṉivar*, Skt. *Parañjōti*) unterwies. Diese Gruppe wird auch als die „inneren Lehrer" (*akaccantāṉ kuravar*) bezeichnet, die die göttliche Offenbarung in der Welt bewahrt und verbreitet haben. Wichtig ist hierbei festzuhalten, dass der sanskritische Charakter dieser Offenbarung auch in der orthodoxen tamilischen Tradition Thiruvavaduthurais nicht angezweifelt wird.

Entscheidend für die Verbindung zwischen diesen mythologisch-religiösen Gurus der „göttlichen Abstammungslinie" mit einer konkreten literarischen Tradition in Tamil Nadu ist die Annahme, Paranjothi sei im 13. Jahrhundert dem tamilischen „Wunderkind" Meykanda als göttlicher Lehrer erschienen. Meykanda (wörtl. etwa „derjenige, der die Wahrheit erkannt hat") soll demnach bereits als Zweijähriger von Paranjothi initiiert und mit seinem Namen versehen worden sein. Entsprechend habe er sein 12 Sutras umfassendes Werk „Sivagnana Botham" (*civañāṉapōtam*), also eine Präsentation des „Verständnis des göttlichen Siva-Wissens", verfasst. Es markiert den Übergang einer Sanskrit-Texttradtion in eine Tamil-Texttradition. Der Anspruch ist hierbei, dass dieses Werk, das heute als der zentrale Text des tamilischen Saiva Siddhanta gilt, der ursprünglichen Offenbarung durch Gott entspricht. Laut dieses Narrativs ordnete sich der wesentlich ältere Brahmane Arulnandi, angezogen von der Weisheit Meykandas, dem nicht-brahmanischen Kind als Schüler unter und verfasste in seiner Nachfolge weitere Schriften, die heute als kanonische Texte des Saiva Siddhanta gelten. Über Maraignana Sampantar und dessen abermals brahmanischen Schüler Umapati führt diese klassische Darstellung der göttlichen Ursprünge des tamilischen Saiva Siddhanta, wie gezeigt, zur konkreten historischen Tradition des Thiruvavaduthurai Adhinam.[68] Dies drückt sich unter anderem dadurch aus,

[67] Zu Nandi aus Sicht des Adhinam, siehe Koppedrayer 1990, 144–151.

[68] Vgl. Koppedrayer 1990, 139–142. Für eine populäre, sivaitische Kurzdarstellung siehe Venkatachalam 2007, 181–187.

dass im Adhinam angenommen wird, dass der persönliche „lingam" (*liṅkam,* Skt. *liṅga*)[69] Umapatis, also der zentrale sivaitisch-rituelle Gegenstand für die Durchführung von Verehrung, an Namasivaya Murthikal übergegangen ist und somit täglich vom jeweiligen Gurumaha Sannidhanam der Einrichtung verwendet wird.[70]

Alle traditionell-sivaitischen (nicht-brahmanischen) Zentren Tamil Nadus berufen sich über ihre jeweilige institutionelle Abstammungslinie auf die vier großen „philosophischen Lehrer", welchen dezidiert tamilische Schriften zugeschrieben werden. Allerdings schließt diese eben explizit an die sanskritische Tradition göttlicher Offenbarung an. Auch muss festgehalten werden, dass zu den kanonischen Philosophen des tamilischen Saiva Siddhanta ausdrücklich zwei brahmanische Lehrer gezählt werden. Entgegen der, vor allem im Lauf des 20. Jahrhunderts populär gewordenen, tamil-nationalistischen Ansicht, bei Saiva Siddhanta handele es sich um eine rein „dravidische Philosophie"[71], steht die Institution des Thiruvavaduthurai Adhinam ausdrücklich für die nominelle Anerkennung eines textuell-sanskritischen und personal-brahmanischen Erbes. Für eine historische Betrachtung dieses Kontextes ist es daher wichtig festzuhalten, dass die Entwicklungen der Texttradition des heutigen tamilischen Saiva Siddhanta nicht nur als „eine lange Geschichte von Konkurrenz, Ambivalenz und Übernahme"[72] zwischen den zwei vermeintlich getrennten sprachlichen Traditionen des Sanskrit und Tamil sowie verschiedenen sozialen und rituellen Gemeinschaften verstanden werden muss. Vielmehr muss betont werden, dass es sich dabei um eine gemeinsame Geschichte handelt, in der bis ins späte 19. Jahrhundert eine solche strikte Dichotomisierung weitgehend irrelevant war. Jüngere Forschungen legen nahe, dass Saiva Siddhanta vor den tamilischen Artikulationen durch die „philosophischen Lehrer" ab dem 13. Jahrhundert nicht als regionale Tradition verstanden wurde, sondern vielmehr durch ein pan-indisches Netzwerk von Sanskrit-Gelehrten verbreitet wurde.[73]

Auffällig an der „Heiligen Kailash Abstammungslinie" des Thiruvavaduthurai Adhinam ist, dass die Heiligen der tamilisch-sivaitischen „bhakti-Tradition" (*caiva-p patti neṟi*) darin nicht vorkommen.[74] Im modernen Saiva Siddhanta gelten die Hymnen dieser Sänger, die zwischen dem 6. und 12. Jahrhundert entstanden sein sollen, als selbstver-

[69] Vgl. hierzu Hohenberger 2012.

[70] Koppedrayer 1990, 17.

[71] Vgl. exemplarisch, Christopher 2009.

[72] „*a long history of competition, ambivalence, and accommodation*" Ishimatsu 1999, 577–578.

[73] Davis 2010; Pechilis Prentiss 1996; Ishimatsu 1999.

[74] Zur tamilischen *bhakti*-Tradition, siehe u.a. Yocum 1982; Pechilis Prentiss 1999; Peterson 1989.

ständlicher Teil des literarischen Kanons und werden gesammelt als „Zwölf Tirumurai" (*paṉṉiru tirumuṟai*) bezeichnet. Besonders vier dieser Autoren, namentlich Tirugnana Sampantar (*Tiruñāṉacampantar*), Tirunavukkarasar (*Tirunāvukkaracu*), der vor allem unter dem Namen Appar (*Appar*) bekannt ist, Suntarar (*Cuntaramūrttināyaṉār*) und Manikkavacakar (*Māṇikkavācakar*), werden als „religiöse Lehrer" (*camay ācariyar*) des tamilischen Sivaismus verehrt. Ihre Hymnen werden gegenwärtig in sivaitischen Tempeln Tamil Nadus gesungen. Einer der darüber hinaus heute bedeutendsten tamilischen *bhakti*-Heiligen, namentlich Tirumular (*Tirumūlar*), der im 11. Jahrhundert gelebt haben soll,[75] ist eng mit dem Ort Thiruvavaduthurai verbunden. Seine Grabstätte befindet sich auf dem Gelände des Gomukthiswarar-Tempels (*tiruvāvaṭutuṟai kōmuktīcuvarar ālayam*), der direkt an das Gelände des Thiruvavaduthurai Adhinam anschließt. Die Legenden um sein Leben und Werk sind meist mythischer Natur, sodass in der sivaitischen Tradition davon ausgegangen wird, dass Tirumular ursprünglich ein Schüler des oben erwähnten Nandi auf dem Berg Kailash gewesen sein soll. In dessen Auftrag soll sich Tirumlar nach Tamil Nadu begeben und sich in Thiruvavaduthurai niedergelassen haben, wo er in mystischer Versenkung sein Werk „Tirumantiram" (*tirumantiram*, alternativ auch *tamiḻmūvāyiram*) verfasst habe. In den Interpretationen seit dem 19. Jahrhundert gilt Tirumular, der zeitlich noch vor den „philosophischen Lehrern" eingeordnet wird, als derjenige, der den vormals rein sanskritischen Saiva Siddhanta auf Tamil ausdrückte und als „wahrer Siddhanta" (*cutta cittāntam*) gelehrt haben soll.[76]

Trotz der allgemein akzeptierten Verbundenheit des sivaitischen Heiligen Tirumular mit Thiruvavaduthurai taucht dieser nicht in der Abstammungslinie des Adhinam auf – genauso wenig wie die anderen klassischen *bhakti*-Sänger. Für diese und andere orthodoxe Institutionen ist ausschlaggebend, dass sie, durch ihre „Heilige Kailash Abstammungslinie" über den Philosophen Meykanda als ersten menschlichen Schüler Nandis, direkten Anschluss an die göttliche Offenbarung hat. Wie im

[75] Siehe Mena 2009, 1, Fn 4; Goodall 2004, xxix; Venkatraman 1990, 45. Die Datierung Tirumulars ist auch in der tamilistischen Bewertung äußert umstritten, so gehen bspw. Narayana Ayyar 1974, 214 und Zvelebil 1995, 675–678 etwa vom 7. Jahrhundert als Entstehungszeitraum aus. Laut sivaitischer Überlieferung saß Tirumular für 3.000 Jahre vertieft in einem meditativen Yogazustand in Thiruvavaduthurai und erwachte jährlich einmal, um je einen Vers des *Tirumantirams* zu komponieren, Krishnamoorthy 2003, 15–19.

[76] Zur Figur Tirumulars siehe u.a. Koppedrayer 1990, 157–168. Tirumular ist im Übrigen einer der Hauptbezugspunkte einer Saiva Siddhanta Bewegungen in den USA, die seit Mitte der 1950er Jahre unter dem Namen „Saiva Siddhanta Church" bekannt ist. Hierzu auch Neubert 2012.

Verlaufe der Arbeit noch gezeigt werden wird, spielen die „religiösen Lehrer" für die Konzeption des Saiva Siddhanta des Thiruvavaduthurai Adhinam aber dennoch eine bedeutende Rolle.

Neben den kanonisierten Figuren der „Heiligen Kailash Abstammungslinie" sind weitere historische Personen eng mit der Institution des Thiruvavaduthurai Adhinam verknüpft. Für die moderne Geschichte des Saiva Siddhanta, des Sivaismus und der Literatur in Tamil Nadu sind vier Vertreter besonders hervorzuheben. Zunächst ist hier Sivagnana Munivar (*Civñāṉa Munivar*, auch *Civñāṉacuvāmikaḷ*, *Civñāṉa Yōkikaḷ*) (ca. 1725–1785) zu nennen. Er gilt als herausragender Philosoph, Poet und Grammatiker. In tamilistischer Forschung wird Sivagnana Munivar wahlweise als „vielleicht größter Kommentator aller Zeiten"[77], „größte literarische Persönlichkeit aus den Maths"[78] oder „wahrscheinlich größter Tamil-Gelehrter aller Zeiten"[79] beschrieben. Er hat dem Thiruvavaduthurai Adhinam als Tambiran angehört, war also Mitglied der initiierten, zölibatär-asketischen Bruderschaft. Seine Grabstätte befindet sich auf dem Gelände des Adhinam, neben denen von zehn Oberhäuptern und drei weiteren bedeutenden Tambirans.[80] Laut der Überlieferung der Einrichtung wurde Sivagnana Munivar im späten 19. Jahrhundert vom 16. Gurumaha Sannidhanam so sehr geachtet, dass er zu einer Art „Schutzheiligen" für die Institution erhoben wurde.[81] Heute wird er im tamilischen Saiva Siddhanta vor allem wegen seiner Kommentare zu den kanonischen Texten der „philosophischen Lehrer" rezipiert. Höchstes Ansehen genießt dabei das sogenannte „Sivagnana Mapadiyam" (*civñāṉa māpāṭiyam/pāṭiyam*, auch *tirāviṭa māpāṭiyam*). Dieser Text, der lange unter Verschluss gehalten wurde, gilt als der hervorragendste Kommentar zum Kerntext des Saiva Siddhanta, dem *Sivagnana Botham* Meykandas.[82]

Im 19. Jahrhundert waren drei weitere Persönlichkeiten der jüngeren tamilischen Religions- und Literaturgeschichte ein Teil des Netzwerkes des Thiruvavaduthurai Adhinam. Diese sind Arumuka Navalar (*Āṟumuka Nāvalar*) (1822–1879) aus Jaffna (*Yāḻppāṇam*) in Sri Lanka, T. Minakshi Sundaram Pillai (*Tiricirapuram Mīṉaṭcicuntaram Piḷḷai*) (1815–1876) und sein prominentester Schüler, U.V. Swaminatha Aiyar (*Uttamatāṉapuram Vēṅkaṭarāmaṉ Cāminat'/Cuvāminat' Aiyar*) (1855–1942). Arumuka Navalar war ein einflussreicher sivaitischer Gelehrter und Publizist,

---

77 „*prob. the greatest commentary-writer of all time*" Zvelebil 1995, 174.

78 „*the greatest literary personality from the mutts*" Jesudasan & Jesudasan 1961, 244.

79 „*arguably the greatest Tamil scholar of all times*" Venkatachalapathy 2005, 109.

80 Yocum 1990, 260.

81 Vgl. „*Sivagnana Munivar was later on held in high esteem by the 16th pontiff of the mutt Melakaram Subramanya Desikar as the Deity of the Adheenam or tutelary deity.*" Krishnamoorthy 2003, 189.

82 Zvelebil 1995, 175; Vajravelu Mudaliar 1985; Ramachandran 1999.

der massiv an den zeitgenössischen Religionsdebatten in der tamilsprachigen Welt beteiligt war und den Sivaismus vor allem gegen christlich-missionarische Kritik verteidigte. Er war zeitweise als Dichter-Gelehrter (*pulavar*) am Adhinam tätig und hat von dieser Institution seinen Ehrentitel „Navalar" erhalten, der ihn als „Poet", „Redner" und „Gelehrten" auszeichnete. Seine große Bedeutung für die tamilisch-sivaitischen Auseinandersetzungen des 19. Jahrhunderts wird im Laufe dieser Arbeit an den relevanten Stellen weiter thematisiert werden.[83]

Minakshi Sundaram Pillai war zu Lebzeiten ebenfalls ein berühmter tamilischer Dichter-Gelehrter und als solcher der führende Gelehrte (*makāvittuvāṉ*)[84] des Adhinam. Seine bedeutende Rolle in der literarischen Kultur Tamil Nadus wird gegenwärtig sowohl in der Forschung als auch in der Darstellung des Adhinam anerkannt.[85] Der Thiruvavaduthurai Adhinam hält die Erinnerung an den ehemaligen Lehrer lebendig, indem er nicht nur ein Gebäude auf dem großen Komplex nach Minakshi Sundaram Pillai benannt hat, sondern auch jährlich einen Preis für wissenschaftliche Leistungen in seinem Namen vergibt.[86] Seinem Schüler U. V. Swamianatha Aiyar weist die etablierte tamilistische Historiographie eine noch größere Bedeutung für die modernen Entwicklungen des Tamil zu. Dort wird er in der Regel als eine der prägenden Figuren gefeiert, die durch die Publikation alter tamilischer Literatur ab Ende des 19. Jahrhunderts der tamilischen Sprache zum Status einer klassischen Sprache verholfen hat.[87] Swamianatha Aiyar hat etwa vier Jahre zusammen mit seinem Lehrer in Thiruvavaduthurai verbracht und dort unter ihm und anderen Autoritäten des Adhinam Tamil studiert. Nach dem Tod seines Meisters im Jahre 1876 wurde Swamianatha Aiyer zum Adhinam-Gelehrten (*vittuvāṉ*) ernannt, bis er 1880 eine Stelle als Tamil-Dozent am renommierten Government College von Kumbakonam annahm.[88] In sei-

[83] Zu Arumuka Navalar und seinem Einfluss auf den tamilischen Sivaismus siehe unter anderem Hellmann-Rajanayagam 1989; Ambalavanar 2006; Schalk 2010; Weiss 2016.

[84] „großer Gelehrter"; wörtl. „derjenige, der Wissen hat".

[85] Vgl. u.a. Richman 1997; Ebeling 2010, 33–102; Zvelebil 1995, 436–439; Krishnamoorthy 2003, 192; Celvakkaṇapati 2013a, 540.

[86] Krishnamoorthy 2003, 193.

[87] Vgl. u.a. Zvelebil 1995, 102–103; Ramanujan 1985; Monius 2011.

[88] Das College wurde 1854 gegründet und war mit der Universität in Madras affiliert. F. R. Hemingway beschreibt die Einrichtung 1905 als Ort mit hervorragender Geschichte, die dem College im 19. Jahrhundert den Beinamen „Cambridge Südindiens" eingebracht hat. Durch die verbesserten Transportbedingungen durch die Etablierung der Eisenbahn sei aber Anfang des 20. Jahrhunderts die Attraktivität des Studienorts gesunken, da die Bildungseinrichtungen in Madras große Anziehungskraft auf Lehrende und Studierende ausübten. Hemingway 1906, 163–164. In den 1880er Jahren dürfte das Curriculum des Colleges dem der Madras University entsprochen haben, d.h. für die älteren Studierenden stand englische Literatur, Geschichte, Moralphilosophie, politische Ökonomie, Mathema-

ner einflussreichen Autobiographie, die die Jahre bis 1899 abdeckt, spricht er an etlichen Stellen außerordentlich positiv über seine Zeit am Thiruvavaduthurai Adhinam.[89]

Diese Beispiele von mit der Institution verbundenen, einflussreichen Autoren und Publizisten sollen hier zeigen, dass die Einrichtung durchaus – ähnlich wie andere traditionelle sivaitische Zentren Tamil Nadus – geschichtlich einen Ort für die Förderung von Gelehrten, Literaten und anderen Künstlern darstellte. Besonders seit der zweiten Hälfte des 19. Jahrhunderts bestand diese Tätigkeit vermehrt in der finanziellen Unterstützung von Publikationen, die durch die massenhafte Einführung des Druckwesens in Tamil Nadu möglich wurden. Zuvor sind Institutionen wie der Thiruvavaduthurai Adhinam vor allem als Patrone oder Mäzene aufgetreten, die Dichter und Gelehrte für ihre Dienste vor Ort bezahlten und somit künstlerische Produktion unterstützten.[90] Seit 1954 unterhält der Adhinam eine eigene Druckerpresse, die es ihm ermöglicht, durch meist sivaitische Veröffentlichungen ein größeres lesendes Publikum in Tamil Nadu anzusprechen.[91]

Diese historische Verbundenheit des Thiruvavaduthurai Adhinam mit einflussreichen Gelehrten des tamilischen Sivaismus und der tamilischen Literatur, die heute auf verschiedenste Weisen fortgeführt wird, verweist auf den ersten Blick auf die Stimmigkeit der heute gängigen Definitionen von einem Adhinam als Ort der Verbreitung einer bestimmten Philosophie. In seinen Eigendarstellungen bezeichnet sich die Institution gegenwärtig als „den wichtigsten Sitz der Saiva Siddhanta Gelehrsamkeit und der tamilischen Kultur in Tamil Nadu."[92] Auch in tamilisch-sivaitischen Publikationen wird vom Adhinam als ein „großer Thron" (*periya camastāṉam*) oder eine Art „sivaitische Universität" (*caiva-p palkalaikkaḻakam*) gesprochen.[93] Die Aufgabe dieser Einrichtung wird dort demnach mit einem bekannten sivaitischen Sprichwort („*caiva ulakil vaḻaṅki varum oru paḻamoḻi*") so ausgedrückt: „Sivaismus und Tamil mögen fruchtbar verbreitet werden", denn „ohne Sivaismus kein Tamil und ohne

---

thik und Naturphilosophie auf dem Lehrplan, für die jüngeren Jahrgänge Grammatik, Englisch, Geographie, Geschichte, Geometrie und Algebra. In beiden Altersstufen wurde aber eben auch Tamil unterrichtet. Siehe Cutler 2003, 277, Fn 13.

[89] Vgl. hierzu Cāminātaiyar 1990, 1994.

[90] Zur zeitgenössischen Praxis der literarischen Förderung in Tamil Nadu und ihrer Veränderung im 19. Jahrhundert, siehe vor allem Venkatachalapathy 2012, 20–75 und 99–130; Ebeling 2010, 103–164.

[91] Koppedrayer 1990, 20.

[92] „*[T]he most important seat of Saiva Siddhanta learning and Tamil Culture in Tamil Nadu.*" Krishnamoorthy 2003, iii.

[93] Mātavaṉ 2005, 27–28.

Tamil kein Sivaismus.“[94] Auffällig ist hieran allerdings zunächst, dass der tamilische Charakter des Zentrums heute offensichtlich außerordentlich betont wird, was sich auch im Fokus auf die Publikation von Schriften und philosophischen Texten in tamilischer Sprache äußert. Die oben besprochene Anerkennung des sanskritischen Erbes in Bezug auf die eigene göttliche Abstammungslinie erscheint daher inzwischen mehr ein formales Zitat, denn eine konkrete Praxis darzustellen. Weiterhin ist die Förderung tamilischer Literatur und Religion zwar in Bezug auf einige einflussreiche Persönlichkeiten auch historisch nachweisbar, allerdings wäre die Folgerung, der Thiruvavaduthurai Adhinam hätte daher immer schon die Verbreitung von Saiva Siddhanta betrieben, ein historischer Kurzschluss. Diese Untersuchung wird zum einen zeigen, dass das, was heute selbstverständlich als Saiva Siddhanta präsentiert wird, als Ergebnis moderner Debatten, die seit der Mitte des 19. Jahrhunderts unter dem Einfluss von Orientalismus und Kolonialismus in Südindien geführt wurden, verstanden werden muss – also genau seit der Zeit, in der sich die propagandistischen Bemühungen des Adhinam spürbar veränderten und zwischenzeitlich intensivierten. Zum zweiten lässt sich jene Förderung gelehrter Eliten durch den Adhinam nicht mit den Initiativen der Institution vergleichen, insbesondere gegen Ende des 20. Jahrhunderts. Denn erst Anfang der 1990er Jahre begann der Thiruvavaduthurai Adhinam mit einer großflächigen und vor allem öffentlich zugänglichen Verbreitung von tamilischem Saiva Siddhanta und Sivaismus. Diese Bemühungen unterscheiden sich nicht nur formal und strukturell radikal von den früheren Diskussionen kleiner, exklusiver Gruppen von Tambirans, Pandits und Poeten innerhalb der Mauern des Adhinam. Mehr noch ist der Saiva Siddhanta, der von der Institution durch eine populäre Organisation gegenwärtig verbreitet wird, entgegen der Selbstdarstellung und des Eigenanspruchs, der sich aus der „Heiligen Kailash Abstammungslinie“ speist, nicht seit Anbeginn der Zeiten schlicht *derselbe*. Alleine strukturell ist die Veränderung einer monastisch-asketischen Tradition exklusiver initiierter Mitglieder, hin zu einer populären Lehre für alle Interessierten ein radikaler Schritt, der Beachtung verdient. Diese Untersuchung wird daher versuchen zu zeigen, dass der heutige Saiva Siddhanta eine umkämpfte und vor allem vergleichsweise junge Geschichte hat.

---

[94] „*caivamum tamiḻum taḻaittiṉitōṅkuka*“ Mātavaṉ 2005, 28.

3. Das „Saiva Siddhanta Studienprogramm" des Thiruvavaduthurai Adhinam

Der Thiruvavaduthurai Adhinam betreibt die Propagierung des Saiva Siddhanta seit gut zwei Jahrzehnten für eine breitere tamilische Öffentlichkeit. Der Aspekt der Verbreitung einer bestimmten Philosophie, die in der heutigen Bedeutung des Wortes Adhinam mitschwingt, wird dadurch weiter gefestigt. Diese Verbreitung religiöser und philosophischer Lehren in großem Umfang außerhalb der eigenen Mauern stellt allerdings eine Entwicklung des späten 20. Jahrhunderts dar. Noch bis Anfang des 20. Jahrhunderts versuchte der Adhinam beispielsweise, die Verbreitung und Publikation eines der heutigen „Standardtexte" zum tamilischen Saiva Siddhanta zu verhindern. Dies beklagte 1887 einer einflussreichsten tamilischen Publizisten des späten 19. Jahrhunderts, C. W. Damodaran Pillai (*Ci. Vai. Tāmōtaram Piḷḷai*) (1832–1901). Er beschwerte sich öffentlich darüber, dass das oben genannte *Sivagnana Mapadiyam* Sivagnana Munivars über ein volles Jahrhundert im Adhinam unter Verschluss gehalten wurde. Ähnlich unzufrieden mit der Geheimhaltung dieses Textes zeigte sich auch noch 1906 der bekannte tamilische Dichter C. Subramania Bharati (*Ci. Cupramaṇiya Pārati*) (1882–1921).[95]

Das Werk, das 1775 in einem rituellen Debüt (*araṅkēṟṟam*) erstmals öffentlich einem ausgewählten Publikum präsentiert wurde, gilt als zentraler Kommentar zum *Sivagnana Botham* Meykandas, welches wiederum als Grundtext der Saiva Siddhanta Philosophie verstandenen wird. Wie noch zu zeigen sein wird, wird dieser Text heute von der populären Organisation des Thiruvavaduthurai Adhinam vielfältig genutzt. Allerdings hat der Adhinam selbst die Schrift bis heute nicht gedruckt. Ein ehemaliger Tambiran aus Thiruvavaduthurai, der 1888 zum Oberhaupt des benachbarten kleineren und damals unter der Kontrolle Thiruvavaduthurais stehenden Suriyanarkoil Adhinam (*cūriyaṉārkōyil ātīṉam*)[96] ernannt worden war, bemühte sich Ende des 19. Jahrhunderts, den Text auf dubiosem Weg weiteren Kreisen zugänglich zu machen. Er soll das Werk aus der Einrichtung entliehen haben, um es vollständig abschreiben und heimlich drucken zu lassen, was aber vom Thiruvavaduthurai Adhinam letztlich bemerkt und vereitelt wurde. Allerdings müssen fragmentarische Abschriften außerhalb Thiruvavaduthurais verblieben sein, sodass Anfang

---

[95] In einem Beitrag für seine Zeitschrift „India" verglich Bharati die Hoffnung auf eine Zugänglichmachung der Schrift mit der jüdischen Messiaserwartung und konstatierte: „*the rare work of Dravida Mahabashyam by Sivagnana Munivar is kept under the wraps by the Thiruvavaduthurai Mutt! How great might this work be! When will it ever see the light of day!*" zitiert in Venkatachalapathy 2012, 2

[96] Zu dieser Institution, siehe Koppedrayer 1990, 33–37.

des 20. Jahrhunderts unvollständige „Raubkopien" des Originaltextes publiziert wurden. Erste Versionen des *Sivagnana Mapadiyam* erschienen 1906 in Madurai und Jaffna. Durch diese Veröffentlichungen wurde der Text offensichtlich auch in den zeitgenössischen orientalistischen Debatten rezipiert. So gibt der Leipziger Missionar Hilko W. Schomerus (1879–1945) in seiner deutschsprachigen Darstellung des Saiva Siddhanta von 1912 an, zwei Kommentare Sivagnana Munivars (eine längere und eine kürzere Version des *Sivagnana Mapadiyam*) für seine Abhandlung genutzt zu haben.[97] 1921 wurde vom Suriyanarkoil Adhinam eine Edition des Werkes herausgegeben, die zwar als einigermaßen akkurat, aber dennoch bis heute als unvollständig gilt.[98]

Diese Anekdote um den Thiruvavaduthurai Adhinam ist zumindest ein Hinweis darauf, dass sich die Institution nicht schon immer und traditionell um die großzügige Propagierung der Lehren des Saiva Siddhanta unter der tamilischen Bevölkerung gekümmert hat. Auch U. V. Swamianatha Aiyer beschreibt in seiner Autobiographie die – im Vergleich zu anderen Lehrinhalten keineswegs besonders hervorgehobene – Unterweisung in Saiva Siddhanta durch den damaligen Gurumaha Sannidhanam des Adhinam im späten 19. Jahrhundert als ausgesprochen exklusive Angelegenheit einiger weniger Gelehrter.[99] Diesen kleinen Kreisen von Tambirans und Pandits stand das *Sivagnana Mapadiyam* allerdings sehr wohl zur Verfügung.[100] Das Werk des Sivagnana Munivar war aufgrund seines Ursprungs aber wohl lange Zeit nur in Thiruvavaduthurai zugänglich, und so schien man dort den exklusiven Zugriff auf den Text und auf seine Deutungshoheit behalten zu wollen. Es war bis zum Ende des 19. Jahrhunderts angeblich nur drei Gelehrten, die in der Gunst des Adhinam standen, gestattet worden, den Text zu studieren.[101] Dass das *Sivagnana Mapadiyam* aber schon vor seiner Drucklegung einigen Siddhanta-Aktivisten außerhalb des Thiruvavaduthurai Adhinam, vermutlich in Form der

---

[97] Schomerus 1912, 26–27.

[98] Konkret fehlt wohl weiterhin die Passage des Kommentars des 6. Sutras des *Sivagnana Bothams*. Eine Beschreibung der abenteuerlichen Publikationsgeschichte des *Sivagnana Mapadiya* bieten Ramachandran 1999, 51–57; Venkatachalapathy 2012, 2–4. Seit 1985 liegt eine englische Bearbeitung vor, siehe Vajravelu Mudaliar 1985.

[99] Vgl. bspw. „*He [Gurumaha Sannidhanam] would begin his schedule with the teaching of Caiva Cittānta Cāstiram. The class would be attended by a few monks.*" Cāminātaiyar 1990, 206.

[100] Vgl. u.a. „*Under [Gurumaha Sannidhanam] Cuppiramaṇiya Tēcikar we studied grammatical treatise, Śaiva Siddhānta śāstras, and a few literary texts. [...] It was then critically elaborated by Civañāṉa Muṉivar. He has exploited Sanskrit and Tamil usages in his Tirāviṭa Mahāpāṣyam on Civañāṉapōtam.*" Cāminātaiyar 1994, 280.

[101] Die drei Gelehrten mit frühem Zugang zum Werk Sivagnana Munivars werden in der Regel als Minakshi Sundaram Pillai, Arumuka Navalar und Sabhapati Navalar (*Capāti Nāvalar*) identifiziert, Venkatachalapathy 2012, 3.

fragmentarischen Versionen des Suriyanarkoil Adhinam, zur Verfügung stand, zeigt das Beispiel J. M. Nallaswami Pillais (*Je. Em. Nallacāmi Piḷḷai*) (1864–1920). Dieser, wie im Verlauf der Untersuchung deutlich werden wird, ausgesprochen einflussreiche Saiva Siddhanta Gelehrter und Jurist betont in der Einleitung zu seiner 1897 erschienenen Übersetzung des *Sivagnana Botham* Meykandas, „zur Erhellung dieses Textes und des Originalkommentars dem exzellenten Kommentar Sivagnana Munivars gefolgt" zu sein.[102] Zwar unterstützte der Thiruvavaduthurai Adhinam, wie bereits angedeutet, seit dem späten 19. Jahrhundert auch die Publikation von klassisch kategorisierten tamilischen Schriften sowie von Werken zeitgenössischer Dichter, die der Institution verbunden waren. Von einer Propagierung des Saiva Siddhanta durch den Adhinam, zumal auf systematische Weise, die einer breiteren Öffentlichkeit zugänglich gewesen wäre, lässt sich allerdings schwerlich sprechen. Wie gezeigt wurde, war die Einrichtung in bestimmten Fällen vielmehr um Geheimhaltung bemüht.

Dass diese relative Verschlossenheit der Institution bis in die jüngere Vergangenheit sogar vom Thiruvavaduthurai Adhinam selbst anerkannt wurde, zeigen die kritischen Bemerkungen aus der schon erwähnten, „quasi-offiziellen" Geschichte der Einrichtung bei Krishnamoorthy. Dieser bezieht sich in dieser Passage zwar nicht ausdrücklich auf die Propagierung von Saiva Siddhanta, sondern spricht allgemein von einem fehlenden „Dienst an der Menschheit"[103] des Adhinam. Weiterhin vergleicht er die generelle Untätigkeit der sivaitischen Adhinams in Tamil Nadu mit (positiven) Gegenbeispielen aus Christentum und Islam. Dadurch wird zudem ein „weltreligiöser" Referenzrahmen im heutigen Verständnis des Saiva Siddhanta deutlich:

„Die Menschen, die zum Adhinam gehören, sind auf diese vier Mauern beschränkt. Es ist an der Zeit, dass sie heraustreten in die Öffentlichkeit und sich mit den Leuten abgeben und ihnen zu Diensten und zur Hilfe sind. [...] Unser Sivaismus muss wachsen und muss sich durch Dienst an den Massen entwickeln. Christliche Priester und Nonnen befassen sich selbstverständlich mit den Menschen. Wenn den Christen auch nur kleinerer »Schaden« oder Verfehlungen zuteilwerden, treten sie [Priester und Nonnen] in die Öffentlichkeit und kämpfen gegen die erlittene »Ungerechtigkeit«. Auch muslimische Imame schließen sich zusammen und kämpfen für ihre Leute. Warum sollten sich also die Adhinams als einzige [von solchen Dingen] fernhalten? Dienst an der Menschheit ist Dienst

---

[102] „*in the elucidation of the text and original commentary, I have followed the excellent commentary of Sivagnana Yogi [Munivar]*" Nallaswami Pillai 1984, ix.

[103] „*Service to humanity*" Krishnamoorthy 2003, 136.

an Gott. Daher müssen wir [aus den Adhinam] heraus kommen und uns mit den Menschen beschäftigen. Wir müssen für die Menschen kämpfen."[104]

Teil dieses jungen Projekts des „Dienstes an der Menschheit" und der Kontaktaufnahme mit dem „einfachen Volk", speziell im Bereich der religiösen Bildung, ist die populäre Saiva Siddhanta Organisation des Thiruvavaduthurai Adhinam. Diese wurde 1992 unter der Schirmherrschaft des 23. Gurumaha Sannidhanam, Sivaprakasa Desikar (*Civappirakāca Tēcikar*) (1949–2012), als „Saiva Siddhanta Studienprogramm des Thiruvavaduthurai Adhinam" (*tiruvāvaṭuturai āṭīṉa caiva cittānta nērmuka payiṟci maiyam*)[105] ins Leben gerufen. An über 70 verschiedenen Orten wird heute in Tamil Nadu – und darüber hinaus – monatlich Saiva Siddhanta in lokalen Zweigstellen unter der Aufsicht des Adhinam gelehrt.

Im Folgenden soll dieses Saiva Siddhanta Studienprogramm präsentiert und in zwei Hauptschritten analysiert werden. Zunächst wird der Aufbau des Programms im Detail erörtert, so wie er sich in den offiziellen Publikationen idealtypisch dargestellt findet. Die Analyse wird sich an der chronologischen Reihenfolge eines Kursjahrgangs orientieren, also grob den Weg eines Teilnehmenden von der Anmeldung bei einer lokalen Zweigstelle des Programms bis hin zur Überreichung der Abschlusszertifikate nachzeichnen. Die Publikationen des Adhinam entwerfen hierfür das Bild einer Institutionalisierung der Verbreitung von Saiva Siddhanta, die an das monastische Zentrum in Thiruvavaduthurai angebunden ist und somit innerhalb der orthodoxen sivaitisch-tamilischen Tradition verortet wird. Für die vorliegende Bearbeitung werden vor allem die vom Adhinam herausgegebenen Kursbroschüren sowie die Informationen zum Programm herangezogen, die durch dessen Internetpräsenz öffentlich zugänglich sind. Dabei handelt es sich also um explizite Eigendarstellungen der Verantwortlichen des Studienprogramms, die in erster Linie an die Studierenden und Interessierten gerichtet sind und eine repräsentative und reglementierende Funktion für den Kurs haben. Dieses textuelle Material soll jedoch immer wieder durch Aussagen aus Interviews, die ich

---

[104] „*People belonging to the Adheenam are confined within the four walls of the mutt. A time has now come for them to come out in the open, mix with people and render them service and help. [...] Our Saivism must grow and should also be developed through service to the masses. Christian priests and nuns mix with people easily. Even when a small 'damage' or fault occurs to the Christians, they come out in the open street to struggle against the 'injustice' meted out to them. Muslim Imams join together to fight for their people. Hence why should these Adheenams alone keep aloof; Service to humanity is service to the Almighty. Hence we should come out and mix with people freely. We must fight for the people.*" Krishnamoorthy 2003, 136–137.

[105] Als englischer Titel wird i.d.R. „Thiruvavaduthurai Adhinam Saiva Siddhantam Direct Training Center" angegeben.

mit verantwortlichen Personen des Programms und mit Teilnehmenden führen konnte sowie durch meine eigenen Beobachtungen, vor allem in Pondicherry und Tirunelveli, ergänzt werden. Diese punktuelle empirische Überprüfung der offiziellen Aussagen ist notwendig, da die Kursbroschüren des Adhinam eine idealisierte Darstellung der Organisation des Studienprogramms und seiner Lehre präsentieren. Um ein nachvollziehbares Bild des vom Thiruvavaduthurai Adhinam propagierten Saiva Siddhanta zu erhalten, ist es daher wichtig, die teilweise abweichenden Stimmen von Mitarbeitern und Teilnehmenden des Programms zu hören. Die Darstellung des organisatorischen Aufbaus des Studienprogramms darf dabei nicht nur als äußeres Gerüst einer eigentlichen inhaltlichen Lehre verstanden werden. Vielmehr ist die Form der Propagierung Teil dessen, was Saiva Siddhanta heute aus Sicht des Adhinam darstellt. Dies ist besonders wichtig, weil dieser Saiva Siddhanta durch eine der einflussreichsten sivaitischen Institutionen Südindiens organisiert und gelehrt wird.

Den zweiten Schritt der Analyse stellt eine Untersuchung verschiedener Kurspublikationen des Adhinam dar, die sich explizit inhaltlich zu Saiva Siddhanta äußern. Dies umfasst die historische Selbstverortung der Kursinhalte und des kanonischen Textkorpus, den Nutzen der Beschäftigung mit Saiva Siddhanta sowie seine grundsätzlichen Lehren und Doktrinen. Gerade hierbei soll versucht werden, diese Lehrmeinungen historisch einzuordnen. Es hat sich bereits angedeutet, dass hierfür die Zeit um 1900 eine kritische Phase darstellt. Der Einfluss dieser historischen Konzeptionen auf den heutigen Saiva Siddhanta kann, wie ausführlich belegt werden wird, kaum überbewertet werden. Auch in diesem Teil werden den normativen Aussagen der Saiva Siddhanta Veröffentlichungen des Adhinam weitere Stimmen aus den Kursen nebenangestellt werden, um das Bild des Saiva Siddhanta unter dem Dach des Studienprogramms des Thiruvavaduthurai Adhinam zu vervollständigen. Konkret wird hier beispielhaft gezeigt, wie die publizierten und propagierten Lehrinhalte von Funktionsträgern und Teilnehmern des Studienprogramms rezipiert und reflektiert werden. Dabei wird zu überprüfen sein, inwieweit die „offizielle“ Lesart des Saiva Siddhanta jenseits der programmatischen Texte bedeutsam ist, reproduziert und/oder verändert artikuliert wird. Bevor jedoch die strukturellen und inhaltlichen Aussagen des Studienprogramms näher beleuchtet werden können, sollen vorher noch zwei Aspekte des Programms betrachtet werden, die die Einordnung in einen weiteren historischen und kulturellen Kontext ermöglichen: erstens der Name des Programms und zweitens die artikulierten Gründe für seine Einrichtung.

3.1. Namensgebung

Die Namensgebung des Saiva Siddhanta Studienprogramms als „*tiruvāvaṭuturai āṭīṉa caiva cittānta nērmuka payiṟci maiyam*" ist aus mehreren Gründen erheblich. Der Name verdeutlicht nicht nur den Anspruch auf die Lehre der Philosophie des Saiva Siddhanta (*caiva cittānta*) durch die Institution des Thiruvavaduthurai Adhinam (*tiruvāvaṭuturai āṭīṉam*). Vielmehr wird dies durch ein Zentrum (*maiyam*) organisiert und in zahlreichen lokalen Zweigstellen (*maiyam*) unterrichtet. Dem tamilischen „*maiyam*" entspricht nicht nur die gängige Übersetzung im Englischen als „*center*" im Sinne einer organisatorischen Einheit, sondern „*maiyam*" impliziert analog die Bedeutung von „Mitte" oder „Mittelpunkt". Der Name des Studienprogramms kann also auch so gelesen werden, dass es sich dabei nicht nur um *ein* Zentrum mit etlichen Zweigstellen der Saiva Siddhanta Unterweisung handelt, sondern vielmehr um den Mittelpunkt der Saiva Siddhanta Lehre.

Den außergewöhnlichsten Teil des Namens stellt allerdings „*nērmuka payiṟci*", also „direktes Training" dar. Das Kompositum „*nērmukam*" wird im Kontext des Studienprogramms in der Regel schlicht mit „direkt" übersetzt, trägt aber auch andere Bedeutungsnuancen, etwa „von Angesicht zu Angesicht" („*mukam*" bedeutet wörtlich „Gesicht") und wird in anderen Zusammenhängen gleichfalls für „Interview" verwendet. Das Präfix „*nēr*" beinhaltet zudem Konnotationen von „rein" und „unmittelbar". Die Möglichkeit zur direkten persönlichen Interaktion, die im Terminus „*nērmukam*" mitschwingt, hat der aktuelle Direktor (*iyakkunar*)[106] des Programms, C. Kandaswami (*Ca. Kantacuvāmi*), mir gegenüber folgendermaßen zum Ausdruck gebracht: „*nērmukam* bedeutet *direkt*. Es bedeutet, dass man die Leute einmal im Monat an einem Sonntag *direkt* trifft."[107] Das sehr gängige Wort „*payiṟci*" bedeutet „Training" oder „Übung". Wichtig ist, dass die Kombination „*nērmuka payiṟci*", also „direktes Training", im tamilischen Sprachgebrauch meines Wissens nach wohl bisher ausschließlich in Verbindung mit dem Saiva Siddhanta Studienprogramm des Thiruvavaduthurai Adhinam auftaucht. Es handelt sich in dieser Verknüpfung um eine eigentümliche Wortschöpfung bezie-

[106] Das tamilische Wort „*iyakkunar*" wird in den englischsprachigen Publikationen des Adhinam mit „*director*" wiedergegeben. Es leitet sich vom Verb „*iyakkutal*" ab, welches etwa „anleiten", „veranlassen" bedeutet. Diese Verwendung ist im heutigen tamilischen Sprachgebrauch sehr verbreitet. So wird u.a. ein Filmregisseur ebenfalls als *iyakkunar* (vgl. engl. *director*) bezeichnet. Auch in Komposita tritt das Wort auf, z.B. für Reiseveranstalter (*payaṇa iyakkunar*) oder Dirigent (*icai-k kuḻu iyakkunar*). Es handelt sich also um eine technische Bezeichnung, die eine leitende Funktion beschreibt.

[107] „***nērmukam*** *means* ***direct****. It means, once a month, you meet all the people* ***directly*** *on one Sunday.*"(Herv. RK) Interview mit Kantacuvāmi 2012.

hungsweise -kombination. Den Verantwortlichen ist es offensichtlich gelungen, das Programm auf einen Namen zu taufen, der durch eine Neukomposition von bekannten Termini für die definierte Form des Unterrichts durch Vertreter des Thiruvavaduthurai Adhinam steht.

Im Jahr 2007 hat der Adhinam außerdem einen zweiten Kurs aufgelegt, der diese Namenskombination aufgreift. Seither gibt es, derselben organisatorischen Struktur folgend, an etwa 50 Orten in Tamil Nadu ein Programm, das die tamilischen *bhakti*-Hymnen der „Tirumurai" (*tirumuṟai*) lehrt. Es trägt den Namen *„tiruvāvaṭuturai āṭīṉa paṉṉiru tirumuṟai nērmuka payiṟci maiyam"*, also „Direktes Trainingszentrum der 12 Tirumurai des Thiruvavaduthurai Adhinam". Auch hier wurde die Wortkombination *„nērmuka payiṟci"* zur Namensgebung verwendet. Es handelt sich dabei, vergleichbar mit dem Saiva Siddhanta Studienprogramm, um die direkte Lehre des tamilischen Hymnenkanons der *Tirumurai* (*tirumuṟai*) in lokalen Zweigstellen. Diese Hymnen stellen zwar in reduzierter Form auch Teile des Lehrinhalts des Saiva Siddhanta Studienprogramms dar, werden aber im *Tirumurai*-Kurs des Adhinam schwerpunktmäßig unterrichtet.[108]

Die Betonung der Unmittelbarkeit der Unterweisung der tamilischen Bevölkerung im Saiva Siddhanta Studienprogramm kann zudem als explizite Neuerung im Vergleich zu früheren Varianten der Verbreitung von Saiva Siddhanta verstanden werden. Kurz nach Amtsantritt des 23. Gurumaha Sannidhanams 1983 hatte dieser ein Programm zum Saiva Siddhanta Fernstudium etabliert, bei dem im Korrespondenzstil monatlich

[108] Die *Tirumurai*-Unterweisung des Thiruvavaduthurai Adhinam findet ebenfalls monatlich über zwei Jahre hinweg statt und wird von einem Direktorat in Sivakasi (*Civakāci*) aus geleitet. Die Organisationsstruktur ist der des Saiva Siddhanta Studienprogramms, die unten näher behandelt wird, nachempfunden. Neben dem Direktor gibt es hier Organisatoren der lokalen Zweigstellen und Gesangslehrer oder Vorsänger (*ōtuvār*), die die Teilnehmenden in der Rezitation tamilischer Hymnen unterrichten. Bei der Bezeichnung *„ōtuvār"* handelt es sich um ein spezielles tamilisches Wort, das i.d.R. für ausgebildete, professionelle Sänger/Rezitatoren der tamilisch-sivaitischen Hymnen gebraucht wird, die an Tempeln oder anderen religiösen Institutionen, z.B. am Thiruvavaduthurai Adhinam, zu diesem Zweck beschäftigt werden. Angeleitet von diesen Gesangslehrern lernen die Teilnehmenden des *Tirumurai*-Kurses vormittags, wie die Hymnen gemäß Rhythmus, Melodie und Intonation zu singen sind. Nachmittags wird dann von einem zweiten Lehrer der Sinn der Hymnen erklärt, die in klassischem Tamil verfasst und damit heute schwerer verständlich sind. Dieser Hymnen- und Gesangskurs wird von den Funktionsträgern des Saiva Siddhanta Studienprogramms deutlich von der Lehre der Saiva Siddhanta Philosophie unterschieden. Kandaswami, der Direktor des Saiva Siddhanta Studienprogramms macht diese Trennung von Lehre der Hymnen und der Philosophie sehr deutlich: *„As we teach the Saiva Siddhanta philosophy, they teach the Tirumurais."* Interview mit Kantacuvāmi 2012. Ähnlich sieht das auch K. Muthuswami, der in Tirunelveli als Organisator für beide Programme des Thiruvavaduthurai Adhinam tätig ist, und eine genaue Trennung von Hymnen und philosophischen Texten vornimmt. Interview mit Muttucāmi 2015.

Lehrmaterial an die Studierenden versandt wurde. Dieser Kurs wurde zunächst vom 1922 geborenen „älteren Adhinam-Gelehrten" (*ātīṉa mūtu-p pulavar*) A. Murukavel (*Āti. Murukavēḷ*) von Tiruchirappalli (*Tiruccirāppaḷḷi*) aus geleitet. Für dieses frühere Programm war später der langjährige Direktor des heutigen Kurses, K. Vaithiyanathan (*Ku. Vaittiyanāṭaṉ*) (1931–2011), als führende Figur verantwortlich. Die Kommunikation zwischen den Gelehrten des Adhinam und den Studierenden, einschließlich obligatorischer Prüfungen am Ende eines Kursjahres, ging im Korrespondenz-Programm ausschließlich postalisch vonstatten.[109] Die Vermittlung des Unterrichtsmaterials verlief also verhältnismäßig *indirekt* im Vergleich zur *direkten* (*nērmukam*) Interaktion der gegenwärtigen Lehrpraxis, die in den lokalen Zweigstellen monatlich praktiziert wird. Wichtig ist in diesem Zusammenhang, dass es die Adhinam-Organisation geschafft hat, einen bestimmten Ansatz des Unterrichts, in inzwischen zwei Kursformaten zu Saiva Siddhanta und den *Tirumurai*-Hymnen, prominent in Tamil Nadu zu etablieren und diese durch die spezielle Namensgebung für sich zu beanspruchen. Vom „Vorgänger" des heutigen Studienprogramms, also dem Korrespondenz-Kurs, ist in den neueren Kursbroschüren keine Rede, obwohl laut Glenn Yocum Mitte der 1980er Jahre etwa 1.500 Studierende für das Saiva Siddhanta Korrespondenz-Programm eingeschrieben waren.[110] Die frühere Version wird zumindest heute nicht mehr aktiv erwähnt, möglicherweise, um die Anfang der 1990er etablierte Variante des Kurses noch mehr als revolutionäre Innovation des 23. Gurumaha Sannidhanam hervorzuheben.[111]

---

[109] In einer englischsprachigen Publikation zu Saiva Siddhanta aus dem Jahr 1992, die durch den Thiruvavaduthurai Adhinam finanziell unterstützt wurde, erwähnt die Einleitung die Bemühungen des 23. Gurumaha Sannidhanam bezüglich des Korrespondenz-Kurses: „*He has been propagating Saivism through correspondence course in Tamilnadu and this gracious help is being appreciated by all people.*" Hier wird auch die leitende Funktion K. Vaithiyanathans, der im Sinne des Gurumaha Sannidhanam handelte und Dozenten für erste Kontaktklassen instruierte, beschrieben: „*K. Vaidyanathan, Director of the Tiruvāvaduturai Ādhinam contact classes is carrying out the wishes of His Holiness in an effective manner and is giving able and valuable instructions to all teachers teaching at Tiruvāvaduturai Ādhinam contact classes.*" Gangadharan 1992, viii. Zum Korrespondenz-Kurs siehe auch Yocum 1990, 273.

[110] Yocum 1990, 273.

[111] Weder in den Interviews kam das Korrespondenz-Programm mir gegenüber zur Sprache, noch wird dieser „Vorgänger" in der Geschichte des Adhinams von Krishnamoorthy erwähnt.

3.2. Urheberschaft und Gründe

Die Publikationen des Adhinam[112] lassen keinen Zweifel daran, dass eben jenes 23. Oberhaupt der Einrichtung, Sivaprakasa Desikar, als Urheber des Studienprogramms zu verstehen ist. Seine „gnadenvolle Aufforderung" (*aruḷāṇai*)[113] sei es gewesen, die das Studienprogramm ursprünglich initiierte und derzufolge K. Vaithiyanathan in „diesen exzellenten Dienst" (*iccīriya paṉi*)[114] als erster Direktor des Programms berufen wurde. Die zentrale Verwaltung des Programms, das zunächst 20 Zweigstellen umfasste, lag bis zu Tod Vaithiyanathans 2011 in dessen Wohnort, dem Städtchen Tiruvidaimarudur (*Tiruviṭaimarutūr*), etwa acht Kilometer südwestlich von Thiruvavaduthurai. Nach Vaithiyanathans Ableben wurde der aktuelle Direktor Kandaswami in diese Position berufen und die Verwaltung an dessen Wohnort nach Chennai verlegt. Die Einrichtung des Studienprogramms wird gemeinhin als „Werk der Gnade" (*aruḷāṭci cey*) durch den Gurumaha Sannidhanam bezeichnet, der nominell auch das religiöse Oberhaupt des Kurses darstellt. Er gilt als mit dem „Zepter des göttlichen Siva-Wissens" (*civañāṉaceṅkōl*)[115] ausgestattet, das daher auch auf den Kurs übertragen wird. Durch seine Stellung als Gurumaha Sannidhanam steht dieser per Definition innerhalb der „Heiligen Kailash-Abstammungslinie", die auf die Offenbarung der sivaitischen Lehren durch Siva auf dem Berg Kailash zurückgeführt wird. Das Saiva Siddhanta Studienprogramm ist somit durch sein religiöses Oberhaupt an diese Tradition angebunden. Die Etablierung des Studienprogramms wird aufgrund dieser Einordnung vom Direktor Kandaswami letztlich nicht als rein profaner Akt verstanden, sondern vielmehr als Handlung Gottes, um Saiva Siddhanta genau zu dieser Zeit in der Welt zu propagieren.[116] Die konkrete Umsetzung lag laut der Darstellung des Thiruvavaduthurai Adhinam, wie erwähnt, bei Sivaprakasa Desikar, der den Saiva Siddhanta Kurs „zur Verbreitung des Sivaismus unter den Menschen" (*makkaḷiṭaiyē caivattai-p parappu*)[117] initiierte. Dieses Programm stellt demnach die

[112] Viele der Broschüren zum Studienprogramm des Thiruvavaduthurai Adhinam enthalten keine Seitenangaben. Daher werden im Folgenden in den Fußnoten die jeweiligen Abschnittsüberschriften als Referenz in Klammern angegeben.

[113] Vaittiyanātaṉ 2008b, (tōṟṟuvāy).

[114] Vaittiyanātaṉ 1995, (muṉṉurai).

[115] Vaittiyanātaṉ 2007, (tōṟṟuvāy); 2008a, (tōṟṟuvāy). Hierbei handelt es sich um eine feststehende Formulierung, die auch in anderen Publikationen des Programms zu finden ist. Siehe z.B. Vaittiyanātaṉ 1995, (muṉṉurai).

[116] „*perhaps this kind of thing could have started in the late 19th or early 20th century, but it is God's will that it started only with the 23rd Gurumaha Sannidhanam.*" Interview mit Kantacuvāmi 2012.

[117] Vorwort von Vaithiyanathan zu Kuñcitapātam 2011, vii.

geradezu ideale Form dazu dar, das „einfache Volk" (*eḷiya makkaḷ* oder *cāmāṉṉiyar*)[118] in den philosophischen Lehren der Tamilen zu unterrichten.[119]

Zu den Motivationen für die Einrichtung des Studienprogramms, die über die Gnadenhandlung des 23. Gurumaha Sannidhanam hinaus gehen, schweigen die offiziellen Kursmaterialien des Adhinam. Befragt man allerdings andere Quellen, Funktionsträger und Teilnehmer des Studiennetzwerks, entfaltet sich ein genaueres Bild der *artikulierten* Hintergründe. S. Krishnamoorthy schreibt in seiner sehr wohlwollenden englischsprachigen Geschichte des Thiruvavaduthurai Adhinam etwa:

> „Die Saiva Siddhanta Sastras waren [lange] nur für wenige Menschen überhaupt nützlich. Sie sollten aber die Menschenmassen erreichen, damit jene die in den »Meykanda Sastras« enthaltenen Ideen, die die großen Wahrheiten des Saiva Siddhanta erklären, verstehen und wertschätzen könnten. Diese Wahrheiten werden sicherlich das Wohl der Menschen anheben. Vor diesem Hintergrund initiierte der Swamikal [der 23. Gurumaha Sannidhanam] Saiva Siddhanta Trainingszentren, in welchen die Schüler persönlichen Unterricht erhielten."[120]

Neben der Betonung des namensgebenden Merkmals der Direktheit des Studienprogramms, das sich durch persönliche Unterweisung der Teilnehmenden auszeichnet, reproduziert dieser Passus die zentrale Rolle Sivaprakasa Desikars bei der Einrichtung des Saiva Siddhanta Kurses. Zudem werden die potentiellen Auswirkungen der Beschäftigung mit dem Saiva Siddhanta Schrifttum betont, die einen positiven Effekt auf das Leben und Wohl der Menschen haben sollen. Dieses Versprechen macht auch der Saiva Siddhanta Kurs in seinen offiziellen Darstellungen.[121] Darüber hinaus wird in der zitierten Textpassage eine relative Unwissenheit der Bevölkerung über die grundlegenden Texte der tamilischen Saiva Siddhanta Philosophie, den sogenannten „Saiva Siddhanta Sastras" (*caiva cittānta cāttiraṅkaḷ*), alternativ auch „Meykanda Sastras" (*meykaṇṭa cāttiraṅkaḷ*), diagnostiziert, die es zu beheben galt und gilt.

---

[118] Beide Begriffe tragen u.a. die Konnotationen von geistiger Einfachheit, Gewöhnlichkeit und geringer Bildung. Der Anspruch des Programms, für alle Bevölkerungsschichten offen zu stehen, wird weiter unten näher beleuchtet.

[119] Veḷḷaivāraṇam 2010b, vi.

[120] *„Saiva Siddhanta Sastra has been found useful only to a few. It should reach the larger masses of people so that they could understand and appreciate the ideas contained in [the] "Meykanda Sastra" which explains Saiva Siddhanta's Great truths and which certainly exalt the welfare of the people. With this in mind, Swamigal started a Saiva Siddhanta training centre where pupil [sic!] could have a personal instruction." Krishnamoorthy 2003, 142.*

[121] Auf diese positiven Auswirkungen der Beschäftigung mit Saiva Siddhanta wird unten unter „Nutzen des Saiva Siddhanta" im Detail eingegangen werden.

3.3. Allgemeine religiöse Unkenntnis und das historische Versagen der Adhinams

In den Saiva Siddhanta Kreisen Tamil Nadus ist es, wie bereits angedeutet, relativ verbreitet, die religiöse Unwissenheit der allgemeinen Bevölkerung in Bezug auf sivaitische Philosophie und religiöser Praxis zu beklagen. Diese Erzählungen von der Unkenntnis der Menschen hat, wie später im Rahmen der Lehren des Saiva Siddhanta noch gezeigt werden soll, durchaus handfeste soteriologische Konsequenzen. Ihre Bekämpfung muss daher die Aufgabe heutiger Saiva Siddhanta Propagierung sein. Als einer der Hauptgründe für diese Problematik wird das historische Versagen gerade der sivaitischen Maths und Adhinams betrachtet. Letzterer Hinweis ist ein weiterer Indikator dafür, dass die etablierte Gleichung von Adhinams als Orten der Verbreitung von Saiva Siddhanta geschichtlich auf äußerst wackeligen Füßen steht. Im Folgenden sollen daher einige Funktionsträger des Studienprogramms und engagierte Siddhantins zu Wort kommen, die beispielhaft für die sehr verbreitete Ansicht des fehlenden Wissens um Saiva Siddhanta in Tamil Nadu stehen.

Der Organisator (*amaippāḷar*) der lokalen Zweigstelle des Saiva Siddhanta Studienprogramms des Thiruvavaduthurai Adhinam in Pondicherry, Balasundaram (*Pālacuntaram*), beschreibt den Zustand der Unwissenheit unter den sivaitischen Tamilen in deutlichen Worten und nutzt – ähnlich wie Krishnamoorthy oben – Christen und Muslime als idealisierte Kontrastfolie, die vermeintlich besser über ihre jeweilige Religion informiert seien. Die Einführung des Studienprogramm des Adhinam sei demnach eine Reaktion auf den bedauernswerten Wissensstand der Tamilen gewesen:

> „Unsere Menschen wissen nichts über Sivaismus. Niemand weiß etwas davon. Anders zum Beispiel bei den Christen und Muslimen – jeder von ihnen macht alles, sie gehen in die Kirche beziehungsweise in die Moschee. Unsere Tamilen aber gehen nicht in den Tempel, sie wissen nichts über unseren Gott, vor allem Lord Siva. Sie haben keine Möglichkeit, über ihn etwas in Erfahrung zu bringen. Um etwas über Ihn zu erfahren, sollte man die Tirumurai und das Tiruvacakam studieren, sowie Tirumantiram und Tevaram – sie alle sollte man studieren. Dadurch lernt man die Geschichte der Gottheiten. Dafür haben sie [der Thiruvavaduthurai Adhinam] einen Weg gesucht.“[122]

---

[122] „*namma makkaḷ caivattai pa̠r̠r̠i teriyātu. yārukkumē teriyātu. Like Christians and Muslims – ivaṅka ellāmē ellām ceykir̠āṅka kōvilukku pōr̠aṅka. namma tamiḻarkaḷ kōvilukku pōkir̠atillai, namma cuvāmiyai par̠r̠i – particularly Lord Siva. avarai par̠r̠i teriñcikratukku oru chance illai. avarai teriñcikkan̠uman̠ā tirumur̠aikaḷum tiruvācakamum paṭikkan̠um. tirumantiram tēvāramum ellāttaiyum paṭiccāccun̠ā avaṅkaḷuṭaiya cuvāmikaḷuṭaiya history teriyum. atan̠āla ivanka vaḻi tēṭin̠āṅka.*“ Interview mit Pālacuntaram 2012.

Für Balasundaram herrscht unter seinen Landsleuten grobe religiöse Ignoranz gegenüber den Lehren, Schriften, Gottheiten und Praktiken des Sivaismus. Es fehle zum einen an Bereitschaft, sich mit Sivaismus und sivaitischer Tempelpraxis auseinanderzusetzen. Zum anderen seien die Wissenslücken nur durch das Studium kanonischer tamilischer Literatur zu beheben. Genannt werden hier dezidiert die Hymnen der *Tirumurai*, des *Tiruvacakam* (*tiruvācakam*), des *Tirumantiram* (*tirumantiram*) und die *Tevaram*-Dichtungen (*tēvāram*).[123] Das Saiva Siddhanta Studienprogramm des Thiruvavaduthurai Adhinam sei daher 1992 angetreten, exakt diese Möglichkeit zum Textstudium zu bieten.

Den sivaitischen Erziehungsgedanken in Bezug auf die grundlegende Kenntnis bestimmter Texte hat I. Nedumaran (*I. Neṭumāṟaṉ*), der als Saiva Siddhanta Dozent (*pērāciriyar*) die Zweigstelle des Kurses in Pondicherry betreut, folgendermaßen ausgedrückt:

> „Es steht ja alles in den Büchern, Texten und all den Versen. Warum also bringen wir dies nicht alles zu den normalen Leuten? Also haben sie [der Thiruvavaduthurai Adhinam] sich dazu entschlossen und einen Weg gefunden, das zu tun. Dann haben sie etwas gegründet, das »caiva cittānta nērmuka payiṟci maiyam« heißt, also das Saiva Siddhanta Studienprogramm."[124]

Auch bei Nedumaran findet sich der Narrativ vom tamilischen Volk beziehungsweise den „normalen Leuten", die über die eigene Religion des Sivaismus und seiner Philosophie des Saiva Siddhanta aufgeklärt werden müssten. Wie schon erwähnt, richtet sich das Studienprogramm genau an diese Menschen. Für Nedumaran liegt der Schlüssel, wie für Balasundaram, im Studium eines bestimmten Textkanons. Dieser werde nun in Form des Studienprogramms angeboten.

Der aktuelle Direktor des Programms äußert sich ähnlich kritisch zur geringen Kenntnis des Saiva Siddhanta, also der vermeintlichen Kernlehre des tamilischen Sivaismus. Gefragt, ob die Philosophie von den Tamilen im Laufe der Jahrhunderte etwa schlicht vergessen wurde, stellt Kandaswami unmissverständlich fest: „Es [Saiva Siddhanta] wurde nicht vergessen. Es ist nicht bekannt! Es ist unbekannt! Die Menschen wissen nicht, dass es eine Philosophie namens Saiva Siddhanta gibt."[125] Kandaswami sieht mindestens zwei Faktoren als Ursachen für die relative Un-

---

[123] Die klassischen bhakti-Gesänge des Tevaram, Tiruvacakam und Tirumantiram werden heute allesamt der Textsammlung der 12-bändigen Tirumurai zugerechnet.

[124] *„It's all there in the books and texts and all verses. Why don't we take it to the common man? They decided and found a way to do this. Then they formed a thing called caiva cittānta nērmuka payiṟci maiyam, that is the Saiva Siddhanta Direct Training Center"* Interview mit Neṭumāṟaṉ 2012.

[125] *„It is not forgotten. It is not known! It is unknown! People don't know that there is a philosophy called Saiva Siddhanta."* Interview mit Kantacuvāmi 2012.

kenntnis der Tamilen (und des Rests der Welt) über die Philosophie. Zum einen liege diese in den tamilischen Schulcurricula begründet, die Saiva Siddhanta kaum, Vertreter anderer Hindu-Traditionen dafür aber verstärkt behandelten. Dies sei ein Irrweg, den es zu korrigieren gelte. Wenn überhaupt würden in Schulen nämlich nur vereinzelt Inhalte aus dem tamilisch-sivaitischen Kanon gelehrt. Philosophen, beispielsweise aus der Denkrichtung des Advaita Vedanta, hätten aber in den Lehrplänen Platz. Dies habe zur Folge, dass die Tamilen inzwischen dächten, jene anderen Philosophen seien sogar Teil des Sivaismus: „Sogar heute noch glauben Sivaiten, Sankara wäre ihr Guru!“.[126] Diese aktive Abgrenzung gegenüber anderen indischen Denkschulen, vor allem gegenüber dem weltweit bekannten Advaita Vedanta, wird im weiteren Verlauf mehr Aufmerksamkeit gewidmet werden. Wie zu zeigen sein wird, bildet vor allem der moderne Advaita Vedanta den philosophischen Hauptgegner der heutigen Saiva Siddhanta. Daher ist Kandaswamis Unterscheidung hier wichtig, weil die Unkenntnis der Tamilen über Saiva Siddhanta gleichzeitig direkt mit der relativen Kenntnis der „rivalisierenden“ Philosophie in Verbindung gebracht wird.

Die zweite Ursache für die Unwissenheit seiner Landsleute bezüglich Saiva Siddhanta liegt für den Direktor historisch darin begründet, dass die Adhinams die Lehren über einen langen Zeitraum hinweg nicht verbreitet hätten. Er beklagt dabei, ähnlich wie Krishnamoorty oben, die Abgeschlossenheit und Exklusivität der religiösen Einrichtungen: „diese Adhinams, zur Zeit ihrer Gründung, hatten nicht die Absicht, raus [in die Ge-

---

[126] „*It is a fallacy, it has to be corrected, but over a period from the long past, in the school curriculm itself these things were not included. They were included in the way that there would be taught only one or two hymns from Teveram or Tiruvacagam, that's all. But the history of people like Meykanda and his disciples were not included in the school curriuculm. Maybe there was some mention of Tirugnana Sambandar, Tirunavukkarasar, Sundaramurti Swamikal and Manikkavacagar. But this is a passing mentioning only, not a very elaborate teaching. Whereas in the school curriculm itself, they study about Sankara, Ramanuja and Madhva and all these people. So somehow the people use to learn these things without intention. They are forced to learn. This is an indirect way of putting things into their mind. They used to get some idea about these people. So what they learned was: »Oh, these are the people who are connected with religion and philosophy. There are no others.« They don't hear about Meykantar at all. And another pathetic thing is: they are not able to differentiate between Sankara and Thirugnana Sampantar and Thirunavukkarasar and all that. They don't see that these people belong to a totally different sect. That awareness is not created at the schools stage. So they get confused, or they think that all these are simply the same thing. That what Sankara taught is what Tirugnana Sampantar taught and what Tirunavukkarasar said is all the same thing. So they use to think that Sankara is their Guru. Even now, so many Saiva people think that Sankara is their Guru! There are so many factors for that, it is not only ignorance, it's so many factors.*“ Interview mit Kantacuvāmi 2012.

sellschaft] zu gehen und die Philosophie zu propagieren.“[127] Dies gelte auch und ausdrücklich für den Thiruvavaduthurai Adhinam und seinen Gründer Namasivaya Murthikal im 16. Jahrhundert. Die Motivation, an diesem Umstand etwas zu ändern, sei erst durch die britische Herrschaft in Indien entstanden, die die kolonisierte Bevölkerung dazu brachte, sich mit der eigenen Kultur und Geschichte zu befassen. Daher habe die Institution in Thiruvavaduthurai erst Ende des 19. Jahrhunderts, während der Amtszeit des 16. Gurumaha Sannidhanams Subramaniya Desikar (*Cuppiramaṇiya Tēcikar*) (1869–1888),[128] damit begonnen, wie oben angedeutet, Saiva Siddhanta nach Außen zu tragen und vermehrt Dichter und Gelehrte einzuladen und zu protegieren.[129]

Die größte Innovation zur Bekämpfung der allgemeinen religiösen Unkenntnis begann aber auch für Kandaswami mit der Etablierung des Saiva Siddhanta Studienprogramms 1992 durch einen quasi göttlichen Gnadenakt. Neben der Problemanzeige der generellen Unwissenheit der tamilischen Sivaiten gegenüber Saiva Siddhanta ist Kandaswamis Aussage über die Ursachen dieser Ignoranz höchst relevant. Denn die Einschätzungen des Direktors der größten populären Organisation zur Verbreitung von Saiva Siddhanta ziehen die oben besprochene, etablierte Ansicht über den überzeitlichen, propagandistischen Charakter eines Adhinam doch deutlich in Zweifel. Kandaswami sieht die ersten echten Bemühungen in diese Richtung als dezidiert moderne Erscheinung des späten 19. Jahrhunderts und verknüpft sie zusätzlich mit den Entwicklungen unter britischer Kolonialherrschaft. Dies wirft nicht nur ein kritisches Licht auf das Selbstbild des Adhinam, sondern weist vielmehr auf eine enge Verbindung zwischen kolonial-orientalistischer Wisssensproduktion und heutigem Saiva Siddhanta Verständnis. Gerade letztere Verwobenheit wird im weiteren Verlauf dieser Studie noch konkret historisch belegt werden.

---

127 „*these Adhinams, when they were founded at that time, it was not the intention to go out [into society] and propagate the philosophy.*“ Interview mit Kantacuvāmi 2012.

128 Zur Amtszeit Subramaniya Desikars, in der auch U. V. Swamianatha Aiyar am Adhinam angestellt war, siehe Celvakkaṇapati 2013b, 394–397; Krishnamoorthy 2003, 94–110.

129 „*Initially, they did not use to go out and preach these things. Only at a very late stage, when the foreigners came, and the British people came and they used to rule us, then only there was a small urge for the people to learn their own thing. See, they were totally brainwashed that this culture is not good and whatever they think, their philosophy, is not good. [...] The awareness was very little. Only after some time the people wanted to know more about their own culture and philosophy. Therefore, only in the late 19th century or so, the heads of the institutions thought it was fitting to go out and tell people and invite more people to tell them. That kind of thing only happened from the 16th pontiff of this institutions onwards. He is called Subramaniya Desikar. During his period, so many scholars were there in the Thiruvavaduthurai Adhinam. They use to come and spend a lot of time with the head of the institution, discussing about the Panndaara Sastram, Meykantar Sastram, Tirumurais – everything.*“ Interview mit Kantacuvāmi 2012.

Auch P. Muthuswami (*Pā. Muttucāmi*), Saiva Siddhanta Dozent des Thiruvavaduthurai Studienprogramms in Nagercoil (*Nākarkōvil,* auch *Kōṭṭāṟu*), einer Stadt an der Südspitze Tamil Nadus, unterstreicht die bekannten Klagen. Er sieht die Schuld für die religiöse Unwissenheit der Bevölkerung bei den Tamilen im Allgemeinen und den Adhinams im Speziellen: „Das ist unser Fehler, die Hauptprinzipien der Saiva Siddhanta Literatur nicht zu lehren und zu verbreiten. Die Leute aus den Adhinams erreichen die Öffentlichkeit nicht.“[130] Darüber hinaus liegen für Muthuswami die Gründe für die mangelnde – auch pan-indische – Relevanz des Saiva Siddhanta in der Sprachpolitik Indiens: „Es ist eine sehr große Tragödie. Es ist ein politisches und ein Sprachproblem. Es herrscht eine sprachliche Unterdrückung. Tamil ist nur den Südindern bekannt.“[131] Da die meisten Sprachen in Indien, im Gegensatz zu Tamil, von Sanskrit abstammten, gäbe es eine politische Agenda, die Tamil, tamilische Literatur und damit Sivaismus und Saiva Siddhanta zu Gunsten von Hindi und Sanskrit in der Öffentlichkeit zurückdrängen würden. Dies käme anderen Traditionen zu Gute, die sich vornehmlich auf Sanskrit-Literatur bezögen: „es gibt einigen politischen Druck, Propaganda für bestimmte Gruppen von Leuten zu machen.“[132] Bei diesen Gruppen handele es sich unter anderem um Vertreter des Advaita Vedanta. Tatsächlich gibt es gerade in Tamil Nadu seit der ersten Hälfte des 20. Jahrhunderts Bewegungen, die sich gegen Sanskrit-Lehnwörter oder die Einführung von Hindi als Nationalsprache Indiens sogar gewalttätig wehren.[133] Laut P. Muthuswami haben sich gerade diese über Tamil Nadu hinausgehenden sprachpolitischen Zusammenhänge negativ auf die Verbreitung des tamilischen Saiva Siddhanta ausgewirkt. Die von ihm angesprochene „Sprachproblematik“, die sich aus einer, meist selbst gewählten, tamilischen Zuspitzung des Saiva Siddhanta ergibt, bildet ein häufiges Thema

---

[130] *„That is our mistake, not to teach or to propagate the chief principles of Saiva Siddhanta literature. The Adhinam people do not reach [the public]“* Interview mit Muttucāmi et al. 2015. Diese Unkenntnis über die Grundtexte des Saiva Siddhanta sind für P. Muthuswami selbst unter der sivaitischen Bevölkerung und unter den Tamil-Gelehrten Tirunelvelis sichtbar, obwohl die Stadt und die Region von ihm als besondere religiöse Orte bezeichnet werden: *„Tirunelveli is a site of religion, Tirumurai and Siddhanta. Everybody is interested in these things here. [...] But, the 14 Saiva Siddhanta books are not known to anybody, even to Saivites and to Tamil literarians.“* Interview mit Muttucāmi et al. 2015.

[131] *„That is a very big tragedy. It is a political and language problem. There is language domination. Tamil is only known to South Indian people“* Interview mit Muttucāmi et al. 2015.

[132] *„there is some political pressure to teach propaganda for a certain group of people.“* Interview mit Muttucāmi et al. 2015.

[133] Vgl. Ramaswamy 1997, 135–178.

gegenwärtiger Saiva Siddhanta Debatten und wird im weiteren Verlaufe dieser Untersuchung weiter vertieft werden.

Der regelmäßige Kursteilnehmer A. Parameswaran (*A. Paramēsvaraṉ*) aus Tirunelveli pflichtet dem Eingeständnis der Verantwortlichkeit der Sivaiten an den Wissensmissständen unter der tamilischen Bevölkerung ebenfalls bei: „Es ist unser Fehler, speziell der Fehler der Sivaiten, Meykanda nicht richtig zu verbreiten – aber nicht nur Meykanda, vielmehr Saiva Siddhanta und Sivaismus. Es ist ein Fehler, der Meinung bin ich auch."[134] Der tamilische Philosoph Meykanda gilt, wie gezeigt, als Autor des zentralen Textes *Sivagnana Botham* und als Begründer der expliziten tamilischen Saiva Siddhanta Philosophie. Für Parameswaran bildet also, wie schon für Nedumaran und Balasundaram, die Auseinandersetzung mit bestimmten kanonischen Werken den zentralen Zugang zum Saiva Siddhanta. Dieser sei aber den meisten Tamilen lange Zeit verwehrt gewesen. Sowohl P. Muthuswami als auch Parameswaran konstatieren also abermals eine allgemeine religiöse Unkenntnis, deren generische Ursache vor allem im fehlenden Engagement sivaitischer Tamilen und ihrer religiösen Institutionen zur Verbreitung des Saiva Siddhanta und seiner kanonischen Schriften zu suchen ist.

Der engagierte Siddhantin Siva Mathavan (*Civa Mātavaṉ*), ein College-Professor für Tamil, der in Pondicherry der im Vorwort erwähnten Vereinigung lokaler sivaitischer Organisationen vorsteht, vertritt eine ähnliche Meinung. Siva Mathavan hat nicht nur den Saiva Siddhanta Kurs des Thiruvavaduthurai Adhinam besucht, sondern ist durch ebendiese Institution 2010 für seine vielfältigen Verdienste um Saiva Siddhanta mit einem Ehrentitel ausgezeichnet worden. Dieser Titel (*„civaneṟi uraiccelvar"*) beschreibt ihn als jemanden, der befähigt ist, über die sivaitischen Lehren zu sprechen. Siva Mathavan nennt drei Hauptgründe für die allgemeine religiöse Unkenntnis der Tamilen. Erstens liege die Verfehlung bei den Tamilen selbst, die nicht in der Lage seien, ihre eigenen Landsleute in diesem Bereich zu unterrichten.[135] Ein zweiter Faktor, der sich negativ auf die Bekanntheit des Saiva Siddhanta ausgewirkt habe, sei die Einführung des britischen Bildungswesens gewesen, das seit der Kolonialzeit in Indien herrsche. Dieses hätte zu einem großen Einschnitt in die traditionelle Bildung in Südindien geführt, der zur Folge hatte, dass die traditionellen Werte und religiöses Wissen Schaden genommen hätten. Daraus resultierte laut Siva Mathavan eine massive Veränderung der südindi-

---

134 *„It is our mistake, especially the Saivites' mistake not to propagate properly about Meykanda – not only Meykanda: regarding Saiva Siddhanta and Saivism. It is a mistake, I agree."* Interview mit Muttucāmi et al. 2015.

135 *„The main reason, the first reason is: we have not properly educated our people. That's the first thing."* Interview mit Mātavaṉ 2012.

schen Mentalität und des tamilischen Denkens, das die Menschen von der eigenen Tradition entfremdet hätte. Darüber hinaus sei in der kolonialen Konstellation vor allem die Lehre des Advaita Vedanta im Westen als indische „Kernphilosophie" rezipiert worden, sodass der tamilische Saiva Siddhanta über Tamil Nadu hinaus nicht bekannt werden konnte.[136] Der dritte Grund für die fehlende Kenntnis des Saiva Siddhanta unter den Tamilen liege aber auch für Siva Mathavan in der Verschlossenheit und dem Hierarchiedenken der Adhinams:

> „Normalerweise sehen viele Leute die Schuld bei den Saiva Maths, also den Adhinams. In den Adhinams gibt es Restriktionen. Sie kommen nicht an die Menschen heran. Das ist die Schuld der Adhinams, sagen die Leute. Der Adhinam muss sich bewegen, er muss sich unter die Leute mischen. Der Adhinam muss unter ihnen die Philosophie propagieren. Der Adhinam muss sie ebenbürtig behandeln. Es muss eine Art Ebenbürtigkeit geben. Aber die Adhinams sind nicht aus den Maths herausgekommen. Das ist ihr Fehler."[137]

Siva Mathavan stimmt gleichsam der Diagnose der allgemeinen Ignoranz der Tamilen gegenüber der Philosophie des Saiva Siddhanta zu und iteriert damit bekannte Argumentationsmuster. Wie für die hier bereits exemplarisch ausgeführten Stimmen, sind für ihn die Sivaiten in Tamil Nadu für die gegenwärtige Situation mehr oder weniger selbst verantwortlich. Er sieht, im Unterschied zu Kandaswami, den Einfluss der britischen Kolonisatoren nicht als Anlass zur Selbstvergewisserung der kulturellen Identität der Tamilen, sondern vielmehr als entscheidenden Schritt für die Verblassung des Wissens um Saiva Siddhanta. Siva Mathavan deutet hier die globale Affirmation des Advaita Vedanta als Kernphilosophie des Hinduismus seit dem 19. Jahrhundert an, die Traditionen wie den tamilischen Saiva Siddhanta marginalisierte. Die Erwähnung der kolonialen Phase und ihrer Auswirkungen weist abermals darauf hin, dass vor allem die Zeit um 1900 diesbezüglich entscheidende Konfigurationen hervorgebracht hat. Aber auch für den Siddhanta-Aktivisten Siva Mathavan, der vom Thiruvavaduthurai Adhinam explizit ausgezeichnet

---

[136] *„And another thing is that the English education is there. That damaged our traditional values and religious conventions, rituals and other things. English education changed the mentality of the people. That way the thinking has also changed due to the English people. That is also a very big reason since then. Because from them the Advaita philosophy easily went to the West, but they have not shown interest to propagate the Saiva Tamil philosophy in the West. That is also one reason."* Interview mit Mātavaṉ 2012.

[137] *„Usually many people are finding the fault with the Saiva Maths, the Adhinams. In the Adhinams, there are some restrictions. They do not come close to the people. That is the fault of the Adhinams, the people are saying. The Adhinam has to come, the Adhinam has to mingle with the people. The Adhinam has to propagate this philosophy to them. The Adhinam has to treat them as equal. Some equality has to be there. But the Adhinams have not come out from the Matham. That is their fault."* Interview mit Mātavaṉ 2012.

wurde, liegt die größte Verfehlung im historischen Versagen der Adhinams. Diese waren – und sind es vielleicht noch – aufgrund ihres restriktiven Verhaltens und ihrer mangelnden Bereitschaft, die gemeine tamilische Bevölkerung als ebenbürtig zu betrachten, nicht in der Lage, die Lehren des Saiva Siddhanta aus ihren Mauern heraus in die Öffentlichkeit zu tragen.

Da die offiziellen Kurspublikationen der populären Saiva Siddhanta Organisation des Thiruvavaduthurai Adhinam zu den Hintergründen und Motivationen ihrer initialen Einrichtung schweigen und sich lediglich auf einen Gnadenakt des 23. Gurumaha Sannidhanam berufen, wurden hier weitere Vertreter aus dem Thiruvavaduthurai Netzwerk diesbezüglich befragt. Die Einschätzungen von Funktionsträgern und Teilnehmern des Studienprogramms artikulieren verschiedene Gründe, die die Etablierung des Saiva Siddhanta Studienprogramms nötig gemacht haben. Obwohl sich die Äußerungen von Krishnamoorthy, Balasundaram, Kandaswami, Muthuswami, Parameswaran und Siva Mathavan, was die konkrete Einschätzung der Ursachen für diese Unwissenheit angeht, im Detail unterscheiden, findet sich eine augenfällige Gemeinsamkeit: alle hier genannten Stimmen bewerten den gegenwärtigen Wissensstand der Tamilen über Saiva Siddhanta als miserabel. Dafür, dass sich die Tamilen in Unkenntnis über Saiva Siddhanta befänden, machen die hier zu Wort gekommenen Siddhantins, die exemplarisch für die verschiedenen organisatorischen Ebenen des Studienprogramm stehen, die tamilischen Sivaiten im Allgemeinen und die Adhinams im Speziellen verantwortlich. Zum einen seien die Sivaiten Tamil Nadus offensichtlich bisher nicht in der Lage gewesen, ihre Landsleute ausreichend über die Kernlehren und Praktiken des Sivaismus zu unterrichten, wie es etwa von Christentum und Islam angenommen wird. Zum anderen befände sich der tamilische Saiva Siddhanta im „Würgegriff" anderer indischer Denkschulen, speziell des Advaita Vedanta. Dies wird größtenteils als hausgemachtes Problem empfunden, wobei das Hauptmaß an Verantwortung den orthodoxen sivaitischen Institutionen Südindiens, also den Adhinams, zugeschrieben wird. Diese hätten es über Jahrhunderte hinweg nicht verstanden, ihre Verschlossenheit, Borniertheit und ihr Hierarchiedenken abzulegen. Damit waren sie nicht in der Lage, auf die Bevölkerung zuzugehen und Saiva Siddhanta zu propagieren. Diese Verfehlung trifft auch und ausdrücklich auf den Thiruvavaduthurai Adhinam zu, der allerdings nun seit 1992 durch sein Studienprogramm bemüht ist, die allgemeine religiöse Unkenntnis zu bekämpfen. Auffällig ist abschließend, dass der kolonialen Epoche vor allem ab dem späten 19. Jahrhundert eine entscheidende Rolle für die Veränderungen des tamilischen Saiva Siddhanta zugesprochen wird. Diese Andeutung einer geschichtlichen Dimension von Saiva

Siddhanta, die – auch in einem Großteil der Forschungsliteratur – in normativen Darstellungen der Philosophie kaum Beachtung findet, wird im weiteren Verlaufe dieser Arbeit anhand konkreter Beispiele noch ausformuliert werden.

Kandaswami, der aktuelle Direktor des Studienprogamms des Thiruvavaduthurai Adhinam, hat im Gespräch von einem historischen Beispiel berichtet, das darstellen sollte, wie es vor dem 20. Jahrhundert möglich war, sich an das von den Adhinams gehütete Wissen über Saiva Siddhanta anzunähern. Dies habe aber damals ein hohes Maß an Eigeninitiative erfordert, sich entsprechend einen geeigneten Guru zu suchen. Auffindbar waren solche Lehrer beispielsweise im Thiruvavaduthurai Adhinam, denn dort hätte es immer Gelehrte gegeben, die die Philosophie unterrichteten. Um Zugang zu diesen Gurus zu erhalten, war es allerdings fast unumgänglich, der asketisch-zölibatären Bruderschaft der Tambirans beizutreten oder, wie das Beispiel U.V. Swamianatha Aiyars zeigt, von einem Adhinam-Gelehrten als Schüler akzeptiert zu werden. Kandaswami hat in diesem Zusammenhang die Geschichte Sivagnana Munivars erzählt, der im 18. Jahrhundert zu Zeiten des 10. Gurumaha Sannidhanam, Velappa Desikar (*Vēlappa Tēcikar*)[138], mit der Intention, Literatur und Philosophie zu studieren, nach Thiruvavaduthurai gekommen sei. Dort habe er, nach Unterweisung im Adhinam, die heute als kanonisch geltende Schrift *Sivagnana Mapadiyam* verfasst.[139]

Für Kandaswami stellt Sivagnana Munivar also eines der wenigen Beispiele dar, wie man sich vor dem späten 20. Jahrhundert Wissen über Saiva Siddhanta aneignen konnte. Dabei sollte ergänzend beachtet werden, dass die Möglichkeit, ein Tambiran des Adhinam zu werden, wie

---

[138] Ausführlicher zur Amtszeit von Velappa Desikar siehe Celvakkaṇapati 2013b, 384–388; Krishnamoorthy 2003, 50–55.

[139] „*Even before that, during the time of the 10th pontiff, he is called Velappa Desikar, Sivagnana Munivar came to Thiruvavaduthurai Adhinam. So even at that time, there were so many people in the Thiruvavaduthurai Adhinam who were teaching these books to the people who were coming to that Adhinam. There were no formal schools to teach this philosophy, even regular schools were very few at that time, because in the 18th century it was not there. Even paper was not available. Sivagnana Munivar wrote on palm-leafs, he did not even write with ink and paper. At that time only a few people could teach you. So you had to go and find where they live and stay with them for long years and then only you could learn. Similarly, if Sivagnana Munivar could get this much information and make produce such a great magnum opus like Sivagnana Padiyam. So there should have been some people in Thiruvavaduthurai Adhinam itself to teach him all these things. He learned Sanskrit and other things from outside – that is what is said – he came to Chennai, some people helped him and they helped him to learn the Vedas from the Brahmins, who first refused to teach a non-Brahmin these Vedas. After that, with great difficulty and with his influence and all that, some others made the Brahmins to teach him the Veda to him. After knowing everything, Vedas and Agamas, he wrote the Sivajnana Badiyam.*“ Interview mit Kantacuvāmi 2012.

bereits erwähnt, nur bestimmten sozialen Gemeinschaften vorbehalten war. Gleiches galt überhaupt für den Zugang zum Adhinam und damit zu den Lehren der Saiva Siddhanta Literatur. Es mutet darüber hinaus geradezu ironisch an, dass genau dieses Beispiel Sivagnana Munivars beziehungsweise seines Standardwerks *Sivagnana Mapadiyam* noch Anfang des 20. Jahrhunderts Ausgangspunkt einer Debatte um die Geheimhaltung sivaitischer Literatur durch die Adhinams war. Die gängige Ansicht einer ursprünglichen und andauernden Propagierung des Saiva Siddhanta durch die Adhinams kann also schwerlich aufrecht erhalten werden. Die Einschätzungen der Funktionsträger und Teilnehmer des Saiva Siddhanta Studienprogramms zur Unkenntnis der Tamilen über Saiva Siddhanta und dessen Ursachen, die zu großem Maße in der verfehlten Verbreitung der Philosophie durch eben jene Adhinams gesehen wird, stützen diese Folgerung. Dass diesem historischen Versagen inzwischen von Seiten des Thiruvavaduthurai Adhinam aktiv entgegengewirkt wird, zeigt das Saiva Siddhanta Studienprogramm, das im Folgenden ausführlich dargestellt werden soll.

4. Die Institutionalisierung der Saiva Siddhanta Lehre durch das Studienprogramm des Thiruvavaduthurai Adhinam

Die folgende Darstellung orientiert sich am idealtypischen Ablauf eines Jahrgangs im Saiva Siddhanta Studienprogramm des Thiruvavaduthurai Adhinam. Hieran soll gezeigt werden, wie durch die institutionalisierte Lehre des Saiva Siddhanta die Bekämpfung der allgemeinen religiösen Unkenntnis der Sivaiten in Tamil Nadu angegangen wird. Nach seiner Etablierung im Jahr 1992 fanden die ersten vier Jahrgänge (1992–1994, 1995–1997, 1998–2000, 2001–2003) des Programms noch als dreijährige Kurse statt. Auf Wunsch der Teilnehmenden wurde die Veranstaltung ab 2004 allerdings auf ein zweijährige Format reduziert und folgt dieser Struktur bis heute.[140]

Als maßgebliche Quellen der Bearbeitung dienen zum einen „offizielle“ Darstellungen des Thiruvavaduthurai Adhinam auf dessen Homepage und vor allem in Form von Handreichungen für die Studierenden. Zum anderen sollen diese durch Stimmen von Funktionsträgern und Studierenden ergänzt werden. Bei den Publikationen des Adhinam handelt es sich um Broschüren (*ciṟṟēṭu*) der Kursbeschreibungen des siebten Saiva Siddhanta Kurses des Thiruvavaduthurai Adhinam (2008–2009). Die beiden

[140] Vaittiyanātaṉ 2007, (payiṟci maiya-t tōṟṟamum vaḷarcciyum). Siehe Tabelle 3.

Hefte[141] wurden vom 2011 verstorbenen ehemaligen Direktor des Studienprogramms, K. Vaithiyanathan, in kultiviert anmutendem Tamil verfasst und herausgegeben.[142] Bemerkenswert ist, dass die Broschüren zudem fast völlig auf Grantha-Zeichen (*tirunta*, Skt. *grantha*) verzichten. Diese tamilischen Lettern werden in der Regel dazu verwendet, Bezeichnungen aus dem Sanskrit in tamilischer Schrift abzubilden. Sanskritwörter werden meist ohne Rückgriff auf diese Grantha-Zeichen in „reinen" Tamilbuchstaben ausgeschrieben. Die Tamilisierung von Sanskrit-Begriffen sowie der Verzicht auf Grantha-Zeichen kann im breiteren Kontext der schon angedeuteten religiösen Konkurrenz, als Abgrenzung gegenüber Sanskrit-Traditionen, verstanden werden. Ein weiteres Beispiel für diese Praxis lieferte auch der Begründer des Studienprogramms, Sivaprakasa Desikar, der – „aus Liebe zum Tamil" – das ursprüngliche Sanskrit-Präfix „Sri-La-Sri" (Skt. *śrī-la-śrī*) seines Titels in das tamilisierte „Seer-Valar-Seer" (*cīrvaḷarcīr*) änderte.[143] Die Textgestaltung der Broschüren, etwa durch das weitgehende Auslassen von Grantha-Zeichen und einen kultiviert-anspruchsvollen Sprachduktus, unterstreicht den heute propagierten tamilischen Charakter des Studienprogramms im Speziellen sowie des Saiva Siddhanta im Allgemeinen.

Eine entscheidende Quelle für die Analyse stellt die „Informationsbroschüre"[144] des Kurses dar. Diese besteht aus zwei Seiten einleitendem Text mit organisatorischen Bemerkungen und 18 weiteren Seiten, die Kurszeiträume und detaillierte Informationen zu den einzelnen Veranstaltungsorten, Zweigstellen und dem jeweiligen Personal des Thiruvavaduthurai Studienprogramms für Tamil Nadu und andere indische Bundesstaaten aufführen. Die zwölf Textseiten der zweiten Hauptquelle der „Kursbroschüre"[145] hingegen enthalten allgemein-organisatorische und inhaltlich-programmatische Aussagen zum Studienprogramm. Der aktuelle Direktor des Programms, Kandaswami, hat die Broschüren sei-

---

[141] Beide Publikationen enthalten keine Seitenangaben, daher werden im Folgenden für Fußnoten zumindest die Abschnittsüberschriften als Referenz in Klammern angegeben.

[142] Dies zeigt sich u.a. in der, wenn auch inkonsequenten, Verwendung des sog. *āytam*-Konsonanten (*ḵ*), bspw. bei *iḵtu* statt *itu*, *aḵtāvatu* statt *atāvatu*, oder *irupaḵtu* statt *irupatu*. Ebenso ambivalent ist hier die Verwendung von Sanskritbegriffen. So wird z.B. „*āciriyar*" (Skt. *ācārya*) für „Lehrer" oder „Dozent" verwendet, aber nicht etwa das verbreite, tamilisierte Sanskrit-Wort „*puttakam/pustakam*" (Skt. *pustakam*) für „Buch" oder „Schrift", sondern das „rein" tamilische „*nūl*".

[143] Krishnamoorthy 2003, 141–142.

[144] Vaittiyanātaṉ 2008b.

[145] Vaittiyanātaṉ 2007.

nes Vorgängers Vaithiyanathan übernommen und lediglich den Lehrplan punktuell ergänzt.[146]

Die Hauptquelle der folgenden Betrachtung, namentlich die Kursbroschüre, deren vollständiger Titel „Siebter Kurs 2008–2009, Kursinformationen, Regeln und Vorschriften“ (*e̲lāvatu tokuppu 2008–2009, takaval tokuppu a̲rikkai, vitimu̲raikaḷum a̲rivuraikaḷum*) lautet, ist in insgesamt 17 thematische Abschnitte mit einzelnen Überschriften unterteilt. Diese gliedern sich wie folgt: 1. *Einleitung*, 2. *Entstehung und Entwicklung des Saiva Siddhanta Trainings*, 3. *Nutzen*, 4. *Lösen von Konfusionen im Bereich der Religion*, 5. *Kurszeitraum*, 6. *Ablauf des Trainings*, 7. *Notwendigkeit der Anwesenheit*, 8. *Der lokale Organisator*, 9. *Zugang zu den Kursbüchern*, 10. *Details über die Gebühren*, 11. *Zahlungsart der Kursgebühr*, 12. *Privilegien für frühere Studenten*, 13. *Prüfungen und Zertifikate*, 14. *Eine Bitte an die Dozenten*, 15. *Studenten aus anderen Bundesstaaten*, 16. *Studenten außerhalb Indiens*, 17. *Schlussrede*.[147] Die Nummerierung ist von mir vorgenommen worden. Die Ziffern finden sich nicht im Text, dort sind die Abschnitte lediglich durch Überschriften voneinander abgehoben.

Nach einem einführenden Überblick über die vom Adhinam publizierten und artikulierten Statistiken der Kurs- und Teilnehmerentwicklung für die letzten beiden Jahrzehnte wird die Darstellung in sechs weiteren Schritten dem idealtypischen Verlauf eines zweijährigen Kurses folgen und den Weg von der Anmeldung bei einer lokalen Zweigstelle (*maiyam*) bis zur Verleihung der Abschlusszertifikate (*na̲rcā̲ritaḻ*) nachzeichnen. Abschließend wird auf jüngere Entwicklungen der Internationalisierung des Programms eingegangen werden. Die Betrachtung der Institutionalisierung der Lehre des Saiva Siddhanta, durch das populäre Studienprogramm des Thiruvavaduthurai Adhinam, stellt eine erste Teilantwort auf die Frage: „Was ist Saiva Siddhanta?“ dar, da hier die formalisierte Verbreitung der Philosophie an die tamilische Bevölkerung vorgestellt und kontextualisiert wird. Die Untersuchung zeigt also, wie die Verbreitung des Saiva Siddhanta konkret umgesetzt wird.

---

[146] Interview mit Kantacuvāmi 2012. Auf diese Modifizierungen, die sich vor allem mit der alltagspraktischen Relevanz des Saiva Siddhanta beschäftigen, wird im weiteren Verlauf noch gesondert eingegangen werden.

[147] 1. *tō̲r̲ruvāy*, 2. *payi̲rci maiya-t tō̲r̲ramum vaḷarcciyum*, 3. *ittaku caiva cittānta-p payi̲rciyi̲n paya̲nkaḷ*, 4. *camayttu̲raiyil ē̲rpaṭam ku̲lappaṅkaḷai tīrkka*, 5. *payi̲rci-k kālam*, 6. *payirci naṭaipe̲rum mu̲rai*, 7. *vakuppi̲rku-c cella vēṇṭuvata̲n avaciyam*, 8. *kiḷai maiyam amaikkum amaippāḷar*, 9. *pāṭa nūlkaḷai-p pe̲rum mu̲rai*, 10. *payi̲rci-kaṭṭaṇam pa̲r̲riya takavalkaḷ*, 11. *payi̲rci-k kaṭṭaṇamceluttum mu̲rai*, 12. *muntaya māṇavarkaḷukku-c calukai*, 13. *tērvukaḷum cā̲n̲rita̲lkaḷum*, 14. *pērāciriyarkaḷukku oru vēṇṭukōḷ*, 15. *veḷi mānila māṇavarkaḷukku*, 16. *veḷināṭukaḷil vacikkum māṇavarkaḷukku*, 17. *ni̲raivurai;* Vaittiyanātan̲ 2007.

4.1. Statistiken der Kurs- und Teilnehmerentwicklung

Nachdem in der Kursbroschüre für den Jahrgang 2008–2009 zunächst zum Ausdruck gebracht wird, dass auch dieser Kurs auf die Gnade des 23. Gurumaha Sannidham zurückgeht, gibt der Text eine kurze statistische Beschreibung der bisherigen Entwicklung des Studienprogramms. Unter der Überschrift „Entstehung und Entwicklung des Studienzentrums" (*payiṟci maiya-t tōṟṟamum vaḷarcciyum*) werden Details zur bisherigen Geschichte des Programms erläutert. Die Broschüre führt an dieser Stelle einige Statistiken der Organsiation für die Jahre von 1992 bis 2007 auf. Demnach fand der erste dreijährige Kurs noch in 20 verschiedenen Zweigstellen (*maiyam*) in ganz Tamil Nadu unter der Teilnahme von 1.018 Studierenden statt. Diese Zahlen haben sich bis zum Ende des Jahrgangs 2006–2007 auf 56 lokale Zweigstellen und 5.200 eingeschriebene Studierende erhöht. Das Studienprogramm begann schon im ersten Jahrzehnt seines Bestehens, auch außerhalb Tamil Nadus (in den Bundesstaaten Andhra Pradesh[148] und Kerala) lokale Zentren einzurichten, in denen regelmäßiger Saiva Siddhanta Unterricht stattfand. Die offizielle Homepage des Adhinam spricht 2014 von „ungefähr" (*sumār*) 65 Zentren, die alleine in Tamil Nadu unter Aufsicht des Adhinam Saiva Siddhanta lehren.[149] Der aktuelle Direktor Kandaswami bezifferte mir gegenüber die Zahl der Zweigstellen im Frühjahr 2015 auf 75, mit etwa 7.600 Teilnehmenden. Überschlägt man diese Angaben, dürften zwischen 1992 und 2015 etwa 35.000–40.000 Menschen in rund 400–500 einzelne Kurse des Saiva Siddhanta Studienprogramms des Thiruvavaduthurai Adhinam eingeschrieben gewesen sein.[150] Dabei ist zu beachten, dass jene Zahlen und Statistiken ausschließlich auf die Angaben des Thiruvavaduthurai Adhinam selbst zurückgehen. Quellen von dritter Seite liegen meines Wissens nach nicht vor. Diese statistische Wissensproduktion[151] verdeutlicht also in erster Linie die Sichtweisen der Organisation selbst und evoziert das Bild einer Erfolgsgeschichte des kontinuierlichen Wachstums.

[148] Im Jahr 2014 wurde der ehemalige Bundesstaat Andhra Pradesh in zwei Staaten aufgeteilt, wovon einer weiter denselben Namen trägt, während der andere Telegnana heißt. Das Studienprogramm ist in Hyderbad aktiv, der alten Hauptstadt Andhra Pradeshs, die heute die Hauptstadt Telagnana ist.

[149] http://thiruvavaduthuraiadheenam.org/Aadheenam/?page_id=1886 (zuletzt aufgerufen am 11.02.2014).

[150] Diese Zahl geht auf die Aussage von Kandaswami zurück. Kantacuvāmi 2012; 2015 Die Homepage spricht 2014 von 30.511 Absolventinnen und Absolventen, http://thiruvavaduthuraiadheenam.org/Aadheenam/?page_id=1886 (zuletzt aufgerufen am 11.02.2014).

[151] Die Statistiken werden auch von Funktionsträgern des Programms reproduziert. Der lokale Organisator der Zweigstelle Pondicherry, Balasundaram, hat mir im Gespräch die Statistiken direkt aus den Broschüren vorgelesen, Interview mit Pālacuntaram 2012.

Daher müssen diese und die folgenden Angaben nicht nur als vermeintlich neutrale Zahlen, sondern vielmehr als zumindest tendenziöse Eigendarstellung verstanden werden. Sie sind letztlich als konkrete Aussagen zu betrachten, so wie andere Artikulationen der Kursbroschüren auch. Eine Überprüfung der Zahlen ist schlicht nicht möglich.

Der Text der Kursbroschüre von 2008 macht weiterhin Angaben zur Altersverteilung unter den Studierenden.[152] Demnach kam der Großteil der bis dato 18.000 Kursteilnehmer aus den Altersgruppen der 21- bis 40-Jährigen (8.199) und der 41- bis 60-Jährigen (8.725). Jünger als 20 waren lediglich 530, älter als 60 nur 620 Studierende. Da viele Teilnehmer mir gegenüber geäußert haben, dass sie die zweijährigen Programme mehrmals besuchen, dürfte die letzte Altersgruppe zukünftig zumindest in absoluten Zahlen weiter steigen.[153] Den Anteil von Teilnehmerinnen taxiert die Broschüre auf 35 Prozent und spricht zum Jahr 2008 von über 6.000 Absolventinnen des Programms. Die ungefähre prozentuale Verteilung der Altersstruktur stimmt weitestgehend mit meiner Beobachtung vor Ort überein.

Nach der Erwähnung des Frauenanteils nennt die Broschüre einige (prestigeträchtige) Berufsgruppen, aus welchen sich die Teilnehmer größtenteils rekrutieren. Genannt werden explizit Ingenieure, Schulmediziner (*āṅkila maruttuvarkaḷ*),[154] Anwälte, pensionierte Angehörige des

---

152 Die Zulassung zum Programm unterliegt keiner Altersbeschränkung. Kandaswami hat das im Gespräch ausdrücklich hervorgehoben: „*It is open to everyone, there are no restrictions at all, no age restrictions.*" Interview mit Kantacuvāmi 2012.

153 Laut Kandaswami besuchen etwa 30–35% der Absolventen die Kurse mindestens ein zweites Mal, um sich weiter zu bilden: „*Almost 30–35% of the people are doing a 2nd or 3rd course or even a 4th course. They want to learn a lot of things and keep on hearing so then only it merges, otherwise you will forget. They keep in touch with it.*" Interview mit Kantacuvāmi 2012. Exemplarisch für das mehrfache Absolvieren der Kurse steht der lokale Organisator des Saiva Siddhanta Studienprogramms in Pondicherry, Balasundaram, der den Kurs vor der Übernahme administrativer Aufgaben 2009 mehrmals besucht hat. Das gleiche gilt für den Organisator K. Muthuswami und den Teilnehmer Parameswaran in Tirunelveli. Siehe Interview mit Pālacuntaram 2012; Interview mit Muttucāmi et al. 2015. Die Kursbroschüre weist an dieser und anderer Stelle explizit darauf hin, dass das mehrmalige Besuchen der Kurse möglich ist. Dies wird durch die verbreitete Meinung begründet, dass ein umfassendes Wissen über Saiva Siddhanta nahezu unmöglich sei und sich damit das wiederholte Lernen stets positiv auf den geistig-religiösen Fortschritt der Lernenden auswirke. Vaittiyanātaṉ 2007, (muntaiya māṇavarkḷukku-c cālukai).

154 Wörtlich „englische Ärzte". Diese Benennung ist zum einen vermutlich in Abgrenzung zu vermeintlich traditionell-indigenen Medizinlehren zu deuten. „Westliche Ärzte" könnte hier unterstreichen, dass die Saiva Siddhanta Lehre des Thiruvavaduthurai Adhinam selbst für Vertreter (westlicher) Schulmedizin attraktiv und plausibel ist. Weiterhin liegt hierin eine weitere Implikation, die die Relevanz des Studienprogramms für privilegierte Gesellschaftsgruppen unterstreicht. (Schul)Medizin gehört zu den prestigeträchtigsten und begehrtesten Studienfächern an indischen Hochschulen und ist mit anspruchsvollen Aufnahmeprüfungen verbunden. Nur den besten Prüflingen dieses Aufnahmeexamens für

Staatsdienstes (*Indian Administrative Service*), Angehörige der Polizei sowie Politiker und Beamte. Kandaswami nennt ebenfalls Mediziner, Anwälte, Softwareingenieure, Wissenschaftler und College-Professoren als Teilnehmende und stellt diesen Hausfrauen und Menschen mit lediglich Grundschulbildung gegenüber. Diese Akzentuierung von Frauen und Angehörigen unterer Bildungsschichten dient wohl der Vorbeugung einer Kritik des formalen Zugangsexklusivismus. Die Anzahl von Frauen in führenden Positionen der Hierarchie des Saiva Siddhanta Studienprogramms ist allerdings relativ gering. Laut der Infobroschüre für den Jahrgang 2008–2009 gab es lediglich jeweils eine Dozentin und eine Organisatorin in den 56 lokalen Zweigstellen.[155] Die einzige Dozentin besitzt wiederum sowohl einen Master-Abschluss als auch einen Doktortitel und lehrt Tamil als College-Professorin.[156] Obwohl ein kategorischer Ausschluss von Frauen aus den operativen Positionen des Programms nicht vorliegt, spielen Frauen offensichtlich eine zumindest zahlenmäßig relativ marginale Rolle in leitenden Positionen des Studiennetzwerks des Thiruvavaduthurai Adhinam. Dennoch gibt es Ausnahmen von dieser Regel, die, wie im Falle der einzigen Dozentin, wohl nicht ganz zufällig mit ihrer akademischen Qualifikation korrelieren.

Neben diesen Gender-Implikationen liefert die Aufzählung der beruflichen Hintergründe durch die Direktoren des Studienprogramms (Vaithiyanatan in den Broschüren und Kandaswami im Gespräch) Hinweise auf den sozialen Hintergrund der Teilnehmer – beziehungsweise vielmehr auf das Bild, welches die handelnden Personen des Thiruvavaduthurai Adhinam Studienprogramms von den Teilnehmenden vermitteln möchten. Bei diesem handelt sich trotz aller zu Schau getragener Offenheit um ein Phänomen gebildeter Schichten. Oder anders ausgedrückt: der Adhinam betont hier implizit, dass der Kurs offensichtlich für Menschen aus privilegierten Berufsgruppen besonders attraktiv ist. Kandaswami war im Gespräch diesbezüglich etwas deutlicher. Seiner Ansicht nach benötigt es nämlich ein gewisses Maß an Bildung, um sich überhaupt für Saiva Siddhanta zu interessieren:

„Menschen, die einen bestimmten Wissensstand haben, *die gebildet sind* und etwas über Philosophie wissen möchten und bisher in Unkenntnis über diese

---

medizinische Studiengänge ist es gestattet, auf den schulmedizinischen Abschluss des *Bachelor of Medicine, Bachelor of Surgery (MBBS)* zu studieren und schließlich praktizieren. Die Nennung der westlichen Schulmediziner als Teilnehmende der Saiva Siddhanta Kurse spiegelt also die Tendenz der Broschüre wider, ein besonderes Augenmerk auf soziale Eliten zu legen. Für diese Hinweise danke ich Roman Sieler.

155 Namentlich in in Madurai bzw. in Sivakasi (*Civakāci*), Vaittiyanātaṉ 2008b, Anhang 2 (aṭṭavaṇai 2).

156 Interview mit Āṉanta Jōti 2011.

Dinge waren, diese Menschen haben begonnen zu lernen, dass es eine Philosophie namens Saiva Siddhanta gibt.“ [Herv. RK][157]

Diese Aussage relativiert den allgemeinen und umfassenden Bildungsauftrag, den Funktionsträger und Teilnehmer des Saiva Siddhanta Studienprogramms formuliert haben. Wie die Darstellung der artikulierten Gründe für die Einführung des Kurses gezeigt hat, schließt die Diagnose der allgemeinen religiösen Unkenntnis der Tamilen, die Kandaswami in diesem Zitat indirekt anspricht, grundsätzlich alle Sivaiten ein. Hierzu zählen auch die gebildeten Schichten. Dennoch kommt in der Äußerung des aktuellen Direktors als primäre Zielgruppe des Studienprogramms die „gebildete“ Bevölkerung vor. Diese Stoßrichtung deckt sich mit den vom Adhinam herausgegebenen Statistiken zum beruflichen Hintergrund eines zahlenmäßig ständig anwachsenden Netzwerks. Wie unten noch im Detail bei der Darstellung der philosophischen Lehren und Doktrinen gezeigt werden wird, gehört der Erwerb von Wissen zu den zentralen soteriologischen Kategorien des Saiva Siddhanta. Die Beschäftigung mit Saiva Siddhanta ist selbst ein wichtiger Schritt in diesem Prozess, der die Siddhantins dieser Lehrmeinung zufolge grundsätzlich von anderen religiös Interessierten unterscheidet.

Allerdings hat der Bildungshintergrund der Kursteilnehmenden wahrscheinlich auch einen ganz praktischen Hintergrund. Angehörige ökonomisch schwächerer oder bildungsferner Schichten haben schlicht meist weder die Zeit noch das Geld, sich monatlich in Saiva Siddhanta unterrichten zu lassen. Dies gilt eher weniger für die explizit in den Broschüren erwähnten, gutverdienenden Berufsgruppen. Es lohnt daher, einen genaueren Blick auf den Anmeldeprozess und die formellen Zugangsbedingungen zu werfen.

4.2. Anmeldung, Gebühren und Formalia

Bevor allerdings die nominellen Anmeldekonditionen vorgestellt werden, soll kurz auf eine ganz grundlegende Bedingung hingewiesen werden, die ein Interesse an Saiva Siddhanta überhaupt erst ermöglicht. Der eigentliche Grund für eine persönliche Offenheit gegenüber der Philosophie, beziehungsweise einer Teilnahme am Studienprogramm, liegt für den Thiruvavaduthurai Adhinam in der Logik von „Karma und Wiedergeburt“ (*viṉaippayaṉ*) begründet. Menschen, die sich für Saiva Siddhanta

[157] *„People who have some knowledge,* ***who are educated*** *and want to know something about philosophy and who were totally unaware of those things, they have started to get to know that there is Saiva Siddhanta philosophy.“* Interview mit Kantacuvāmi 2012.

interessieren, befinden sich in einer privilegierten Position, die aus ihrer positiven Entwicklung durch frühere Geburten resultiert. In der Kursbroschüre wird dies, unter der Überschrift „Die Notwendigkeit der Anwesenheit" (*vakuppiṟku-c cella vēṇṭuvataṉ avaciyam*), folgendermaßen ausgedrückt: „*Aufgrund der Askese, die in den früheren vielen hunderten Geburten gemacht wurde*, haben Sie [die Teilnehmenden] die Möglichkeit bekommen, diese *Lehre des göttlichen Siva-Wissens* zu erhalten." [Herv. i. O.].[158] In dieser Aussage wird deutlich, dass die Beschäftigung mit Saiva Siddhanta zum einen das Ergebnis eines langen und mühevollen Weges durch „viele hunderte Geburten" (*muṉpu palanūṟu piṟavikaḷ*) darstellt. Durch „Askese" (*tavam*), also eine gute Lebensführung in jenen früheren Leben, wurden die Voraussetzungen für die nächste Geburt positiv beeinflusst. Am vorläufigen Höhepunkt dieses Prozesses steht dann zum anderen die aktuelle Geburt, die sich durch die Auseinandersetzung mit der „Lehre des göttlichen Siva-Wissens" (*civañāṉa-k kalvi*), also Saiva Siddhanta, auszeichnet. Die Möglichkeit für letzteres beruht aber immer auf der Gnade Sivas (*aruḷ*).[159]

Dass sich diese Annahmen des Thiruvavaduthurai Adhinam in den Köpfen der Teilnehmenden sedimentiert haben, zeigen die Reaktionen, die mir in fast allen Begegnungen mit tamilischen Siddhantins entgegengebracht wurden. Etliche Studierende haben mir in den Gesprächen vor Ort versichert, dass ihre Teilnahme am Kurs das Resultat ihres Verhaltens in vielen früheren Geburten darstelle. Man müsse, so der Tenor, zahlreiche Leben durchlaufen haben, um die göttliche Gnade zu erfahren, sich dem Saiva Siddhanta widmen zu können. Die allgemeine Voraussetzung, den Weg des Saiva Siddhanta einzuschlagen, liegt folglich nicht ausschließlich in der eigenen Lebenssituation oder lässt sich auf biographi-

---

[158] „***muṉpu palanūṟu piṟavikaḷil cey-t tavattiṉ kāraṇamāka***, *inta-c* ***civañāṉa-k kalviyai-p*** *peṟum vāyppiṉai-t tāṅkaḷ peṟṟuḷḷīrkaḷ*" [Herv. i. O.] Vaittiyanātaṉ 2007, (vakuppiṟku-c cella vēṇṭuvataṉ avaciyam). Grammatikalisch geht aus der Formulierung des Textes nicht hervor, wessen Askese und wessen hunderte frühere Geburten als Grund für das Erlernen des Siva-Wissens im Studienprogramm anzusehen sind. Es wäre möglich, dass damit die verehrten Vertreter der Thiruvavaduthurai-Genealogie gemeint sind, deren Leben und Wirken die Verbindung des Studienprogramms zu der von Siva auf dem Berg Kailash offenbarten Lehre darstellt. Die Geburten, also das Leben dieser heiligen Personen, wäre damit der Grund dafür, dass heute Saiva Siddhanta überhaupt überliefert ist und gelernt werden kann. Die im Text vertretene Interpretation erscheint aber aus dem weiteren Kontext des Saiva Siddhanta in Tamil Nadu wesentlich wahrscheinlicher. Dies zeigt sich auch an der explizit artikulierten „Reinkarnationslehre" des Adhinam, die unten in Bezug auf die konkrete „Karma-Konzeption" thematisiert wird.

[159] Das tamilische Wort „*aruḷ*" gehört zu den wichtigen Begriffen des Saiva Siddhanta. Im Folgenden werde ich die gängige Übersetzung „Gnade" (engl. „*grace*") verwenden, auch wenn dies in tamilistischer Forschung vereinzelt als zu christozentrisch kritisiert worden ist, siehe Handelman & Shulman 2004, 40.

sche Zufälle in dieser Geburt zurückführen. Vielmehr sei die gegenwärtige Beschäftigung mit Saiva Siddhanta durch das hohe geistig-religiöse Niveau der einzelnen Teilnehmer begründet, das gemäß der Logik von „Karma und Wiedergeburt" zu verstehen ist. Die philosophische Grundierung dieses Arguments wird die Analyse der grundlegenden Lehren und Doktrinen im weiteren Verlauf dieser Arbeit noch deutlich zeigen. Festzuhalten ist an dieser Stelle lediglich, dass die Aussagen der Broschüre wie die der Studierenden auf jenes Prinzip der vielfachen Geburten rekurrieren. Diese Geburten markieren idealiter einen Fortschritt auf dem Weg zur Klarheit (*teḷivu*) und bilden damit die fundamentale Voraussetzung, die die Teilnahme am Studienprogramm bedingt und somit jeglichem Interesse zur Teilnahme am Studienprogramm vorgänglich ist.

Die Begründung, nach welcher das Lernen über Saiva Siddhanta letztlich eine Folge vieler Leben und eines göttlichen Gnadenakts Sivas darstellt, fand darüber hinaus auch für mich als Religionswissenschaftler aus Deutschland Anwendung. Sowohl in Gesprächen mit Teilnehmenden der Kurse, beispielsweise in Pondicherry und Tirunelveli,[160] oder mit anderen Anhängern des Saiva Siddhanta in Tamil Nadu, als Ergebnis meiner früheren Geburten bezeichnet. Ähnlich argumentierte auch der Dichter-Gelehrten des Thiruvavaduthurai Adhinam, C. Kunjithapatham (*Cu. Kuñcitapātam*). Von ihm wurde mein Interesse an Saiva Siddhanta, meine Anwesenheit in Tamil Nadu, meine Besuche verschiedener Adhinams und anderer Institutionen sowie die mir entstandenen Möglichkeiten Interviews zum Thema Saiva Siddhanta zu führen, in dieser Logik erklärt. Ich könne mich glücklich schätzen, so die gängige Meinung, dass ich die Möglichkeit hätte, mich mit Saiva Siddhanta zu befassen. Es sei, so Kunjithapatham, ein Ausdruck der Gnade Gottes, die mir nach vielen Leben zuteil werde, den weiten Weg aus Deutschland gekommen zu sein, um, durch die Vermittlung einiger Menschen vor Ort, schließlich unter anderem nach Thiruvavaduthurai zu kommen, um mit ihm dort eine Unterredung über Saiva Siddhanta zu führen. Für Kunjithapatham drückt sich dieser Umstand in der Überzeugung aus, dass „wenn man etwas benötigt, Siva die nötigen Vorkehrungen trifft."[161] Siva sei also eigentlich derjenige, der mich nach Tamil Nadu habe kommen lassen. In einigen Situati-

---

[160] Der regelmäßige Kursteilnehmer A. Parameswaran beispielsweise führte meine Anwesenheit in Tirunelveli, um dort über Saiva Siddhanta zu lernen, explizit auf die Gnade Sivas zurück: „*You are a lucky person, so that* ***God has given this opportunity to you to be here****, because this is a special clan. All people will not get this opportunity. People will come, most of the foreigners who come to India, they will maybe come to Madurai, but they can't come here.* ***But if you have his grace, God will allow you to be here****. So you really are a lucky person.*" [Herv. RK] Interview mit Muttucāmi et al. 2015.

[161] „*When you need something, Lord Siva makes the necessary arrangements.*" Interview mit Kuñcitapātam & Tiruccirrampala Tampirāṉ 2012.

onen wurde meine Anwesenheit als explizites Beispiel für das Gnadenwirken Sivas instrumentalisiert. So wurde ich in Pondicherry, Tirunelveli und London von den offiziellen Vertretern der Adhinam-Organisation gebeten, vor den Studierenden über mein Interesse am Saiva Siddhanta zu sprechen. Auf diese Weise wurde ich quasi zu einem „lebendigen Argument" gemacht, das zeigen sollte, dass Gottes Gnade wirklich jedem und überall zuteilwerden könne. Nedumaran hat in Pondicherry aus meinem kurzen Auftritt zu Beginn der Veranstaltung direkt eine Aufforderung an alle Tamilen abgeleitet: Denn wenn schon Interessierte aus dem fernen Deutschland kämen, um etwas über Saiva Siddhanta zu erfahren, sei es umso mehr eine Pflicht für alle Tamilen, sich damit zu beschäftigen und die Philosophie zu verbreiten.

Die Teilnahme am Saiva Siddhanta Studienprogramm – ebenso wie überhaupt die Beschäftigung mit Saiva Siddhanta – kann in der Lesart des Thiruvavaduthurai Adhinam als eine Art persönlicher Erfolg oder besser eine Auszeichnung durch göttliche Gnade verstanden werden, da diese Situation, wie die Broschüre betont, erst durch die Askese in vielen hunderten früheren Leben bedingt ist. Diese überaus günstige Situation gelte es also für jeden einzelnen (Tamilen) zu nutzen, um sich folglich für das Saiva Siddhanta Studienprogramm anzumelden.

Anmeldung

Die formalen Anmeldungen für einen Kursjahrgang des Saiva Siddhanta Studienprogramms des Thiruvavaduthurai Adhinam, das in der Regel alle zwei Jahre im Januar beginnt, müssen bis zum 30. November des Vorjahres vollständig in der Organisationsverwaltung, also beim Direktor, eingegangen sein. Die Zeitpläne und Unterlagen gehen den Angemeldeten über ihre jeweiligen lokalen Zweigstellen bis Ende Dezember zu.[162] Das Anmeldeformular (*viṇṇappa-p paṭivam*) fordert zehn Angaben von den Interessierten: 1. Name des Bewerbers; 2. Name des Vaters/Ehemanns; 3. Alter und Geburtsdatum; 4. Schulabschluss; 5. Sprachkenntnisse in Wort und Schrift; 6. Beruf; 7. Adresse und Telefonnummer; 8. nächstgrößere Stadt; 9. Entfernung zwischen Wohnadresse und oben genannter Stadt; 10. Details über bezahlte Kursgebühren.[163]

---

162 Vaittiyanātaṉ 2007, (payiṟci-k kaṭṭaṇam celuttum muṟai).

163 „*1. viṇṇappatārariṉ peyar; 2. tantai/kaṇavar peyar; 3. vayatu, piṟanta tēti (āṅkila āṉṭu mātam tēti); 4. kalvi-t takuti; 5. eḻuta-p paṭikka-t terinta moḻikaḷ; 6. toḷil; 7. kuṭyirukkum iṭattiṉ vilācam – tolaipēci eṇ; 8. arukil irukkum nakarattiṉ; 9. uṅkaḷ vilācattil uḷḷa ūrukkum ṣe nakarattiṟkum uḷḷa tūram (ki. mī.); 10. payiṟci-kaṭṭaṇam celuttiya viparam.*" Vaittiyanātaṉ o.A.

Neben gängigen Angaben zur Identität einer interessierten Person (Name, Geburtsdatum) und zur lokalen Bestimmung und Kommunikation (Adresse, Telefonnummer, nächstgrößere Stadt[164]), fällt einem nicht-indischen Leser wohl die Angabepflicht zum Namen des Ehemanns oder Vaters auf. Dieses Prozedere ist in Indien üblich und hat durchaus pragmatische Gründe, da hierdurch die genaue Identifikation von einzelnen Personen ermöglicht wird. Es gibt im indischen Kontext bezüglich der Namensgebung keine rechtlich verbindlichen Vorschriften, die etwa Familienzugehörigkeit eindeutig durch einen (beispielsweise vererbten) Namen bestimmen würden. Eine genaue Feststellung der Identität einer Person wird daher oft durch den patriarchalen Zusatz des Ehemanns oder Vaters gewährleistet. In Indien existieren unterschiedliche legale Traditionen, Neugeborenen einen Namen zu geben. Diese Praxis kann sich zwischen Kasten-, Religions- und Sprachgruppen massiv unterscheiden. So können Kasten- oder Berufsbezeichnungen sowie Initialen der Eltern oder des Heimatortes Teil des offiziellen Namens einer Person sein. Dies bedeutet aber auch, dass sich für einen informierten Betrachter durch die Abfrage des Namens, der zunächst eventuell keine eindeutige Identifikation einer Person zulassen mag, und etwa der zusätzlichen Kenntnis der Herkunft eines Bewerbers, Rückschlüsse auf dessen soziale und familiäre Hintergründe ziehen lassen.[165]

Zu den weiterhin notwendigen Angaben auf dem Anmeldeformular zählen bezeichnenderweise auch Beruf und Schulabschluss. Die oben erwähnten Aussagen zum vermeintlich hohen Bildungsgrad der Teilnehmer wären ohne diese Erfassung nicht möglich und erlauben eben jene leicht bildungselitistisch anmutende Darstellung in den Teilnehmerstatistiken. Durch diese Nennungen ist es der Organisation möglich, die renommierten Berufsgruppen in den Broschüren als positive Beispiele aufzuführen und die Attraktivität des Programms für gebildete Bevölkerungsgruppen damit indirekt zu betonen.

Die Pflichtangaben „5. Sprachkenntnisse in Wort und Schrift“ (*e̲luta-p paṭikka-t terinta mo̲likaḷ;* wörtl.: „Sprachen, die man schreiben und lesen kann“) und „10. Details über bezahlte Kursgebühren“ (*payi̲rci-kaṭṭaṇam celuttiya viparam*) zählen zu den entscheidenden Referenzen, die praktisch über die Teilnahme entscheiden. Während die anderen acht Angaben vermeintlich nur organisatorische oder identifikatorische Gründe haben, stehen Angaben 5. und 10. für fundamentale Bedingungen der Kursteilnahme. Die Frage nach den Sprachkenntnissen erklärt sich nach

[164] Hierbei handelt es sich wohl um die nächste Stadt, in der ein Saiva Siddhnta Kurs angeboten wird.

[165] Zur Sichtbarkeit von Kastentiteln und ihrer politischen Dimension in Tamil Nadu siehe Pandian 1983.

Ansicht der Kursbroschüre, die hierzu wie folgt genauer spezifiziert: „In diesem Kurs können alle lernen, die *Tamil lesen und schreiben können.*" [Herv. i. O.][166] Die letzte Angabe auf dem Anmeldeformular fordert den Nachweis der Zahlung der Kursgebühren. Die beiden genannten entscheidenden formalen Auflagen zur Anmeldung für 24 Sitzungen des Saiva Siddhanta Studienprogramm des Thiruvavaduthurai Adhinam werden im Folgenden in zwei Schritten näher erläutert. Dabei soll zunächst die Frage der Kursgebühren betrachtet werden. Die vorausgesetzten Sprachkenntnisse werden danach zusammen mit einer weiteren Identitätspositionierung analysiert, die bei der Anmeldung für das Saiva Siddhanta Studienprogramm ausdrücklich nicht gemacht werden muss, namentlich die Angabe der Religionszugehörigkeit.

Teilnahmegebühren

Die Teilnahmegebühren betrugen im Jahr 2016 1.300 Rupien sowie einen weiteren Beitrag für die ausgegebenen Kursbücher von 300 Rupien.[167] Für Studierende, die den Kurs mehrfach besuchen möchten, fällt lediglich eine Gebühr von 600 Rupien an, da ihnen das Buchmaterial bereits zur Verfügung steht, wie im Abschnitt „Privilegien für frühere Studenten" (*muntaya māṇavarkaḷukku-c calukai*) der Kursbroschüre dargelegt wird. Gleiches gilt für Ehepartner von ehemaligen Teilnehmenden, da auch sie bereits Zugang zur Lektüre haben sollten. Eine kostenlose Teilnahme am Kurs hingegen ist verboten und die lokalen Organisatoren sind angewiesen, dies zu unterbinden.[168] Für Zweigstellen außerhalb Tamil Nadus gelten zusätzliche Vorgaben. Hier erhöhen sich die tatsächlichen Kursgebühren insofern, als dass die dortigen Teilnehmenden die Kosten für An- und Abreise, Unterkunft und Verpflegung der aus Tamil Nadu anreisenden, vom Adhinam autorisierten Dozenten übernehmen müssen. Diese zusätzlichen Kosten können natürlich massiv variieren, je nachdem, ob ein solcher Kurs etwa in einem benachbarten südindischen Bundesstaat oder etwa in Malaysia oder Australien stattfindet.[169] Die Zahlungsmodalitäten werden in der Kursbroschüre unter der Überschrift „Zahlungsart der

---

166 *„inta-p payiṟci maiyattil, tamiḻ eḻuta-p paṭikka-t terinta aṉaivarum cērntu payilalām"* Vaittiyanātaṉ 2007, (payiṟci maiya-t tōṟṟamum vaḷarcciyum).

167 Die Kursgebühren haben sich seit der Gründung von ursprünglich 1.000 Rupien sukzessive erhöht – 2007 waren es beispielsweise 1.200 Rupien. Diesen Anstieg auf inzwischen 1.300 Rupien erklärt die Organisation mit den steigenden Lebenshaltungskosten und mit einer Erhöhung der Zahl der ausgegebenen Bücher. Vaittiyanātaṉ 2007, (payiṟci-k kaṭṭaṇam paṟṟiya takavkaḷ).

168 Vaittiyanātaṉ 2007, (muntaya māṇavarkaḷukku-c calukai).

169 Vaittiyanātaṉ 2007, (veḷi mānila māṇavarkaḷukku) und (veḷināṭukaḷil vacikkum māṇavarkaḷukku).

Kursgebühr“ (*payiṟci-k kaṭṭaṇam celuttum muṟai*) näher erläutert.[170] Die Kursgebühr wird mit dem Einreichen der Anmeldeunterlagen fällig und muss per Banküberweisung an die Organisation entrichtet werden.

Der Direktor Kandaswami legt Wert darauf, dass kein Bargeld im Umlauf ist. Bei der heutigen Größe der Organisation erscheint das nachvollziehbar und beugt Ungereimtheiten im Ablauf vor.[171] Im Paragraph „Details zu den Gebühren“ (*payiṟci-k kaṭṭaṇam paṟṟiya takavkaḷ*) führt die Kursbroschüre die Kosten auf, die durch die Kursbeiträge der Studierenden bestritten werden. Dazu zählen die Lehrvergütungen für die Dozenten der einzelnen Zweigstellen, die Druckkosten für das Kursmaterial, die Aufwendungen, um das Büro des Direktors zu betreiben sowie anfallende Post- und Telefonkosten der Organisation. An dieser Stelle betont die Broschüre darüber hinaus, dass vergleichbare Wissensvermittlung der Lehren der kanonischen Saiva Siddhanta Texte an einer Universität (*pal-kalai-k kaḻakam*) für lediglich ein Studienjahr wohl leicht über 3.000 Rupien kosten würde.[172] Die Teilnahme- und Büchergebühr im Studienprogramm des Thiruvavaduthurai Adhinam sei also sehr moderat angesetzt. Dieser Einschätzung ist deutlich zuzustimmen. Das Auftauchen dieser Referenz zu universitären Kursangeboten[173] in den Adhinam-Publikationen spricht dafür, dass hier aktiv versucht wird, sich von anderen Formen der Saiva Siddhanta Lehre abzugrenzen. Die zumindest propagierte Offenheit gegenüber allen Bildungsschichten zählt, neben dem vergleichsweise geringeren finanziellen Aufwand, zu den artikulierten Vorteilen des Studienprogramms. Der Direktor Kandaswami hat dies im Gespräch an mehreren Stellen zum Ausdruck gebracht:

„Es ist nicht wie an einer Universität, wo es bestimmter grundlegender Qualifikation bedarf, um überhaupt eine Universität zu besuchen. Aber hier [im Studienprogramm] ist das nicht so. [...] Wenn man alles zusammen nimmt, verlangen Universitäten allein für die Hälfte des Studienplans mehr als doppelt so viel [Ge-

---

[170] In der Kursbroschüre für den Jahrgang 2008–2009 mussten die Teilnahmegebühren per Einzahlungsscheck, der an jeder Bank in Kumbakonam einlösbar sein musste, beglichen werden. Diese Schecks mussten an den Direktor mit dem Verweis „DIRECTOR, T.A.S.S.D.T. CENTRE, THIRUVIDAIMARADUR“ versehen sein. Das Anmeldeformular und Einzahlungsscheck sollten an den Direktor verschickt werden. Vaittiyanātaṉ 2007, (payiṟci-k kaṭṭaṇam celuttum muṟai).

[171] Interview mit Kantacuvāmi 2012.

[172] Vaittiyanātaṉ 2007, (payiṟci–k kaṭṭaṇam paṟṟiya takavkaḷ). Ein einjähriges Fernstudium für ein Saiva Siddhanta Diplom an der Annamalai University, die ihren Sitz in Chidambaram hat, ist mit einer Gebühr von 3.100 Rupien wesentlich teurer. Vgl. https://annamalaiuniversity.ac.in/dde/course_684.php?pros=rgl&course=684 (zuletzt aufgerufen am 06.06.2016).

[173] Zur Lehre von Saiva Siddhanta in Tamil Nadu und an tamilischen Universitäten siehe die Ausführungen in Kapitel IV. dieser Arbeit.

bühren]. Daher ist es [das Studienprogramm] die günstigste Möglichkeit, Saiva Siddhanta Philosophie zu lernen.“[174]

Die formalen Hürden zur Teilnahme an den Saiva Siddhanta Kursen sind, wie Kandaswami ebenfalls akzentuiert, insbesondere im Vergleich zu anderen Bildungsangeboten relativ gering. Können diese genommen werden, ist weiterhin nur die Kenntnis von Tamil in Wort und Schrift notwendig.

Offenheit und Tamilkenntnis

Das Saiva Siddhanta Studienprogramm des Thiruvavaduthurai Adhinam und seine Vertreter werben mit einer großen Offenheit gegenüber allen Interessierten. Die Kursbroschüre erläutert diese Offenheit zur Kursteilnahme wie folgt:

„Hierfür gibt es weder eine schulische Voraussetzung noch eine Altersbeschränkung. Alle Tamilen in der ganzen Welt können ohne Unterscheidung von Kaste, Religion[szugehörigkeit], Rasse[Ethnie] oder Nation an diesem Direkt-Kurs teilnehmen.“[175]

Das Studienprogramm richtet sich also in erster Linie an alle Tamilen der Welt, beziehungsweise an alle des Tamil mächtigen Menschen. Obwohl die Broschüre in sehr kultiviertem Tamil verfasst ist, achtet die Organisation laut eigener Aussage sowohl in den Publikationen der Pflichtlektüre als auch in der Lehre ausdrücklich darauf, sich „in gegenwärtigem, umgangssprachlichem, leicht verständlichem Tamil“[176] zu artikulieren.[177] Implizit wird aber durch die Nennung der tamilischen Zielgruppe des Kurses eine logische Verbindung zwischen Tamil als Sprache und Saiva Siddhanta als Lehre geknüpft, die im heutigen Saiva Siddhanta als selbst-

---

[174] „*It is not like at a university where you have to have some basic qualification to enter the university. But here it is not so. [...] Considering everything, for only half of this syllabus, most of the universities will charge more than double of what we are taking. So it is the cheapest available thing to learn Saiva Siddhanta philosophy.*“ Interview mit Kantacuvāmi 2012.

[175] „*itaṟku entavita-k kalvi-t takutiyō, vayatu varampō kiṭaiyātu.* ***ulakam muḻuvatum uḷḷa tamiḻ makkaḷ, cāti, mata, iṉa, tēca vēṟupāṭu iṉṟi, ellōrum*** *ippayiṟci maiyattil cērntu payilalām.*“ [Herv. i. O.] Vaittiyanātaṉ 2007, (payiṟci maiya–t tōṟṟamum vaḷarcciyum).

[176] „*taṟkāla-t tamiḻ naṭaiyil eḷitil purintu koḷḷumpaṭi*“ Vaittiyanātaṉ 2007, (payiṟci maiya–t tōṟṟamum vaḷarcciyum).

[177] Auch der Stifter des Saiva Siddhanta Studienprogramms, der 23. Gurumaha Sannidhanam Sivaprakasa Desikar, soll sich, Krishnamoorthy zufolge, stets in leicht verständlichem Tamil ausgedrückt und bewusst auf fremdsprachliche Begriffe verzichtet haben: „*Swamigal [Sivaprakasa Desikar] would speak in an easy sweet Tamil (very much simple to understand) wherever he goes. One cannot find variation in his word and deed. [...] He would not mix (or use) words from other languages unnecessarily.*“ Krishnamoorthy 2003, 139.

verständlich wahrgenommen wird. Auch wenn sich die offiziellen Broschüren des Saiva Siddhanta Studienprogramms nicht dezidiert zur Bedeutung des Tamil als Sprache äußern, finden sich bei den Funktionsträgern sehr deutliche Aussagen zu diesem Thema. Der führende Dichter-Gelehrte des Thiruvavaduthurai Adhinam, Kunjithapatham, der unter anderem zusammen mit dem Direktor auch für die inhaltliche Ausgestaltung des Kurscurriculums zuständig ist, hat die zentrale Wichtigkeit des Tamil für den Saiva Siddhanta beziehungsweise den Sivaismus nachdrücklich zum Ausdruck gebracht:

„Tamil und Sivaismus lassen sich nicht trennen. *Tamil ist das notwendige Hilfsmittel.* So wie die Mathematik das notwendige Hilfsmittel für die Physik ist, so ist Tamil *das notwendige Hilfsmittel für den Sivaismus.*"[178]

Diese Aussage Kunjithapathams ist ein weiterer Hinweis darauf, warum Tamilkenntnis zu einer kategorischen Bedingung zur Teilnahme am Saiva Siddhanta Studienprogramm erhoben wurde. Die in der Broschüre lediglich angedeutete komplementäre Verbindung von Tamil und Sivaismus wird hier, analog zum Verhältnis zwischen Mathematik und Physik, ausdrücklich betont. Eine ganz ähnliche Vorstellung der Relation von Tamil und Sivaismus schreibt Krishnamoorthy dem Initiator des Programms zu, dem 23. Gurumaha Sannidhanam Sivapraksa Desikar, der Tamil und Sivaismus als „zwei Augen" eines Kopfes verstanden habe.[179] Sprache und Religion (*camayam*) werden damit im heutigen Saiva Siddhanta des Thiruvavaduthurai Adhinam in eine untrennbare Beziehung zueinander gestellt. Wie bereits gezeigt wurde, erkennt die Institution allerdings weiterhin ihr sanskritisches Erbe an. Allerdings ist der Zugang zur sivaitischen Religion (*caiva camayam*), als deren ultimative Ausformulierung Saiva Siddhanta verstanden wird, unweigerlich an die Kenntnis der tamilischen Sprache geknüpft. Tamilkompetenz ist also zwingend notwendig, um den Sivaismus wirklich zu verstehen. Die Wichtigkeit des Textstudiums bestimmter kanonischer Werke wurde oben in Bezug auf die allgemeine religiöse Unkennntis der Tamilen bereits indirekt angedeutet. Zugang zum Saiva Siddhanta findet sich demnach in erster Linie durch die Beschäftigung mit einem explizit tamilischen Schrift-Kanon.

In obigen Zitat formuliert die Kursbroschüre einen inklusiven Anspruch der Organisation, Saiva Siddhanta Bildung ohne Rücksicht auf Kaste (*cāti*), Religion (*matam*) und Rasse (*i<u>n</u>am*) zu ermöglichen. Dies spiegelt unter anderem einen klassischen Topos des sogenannten „Self-Respect-

---

178 *„You can not separate Tamil and Saivism.* ***Tamil is the necessary tool.*** *Like Mathematics is the necessary tool for physics,* ***Tamil is the necessary tool for Saivism.****"* [Herv. R.K.] Interview mit Kuñcitapātam & Tirucci<u>rr</u>ampala Tampirā<u>n</u> 2012.

179 Krishnamoorthy 2003, 135.

Movement" (*cuyamariyātai iyakkam*) Tamil Nadus wider. Diese Bewegung setzte sich seit dem frühen 20. Jahrhundert unter dem tamilnationalistischen Aktivisten E. V. Ramasami (*Ī. Ve. Rāmacāmi,* genannt *„Periyār"*) (1879–1973) für soziale Reformen, gegen Kastendiskriminierung und gegen eine Dominanz brahmanischer Bevölkerungsgruppen in Tamil Nadu ein. In ihren öffentlichen Agitationen vertraten ihre Anhänger vor allem zu Beginn eine atheistische Position unter der Betonung einer egalitären Gesellschaft, die sich auf eine vermeintlich rein „dravidische" beziehungsweise „tamilische" Vergangenheit berief.[180] Erwähnenswert sind diese sozialpolitischen Prozesse seit der ersten Hälfte des 20. Jahrhunderts in Tamil Nadu auch deshalb, weil sie in der etablierten Historiographie zu Südindien den hegemonialen Narrativ geschichtlicher Entwicklungen bestimmen. Dies kann damit als einer der Gründe gesehen werden, warum in der Forschung die historische Betrachtung der modernen tamilischen Religionsgeschichte bis heute stark marginalisiert ist.[181]

Die Anmeldeformulare des Thiruvavaduthurai Studienprogramm fragen in jedem Fall keine Kasten- oder Religionszugehörigkeiten ab.[182] Die nominelle Offenheit auch gegenüber Teilnehmern, die nicht aus den sich heute als „klassische" tamilische Saiva-Kasten gerierenden Gemeinschaften[183] kommen, ist augenscheinlich auch empirisch gegeben. Einer meiner Gesprächspartner, der den Kurs 2008 aus beruflichen Gründen

[180] Zum „Self-Respect-Movement" und der Entstehung eines tamilischen Nationalismus siehe u.a. Irschick 1969; Rösel 1997.

[181] Vgl. Bergunder 2010, 30–31.

[182] Die Frage der Angabepflicht von Religions- und Kastenzugehörigkeit gehört in Tamil Nadu zu den delikateren Themen. Im unabhängigen Indien im Allgemeinen und in Tamil Nadu im Speziellen wurde eine Praxis von Quoten- und Reservationsregeln implementiert, die den Zugang benachteiligter Gemeinschaften zu Bildungseinrichtungen und staatlichen Institutionen (inkl. der Parlamente) gesetzlich regelt. Die Angabe der eigenen Kastenzugehörigkeit ist daher bspw. bei Bewerbungen für staatliche Bildungseinrichtungen oder Ämter Pflicht, da die Zulassung u.a. durch Quotenregelungen bestimmt ist. Nichtstaatliche Bildungseinrichtungen und Arbeitgeber unterliegen zwar nicht den staatlichen Quoten- und Reservierungsregelungen, dennoch aber der Verfassung, die Diskriminierung auf Grund von Geschlecht, Kasten- oder Religionszugehörigkeit verbietet. Dass viele private Einrichtungen und Unternehmen dennoch Kasten- und Religionszugehörigkeiten in Bewerbungsunterlagen abfragen, führt immer wieder zu öffentlichen Debatten.

[183] Insbesondere die Landschaft des Saiva Siddhanta wird seit mindestens 150 Jahren von sivaitischen landbesitzenden Vellalar-Kasten (*caiva veḷḷāḷar*) dominiert, v.a. von den Kastengruppen der Pillai (*piḷḷai*), der Thondaimandala Mudaliar (toṇṭaimaṇṭala *mutaliyār*), der Karkathar Vellalar/Pillai (*kārkāttār veḷḷāḷar/piḷḷai*) und der Desikar (*tēcikar*). In einem ähnlichen Status bewegen sich die Händlerkasten der sivaitischen Chettiar (*caiva-c ceṭṭiyār*). Es ist kein Zufall, dass eben jene Kastengruppen die führenden Positionen in den beiden einflussreichen Adhinams in Thiruvavaduthurai und Dharmapuram innehaben. Siehe hierzu Koppedrayer 1990, 99–101.

lediglich ein Jahr lang absolviert hat,[184] kommt aus einer Bevölkerungsgruppe (namentlich *vaṉṉiyar*), die zu den sogenannten „Scheduled Castes“, also ehemals als „unberührbar“ bezeichneten Kasten, gehört.[185] Seinem Bericht zufolge hatte er zu keinem Zeitpunkt den Eindruck, dass Kastenzugehörigkeit im Saiva Siddhanta Studienprogramm eine hervorgehobene Rolle gespielt hätte, geschweige denn, dass er auf Grund seines Kastenhintergrunds diskriminiert worden wäre.[186] Allerdings lagen bei ihm universitäre Bildungsabschlüsse (unter anderem ein M.A. in Tamil) und die Mitarbeit in einem internationalen Forschungsprojekt vor. Inwieweit dies seiner Akzeptanz im Kurs, zumal nicht in seinem Heimatort, zuträglich war, bleibt nur zu vermuten.

Der oben bereits erwähnte, gut vernetzte Siddhantin Siva Mathavan aus Pondicherry hat mir gegenüber allerdings bestätigt, dass die Mehrheit derjenigen, die mit Saiva Siddhanta zu tun haben, zu den „klassischen“ sivaitischen Vellalar-Gemeinschaften gehören, namentlich Mudaliyar (*mutaliyār*) und Pillai (*piḷḷai*) sowie die Chettiars (*ceṭṭiyār*), die tendenziell zu wohlhabenderen Gesellschaftschichten in Südindien gehören. Allerdings sei ein deutlicher Trend zu erkennen, dass sich in den letzten Jahren vermehrt auch Angehörige anderer soziale Gruppen für Saiva Siddhanta und seine Organisationsformen, wie etwa das Saiva Siddhanta Studienprogramm des Thiruvavaduthurai Adhinam, interessieren. Er nannte beispielsweise die Naidoo- (*nāyṭu*), Vanniyar- (*vaṉṉiyar*) und Achari- (*āccāri*) Gemeinschaften. Siva Mathavans Einschätzung bestätigt also die Beobachtung, dass es sich auch bei der Teilnahme am Studienprogramm – trotz nomineller Offenheit – eher um eine Angelegenheit bestimmter Gemeinschaften handelt, die meist dem Spektrum der Mittelschicht angehören. Für den Direktor Kandaswami spielt der Kastenhintergrund von Interessierten allerdings ausdrücklich keine Rolle. Er versteht den umstrittenen Namen „Kaste“ zudem als eine religiöse und nicht soziale Kategorie: „Keine Kaste, keine Religion wird [von der Teilnahme] ausgeschlossen. Kaste ist eine Untergruppe von Religion.“[187] Obwohl also diese beiden kollektiven Identitätsmarker wiederholt einzeln genannt werden, fallen sie in der Konzeption von Kandaswami zusammen. Ob es sich bei Kaste und Religion nun um zwei oder letztlich eine einzige Gruppenidentität handelt, ist für das Saiva Siddhanta Studienpro-

---

[184] Mein Gesprächspartner plante jedoch, den zweiten Teil des Kurses an seinem jetzigen Wohnort nachzuholen. Ein Wechsel der Zweigstellen ist auch auf Grund des einheitlichen Lehrplans für alle Unterrichtsorte laut Kandaswami kein Problem. Interview mit Kantacuvāmi 2012.

[185] Für die Kastenfrage im tamilischen Kontext siehe u.a. Münster 2007.

[186] Interview mit Āṉanta Jōti 2011.

[187] „*No religion, no caste is excluded. Caste is a sub-sect of religion.*“ Interview mit Kantacuvāmi 2012.

gramm vordergründig irrelevant, da sie für die Zulassung zum Kurs unwichtig sind.

Die oben artikulierte Aufgeschlossenheit gegenüber Interessierten – unabhängig von ihrer Religionszugehörigkeit – hat Kandaswami im Interview durch die Geschichte eines christlichen Dozenten des Saiva Siddhanta Studienprogramms unterstrichen. Er berichtet von Wilson Amal Raj, einem hoch geschätzten christlichen Lehrer des Programms, der ein besonderes Talent für die Vermittlung des Saiva Siddhanta an seine Studenten gehabt habe. Er soll – in Gedenken an Sivagnana Munivar – seinen Namen schließlich in „Sivagnana" (*civñāṉa*) geändert haben.[188] Bei Krishnamoorthy findet sich eine ähnliche Geschichte eines christlichen Studenten namens Anthoni, der nach der Initiation oder „Diksha" (*tīṭcai*) durch den Gurumaha Sannidhanam zum Hindu wurde,[189] seinen Initiations-Namen annahm und dann als Dozent tätig war.[190] Auch in London, wo seit 2013 im Namen des Adhinam Saiva Siddhanta auf Tamil unterrichtet wird, lehrt mit dem Politikwissenschaftler und Journalisten S. J. Fatimaharan (*Cū. Yō. Paṟṟimākaraṉ*) ein Katholik.[191]

Was augenscheinlich für Christen gilt, gilt auch für Anhänger anderer Hindu-Traditionen. Der Dozent der Zweigstelle in Pondicherry Nedumaran hat beispielsweise seine Bildung in einer Schule der Ramakrishna-Mission in seinem Heimatort Thirupparaithurai (*Tirupparāyttuṟai)* genossen, an der auch sein Vater als Tamil-Lehrer tätig war.[192] Er sah sich selbst daher früher eher in der Advaita Vedanta Philosophie Ramakrishna Prahamsas (Skt./Beng. *Rāmakṛṣṇa Paramahaṃsa*) und Swami

[188] „*We even had a faculty from Christianity. He is no more now, his name was Wilson Amal Raj if I remember correctly. He changed his name to Sivagnana in memory of Sivagnana Munivar. He was well versed and whoever had his tuition under him in these centers, they used to praise him like anything. He used to teach in a way so that everyone could understand everything very clearly. Unfortunately he is no more now.*" Interview mit Kantacuvāmi 2012.

[189] Hier wird deutlich, dass eine sivaitische Initiation mit der Annahme einer Hindu-Identität gleichgesetzt wird. Das Verständnis von Intitiation/Diksha und der Kategorie „Hindu/Hinduismus" im Netzwerk von Thiruvavaduthurai wird unten in Bezug auf die grundsätzlichen Lehren des Saiva Siddhanta in Kapitel III. näher bearbeitet.

[190] „*A Christaian [sic!], (Anthoni) who jointed [sic!] the siddhanta classes, has become a Hindu after initiation by swamigal with a Deeksha name. It is part of History that he is one of the professors of the Siddhanta Directorate.*" Krishnamoorthy 2003, 142.

[191] Die näheren Umstände des Siddhanta Kurses in Großbritannien werden am Ende dieses Kapitels dargestellt.

[192] Das Dorf Thirupparaithurai liegt etwa 16 Kilometer nordwestlich von Tiruchirappalli am Ufer des als heilig geltenden Kaveri Flusses und beheimatet einen bedeutenden Siva-Tempel. Bei der Schule der Ramakrishna-Mission handelt es sich um das Sri Ramakrishna Tapovanam, die sich in einer Tradition von heiligen Waldasketen (*tapōvṉam* wörtl. „Wald, in dem Asketen Buße leisten") verortet. Siehe auch http://www.rktapovanam.org/ (zuletzt aufgerufen am 4. September 2014).

Vivekanandas (Beng. *Bibekānanda*), denn im Saiva Siddhanta verwurzelt. Dennoch war es ihm möglich, nach Besuch des Studienprogramms und durch bestimmte Umstände, die unten noch im Detail vorgestellt werden, Saiva Siddhanta Dozent zu werden. Ein Teilnehmer des Kurses bestätigte weiterhin diesen Eindruck. Der Mittvierziger Krishnamurthi (*Kiruṣṇamūrtti*) ist seit 2000 aktives Mitglied der „International Society for Krishna Consciousness" (ISKCON), die global besser als „Hare-Krishna-Bewegung" bekannt ist und sich auf den vishnuitischen Heiligen Chaitanya des 16. Jahrhunderts und insbesondere auf die „Bhagavadgita" (Skt. *bhagavad gītā*) beruft.[193] Die Mitgliedschaft in einer „konkurrierenden" religiösen Gemeinschaft stellt offensichtlich in keiner Weise einen Hinderungsgrund zur Teilnahme am Saiva Siddhanta Studienprogramm dar.

Jene Beispiele weisen darauf hin, dass religiöse Hintergründe weder Ausschlusskriterium für Teilnahme an den Saiva Siddhanta Kursen sind noch die Möglichkeit, selbst Dozent zu werden, negativ beeinflussen. Vergleichbare Exempel scheint es aus dem muslimischen Kontext nicht zu geben – sonst wären sie wohl kommuniziert worden – jedoch gibt es laut Kandaswami zumindest einige Muslime, die am Saiva Siddhanta Studienprogramm teilgenommen haben.[194]

Diese empirischen Stichproben deuten auf die grundsätzlichen Offenheit des Saiva Siddhanta Studienprogramms hin, die in der Broschüre postuliert wurde. Der gegenwärtige Direktor, C. Kandaswami, hat dies im Gespräch nochmals ausdrücklich bestätigt:

> „Es [das Studienprogramm] ist für alle offen, es gibt keine Zugangsbeschränkungen, auch nicht, was das Alter angeht. Es gibt 18-jährige Studenten und 80-jährige. Egal ob männlich, weiblich, jede Kaste, jede Religion. Auch Christen und Muslime treten unseren Kursen bei – wenn auch in sehr kleinen Zahlen, aber sie nehmen teil. [...] Keine Religion, keine Kaste wird ausgeschlossen. [...] Man benötigt auch keinen bestimmten Bildungshintergrund. Jeder kann teilnehmen. Wer auch immer Interesse daran hat Saiva Siddhanta Philosophie zu lernen, wird zu diesem Kurs zugelassen."[195]

Meine Beobachtungen vor Ort in den Kursen von Pondicherry und Tirunelveli bestätigen zu großen Teilen sowohl die anfangs zitierte Passage

---

193 Vgl. hierzu u.a. Neubert 2010.

194 „*Muslims also join this [das Studienprogramm], maybe in very small numbers, but they do join us.*" Interview mit Kantacuvāmi 2012.

195 „*It is open for everyone, there are no restrictions, also no age restrictions. There are 18-year old and 80-year old students. Male, female, any caste, any religion. Christians also join us, Muslims also join us – may in very small numbers, but they do join us. [...] No religion, no caste is exlcuded. [...] No educational qualification is needed. Anybody can join this. Whoever has some interest in learning Saiva Siddhanta Philosophy is admitted in this class.*" Interview mit Kantacuvāmi 2012.

aus der Kursbroschüre wie auch Kandaswamis Aussage. Wie in den kurseigenen Statistiken aufgeführt, finden sich Menschen aller Altersgruppen unter den Teilnehmenden. Die Anmeldeformulare fragen weder Religionszugehörigkeit noch den sozialen oder Bildungshintergründe der Interessierten ab. Diese scheinen für die Anmeldung am Studienprogramm und für eine mögliche Dozententätigkeit keine Rolle zu spielen. Allerdings erweckt die Präsentation der Kursstatistiken und die Einschätzungen von Funktionsträgern den Eindruck, dass es sich bei dem Saiva Siddhanta Studienprogramm des Thiruvavaduthurai Adhinam um eine ausgesprochen tamilisch-sivaitische Angelegenheit der gebildeten Mittelschicht handelt und sich die Teilnehmenden vornehmlich aus bestimmten sozialen Gruppen zusammensetzen.

4.3. Organisationsstruktur und Lehrpersonal

Inzwischen existieren in Südindien etwa 70 lokale Zweigstellen des Studienprogramms des Thiruvavaduthurai Adhinam, die monatlich Saiva Siddhanta unterrichten. Die Zahl der einzelnen Zweigstellen ist seit der Gründung 1992 massiv angestiegen. Um jedoch eine neue Zweigstelle entstehen zu lassen, müssen bestimmte Mindestanforderungen erfüllt sein. Soll etwa an einem weiteren Ort ein Kurs des Studienprogramms neu gegründet werden, benötigt es gewisse Vorarbeit durch eine engagierte Person, die in organisatorische Vorleistung tritt. Diese muss zunächst die Anmeldungen von mindestens 40 Interessierten zusammentragen und die Bezahlung der Kursgebühren anregen. Diese Informationen werden anschließend an den zentralen Direktor des Programms weitergeleitet, der dann offiziell den Organisator (*amaippāḷar*) und Dozenten (*pērāciriyar*) für die neue Zweigstelle ernennt. Melden sich mehr als 200 Studierende an einem Ort für den Kurs an, so wird ein zusätzlicher Vize-Organisator (*tuṇai amaippāḷar*) ernannt.[196] An manchen Orten, wie zum Beispiel in der Millionenmetropole Chennai (*Ceṉṉai*), wird in zwei Zweigstellen parallel unterrichtet, und in der südtamilischen Stadt Tirunelveli gibt es sogar drei Kurse.[197] Diese regionale Konzentration korreliert mit dem Selbstbild dortiger Vertreter des Studienprogramms, wonach es sich bei der Stadt Tirunelveli und seiner Umgebung um das eigentliche Kernland und geistige Zentrum des tamilischen Sivaismus mit besonderer Verbindung zur Institution in Thiruvavaduthurai handele.[198]

[196] Vaittiyanātaṉ 2007, (kiḷai maiyam amaikkum amaippāḷar).
[197] Interview mit Muttucāmi 2015.
[198] Der Organisator K. Muthswami sagt z.B., dass insbesondere die Leute in Tirunelveli strikte Sivaiten wären und der Saiva Siddhanta Philosophie sowie den Texten der *Tiru-*

Die Initiative zur Einrichtung einer neuen Zweigstelle liegt in der Regel bei Personen in den jeweiligen Orten selbst und wird nicht von Thiruvavaduthurai aus gesteuert. Der Adhinam verbreitet, laut dem aktuellen Direktor Kandaswami, Informationen um das Studienprogramm hauptsächlich durch Mundpropaganda.[199] Diese Aussage Kandaswamis über die fehlende Notwendigkeit etwa für eine professionelle Bewerbung des Kurses kann als Zeichen seiner Attraktivität gelesen werden – zumindest aus Sicht des Adhinam. Das Angebot scheint genügend Anziehungskraft auszuüben, sodass sich das Wachstum der letzten Jahrzehnte quasi natürlich daraus ergibt. Allerdings lässt sich die ausbleibende größere Öffentlichkeitsarbeit der Direktion auch anders interpretieren. Trotz der steigenden Zahlen von Kursen, Zweigstellen und Teilnehmenden verbreitet sich meines Erachtens das Wissen um die öffentliche Zugänglichkeit der Saiva Siddhanta Lehre hauptsächlich innerhalb bestimmter sozialer Schichten. Der Zuschnitt des Studienprogramms auf bestimmte Gemeinschaften wird damit von offizieller Seite zumindest nicht aufgeweicht.

Dass der vom Direktor lediglich als Mundpropaganda dargestellten Verbreitungsweg des Saiva Siddhanta Studienprogramms dem empirischen Befund nicht ganz standhält, zeigt die Äußerung des lokalen Orga-

---

murai folgen würden: „*In Tamil Nadu, in Saivism particularly, Tirunelvi is the dominating area of Saiva Siddhanta. The people in Tirunelveli are used to adopt the principles of Saiva Camayam – that is Siddhanta and Tirumurai both. Both are the two eyes of Saiva Camayam. [...] I already told you, a living being does not know the Lord Siva and all the principles. But the Tirunelveli people adopt very seriously. Among those who are following Saiva Siddhanta, Tirunelveli is the first place. They are very strict to follow the principles of Saiva Siddhanta.*" Zudem kämen etliche wichtige Figuren der Geschichte und Gegenwart des Saiva Siddhanta aus Tirunelveli. Genannt werden unter anderem Sivagnana Munivar sowie vier Gurumaha Sannidhanams des Thiruvavaduthurai Adhinam, vgl. Interview mit Muttucāmi et al. 2015. Auch der Adhinam-Gelehrte C. Kunjithapatham betont die führende Rolle Tirunelvelis für den tamilischen Sivaismus indem er die Region mit anderen in Tamil Nadu vergleicht: „*Tirunelveli is a seat of Saivism. There are more Saivites there than anywhere else. Kanchipuram has lost its glory. In Chennai a next generation of scholars is growing.*" Interview mit Kuñcitapātam & Tiruccirrampala Tampirāṉ 2012. Die spezielle Verbindung zum Thiruvavaduthurai Adhinam liegt für K. Muthuswami darin begründet, dass für die meisten Sivaiten der Region der Gurumaha Sannidhanam das religiöse Oberhaupt darstellt von dem ihre Initiation erhalten: „*Usually, people from Tirunelveli are attached to the Thiruvavaduthurai Adhinam, because they used to give Diksha for people. Thiruvavaduthurai Sannidhanam is the Guru for our place.*" Interview mit Muttucāmi 2015. Die Präsenz des Thiruvavaduthurai Adhinam in der Region ist tatsächlich überdurchschnittlich hoch. Neun der gegenwärtigen 28 Zweig-Maths des Adhinams befinden sich im Tirunelveli Distrikt. Aufzeichnungen im Adhinam von 1936 listen sogar 53 der insgesamt 141 damaligen Zweig-Maths für die Region. Zudem unterstehen der Institution bis heute zwei größere und etliche kleinere Tempel in Tirunelveli und Umgebung. Siehe Krishnamoorthy 2003, 213–224.

[199] „*We spread the information about us to various places, mostly by word of the mouth.*" Interview mit Kantacuvāmi 2012.

nisators Balasundaram aus Pondicherry. Dieser bestätigte, dass er, auch im Falle der bereits bestehenden Zweigstelle, jeden Kursjahrgang ausführlich bewirbt. Hierfür werden etwa Anzeigen in den lokalen Zeitungen, Fernseh- und Radiosendern geschaltet, Poster und Anschläge aufgehängt oder Lautsprecherdurchsagen aus fahrenden Autos oder Rikshas gemacht, um die Sichtbarkeit des Kurses in der Stadt zu erhöhen.[200] Zudem werden in der lokalen Presse in der Regel die monatlichen Kurstage angekündigt, und es wird an den folgenden Tagen darüber berichtet. Auch wenn das Direktorat in Chennai also keine großangelegten Werbekampagnen für das Saiva Siddhanta Studienprogramm durchführt, findet auf lokaler Ebene durchaus ein gewisses Maß an Werbung statt, die jedoch offensichtlich dezentral organisiert wird.

Motivierte Menschen können unter oben genannten Umständen an den Direktor herantreten und so dafür sorgen, dass immer neue Zweigstellen entstehen – unter der Voraussetzung, dass es mindestens 40 interessierte Teilnehmende gibt. Auf diese Weise ist in den letzten zwei Dekaden aus den ersten 20 lokalen Zweigstellen das weitverzweigte Netzwerk des Saiva Siddhanta Studienprogramms in Tamil Nadu, mit seinen knapp 70 lokalen Zentralen entstanden. Nachdem also die Entstehung und das Wachstum des Programms, die Teilnahmebedingungen und die Etablierung einzelner Zweigstellen nachvollzogen wurden, gilt es, die funktionale Hierarchie der Organisation näher zu betrachten. Hierzu gehören die Rollen der lokalen Organisatoren, der Dozenten und die des Direktorats. In der folgenden Analyse werden zunächst jeweils die Aufgaben und formalen Bedingungen für diese Funktionsträger vorgestellt. Dabei werden, wo sinnvoll, konkrete Beispiele der heute handelnden Personen vorgestellt, um exemplarisch anhand deren biographischer Hintergründe weitergehende Schlüsse zu ziehen, die über die reine Struktur des Studienprogramms hinausgehen.

Die lokalen Organisatoren

Die Rolle des lokalen Organisators der Zweigstellen des Saiva Siddhanta Studienprogramms des Thiruvavaduthurai Adhinam wird in der Kursbroschüre unter der Überschrift „Zum Organisator, der die Zweigstellen betreut" (*kiḷai maiyam amaikkum amaippāḷar*) kurz beschrieben. Die Position trägt die gängige tamilische Bezeichnung „*amaippāḷar*". Um möglichen Missverständnissen über die Funktion dieses Organisators oder „*amaippāḷar*" vorzubeugen, wird der Titel in der Broschüre in Klammern noch durch das englische „*organizer*" ergänzt. Damit wird eine eindeu-

200 Interview mit Pālacuntaram 2012.

tige Äquivalenz mit dem auch im tamilischen Sprachgebrauch verbreiteten englischen Begriff gekennzeichnet.

Die erste Aufgabe eines Organisators liegt, wie bereits bekannt, darin, die Anmeldung von mindestens 40 Teilnehmenden und Bezahlung der Kursgebühren für einen neuen Jahrgang sicher zu stellen. Darüber hinaus sollen er oder sie „dem Dozenten und den Studenten das Nötige zur Verfügung stellen."[201] Der Direktor Kandaswami hat dies etwas detaillierter wie folgt beschrieben:

„Seine Aufgabe ist es, die Menschen einzuschreiben, das Geld [die Teilnahmegebühren] einzusammeln und auf unser Konto einzuzahlen. Er muss einen Ort zum Abhalten der Kurseinheiten herrichten und alle Studierenden informieren, wann die Klassen stattfinden. Dies muss er jeden Monat tun. Er ist die Verbindung zwischen dem Direktor und den Studierenden."[202]

Die Formalitäten zu Einschreibung und zu den Gebühren wurden bereits dargestellt. Kandaswami hebt in dieser Aussage die verbindende Rolle des Organisators als Mittler zwischen dem Direktorat und den Kursteilnehmern hervor. Die Kursbroschüre betont ebenso die Wichtigkeit dieser Funktion, indem sie sowohl Dozenten als auch Teilnehmende dazu anhält, den Organisatoren eine gewisse Achtung entgegenzubringen: „Die Verantwortung des Organisators ist sehr groß. Daher bitten wir die Dozenten und Studierenden ganz höflich, die Organisatoren mit Respekt zu behandeln."[203] Kandaswami beschreibt zudem zwei weitere Aufgaben des Organisators. Zum einen muss dieser den Veranstaltungsort vorbereiten, den er selbst suchen und ihre Finanzierung klären muss.[204] Zum anderen

[201] *„amaippāḷarkaḷ, pērāciriyarukkum, māṉavarkaḷukkum tēvaiyāṉavaṟṟai-c ceytu koṭukka vēṇṭum."* Vaittiyanātaṉ 2007, (kiḷai maiyam amaikkum amaippāḷar).

[202] *„His duty is to enroll the people and collect the money and pay the money to our account and fix up a place for conducting the classes and inform all the people when the classes will be conducted. Every month he has to do that. He will be the link between the director and the students."* Interview mit Kantacuvāmi 2012.

[203] *„amaippāḷariṉ poṟuppu makattāṉatu. eṉavē, pērāciriyarkaḷum māṉavarkaḷum amaippāḷarkaḷai-p peritum matittu naṭattumāṟu-p paṇivuṭaṉ kēṭṭukkoḷkiṉṟēṉ."* Vaittiyanātaṉ 2007 (kiḷai maiyam amaikkum amaippāḷar).

[204] Vaittiyanātaṉ 2007, (kiḷai maiyam amaikkum amaippāḷar). Je nach Möglichkeit in den verschiedenen Orten handelt es bei den Veranstaltungsräumlichkeiten um Hallen auf Tempelgeländen, Hochzeitshallen oder andere Veranstaltungsorte. In Städten, in welchen der Thiruvavaduthurai Adhinam eigene Gebäude, Tempel oder Zweig-Maths unterhält und sich diese für eine solche Nutzung anbieten, findet der Unterricht normalerweise dort statt (z.B. in Tirunelveli). Ist ein geeigneter Ort gefunden, hat der Organisator den Direktor darüber zu informieren. Die Broschüre stellt darüber hinaus klar, dass die Organisation bzw. das Direktorat des Studienprogramms die Miete der lokalen Veranstaltungsorte nicht übernimmt. Die Miete, in Pondicherry waren dies 2012 für die Veranstaltungshalle 750 Rupien pro Tag, wird lokal von den einzelnen Zweigstellen gestemmt, siehe Interview mit Pālacuntaram 2012. Der Veranstaltungsort in Pondicherry war 2012 eine Halle auf dem Gelände des Sri Vedapureeswarar Tempels (*vētapuri īsvarar tirukōyil*), welcher sich an der

muss der Organisator alle Teilnehmenden monatlich über Ort und Zeit des Unterrichts in Kenntnis zu setzen. Dies geschieht meist in Form handschriftlich geschriebener Karten, die per Post an die Studierenden verschickt werden.[205]

Der lokale Organisator in Pondicherry Balasundaram hat beispielhaft geschildert, welche Aufgaben für einen Kurstag anfallen. Neben der Bereitstellung eines Veranstaltungsortes hat der Organisator die Verantwortung, diesen Ort für den Unterrichtstag herzurichten. Dazu gehört der Aufbau einer Bühne für den Dozenten, einer Lautsprecheranlage und das Aufstellen einer ausreichenden Anzahl von Stühlen für alle Teilnehmer – in Pondicherry sind das etwa 100.[206] Außerdem sorgt Balasundaram für das leibliche Wohl der Teilnehmenden, indem er sicherstellt, dass genügen Essen, Tee und Snacks für den Tag zur Verfügung stehen. Er ist auch dafür zuständig, heilige Asche oder Vibhuti (*vipūti,* seltener *tirunīṟu*; Skt. *vibhūti*) bereitzustellen, die sich die Teilnehmenden entweder selbst applizieren, oder die ihnen vom Dozenten als eine Form des Segens auf die Stirn gestrichen wird. Neben diesen logistischen Aufgaben steht es in seiner Verantwortung, eine Anwesenheitsliste zu führen, die er dem Direktor des Programms zurückmelden muss.[207] Am Ende eines Kurstages, durch den der Organisator quasi als Moderator führt, übernimmt er den offiziellen Abschluss der Veranstaltung und kündigt die nächsten Termine an.[208]

Zu den weiteren zentralen logistische Tätigkeiten des Organisators gehört die Bereitstellung der Kursbücher.[209] Im Abschnitt „Zugang zu den Kursbüchern"[210] wird erläutert, dass diese Lehrbücher entsprechend des Fortschritts des Kurscurriculums[211] an die lokalen Zweigstellen beziehungsweise deren Organisatoren versandt und dann von diesen an die

---

zentralen Achse der kolonialen Altstadt Pondicherrys, der sog. Boulevard Town, in der Mahatma Gandhi Road befindet.

[205] Die Postkarten enthalten i.d.R. das Datum und den Ort der Veranstaltung sowie die herzliche Bitte um Teilnahme (*„tayavu kūrnatu kalantu koḷḷavum."*).

[206] Auch in Tirunelveli beträgt die monatliche Teilnehmerszahl pro Kurstag in den insgesamt drei Zweigstellen etwa 100 Personen. Interview mit Muttucāmi 2015.

[207] Die Wichtigkeit der Anwesenheitsliste bestätigt auch Kandaswami: *„He also has to keep an attendance list, and then sends a communication by post to me about the class conducted regarding attendance, date and teaching."* Interview mit Kantacuvāmi 2012.

[208] Interview mit Pālacuntaram 2012.

[209] Es handelt sich hierbei um 39 Bücher in 10 Bänden auf etwa 3.300 Seiten. Eine exakte Aufstellung der ausgegebenen Bücher findet sich bei Vaittiyanātaṉ 2007, Anhang 2 (aṭṭavaṇai 2). Der Lektürekanon für die Teilnehmenden wird in Kapitel III. genauer analysiert. Für eine Übersicht siehe Tabelle 3.

[210] Vaittiyanātaṉ 2007, (pāṭa nūlkaḷai-p peṟum muṟai).

[211] Für eine Aufstellung dieses Lehrplans siehe Vaittiyanātaṉ 2007, Anhang 1 (aṭṭavaṇai 1). Für eine übersetzte Übersicht über das Curriculum siehe Tabelle 3.

Teilnehmenden ausgegeben werden. Die Studierenden sind aufgefordert die Bücher selbständig an den Zweigstellen abzuholen. Fehlen Kursteilnehmer an einem Unterrichtstag, wird ihnen das Lehrmaterial postalisch zugestellt. Die Verschickung der Bücher von Thiruvavaduthurai aus, sowohl an die Zweigstellen als auch an die fehlenden Studierenden, wird durch einen privaten tamilischen Paketservice übernommen, der dies kostenlos für den Adhinam übernimmt. Laut Balasundaram liegt das an der religiösen Überzeugung des Inhabers des Paketservice, der die gebührenfreie Zustellung als Teil seines Dienstes an der Gesellschaft versteht.[212] Die Gebühren für die Bücher betragen 300 Rupien pro Person und müssen mit der Kursgebühr entrichtet werden.[213] Der Direktor des Saiva Siddhanta Studienprogramms, Kandaswami, betont, dass es sich hierbei um einen sehr günstigen Preis für die Teilnehmenden handele, da dieser nicht einmal die Produktions- beziehungsweise Druckkosten des Adhinam decken würde. Hierbei muss erwähnt werden, dass die Institution seit Mitte der 1950er Jahre über eine eigene Druckerei verfügt, die zu Ehren des Adhinam-Gründers unter dem Namen „Sri Namasivaya Murthi Verlag" (*Sri Namaccivāya Mūrttikaḷ Accakam*) firmiert und die Materialien für die Kurse publiziert. Dieses nominelle Verlustgeschäft wird vom Studienprogramm allerdings als Dienst an den Studierenden betrachtet. Der eigentliche Wert der großzügigen Ausgabe der Bücher, so Kandaswami, läge insbesondere darin, dass die Teilnehmenden die Schriften auch über den Kurs hinaus nutzen könnten.[214]

Über die hier beschriebenen Arbeiten hinaus übernehmen die Organisatoren der lokalen Zweigstellen oftmals freiwillig weitere extracurriculare Aufgaben. Diese resultieren zwar nicht immer direkt aus der Organisatorentätigkeit, bewegen sich aber meist in Verbindung zum Thiruvavaduthurai-Netzwerk. Dazu gehört unter anderem die Planung und Durchführung von Reisen nach Thiruvavaduthurai, um ein Verhältnis zur Einrichtung und dem Oberhaupt herzustellen. Balasundaram veranstaltet beispielsweise regelmäßige Tagesausflüge zum Adhinam, bei denen die Kursteilnehmer die Möglichkeit haben, den Gurumaha Sannidhanam zu treffen. Dort können sie von diesem „Darshan" (*tarṣaṉ*, Skt. *darśana*) erfahren und heilige Asche empfangen. Bei ersterem handelt es sich um eine in Indien verbreitete religiöse Praxis, die als segensreiche Anschauung des Gurus, des Göttlichen oder Heiligen verstanden wird.[215] Da das Oberhaupt des Thiruvavaduthurai Adhinam nominell auch das geistliche Oberhaupt aller Saiva Siddhanta Schüler des Studienprogramms darstellt,

---

212 Interview mit Pālacuntaram 2012.

213 Vaittiyanātaṉ 2007 (pāṭa nūlkaḷai-p peṟum muṟai).

214 Interview mit Kantacuvāmi 2012.

215 Vgl. Valpey 2012.

können diese Reisen als Pilgerfahrten (*yāttirai*) verstanden werden, die die persönliche Anhängerschaft und Verbundenheit zum Thiruvavaduthurai Adhinam untermauern sollen. Abgesehen von diesen kleineren Ausflügen, deren regelmäßige Durchführbarkeit natürlich auch von der geographischen Entfernung von Thiruvavaduthurai abhängt, sind alle Organisatoren der Zweigstellen angehalten, Fahrten zum Adhinam zur Zeit des jährlichen Hauptfestivals der Institution, der sogenannten „Guru-Puja“ (*kurupūcai*), zu ermöglichen. Diese zehntägigen Feierlichkeiten werden zu Ehren der Gründerfigur Namasivaya Murthikal veranstaltet. Während der *Guru-Puja* werden den anwesenden Teilnehmenden die Abschlusszertifikate des Programms durch den Gurumaha Sannidhanam verliehen.[216]

Neben diesen Reisen nach Thiruvavaduthurai führt der lokale Organisator K. Muthuswami in Tirunelveli eine weitere Veranstaltung durch, die zwar über die eigentlichen Aktivitäten des Saiva Siddhanta Studienprogramms hinaus geht, aber dennoch in enger Verbindung mit dem Thiruvavaduthurai Adhinam steht. In Anlehnung an das jährliche *Guru-Puja*-Festival veranstalten lokale Saiva Siddhanta Gruppen monatliche Feiern zu Ehren der Institution. In Tirunelveli treffen sich beispielsweise Studierende des Programms und Anhänger des Adhinam einmal im Monat im dortigen Zweig-Math Thiruvavaduthurais, dem sogenannten Isana Math (*īcāṉa maṭam*), um die kanonische Hymnensammlung *Tiruvacakam* von 8 Uhr bis 13 Uhr in Gänze zu singen. Diese Veranstaltung trägt den Namen „*tiruvācakam muṟṟōtutal*“, also etwa „vollständige Rezitation des Tiruvacakam“.[217] Derartige Rezitationen finden auch in weiteren Städten Tamil Nadus unter anderer Schirmherrschaft statt, unter anderem in einem zentralen Tempel Tirunelvelis.[218] Hierbei handelt es sich um eine verbreitete Praxis sivaitischer Gruppierungen in ganz Tamil Nadu. Die von K. Muthuswami organisierte Veranstaltung hebt die Verbindung zum

---

[216] Interview mit Pālacuntaram 2012.

[217] Die Wortkombination „*muṟṟōtutal*“, die sich aus „*muṟṟu*“ („Perfektion“, „Vollendung“, „Reife“) und dem Verb „*ōtutal*“ („lesen“, „laut rezitieren“ besonders in Zusammenhang mit heiligen Versen) zusammensetzt, taucht im tamilischen Sprachgebrauch meiner Kenntnis nach nur in Verbindung mit der Hymnensammlung des Tiruvacakam auf. Am 23. Februar 2015 habe ich diese Veranstaltung in Tirunelveli besucht.
Für einen kurzen Bericht für die monatliche Rezitation im Oktober 2015, siehe http://www.dinamani.com/edition_thirunelveli/thirunelveli/2015/10/29/திருவாசக-முற்றோதுதல்/article3103309.ece. Ein ähnliches Treffen findet auch in Pondicherry unter der Leitung von Siva Mathavan statt. Hierauf wird unten noch detaillierter eingegangen.

[218] Hierbei handelt es sich um den Nellaippar Tempel (*nellai appar tirukōvil*) in Tirunelveli. Siehe hierzu z.B.
http://www.dailythanthi.com/Others/Devotional/2015/08/24021500/The-show-was-attended-by-a-great-number-of-devotees.vpf.

Thiruvavaduthurai Adhinam dadurch besonders hervor, dass das vollständige Singen des *Tiruvacakams* in den Räumlichkeiten des Adhinam und zu Ehren dessen Gründerfigur abgehalten wird. Der Bezug zur Institution in Thiruvavaduthurai wird somit performativ unterstützt und soll die Teilnehmenden, die sich zu großen Teilen mit den Studierenden aus Saiva Siddhanta- und *Tirumurai*-Studienprogramm decken, in ihrer Anhängerschaft stärken. Gleiches gilt, wie erwähnt, für die von den lokalen Organisatoren veranstalteten Reisen nach Thiruvavaduthurai.

Der Organisator einer neuen Zweigstelle wird durch den Direktor ernannt, sofern die formalen Voraussetzungen zur Einrichtung einer neuen Zweigstelle gegeben sind.[219] Da das Programm schon seit über 20 Jahren besteht, sieht der aktuelle Direktor Kandaswami keine Veranlassung, in die existierenden Strukturen und Personalien einzugreifen. Im Falle einer Vakanz scheint die Organisation auf frühere Kursteilnehmer zurückzugreifen. Balasundaram hatte beispielsweise den Kurs in Pondicherry seit 1998 selbst als Student besucht, bevor er Anfang der 2000er die Aufgaben des Organisators übernahm. Gleichsam durchlief K. Muthuswami das Saiva Siddhanta Studienprogramm in Tirunelveli mehrfach als Teilnehmer, bevor 2004 der damalige Direktor Vaithiyanathan mit der Bitte an ihn herantrat, die Position des Organisators zu übernehmen. Über die Hintergründe, die zu seiner Nominierung geführt haben, lässt sich nur mutmaßen. K. Muthuswami betonte allerdings im Gespräch, dass er und der damalige 23. Gurumaha Sannidhanam ursprünglich aus demselben Ort, namentlich Vikramasingapuram (*Vikkiramaciṅkapuram*),[220] kämen. Sie seien vor dessen Beitritt in die Bruderschaft von Thiruvavaduthurai Nachbarn gewesen. Auch Kandaswami stammt aus dieser Stadt 50 Kilometer westlich von Tirunelveli. Es liegt nahe, dass im Falle K. Muthuswamis bereits soziale Verbindungen bestanden, die seine Berufung zum Organisator begünstigt haben.[221] Wie noch in Zusammenhang mit der Ernennung des Lehrpersonals gezeigt werden soll, verfügen die Funktionsträger des Studienprogramms über ein funktionierendes informelles

[219] „*iyakkunar, avarai amaippāḷarāka niyamippār.*" Vaittiyanātaṉ 2007, (kiḷai maiyam amaikkum amaippāḷar).

[220] Vikramasingapuram hat heute etwa 50.000 Einwohner und liegt im Tirunelveli Distrikt. Der Ort gilt als Geburtsort des schon mehrfach erwähnten Sivagnana Munivar, dem Autor des *Sivagnana Mapadiyam* und Tambiran des Thiruvavaduthurai Adhinam. Siehe Zvelebil 1995, 174. Der Adhinam unterhält in einem Vorort einen Zweig-Math, namentlich den Sivanthipuram Math (*civantipuram maṭam*). Des Weiteren sind der Institution im Ort und der unmittelbaren Umgebung vier kleinere Tempel unterstellt, siehe Krishnamoorthy 2003, 219–224. Es bestehen also institutionelle und, wie sich an Sivaprakasa Desikar, K. Muthuswami und auch noch am heutigen Direktor Kandaswami zeigen lässt, personale Verbindungen zwischen der Stadt und dem Thiruvavaduthurai Adhinam.

[221] Interview mit Muttucāmi 2015. Muthuswami ist darüber hinaus auch lokaler Organisator des *Tirumurai* Studienprogramms in Tirunelveli.

Netzwerk, das es ermöglicht, die Posten innerhalb der populären Saiva Siddhanta Organisation mit geeigneten Personen zu besetzen. Zudem melden sich engagierte Menschen beim Studienprogramm und bieten – wie etwa im Falle einer Neugründung einer Zweigstelle – ihre Dienste von sich aus an:

„Menschen, die daran [an der Tätigkeit als Organisator] interessiert sind, kommen auf uns zu und sagen uns, dass sie bereit wären, den Posten des Organisators zu übernehmen. Die Organisatoren werden nicht bezahlt, es ist vielmehr ein Dienst, eine absolute Hingabe. Wir zahlen ihnen einmal im Jahr einen ausgesprochen symbolischen Betrag.“[222]

Die Position des Organisators stellt also keine Lohnarbeit dar, sondern sie wird in der Regel als gesellschaftlicher Dienst (*paṇi*) verstanden. Kandaswami beschreibt, dass die lokalen Organisatoren lediglich einen jährlichen, nominellen Betrag für ihre Arbeit erhalten. Auch Balasundaram versteht seine Arbeit für das Netzwerk des Adhinam als einen Dienst, der für einen Siva-Anhänger (*civa-t toṇṭar*) schlicht einen selbstverständlichen Ausdruck einer guten Lebensführung darstellt.[223] Balasundaram erledigt seine Aufgaben für das Studienprogramm neben seinem Beruf als Beamter in der Schulbehörde des Unionsterritoriums Pondicherry. K. Muthuswami übt die Aufgaben des lokalen Organisators seit seiner Pensionierung 2004 aus. Erst nach seinem aktiven Berufsleben als Steuerbeamter in Coimbatore (*Kōyamputtūr*, auch *Kōvai*) fand er die Zeit, in seiner Heimat Tirunelveli in den Dienst des Saiva Siddhanta Studienprogramm zu treten.

Wie demonstriert werden konnte, handelt es sich bei dem Amt des Organisators einer lokalen Zweigstelle des Saiva Siddhanta Studienprogramms um eine Position mit vielfältigen Aufgaben. Er (oder selten sie) nimmt eine Mittlerposition als Schnittstelle zwischen den Studierenden der Kurse und dem Direktorat des Studienprogramms ein. Am Beispiel Balasundarams aus Pondicherry konnte nachvollzogen werden, welche konkreten Aufgaben an den einzelnen Kurstagen für einen Organisator anfallen. Diese reichen von der Information der Teilnehmenden über die Kurszeiten, das Führen von Anwesenheitslisten bis hin zur Vorbereitung des Veranstaltungsorts. Über die Tätigkeiten, die direkt in Zusammenhang mit der Durchführung des Saiva Siddhanta Kurses stehen, zeigen die Beschreibungen Balasundarams und des Organisators aus Tirunelveli K. Muthuswami, dass diese weitere Veranstaltungen durchführen, die eine

[222] *„People who are interested in that use to approach us and will tell us that they will be able to take up the organizer post. The organizers are not paid, it is a service, a total service. We give them a very nominal reward once in a year.“* Interview mit Kantacuvāmi 2012.

[223] Interview mit Pālacuntaram 2012.

enge Verbindung mit dem Thiruvavaduthurai Adhinam aufweisen. Dazu gehören etwa kleinere Reisen zum Adhinam und gemeinschaftliche Rezitationen bestimmter kanonischer Tamil-Hymnen. Die Organisatoren werden vom Direktor des Studienprogramms ernannt und erhalten lediglich eine symbolische Entlohnung, da der Posten explizit als sozialer Dienst verstanden wird. Die Besetzung der Position im Falle von Vakanzen erscheint in den Schilderungen der Verantwortungsträger als wenig problematisch, da die Organisation über ein informelles Netzwerk verfügt, das es ermöglicht, geeignete Kandidaten in ganz Tamil Nadu zu finden.

Wie die Übersicht über die Zweigstellen im Anhang der Infobroschüre[224] zeigt, wird jede Zweigstelle von einem eigenen Organisator – bei sehr großen Zweigstellen kann es auch zwei Organisatoren geben – betreut. Im Falle der Dozenten für diese einzelnen Zweigstellen ist dies jedoch anders, wie im Folgenden dargestellt werden soll.

Die Dozenten

In den bisherigen Ausführungen sind vereinzelt Informationen zur Position des Dozenten (*pērāciriyar*)[225] angeklungen. So können grundsätzlich zwar sowohl Frauen als auch Männer dieses Amt übernehmen, wenngleich weibliche Dozierende bisher die Ausnahme bilden. Die Religionszugehörigkeit spielt für den Posten ebensowenig eine Rolle, wie die genannten Beispiele christlicher Dozenten gezeigt haben. Für die Entstehung neuer Zweigstellen konnte angedeutet werden, dass hierfür nicht nur die Organisatoren, sondern auch die Dozenten vom Direktor des Saiva Siddhanta Studienprogramms ernannt werden. Kandaswami hat hervorgehoben, dass ein Dozent, im Unterschied zum Organisator, allerdings mehrere Zweigstellen betreuen kann, also mehrmals im Monat an verschiedenen Orten Saiva Siddhanta im Auftrag des Thiruvavaduthurai Adhinam lehrt.[226] Anhand der Adhinam-Publikationen und den Gesprä-

---

[224] Vaittiyanātaṉ 2008b, Anhang 2 (aṭṭavaṇai 2).

[225] Das Kompositum „*pērāciriyar*" ist die gängige Bezeichnung für „Professor" im akademischen Kontext und wird darüber hinaus respektvoll auch für lehrende Personen im Allgemeinen verwendet. Es setzt sich aus dem Präfix „*pēr*" (von „*pēriya*" für „groß", „großartig") und dem tamilisierten Sanskrit-Wort „*āciriyar*" (auch „*ācāri*", Skt. *ācārya*) für „(religiösen) Lehrer" zusammen. Ich habe mich hier, trotz der englischsprachigen Verwendung von „*professor*", „*faculty*" oder „*teacher*" im Kontext des Saiva Siddhanta Studienprogramms, für die Übersetzung als „Dozent" entschieden, um den Begriff von einem rein akademischen oder schulischen Kontext abzuheben. In den Broschüren wird „*pērāciriyar*" im Unterschied zu den Titeln „*amaippāḷar*" und „*iyakkunar*" übrigens nicht mit einem englischen Äquivalent versehen.

[226] Interview mit Kantacuvāmi 2012.

chen mit den Dozenten der Zweigstellen von Pondicherry und Nagercoil, sowie mit dem Direktor Kandaswami, soll nachfolgend die Rolle eines Dozenten im Saiva Siddhanta Studienprogramm des Thiruvavaduthurai Adhinam näher beschrieben werden. Zunächst werden hierzu seine Aufgaben beleuchtet, bevor auf die Ernennung des Dozenten und seine Stellung eingegangen wird.

Im Abschnitt „Eine Bitte an die Dozenten" (*pērāciriyarkaḷukku oru vēṇṭukōḷ*) geben die Kurspublikationen einige wenige Hinweise über die Aufgaben eines Dozenten. Diese sind aufgefordert, nach jedem abgeschlossenen Unterrichtstag einen kurzen Bericht an den Direktor zu senden. Diese Stellungnahme soll fünf Angaben umfassen, die sich wie folgt zusammensetzen: den Tag des Unterrichts (*pāṭam naṭattiya tēti*), den Namen der Zweigstelle (*kiḷai maiya-p peyar*), den behandelten Unterrichtsstoff (*naṭattiya pāṭam*), die Zahl der Studierenden der Zweigstelle (*kiḷai maiya māṇavar eṇṇikkai*), die Zahl der Anwesenden Studierenden (*vakuppiṟku vantu māṇavar eṇṇikkai*).[227] Hierdurch werden die Angaben, die der Organisator zu Anwesenheit und Teilnahme an einem Unterrichtstag machen muss, etwa zum Lehrinhalt, ergänzt. Diese Pflicht zur Rückmeldung über den „Lernfortschritt" in den einzelnen Zweigstellen zeugt von einer formalen Kontrolle durch das Direktorat.

An anderer Stelle heißt es unter der Überschrift „Ablauf des Unterrichts" (*payiṟci naṭaipeṟum muṟai*):

> „Die Dozenten, die vom Gurumaha Sannidhanam den gnadenvollen Segen erhalten haben, werden zu den einzelnen Zweigstellen kommen, an welchen der Kurs stattfindet und, wie [...] im Lehrplan aufgeführt, den Studierenden die Saiva Siddhanta Lehre verständlich erklären und beibringen."[228]

In dieser Aussage werden vier Punkte erkennbar. Erstens deutet sich durch den Hinweis, dass die Dozenten „zu den einzelnen Zweigstellen kommen", an, dass die jeweiligen Dozenten nicht an ihrem Wohnort unterrichten. Dies bestätigt auch ein Blick auf die Übersicht über Zweigstellen, Organisatoren (die aus praktischen Gründen meist vor Ort leben) und Dozenten.[229] Es ist anzunehmen, dass es sich bei diesem Umstand um eine Form eines präventiven Korrektivs handelt. Hierdurch könnte einer Voreingenommenheit oder zu starken Verbindung der Dozenten mit den lokalen Gegebenheiten und Personen vorgebeugt werden. Durch diese Regelung wird zudem gewährleistet, dass die Dozenten weiter die Kurse

---

[227] Vaittiyanātaṉ 2007, (pērāciriyarkaḷukku oru vēṇṭukōḷ).

[228] *„cīrvaḷarcīr kurumakācaṉṉitāṉam avarkaḷ aruḷāci peṟṟa pērāciriyarkaḷ, payiṟci naṭaipeṟum kiḷai maiyattiṟku vantu, [...] kūṟappaṭum pāṭattiṭṭapaṭi māṇavarkaḷ eḷitil purintu koḷḷumpaṭi, caiva cittānta kuruttukkaḷai viḷakki-p pāṭam naṭattuvārkaḷ*" Vaittiyanātaṉ 2007, (payiṟci naṭaiperum muṟai).

[229] Vaittiyanātaṉ 2008b, Anhang 2 (aṭṭavaṇai 2).

in ihren Heimatorten als Teilnehmer besuchen können, um sich auf diese Weise stets fortzubilden. Der zweite wichtige Aspekt der zitierten Passage stellt die Betonung der Verständlichkeit der Saiva Siddhanta Vermittlung dar. Im Lichte der schon beschriebenen Akzentuierung der Verwendung einer einfachen Sprache in Lehre und Textmaterial und der Hervorhebung der Offenheit des Studienprogramms gegenüber allen Bildungsschichten unterstreicht die Äußerung diese beiden Charakteristika des Saiva Siddhanta Unterrichts des Thiruvavaduthurai Adhinam. Drittens lässt die Aussage erkennen, dass sich die Dozenten nach einem Lehrplan (*pāṭattiṭṭam*) des Saiva Siddhanta Studienprogramms zu richten haben, der von der Organisation vorgegeben wird. Dieser wurde vom Direktor und den führenden Gelehrten des Adhinams erarbeitet und gilt zentral für alle im Namen der Institution abgehalten Kurse.[230] Als viertes weist die Textstelle auf die Frage der Lehrbefugnis der Dozenten hin, die hier durch den Erhalt des „gnadenvollen Segens" (*aruḷāci*) des Gurumaha Sannidham beschrieben ist.

Der „gnadenvolle Segen" des jeweiligen Gurumaha Sannidhanam stellt die formale Erteilung der Lehrerlaubnis für die Dozenten des Saiva Siddhanta Studienprogramms dar. Praktisch werden die Dozenten allerdings vom Direktor ausgewählt. P. Muthuswami, der einen Master-Abschluss in Tamil hat und in Nagercoil unterrichtet, schildert, dass er vom ehemaligen Direktor Vaithiyanathan als Dozent ausgesucht wurde, da er Interesse an *Tirumurai* und Saiva Siddhanta zeigte und gerne lehren wollte.[231] Seine akademische Ausbildung – er arbeitet hauptberuflich für die staatliche Post – dürfte dabei sicher auch eine Rolle gespielt haben. Zuvor hatte er den Saiva Siddhanta Kurs an seinem Wohnort Tirunelveli mehrfach besucht. Der aktuelle Direktor des Saiva Siddhanta Studienprogramms, Kandaswami, der selbst an zwei lokalen Zweigstellen doziert, hat die Auswahl von Dozenten als relativ unkompliziert und wie folgt beschrieben:

> „Bezüglich der Mitglieder des Lehrkörpers *kennen wir* Leute an den verschiedenen Orten und suchen sie dann aus. Normalerweise sprechen wir mit ihnen und fragen sie einfach, ob sie sich in der Lage sähen, diese Aufgabe zu übernehmen und diesen Dienst zu tun." [Herv. RK][232]

---

[230] Das Kurscurriculum ist der Broschüre angehängt, Vaittiyanātaṉ 2007, Anhang 1 (aṭṭavaṇai 1). Siehe hierzu zur Übersicht Tabelle 3.

[231] „*Vaithiyanathan selected me as a professor to teach Saiva Siddhanta in Nagarkoyil. Basically, I was interested in Tirumurai and Saiva Siddhanta and I wanted to teach.*" Interview mit Muttucāmi et al. 2015.

[232] „*Regarding the faculty-members: we know people at different places and then we select them. We use to call them and ask them whether they would be able to take up this job and do this service.*" Interview mit Kantacuvāmi 2012.

An diesem kurzen Zitat wird deutlich, dass die führenden Funktionsträger des Programms – ähnlich wie im Fall der potentiellen Organisatoren – offensichtlich Kenntnis darüber haben, wer wo in Tamil Nadu dafür geeignet sein könnte, als Saiva Siddhanta Lehrer im Namen des Adhinams aktiv zu werden. Dies ist sicherlich auch darauf zurückzuführen, dass durch die langjährige Existenz des Programms ein verzweigtes Netzwerk an Personen in Tamil Nadu existiert, die sich mit Saiva Siddhanta nach Thirvavaduthurai-Lesart beschäftigen beziehungsweise die dieses Training selbst durchlaufen haben. In den letzten beiden Jahrzehnten, so Kandaswami, sei das Wissen um und genaue Kenntnis über Saiva Siddhanta in Tamil Nadu – nicht zuletzt durch die Aktivitäten des Studienprogramms[233] – angewachsen und daher sei es heute vergleichsweise leicht, geeignetes Lehrpersonal zu finden:

„Einige Leute haben inzwischen Kenntnis [über Saiva Siddhanta] und sind qualifiziert, diesen Unterricht zu geben, und wir suchen diese Leute dann aus. Es ist nicht sonderlich schwierig, Menschen zu finden, es ist vielmehr sehr leicht."[234]

Dass potentielle Dozenten idealerweise eben jenes Studienprogramm erfolgreich abgeschlossen haben sollten, zeigt sich exemplarisch an der Geschichte des Dozenten der lokalen Zweigstelle in Pondicherry, I. Nedumaran.[235] Nedumaran, ein Ingenieur für Elektrotechnik aus Neyveli, hat seine Grundbildung in einer Schule der Ramakrishna-Mission in seinem Heimatort Thirupparaithurai genossen. Er bezeichnet sich selbst daher ursprünglich eher durch die Advaita Vedanta Philosophie Ramakrishnas und Swami Vivekanandas denn durch Saiva Siddhanta geprägt. Allerdings sei genau durch diese religiöse Vorprägung die Basis für seine spätere Beschäftigung mit Saiva Siddhanta gelegt worden.[236] Nedumaran,

---

[233] „*Similarly, these Thiruvavaduthurai-classes have been conducted for the last 20 years. Where ever you will go, there are some people who know about Thiruvavaduthurai Adhinam, its classes, Saiva Siddhanta philosophy and all that. That is why I am telling you: There is a very good awareness.*" Interview mit Kantacuvāmi 2012.

[234] „*So some people learned things [über Saiva Siddhanta] and became eligible to teach this lessons and we select these people. It is not a very difficult thing to get people, it is fairly easy.*" Interview mit Kantacuvāmi 2012.

[235] Die einzige mir bekannte Ausnahme von dieser Regel ist der Direktor Kandaswami. Dieser hatte bevor er der Direktor des Thiruvavaduthurai Adhinam Saiva Siddhanta Studienprogramms wurde, dieses nie als Teilnehmer besucht. Allerdings hatte er durch andere Saiva Siddhanta Aktivitäten in seinem Heimatort Vikramasingapuram schon über einen längeren Zeitraum Kontakt mit dem Adhinam und seinen Verantwortlichen. Interview mit Kantacuvāmi 2012.

[236] „*So basically, I was born and brought up in that place, my school studies were in Ramakrishna Tapovanam. [...]. So I was brought up in Ramakrishna Tapovanam, an institute founded by Ramakrishna Mission, whose headquarters is in Kolkatta from the days of Swami Vivekananda. [...] See, basically, from childhood onwards I have been in this field. We call Ramakrishna's and Vivekananda's philosophy Vedanta. Since I was there*

dessen Vater als Tamil-Gelehrter unter anderem auch an dieser Ramakrishna-Schule unterrichtete,[237] hatte aufgrund seiner guten Tamil-Kenntnisse schon seit Anfang der 1990er Jahre immer wieder Vorträge zu verschiedenen sivaitischen Themen, bei Anlässen wie etwa Tempelfesten gehalten, bevor er in Kontakt mit dem Studienprogramm des Thiruvavaduthurai Adhinam kam.[238] Von Freunden animiert, besuchte er ab Mitte der 2000er Jahre zunächst sporadisch die Veranstaltungen in seinem Wohnort Neyveli *(Neyvēli)*, wo der frühere Direktor Vaithiyanathan als Dozent tätig war. Dieser wurde während einer gemeinsamen Pilgerreise des Kurses, dem Nedumaran schließlich doch noch als regulärer Student beitrat, nach Kasi (*Kāci,* Skt. *Kāśī*)[239] auf Nedumaran aufmerksam. Als Vaithiyanathan von dessen religiösem Bildungshintergrund erfuhr, soll er ihn direkt aufgefordert haben, sich für den nächsten Jahrgang des Studienprogramms als Dozent zur Verfügung zu stellen. Diese Rolle bekleidet er seit 2010. Der erfolgreiche Abschluss des zweijährigen Kurses stellte schließlich auch für ihn die formale

---

in this particular field already, this helped me to come out to Siddhanta." Interview mit Neṭumāṟaṉ 2012.

[237] „*My father was a Tamil pandit, he was working as a Tamil pandit in that school for some 43 years.*" Neṭumāṟaṉ 2012.

[238] Diese Einladungen, öffentliche Vorträge zu halten, gingen Nedumaran in seiner eigenen Darstellung nur aus dem Grund zu, da sein Vater ein Tamil-Pandit war. Er selbst habe sich in dieser Phase seines Lebens, etwa ab dem 20. Lebensjahr, wenig für Religion interessiert und stand eher dem Marxismus und dem Agnostizismus Robert G. Ingersolls (1833–1899) nahe. Durch die durch Vortragsanfragen„erzwungene" Auseinandersetzung mit sivaitischen Themen begann er, sich immer tiefer mit Sivaismus und Saiva Siddhanta auseinanderzusetzen. Heute leitet er, neben seiner Dozententätigkeit in Pondicherry, eine kleine Gruppe in Neyveli, die sich wöchentlich mit der Lektüre der kanonischen Schrift des „Periyapuranam" (*periya purāṇam*) befasst. Für Nedumaran waren die Einladungen zu Vorträgen in seiner biographischen Erzählung letztlich Gnadengaben Sivas und sind für ihn Beweise dafür, dass Gott aktiv und sinnvoll in das Leben von Menschen eingreift: „*this is an example of how God always gets to you at the right and appropriate time. since my father is a Tamil pandit, I was also always interested in Tamil, which is our language and a classical language as well. Basically, I am an engineer, but slightly good at Tamil also. On one occasion, I was called to deliver a lecture in Tamil on Tamil new year day in a nearby village. On that function, another set of people were also invited to deliver a debate on a common topic. All these people were from Tamil field or from Saiva field. [...] But suddenly, this is how God came to me. They gave me an opportunity and urged me to give the lecture at the temple. [...] But see, why I say all these things is: always God takes you to the right path at the right appropriate time. He knows pretty well when to interfere, when to come into a person's life – he always comes at the right appropriate time. This is how it started. Subsequently, I was given so many occasions by God almighty to deliver lectures at so many places.*" Interview mit Neṭumāṟaṉ 2012.

[239] Kasi gilt als der älteste Name der Stadt am Ganges. Heute sind die Namen Varanasi (Skt. *Vārāṇasī*) und Benares (Skt. *Banāras*) allerdings mindestens genauso verbreitet. Die Verwendung von „Kasi" beschreibt insbesondere die Stadt als heiligen Ort und wird im tamilisch-sivaitischen Kontext bevorzugt.

Voraussetzung dafür dar, diese Aufgabe zu übernehmen. Nedumaran betont ausdrücklich diese Grundbedingung für die Ernennung zum Dozenten. Sein familiärer Hintergrund eines tamilisch-gelehrten Elternhauses und seine daraus resultierende Vortragstätigkeit alleine stellten demnach nicht die alleinigen Kriterien dar:

„Es reicht nicht, gut in Tamil zu sein. Die grundlegende Qualifikation ist folgende: man sollte das Training in diesem Programm absolviert haben. [...] Als ich den Kurs abgeschlossen hatte, wurde ich »autorisiert«. [...] Das ist die grundlegende Qualifikation. Ohne diese kann niemand ein Repräsentant [des Saiva Siddhanta Studienprogramms; RK] werden. Das ist wesentlich.“[240]

Ein weiteres Beispiel für die Relevanz des abgeschlossenen Studienprogramms ist der ehemalige Dozent T. M. Vellaivaranam (*Tā. Ma. Veḷḷaivāraṇam*) (1927–2010), der zeitweise die Zweigstellen in Sirkali (*Cīrkāḻi*), Chidambaram (*Citamparam*), Kumbakonam (*Kumpakōṇam*) und Tiruvarur (*Tiruvārūr*) betreute. Vellaivaranam, der 35 Jahre lang als Tamil-Professor am College des Tiruppanandal Math (*Srī Kāci-t Tirumaṭam Tiruppaṉantāḷ*) gelehrt und, mit Unterstützung dieses Maths sowie der Adhinams in Thiruvavaduthurai und Suriyanarkoyil (*Cūriyaṉār Kōvil Ātīṉam*), über 25 Bücher zu sivaitischen Themen veröffentlicht hatte, wurde erst zum Dozenten ernannt, nachdem er selbst das Saiva Siddhanta Studienprogramm erfolgreich abgeschlossen hatte. In Anerkennung seiner Leistungen wurden ihm vom Thiruvavaduthurai Adhinam mehrere Titel verliehen, unter anderem 2003 der des Adhinam-Gelehrten (*ātīṉa-p pulavar*).[241] Ungeachtet dessen galten allerdings für ihn bei der Übernahme der Dozenten-Tätigkeit die gleichen Regeln wie für andere auch.[242]

Die Autorisierung zur Lehre wird nominell durch den gnadevollen Segen des Gurumaha Sannidhanam vollzogen und ist an die erfolgreiche Absolvierung des Saiva Siddhanta Studienprogramms geknüpft. Sind diese Bedingungen erfüllt, kann ein potentieller Dozent durch einen bereits tätigen Dozenten vorgeschlagen werden. Hierfür muss der bisherige Lehrer des zukünftigen Dozenten für dessen Integrität und Fähigkeiten der Vermittlung des Saiva Siddhanta vor dem Thiruvavaduthurai Adhi-

---

240 „*It is not enough to be good at Tamil. The basic qualification is: you should have undergone the training with this center. [...] So since I have completed that course, I have become what you call »authorized«. [...] This is the basic qualification. Without such thing nobody can become representative, that's basic.*“ Interview mit Neṭumāṟaṉ 2012.

241 Der Thiruvavaduthurai Adhinam verlieh ihm zudem verschiedene Ehrentitel. Schon früher wurde Vellaivaranam auch von anderen sivaitischen Institutionen geehrt: „*tirumuṟai-c cemmal*“ (Madurai Adhinam, 1959), „*maturakavi*“ (Tiruppanandal Math, 1960), „*caiva-t tamiḻmaṇi*“ (Tiruppanandal Math, 1998).

242 Veḷḷaivāraṇam 2010a, 72–74. Vellaivaranam hat über die Zweigstelle in Chidambaram zahlreiche kleinere Publikationen als Hilfsmittel für die Kursteilnehmenden veröffentlicht.

nam bürgen. Im Falle von Nedumaran war dies der damalige Direktor des Programms selbst. Die neuen Dozenten sind, trotz ihrer Lehrtätigkeit, weiterhin angehalten, die Kurse in ihren bisherigen heimatlichen Zweigstellen als Teilnehmer zu besuchen, um sich so stets über Möglichkeiten der Lehre und die Erläuterung schwieriger Fragen weiterzubilden, denn „[z]um Dozenten ernannt worden zu sein bedeutet keineswegs, dass man den Saiva Siddhanta umfassend gemeistert habe – das kann niemand.“[243]

Die Beispiele I. Nedumarans, T. M. Vellaivaranams und P. Muthuswamis zeigen, neben einer Veranschaulichung des Auswahlprozesses der Dozenten, den Kandaswami eher pragmatisch beschrieben hatte, insbesondere drei Dinge. Erstens wird das Funktionieren und die Handlungsfähigkeit des etablierten Netzwerks des Thiruvavaduthurai Adhinam sichtbar, welches inzwischen offensichtlich in der Lage ist, freie Positionen in der Lehre durch Teilnehmer der eigenen Kurse durch ein festgelegtes Prozedere neu zu besetzen.[244]

Zum zweiten wird an Nedumaran, der nach eigener Aussage durch seine Sozialisation früher eher dem Advaita Vedanta anhing,[245] abermals deutlich, dass der religiöse und philosophische Hintergrund der Kandidaten für eine Dozententätigkeit eine untergeordnete Rolle spielt. Laut Nedumaran habe er im entscheidenden Gespräch mit Vaithiyanathan auf die Frage nach seiner religiösen Prägung schlicht „Ramakrishna Paramahamsa“ geantwortet. Dies habe den Direktor sofort dazu veranlasst, seine Eignung zum Dozenten anzuerkennen.[246] Bemerkenswert ist diese Darstellung insbesondere dadurch, dass der bengalische Heilige Ramakrishna heute nicht im entferntesten zu den Vertretern des Saiva Siddhanta gerechnet wird, wohl aber zu den Aushängeschildern des modernen Advaita Vedanta gehört. Die heute propagierte philosophische Frontstellung zwischen Saiva Siddhanta und Advaita Vedanta scheint hier im praktischen Fall der Besetzung von Dozentenstellen also kaum eine Rolle zu spielen.

---

243 *„Being nominated as a professor does not mean that you have mastered the entire Saiva Siddhanta – nobody can do it. [...] This is the basic qualification. Without such thing nobody can become representative, that's basic.“* Interview mit Neṭumāṟaṉ 2012.

244 In Fällen, die das personelle Netzwerk Tamil Nadus übersteigen, wie der unten noch vorgestellte Saiva Siddhanta Kurs in London, sind die Verantwortlichen in Thiruvavaduthurai allerdings in der Lage, pragmatische Lösungen der Überprüfung zu finden, die die Korrektheit der Lehre auch im internationalen Kontext sicherstellen.

245 Im Wohnzimmer seines Wohnhaus in Neyveli stand zum Zeitpunkt unseres Gesprächs im Oktober 2012 ein überlebensgroßes Poster von Swami Vivekananda, dem global einflussreichsten Vertreter des modernen Advaita Vedanta.

246 *„He asked me about my background and all that, my training, how I came into this fold and all those things. But once I said »Ramakrishna Paramahamsa« he immediatly decided that I should be the guru for this program.“ Interview mit Neṭumāṟaṉ 2012.*

Drittens weisen die Hintergründe von Nedumaran, Vellaivaranam und P. Muthuswami auf eine gesteigerte Tamil-Kompetenz der Dozenten hin: ersterer durch sein Elternhaus, zweiterer durch seine Lehrtätigkeit als Tamil-Professor und letzterer durch seinen Universitätsabschluss in Tamil. Auch von der Dozentin in Madurai ist bekannt, dass sie College-Professorin für Tamil ist. Ähnliches gilt für den ehemaligen Dozenten der Zweigstelle des Studienprogramms in Perur (*Pērūr*) in der Nähe von Coimbatore, R. Vaiyapuri (*Ra. Vaiyāpuri*). Vaiyapuri, der seit 2004 eine unabhängige Saiva-Organisation leitet, hat einen Doktortitel in Tamil und lehrte 37 Jahre an verschiedenen Lehrinstitutionen als Professor.[247] Wenngleich eine Überprüfung aller Dozenten des Saiva Siddhanta Studienprogramms nicht möglich ist, erscheint die Vertrautheit mit Tamil und tamilischer Literatur als Voraussetzung für eine Dozententätigkeit nahezu kategorisch zu sein. Die Wichtigkeit von Tamilkenntnis in Wort und Schrift wurde für die Teilnehmenden bereits herausgearbeitet. Ungleich nötiger ist diese Expertise in der relevanten tamilischen Literatur und Sprache für die Dozenten – zumal es sich bei dieser tamilischen Literatur in der Regel um Texte handelt, die in klassischem Tamil verfasst sind. Der Dichtergelehrte des Thiruvavaduthurai Adhinam, der die inhaltliche Ausgestaltung des Studienprogramms mit betreut, hat dies wie folgt zum Ausdruck gebracht: Die Kenntnis des Tamil „ist nicht verpflichtend für jeden. Wenn man aber Vorträge halten und Kommentare zu Saiva Siddhanta Büchern schreiben möchte, dann muss man Tamil sehr gut studieren."[248] Es müsse zwar nicht jeder, der sich für die Philosophie interessiere, vertieft klassisches Tamil beherrschen. Möchte man aber Vorträge halten und in der Lage sein, die Saiva Siddhanta Bücher zu kommentieren, ist ein fundiertes Vorwissen notwendig. Da die Dozenten des Studienprogramms ihren Studierenden gegenüber genau diese Rolle einnehmen, ist eine gute Tamilkompetenz eine fundamentale Bedingung für die Position des Dozenten.

Die hervorgehobene Stellung eines Dozenten zeigt sich weiterhin daran, dass dieser für seine Lehrtätigkeit bezahlt wird. Allerdings liegen mir keine Informationen über die tatsächliche Höhe dieses Entgelts vor. Der Direktor Kandaswami hat sich hierzu nur insoweit geäußert, als dass die Dozenten einen monatlichen Lohn für ihre Beschäftigung im Saiva Siddhanta Studienprogramm erhalten.[249] Dass es sich hierbei allerdings um

---

[247] Vaiyāpuri 2015. Zur Person siehe auch Celvakkaṇapati 2013a, 544–545.

[248] „*It is not compulsary for everyone, but if you want to give lectures, if you want to write commentaries for Saiva Siddhanta books, then only you have to learn Tamil in great detail.*" Interview mit Kuñcitapātam & Tiruccirrampala Tampirāṉ 2012.

[249] „*we send a payment to the faculty every month done through bank transfer*" Interview mit Kantacuvāmi 2012.

eine tatsächliche Bezahlung handelt, lässt sich aus der Aussage Kandaswamis zur oben schon erwähnten eher symbolischen Vergütung der Organisatoren ableiten. Kandaswami kontrastiert die Vergabe dieses nominellen Betrags nämlich damit, dass dies bei den Dozenten der Zweigstellen ganz anders sei.[250]

Neben dieser finanziellen Aufwertung des Dozenten-Postens hat dieser qua Amt eine besondere Stellung als Saiva Siddhanta Lehrer inne. Das Saiva Siddhanta Studienprogramm des Thiruvavaduthurai Adhinam wirbt insbesondere mit dem direkten Charakter der Unterweisung, das heißt die Studierenden können direkt mit ihrem Dozenten interagieren. Dieser Interaktion liegt das Verständnis einer Guru-Schüler-Beziehung zu Grunde, die im tamilischen Saiva Siddhanta, Teil der grundlegenden Lehre darstellt.[251] Der Dozent erscheint als „Guru" (*kuru*) seiner Kursteilnehmer, dem ein gewisses Maß an Verehrung zuteil wird. Während der Veranstaltungen äußert sich dies unter anderem dadurch, dass die Studierenden vom Dozenten heilige Asche auf die Stirn appliziert bekommen oder dass die Schüler symbolisch die Füße des Dozenten berühren. Auch bezeichnen viele Kursteilnehmende ihren jeweiligen Dozenten aktiv als Guru.[252]

Allerdings fungiert der Dozent des Kurses als Lehrer für einem bestimmten Bereich, als sogenannter „Vidhya-Guru" (*vittiyā kuru*), namentlich für die Vermittlung der Lehre des Saiva Siddhanta. Das Verständnis der Lehre bildet jedoch lediglich die Grundlage, um letztendlich das eigentliche göttliche Siva-Wissen (*civañāṉam* oder auch *patiñāṉam*) erhalten zu können.[253] Diese veredelte Form des Wissens basiert schließlich auf der Gnade (*aruḷ*) Gottes und wird durch göttliche Energie (*catti*) über eine zweite Form des Gurus an den Menschen gespendet. Der Lehrer des göttlichen Wissens, der „Gnana-Guru" (*ñāṉa kuru*), ist in der Lesart des Thiruvavaduthurai Adhinam das jeweilige Oberhaupt der eigenen Institution, also der jeweilige Gurumaha Sannidhanam.[254] Eine analoge

---

250 „*The organizers are not paid, it is a service, a total service. We give them a very nominal reward once in a year.* ***Not like the faculty members.*** *[Herv. RK]*" Interview mit Kantacuvāmi 2012.

251 Auf die zentrale Bedeutung eines Guru im Saiva Siddhanta wird in Kapitel III näher eingegangen. Zur Rolle eines Guru im indischen Kontext siehe auch die Beiträge in Copeman & Ikegame 2012.

252 So z.B. meine Gesprächspartner P. Muthuswami, K. Muthuswami und A. Parameswaran in Tirunelveli, die den lokalen Dozenten C. Shanmukavel (*Ca. Caṇmikavēl*), bei dem sie etliche Jahrgänge als Teilnehmer durchlaufen haben, so nennen: „*He is our guru.*" Interview mit Muttucāmi et al. 2015.

253 Interview mit Neṭumāṟaṉ 2012.

254 Diese Unterscheidung trifft auch S. Krishnamoorthy, der in seiner englischsprachigen und vom Adhinam autorisierten Geschichte der Institution über U. V. Swamianathan Aiyer sagt, er hätte einen spirituellen Lehrer („*spiritual guru*"), namentlich den 16. Gurum-

Distinktion zwischen jenen beiden qualitativ verschiedenen Formen des Wissens (*ñāṉam* und *vittiyā*), vermittelt durch zwei unterschiedliche Lehrer, trifft auch der ehemalige Direktor des Studienprogramms Vaithiyanathan an anderer Stelle. Im Vorwort einer zentralen Publikation des Programms zu den grundsätzlichen Zielen des Saiva Siddhanta spricht Vaithiyanathan zum einen von seinem *Vidhya*-Guru, einem verstorbenen Siddhanta Meister (*cittānta vittakar*) aus Malaysia, welcher ihm beim Erstellen eben jenes Buches behilflich war. Zum anderen gedenkt er in diesem Vorwort dem 23. Gurumaha Sannidhanam des Thiruvavaduthurai Adhinam, den er als „Wissensvater" (*ñāṉa-t tantai*) bezeichnet und der ihn in seinen Dienst für das Studienprogramm gestellt habe.[255] Das Erhalten göttlichen Wissens (*ñāṉam*, Skt. *jñāṇa*), welches vom Gurumaha Sannidhanam vermittelt werden kann, bildet für alle Anhänger des Saiva Siddhanta das endgültige Ziel religiösen Fortschritts. Das „weltliche Wissen" (*vittiyā*, Skt. *vidyā*) um die Lehre des Saiva Siddhanta ist davon qualitativ und kategorisch zu unterscheiden. Diese vorbereitende Form des Wissens kann aber durch den Unterricht im Saiva Siddhanta Studienprogramm in der Person des Dozenten vermittelt werden.[256]

Dadurch, dass diese Dozenten in den verschiedenen Zweigstellen des Studienprogramms notwendigerweise durch den Gurumaha Sannidhanam für die Lehre autorisiert wurden, stellen sie eine Mittlerposition dar. Analog zu den lokalen Organisatoren, die die administrative Schnittstelle zwischen Direktorat und Teilnehmenden repräsentieren, fungieren sie als Wissensmittler zwischen dem religiösen Oberhaupt und den Studierenden als Anhängerschaft. Durch die Mediation der Dozenten stehen die Teilnehmenden der Kurse nicht nur in der Lehrnachfolge des Thiruvavaduthurai Adhinam, sondern partizipieren eben auch implizit an dessen genealogischer Verortung in der „Heiligen Kailash Abstammungslinie". Diese Tradition, die, wie schon beschrieben, mit der Offenbarung des göttlichen Wissens durch Siva vor undenklicher Zeit begann und eine lückenlose Verbindung bis zum heutigen Gurumaha Sannidhanam des Thiruvavaduthurai Adhinam postuliert, basiert elementar auf der direkten Vermittlung von weltlichem Wissen von Lehrer an Schüler sowie der Gabe des göttlichen Wissens, die vom Studienprogramm propagiert wird.

---

aha Sannidhanam, und einen Wissens-Lehrer („*vidyaguru*"), nämlich Minakshi Sundaram Pillai, gehabt. Krishnamoorthy 2003, 196.

[255] Vaittiyanātaṉ 1995 (muṉṉurai).

[256] Zur Unterscheidung der beiden Wissensformen in anderen indischen Traditionen siehe Flood 2012.

Abschließend kann festgehalten werden, dass die Dozenten des Thiruvavaduthurai Adhinam (auch auf Vorschlag) vom Direktor ausgesucht werden. Die offizielle Lehrbefugnis wird allerdings durch den Gurumaha Sannidhanam des Thiruvavaduthurai Adhinam erteilt. Als Voraussetzung für die Ernennung gilt formell die erfolgreiche Absolvierung des Studienprogramms selbst. Eine fundierte Sprachkompetenz in Tamil sowie die Kenntnis der relevanten sivaitischen Literatur gehören, wie die Analyse belegt, zu den Bedingungen der Übernahme eines Dozentenpostens. Der religiöse Hintergrund spielt dabei keine entscheidende Rolle. Ein Dozent hat innerhalb der Organisation eine hervorgehobene Stellung. Dies zeigt sich vor allem in seiner Position als Lehrer eines bestimmten Wissens über Saiva Siddhanta. In dieser Funktion als sogenannter *Vidhya*-Guru werden ihm Ehrerbietungen der Studierenden zuteil. Der Dozent verkörpert einen direkten Wissensvermittler, der nicht nur vorbereitendes religiöses Fachwissen tradiert, sondern er stellt als solcher das Bindeglied zum Lehrer göttlichen Wissens, dem Gurumaha Sannidhanam, dar. Dass die beiden Kategorien des Wissens für die soteriologischen Überzeugungen des Saiva Siddhanta, ebenso wie die Rolle eines religiösen Lehrers, zu den Grundfesten der philosophischen Lehren gehören, wird weiter unten noch ausführlich dargestellt. Die Dozenten des Studienprogramms des Thiruvavaduthurai Adhinam müssen in diesem Zusammenhang als zumindest nicht unerheblich für den persönlichen Erlösungsweg eines Kursteilnehmers erachtet werden.

Das Direktorat

In den bisherigen Ausführungen ist das Direktorat des Saiva Siddhanta Studienprogramms beziehungsweise die Position des Direktors (*iyakkunar*) mehrfach angeklungen. Im Folgenden sollen diese Informationen zusammengefasst und durch zusätzliches Material erweitert werden. Dabei werden die beiden Personen, die bis 2016 das Saiva Siddhanta Studienprogramm als Direktor geleitet haben beziehungsweise noch leiten, namentlich K. Vaithiyanathan und C. Kandaswami, näher vorgestellt werden. Ergänzt wird diese Betrachtung durch die Vorstellung C. Kunjithapathams, der als führender Adhinam-Gelehrter in Thiruvavaduthurai für die inhaltliche Betreuung des Kurses mitverantwortlich ist. Die Einblicke in die biographischen Hintergründe dieser Figuren sind hilfreich, um die heutige Saiva Siddhanta Propagierung in den breiteren soziokulturellen Kontext Tamil Nadus einzuordnen.

Der Posten des Direktors des Saiva Siddhanta Studienprogramms ist eine hauptberufliche Tätigkeit im Dienste der größten populären Organisation zur Propagierung von Saiva Siddhanta in Tamil Nadu. Der Direktor spielt, wie gezeigt, eine zentrale Rolle bei der Auswahl von lokalen Dozenten und Organisatoren. Er stellt darüber hinaus die Schnittstelle zwischen dem Studienprogramm und der orthodoxen Institution des Thiruvavaduthurai Adhinam dar. Bei ihm laufen die organisatorischen Fäden des Netzwerkes zusammen. Der Direktor überwacht nicht nur die Kursanmeldungen und Bezahlungen der Kursgebühren und registriert alle Studierenden, sondern er wird monatlich auch von allen Zweigstellen mit Angaben zu Teilnahme und Fortschritt im Lehrstoff informiert. Diese Informationen gibt er in detaillierter und aufbereiteter Form an den Adhinam weiter, dem er Rechenschaft abzulegen hat. Der Direktor ist ebenfalls dafür zuständig, die vom Adhinam herausgegebene Kursliteratur, die über die lokalen Organisatoren an die Teilnehmenden weitergegeben wird, sowie die Broschüren und sonstigen Unterlagen für Studierende jährlich drucken zu lassen und an die einzelnen Zweigstellen zu verschicken.[257]

Neben diesen organisatorisch-logistischen Aufgaben des Direktors obliegt ihm eine gewisse Lehrverpflichtung. Schon von Vaithiyanathan ist bekannt, dass er in drei Zweigstellen selbst lehrte, und für Kandaswami gilt dasselbe. Dies ist aber nicht sein einziger direkter Kontakt zu den Zweigstellen. Das Saiva Siddhanta Studienprogramm kennt ein System der Kontrolle der lokalen Aktivitäten. Kandaswami schildert beispielsweise, dass er als Direktor im Laufe eines zweijährigen Kursjahrgangs alle Zweigstellen einmal besuchen muss. Nur dadurch kann er mit den Teilnehmenden, Organisatoren und Dozenten direkt ins Gespräch kommen. Bei der derzeitigen Anzahl von etwa 70 Zweigstellen in Südindien stellt dies keine leichte Aufgabe dar. Daher werden die Visitationen des Direktors inzwischen so geregelt, dass sich drei bis vier Zweigstellen, die sich in räumlicher Nähe zueinander befinden, einmalig an einem Ort versammeln und den Kurstag dort gemeinsam veranstalten. Der reguläre Unterricht für diesen Tag endet dann früher als normalerweise und Kandaswami hat die Möglichkeit, sich mit den jeweiligen Dozenten und Organisatoren zurückziehen, um aktuelle Fragen, Probleme und sonstige das Programm betreffende Themen zu besprechen. Durch diese Praxis zeigt

---

[257] „*They [der Adhinam] want me to give everything in great detail. When the organizers enroll the students they send me the application forms, and before that, I have to get the application forms printed and also I send them a prospect which elaborates about this course. People fill out the applications forms and give the tuition fees to the organizers. They remit the money into the bank account and send the application form to me. So I alot a registration number to every student and a communication will be send to the students, confirming the reception of the money and application form and allow them to attend the class in a particular center. The next thing is to get all the books ready. Each year we print the books for the particular course and I have to take care that the books reach the particular places in time.*" Interview mit Kantacuvāmi 2012.

sich der Direktor als Vertreter der Adhinam-Organisation nicht nur bei allen Studierenden, sondern gibt den ausführenden Funktionsträgern vor Ort die Chance, in unmittelbaren Kontakt zum Direktorat zu treten und diesem Rückmeldung über den Verlauf oder konkrete Schwierigkeiten zu geben. Diese Präsenz des Direktors hat darüber hinaus aber auch die Funktion der sporadischen Inspektion der Güte der lokalen Lehre, der Organisation sowie des Personals, und kann daher durchaus als Kontrollinstrument der Qualität des Saiva Siddhanta Studienprogramms gedeutet werden.[258] Eine weitere Handhabe zur indirekten Überprüfung der dezentralen Saiva Siddhanta Lehre für den Direktor stellt die Ausarbeitung der Abschlussprüfungen dar. Der Direktor verfasst die Prüfungsfragen zum Ende der Kursjahre und verschickt diese an die lokalen Zweigstellen. Nach der Korrektur durch die Dozenten erhält er die Notenlisten und bereitet dementsprechend die Ausstellung der Zertifikate vor. Diese werden in der Regel in Thiruvavaduthurai selbst während der Zeit der *Guru-Puja* verliehen. Auch die Organisation dieser Verleihung ist Aufgabe des Direktors des Studienprogramms.

Wie schon mehrfach erwähnt, war der erste Direktor Vaithiyanathan entscheidend an der Ausformulierung des Curriculums der populären Saiva Siddhanta Lehre des Thiruvavaduthurai Adhinam beteiligt. Kandaswami hat hier inzwischen eigene Akzente gesetzt, die punktuell bestimmte Lehrinhalte, insbesondere der sivaitisch-religiösen Praxis, hervorheben.[259] Die curriculare Oberhoheit für das Studienprogramm liegt im Thiruvavaduthurai Adhinam und ist eng mit dortigen Gelehrten verbunden. Um die spätere Darstellung der konkreten Saiva Siddhanta Lehre besser einordnen zu können, seien im Folgenden die drei entscheidenden Figuren der Ausarbeitung des Adhinam Lehrplans vorgestellt. Es waren nicht zuletzt ihre Entscheidungen, die das Bild von Saiva Siddhanta für zehntausende Anhänger in Tamil Nadu heute prägen.

---

[258] „*The other thing is that I have to teach myself in a couple of centers. Of course, I have to visit the other places. Sometimes, what we do is, instead of visiting each center, which would be very difficult to cover in a 2-year period, what we do is, to call 3–4 centers which are close to each other, and conduct a joined class. Thereby, in one shot, I can cover 3–4 centers and can meet all students and organizers and all the faculty members. Normally, the classes end between 4–5 in the evening, so here we close it be 3.30 and then have a joined session with all the faculty and organizers. There we discuss about various things and if they want me to know or talk about, I am there then. If they have any problems to be solved, or some ideas to tell me, they can do it then. That way, I can cover at least 3–4 centers at once.*“ Interview mit Kantacuvāmi 2012.

[259] Diese werden unten bei der Analyse des Lehrplans noch näher thematisiert.

K. Vaithiyanathan

Die zentrale Rolle von K. Vaithiyanathan, dessen Initiationsname Vaithiyanathan Isana Desikar (*Vaittiyanāta Īcāṉa Tēcikar*) lautet, bei der Gründung des Saiva Siddhanta Studienprogramms des Thiruvavaduthurai Adhinam und dem folgenden Ausbau zur größten Organisation der populären Saiva Siddhnata Lehre wurde mehrfach betont. Gleiches gilt für seinen entscheidenden Einfluss auf die Konzeption des Kurses, die Ausformulierung des Lehrplans und die Publikationen der Kurslektüre. Er leitete das Studienprogramm 19 Jahre von Tiruvidaimarudur aus und lehrte in den Zweigstellen von Neyveli sowie den beiden Ablegern des Kurses in Chennai. Darüber hinaus unterhielt Vaithiyanathan enge Kontakte zu tamilisch-sivaitischen Gruppierungen in Malaysia, wo er ebenfalls die Propagierung des Saiva Siddhanta durch das Studienprogramm des Adhinam vorantrieb. Aus Malaysia stammte auch sein Lehrer (*vittiyā kuru*) M. P. Rattinam Chettiyar (*Muru. Paḷ. Irattinam Ceṭṭiyār*), was ein erster Hinweis auf die internationale Dimension des Thiruvavaduthurai-Netzwerkes in der tamilischen Diaspora ist. Vaithiyanathan hatte einen Master-Abschluss in Englisch und galt als Experte für Astrologie (*cōtiṭak kalai vallunar*). Er ist nicht nur Autor der Kursbroschüren, sondern auch etlicher Bücher und kleinerer Publikationen zu den *Saiva Siddhanta Sastras*, der Geschichte des Sivaismus und zu tamilisch-sivaitischer Literatur. Zwei seiner Werke zu den grundlegenden Lehren des Saiva Siddhanta[260] und ein Ratgeber zur Lebensführung[261], die im Rahmen des Studienprogramms erschienen sind, bilden im weiteren Verlauf der Arbeit wichtige Bezugspunkte. Auch wenn Vaithiyanathan im Kontext des Studienprogramms oft lediglich als „Lehrer" (*āciriyar*) bezeichnet wird, trug er diverse Ehrennamen und -titel (*ciṟappu peyarkaḷ*)[262] verschiedener Institutionen, die seine Verdienste und den Respekt zum Ausdruck bringen, der ihm in südindischen Sivaismus entgegengebracht wurde.[263]

Die Bedeutung Vaithiyanathans für die Sichtbarkeit des Saiva Siddhanta im heutigen Tamil Nadu darf nicht unterschätzt werden. Er hat nicht nur eine maßgebliche organisatorische Rolle bei der Einrichtung der populären Organisation des Saiva Siddhanta durch den Thiruvavaduthurai

---

260 Vaittiyanātaṉ 1995.

261 Vaittiyanātaṉ 2008a.

262 Die Titel lauten „*cenneṟi-c celvar*" („Einer, der reich an Wissen des richtigen Weges ist"), „*meyññāṉa vaḷḷal*" („Philanthrop des wahren Wissens"), „*cittānta vityācākaram*" („Meister des Siddhanta-Wissens"), „*cittānta carapam*" („Sieger des Siddhanta"), „*cittāntam pukaṭṭum cemmalār*" („Gelehrter der Siddhanta lehrt") und „*caiva cittānta ñāṉa tēcikar*" („Strahlender des Saiva Siddhanta Wissens"). Vgl. Celvakkaṇapati 2013a, 544; Vaittiyanātaṉ 1995, Titelblatt.

263 Celvakkaṇapati 2013a, 544.

Adhinam gespielt – zunächst durch den Korrespondenz-Kurs und ab 1992 durch die Etablierung eines Systems lokaler Zweigstellen. Vielmehr gehört Vaithiyanathan zu den programmatischen Vordenkern dieser neuen Form der Verbreitung des Saiva Siddhanta, der als erster Direktor des Studienprogramms entscheidend an der Ausformulierung der Saiva Siddhanta Lehre für tamilische Laienanhänger beteiligt war. Von ihm ist die Organisation strukturell, konzeptionell und in ihrer inhaltlichen Ausgestaltung massiv geprägt worden. Er hat also in jüngerer Vergangenheit zentral dazu beigetragen, den Saiva Siddhanta aus seinem asketisch-monastischen Kontext zu lösen und ihn einer breiteren Öffentlichkeit bekannt zu machen.

C. Kandaswami

Der aktuelle Direktor Kandaswami stammt aus einem Vorort Vikramasingapurams, dem kleinen Dorf Papanasam (*Pāpanācam*), etwa 50 Kilometer westlich von Tirunelveli im gleichnamigen Distrikt gelegen, wo der Adhinam auch kleinere Besitzungen hält. Kandaswami stammt gebürtig also aus der gleichen Gegend wie der 23. Gurumaha Sannidhanam Sivaprakasa Desikar und der lokale Organisator K. Muthuswami. Vikramasingapuram gilt darüber hinaus als Geburtsort des mehrfach erwähnten Sivagnana Munivar, der im 18. Jahrhundert als Tambiran des Thiruvavaduthurai Adhinam gewirkt und den zentralen Kommentar zum *Sivagnana Botham*, das *Sivagnana Mapadiyam*, verfasst hat.

Als junger Mann in den späten 1960er und frühen 1970er Jahren begann Kandaswami, der bis zur Amtsübernahme als Direktor des Saiva Siddhanta Studienprogramms hauptberuflich etwa 30 Jahre in einem global operierenden Unternehmen der Textilindustrie gearbeitet hatte, zusammen mit Freunden in den Tempeln der Umgebung Vorträge über die Hymnen-Dichtungen der *Tirumurai* zu halten. Seiner Meinung nach wussten die Tempelbesucher damals wie heute meist wenig über diese Texte, die in sivaitischen Tempeln täglich rezitiert werden. Die Gruppe um Kandaswami versuchte also, den Tempelgängern die religiösen Inhalte und die praktische Relevanz der *Tirumurai* für die zeremonielle Verehrung im Tempel und rituelle Alltagspraxis näher zu bringen.[264]

---

[264] „*[M]e and some friends founded a small organization, or group of people coming together. We used to visit the nearby villages and we used to introduce the Panniru Tirumurai to the people who were totally unaware that these kind of things were available. This was in the late 60s/early 70s, when we started this, maybe be 68/69. We used to call them to the local temple, sit there and explain these things, i.e. what is said in the Panniru Tirumurai, what they are supposed to understand from that, how to worship etc.*“ Interview mit Kantacuvāmi 2012.

1980 gründete Kandaswami unter der Anleitung eines S. S. Mani (*Ci. Cu. Maṇi*) mit einigen Mitstreitern eine eigene Organisation namens „Saiva Neri Kazhagam" (*caivanerikaḻakam*)[265], also etwa „Gesellschaft für die sivaitische Lehre", in Vikramasingapuram.[266] Zunächst war das Ziel dieser Gruppe ausschließlich, die philosophischen Inhalte der *14 Saiva Siddhanta Sastras* zu verbreiten. Über 36 Wochen hinweg veranstalteten die Organisation vor dem örtlichen Sivagnana Munivar Tempel öffentlichen Unterricht, der von S. S. Mani angeleitet wurde. Die Nachfolge dieses ersten Lehrers traten drei weitere Personen an, unter ihnen K. Vaithiyanathan, der später das Saiva Siddhanta Studienprogramm begründen sollte. Zu diesem öffentlichen Unterricht, den Kandaswami maßgeblich organisierte, kamen wöchentlich etwa 40–50 Personen.[267]

Zum 200-jährigen Jubiläum des Todestages Sivagnana Munivars 1985 organisierte der *Saiva Neri Kazhagam* eine dreitägige Veranstaltung, die sich mit dessen Werk befasste. Hierzu kamen laut Kandaswami alle wichtigen tamilischen Saiva Siddhanta Gelehrten nach Vikramasingapuram.[268] In diesem Kontext entstand die Idee, öffentliche Kurse in größerem Umfang zum *Sivagnana Mapadiyam* Sivagnana Munivars zu veranstalten. Nach ersten Versuchen wurde allerdings schnell deutlich, dass es sich schwierig gestaltete, den neuen Kurs mit diesem anspruchsvollen Kommentar zum *Sivagnana Botham* zu beginnen, ohne dass die Interes-

---

[265] Das Wort„*neri*" hat viele Bedeutungen und trägt in diesem Kontext neben der hier vorgeschlagenen Übersetzung „Lehre" auch die Konnotationen von „Religion", „(religiöser, tugenhafter) Weg" oder „Prinzip". Alternativ könnte man also auch von „Gesellschaft für sivaitische Religion", „Gesellschaft für den sivaitischen Weg" oder „Gesellschaft für sivatische Prinzipien" sprechen.

[266] Es finden sich kurze Einträge zu dieser Vereinigung in größeren und kleineren Enzyklopädien zu sivaitischen Gruppen in Tamil Nadu. Informationen aus diesen Einträgen ergänzen im Folgenden Kandaswamis eigene Aussagen. Vgl. Irājacēkaraṉ 2006, 290–291; Celvakkaṇapati 2013b, 274.

[267] S. S. Mani lehrte zunächst das *Sivagnana Botham*. Die folgenden drei Dozenten nahmen sich der Texte Sivagnana Siddhiyar (*civañāṉa cittiyar*), Tiruvarudpayan (*tiruvaruṭpayan*) und Sivaprakasam (*civappirakācam*) an: „*At that samadhi [of Sivagnana Munivar], i.e. in front of the sanctum sanctorum [of the Sivagnana Munivar temple], we used to conduct classes once in a week on Sivangnana Botham, Sivangnana Siddhiar, Thiruvarudpayan, Sivaprakasam – all these Meykantar Sastras. It is a small temple though and some 40–50 people would come and listen. So when one book was over, a new was started and another lecturer would come and explain the thing. I used to be the main organizer of this course.*" Interview mit Kantacuvāmi 2012.

[268] „*As time passed, we celebrated the bicentenary of Sivangnana Munivar in 1985. We celebrated the 200th anniversary of his samadhi which was in 1785 in a very great way, for three days, morning, afternoon and night. We had three programs every day, for three days. All the recognized scholars on Saiva Siddhanta from Tamil Nadu came and participated in that.*" Interview mit Kantacuvāmi 2012.

sierten mit den grundlegenden Lehren der Saiva Siddhanta Philosophie vertraut waren.[269] Es ist zudem bereits darauf hingewiesen worden, dass gerade dieser Text eine ausgesprochen umkämpfte Geschichte hat. Besonders der Thiruvavaduthurai Adhinam hat ihn bis heute nicht gedruckt und steht der öffentlichen Verbreitung – zumindest offiziell – eher skeptisch gegenüber. Aus diesem Grund erweiterte die Gesellschaft ihre Form der Propagierung 1987 um einen 15-tägigen kostenfreien Saiva Siddhanta Kurs (*15 nāḷ iḷavaca caiva cittānta payirci vakuppu*), der seitdem jedes Jahr im Mai in Vikramasingapuram stattfindet. Zunächst lag die Teilnehmerzahl bei etwa 40–50 Personen, stieg aber schnell auf 80 Interessierte. Da der Kurs bis heute kostenlos angeboten wird und die Veranstalter sowohl Verpflegung und Unterkunft bereitstellen, ergaben sich laut Kandaswami in einem kleineren Ort wie Vikramasingapuram logistische Probleme. Die Teilnehmerzahl musste also auf maximal 80 begrenzt und Interessierte von den Organisatoren ausgewählt werden, um die Versorgung der Teilnehmenden sicher zu stellen. In manchen Jahren gab es weitaus höhere Nachfragen von bis zu 500 Interessierten.[270]

Zur Durchführung der Lehre konnten mehrere Dozenten, teilweise von den renommierten Universitäten Tamil Nadus, gewonnen werden, die lediglich ein geringes Honorar bekommen und ihre Lehrtätigkeit als gesellschaftlichen Dienst verstehen.[271] Der Lehrplan umfasste die Erläuterung der kanonischen *Sastra*-Texte *Sivagnana Botham*, *Unmai Vilakkam* (*uṇmai viḷakkam*) und *Tiruvarudpayan* (*tiruvaruṭpayan*). Für Kandas-

---

[269] „*At that time, there was the suggestion that we should conduct some classes for the public to teach the Sastras and all that. Actually, the first suggestion was to conduct classes on Sivagnana [Ma]Padiyam which is the elaborate commentary of Sivagnana Munivar on Sivagnana Botham. That was the first proposal. But when we actually started we were told that it would be very difficult to conduct classes on Sivagnana [Ma]Padiyam, because people should first be prepared from the beginning to understand. It is a very high standard book after all, so you cannot do that. So what we should do was: to conduct classes on the basic tenets of Saiva Siddhanta philosophy.*“ Interview mit Kantacuvāmi 2012.

[270] „*In the beginning about 30–40 people came. Later it was up to 80 people. Vikramsingapuram is a very small town, so we had a problem of providing accommodation (food is not the problem), therefore we restricted the admission. Otherwise we could have taken about 200 people or more than that, since the number of applications would be very high. The lowest number of applications would be 300. Sometime it will go up to 400–500. So we used to select people from all over the places and we used to teach them.*“ Interview mit Kantacuvāmi 2012.

[271] „*Everybody liked to come. They didn't come for money, but thought it would be a good opportunity for teaching people about Saiva Siddhanta. Without expecting any big reward from that, or honorarium or anything. They used to do a real service. Of course, we used to honor them with a small honorarium, but they did not come for that.*“ Interview mit Kantacuvāmi 2012. Fünf der Dozenten sind namentlich aufgeführt unter Irājacēkaraṉ 2006, 290; Celvakkaṇapati 2013b, 274.

wami, der diese Veranstaltungen als ausführender Direktor (*ceyalāḷar*) organisierte, entspricht die Form des ganztägigen Unterrichts dem einer akademischen Lehreinrichtung.[272] 1997 wurde das bisherige Kursmodell nochmals erweitert, sodass seither ein Anfängerkurs mit einer Einführung in die grundsätzlichen Lehren des Saiva Siddhanta parallel zu einem Fortgeschrittenenkurs angeboten wird. Letzterer erlaubt eine tiefer gehende Beschäftigung mit den genannten Kerntexten. Die Teilnahme an den Kursen wird mit einem Zertifikat bestätigt. Diese Form des kostenfreien Saiva Siddhanta Unterrichts findet inzwischen, auf Initiative ehemaliger Teilnehmer, an fünf weiteren Orten in Tamil Nadu statt.[273]

Kandaswami war also schon lange vor seiner Amtsübernahme als Direktor des Studienprogramms des Thiruvavaduthurai Adhinam ehrenamtlich für die Propagierung des Saiva Siddhanta tätig. Er war in diesem Bereich seit den späten 1960er Jahren aktiv und maßgeblich an der Gründung des *Saiva Neri Kazhagam* 1980 in Vikramasingapuram beteiligt, dessen Einführung jährlicher Kurse er seit 1987 in führender Position mitgestaltete. Auffällig ist bei der Betrachtung der Hintergründe Kandaswamis, dass er schon mindestens seit Beginn der 1980er in Kontakt mit seinem Vorgänger im Saiva Siddhanta Studienprogramm, Vaithiyanathan, stand, der für den *Saiva Neri Kazhagam* lehrte. Hier zeigen sich personale Kontinuitäten – auch der 23. Gurumaha Sannidhanam des Thiruvavaduthurai Adhinam stammte aus Vikramasingapuram und verließ die Stadt mit dem Ziel Thiruvavaduthurai erst 1979[274] – zwischen dem *Saiva Neri Kazhagam* und der späteren Organisation des Studienprogramms. Die wenigen Angaben zu den Lehrinhalten deuten zusätzlich darauf hin, dass ebenfalls thematische Parallelen zum späteren Curriculum des Studienprogramms nachweisbar sind, das auch einen deutlichen Fokus auf die *Saiva Siddhanta Sastras* legt.

Die sivaitische Szene in Tamil Nadu ist heute sehr gut vernetzt, und das kann ähnlich für die frühere Phase seit den 1980er Jahren angenommen werden. Dies wird auch in folgender Aussage Kandaswamis deutlich, in

---

[272] „*We invited lecturers from the Saiva Siddhanta departments of Universities like Madras and Madurai and also scholars from outside the universities. These people would come and conduct the classes. They would teach the textbooks, namely Sivagnana Botham, Unmai Vilakkam, Thiruvarudpayan like in any university or college, from morning 9 to evening 6 o'clock, with a time-table and periods an so on.*“ Interview mit Kantacuvāmi 2012. Die drei von Kandaswami als Lehrinhalt genannten Texte werden auch durch die Angaben in den beiden Enzyklopädien aufgeführt, siehe Irājacēkaraṉ 2006, 290–291; Celvakkaṇapati 2013b, 274.

[273] Unter anderem in Kanchipuram (*Kāñcipuram*) und Vandavasi (*Vandavāci*). Die Durchführung der Kurse wird beispielsweise durch lokale Unternehmer und wohltätige Spender finanziell unterstützt. Interview mit Kantacuvāmi 2012.

[274] Yocum 1990, 258.

der er seine Ernennung zum Direktor des Studienprogramms als Nachfolger Vaithiyanathans beschreibt. Er betont hier die Verbundenheit des 1987 etablierten 15-tägigen Saiva Siddhanta Kurses in Vikramasingapuram zum Thiruvavaduthurai Adhinam. Der 23. Gurumaha Sannidhanam spendet hierfür seinen Segen (und finanzielle Mittel),[275] sodass die Organisation von Anfang an mit der religiösen Autorität der Institution verschränkt wurde:

> „Ab dem ersten Jahr sind wir [im Vorfeld des Kurses] nach Thiruvavaduthurai gefahren und haben den Segen des Oberhaupts [des 23. Gurumaha Sannidhanam] erhalten. Nur mit seinem Segen haben wir den Kurs veranstaltet. Er weiß also ganz genau, dass ich seit einiger Zeit in diesem Bereich tätig bin. [...] Als also die Notwendigkeit bestand, dass jemand der vorherigen Person [des Direktors] [...] nachfolgte, rief er [der Gurumaha Sannidhanam] mich zu sich und befahl mir, diese Aufgabe zu übernehmen und als Dienst für die Menschen auszuführen. Auf diese Weise bin ich in diese Position gekommen."[276]

Kandaswamis Engagement, mit dem er sich im Bereich der Saiva Siddhanta Vermittlung hervorgetan hatte, war also im Adhinam durchaus bekannt. Er hatte 26 Jahre lang die jährliche Veranstaltung in Vikramasingapuram organisiert und dadurch nicht nur seine organisatorischen Fähigkeiten unter Beweis gestellt, sondern sich fundiertes Wissen über Saiva Siddhanta angeeignet.[277] Die Bekanntheit seiner Leistungen, seiner Kenntnisse und die Verbindung zum Adhinam scheinen also die entscheidenden Kriterien für seine Ernennung zum Direktor gewesen zu sein.

---

[275] Vgl. Krishnamoorthy 2003, 142.

[276] „*[F]rom year one onwards, we used to go to Thiruvavaduthurai to get the blessings from the head of the Thiruvavaduthurai Adhinam. With his blessings only, we used to conduct the class. So he knows very well that I am in this field for quite some time. [...] So when there is some need for someone to take up from the earlier person, [...] so he called me and ordered me to take up this job and do this as a full service to the people. That is how I came to this position.*" Interview mit Kantacuvāmi 2012.

[277] „*[W]e conduct our 15-day course which I attended in class for the last 26 years all the time and I heard all the lectures and all the textbooks. Thereby, I grasped all the things for 26 years now. In these courses, I had to be there all the 15 days, there is no other way, I can't escape. Because I am one of the main organizers, I cannot go out. I used to take leave from my job all the years without one exception. Normally I used to avoid any other function at that time – even if it is a family function. So it was forced into my head whether I liked it or not, but naturally I liked it, because I have an inclination to learn things. First I learned Tirumurais, then I learned Saiva Siddhanta Philosophy. That is how and why I was selected as a director of this course [Saiva Siddhanta Studienprogramm des Thiruvavaduthurai Adhinam.*" Interview mit Kantacuvāmi 2012.

C. Kunjithapatham

Der Thiruvavaduthurai Adhinam beschäftigt mehrere Gelehrte (*pulavar*) für seine Institution, die sich mit Sivaismus und Saiva Siddhanta auseinandersetzen und diese Position lebenslang bekleiden. Sie sind neben dem Gurumaha Sannidhanam und den Tambirans vor allem auch damit betraut, die inhaltlichen Fragen der Lehre des Studienprogramms zusammen mit dem Direktor zu behandeln und die Rahmenbedingungen des Unterrichts auszuarbeiten. Der entscheidende Gelehrte für das Studienprogramm ist heute C. Kunjithapatham.[278]

Der 1965 in Tirunelveli geborene C. Kunjithapatam ist der jüngere von zwei hauptamtlichen Adhinam-Gelehrten (*ātīṉa-p pulavar*) in Thiruvavaduthurai. Ihm ist ein älterer Adhinam-Gelehrter (*ātīṉa mūtu-p pulavar*) übergeordnet. Zur Zeit meines Gesprächs mit Kunjithapatham 2012 war dies der damals 92-jährige A. Murukavel, der frühere Direktor des Korrespondenz-Kurses, ein pensionierter Tamil Professor und Spezialist für tamilische Poesie, insbesondere der Hymnen-Dichtungen der *Tirumurai*. Dieser ältere *pulavar* lehrt seit mehreren Jahrzehnten für die Institution, lebt allerdings nicht im Adhinam, sondern in der am Kaveri-Fluss gelegenen 800.000 Einwohnerstadt Tiruchirappalli, etwa 120 Kilometer südwestlich von Thiruvavaduthurai. Für das Saiva Siddhanta Studienprogramm ist besonders Kunjithapatham zuständig. Er taucht auch namentlich in der Kursbroschüre auf, da er der einzige Autor neben Vaithiyanathan ist, dessen Kommentar zu bestimmten kanonischen Werken in der Lektüreliste des Saiva Siddhanta Kurses vorkommt.[279] Zusätzlich spielte er als Gutachter eine entscheidende Rolle bei der Zulassung und Autorisierung des Londoner Ablegers des Studienprogramms, das unten noch thematisiert wird. C. Kunjithapatham, der auf dem Gelände des Adhinams wohnt, hat einen Master-Abschluss in Physik. Dieses Fach lehrt er auch an der vom Adhinam betriebenen weiterführenden Schule in Tiruvidaimarudur. Neben der eigentlichen Lehre des Saiva Siddhanta für den Adhinam ist Kunjithapatham auf diese Weise durch den Schuldienst zusätzlich in die größere Organisation des Adhinam eingebunden. Auch im Falle des Adhinam-Gelehrten lohnt ein Blick auf dessen Hintergründe, um sich dem Netzwerk des Thiruvavaduthurai Adhinam weiter zu nähern.

Kunjithapatham, der den Initiationsnamen M. Subramaniyan (*Mā. Cuppiramaṇiyaṉ*) trägt, wurde 2002 vom 23. Gurumaha Sannidhanam zum

[278] Auch Kunjithapatham trägt neben seinem Titel als Adhinam-Gelehrter einen weiteren Ehrennamen, den auch Vaithiyanatha hielt: „*caiva cittānta ñāṉa tēcikar*" („Strahlender des Saiva Siddhanta Wissens"). Vgl. Celvakkaṇapati 2013a, 520.

[279] Vaittiyanātaṉ 2007, (payiṟci maiya–t tōṟṟamum vaḷarcciyum).

Adhinam-Gelehrten ernannt. Seitdem unterrichtet er wöchentlich Freitag bis Sonntag von 18 bis 19 Uhr Saiva Siddhanta in Thiruvavaduthurai für die Mitglieder des Adhinams, insbesondere für die Tambirans. Zudem spricht er auf Einladung auch an anderen Orten in Tamil Nadu und darüber hinaus. Eine seiner Vortragsreihen zum *Unmai Vilakkam*, die er am 19. September 2013 in Malaysia hielt, ist online zugänglich.[280] Sein Forschungsinteresse gilt vor allem den Schriften Sivagnana Munivars und der „Erfahrungsdimension" der *Saiva Siddhanta Sastras*. Er hat neben einem Kommentar zu kanonischen Werken von Angehörigen des Thiruvavaduthurai Adhinam, den sogenannten „Pandara Sastras" (*paṇṭāra cāttiraṅkaḷ*), die Teil der Lektüreliste des Studienprogramms sind, weitere Kommentare zu sivaitischer Literatur veröffentlicht.[281] Diese publizistische Tätigkeit gehört ausdrücklich zu seinen Aufgaben als Adhinam-Gelehrter. Schon vor seiner Ernennung hatte sich Kunjithapatham in sivaitischen Kreisen Tamil Nadus einen Namen gemacht, da er in den 1980er Jahren vermehrt als Redner – zunächst lediglich im Tirunelveli Distrikt, später in ganz Tamil Nadu – zu Saiva Siddhanta Themen auftrat. Sein erstes Buch zur Verwendung des sogenannten *Sivaprakasam*, einer der kanonischen Schrift der *Saiva Siddhanta Sastras*, durch Sivagnana Munivar in seinem *Sivagnana Mapadiyam*, erschien 1990.[282] Die Wertschätzung gerade letzeren Werkes, das der Adhinam bis heute nominell unter Verschluss hält, unterstreicht einmal mehr seine Bedeutung für den heutigen Saiva Siddhanta.

Die Karriere des Physikers Kunjithapatham innerhalb des tamilischen Saiva Siddhanta begann Mitte der 1980er Jahre. Kunjithapathams Vater war Angestellter eines Zweig-Maths des Thiruvavaduthurai Adhinam im Tirunelveli Distrikt,[283] der laut der Aussage seines Sohnes täglich tamilische Hymnen rezitierte. Zudem ist er der Neffe des heutigen Direktors des Saiva Siddhanta Studienprogramms des Thiruvavaduthurai Adhinams, Kandaswami. Kunjithpathams Vater und Kandaswami sind Brüder. Trotz dieses familiären Hintergrunds und dem ausdrücklichen Bemühen seines Vaters zeigte Kunjithapatham als junger Mann wenig Interesse an sivaitischer Literatur.[284] Kunjithapatham sagt in diesem Zusammenhang

---

[280] https://www.youtube.com/watch?v=ZbPYPHLk7w4&list=PL12phJZ33rPdIHOW9o0Aw9VZHQ2Sr3S_e&index=1 (zuletzt aufgerufen am 6. Dezember 2015).

[281] Siehe hierzu Celvakkaṇapati 2013a, 520.

[282] Das Buch trägt den Titel „*civañāṉa muṉivar kāṭṭum civapirakaācam āyvunūl*" Interview mit Kuñcitapātam & Tiruccirrampala Tampirāṉ 2012; Celvakkaṇapati 2013a, 520.

[283] Wahrscheinlich am Adhina Kilai Matham (*ātīṉa kiḷai maṭam*) in Sankarankovil (*Caṅkaraṉkōvil*) etwa 60 Kilometer nordwestlich von Tirunelveli.

[284] „*My father was always reciting Tevaram, Tiruvacakam and other things, under the compulsion that I get into it. But it never struck me that I should get into it.*" Interview mit Kuñcitapātam & Tiruccirrampala Tampirāṉ 2012.

sogar: „Vor 1986 hatte ich nicht einmal Kontakt zur spirituellen Welt."[285] In diesem Jahr änderte sich dieser Umstand allerdings grundlegend, als lokale Vertreter der hindu-nationalistischen Organisation „Vivekananda Kendra" (*Vivēkāṉanta Kēntiram*) an ihn heran traten. Sie baten ihn, Kinder in der Region im Sivaismus zu unterweisen, um ihrer Entfremdung vom Sivaismus entgegenzuwirken:

„Man könnte sagen, es war ein Zufall. Der Vivekananda Kendra aus Kanyakumari im Süden Tamil Nadus veranstaltete am Wochenende Unterricht für Schulkinder. Denn Sivaismus und Hinduismus sollte den Kindern gelehrt werden, da sie sonst, wenn sie erwachsen sind, ein komplett materielles Leben führen."[286]

Der *Vivekanda Kendra* ist eine 1972 in Kanyakumari *(Kaṉṉiyākumari)* gegründete Organisation, die aus der Hindutva-Bewegung entsprungen ist. Als Laienbewegung kombiniert sie die Lehren Swami Vivekanandas, dem global wirksamen Vertreter des modernen Advaita Vedanta, mit nationalistischer Ideologie. Selbst gesteckte Agenda der Organisation, die inzwischen auch über einen internationalen Zweig verfügt,[287] ist der „Dienst einer spirituell orientierten Mission" und der „Charakter- und Nationsbildung"[288] der indischen Bevölkerung im Sinne einer expliziten Hindu-Identität. Der *Kendra*, der eng mit der hindu-nationalistischen Freiwilligenorganisation des „Rashtriya Swayamsevak Sangh" (RSS) verbunden ist, betreibt etliche Schulen und unterhält in ganz Indien vielfältige Projekte, die durch ein breites Spektrum von Aktivitäten – von nachhaltiger Landwirtschaft bis hin zu nationaler, kultureller und religiöser Erziehung, vor allem in sogenannten Stammesgebieten – die Ideologie der Organisation verbreiten.[289]

Es mag zunächst verwundern, dass diese pan-indische und hindunationalistische Organisation Mitte der 1980er Jahre die Propagierung des

---

[285] *„Before 1986 I did not even have any contact with the spiritual world."* Interview mit Kuñcitapātam & Tiruccirrampala Tampirāṉ 2012.

[286] *„It was just like an accident, one could say it like that. Because the Vivekananda Kendiram at Kanyakumari in extreme south of Tamil Nadu, they used to conduct week-end classes for school children. Because Saivism and Hinduism should be taught to these children, otherwise, after they have been growing up, they will lead a completely material life.*" Interview mit Kuñcitapātam & Tiruccirrampala Tampirāṉ 2012.

[287] Dieser ist die sog. „Vivekananda International Foundation" mit Sitz in Delhi, die als Think Tank der Hindutva-Ideologie verpflichtet ist und seit 2014 den indischen Premierminister Narendra Modi berät. Siehe http://www.firstpost.com/politics/from-vivekananda-to-pmo-stars-meet-modis-favourite-think-tank-1574369.html (zuletzt aufgerufen am 08.12.2015).

[288] *„Spiritual Oriented Service Mission – Man Making, Nation Building*", vgl. die offizielle Homepage des Vivekananda Kendra http://www.vivekanandakendra.org/ (zuletzt aufgerufen am 9. Dezember 2015).

[289] Kanungo 2012. Zur Führungsebene des Vivekananda Kendra, siehe Beckerlegge 2010.

tamilischen Sivaismus unter Kindern voranzutreiben suchte, zumal sich der *Kendra* auf Swami Vivekananda und die von ihm initiierte Ramakrishna-Mission beruft, die dezidiert einen Hinduismus auf Basis des Advaita Vedanta vertrat. Allerdings scheinen hier die philosophischen Unterschiede erneut eine untergeordnete Rolle gespielt zu haben. Der *Kendra* vertritt das Ideal einer Hindu-Ökumene und verfolgt dies mit drei Trainingsmethoden, die durch seine Anhänger im ganzen Land verbreitet werden. Erstens ist dies die Propagierung von Yoga als spiritueller Übung der Persönlichkeitsentwicklung unter dem Namen „Yoga Varga" (Skt. *yoga varga*). Zum zweiten gehört hierzu die Idee des sogenannten „Sanskar Varga" (Skt. *saṃskāra varga*), das die Erziehung von Kindern durch Entwicklung ihrer physischen, mentalen, intellektuellen, emotionalen und spirituellen Fähigkeiten vorsieht. Gleichzeitig hat dies wiederum die Liebe zur indischen Nation zum erklärten Ziel. Drittens umfasst das Programm des *Vivekananda Kendra* die Methode des „Swadhyay Varga" (Skt. *svādhyāya varga*), was die gemeinsame Lektüre religiöser und nationalistischer Literatur umfasst. Die Arbeit, die Kunjithapatham 1986 für den *Kendra* als Freiwilliger aufgenommen hat, fällt daher wahrscheinlich in die letzteren beiden Bereiche. Im Sinne einer Hindu-Ökumene geht es hier also nicht darum, ausschließlich Ansichten des Advaita Vedanta des als Vordenker der Organisation verstandenen Vivekananda zu verbreiten, sondern vielmehr darum in den einzelnen Staaten Indiens auf regionale Traditionen zurückzugreifen, die unter dem Blickwinkel des Hindu-Nationalismus nutzbar gemacht werden.[290] Kunjithapatham hat diesen Leitgedanken des *Kendra* im Falle der Verbreitung tamilisch-sivaitischer Literatur unter Schulkindern wie folgt zum Ausdruck gebracht:

> „Sie [die Kinder] werden sonst keine spirituellen Begabungen haben, da ihre Eltern sich nicht gut mit diesen Dingen auskennen. Daher lasst sie uns zumindest einige Grundlagen lehren. Mit diesem Motto veranstalteten sie [die Mitglieder des Kendra] Unterricht am Wochenende, indem sie an viele Orten Kulturorganisatoren ernannten."[291]

Kunjithapatham, der sich lange nicht für sivaitische Belange interessierte, wurde mit der Anfrage des *Kendra* konfrontiert, da sein Vater als spiritu-

[290] Ein Schwerpunkt der Arbeit des Vivekananda Kendra bildet z.B. die „Hinduisierung" des indischen Nordostens, v.a. in Arunachal Pradesh. Dort werden indigene Traditionen und Identitäten massiv gefördert, um indigene Bevölkerungsgruppen etwa gegen christliche Mission und Konversion zu mobilisieren und in eine ökumenische Hindu-Identität zu integrieren. Kanungo 2012, 133–138.

[291] „*They won't have any spiritual abilities, because the parents are not well versed to guide them in this way. So at least let them train and teach them some fundamentals. With that motto, they used to conduct week-end classes by appointing cultural organizers in so many places.*" Interview mit Kuñcitapātam & Tiruccirrampala Tampirāṉ 2012.

eller Mensch und Mitarbeiter des Thiruvavaduthurai Zweig-Maths bekannt war. Daher nahmen die Vertreter der hindu-nationalistischen Organisation an, er sei in der Lage, den sivaitischen Unterricht für die Kinder zu leiten. Laut eigener Aussage versuchte sich Kunjithapatham zunächst gegen dieses Ansuchen zu wehren, begann allerdings dann doch mit der Lehrtätigkeit.[292]

Durch den Respekt, den er von Seiten der Schüler entgegengebracht bekam, ermuntert und deren Annahme, er sei ein Experte für Religion und Sivaismus, fing Kunjithapatham an, sich näher mit sivaitischen Literatur zu beschäftigen. Allerdings empfand er das Selbststudium der Texte als sehr schwierig, zumal er sich nicht nur auf die Hymnen-Dichtungen von *Tevaram* und *Tiruvacakam*, die den Fokus des Unterrichts bildeten, beschränken wollte. Vielmehr interessierten ihn die philosophischen Lehren des Saiva Siddhanta, also die „philosophischen" *Saiva Siddhanta Sastras*, die in der Regel von der „religiösen" Hymnen-Literatur abgegrenzt werden:[293]

„Ich unterrichtete [für den Kendra] in meinem Dorf und versuchte, [die Kinder] verschiedene Dinge des Sivaismus zu lehren. Dadurch erfuhr ich von der philosophischen Seite des Sivaismus, die Saiva Siddhanta genannt wird. Ich versuchte daraufhin, diese [philosophischen] Bücher selbst zu studieren, scheiterte aber in großem Maße. [...] Ich verstand keinen einzigen Satz. Nach dieser Erfahrung hörte ich, dass es in Tirunelveli schon seit 20 Jahren [Saiva Siddhanta] Unterricht gab."[294]

Diese Saiva Siddhanta Klassen wurden seit 1966 vom bekannten Tamil-Gelehrten C. Ratinavalan (*Ca. Irattiṉavēlaṉ*) aus Sankarankovil (*Caṅka-*

---

[292] *„My father was highly spiritual. He performed pooja regularly. So those people thought that I was also very much into Saivam, therefore I would be a good person to conduct the class. But I was not up to that. So I tried to avoid them as far as possible, but they compelled me to conduct classes.*" Interview mit Kuñcitapātam & Tiruccirrampala Tampirāṉ 2012.

[293] *„The students also gave me respect. They thought I know many things in religion, Saivite religion in particular, that I am well versed in Teveram Tiruvacakam – that is what those school students thought. So to fulfill their expectations as far as possible, I tried to study slowly. Really, then I felt very happy studying Tevaram and Tiruvacakam. But I found it very difficult to study Saiva Siddhanta textbooks. Fortunately, those books were available in my house, because my father was working for Thiruvavaduthurai Adhinam. So all the necessary books were kept in my house. But I could not understand even a single sentence in Saiva Siddhantam. That was a time I will never forget.*" Interview mit Kuñcitapātam & Tiruccirrampala Tampirāṉ 2012.

[294] *„I was teaching classes in my village and I was trying to teach various aspects of Saivism. Then I came to know about the philosophical side of Saivism, which is called Saiva Siddhanta. I then tried to study those books by myself but I failed to a great extent. [...] I could not even understand a single sentence. So after that experience, I came to know that a class was being conducted in Tirunelveli, already for 20 years.*" Interview mit Kuñcitapātam & Tiruccirrampala Tampirāṉ 2012.

rankōvil) geleitet, der solchen Unterricht wöchentlich an verschiedenen Orten des Tirunelveli Distrikt anbot. Kunjithapatham besuchte diese Veranstaltungen in Tirunelveli, wo sie samstags in einem sivaitischen Tempel angeboten wurden. Ratinavelan (1935–2001) gehörte zu den Vertretern der umstrittenen Ansicht, dass es sich beim Kerntext der tamilischen Saiva Siddhanta Philosophie, dem *Sivagnana Botham* Meykandas aus dem 13. Jahrhundert, nicht wie gängig angenommen und von tamilistischer Forschung vertreten, um eine Übersetzung aus dem Sanskrit handelt,[295] sondern um einen originär tamilischen Text.[296] Diese Ansicht ist unter tamil-nationalistischen Siddhanta-Vertretern heute relativ verbreitet.[297] Jene Frage, die unten nochmals aufgenommen werden soll, wird bis heute in den Saiva Siddhanta Kreisen Tamil Nadus heftig diskutiert.

Kunjithapatham wurde für etwa 10 Jahre der Schüler Ratinavelans und ging parallel seiner freiwilligen Tätigkeit für den *Vivekananda Kendra* nach. Für Kunjithapatham, der sich im Zuge seiner Ausbildung bei Ratinavelan als Redner und Autor zu Themen des Saiva Siddhanta in Tamil Nadu hervortat, was schließlich zu seiner Ernennung zum Adhinam-Gelehrten in Thiruvavaduthurai führte, scheinen die eher tamil-nationalistisch gefärbten Positionen seines Lehrers und die Arbeit für eine hindunationalistische Organisation nicht im Widerspruch zueinander zu stehen. Die kategorische Frontstellung des Saiva Siddhanta zu anderen (sanskritischen) Hindu-Traditionen, scheint also im praktischen Bereich des sivaitischen Aktivismus zu fehlen.

Die Geschichte und Äußerungen Kunjithapathams zeigen aber vor allem zwei Dinge. Erstens ist der führende Gelehrte des Thiruvavaduthurai Adhinam ein weiteres Beispiel für das existierende Siddhanta Netzwerk in Tamil Nadu. Nicht nur sind er und Kandaswami Neffe und Onkel und stammen aus der gleichen Region wie der 23. Gurumaha Sannidhanam und viele andere Funktionsträger des Studienprogramms. Insbesondere muss betont werden, dass der Adhinam offensichtlich über Kunjithapathams früherer Tätigkeiten und Qualifikationen informiert war, als er 2002 zum offiziellen Adhinam-Gelehrten ernannt wurde. Zum zweiten zeigen die Hintergründe Kunjithapathams, dass sich dieses Netzwerk, in dem der Thiruvavaduthurai Adhinam eine entscheidende Rolle spielt, nicht nur im Sinne exklusiver Verbindungen zwischen tamilisch-sivaitischen Personen und Organisationen gedacht werden darf, sondern dass, wie das Beispiel des *Vivekananda Kendra* deutlich vor Augen führt, eine

[295] Zvelebil 1995, 175.

[296] Celvakkaṇapati 2013a, 515.

[297] Dies wird beispielhaft an den unten behandelten Aktivisten Siva Mathavan und Sathiyavel Murugan noch näher betrachtet werden. Siehe auch Christopher 2009.

Anschlussfähigkeit zur hindu-nationalistischen Bewegung und der Idee einer Hindu-Ökumene durchaus gegeben sind.

4.4. Kurszeitraum, Tagesablauf und Unterrichtspraxis

Nachdem nun sowohl die Hintergründe des Saiva Siddhanta Studienprogramms des Thiruvavaduthurai Adhinam und die Teilnahmebedingungen für Interessierte vorgestellt als auch die Struktur der Organisation im Detail dargelegt wurden, soll sich der folgende Abschnitt dem Kursalltag annähern. Hierzu werden zunächst Kurszeitraum und Tagesablauf des Studienprogramms erläutert, um in einem zweiten Schritt genauer auf die Unterrichtspraxis einzugehen. In diesem Zusammenhang ist es wichtig, die Art und Weise der Lehre durch die Dozenten ebenso zu betrachten wie das geforderte Verhalten der Teilnehmenden. Dabei soll gezeigt werden, dass die Kurstage des Studienprogramms des Thiruvavaduthurai Adhinam ausdrücklich als religiöse Veranstaltung gekennzeichnet sind. Es werden also im Folgenden die konkreten Lehrbedingungen beschrieben, innerhalb derer heute Saiva Siddhanta artikuliert wird.

Kurszeitraum und Tagesablauf

Der Unterricht des Saiva Siddhanta Studienprogramms findet monatlich in den lokalen Zweigstellen, in der Regel sonntags statt. Der Kurs beginnt morgens um 10 Uhr und endet um 17 Uhr. Zwischen 13 und 14 Uhr wird eine Pause eingehalten, die von den meisten Studierenden zum gemeinsamen Mittagessen genutzt wird. Dieses wird von den Teilnehmenden bereitgestellt beziehungsweise finanziert.[298] Das Mittagessen entspricht einem einfachen südindischen, vegetarischen Thali-Gericht. Innerhalb des tamilischen Saiva Siddhanta spielt Vegetarismus eine hervorgehobene Rolle. Nicht zuletzt bedeutet die tamilische Bezeichnung *caivam* – neben seiner Übersetzung mit „Sivaismus“[299] – auch „Vegetarismus“. Die Teilnehmenden des Saiva Siddhanta Studienprogramms sind in jedem Fall dazu angehalten, während der Unterrichtstage kein Fleisch (und Ei) zu konsumieren.[300] Das gemeinsame Essen ist unter anderem deshalb hervorzuheben, weil damit eventuell vorherrschende Kastenidentitäten,

---

[298] Vaittiyanātaṉ 2007, (payiṟci naṭaiperum muṟai).

[299] Die Gleichsetzung von „*caivam*“, ausgezeichnet durch die Endung „*-am*“, mit „Sivaismus“, analog ausgezeichnet mit „-ismus“, ist ein modernes Phänomen und kann als ein Ergebnis der Sprachbegegnung der kolonialen und post-kolonialen Epoche verstanden werden. Siehe hierzu Schalk 2013.

[300] Interview mit Āṉanta Jōti 2011.

die immer wieder auch durch verschiedene Essensvorschriften und Reinheitsgebote reiteriert werden, in dieser Hinsicht unterminiert werden und damit gleichzeitig die Offenheit des Kurses betont wird.

Inwieweit diese Aufforderung zu vegetarischer Ernährung mit der ausdrücklichen Bezeichnung für die Stunden des Unterrichts als „Askese-Zeit" (*tavappoḻutu*) korreliert oder ob dies von allen Kursteilnehmenden eingehalten wird, kann an dieser Stelle nur vermutet werden. Es lässt sich in diesem Zusammenhang von einer „temporären Askese" sprechen.[301] Dennoch zeigt der Appell zur Ernährungsweise durch das Studienprogramm ein Bewusstsein der Verantwortlichen darüber, dass das vegetarische Ideal von „*caivam*" nicht für die Gewohnheiten aller Studierenden vorausgesetzt werden kann. Neben der Auszeichnung als „Askese-Zeit" wird der Kurstag noch durch eine weitere temporäre Bestimmung vom Alltag unterschieden: „Die Studenten werden spüren, dass diese *Askese-Zeit* gänzlich zu einer *Siva-Zeit* wird. [Herv. i. O.]"[302] Hieran zeigt sich deutlich, dass die Klassen des Saiva Siddhanta Studienprogramms nicht lediglich der direkten (und profanen) Wissensvermittlung durch die Dozenten an die Teilnehmenden dienen, sondern durch die hier vorgenommene Absetzung als „Askese-Zeit" und „Siva-Zeit" eine besondere Hervorhebung erfahren. Zwar steht die Teilnahme (und die Dozententätigkeit) grundsätzlich Anhängern aller religiöser Traditionen offen, jedoch sind zumindest die Kurstage eindeutig sivaitisch konnotiert und als spezieller Zeitraum gekennzeichnet, der außerhalb oder neben alltäglicher Zeitwahrnehmung steht. Die empfundene asketische Siva-Zeit des Saiva Siddhanta Unterrichts versucht hierdurch einen besonderen Zeit-Rahmen zu erzeugen.[303] Dieser soll den Studierenden den Zugang zu Saiva Siddhanta Wissen ermöglichen, das von den Dozenten als *Vidhya*-Guru ver-

---

[301] Guzy 2007, 77–78. Die Bezeichnung scheint mir in diesem Kontext passend, da sich die Teilnehmenden des Studienprogramms – zumindest idealiter – in einer zeitweiligen Askese befinden. Die Schlussfolgerung von Lidia Guzy, diese Form der „temporären Askese" habe aber nichts mit der (normativen) brahmanischen Askesetradition (etwa im Rahmen der vier Lebensstufen des *varṇāśrama*) zu tun und sei lediglich ein Beispiel für die „Vielfalt des Lokalen im hinduistischen Kosmos" teile ich nicht. Vielmehr orientiert sich die Askese des Saiva Siddhanta ebenfalls am brahmanischen Ritual, und ihre nominelle Übertragung auf das Studienprogramm ist daher eher als Weiterentwicklung denn als kategorischer Gegensatz zu verstehen.

[302] „*aṉṟu muḻuvatum* ***tavappoḻutāka-c civappoḻutāka*** *aṉmaivatai māṇavarkaḷ uṇarvārkaḷ.*" [Herv. i. O.] Vaittiyanātaṉ 2007 (payirci naṭaipeṟum muṟai). Eine ganz ähnliche Formulierung findet sich auch auf der Homepage, die den Kurstag wie folgt beschreibt: „Der ganze Tag ist Siva-Zeit und Askese-Zeit." (*aṉṟaiya poḻutu muḻuvatu civa-p poḻutu tāṉ, tavappōḻutu tāṉ*), http://thiruvavaduthuraiadheenam.org/Aadheenam/?page_id=1886 (zuletzt aufgerufen am 11.02.2014).

[303] Zur diskursiven Gewordenheit verschiedener Zeiten siehe Landwehr 2012a; 2012b.

mittelt wird. Durch die Betonung der „Askese-Zeit" schließt das populäre Studienprogramm einmal mehr dem Namen nach an die asketisch-monastische Tradition der orthodoxen Maths und Adhinams mit ihren zölibatären Bruderschaften an.

Wie diese eigentümliche Zeit des Unterrichts einmal monatlich sonntags ganz konkret ausgestaltet wird, soll am Beispiel des Kurstages am 23. September 2012 in Pondicherry dargelegt werden. Der Kursjahrgang begann im Januar desselben Jahres, und die hier exemplarisch dargestellte Lehreinheit entspricht der neunten von insgesamt 24 Veranstaltungen. Die Zweigstelle in Pondicherry wird von den bereits genannten Nedumaran als Dozenten und Balasundaram als Organisator betreut. Diese Zweigstelle richtet seit 1998 Saiva Siddhanta Unterweisungen aus. Entgegen den normativen Angaben aus den Kursbroschüren begann der Unterrichtstag nicht um 10 Uhr, sondern mit einer circa 45-minütigen Verspätung. Zunächst fanden sich etwa 30 Studierende ein, deren Zahl sich im Verlauf des Vormittags langsam auf etwa 100 Teilnehmende steigerte.[304] Am einen Ende der Vorhalle (*maṇṭapam*) des Sri Vedapureeswarar Tempels (*vētapuri īsvarar tirukōyil*), der als Ort der monatliche Kurstage fungiert, war eine kleine Bühne aufgebaut. Hier nahm der Dozent Nedumaran Platz und war dadurch nicht nur in der Lage, das Auditorium zu überblicken, sondern war durch Mikrophon und Lautsprecheranlage auch für alle Anwesenden gut hörbar. Eingeleitet wurde der Kurstag durch die Rezitation einiger tamilischer Hymnen aus den *Tirumurai* durch Nedumaran, der dadurch Siva und seine Gnade (*aruḷ*) anrief. Daran schloss sich eine gemeinsame Rezitation aus dem *Tiruvacakam* an, bei der der Dozent bestimmte Teile vorsprach, die dann von den Studierenden in gemeinsamen Gesang mit Hilfe vorher ausgeteilter „Liedblätter" beantwortet wurden. Der Organisator Balasundaram führte durch die Veranstaltung und referierte an verschiedenen Stellen des Vormittags organisatorische Hinweise, etwa Informationen zu den kommenden Sitzungen und einem geplanten Ausflug zum Thiruvavaduthurai Adhinam. Zudem waren bei ihm die Kursbücher erhältlich, die zu Beginn der jeweiligen Sonntage an die Teilnehmenden ausgegeben werden.[305] Das Mittagessen wurde gegen 14 Uhr verteilt und war ebenso wie Snacks und Tee, die während der ganzen Veranstaltung gereicht wurden, von einzelnen Teilnehmenden finanziert worden. Diese Spende bezeichnet der Organisator Balasundaram ausdrücklich als „große Tugendhaftigkeit" (*periya-p puṇṇiyam*).[306] Nach der Mittagspause reduzierte sich die Hörer-

---

304 Vgl. auch einen kurzen Bericht vom Montag, den 24. September 2012, in der tamilischen Zeitung Tiṉamalar Putuccēri vom 24.09.2012.

305 Vaittiyanātaṉ 2007, (pāṭa nūlkaḷai-p peṟum muṟai).

306 Interview mit Pālacuntaram 2012.

schaft auf etwa 30 Personen. Die Veranstaltung endete schließlich gegen 17 Uhr.

Meine Anwesenheit wurde propagandistisch genutzt.[307] Nachdem ich nach der anfänglichen gemeinschaftlichen Hymnen-Rezitation auf die Bühne gebeten und vorgestellt worden war, bediente sich Nedumaran meiner Präsenz, um eine Aufforderung an die Zuhörer richten: wenn schon ein deutscher Wissenschaftler extra aus Europa anreise, um hier in Pondicherry etwas über die tamilische Kultur und die sivaitischen Schriften zu erfahren, wie groß müsse dann das Interesse und die Motivation der Tamilen sein, sich mit diesen Themen zu beschäftigen? Dies könne nur bedeuten, dass alle Teilnehmenden sich ihrer Verantwortung zur Auseinandersetzung mit und Verbreitung des Saiva Siddhanta bewusst werden müssten. Von Nedumaran und den Studierenden wurde meine Anwesenheit gemäß der schon angesprochenen Logik von „Karma und Wiedergeburt" (*viṉaippayaṉ*) insofern interpretiert, als dass ein deutscher Interessierter, der einen so weiten Weg in Kauf nimmt, der endgültigen Befreiung oder „Mukti" (*mutti*, vereinzelt auch *mōṭca, mokṣa,* Skt. *mukti*, *mokṣa*) schon relativ nahe sein müsse.

Inhaltlich beschäftigte sich die Kurseinheit des 23. September 2012 laut Nedumaran mit der Erläuterung bestimmter Passagen des kanonischen Werks *Sivagnana Botham* des Philosophen Meykanda. Interessanterweise entspricht dies nicht dem publizierten Lehrplan[308] des Saiva Siddhanta Studienprogramms, der für die September-Sitzung die Diskussion eines Abschnitts des *Sivaprakasam* des Autors Umapati Sivachariyar vorgesehen hätte. Trotz eines genau vorgegebenen Curriculums scheinen die lokalen Dozenten gewisse Freiheiten bei der konkreten Umsetzung des Stoffes zu genießen, die, wie am Beispiel aus Pondicherry deutlich wird, ermöglichen, den Inhalt des Lehrplans und seinen zeitlichen Ablauf kreativ umzusetzen.

Unterrichtspraxis

Die Direktheit des Unterrichts stellt ein entscheidendes Charakteristikum des Saiva Siddhanta Studienprogramms des Thiruvavaduthurai Adhinam dar. Dieser Umstand, der sich auch in der Namensgebung des Kurses niederschlägt, wurde an anderer Stelle schon ausführlich thematisiert. Die Möglichkeit der direkten Interaktion zwischen einem religiösem Lehrer, dem Dozenten, und den Teilnehmenden der Kurse ist durch die

[307] Nedumaran hatte mich hierzu im Vorfeld des eigentlichen Kursbeginns dezidiert um Erlaubnis gebeten.

[308] Zum Überblick, vgl. Tabelle 3

monatliche Lehre an lokalen Zweigstellen gegeben. Der exemplarische Kurstag in Pondicherry ist ein Beispiel dafür, wie sich dies konkret darstellen kann. Der Großteil des Unterrichts besteht demnach aus einem frontalen Vortrag des Dozenten. Nedumaran sprach relativ frei und versuchte, seiner Zuhörerschaft die philosophischen Themenkomplexe anhand von Geschichten und Anekdoten näher zu bringen. Ohne an dieser Stelle näher auf die Inhalte der langen Vorträge des Dozenten über den ganzen Tag hinweg einzugehen, muss erwähnt werden, dass Nedumaran, der Ingenieur aus Neyveli, beständig in seinen Ausführungen betonte, dass die Ansichten des Saiva Siddhanta in Einklang mit den Beobachtungen der Naturwissenschaften stünden. Der Fortschritt wissenschaftlicher Erkenntnis würde die Grundannahmen der Lehre des Saiva Siddhanta bestätigen. Diese Ansicht findet sich auch in den philosophisch grundierten Ansichten des heutigen Saiva Siddhanta, wie die spätere Analyse noch offenlegen wird.[309]

Immer wieder bezog Nedumaran die Studierenden direkt mit ein, indem er Fragen an das Auditorium richtete. Die Antworten durften ihm zugerufen werden. Wer eine richtige Antwort gegeben hatte, konnte zur Bühne kommen, um unter kurzem Applaus ein kleines Geschenk, etwa in Form eines Heftes zu sivaitischen Themen oder einer Karte mit Darstellungen sivaitisch-tamilischer Heiliger entgegenzunehmen. Hieran zeigt sich die Möglichkeit zu unmittelbarem Kontakt zwischen Lernenden und Lehrenden. Dem Dozenten als Guru wird ein hohes Maß an Respekt entgegengebracht, was sich unter anderem darin äußert, dass die Studierenden, wenn sie diese Geschenke empfangen, meist symbolisch mit ihren Händen den Boden zu den Füßen des Dozenten berühren. Diese Form der Ehrerbietung ist in Tamil Nadu weit verbreitet und keineswegs nur auf einen religiösen Kontext beschränkt. Die direkte Interaktion zwischen den Teilnehmenden und dem Dozenten ist jedoch nicht nur durch das formalisierte Beantworten seiner Fragen im Unterricht gegeben. In der Mittagspause oder nach offiziellem Ende der Veranstaltung bietet sich die Gelegenheit für die Studierenden, mit dem Dozenten in Kontakt zu kommen und einzelne Punkte nochmals im Detail zu besprechen. Laut Vorgaben des Thiruvavaduthurai Adhinam handelt es sich hierbei sogar um die präferierte Form des Austausches. Das Verhalten der Studierenden im Unterricht (*vakuppil māṇarvakaḷ naṭantukoḷḷum muṟai*) wird idealiter wie folgt beschrieben:

---

[309] Hierbei handelt es sich um ein wiederkehrendes Moment in der Darstellung des heutigen Saiva Siddhanta. Der Narrativ der Wissenschaftlichkeit von Religion im Allgemeinen und Hindu-Traditionen im Speziellen hat eine Geschichte, die ins 19. Jahrhundert zurückreicht. Swami Vivekananda, den Nedumaran sehr verehrt, gehört auch hier zu den prominenten Vertretern dieser These. Vgl. hierzu Bergunder 2016.

„Es ist gut, wenn die Studenten im Unterricht aufmerksam zuhören. Die Studenten werden gebeten, Unklarheiten zunächst aufzuschreiben und am Ende des Unterrichts nachzufragen. Die Studenten werden höflichst gebeten, den Gedankenfluss des Dozenten durch Fragen nicht zu stören.“[310]

Die Direktheit der Vermittlung hat während des Unterrichts in der Regel eher einseitigen Charakter. Das heißt, dass vor allem der Dozent spricht und Fragen stellt, die von den Teilnehmenden beantwortet werden sollen. Letztere haben dann erst nach der Unterrichtseinheit die Möglichkeit, umgekehrt ihre Fragen an den Dozenten richten. Während der Vorträge durch den Dozenten sind die Studierenden in erster Linie angehalten zuzuhören.

Das Studienprogramm misst dem unmittelbaren Hören der Lehre des Siva-Wissens, welches die Dozenten verbreiten, eine zentrale Bedeutung zu: „Es ist nur möglich, durch Hören Klarheit über die Lehre dieses Wissens zu bekommen.“[311] Bei der Lehre über das Siva-Wissen handelt es sich dezidiert um „gehörtes Wissen“ (*kēḷvi ñāṉam*), welches für die Studierenden nur durch das aufmerksame Zuhören während der Veranstaltungen des Saiva Siddhanta Studienprogramms zugänglich ist. Die Zentralität des Hörens wird dadurch weiter hervorgehoben, dass umgekehrt betont wird, das Durchdringen der fundamentalen Aussagen dieses Wissens (*ñāṉa-c ceytikaḷ)* sei eben nicht alleine durch das Studieren von Texten zu erreichen:

„Egal wie viele Lehrbücher man gelesen hat, kann man die Grundaussage dieses Wissens nicht verstehen. Nur wenn man folglich den ganzen Kurs besucht, also zu allen 24 Unterrichtseinheiten kommt und den Unterricht hört, kann man verstehen, welche die Wege sind, das eigene Leben in Zufriedenheit zu führen. Wir verkünden herzlich aber bestimmt, dass der Verlust durch das Fehlen im Unterricht auf keine Weise zu ersetzen ist.“[312]

---

310 *„vakuppil pāṭam naṭakkum poḻatu, māṇavarkaḷ cūrntu kavaṉippatu nallatu. iṭaiyail māṇavarkaḷukku aiyappāṭu ēṟpaṭṭāl, atai-k kuṟittu vaittukkoṇṭu, pāṭa niṟaivil kēṭkumāṟu māṇavarkaḷ kēṭṭu-k koḷḷappaṭukiṟārkaḷ. iṭaiyail kēḷvikaḷai-k kēṭṭu-p pērāciriyariṉ cintaṉai ūṟṟai-t taṭaiceyyāmal irukkumpaṭi māṇavarkaḷai-p paṇivuṭaṉ kēṭṭu-k koḷkiṟēṉ.“* Vaittiyanātaṉ 2008b, (vakuppil māṇarvakaḷ naṭantukoḷḷum muṟai).

311 *„inta ñāṉa-k kalviyai-p pāṭam kēṭṭuttāṉa teḷivu peṟa muṭiyum.“ Vaittiyanātaṉ 2007 (vakuppiṟaku cella vēṇṭuvataṉ avaciyam).*

312 *„pāṭa nūlkaḷai evvaḷuvu paṭittālum, ñāṉa-c ceytikal-p purintu koḷḷa muṭiyātu. eṉavē, inta-t tokuppu muḻuvatum ākiya 24 vakuppukaḷukkum ceṉṟu, pāṭam kēṭṭāl tāṉ, vāḻnāḷ muḻuvatum nimmatiyāka vāḻvataṟkāṉa vaḻituṟaikaḷai-p purintu koḷḷamuṭiyum. vakuppiṟku-c cellāmal ēṟpaṭum iḻappai, enta vakaiyilum īṭukaṭṭa muṭiyātu eṉpatai aṉpuṭaṉ terivittu-k koḷkiṟēṉ.“* Vaittiyanātaṉ 2007, (vakuppiṛku cella vēṇṭuvataṉ avaciyam).

Die Kursbücher, die den Studierenden ausgehändigt werden, sollen insbesondere dem Selbststudium zu Hause dienen.[313] Dieser Prozess des schriftlichen Lernens ist aber im Studienprogramm des Thiruvavaduthurai Adhinam dem Lernen durch Hören eindeutig untergeordnet. Im Vergleich zum früher existierenden Korrespondenz-Kurs ist dies eine deutliche Verschiebung der didaktischen Position. Denn war vorher alleine das textliche Selbststudium des Saiva Siddhanta ausreichend, wird heute die direkte Interaktion und vor allem das Hören als entscheidend empfunden. Letzteres wird als unabdingbar verstanden, um zum einen das relevante Wissen zu erlangen und zum anderen, um mit Hilfe dieses Wissens ein zufriedenes Leben führen zu können. Daraus ergibt sich unter den Prämissen des Kurses die absolute Relevanz der Anwesenheit an allen 24 Unterrichtstagen, an denen das Wissen hörbar und direkt durch die Dozenten des Studienprogramms artikuliert wird.

Diese Dozenten fungieren in den verschiedenen Zweigstellen als *Vidhiya*-Gurus, also als Lehrer eines bestimmten Siddhanta-Wissens. Sie bilden aber dadurch die Verbindung zum *Gnana*-Guru, namentlich dem Gurumaha Sannidhanam, also dem Lehrer des göttlichen Wissens (*civañāṉam* oder auch *patiñāṉam*), der die Dozenten für die Lehre autorisiert hat. Die Teilnehmenden der Kurse befinden sich also nicht nur in der Lehrnachfolge des Thiruvavaduthurai Adhinam, sondern partizipieren eben damit implizit an dessen genealogischer Verortung in einer göttlichen Wissens-Tradition. Diese Tradition, die als „Heilige Kailash Abstammungslinie" bekannt ist und eine lückenlose Verbindung bis zum jeweiligen Gurumaha Sannidhanam des Thiruvavaduthurai Adhinam postuliert, basiert elementar auf der direkten Vermittlung von Wissen zwischen Lehrer und Schüler. Das durch diesen Kontakt weitergegebene „gehörte Wissen" steht also im Mittelpunkt der Genealogie selbst. Wie noch zu zeigen sein wird, ist der Erwerb von „weltlichem Wissen" und das Erhalten von „göttlichem Wissen" ein zentraler Baustein der Erlösungslehre des Saiva Siddhanta. Beides ist immer und notwendig an die Figur eines Gurus geknüpft. Obwohl also das Studienprogramm des Thiruvavaduthurai Adhinam eindeutig die orale Weitergabe beziehungsweise das Hören von Wissen privilegiert, werden gleichzeitig alle relevanten Texte auch in schriftlicher Form an die Studierenden ausgegeben. Die

---

[313] „*[W]e give them so many books. It is not that we teach everything in detail. But what we thought was, that they keep the books. On some books we conduct detailed classes, but certain things will only be introduced, that means the main gist of the whole subject of a particular book. That will be given in a short 1–2 hour lecture. […] [T]he other things they will simply be given the gist of that, they have to read what else is given in the book*" Interview mit Kantacuvāmi 2012.

Bewertung schriftlicher und mündlicher Wissensvermittlung muss also mindestens als ambivalent betrachtet werden.

Die Betonung des „gehörten Wissens“ entspricht aber dem namensgebenden Anspruch der Direktheit Studienprogramms. Die Pointierung des direkt gehörten Wissens findet auch in den Meinungen der Teilnehmenden Niederschlag. Dies wird in folgender beispielhaften Äußerung eines Studenten aus Pondicherry sehr deutlich, der das Zuhören als ideale Lernmethode versteht. Diese sei zudem eine seit seiner Kindheit erprobte Variante des Lernens. Lesen, um Saiva Siddhanta zu verstehen, würde er, so der Student, nur für die Abschlussprüfungen, um sich bestimmte Dinge wieder ins Gedächtnis zu rufen oder etwaige Unklarheiten auszuräumen:

> „Hören ist besser als Lesen, da man hierfür nur den Verstand und die Ohren benötigt. Es [das Hören] ist wirkungsvoller als Lesen. Seit unserer Kindheit wurde es uns so von unseren Lehrern beigebracht. Wenn wir etwas hören, wird es in unserem Kopf gespeichert. Ich lese lediglich in den Zeiten der Prüfungen, um mich dessen zu erinnern, was ich schon gehört habe, oder um Zweifel aufzuklären.“[314]

Neben dem Reden über Saiva Siddhanta kommt den Dozenten als *Vidhya*-Gurus während der Kurstage eine weitere wichtige Funktion zu, die in sivaitischer Praxis eine hervorgehobene Rolle einnimmt. Die Dozenten verteilen nämlich auch „heilige Asche“ oder *Vibhuti* an die Teilnehmenden. Diese meist aus verbranntem Kuhdung entstandene Asche ist Bestandteil von Ritualen im Tempel sowie im Alltag vieler Sivaiten. *Vibhuti* wird explizit mit Siva assoziiert und der Asche wird generell eine positive reinigende Wirkung, etwa auf die physische oder psychische Konstitution, zugesprochen.[315] Für viele gläubige Sivaiten, wie etwa den Organisator der Zweigstelle des Saiva Siddhanta Studienprogramms in Pondicherry, Balasundaram, gehört die Applikation der heiligen Asche an 16 Stellen des Körpers zur morgendlichen religiösen Praxis. Deutlich sichtbar ist aufgetragener *Vibhuti* bei vielen tamilischen Sivaiten in Form dreier horizontaler Streifen auf der Stirn, die oftmals mehrmals täglich erneuert werden. Diese spezielle Markierung des Kopfes wird als „Tripundra“ (*tirupuṇṭaram*, auch *paṭṭai*, Skt. *tripuṇḍra*) bezeichnet und stellt ein äußerliches Zeichen dar, welches den Träger in der Regel als Anhänger Sivas (*civa-t toṇṭar*) identifiziert. Als außerordentlich wirksam gilt

---

[314] *„Listening is better than reading, because it only requires the mind and the ears. That is more powerful than reading. We are trained in that since childhood by our teachers. Once we listen to something, it is stored in our mind. I only read in the times of examinations to recollect what I have heard earlier and to clarify doubts.“* Interview mit Kiruṣṇamūrtti 2012.

[315] Siehe u.a. Doniger 1981, 245–247; Rigopoulos 2012a.

die heilige Asche, wenn sie aus der Hand eines Gurus empfangen oder sogar von ihm oder ihr appliziert wird.

Der Unterrichtstag des Saiva Siddhanta Studienprogramms ist als ausdrückliche „Siva-Zeit" gekennzeichnet und *Vibhuti* spielt hierfür eine hervorgehobene Rolle. Zu den ausdrücklichen Aufgaben eines lokalen Organisators gehört es, dafür zu sorgen, dass zu den Kurseinheiten genügend heilige Asche zur Verfügung steht. Diese wird vom Dozenten Nedumaran während des Kurstags in Pondicherry vor der Mittagspause verteilt. Hierzu können die Teilnehmenden der Veranstaltung zu ihm aufs Podium kommen, um sich die Asche auf die Stirn streichen zu lassen. Diesem Angebot kamen in Pondicherry nahezu alle Teilnehmenden nach. Ganz ähnlich war die Resonanz während der von mir besuchten gemeinsamen Rezitation des *Tiruvacakams* in Tirunelveli am 23. Februar 2015, welches über die lokale Zweigstelle des Saiva Siddhanta Studienprogramms organisiert wurde. Trotz der grundsätzlichen Offenheit des Studienprogramms gegenüber Angehörigen aller Religionen zeigt diese Praxis auch die sichtbare sivaitische Rahmung der Veranstaltungen des Studienprogramms des Adhinam. Zwar ist der Erhalt der Asche nicht verpflichtend, steht aber allen offen und ist nicht an irgendeine religiöse Zugehörigkeit gebunden. So wurde mir als deutschem Beobachter in der Regel *Vibhuti* ganz selbstverständlich aufgetragen. Dies geschah sowohl in formalisierten Begegnungen vor Publikum, wo der Kontext ein Ablehnen oder Verweigern schwierig gemacht hätte, ebenso wie bei privaten Treffen. Im Rahmen des Saiva Siddhanta Studienprogramms und des Netzwerks des Thiruvavaduthurai Adhinam ist mir *Vibhuti* stets appliziert worden, unter anderem vom 23. Gurumaha Sannidhanam. Lediglich ein einziges Mal wurde mir während meiner Feldforschungsaufenthalte heilige Asche verweigert. Dies geschah durch das Oberhaupt des Tiruppanandal Math, der mir kein *Vibhuti* aushändigen wollte, da ich kein Hindu sei. Dies zeigt, dass das Tragen von heiliger Asche je nach Kontext durchaus an eine religiöse Identität geknüpft sein kann.

Der Umgang mit heiliger Asche im Netzwerk des Thiruvavaduthurai Adhinam erscheint relativ liberal. Inwieweit allerdings zum Beispiel die christlichen Dozenten des Programms ebenfalls *Vibhuti* verteilen, bedarf weiterer Untersuchung. Jedoch hat der katholische Dozent des Londoner Kurses öffentlich *Vibhuti* aus den Händen des 24. Gurumaha Sannidhanam des Thiruvavaduthurai Adhinam empfangen, was eine beidseitige Offenheit diesbezüglich impliziert. Dass allerdings auch der Adhinam die rituelle Applikation von heiliger Asche durchaus als Kenntlichmachung einer bestimmten religiösen Identität begreifen kann, zeigt ein Beispiel aus dem Jahr 1996. Der 23. Gurumaha Sannidhanam Sivaprakasa Desikar hatte in Papanasam, nahe seinem Geburtsort Vikramasingapuram, Angehörige einiger Bergstämme, die zu einer anderen Religion – vermutlich dem Christentum[316] – übergetreten waren, wieder in den Hinduismus aufgenommen. Er erkannte den guten Willen der Bergstämme zur Rekonversion an und „segnete jeden von ihnen einzeln, indem er ihre Stirn durch seinen gesegneten Hände mit *Vibhuti* zeichnete."[317] Laut des Berichts der Ereignisse in der autorisierten Geschichte des Adhinams durch Krishnamoorthy stand der 23. Gurumaha Sannidhanam allgemein der Konversion von Hindus in andere Religionen ablehnend gegenüber, begrüßte aber die Entscheidung der Bergstämme, in die vermeintliche Ursprungsreligion, namentlich den Hinduismus, zurückzukehren und vollzog diese Rückkehr durch die Applikation heiliger Asche.[318]

An dieser Anekdote werden fünf Punkte deutlich, die für den Saiva Siddhanta des Thiruvavaduthurai Adhinam wichtig sind: zum einen wird hier angedeutet, dass Saiva Siddhanta innerhalb einer größeren Religionskategorie namens Hinduismus[319] zu verorten ist, die es sich nicht lohnt, durch Konversion zu verlassen. Zum zweiten wird dieser Hinduismus auch als ursprüngliche Religion der Stammesbevölkerung Tamil Nadus verstanden. Diesen sei es aber, drittens, wie allen anderen Menschen auch möglich, durch die wohlwollende Haltung des Oberhaupts des Thiruvavaduthurai Adhinam zum Hinduismus (zurück!) zu konvertieren. Viertens unterstreicht der beschriebene religiöse Akt durch den Gurumaha Sannidhanam dessen Autorität, eine solche Wiederaufnahme in den Hinduismus (als dessen Teil Saiva Siddhanta hier explizit gesehen wird) durch die Verteilung von *Vibhuti* formal zu vollziehen. Fünftens zeigt

---

316 Eine nähere Bestimmung der Identität dieser Bergstämme (*hill tribes*) ist mir aus den vorliegenden Informationen leider nicht möglich. Es ist allerdings wahrscheinlich, dass es sich bei jenen um christliche Rekonvertiten handelt, da die Region um Tirunelveli seit dem frühen 19. Jahrhundert Schauplatz von Massenkonversionen zum Christentum, insbesondere unter ärmeren Schichten der Gesellschaft, war. Siehe hierzu u.a. Schröder 2009; Bergunder 1999.

317 „*[He] blessed each of them individually adorning Vibhuthi on their foreheads with his own blessed hands.*" Krishnamoorthy 2003, 137.

318 „*It is something unnecessary or not so desirable that Hindus convert themselves to different religion(s), that is how Swamigal feels: Hindus leave their parent religion but again come back to the original fold. He [Sivaprakasa Desikar] welcomes them back to the original status with due religious functions performed.*" Krishnamoorthy 2003, 137.

319 An anderer Stelle macht Krishnamoorthy die Verbindung des Saiva Siddhanta/Sivaismus zu dieser Religionskategorie deutlich, indem er diese Tradition anhand einer einfachen Definition in den Hinduismus einordnet. Der erste Satz des Buches lautet: „Der Hinduismus ist eine Gruppe von Religionen, die die Autorität der Veden akzeptieren. Der Sivaismus ist eine von ihnen." („*Hinduism is a group of religions, which accept the authority of Vedas. Saivam is one among them.*") Krishnamoorthy 2003, 1. Zum Verhältnis Sivaismus-Hinduismus aus Sicht des Studienprogramms siehe unten die Betrachtung der grundsätzlichen Lehren des Saiva Siddhanta.

sich in dieser Episode um Konversion und Rekonversion,[320] dass der Thiruvavaduthurai Adhinam anschlussfähig ist an hindu-nationalistische Debatten einer Hindu-Ökumene, die, wie oben schon angedeutet wurde, unter anderem vom RSS, dem *Vivekananda Kendra* und anderen Hindutva-Organisationen vertreten wird. Dort spielt die rituelle Reinigung (*cutti*, Skt. *śuddhi*) von Konvertiten und deren Rückführung in eine hinduistische Identität eine zentrale Rolle.[321]

Wie die hier präsentierten Beobachtungen im Saiva Siddhanta Studienprogramm und weitere Hinweise zeigen, wird im Thiruvavaduthurai Netzwerk die Frage von *Vibhuti* ambivalent gehandhabt. Während im Studienprogramm heilige Asche relativ liberal zur Verfügung gestellt und verteilt wird, kann die Ausgabe von *Vibhuti* in einem anderen Kontext rituell derart aufgeladen sein, dass es eine religiöse Identität eindeutig bestimmt. Im Rahmen der Kurstage stellt die heilige Asche ein sichtbares Zeichen für die deutliche sivaitische Konnotation der Veranstaltung dar.

Saiva Siddhanta Unterricht als „asketische Siva-Zeit" und „gehörtes Wissen"

Die Kurstage des Saiva Siddhanta Studienprogramms folgen einer vorgegebenen zweijährigen Struktur, die durch die Vorgaben des Direktorats geregelt ist, jedoch offensichtlich flexibel gestaltet werden kann. Der lokale Organisator bereitet die Sitzungstage vor und regelt ihre Umsetzung, indem er den Unterrichtstag moderiert. Dieser ist in zwei Teile geteilt, die durch eine Mittagspause und der gemeinsame Verzehr vegetarischen Essens unterbrochen werden. Die Zeit der Kurstage ist als besondere „asketische Siva-Zeit" ausgezeichnet, die durch die Lehre eines vom Adhinam bestellten Dozenten gefüllt wird. Der Tagesablauf beginnt mit der Rezitation tamilisch-kanonischer Hymnen und besteht ansonsten weitgehend aus frontalem Unterricht. Hierbei werden Fragen an die Teilnehmenden gestellt, Rückfragen an den Dozenten sind allerdings für die Mittagspause beziehungsweise für die Zeit nach dem offiziellen Ende der Veranstaltung reserviert. Dennoch bietet dieses Lehrformat die Möglichkeit zur direkten Interaktion zwischen den Dozenten und den Studierenden.

---

[320] Die umstrittene und ideologisch sowie theologisch aufgeladene Kategorie der „Konversion/Rekonversion" kann an dieser Stelle nicht ausführlich behandelt werden. Zur Diskussion in Tamil Nadu siehe Nehring 2004. Zu Konversion in Südasien aus historischer Perspektive, vgl. die Beiträge in Oddie 1991b.

[321] Zur Entwicklung dieser „Reinigungsrituale" der Re-Konversion, die maßgeblich durch den Arya Samaj begründet wurden, siehe u.a. Fischer-Tiné 2012.

Dieser direkte Charakter der Saiva Siddhanta Unterweisung korrespondiert mit dem im Namen des Programms formulierten Anspruch der Organisation, Saiva Siddhanta unmittelbar an die Menschen weiterzugeben. Eine besondere Betonung im Saiva Siddhanta Studienprogramm liegt auf dem „Zuhören“ beziehungsweise dem „gehörten Wissen“. Nicht nur wird diese Form der Wissensvermittlung durch den Adhinam als ideal proklamiert und von den Schülern anerkannt, sondern sie schließt direkt an die Beziehung zwischen einem Guru und einem Schüler an, die für die Saiva Siddhanta Tradition eine bedeutende Rolle spielt. Durch die Dozenten als Lehrer des speziellen Saiva Siddhanta Wissens und den Gurumaha Sannidhanam als formalen religiösen Oberhaupt der Kursteilnehmer sind letztere an die heilige Genealogie des Thiruvavaduthurai Adhinam angebunden. Diese behauptet eine ungebrochene Verbindung bis zu Siva selbst, der den Saiva Siddhanta offenbart hat. Diese Abstammungslinie basiert zum einen auf der direkten Weitergabe von Wissen von Guru zu Schüler, also auf „gehörtem Wissen“, und zum anderen auf der schriftlichen Niederlegung dieses Wissens in Form kanonischer Texte.

Der sivaitische Rahmen der Veranstaltung eines einzelnen Kurstages wird neben seiner Auszeichnung als „Siva-Zeit“ und der inhaltlichen Lehre weiterhin durch die Ausgabe von heiliger Asche verdeutlicht. *Vibhuti* wird, im Sinne der Offenheit des Studienprogramms gegenüber Teilnehmenden verschiedenen religiösen Hintergrunds, an alle Studierenden verteilt, die das wünschen. Hierbei handelt es sich zwar eindeutig um ein äußerliches sivaitisches Zeichen, das an anderen Stellen eine klare religiöse Identität signalisiert, im Falle des Studienprogramms jedoch vielmehr um – ähnlich wie die zumindest zeitweise vegetarische Ernährung – die Bekundung der Bereitschaft, sich auf den Saiva Siddhanta des Thiruvavaduthurai Adhinam am Kurstag einzulassen.

Prüfung und Zertifizierung

Das Saiva Siddhanta Studienprogramm wird zum Ende jedes Kursjahres mit einer schriftlichen Prüfung (*tērvu*) abgeschlossen. Diese besteht aus einer Klausur, die vom Direktorat zentral gestellt wird. Die Bögen hierzu dürfen von den Studierenden von zu Hause aus und unter der Zuhilfenahme der Kurslektüre beantwortet werden. Hierzu ist ein Monat Zeit, in der Regel zwischen den Sitzungen im Oktober und November. Der lokale Organisator sammelt die Antworten der Studierenden ein und übergibt sie dem Dozenten der Zweigstelle, der diese korrigiert, bewertet und die Ergebnisse an das Direktorat meldet. Es handelt sich in der Regel um 20 Fragen, die mit jeweils fünf Bewertungseinheiten bepunktet sind. Zum

Bestehen der Prüfung reicht es aus, mindestens 50 Prozent der Gesamtpunktzahl zu erzielen.[322]

Die Aufgabe wird von den meisten Kursteilnehmern als nicht sonderlich schwierig eingeschätzt: „sie fragen sehr, sehr einfache Dinge."[323] Der Anspruch der Abschlussklausuren ist auch laut Kandaswami in erster Linie nicht zu überprüfen, ob die Studierenden besonders viel auswendig gelernt hätten. Vielmehr geht es darum, diese zu animieren, sich zu Hause mit den Themen des Saiva Siddhanta und der dazugehörigen Literatur zu befassen. Dies unterstreicht abermals, dass den Texten eine höhere Bedeutung zukommt als es die Rede vom „gehörten Wissen" vermuten lassen würde. So stellt der Direktor, auch in Bezug auf die Erfolgsquote, fest:

> „Die meisten [Studierenden] bestehen die Prüfungen, denn es handelt sich um eine Prüfung, bei der die Lehrbücher konsultiert werden dürfen. Was wir erwarten ist, dass sie in der Lage sind, die Fragen zu verstehen und herausfinden, wo sie in den Büchern die Antworten finden. Die Zahl der Bände [der Kurslektüre] liegt bei ca. 15–16, die in 24 Einheiten besprochen werden. Daher ist es sehr schwer zu erwarten, dass die Leute sich dies alles einprägen und dann eine Klausur schreiben, so wie wir es aus dem universitären Kontext kennen."[324]

Die Abschlussprüfungen sollen also vor allem die Studierenden dazu bringen, sich nochmals intensiver mit dem im Kurs Gehörten zu befassen und die relevante Literatur zu bearbeiten. Auch hier grenzt Kandaswami das eigene Modell von dem Lehrangebot an Universitäten ab. Die Aufgabenstellung wird von den Teilnehmenden wohl vor allem deshalb als „sehr leicht" eingestuft, weil sie in Ruhe zu Hause und mit Hilfe der Kursbücher bearbeitet werden darf. Wie die Klausuren für das erste Kursjahr des Jahrgangs 2010–2011 zeigen, umfassen diese Fragen allgemeine Grundlagen wie die Aufzählung der *14 Saiva Siddhanta Sastras*, der „Heiligen Kailash Abstammungslinie" oder der Autoren der *Tirumurai*. Genauso wird aber auch die Erklärung philosophischer Konzepte wie der Seelenlehre, der möglichen Erlösungswege oder einzelner Verse aus der kanonischen Literatur verlangt.[325]

Neben dem Erreichen der Mindestpunktzahl von 50 Bewertungseinheiten gibt es lediglich zwei Bedingungen zum Bestehen der Abschluss-

---

322 Vaittiyanātaṉ 2010.

323 „*They ask very, very simple things*" Interview mit Āṉanta Jōti 2011.

324 „*Most of the people pass the test, because it is an open book test. What we expect is, whether they are able to understand the question and find out where the answer lies in the books. The number of books is about 15–16 and this is done only in 24 classes, so it is very difficult to expect people to memorize everything and then write an examination like we know it from a university setting.*" Interview mit Kantacuvāmi 2012.

325 Vgl. Vaittiyanātaṉ 2010.

prüfungen. Zunächst gilt: „Bei der Beantwortung der Fragebögen dürfen die Studenten nicht voneinander abschreiben. Wenn abgeschrieben wird, werden die Antwortbögen beider Studenten nicht gewertet.“[326] Dieses erste Kriterium ist erwartbar und bedarf keiner weiteren Erläuterung. Entscheidend für die vorherige Zulassung zur Prüfung ist aber etwas anderes:

> „Viele Studenten schreiben die Prüfungen mit der Absicht, ein Zertifikat zu erhalten, ohne aber regelmäßig zum Unterricht zu erscheinen und ohne die Bücher abzuholen, indem sie die Bücher von anderen Studenten benutzen. Dies ist gegen das Ziel des Studienprogramms. Daher werden Studenten, welche nicht zu den Zweigstellen gehen und die Bücher nicht entgegen nehmen, nicht zu den Prüfungen zugelassen.“[327]

An dieser Vorgabe werden zwei Punkte deutlich. Zum einen werden nicht nur solche Studierende nicht zugelassen, die nicht regelmäßig an den monatlichen Unterrichteinheiten teilnehmen, sondern auch solche, die die ausgegebenen Kursbücher nicht abholen. Damit wird die praktische Relevanz der Texte im Allgemeinen hervorgehoben. Das Ziel (*nōkkam*) des Programms ist dabei, dass nicht nur jeder Teilnehmer Zugang zu diesen Texten hat, sondern dass jeder diese Schriften auch besitzen soll. Es handelt sich hierbei, wie erwähnt, um die eigens publizierten und autoritativen Äußerungen des Thiruvavaduthurai Adhinam zu Saiva Siddhanta. Zum anderen impliziert die zitierte Passage, dass der Erhalt eines Zertifikats (*cāṉṟitaḻ*) des Saiva Siddhanta Studienprogramms durchaus so erstrebenswert ist, dass sich manche Menschen dieses auf unlauterem Wege beschaffen wollen.

Das Zertifikat[328] zur erfolgreichen Teilnahme am Programm weist einem Teilnehmer einen eigenen Titel zu. Nach dem Bestehen des ersten Kursjahres ernennt der Adhinam die Absolventinnen und Absolventen zum „*caiva cittānta celvar*“, also zu einem „Kind des Saiva Siddhanta“ oder zu „jemandem, der reich an Saiva Siddhanta ist“. Nach dem Abschluss des zweiten Jahres erhalten die erfolgreichen Studierenden den weiteren Ehrennamen „*civapirakāca cemmal*“, was etwa „große Person

---

[326] „*viṉāttāḷukku viṭai eḻutum poḻutu, māṇavarkaḷ oruvarai-p pārttu oruvar eḻuta-k kūṭātu. appaṭi eḻutiṉāl iruvaratu viṭaittāḷkaḷum matippīṭu ceyyapṭamāṭṭā.*“ Vaittiyanātaṉ 2007, (tērvukaḷum cāṉṟitaḻkaḷum).

[327] „*cila māṇavarkaḷ, vakuppiṟku oḻuṅkāka-c cellāmalum, payiṟci maiya nūlkaḷai-p peṟṟu-k koḷḷāmalum cāṉṟitaḻai maṭṭum peṟṟuviṭavēṇṭum eṉṉum nōkkattil, piṟa māṇavarkaḷiṉ nūlkaḷai-p pārttu-t tērvu eḻutukiṟārkaḷ. itu payiṟci maiyattiṉ nōkkattiṟku-p puṟampāṉatu ākum. ākavē, kiḷai maiyattiṟku-c ceṉṟu, nūlkaḷai-p peṟāta māṇavarkaḷ tērvu eḻuta aṉumatikkappaṭa māṭṭārkaḷ*“ Vaittiyanātaṉ 2007, (tērvukaḷum cāṉṟitaḻkaḷum).

[328] Ein Teilnehmer hat mir das Zertifikat des ersten Kursjahres in Kopie zur Verfügung gestellt. Die folgenden Betrachtungen beziehen sich, soweit nicht anders gekennzeichnet, hierauf.

des Lichtes Sivas" bedeutet.[329] Durch die Urkunde bestätigt das Saiva Siddhanta Studienprogramm, als populäre Organisation des traditionellen Zentrums des Thiruvavaduthurai Adhinam, also nicht nur eine erfolgreiche Kursteilnahme, sondern produziert, durch die Verleihung eigener sivaitischer Titel, für die Studierenden einen neuen, persönlichen Identitätsmarker. Auf der künstlerisch gestalteten Urkunde findet sich neben den Angaben zum Kurs, zur Person und dem Titel prominent ein stilisiertes Bild Sivas, der von einem Nimbus gerahmt ist und das ihn bei der Unterrichtung von vier Schülern zeigt. Diese sollen wohl die vier „göttlichen Lehrer" der „Heiligen Kailash Abstammungslinie" darstellen. Siva, vor einem Bodhi-Baum in klassischer Haltung mit angewinkeltem Bein sitzend, hat seine vier Arme zur Belehrung erhobenen. Einer seiner Füße zertritt gleichzeitig, wie in vielen Siva-Darstellungen, einen am Boden liegenden Dämonen. Dieses Bild ist mit einer bekannten Textzeile aus dem „Kandapuranam" (*kantapurāṇam*) des Kachiyappa Sivachariya (*Kacciappa Civācāriyar*) (ca. 1350–1400) versehen. Dieses Werk wird als autoritativer Hymnen-Text über einen der Söhne Sivas, den Gott Murugan (*murukaṉ*), verstanden. Die populären Worte werden üblicherweise auch bei sivaitischen Veranstaltung als Gruß- oder Segenswort (*vāḻttu*) verwendet: „Die großen sivaitischen Lehren/Gesetze/Verhaltensweisen sollen auf der ganzen Welt herrschen!" (*mēṉmaikoḷ caiva nīti! viḷaṅkuka ulakamellām!*). Auch während der Veranstaltungen des Saiva Siddhanta Studienprogramms werden diese Zeilen mindestens drei Mal gemeinsam von der ganzen Gruppe rezitiert.

Die Zertifikate sind zwar vom Direktor des Programms und einem weiteren Mitglied des Adhinams unterzeichnet, die eigentliche Autorität hinter dem Dokument ist aber der Gurumaha Sannidhanam des Thiruvavaduthurai Adhinam selbst. Alle Absolventinnen und Absolventen haben daher die Möglichkeit, ihr Zertifikat aus seinen Händen zu erhalten.[330] Hierfür müssen jene aber – koordiniert durch das Direktorat und die lokalen Organisatoren – im Januar nach dem Bestehen der Abschlussprüfungen nach Thiruvavaduthurai kommen, zur Zeit der *Guru-Puja*, dem 10-tägigen Hauptfestival der Einrichtung. Dieser Höhepunkt des rituellen Kalenders wird im Thiruvavaduthurai Adhinam – so wie in anderen sivaitischen Zentren der Region auch[331] – in Erinnerung an das „Erreichen der Vollkommenheit Sivas" (*civa paripūraṇam*, auch *camāti*; also den Tod) des Gründers der Institution, Namasivaya Murthikal, gefeiert. Die Festivität findet im Tamil-Monat „Tai" (*tai*) statt, der im gregorianischen Kalender etwa Mitte Januar bis Mitte Februar entspricht. Die Feierlich-

---

[329] Vaittiyanātaṉ 2007, (tērvukaḷum cāṉṟitaḻkaḷum).
[330] Interview mit Kantacuvāmi 2012.
[331] Für Dharmapuram, siehe Koppedrayer 1991a.

keiten, zu denen der Adhinam alle seine Anhänger und andere sivaitische Würdenträger Südindiens einlädt, erstrecken sich auf den ganzen Ort. Sie umfassen eine Vielzahl von *Pujas*, Rezitationen und anderer Darbietungen sivaitischer Kunst und werden von mehreren tausend Menschen besucht.[332] Hervorzuheben ist dabei vor allem die Verehrung des jeweiligen Gurumaha Sannidhanam. Der Klimax und Abschluss der vielfältigen Zeremonien findet in der Nacht des zehnten Tages statt, dem Tag des Sterns Ashvini (*asviṉi*, Skt. *aśvinī*). In dieser Nacht wird der amtierende Gurumaha Sannidhanam auf einer Sänfte durch den Ort getragen und von den Anwesenden rituell verehrt. Damit wird zum einen seine menschliche Verkörperung der „Guruschaft" als Teil der „Heiligen Kailash Abstammungslinie" deutlich. Zum anderen wird dadurch die „göttliche Präsenz", die dem Oberhaupt der Einrichtung zugesprochen wird, performativ aufgeführt.

Im Kontext der Analyse des Saiva Siddhanta Studienprogramms des Thiruvavaduthurai Adhinam ist die *Guru-Puja* nicht nur deshalb zentral, weil sie den Höhepunkt des rituellen Kalenders des Adhinam darstellt. Vielmehr ist hervorzuheben, dass die relativ junge Organisation inzwischen ein fester Teil der Festivitäten geworden ist. In täglich stattfindenden Zeremonien überreicht der Gurumaha Sannidhanam die Zertifikate und damit die sivaitischen Titel direkt an die anwesenden Absolventinnen und Absolventen des Saiva Siddhanta Unterrichts. Dies ist also genau der Ort, an dem die asketisch-monastische Tradition des orthodoxen Zentrums in Person des *Gnana*-Guru, also des „Lehrers des göttlichen Wissens", den Laienanhängern unmittelbar begegnet. Der Adhinam unternimmt damit also einen Schritt „unter die Menschen", den viele engagierte Siddhantins notwendigerweise fordern, um der allgemeinen religiösen Unkenntnis der Tamilen wirksam zu begegnen. Wie die Ausführungen zur Geschichte des Adhinam bereits gezeigt haben, ist diese sichtbare Öffnung der Saiva Siddhanta Tradition ein radikaler Schritt.

Internationalisierung des Studienprogramms

Das Studienprogramm des Thiruvavaduthurai Adhinam verfolgt die Propagierung von Saiva Siddhanta heute auf zunehmend globaler Bühne. Bereits seit den frühen 1990er Jahren wird nach dem Lehrplan des Adhinam auch außerhalb Indiens unterrichtet. Vor allem im tamilischen Teil

---

[332] Eine kurze Darstellung für das Jahr 1985 bietet Yocum 1990, 252–256. Ausführlicher siehe Koppedrayer 1990, 284–301. U. V. Swamianatha Aiyer beschreibt mehrfach in seiner Autobiographie seine Erinnerungen an die Festivität in den 1870ern, vgl. Cāminātaiyar 1990, u.a. 182–191.

Sri Lankas funktioniert das Netzwerk der Einrichtung ähnlich wie in Tamil Nadu. Dort finden regelmäßig Kurse durch vom Adhinam autorisierte Dozenten statt. Auch die dortigen Absolventinnen und Absolventen kommen, wenn möglich, zur Zertifikatsübergabe während der *Guru-Puja* nach Thiruvavaduthurai. Des weiteren werden an anderen Orten mit größerer tamilischer Diaspora, wie beispielsweise in Malaysia oder Australien, punktuell Kurse veranstaltet.[333] Hierzu sendet die Adhinam-Organisation einzelne Dozenten für einen Monat zu dortigen Vereinigungen, die über Verbindungen zum Adhinam verfügen. Diese Lehrer aus Tamil Nadu unterrichten dann vor Ort einen Monat lang täglich Saiva Siddhanta, um so die 24 Lehreinheiten abzudecken.[334]

Das jüngste Beispiel für die Internationalisierung des Studienprogramms außerhalb Indiens ist der inzwischen approbierte Saiva Siddhanta Unterricht einer sri lanka-tamilischen Vereinigung in London. Kandaswami hatte im Gespräch im Oktober 2012 schon auf diese Entwicklung hingewiesen, als er anmerkte:

„Es gibt inzwischen in Großbritannien ein Bewusstsein [für Saiva Siddhanta] und es gibt dort auch Leute, die wissen, dass es eine Philosophie namens Saiva Siddhanta gibt. Dort existiert der Meykanda-Adhinam und einige Tempel, in denen die devotionalen Tirumurai-Hymnen studiert werden. Langsam beginnen sie dort zu erkennen, dass es eine Philosophie namens Saiva Siddhanta gibt.“[335]

Mit den „Leuten, die wissen, dass es eine Philosophie namens Saiva Siddhanta“ gibt, sind vor allem die Vertreter des sogenannten „Saiva Munetta Sangam” (*caiva muṉṉēṟṟa-c caṅkam,* etwa „sivaitische Fortschrittsvereinigung“) gemeint.[336] Diese Vereinigung versteht sich als Tochtergesellschaft einer Einrichtung gleichen Namens aus Colombo und wurde 1977 von einigen vor dem Bürgerkrieg in Sri Lanka geflüchteten Diaspora-Tamilen gegründet. Inzwischen unterhält der *Saiva Munetta Sangam* einen eigenen Siva-Tempel in Ost-London sowie ein Altenheim und bemüht sich durch regelmäßige Veranstaltungen oder die Publikation einer Zeitschrift um die Bewahrung der sivaitisch-tamilischen Kultur in der Diaspora.[337]

---

333 Vaittiyanātaṉ 2007, (payiṟci maiya-t tōṟṟamum vaḷarcciyum).

334 Interview mit Kantacuvāmi 2012.

335 „*Now in the UK there is an awareness and you have people who know that there is a philosophy called Saiva Siddhanta. For example, the Meikandar Adhinam in London is there and some Saiva temples are there where they use to study the Tirumurais, the devotional hymns. And slowly they come to know that there is a philosophy called Saiva Siddhanta philosophy.*“ Interview mit Kantacuvāmi 2012.

336 Für eine Selbstdarstellung siehe http://www.saivamunnettasangam.com/ (zuletzt aufgerufen am 02.08.2016).

337 Interview mit Rāmanātaṉ 2014.

Nachdem sich die religiösen Bildungsveranstaltungen des *Saiva Munetta Sangam* in den ersten Jahrzehnten insbesondere an Kinder richteten, beschloss der Gründer V. R. Ramanathan (*Vai. Rā. Rāmanāta<u>n</u>*) 2012 zusammen mit dem Tamil-Gelehrten, Journalisten und Politikwissenschaftler S. J. Fatimaharan (*Cū. Yō. Pa<u>rr</u>imākara<u>n</u>*), Saiva Siddhanta Unterricht für Erwachsene anzubieten. Ramanathan wurde im selben Jahr auf einer seiner regelmäßigen Reisen nach Sri Lanka auf die Tätigkeiten des Thiruvavaduthurai Adhinam Studienprogramms aufmerksam. Begeistert vom Konzept der populären Saiva Siddhanta Lehre begab er sich auf Empfehlung der Siddhantins in Sri Lanka direkt nach Thiruvavaduthurai, um dort die Möglichkeiten einer Kooperation mit dem Adhinam auszuloten. Dort sicherte ihm der Adhinam-Gelehrte Kunjithapatham die Unterstützung der Institution unter der Bedingung zu, dass sich die Londoner Initiative nach den Vorgaben des Adhinam richte. Dies bedeutete vor allem, den Lehrplan des Studienprogramms zu übernehmen und eine Mindestanzahl an Unterrichtsstunden dafür aufzuwenden. Die Studierenden des *Saiva Munetta Sangam* wurden allerdings von der Pflicht befreit, alle Texte auf Tamil zu studieren. Dennoch musste Ramanathan die Glaubwürdigkeit des geplanten Kurses unter Beweis stellen. Denn laut Ramanathan haben die tamilischen Adhinams die Angst, dass Vereinigungen „im Westen" nur darauf aus sind, den guten Namen der Einrichtung zu nutzen, ihn aber dann durch unangebrachtes Verhalten beschmutzen könnten.[338] Daher legte Ramanathan Kunjithapatham und einem weiteren Tambiran Material vor, das Fatimaharan in London vorbereitet hatte. Der Adhinam-Gelehrte soll sich sehr beeindruckt gezeigt und nach der Lektüre gesagt haben: „Sehr gutes Tamil, sehr gutes Layout. Wir sind sehr zufrieden damit. Selbst in Chennai können die Leute kein Tamil wie dieses mehr schreiben."[339]

Der Dozent Fatimaharan, der seit Dezember 2012 im Namen des Thiruvavaduthurai Adhinam in London Saiva Siddhanta unterrichtet, ist Katholik. Wie bereits oben besprochen stellt er damit nicht den einzigen christlichen Dozenten in der Geschichte der Organisation dar. Entscheidend für seine Ernennung war anscheinend seine Vertrautheit mit der tamilischen Sprache und den philosophischen Konzepten des Saiva Siddhanta. Der *Saiva Munetta Sangam* folgt inhaltlich dem Lehrplan des Thiruvavaduthurai Adhinam, wenngleich in London nicht dieselbe Kurslektüre verwendet wird. Es sei wichtig, so Ramanathan, die Lehre an

338 „*Thiruvavaduthurai Adhinam has got a fear. What they think is, that in the Western world, or the Western countries, that we will spoil their name.*" Interview mit Rāmanāta<u>n</u> 2014.

339 „*Very good Tamil, very good layout and everything. We are very happy with that. Even in Madras people can't write Tamil like this.*" Interview mit Rāmanāta<u>n</u> 2014.

die Gegebenheiten in London anzupassen. Kämen beispielsweise indisch-tamilische Siddhanta-Redner nach Großbritannien, wären diese selten in der Lage, das Publikum dort – und vor allem die Jugendlichen – anzusprechen. Die Saiva Siddhanta Lehre des Katholiken Fatimaharans jedoch verstehe es aber auch in diesem Kontext und unter Verwendung englischsprachiger Literatur, die Sivaiten der Diaspora zu begeistern. Blind dem Modell aus Tamil Nadu zu folgen, wäre in London wenig zielführend, was letztlich auch der Adhinam akzeptiert hätte.[340] Nominell hat der *Saiva Munetta Sangam* laut Ramanathan nun die Berechtigung durch den Adhinam, Saiva Siddhanta in ganz Europa zu lehren.[341]

Die ersten Absolventinnen und Absolventen des Londoner Kurses hatten 2014 die Möglichkeit, ihre Zertifikate aus der Hand des Gurumaha Sannidhanam des Thiruvavaduthurai Adhinam zu erhalten, ohne dafür nach Südindien reisen zu müssen. Der *Saiva Munetta Sangam* organisierte zwischen 19. und 21. September das sogenannte „2. Welt Tirumurai Festival und Forschungskonferenz" (*iraṇṭāvatu ulaka-t tirumuṟai-p peruviḻāvum āyvu mānāṭum*) in London. Die Veranstaltung mit etwa 500 Teilnehmenden wurde von verschiedenen Diaspora-Organisationen aus Großbritannien und Malaysia finanziert. Sie verfolgte das explizite Ziel, ein Verständnis der *Tirumurai*-Hymnen in Bezug auf sivaitischen Lebenswandel vor allem unter den jungen Tamilen zu fördern.[342] Neben einem führenden Tambiran des Dharmapuram Adhinam war auch Ambalavana Desikar, der 24. Gurumaha Sannidhanam des Thiruvavaduthurai Adhinam, anwesend. Teil des Festivals war, neben Tanz- und Gesangsdarbietungen sowie zahlreichen Vorträge von Tamil-Gelehrten aus Südindien und Ländern der Diaspora, die offizielle Verleihung der Urkunden durch das Oberhaupt aus Thiruvavaduthurai.[343]

---

340 „*having the same model [...] is difficult for us, so we slightly changed it and Fatimaharan has made it a little more flexible. They insisted after that to have it the other way. But here we said, Fatimaharan himself said, we are not doing a PhD or MA-qualification. It is just: you have attended and you have studied – that is the only thing*" Interview mit Rāmanātaṉ 2014.

341 Interview mit Rāmanātaṉ 2014.

342 „*The primary objective of the festival is to promote the understanding and practice of the Thirumurais as part of the Saiva way of life among people living in the UK and other parts of Europe. We are particularily keen to focus o youth who after all will have the responsibility of carrying forth the religious and cultural beliefs and traditions today.*" Thirumurai Steering Committee, 2nd World Thirumurai Festival and Research Conference 2014, 6.

343 Ich habe diese Veranstaltung drei Tage lang besucht und wurde dort – ohne mein Wissen – auf die Rednerliste gesetzt. Ähnlich wie in Pondicherry wurde mein kurzer Auftritt, in dem ich über die letzten 150 Jahre Saiva Siddhanta sprach, „propagandistisch" genutzt. Abermals fungierte ich als „lebendes Beispiel" für die Attraktivität des Saiva

Das Beispiel des Londoner Saiva Siddhanta Kurses zeigt zum einen, dass das Studienprogramm inzwischen als internationale Organisation verstanden werden muss. Die etablierten Ableger des Programms in Sri Lanka und die bereits länger existierenden Kurse an anderen Orten tamilischer Diaspora machen deutlich, dass das personale und informelle Netzwerk des Thiruvavaduthurai Adhinam nicht alleine auf Südindien beschränkt ist, sondern weit darüber hinaus reicht. Besonders die jüngeren Entwicklungen in London demonstrieren, dass das orthodoxe sivaitische Zentrum in der Lage ist, flexibel auf internationale Anfragen zu reagieren und eine gewisse Freiheit in der Vermittlung zulässt. Dennoch wird Wert darauf gelegt und im Ansatz auch überprüft, dass gewisse inhaltliche Standards eingehalten werden, die das Direktorat des Studienprogramms und die Gelehrten des Adhinam vorgeben. Die Reise des 24. Gurumaha Sannidhanam zum „Welt Tirumurai Festival" nach London und die dortige eigenhändige Verleihung der Abschlusszertifikate kann als weiterer Schritt aus den Mauern des Adhinam in die sivaitische Öffentlichkeit gedeutet werden. Umgekehrt zeigt die Londoner Initiative aber auch, dass die traditionellen sivaitischen Institutionen Tamil Nadus in der globalen tamilischen Diaspora einen hohen Stellenwert genießen. Der *Saiva Munetta Sangam* bemühte sich aktiv, die Autorisierung durch den Adhinam zu erhalten. Weltweit ist in den letzten Jahrzehnten ein vermehrter expliziter Bezug tamilisch-sivaitischer Gruppen zu den Zentren Tamil Nadus zu beobachten. Inwieweit diese jüngeren Prozesse der Internationalisierung die Entwicklung dieser Maths und Adhinams und ihres Saiva Siddhanta Verständnisses beeinflussen, muss eine Aufgabe für zukünftige Forschung darstellen.[344]

5. Zwischenfazit: Die „Öffnung" des tamilischen Saiva Siddhanta

Die ausführliche Darstellung des Verbreitungswegs des Saiva Siddhanta durch den Thiruvavaduthurai Adhinam ist wichtig für das weitere Verständnis der konkreten Lehre und ihrer Inhalte. Um sich diesen zu nähern, ist es unumgänglich, die technische Seite dieser Propagierung nachzuvollziehen und in ihren soziokulturellen und geschichtlichen Kontext einzuordnen. Die Analyse des Adhinam und seiner populären Organisa-

---

Siddhanta und als Aufforderung, diese Tradition vor allem unter den Tamilen bekannt zu machen.

[344] Erste Untersuchungen für den südafrikanischen Kontext hat kürzlich Ulrike Schröder vorgelegt, siehe Schröder 2015; 2017.

tion ist damit als ausdrücklicher Beitrag zur Historisierung der folgenden Ausführung über das zu verstehen, was dort heute als Saiva Siddhanta gelehrt wird. Die bisherige Betrachtung zeigt unter anderem, dass diese Philosophie heute erklärtermaßen auch für Laien erlernbar ist.

Wie bei der Vorstellung des Adhinam deutlich wurde, wird diese Überzeugung nicht etwa „schon immer" oder traditionell von sivaitischen Zentren wie dem Thiruvavaduthurai Adhinam praktiziert. Die Bearbeitung konnte zeigen, dass es sich bei der Öffnung der Adhinams um einen zwar von engagierten Sivaiten in Tamil Nadu länger geforderten, aber historisch langwierigen Prozess handelt. Die Auseinandersetzung der Adhinams mit einer breiteren Öffentlichkeit ist höchstens in späte 19. Jahrhundert zurückverfolgbar, etwa durch die Unterstützung der Publikation sivaitischer Literatur. In der Narration der Funktionsträger des Adhinams handelt es sich aber vor allem bei der Einführung des Saiva Siddhanta Studienprogramms im späten 20. Jahrhundert um den entscheidenden Schritt zur aktiven Bekämpfung der allgemeinen religiösen Unkenntnis der sivaitischen Tamilen. Das Studienprogramm wird seither als Erfolgsgeschichte verstanden, die inzwischen Saiva Siddhanta Lehre an über 70 Orten in Tamil Nadu und weltweit anbietet. Der Zugang der interessierten Bevölkerung zu dieser direkten Lehre ist relativ leicht möglich und vermag unterschiedliche gesellschaftliche Gruppen anzusprechen, wenngleich der Großteil der Anhänger aus bestimmten, wohlhabenderen Gemeinschaften kommt. Die mit Abstand größte populäre Organisation zur Propagierung von Saiva Siddhanta verfügt nicht nur über eine etablierte, hierarchische Struktur und ein funktionierendes Netzwerk, sondern hält die curriculare Oberhoheit über den Saiva Siddhanta Unterricht für zehntausende Menschen. Darüber hinaus übt der Adhinam in Person seines Oberhauptes, dem Gurumaha Sannidhanam, die höchste religiöse Autorität für die Teilnehmenden aus. Diese sind dadurch an die „Heilige Kailash Abstammungslinie" der orthodoxen Einrichtung angebunden. Das drückt sich unter anderem durch die Vergabe von Ehrentiteln aus. Das Studienprogramm und sein Unterricht steht damit in einer direkten Nachfolge einer ungebrochenen göttlichen Tradition, die letztlich auf die Offenbarungen Sivas zurückgeführt wird.

Der Thiruvavaduthurai Adhinam hat damit, als eines der ältesten und einflussreichsten sivaitischen Zentren Tamil Nadu, den vielfach angemahnten „Schritt unter die Menschen" getan. Er hat Ende des 20. Jahrhunderts durch diese Öffnung die Philosophie des Saiva Siddhanta aus den Mauern der eigenen asketisch-monastischen Tradition herausgeholt und zu einer potentiell für alle Tamilen zugänglichen Religion gemacht. Wie sich diese Lehre inhaltlich genauer ausgestaltet, soll im Folgenden gezeigt werden. Dabei wird aber auch deutlich werden, dass die Öffnung des Saiva Siddhanta, und damit seine Neuartikulation, bereits um 1900 durch andere tamilisch-sivaitische Akteure begonnen hat und dass diese früheren Entwicklungen das heutige Saiva Siddhanta Verständnis stark beeinflussen.

II

Saiva Siddhanta im Studienprogramm des Thiruvavaduthurai Adhinam

Das Saiva Siddhanta Studienprogramm des Thiruvavaduthurai Adhinam stellt mit Abstand die größte Organisation zur populären Verbreitung dieser Philosophie in Tamil Nadu dar. Ein weit verzweigtes Netzwerk von über 70 lokalen Zweigstellen lehrt Saiva Siddhanta im Namen des Adhinam nach dessen Vorgaben und eingebettet in eine organisatorische und hierarchische Struktur. Nachdem bisher vor allem gezeigt wurde, *wie* sich diese Lehre formal im Rahmen des Studienprogramms ausgestaltet, soll im Folgenden vorgestellt und analysiert werden, *was* vom Adhinam als kanonischer Saiva Siddhanta verstanden wird, bevor im nächsten Kapitel die fundamentalen philosophischen Konzeptionen und Doktrinen im Detail betrachtet werden.

Zunächst wird hierzu die Kurslektüre präsentiert, die den Teilnehmenden zusätzlich zu den eigentlichen Lehrveranstaltungen zur Verfügung gestellt wird. Zum anderen wird das Kurs-Curriculum betrachtet, dem die einzelnen Zweigstellen folgen sollen. Dies soll daraufhin in die Diskussion des Saiva Siddhanta-Verständnisses eingebettet werden, das durch den Adhinam vertreten wird. Die Auseinandersetzung wird dabei auch auf die diesbezüglichen inhaltlichen Aussagen der Vertreter des Studienprogramms rekurrieren. Grundlage der Analyse ist die Literaturliste und der Lehrplan des Kursjahrgangs 2008–2009, die vom ersten Direktor des Programms, K. Vaithiyanathan, in Zusammenarbeit mit den Autoritäten des Adhinam formuliert wurden. Der aktuelle Direktor, C. Kandaswami, hat inzwischen einige kleinere Änderungen und Erweiterungen angeregt, auf die an gegebener Stelle eingegangen werden soll. Es muss darauf hingewiesen werden, dass es sich bei den publizierten Darstellungen des Curriculums und der Pflichtlektüre um Idealvorstellungen handelt, die, wie schon an den Beispielen der Zweigstelle in Pondicherry oder dem Unterricht in London gezeigt, durchaus kreativ umgesetzt werden können. Dennoch geben jene idealisierten Vorgaben einen Einblick in die Ansichten der Kursverantwortlichen zur Saiva Siddhanta Lehre: sie bilden einen Versuch, Saiva Siddhanta Lehre in sinnvoller Weise zu strukturieren, inhaltlich auszugestalten und mit einem korrespondierenden literarischen Korpus zu versehen. In diesem Zusammenhang lässt sich daher vom Versuch der Kanonbildung sprechen, also der semantischen Festschreibung der Bedeutung von Saiva Siddhanta beziehungsweise der Fixierung bestimmter Literatur als Saiva Siddhanta Texte. Zunächst soll diese literarische Grundlage des Saiva Siddhanta Studienprogramms erläutert werden, damit sich die konkrete Lehre, die sich zumindest formal auf eben jene Texte bezieht, besser nachvollzogen werden kann.

Die Analyse wird sich danach am Aufbau des programmatischen Einführungsbuches „Grundsätzliche Lehren des Saiva Siddhanta" (Probleme und Antworten)" (*caivacittānta aṭippaṭai-k koḷkaikaḷ (taṭaikaḷum viṭaikaḷum)*) orientieren und versuchen, die Bezüge zum Lehrplan herauszuarbeiten. Dies wird unter anderem durch den Einbezug der Klausurfragen erleichtert, die mir für das erste Studienjahr im Jahrgang 2008 vorliegen. Jene Fragen lassen immerhin einen indirekten Rückschluss auf die inhaltliche Schwerpunktsetzung des Unterrichts zu, da sie gewissermaßen die Lernziele des Kurses anzeigen. Die *Grundsätzlichen Lehren* als einführendes Werk, das zusammen mit dem *Fachwörterbuch* publiziert wurde, bildet einen, gut lesbare und für die Teilnehmenden zugängliche Basis, sich mit der Saiva Siddhanta Philosophie zu beschäftigen. Gerade weil das Buch die Grundlage für den Kurs bildet, ist es besonders geeignet, die *Lehre* des Saiva Siddhanta nachzuzeichnen.

Die formalen Aspekte dieses Buchs wurden oben schon im Detail vorgestellt – es handelt sich um ein im klassischen Dialogstil verfassten Text Vaithiyanathans mit insgesamt 216 Fragen und Antworten für fundamentalen Fragen des Saiva Siddhanta. Die bereits beschriebene Fokussierung auf einen „Kanon im Kanon" findet sich auch in diesem Werk wieder. Überprüft man lediglich die direkten Zitate beziehungsweise indirekte Verweise auf klassische Texte in den *Grundsätzlichen Lehren*, fällt ein deutlicher Fokus auf, der sich mit der Schwerpunktsetzung des Lehrplans deckt. Von den insgesamt 121 zitierten Textstellen, die als Nachweise aus der klassischen Literatur die Antworten belegen, entfallen alleine 57 auf das *Sivagnana Siddhiyar*, also den Text, der zusammen mit dem *Sivagnana Botham* in acht Sitzungen des Studienprogramms behandelt wird. Arulnandi ist damit deutlich der meist zitierte Autor der *Grundsätzlichen Lehren*. Mit elf Referenzen entfällt auf das *Sivagnana Mapadiyam*, das selbst nicht Teil der Lektüreliste ist, die zweithöchste Zahl von Zitationen. Das *Sivagnana Botham* Meykandas selbst erscheint lediglich sechs Mal im Buch. Aus den kanonischen Texten Umapatis wird in den *Grundsätzlichen Lehren* insgesamt 22 Mal zitiert. Die *Tirumurai*, der *Tirukkural* sowie Veden und *Siva-Agamas* tauchen sehr selten auf. Verse des nicht-kanonischen Tayumanavar erscheinen immerhin drei Mal in den *Grundsätzlichen Lehren*. Diese Übersicht über die rein quantitative Verteilung der literarischen Referenzen bestätigt deutlich das Hauptaugenmerk, den das Saiva Siddhanta Studienprogramm innerhalb des formalen textuellen Kanons legt. Die *Saiva Siddhanta Sastras* spielen dabei eindeutig die größte Rolle. Auffällig ist zudem, dass die kanonischen *Pandara-Sastras* gar nicht vorkommen, wohingegen die unkanonischen

Schriften Sivagnana Munivars relativ prominent in den *Grundsätzlichen Lehren* erscheinen. In abgeschwächter Form gilt dies auch für Tayumanavar.

Neben den *Grundsätzlichen Lehren* und dem Lehrplan, wird die folgende Bearbeitung weitere Äußerungen von Verantwortlichen des Studienprogramms einbeziehen. Hierzu gehören nicht nur die Interviews, die ich mit verschiedenen Funktionsträgern führen konnte, sondern auch die Kursbroschüren oder die Homepage des Adhinam sowie kleinere Publikationen, die im Umfeld des Studienprogramms erschienen sind. Es handelt sich hierbei um Hefte, die von verschiedenen Adhinam-Gelehrten ausdrücklich als „Hilfsbücher" (*tuṇai nūl*) für die Teilnehmenden des Saiva Siddhanta Studienprogramms geschrieben wurden.[1] Diesen schriftlichen Artikulationen von Vertretern des Adhinam sollen zusätzlich wissenschaftlich-indologische und vor allem sivaitische Interpretationen der Saiva Siddhanta Lehre und ihrer kanonisierten Werke anbei gestellt werden, um die Position des Adhinam in der Auseinandersetzung um Saiva Siddhanta in den letzten 150 Jahren auch historisch einordnen zu können. Hierbei wird sich zeigen, dass diese Einschätzungen eine global verflochtene und moderne Genealogie aufweisen. Der sivaitische Diskurs in Tamil Nadu ist seit dem 19. Jahrhundert eng mit indologischer Forschung verwoben. Sivaitische Aktivisten, westliche Missionare, christliche Theologen und Tamilisten aus Südindien und anderen Teilen der Welt haben sich immer wieder gegenseitig rezipiert, kritisiert und bestätigt, wie im Folgenden deutlich gezeigt werden soll.

1. Der Lektürekanon

Die Bücher, die im Rahmen des Saiva Siddhanta Studienprogramms ausgegeben werden, sind laut der Direktion ausschließlich über den Thiruvavaduthurai Adhinam erhältlich: „Diese Bücher werden nur für die Studenten, die am Kurs teilnehmen, zur Verfügung gestellt. Diese kann man sonst nirgendwo erwerben. *Diese sind nicht zum Verkauf.* [Herv. i. O.]"[2] Dass die Regelung jedoch auch Ausnahmen kennt, zeigt etwa der 10. Band jener Kursbücher, der durch eine dem Adhinam nahestehende sivaitische Organisation anlässlich einer monatlichen Veranstaltung in

[1] Kuñcitapātam 2014; Murukavēḷ 2010; Veḷḷaivāraṇam 2010a; 2010b; 2010c; 2010d; Vaittiyanātaṉ 2008a.

[2] „*innūlkaḷ payiṟci maiyattil payilum māṇavarkaḷukku maṭṭumē vaḻaṅkappaṭukiṉṟaṉa. ivaṟṟai vēṟu eṅkum peṟa iyalātu.* ***ivai viṟpaṉaikku alla***." Vaittiyanātaṉ 2007, (payiṟci maiya-t tōṟṟamum vaḷarcciyum).

Coimbatore 2011 verteilt wurde. Dennoch soll durch die relativ exklusive Bezugsmöglichkeit des Textmaterials gewährleistet werden, dass die bereitgestellte Literatur zumindest zunächst in die eigene Deutung des Adhinam im Rahmen des Studienprogramms eingebettet ist. Allerdings übersteigt die Lektüre bei weitem den während der Kurstage verhandelten Stoff. Daher sind die ausgegebenen Bücher in erster Linie dazu gedacht, dass die Teilnehmenden diese zu Hause zum Selbststudium und als Vorbereitung auf die Abschlussprüfungen nutzen.

Die Gebühren für die Kursbücher betragen 300 Rupien. Dies deckt zwar laut Aussage des Direktors Kandaswami in keiner Weise die eigentlichen Druckkosten, jedoch sieht er die Verbreitung der relevanten Lektüre als ausdrücklichen Dienst an den Studierenden.[3] Die Bücher werden jedes Jahr speziell für die Teilnehmenden des Saiva Siddhanta Studienprogramms im Auftrag des Direktors durch den Adhinam gedruckt und gemäß des Lehrplans an die lokalen Zweigstellen versandt:[4]

> „Die Studierenden werden aufgefordert, diese [Bücher] in den jeweiligen Zweigstellen, in denen der Unterricht stattfindet, bei den Organisatoren abzuholen. Die Bücher werden entsprechend des Unterrichts[fortschritts] an die Organisatoren verschickt."[5]

Es handelt sich hierbei um 39 Bücher, die in zehn Bänden auf insgesamt über 3.300 Seiten die textuelle Basis der Saiva Siddhanta Lehre des Thiruvavaduthurai Adhinam bilden. Die 39 Bücher wurden alle – bis auf den zehnten Band, der vom Dichter-Gelehrten Kunjithapatham zusammengestellt und erläutert wurde – durch den ehemaligen Direktor des Programms, Vaithiyanathan, herausgegeben. Die vier einführenden Bücher hat er vollständig selbst verfasst. Die übrigen 35 Bücher enthalten klassische Kerntexte oder führen in solche aus Saiva Siddhanta-Sicht ein. Sie wurden größtenteils von Vaithiyanthan jeweils mit einem Kommentar in gegenwärtigem, umgangssprachlichem und leicht verständlichem

---

[3] „*[W]e use to collect money for the books. But the cost for the books, if you work it out, is more than what they pay. [...] All in all we give about 15 different books, and the cost itself will be more than what they are paying, but still we do it as a service.*" Interview mit Kantacuvāmi 2012.

[4] „*The books will be given one by one according to the syllabus and the time-table. So the books will be printed and distributed accordingly by the organizer.*" Interview mit Kantacuvāmi 2012.

[5] „*ivaṟṟai māṇavarkaḷ, vakuppu naṭaipeṟum kiḷai maiyattiṟku-c ceṉṟu, amaippāḷarkaḷiṭamiruntu peṟṟu-k koḷḷumpaṭi-k kēṭṭukkoḷḷappaṭukiṟārkaḷ. pāṭam naṭaipeṟuvataṟku ēṟpa, avvappoḻutu, kiḷai maiya amaippāḷarukku, nūlkaḷ aṉuppi vaikkappaṭum.*" Vaittiyanātaṉ 2007, (pāṭa nūlkaḷai-p peṟum muṟai).

Tamil versehen, der die Lektüre der klassischen Tamiltexte für die Studierenden erleichtern soll.[6]

Die Bücher der Lektüreliste lassen sich in fünf Kategorien gliedern, die größtenteils auf bestehende Kanones und andere einflussreiche tamilische Texte zurückgreifen: 1.) Einführende Bücher in Sivaismus und Saiva Siddhanta; 2.) Texte der *14 Saiva Siddhanta-Sastras*; 3.) Texte der *14 Pandara-Sastras*; 4.) Texte der *Zwölf Tirumurai*; 5.) Der *Tirukkural*. Im Folgenden werden die Bücher gemäß dieser Gliederung kurz vorgestellt, die sich von der vom Adhinam veröffentlichten Abfolge der Bücherausgabe unterscheidet.[7] Hierdurch soll deutlich werden, welche Auswahl von Texten das Studienprogramm des Thiruvavaduthurai Adhinam trifft, die für die eigene Lehre des Saiva Siddhanta reklamiert werden. Der Fokus der Darstellung liegt dabei auf jenen insgesamt 35 Büchern der Lektüreliste, die klassische tamilische Texte enthalten und behandeln. Diese werden von den Vertretern des Studienprogramms als kanonische Saiva Siddhanta Werke betrachtet.

Die folgende Darstellung wird sich an dieser Stelle auf ausgewählte Angaben beschränken. Zunächst wird hierzu der Titel der Bände und der darin enthaltenen Bücher sowie der Umfang der Gesamtpublikation vorgestellt. Des Weiteren werden, auch unter Zuhilfenahme indologisch-philologischer Forschungsergebnisse, die heute etablierten Autoren der Texte, ihre Datierung und zentralen formalen Eigenschaften und für das Saiva Siddhanta Verständnis wichtige intertextuelle Referenzen der Werke genannt, um diese so historisch verorten zu können. In diesem Zusammenhang muss erwähnt werden, dass gerade die Datierung der Texte in dem meisten Fällen umstritten und oftmals historisch wenig aufgearbeitet ist. Forschungsgeschichtlich scheint sich aber seit dem späten 19. Jahrhundert immerhin für die *14 Siddhanta Sastras*, die einen Großteil des Textkorpus des Studienprogramms einnehmen, eine bestimmte zeitliche Bestimmung sedimentiert zu haben. Dominic Goodall hat darauf hingewiesen, dass diesbezüglich innerhalb tamilistisch-indologischer Forschung die Chronologie Mariasusai Dhavamonys[8] einen autoritativen Stellenwert einnimmt.[9] Da sich diese Datierung mit der Interpretation des Thiruvavaduthurai Adhinam deckt, wird sie hier wiedergegeben.[10] Der frühen Publikationsgeschichte der tamilischen

---

[6] „*mēṟkaṇṭa 39 nūlkaḷukkum, taṟkāla-t tamiḻ naṭaiyil eḷitil purintu koḷḷumpaṭi urai eḻutappaṭṭuḷḷaṉa.* ***paṇṭāra cāttirarriṟku āṉa-p pulavar tiru. cu. kuñcitapātam avarkaḷ urai eḻutiyuḷḷārkaḷ****. [Herv. i. O.]*“ Vaittiyanātaṉ 2007, (pāṭa nūlkaḷai-p peṟum muṟai).

[7] Für diese Reihenfolge, siehe Tabelle 2.

[8] Dhavamony 1971. Vgl. auch Pechilis Prentiss 1996, 237. Für in Einzelfällen um wenige Jahre abweichende Datierungen siehe z.B. Ñāṉakumāraṉ 1995, 49; Zvelebil 1995.

[9] Goodall 2004, xxxii, Fn. 43.

[10] Vgl. Thiruvavaduthurai Adhinam 2015, 9–11; Krishnamoorthy 2003, 225–226.

Schriften, die nachweisbar Mitte des 19. Jahrhunderts beginnt, wird in Fußnoten Rechnung getragen. Diese Angaben zu den Texten, soweit sie nachvollziehbar sind, werden in Form einer Tabelle im Anhang dieser Arbeit übersichtlich dargestellt. Die durchaus unterschiedliche Relevanz der Texte für das Studienprogramm wird im nächsten Gliederungsabschnitt zur Saiva Siddhanta Lehre näher behandelt.

1.1. Einführende Bücher

Die einführenden Texte des Lektürekanons bestehen aus insgesamt vier Büchern, die auch nominell am Beginn der Literaturliste stehen und damit deren ersten beiden Bände ausmachen. Es handelt sich dabei um einleitende Überblicksschriften und Nachschlagewerke, die von Vaithiyanathan speziell für die Studierenden des Saiva Siddhanta Kurses verfasst wurden. Der erste Band des Lektürekanons enthält zwei Bücher als historische Einführungen, namentlich die „Geschichte der Saiva Religion" (*caiva camaya varalāṟu*) und die „Geschichte der Zwölf Tirumurai" (*paṉṉiru tirumuṟai varalāṟu*). Dieser Band liefert überblicksartige Hintergrundinformationen zu den wichtigsten Texten und Autoren der sivaitischen Literatur, wonach diese Tradition mit den Veden (*vētam,* Skt. *veda*) und den von Siva offenbarten sanskritischen 28 „Siva-Agamas" (*civākamam,* Skt. *śiva āgama*)[11] beginnt und die tamilischen Kanones der *Zwölf Tirumurai* und der *14 Siddhanta-Sastras* inkludiert. Die beiden Bücher umfassen zusammen 232 Seiten.

Der zweite einführende Band gliedert sich ebenfalls in zwei Bücher mit insgesamt 228 Seiten. Das erste Buch dieses Bandes trägt den Titel „Grundsätzliche Lehren des Saiva Siddhanta (Probleme und Antworten)" (*caivacittānta aṭippaṭai-k koḷkaikaḷ (taṭaikaḷum viṭaikaḷum)*)[12] und stellt eine programmatische Bestimmung des Saiva Siddhanta dar. Das zweite Buch, das „Saiva Siddhanta Fachwörterbuch" *(caivacittānta-k kuṟiyīṭṭu-c collakarāti)*,[13] wird vom Studienprogramm ausdrücklich als Wörterbuch (*akarāti*) bezeichnet und bietet die Möglichkeiten Fachtermini des Saiva

---

[11] Die *Siva-Agamas* sind Teil der Textgattung der *Agamas*, deren genaue Entstehungszeit und Zahl unbekannt ist, frühestens wohl aber aus dem 7. oder 8. Jahrhundert stammen. Neben den, für die sivaitische Tradition, fundamentalen 28 *Siva-Agamas* (*mūlākama*) existieren mehr als zweihundert zweitrangige *Agamas* (*upākama*). Die ersten Publikationen einiger dieser Sanskrit-Texte begannen 1881. Die erste tamilische Übersetzung eines der *Agamas* stammt von 1887, vgl. Irājacēkaraṉ 2008, 61–63. Englische Übersetzungen dieser Texte gibt seit den 1950er das *Institut Français de Pondichéry* unter Leitung von N. R. Bhatt heraus, vgl. Bhatt 1955.

[12] Im Folgenden als „Grundsätzliche Lehren" abgekürzt.

[13] Im Folgenden als „Fachwörterbuch" abgekürzt.

Siddhanta nachzuschlagen.[14] Da dieser Band aus *Grundsätzlichen Lehren* und *Fachwörterbuch* eine der Hauptquellen für die spätere Analyse der Saiva Siddhanta Lehre des Adhinam im Rahmen des Lehrplans darstellt, seien diese beiden Schriften an dieser Stelle etwas detaillierter vorgestellt.

Das *Fachwörterbuch* umfasst etwa 2.000 in den *Saiva Siddhanta Sastras* vorkommende Begriffe, für die eine Bedeutung genannt wird (*poruḷ kūṟu*). Der Autor Vaithiyanathan macht deutlich, dass es sich hierbei um ein monumentales Werk (*mūlaccāṉṟu*)[15] handele, das für Studierende des Saiva Siddhanta Studienprogramms sehr hilfreich sei. Vaithiyanathan ist sich durchaus bewusst, dass die Lektüre klassischer Tamil-Literatur, wie sie das Studienprogramm vorsieht, für heutige Leser schwierig sein kann, wenn sie mit der philosophischen Fachsprache des Saiva Siddhanta nicht vertraut sind. Daher war es den Verantwortlichen des Thiruvavaduthurai-Netzwerks besonders wichtig, ein solches Wörterbuch zum besseren Verständnis der Bedeutungen der Fachtermini (*kuṟiyīṭṭu-c collakarāti*) in die Pflichtlektüre aufzunehmen.[16] Das Studienprogramm will hiermit in erster Linie sicherstellen, dass etwaige Lektüreschwierigkeiten durch dieses Glossar behoben werden. Besonders bedeutsam ist ein solches Wörterbuch aber auf einer weiteren Ebene: die Adhinam-Organisation bestimmt hierdurch, welches Vokabular des Saiva Siddhanta so wichtig ist, dass es durch nähere Beschreibungen erklärt werden muss. Darüber hinaus nehmen die Leiter des Studienprogramms eine autoritative Definition dieser Worte vor und geben ihnen eine „offizielle" Bedeutung (*poruḷ*).

Die *Grundsätzlichen Lehren* sind ausdrücklich als erläuternde Einführung verfasst, als ein Buch, das die eigene Religion (*camayam*) erklären soll.[17] Es ist in der Form eines Dialogs zwischen Lehrer und Schüler ge-

---

[14] Die Bedeutung „Wörterbuch" oder auch „Lexikon" für „*akarāti*" ist sehr gebräuchlich. Um jedwedem Missverständnis vorzubeugen, gibt das Vorwort dieses Buches die englische Bedeutung „*dictionary*" in Klammern für *akarāti* an. Nach gleichen Muster wird auch „*kuṟiyīṭṭu-c collakarāti*" durch das englische „*technical terms*" in Klammern ergänzt. Vaittiyanātaṉ 1995a, (muṉṉurai).

[15] Für diese Einschätzung zitiert Vaithiyanathan seinen eigenen Lehrer Muru. Pala. Iratna Chettiyar, der an der Arbeit am Wörterbuch beteiligt gewesen war. Zur zusätzlichen Verstärkung dieser Aussage, die wiederum explizit als eine die Wichtigkeit des Buches unterstreichende Botschaft an alle Studierenden betont wird, wird auch hier dem tamilischen Terminus „*mūlaccāṉṟu*" die englische Bedeutung „*monumental work*" in Klammern nachgestellt. Vaittiyanātaṉ 1995a, (muṉṉurai).

[16] Vaittiyanātaṉ 1995a, (muṉṉurai).

[17] Dies wird so explizit im Buch formuliert im Kontext einer Passage, die erläutert, warum bestimmte Lehren anderer Traditionen hier nicht besprochen werden: „daher gibt es keine Erwähnung in diesem Buch über sie [die anderen Lehren, da dieses Buch dazu da, ist unsere Religion zu erklären." (*eṉavē, avaṟṟai-k kuṟittu namatu camaya-t tattuvaṅkaḷai-t teḷivataṟkāka eḻuttappaṭṭa innūlil, ētum kuṟippiṭa-p peṟavillai*) Vaittiyanātaṉ 1995a, 23.

schrieben und umfasst insgesamt 216 grundsätzliche Fragen,[18] die thematisch in 14 Abschnitte unterteilt sind und aus Sicht des Saiva Siddhanta beantwortet werden. Diese Methode von Problemstellung/Frage – Antwort (*taṭai – viṭai muṟai*) wird als einfaches und wissenschaftliches Schema verstanden, um die komplexen Themen des Saiva Siddhanta für die Studierenden erlernbar zu machen. Ausgesprochenes Ziel des Buches ist es, die Lehren des Saiva Siddhanta mit dem Prinzip von Ursache und Wirkung (*kāraṇa – kariya*) in Einklang zu bringen. Das Buch sei absichtlich in einer Form verfasst worden, die ausführliche Auskunft (*teḷivāṉa viḷakkam*) zu den verschiedenen Grundlehren des Saiva Siddhanta zu geben vermag. Das basale Frage-Antwort-Schema zeichnet sich laut Vaithiyanathan besonders dadurch aus, dass es bei der Vermittlung wissenschaftlicher Themen (*aṟiviyal paṟṟiya ceyti*) völlig gebräuchlich sei.[19] Jenem Modell wird nicht nur wissenschaftliche Plausibilität unterstellt, sondern es gilt innerhalb des tamilischen Saiva Siddhanta geradezu als klassische rhetorisch-argumentative Form der Wissensproduktion, die sich in etlichen der *Sastra*-Texte finden lässt[20] und derer sich auch in rezenten Saiva Siddhanta Publikationen bedient wird.[21] Die *Grundsätzlichen Lehren* versuchen, den Teilnehmenden des Studienprogramms einen gemeinsamen Wissensstand zu vermitteln, der das Fundament für die philosophische Siddhanta-Lehre im Verlauf des Kurses bildet. Die *Grundsätzlichen Lehren* und das *Fachwörterbuch* „sind Werkzeuge, die helfen, die Lehren des Saiva Siddhanta zu verstehen."[22] Sie sind also Hilfsmittel, um die Basiswerke (*mūla nūl*), also die kanonischen Texte der Kurslektüre, die in klassischem Tamil verfasst sind, zu studieren und Klarheit über deren Bedeutung zu erlangen.[23]

An den Eigenschaften dieser Grundlagenwerke der Kurslektüre zeigt sich, dass diese als fundamentale und kategorale Nachschlagewerke zu den Lehren des Saiva Siddhanta konzipiert sind. Durch Sprache, Stil und Struktur beider Bücher sind sie zugänglicher für die Teilnehmenden als etwa die klassisch-kanonischen Texte und daher besonders geeignet, sich

[18] Die Nummerierung listet lediglich 215 Fragen, jedoch wird Frage 103 übersprungen, wohingegen die Nummerierungen 188 und 189 wiederholt werden. Siehe Vaittiyanātaṉ 1995a, 51 bzw. 95–96.

[19] *„aṟiviyal paṟṟiya ceytikaḷai-t taṭai – viṭai muṟaiyil aṟintu koḷvatu ōr eḷiya yutti ākum."* Vaittiyanātaṉ 1995a, (muṉṉurai).

[20] Siehe Pechilis Prentiss 1996, 246.

[21] Das gilt sowohl für Publikation des Thiruvavaduthurai Adhinam, siehe z. B. folgende Saiva Siddhanta Broschüren eines Adhinam-Gelehrten, siehe Veḷḷaivāraṇam 2010b; 2010d. Gleiches Schema findet sich aber auch in Saiva Siddhanta Einführungen anderer Provenienz, siehe hierzu bspw. Venkatachalam 2007.

[22] *„caiva cittānta koḷkaikaḷai eḷitil purintu koḷvataṟkuriya karuvi nūḷkal ākum."* Vaittiyanātaṉ 1995a, (muṉṉurai).

[23] Vgl. Vaittiyanātaṉ 1995a, (muṉṉurai).

mit den grundsätzlichen philosophischen Ideen des Saiva Siddhanta vertraut zu machen. Da diese Einführungen somit die Lehre des Saiva Siddhanta des Adhinam programmatisch vorstellen und lehrhaft aufbereiten, ist es sinnvoll, diese als Hauptquelle für die spätere Analyse zu verwenden. Insbesondere die *Grundsätzlichen Lehren* werden hier als Folie verstanden, vor der sich die Lehre des Saiva Siddhanta im Studienprogramm einordnen lässt.

1.2. Texte der 14 Saiva Siddhanta Sastras

Der Lektüreplan des Saiva Siddhanta Studienprogramms enthält die 14 philosophischen Texte von sechs verschiedenen Autoren, die als expliziter Saiva Siddhanta verstanden werden. Diese werden als „Saiva Siddhanta Sastras" (*caiva cittānta cāttiraṅkaḷ*) oder synonym als „Meykanda Sastras" (*meykaṇṭa cāttiraṅkaḷ*) bezeichnet. Alle diese Texte sind erstmals Mitte des 19. Jahrhunderts publiziert worden.[24] Vor allem seit kurz vor der Jahrhundertwende wurden die *Sastra*-Texte (und Saiva Siddhanta Themen im Allgemeinen) in der reformistische Monatsschrift „The Light of Truth or Siddhanta Deepika"[25] übersetzt und besprochen. Die Zeitschrift, die aktiv am englischsprachig-orientalistischen Diskurs teilnahm, gilt als Sprachrohr der zeitgenössischen Bemühungen um eine „Wieder-

[24] Die erste vollständige tamilische Publikation der Grundtexte (*mūlam*) dieser *14 Sastras* ohne die jeweiligen zentralen Kommentare erschien 1866 in vier Teilen durch Madurai Nayakam Pillai (*Maturai Nāyakam Piḷḷai*). 1871 wurden die Sastras einzeln mit dazugehörigen Kommentaren (*urai*) durch Shanmuga Sundara Mudaliyar (*Caṇmuka Cuntara Mutaliyār*) veröffentlicht. 1897 gab Kanchi Nagalinga Mudaliyar (*Kāñci Nākaliṅka Mutaliyār*) alle 14 *Saiva Siddhanta Sastras* mit ausführlichen Kommentaren als „*meykaṇṭa cāttiram (mūlamum uraiyum)*" (Mudaliyār 1897) heraus, letztere beiden Editionen scheinen in zeitgenössischen Siddhanta-Kreisen verbreitet gewesen zu sein, wie die Referenz des Siddhanta-Aktivisten J. M. Nallaswami Pillai eingangs seiner Übersetzung eines der *Sastra*-Texte von 1913 nahelegt, Nallaswami Pillai 1913, li. Vgl. zur Publikationsgeschichte Irājacēkaraṉ 2008, 246. In der Forschungsliteratur taucht als früheste Publikation i.d.R. die Ausgabe der *Siddhanta Sastras* von 1897 auf, vgl. Dhavamony 1971, 175.

[25] Im Folgenden abgekürzt als *Siddhanta Deepika*. Die Zeitschrift erschien in 14 Jahrgängen zwischen Juni 1897 und Mai 1914. Der Untertitel änderte sich mehrfach. Die erste Ausgabe war beispielsweise mit „*A Monthly Journal Devoted to Religion, Philosophy, Literature, Science &c.*" untertitelt, während sich in der letzten Ausgabe, folgender Zusatz fand: „*A Monthly Journal devoted to the Search for Truth as revealed in the Ancient Hindu Mystic Philosophy known as the Śaiva Siddhanta or Āgamānta an in the Tamil language*". Eine der wenigen ausführlichen Bearbeitungen der Publikation findet sich bei Harlass 2012; 2017.

belebung" des Saiva Siddhanta in Tamil Nadu und wurde vom bereits erwähnten Siddhanta-Aktivisten J. M. Nallaswami Pillai herausgegeben.[26]

Vier Philosophen gelten innerhalb der tamilischen Siddhanta-Tradition als die großen „philosophischen Lehrer" (*cantānācariyar*),[27] namentlich sind das Meykanda (*Meykaṇṭatēvār*), Arulnandi Sivacharya (*Aruḷnanti Civācāriyar*), Maraignana Sampantar (*Maṟaiñāṉa Campantar*) und Umapati Sivacharya (*Umāpati Civācāriyar*), wobei Maraignana Sampantar wohl keine eigenen Werke verfasst hat. Die Kanonizität der 14 Texte, die zwischen dem 12. und dem frühen 14. Jahrhundert entstanden sein sollen, wird sowohl innerhalb sivaitischer Debatten als auch in indologischer Forschung in der Regel anerkannt. Im Folgenden werden die Bücher in der Reihenfolge der Lektüreliste bearbeitet, die sich nicht an der klassischen chronologischen Aufzählung orientiert, sondern wohl aus didaktischen Gründen für den Kurs so angeordnet wurde.

Tiruvuntiyar, Tirukkalirru Padiyar, Unmai Vilakkam

Der Darstellung der *14 Siddhanta Sastras* im Saiva Siddhanta Studienprogramm beginnt mit einem Band, der drei Bücher mit insgesamt 166 Seiten enthält. Das erste Buch dieses Bandes, das „Tiruvuntiyar" (*tiruvuntiyār*),[28] gilt als frühestes Werk der 14 *Saiva Siddhanta Sastras*. Es wird Tiruviyalur Uyyavanta Tevanayanar (*Tiruviyalūr Uyyavanta Tēvanāyaṉār*) zugeschrieben, beinhaltet 45 dreigliedrige Verse und ist wohl um 1147 entstanden.

Die Entstehungszeit des Textes des zweiten Buchs, das sogenannte „Tirukkalirru Padiyar" (*tirukkaḷiṟṟu-p paṭiyār*)[29] des Tirukkatavur Uyyavanta

[26] In der Forschung wird daher i.d.R. vom „Saiva Siddhanta Revival" gesprochen, vgl. u.a. Bergunder 2010; Nehring 2010.

[27] In Abgrenzung zu den „religiösen Lehrern" (*camay ācariyar*), namentlich den Autoren des *Tevaram* und des *Tiruvacakam*. Diese Einteilung in frühere „religiöse Lehrer" und spätere „philosophische Lehrer" findet sich sowohl in der Literatur des Adhinam, siehe z. B. Krishnamoorthy 2003, 225, als auch in der indologischen Forschung, siehe u.a. Zvelebil 1995, 435, 74, 418, 720. Ebenso auch in populärwissenschaftlichen Publikationen, siehe Venkatachalam 2007, 171–187. Alternativ wird diese Einteilung auch mit „religiöse Gurus" (*camaya kuravar*) und „spirituelle Gurus" (*cantāna kuravar*) bezeichnet, siehe Gangadharan 1992, 3.

[28] Zu den frühesten tamilischen Veröffentlichungen des *Tiruvuntiyar*, ab 1866 im Rahmen der *14 Siddhanta Sastras*, siehe Tabelle 1. Erste englischsprachige Bearbeitungen und Teilübersetzungen mit einer inhaltlichen Zusammenfassung erschienen 1907 in der Zeitschrift „Siddhanta Deepika", vgl. Subramaniam 1907, 175–190, 251–277 und Subramaniam 1914, 193–207. Für übersetzte Ausschnitte mit Erläuterungen siehe Dhavamony 1971, 175–182.

[29] Zu den frühesten tamilischen Veröffentlichungen des *Tirukkalirru Padiyar*, siehe Tabelle 1. Eine Übersicht und Teilübersetzung bietet Dhavamony 1971, 183–199.

Tevanayanar (*Tirukkaṭavūr Uyyavanta Tēvanāyaṉār*), der ein Schüler seines Namensvetters gewesen sein soll, wird auf das späte 12. Jahrhundert (ca. 1177) datiert. Das *Tirukkalirru Padiyar,*[30] das 100 Verse enthält, gilt als poetische Ausarbeitung des früheren *Tiruvuntiyar* und ist als Lehrgespräch zwischen dem Schüler Tirukkatavur Uyyavanta Tevanayanar und seinem Guru Tiruviyalur Uyyavanta Tevanayanar strukturiert. Das Werk enthält sehr viele Referenzen zu den klassischen 63 tamilisch-sivaitischen *bhakti*-Heiligen und ihren Wundertaten, deren kanonisierte Biographien im Epos „Periyapuranam" (*periya purāṇam*) als Teil der *Zwölf Tirumurai* dargelegt werden.[31] Weiterhin verweist das *Tirukkalirru Padiyar* mehrfach auf den *Tirukkural* und das *Tiruvacakam* als autoritative Texte.

Die 54 Verse des „Unmai Vilakkam" (*uṇmai viḷakkam*)[32] bilden das dritte Buch des dritten Bandes der Pflichtlektüre. Der Text stammt aus der Mitte des 13. Jahrhunderts (ca. 1255) und wird Manavacakam Kadantar (*Tiruvatikai Maṉavācakaṅkaṭantār*) zugesprochen, der einer der 49 Schüler Meykandas gewesen sein soll, welcher in diesem dialogischen Text als der Guru auftritt.

Siddhanta Addakam

Der Name „Siddhanta Addakam" (*cittānta aṭṭakam*)[33] beschreibt heute die in diesem Band herausgegebenen acht kanonischen Werke, als deren Autor der Saiva Siddhanta Philosoph Umapati Siva aus dem frühen 14. Jahrhundert gilt.[34] Umapatis Texte sind im Rahmen der Pflichtlektüre auf

---

[30] Eine detaillierte Analyse und Behandlung der Datierungsfrage sowie die erste vollständige Übersetzung des *Tirukkalirru Padiyar* mit Transkription des tamilischen Originals hat vor kurzem R. Balasubramanian vorgelegt, Balasubramanian 2007.

[31] Für eine Übersicht siehe Balasubramanian 2007, 124–129.

[32] Schon vor 1865 muss eine tamilische Version des Textes veröffentlicht worden sein, wie Murdochs Katalog nahelegt. Leider enthält die Angabe in diesem Katalog keine weiteren Informationen, sondern nur die Nennung des Titels selbst. Vgl. Murdoch 1865, 137. Ab 1866 finden sich mehrere Veröffentlichungen des *Unmai Vilakkam* als Teil der ersten tamilischen *Siddhanta-Sastra* Publikationen, siehe Tabelle 1. Die erste Prosa-Übersetzung wurde 1902 durch J. M. Nallaswami Pillai vorgelegt, Nallaswami Pillai 1902, SD V., 11.165-168.

[33] Der Name *Siddhanta Addakam* für die Umapati zugeschriebenen Texte wurde laut Rajasekaran erst um 1859 durch einen Schüler Madurai Nayakam Pillais (Maturai Nāyakam Piḷḷai) etabliert, vgl. Irājacēkaraṉ 2008, 247, 385. Eine ausführliche Übersicht über Kommentare, Publikationen und Übersetzungen findet sich bei Arulsamy 1987, 181–188.

[34] Eine historische Einordnung Umapati Sivas findet sich übersichtlich bei Pechilis Prentiss 1996, 240–256. Eine ausführliche Analyse des Werkes Umapatis bietet Arulsamy 1987.

insgesamt 422 Seiten veröffentlicht. Seine acht kanonischen Texte, die alle zu den *14 Saiva Siddhanta Sastras* gerechnet werden, sind: 1.) *civappirakācam,* 100 Verse, ca. 1306; 2.) *tiruvaruṭpayan,* 100 Verse, ca. 1307; 3.) *neñcuviṭutūtu,* 125 Verse, ca. 1311; 4.) *viṉāveṇpā,* 13 Verse, ca. 1308; 5.) *koṭkkavi,* vier Verse, ca. 1309; 6.) *pōṟṟipaḵṟoṭai,* 95 Verse, ca. 1309; 7.) *uṇmai neṟi viḷakkam,* sechs Verse, ca. 1312 8.) *caṅkaṟpa nirākaraṇam*, 20 Verse, 1313.[35]

Umapati wird als Schüler des Maraignana Sampantar betrachtet, wobei letzerer selbst keine schriftlichen Werke hinterlassen haben soll.[36] Das „Vinavenpa" (*viṉāveṇpā*) ist diesem Guru in Form eines dialogischen Lehrgesprächs gewidmet. Sowohl Umapati als auch Maraignana Sampantar zählen zu den vier „philosophischen Lehrern" des Saiva Siddhanta. Als besonders zentral werden heute vor allem das „Sivaprakasam" (*civappirakācam*)[37] und das „Tiruvarudpayan" (*tiruvaruṭpayan*)[38] Umapatis angesehen. Letzteres ist in Stil und Form an das klassische tamilische Werk „Tirukkural" (*tirukkuṟaḷ*) des Tiruvalluvar (*Tiruvaḷḷuvar*) angelehnt und wird im Saiva Siddhanta als komplementär zu diesem verstanden. Speziell das *Sivaprakasam* gilt als Ausarbeitung und Erklärung der Aussagen des „Sivagnana Siddhiyar" (*civañāṉa cittiyār*), einem Werk Arulnandi Sivas, und bezieht sich damit auch auf das „Sivagnana Botham" (*civañāṉapōtam*) Meykandas. Es wird daher als „verwandte Quelle" (*cārpunūl*) zu beiden vorherigen Texten betrachtet. Im *Sivaprakasam* entwirft Umapati in seinem einleitenden Gedicht die „Heilige Kailash

[35] Das *caṅkaṟpa nirākaraṇam* ist das einzige dieser Werke, das sich relativ zweifelsfrei auf 1313 datieren lässt, da es eine konkrete Zeitangabe im Text selbst enthält, vgl. auch Goodall 2004, xxxii, Fn. 43. Eine Übersicht und Zusammenfassung aller Texte bietet Dhavamony 1971, 260–326. Zur Publikationsgeschichte Texte Umapatis ab 1866 siehe Tabelle 1.

[36] Dies wird auch vom Adhinam dezidiert so angenommen, siehe Veḷḷaivāraṇam 2010b, 4. Vereinzelt wird von sivaitischen Autoren wie bspw. von M. Arunachalam (Mu. Aruṇāchalam) die Meinung vertreten, Maraiganan Sampantar hätte einen eigenen Text namens „Satamanikkovai" (*catamaṇikkōvai*) verfasst. Dieser wäre aber fälschlicherweise nicht in den Korpus der Siddhanta-Sastras übernommen worden. Vgl. hierzu, Celvakkaṇapati 2013, 126–129.

[37] Die erste englische Übersetzung stammt von H. R. Hoisington aus dem Jahr 1854, Hoisington 1854b. Den speziellen Aspekt der Erlösung im *Sivaprakasam* hat G. U. Pope 1900 ausführlich in seiner Übersetzung des *Tiruvacakkam* bearbeitet, siehe Pope 1900, xxxix–xlvi. 1865 waren tamilische Zusammenfassungen im Umlauf, die teilweise in Englische übersetzt waren, siehe Murdoch 1865, 135. Die ersten veröffentlichten tamilischen Kommentare erschienen im späten 19. Jahrhundert. Vgl. Gangadharan 1992, 8–9; Zvelebil 1995, 721.

[38] Die erste vollständige Übersetzung wurde von J. M. Nallaswami Pillai unter Aufsicht des Dharmapuram Adhinam 1896 vorgelegt und publiziert, Nallaswami Pillai 1945. Erste Kapitel dieser Übersetzung waren vorher schon im Magazin „Brahmavadin" erschienen, siehe Nallaswami Pillai 1945, 4

Abstammungslinie" von der Offenbarung der sivaitischen Lehren durch Siva, die dann über die ersten mythischen Lehrer, bis hin zu Meykanda, Arulnandi und seinem eigenen Lehrer Maraignana Sampantar verläuft, und die er als direkte Vorgänger ansieht.[39] Sowohl der Adhinam in Thiruvavaduthurai als auch die Institution in Dharmapuram führen ihre personale Genealogie auf Maraignana Sampantar und Umapati zurück. Erwähnenswert ist zudem, dass die Autorenschaft Umapatis für das „Unmai Neri Vilakkam" (*uṇmai neṟi viḷakkam*)[40] und seine Zugehörigkeit zu den *14 Siddhanta-Sastras* in der Forschung und in sivaitischen Kreisen zumindest umstritten ist.[41]

Sivagnana Siddhiyar – Parapakkam, Irupairupatu

Die beiden Texte gelten als Werke des „philosophischen Lehrers" Arulnandi Sivachariyar aus der Mitte des 13. Jahrhunderts.[42] Sie sind für die Literaturliste des Studienprogramms in einem Band auf 238 Seiten zusammengefasst. Das „Sivagnana Siddhiyar – Parapakam" (*civañāṉa cittiyār – parapakkam*) ist einer der Hauptteile des bereits erwähnten Textes *Sivagnana Siddhiyar* von ca. 1254.[43] Dieser Teil, namentlich die ers-

[39] Die Anrufung dieser Vorgänger findet sich im sechsten Gedicht. Eine Übersetzung dieses Gedichts findet sich u.a. bei Arulsamy 1987, 13–14; Hoisington 1854b, 133.

[40] Die erste englische Übersetzung und Erläuterung von J. M. Nallaswami Pillai erschien 1914, Nallaswami Pillai 1914, SD XIV., 5.216–223.

[41] Eine ausführliche Diskussion dieser Frage mit abschließendem positivem Bescheid zu Gunsten Umapatis bietet Arulsamy 1987, 167–174. In seinem Vorwort zur 2. Ausgabe der Übersetzung des Tiruvarudpayan von J. M. Nallaswami Pillai rechnet der Vizepräsident des „Saiva Siddhanta Maha Samajam", S. Satchidanandam Pillai (*Ca. Caccitāṉantam Piḷḷai*), 1945 das *Unmai Neri Vilakkam* einem Schüler Umapatis zu, Nallaswami Pillai 1945, 2. Ebenso Ponniah 1962, 43. Kathleen Koppedrayer ordnet das *Unmai Neri Vilakkam* dem Autor des Unmai Vilakkam Manavacakam Kandantar zu, vgl. Koppedrayer 1990, 140–141, Fn 239.

[42] Beide Texte Arulnandi Sivas sind wohl in der *Sastra*-Sammlung 1866 erstmals auf Tamil publiziert worden, siehe Tabelle 1. Die Bücher, die H. W. Schomerus für seine deutsche Übersetzung verwendete, erschienen erst im späten 19. und frühen 20. Jahrhundert, siehe Schomerus 1981a, 5–6. Nallaswami Pillai bezieht sich in seinem Vorwort zu seiner vollständigen Übersetzung aus dem Jahr 1913 auf die Leistungen von Shanmuga Sundara Mutaliyar, der ab 1871 die Siddhanta-Satras publizierte. Siehe Nallaswami Pillai 1913, v, Fn. §.

[43] Der zweite Hauptteil namens „Sivagnana Siddhiyar – Supakkam" *(civañāṉa cittiyar – cupakkam)* entspricht dem Band 9 der Pflichtlektüre. Der Gesamttext wurde erstmals von J. M. Nallaswami Pillai ins Englische übersetzt, kommentiert und 1913 veröffentlicht, Nallaswami Pillai 1913. Die erste deutschsprachige Übersetzung eines Abschnitts über buddhistische Lehren aus dem Parapakkam-Teil von Karl Graul von 1854 (Graul 1854) hat offensichtlich wenig Aufmerksamkeit erfahren, siehe Nallaswami Pillai 1948, iii. Gleiches gilt für die Bearbeitung des lutherischen Missionar H. W. Schomerus aus dem frühen 20. Jahrhundert. Sein Manuskript, das eine vollständige Übersetzung des tamilischen Textes

ten 301 von insgesamt 629 Versen, präsentieren eine Widerlegung (*parapakkam*) anderer philosophischer Traditionen – unter anderem jainistischer und buddhistischer Lehren[44] – aus Sicht Arulnandis. Der Autor verortet sich in der Tradition Meykandas und beansprucht, im Sinne von dessen *Sivagnana Botham* zu argumentieren. Das *Sivagnana Siddhiyar* gilt daher als spezieller Text der Erklärung, Weiterentwicklung und Ergänzung (*vaḻinūl*) des *Sivagnana Botham.*[45] Das zweite Buch diese Bandes, „Irupairupatu" (*irupā irupaḵtu*) von ca. 1254, ist in 20 Versen verfasst, die ein Lehr-Gespräch zwischen Arulnandi und seinem Lehrer Meykanda darstellen.

Sivagnana Botham

Die ausführliche Darstellung des „Sivagnana Botham" (*civañāṉapōtam*), das der Philosoph Meykanda ca. 1221 verfasst haben soll, ist ein zentraler Band des Lektürekanons des Saiva Siddhanta Studienprogramms. Meykanda fungiert, wie schon gezeigt wurde, als alternativer Namensgeber für die *14 Saiva Siddhanta Sastras.*

Ob das *Sivagnana Botham*[46] eine tamilische Übersetzung und Kommentar zu einem wesentlich älteren Sanskrit-Text aus dem Raurava-Agama (*raurākamam*, Skt. *rauravāgama*) darstellt, welches zu den kanonischen 28 *Siva-Agamas* gehört, oder als originär tamilischer Text verstanden werden muss, ist bis heute – auch in der Forschung – umstritten.

---

des *Sivagnana Siddhiyar* sowie eine Übersetzung des *Sivagnana Botham* beinhaltete, wurde allerdings erst 1973 in seinem Nachlass entdeckt und 1981 in zwei Bänden – in umgekehrter Reihenfolge zum Originaltext – publiziert: Schomerus 1981b.

[44] Für eine übersichtliche Aufstellung der abgelehnten Lehren siehe Schalk 2013, 119. Für Peter Schalk führt Arulnandi durch das *Sivagnana Siddhiyar* eine neue, differenzierte Nomenklatur kategoraler Begriffe für Aspekte von Religion ein. Die abzulehnenden Lehren werden hier beispielsweise entweder als *„nūl"* oder als *„matam"* bezeichnet, Schalk 2013, 118–121.

[45] Zvelebil 1995, 74–75. Dass das *Sivagnana Siddhiyar* als wichtiger Kommentar zum Sivagnana Botham verstanden wird, ist spätestens seit 1865 etabliert, siehe Murdoch 1865, 135.

[46] Die früheste Teilpublikation stammt von P. Percival in der tamilischen Zeitung „Dinavartamani" *(tiṉavarttamāṉi)* und muss vor 1865 erschienen sein, vgl. Murdoch 1865, 135. Vollständige Übersetzungen und Bearbeitungen erschienen in den 1850ern durch den Missionar H. R. Hoisington, Hoisington 1851; 1854a; 1854b. Zur Veröffentlichungsgeschichte des Sivagnana Bothams als Teil der Siddhanta-*Sastras* ab 1866 siehe Tabelle 1. 1895 veröffentlichte von sivaitischer Seite J. M. Nallaswami Pillai eine englische Übersetzung des Textes, Nallaswami Pillai 1984. Diese Übersetzung Nallaswamis gilt noch heutigen Siddhantins als Standard und wird in gekürzter Form auch in populäreren englischsprachigen Werken abgedruckt, siehe Venkatachalam 2007, 192–193. Die erste deutschsprachige Bearbeitung und Übersetzungen finden sich bei H. W. Schomerus, siehe Schomerus 1912; 1981a, 21–38.

Der Sanskrit-Text des *Sivagnana Botham* (Skt. *śivajñānabodha*) und seine Kommentare sind heute relativ unbekannt und kaum publiziert.[47] Die Frage nach der Ursprungssprache des Textes ist ideologisch aufgeladen und wird unterschiedlich beantwortet. Bis ins späte 19. Jahrhundert schienen die Kommentatoren vom sanskritischen Ursprung des Textes auszugehen.[48] Die Debatte um eine eventuelle, originär tamilische Natur des Textes, der demzufolge nachträglich ins Sanskrit übersetzt wurde, begann im frühen 20. Jahrhundert und ist in etlichen Publikationen ab den 1930er Jahren verbürgt.[49] Diese durchaus polemisch geführte Diskussion stand unter dem Eindruck des entstehenden tamilischen Nationalismus und seiner Verbindung zu zeitgenössischen Versuchen der Verbreitung von Saiva Siddhanta.[50] Prominent vorgetragen wurde die „tamilische These" unter anderem vom einflussreichen Siddhanta- und Tamil-Aktivisten Maraimalai Atikal (*Maṟaimalai Aṭikaḷ*) (1876–1950). Die Überlegung wurde auch von den Wissenschaftlern des *Institut Français de Pondichéry* seit den 1950ern nicht mehr ausgeschlossen.[51] In dieser Auseinandersetzung zwischen einer „älteren orthodoxen Sicht"[52] und einer „Schule von unversöhnlichen Extremisten einer besonderen tamilischer Exklusivität"[53] zeigt sich ein massiver Bruch der Siddhanta-Propagandisten des frühen 20. Jahrhunderts. Diese spalteten sich an der Frage um die grundsätzliche Bedeutung, die den Sprachen Sanskrit und Tamil zugemessen werden sollte, in (mindestens) zwei Lager. Diese Spaltung ist in der heutigen tamilischen Saiva Siddhanta Szene, wie unten noch gezeigt werden wird, weiterhin virulent. Das tamilische *Sivagnana Botham* Meykandas besteht in jedem Falle aus zwölf kurzen Sutras (*cūttiram*, Skt. *sūtra*), die wiederum als Essenz der *Agamas* gesehen werden. Diese Sutras werden von Meykanda kommentiert und philosophisch interpretiert.

Die große Bedeutung des *Sivagnana Botham* ergibt sich auch daraus, dass sich zwei weitere zentrale Texte der *Siddhanta-Sastras* mit Meykan-

---

[47] Zum Sanskrit-Text, seiner Publikationsgeschichte, den wichtigsten Kommentaren und einer vollständigen englischen Übersetzung siehe Ganesan 2003.

[48] Vgl. Hoisington 1851, 138; Murdoch 1865, 135; Nallaswami Pillai 1984, iii–iv. H. W. Schomerus spricht 1912 davon, dass das *Sivagnana Botham* „eine Art von Übersetzung von 12 kurzen Sanskrit-Sūtra und eine Art von Kommentar zu denselben" darstellt, Schomerus 1912, 24.

[49] Vgl. u.a. V. Paranjoti 1954, 20; Nilakanta Sastri 1956, 75; Piet 1952, 8–9; Balasubramaniam 1959, xvi–xvii.

[50] Siehe hierzu Venkatachalapathy 2005, 114–142; Vaithees 2015.

[51] Vgl. hierzu Dhavamony 1971, 200–202.

[52] „*The older orthodox view seems to be that Meykaṇṭa-deva translated the twelve Sanskrit slokas*" Piet 1952, 8.

[53] „*School of irreconcilable extremists of extra-Tamilian exclusiveness*" Balasubramaniam 1959, xvi.

das Schrift auseinandersetzen und diese als „Ursprungsbuch" (*mutaṉūl*) anerkennen. Hierbei handelt es sich um die bereits erwähnten Werke *Sivagnana Siddhiyar*, das als nachfolgende Erklärung und Weiterentwicklung (*vaḻinūl*) dieses Originals gilt, sowie das *Sivaprakasam*, das sich als „verwandte Quelle" (*cārpunūl*) auf die beiden früheren Texte bezieht. Heute wird nicht zuletzt das schon mehrfach genannte *Sivagnana Mapadiyam* des Sivagnana Munivar aus der zweiten Hälfte des 18. Jahrhunderts als einer der wichtigsten Kommentare zum *Sivagnana Botham* angesehen.[54]

Sivagnana Siddhiyar – Supakkam

Dieses Buch ist der zweite Teil des oben bereits vorgestellten *Sivagnana Siddhiyar* Arulnandi Sivas, dessen erster Teil als *Sivagnana Siddhiyar – Parapakkam* benannt ist. Das „Sivagnana Siddhiyar – Supakkam" (*civañāṉa cittiyār – cupakkam*) umfasst, in der Publikation für das Studienprogramm, 386 Seiten. Der Text bildet im Gegensatz zum ersten Teil, der eine Widerlegung anderer Lehren beinhaltet, eine positive Bestimmung der eigenen Positionen, unter Einbezug von möglichen Gegenargumenten.[55] Dies geschieht, wie schon erwähnt, in ausdrücklichem Rückbezug auf das *Sivagnana Botham* Meykandas, in 328 Versen.

1.3. Texte der 14 Pandara-Sastras

Der Band „Pandara-Sastras des Thiruvavaduthurai Adhinam" (*tiruvāvaṭuturai ātīṉa-p paṇṭāra cāttiraṅkaḷ*)[56] ist erst seit dem Jahrgang 2008–2009 Teil der Leseliste des Saiva Siddhanta Studienprogramms und als einziges Werk nicht von Vaithiyanathan, sondern vom Adhinam-Gelehrten Kunjithapatham editiert und kommentiert worden.[57] Die Publikation bildet als zehnter Band den Abschluss des Lektürekanons und umfasst 14 Texte auf insgesamt 680 Seiten.

---

[54] Vgl. Ñāṉakumāraṉ 1995, 50–51; Zvelebil 1995, 175–176, 435.

[55] Diese Ansicht ist seit den ersten Übersetzungen etabliert. Siehe z.B.: „*In the Parapakkam, the views of other schools were considered and critisized. In the Supakkam, the Siddhanta is stated and the objections met.*" Nallaswami Pillai 1948, 13.

[56] Kuñcitapātam 2011. Einen kurzen Überblick bietet Celvakkaṇapati 2013, 403–404.

[57] Vaittiyanātaṉ 2007, (payiṟci maiya-t tōṟṟamum vaḷarcciyum).

Bei den *Pandara-Sastras* (*paṇṭāra cāttiraṅkaḷ*)[58] handelt es sich um 14 eigenständige Schriften von vier Angehörigen des Thiruvavaduthurai Adhinam, die entweder selbst Oberhaupt der Institution oder deren Tambirans waren. Als diese vier „großen Lehrer der Pandara-Sastras" (*paṇṭāra cāttira ācāriyar nālvar*) werden folgende Adhinam-Autoren bezeichnet: 1.) Dakshinamurthi Desikar (*Takṣiṇamūrtti Tēcikar*) aus dem 16. Jahrhundert, der als direkter Schüler des Adhinam-Gründers Namasivaya Murthikal gilt; 2.) Ambalavana Desikar (*Ampalavāṇa Tēcikar*), der, ebenfalls im 16. Jahrhundert, dritter Gurumaha Sannidhanam des Adhinam gewesen sein und zehn der 14 *Pandara-Sastras* verfasst haben soll; 3.) Swaminatha Desikar (*Cuvāmināta Tēcikar*), der als Tambiran unter dem siebten Gurumaha Sannidhanam in der zweiten Hälfte des 17. Jahrhunderts verstanden wird; 4.) Perur Velappa Desikar (*Pērūr Vēlappa Tēcikar*), der als Tambiran dem zehnten Oberhaupt des Adhinam im späten 17. Jahrhundert zugeordnet wird.[59] Die *Pandara-Sastras* zeigen inhaltlich starke Einflüsse der *Tirumurai*.[60] Die Werke erwähnen nach der göttlichen Offenbarung des Saiva Siddhanta in Form des *Sivagnana Botham* auf den Berg Kailash namentlich lediglich Meykanda und einen Siddhar Sivaprakasa (*Cittar Civappirakāca Tēcikar*) als Vertreter der eigenen Tradition. Letzterer, der ein Schüler Umapatis gewesen sein soll, wird also als der Lehrer des Lehrers des Gründers des Adhinam verstanden und gehört somit in die Abstammungslinie der Institution. Der Umstand, dass vor allem Umapati in diesen Werken selbst nicht erwähnt wird, obwohl der Adhinam seine personale Genealogie heute eindeutig auf ihn zurückführt, zeigt, dass die frühen Bestimmungen der eigenen Abstammung durch Mitglieder des Adhinam dem vierten „religiösem Lehrer" offensichtlich keine übermäßige Bedeutung zumaßen.[61]

Die *Pandara-Sastras* sind genuine Werke aus der Tradition des Thiruvavaduthurai Adhinam und keine expliziten Kommentare zu früheren Texten. Dennoch verorten sie sich zum Teil dezidiert in einer etablierten Tradition des tamilischen Saiva Siddhanta. Die Inklusion dieser jüngeren Werke in die kanonischen Texte des Studienprogramms kann als deutlicher Versuch des Thiruvavaduthurai Adhinam verstanden werden, sich konkret in die textuelle Saiva Siddhanta Überlieferung einzuschreiben, der mit einem Anspruch auf Deutungshoheit dieser einhergeht. Andere

---

[58] Die *Pandara-Sastras* des Thiruvavaduthurai Adhinam sind vor der Bearbeitung durch Kunjithapatham erstmals in den späten 1950 und 1960er Jahren publiziert worden, allerdings ohne große Aufmerksamkeit zu erregen, siehe Kuñcitapātam 2011, vii.

[59] Vgl. zur Datierung Krishnamoorthy 2003, 225–236. Für eine Aufstellung aller Texte siehe Tabelle 1.

[60] Koppedrayer 1990, 90, Fn 163.

[61] Vgl. Koppedrayer 1990, 142–143.

einflussreiche sivaitische Institutionen Tamil Nadus, wie zum Beispiel der Dharmapuram Adhinam, verfügen über eigene *Pandara-Sastras*.[62] Demzufolge handelt es sich bei diesen Schriften um eine sehr spezifische Textgattung, die hauptsächlich in der institutionellen Überlieferungen eine Rolle spielt.[63]

1.4. Texte der Zwölf Tirumurai

Die Publikation „Saiva Siddhanta in den Zwölf Tirumurai" (*paṉṉiru tirumuṟaikaḷil caiva cittāntam*) besteht aus fünf Büchern auf insgesamt 538 Seiten. Nachdem der erste einführende Band der Kurslektüre, wie bereits angedeutet, in die Geschichte dieser Textkompilation eingeleitet hat, ist jener Band der Kurslektüre den Originalwerken gewidmet und auf folgende Einzelbücher aufgeteilt: „Tevaram" (*tēvāram*), „Tiruvacakam" (*tiruvācakam*), „Tirumantiram" (*tirumantiram*), „Andere Tirumurai" (*piṟa tirumuṟaikaḷ*) und „Periyapuranam" (*periya purāṇam*). Diese Anordnung der Lektüreliste entspricht in groben Zügen der etablierten chronologischen Reihenfolge und wird in der folgenden Präsentation beibehalten.

Die *Tirumurai* sind Hymnen-Dichtungen, die tamilisch-sivaitischen Heiligen der *bhakti*-Tradition (*caiva-p patti neṟi*) zugeschrieben werden, also einer Gruppe von Sängern, die devotionale Poesie zu Ehren Sivas geschaffen haben.[64] Die Entstehungszeit dieser Texte erstreckt sich über sechs Jahrhunderte, von der Mitte des 6. bis ins frühe 12. Jahrhundert. Die Kanonisierung der zwölf Bücher der *Tirumurai,* so wie sie heute unter diesem Namen, der frühestens im 12. Jahrhundert auftaucht, angeordnet werden, geht auf den „philosophischen Lehrer" Umapati des frühen 14. Jahrhunderts zurück. Der Argumentation von Karen Pechilis folgend kann angenommen werden, dass Umapati durch die Approbation dieser sivaitischen *bhakti*-Hymnen, insbesondere der der *Tevaram*-Sammlung und in Abgrenzung zu gleichzeitig existierenden sanskritischen Texttraditionen, eine rein tamilische Genealogie der Saiva Sid-

---

[62] Interview mit Kantacuvāmi 2012. Der Dharmapuram Adhinam verfügt über 13 Texte, vgl. Koppedrayer 1990, 341.

[63] Vereinzelt werden diese Texte zumindest erwähnt und als spätere Siddhanta-Texte anerkannt, vgl. Subramania Pillai 1965, 12; Ramanujachari 1965, ix–x; Ramachandran 1999, 30–31.

[64] Die ersten Gesamtpublikationen aller zwölf Bücher als gemeinsamer Korpus beginnen in der zweiten Hälfte des 20. Jahrhunderts, vgl. Irājacēkaraṉ 2008, 230–233. Zur Geschichte und indologischen bzw. religionsphänomenologischen Bewertung des tamilischen *bhakti* siehe Pechilis Prentiss 1999; Dhavamony 1971, 125–171.

dhanta Philosophie der *14 Siddhanta Sastras* zu konstruieren suchte.[65] Die vom Studienprogramm und den heutigen Siddhantins vertretene Annahme, die eben jene *Tirumurai* als zentrale und organische Vorgängertexte des expliziten Saiva Siddhanta ansieht, spiegelt sich durchaus in der Lektüreliste wider und zeigt, dass sich Umapatis retro-aktive Bestimmung des Saiva Siddhanta verfestigt hat.[66]

Tevaram

Die Sammlung des *Tevaram*[67], die von sivaitischer Seite auch als „tamilisches Veda" (*tamiḻ maṟai/vētam*)[68] bezeichnet wird, umfasst die ersten sieben Bücher der *Tirumurai*. Es handelt sich hierbei um 796 devotionale Hymnen-Gesänge an Tempelgottheiten (*patikam/patiyam*)[69] von drei verschiedenen südindischen *bhakti*-Heiligen.[70] Die Kompilation der Gesänge soll im 11. Jahrhundert durch einen späteren tamilischen Heiligen namens Nampi Andar Nampi (*Nampi Āṇṭār Nampi*) vorgenommen worden sein.[71] Die Hymnen werden folgenden drei Autoren zugeschrieben:

---

[65] Pechilis Prentiss 1996; Pechilis Prentiss 2001a.

[66] Die m.E. anachronistische Idee des impliziten Saiva Siddhanta in den *Tirumurai* bzw. der organischen und kontinuierlichen Entwicklung von *bhakti* zu Saiva Siddhanta ist auch in der Forschung prominent vertreten, siehe z.B. Dhavamony 1971.

[67] Das Wort „*tēvāram*" bedeutete wohl in frühen tamilischen Traditionen „private Vehrung/Anbetung". Als Bezeichnung für die ersten sieben kanonischen Bücher der *Tirumurai* ist der Begriff frühestens seit dem 18. Jahrhundert verbreitet, siehe Dorai Rangaswamy 1990, 1–35.

[68] Die Vereinnahmung des Namens „Fünftes Veda" oder „Tamilisches Veda" ist in Südindien nicht ungewöhnlich. Die Gleichstellung eines Textes mit der Autorität der Veden wird bspw. von vishnuitischer Seite für das „Tiruvayumoli" (*tiruvāymoḻi*) des *bhakti*-Heiligen Nammalvar (*Nammāḻvār*) aus dem späten 9. Jahrhundert beansprucht, siehe hierzu Carman & Narayanan 1989; Narayanan 1994. Mitte des 19. Jahrhunderts vertrat u.a. Arumuka Navalar prominent die Meinung, *Tevaram* und *Tiruvacakam* seien die tamilischen Veden, Nāvalar 1959, 8. Eine Kombination aus *Tevaram*, *Tiruvacakam* und *Tiruvaymoli* als „tamilisches Veda" hat J. M. Nallaswami Pillai 1895 vertreten, vgl. Nallaswami Pillai 1984, vxiii. Wie später noch gezeigt wird, wird in Tamil Nadu auch der *Tirukkural* des Tiruvalluvar mit diesem Beinamen versehen.

[69] Vgl. hierzu Zvelebil 1995, 535.

[70] Zum *Tevaram* und seiner großen Bedeutung im südindischen Kontext siehe Peterson 1989.

[71] Erste tamilische Publikationen der *Tevaram*-Hymnen als gemeinsamer Korpus der ersten sieben *Tirumurai* stammen aus dem frühen 20. Jahrhundert von Kasivasi Sentirataiyar (*Kācivāci Centināraiyār*), unter dem Titel „*tēvāram: vētācam*", vgl. Irājacēkaraṉ 2008, 86. Die ersten Übersetzungen zumindest von Teilen dieses Hymnenkorpus wurden um 1900 in der Zeitschrift Siddhanta Deepika veröffentlicht, z.B. Auszüge aus Appars (Balasubrahmania Mudaliar 1900, SD IV., 2.33–34) und von Sampantars Hymnen (Pope 1911a, SD XII., 4.145; 1911b, SD XII., 4.241–244). Deutsche Übersetzungen von H. W. Schomerus und Arno Lehmann bietet Lehmann 1947.

1.) Tirugnana Sampantar (*Tiruñāṉacampantar*), aus der ersten Hälfte des 7. Jahrhunderts. Seine insgesamt 383 Gesänge werden in drei Teile aufgeteilt und als die ersten drei Bücher der *Tevaram* bezeichnet.[72] 2.) Tirunavukkarasar (*Tirunāvukkaracu*), der vor allem unter dem Namen Appar (*Appar*) bekannt ist, soll ein Zeitgenosse und Bekannter des älteren Tirugnana Sampantars gewesen sein. Seine Wirkungszeit wird etwa auf die Mitte des 7. Jahrhunderts datiert. Appars insgesamt 313 Hymnen werden als viertes und fünftes Buch der *Tirumurai* verstanden.[73] 3.) Suntarar (*Cuntaramūrttināyaṉār*) gilt als der chronologisch späteste *Tevaram*-Sänger und letzter der 63 sivaitisch-kanonischen *bhakti*-Heiligen. Er soll seine Hymnen in der ersten Hälfte des 9. Jahrhunderts verfasst haben. Suntarars 100 überlieferte Gesänge, die als das siebte Buch des *Tirumurai*-Korpus gelten, erwähnen Tirugnana Sampantar und Appar als große Lehrer. Der 39. Hymnus namens *tirurroṇṭattokai* nennt die 63 kanonisch-sivaitischen *bhakti*-Heiligen, als deren Abschluss Suntarar sich selbst bezeichnet.[74]

Tiruvacakam

Das *Tiruvacakam*[75] des Manikkavacakar (*Māṇikkavācakar*) stammt vermutlich aus dem 9. Jahrhundert.[76] Das Werk, das aus insgesamt 51 Hym-

---

[72] Die Hymnen Sampantars sind in Tamil 1864 schon von Kanchi Sabhapati Mutaliyar (*Kāñcipuram Capāpati Mutaliyār*) und Tirumayilai Supparaya Gnaniyar (*Tirumayilai Cupparāya Ñāṉiyār*) veröffentlicht worden, vgl. Irājacēkaraṉ 2008, 233. Es handelt sich wohl hier um die drei Bänden auf insgesamt 572 Seiten, die Murdoch unter dem Namen „*campanta cuvāmitēvāram*" erwähnt. Zusätzlich existierten Mitte des 19. Jahrhunderts mindestens vier publizierte Bücher, die sich als Lobpreisung Sampantars bezeichnen lassen, siehe Murdoch 1865, 83–84.

[73] Die früheste tamilische Veröffentlichung der Hymnen Appars von Sapapati Mutaliyar und Tirumayilai Supparaya Gnaniyar erschien 1866, vgl. Irājacēkaraṉ 2008, 234. Murdochs Katalog erwähnt das Buch „*appar cuvāmitēvāram*" als im Druck befindlich, Murdoch 1865, 75.

[74] Die erste tamilische Publikation der Hymnen Sundarars stammt aus dem Jahr 1865 von Sabhapati Mutaliyar, vgl. Irājacēkaraṉ 2008, 233. Murdoch hat diesen Band als „*cuntaramūrtti tēvāram*" mit 152 Seiten vermerkt, Murdoch 1865, 86. Es waren zudem zu diesem Zeitpunkt mindestens drei Bücher zu Ehren des Heiligen veröffentlicht.

[75] Die früheste Veröffentlichung des tamilischen Textes stammt von Koddaiyur Siva Koluntu Desikar (*Koṭṭaiyūr Civa-k Koḻuntu Tēcikar*) aus dem Jahr 1835, Irājacēkaraṉ 2008, 235. Murdoch erwähnt eine publizierte Version mit 122 Seiten und schreibt dem Text eine sehr große Bedeutung für die Sivaiten zu, vgl. Murdoch 1865, 89. Die erste vollständige Übersetzung hat G. U. Pope 1900 vorgelegt, siehe Pope 1900. Die frühesten deutschsprachigen Bearbeitungen liefert H. W. Schomerus, siehe Schomerus 1923, der später Manikkavacakar als Mystiker bezeichnete und mit Meister Eckart verglich. Schomerus 1936. Einzelne der 51 Hymnen wurden seit 1897 veröffentlicht, z.B. Arunachalam 1897a, SD I., 3.49–51; 1897b, SD I., 5.97–101.

nen besteht, bezieht sich stellenweise auf *Tevaram*-Hymnen Appars. Das Werk gilt gemeinhin als der Höhepunkt der tamilischen *bhakti*-Literatur und als literarisch hochstehender Ausdruck der Liebe der Seele zu Gott. Gemeinsam mit dem „Tirukkovaiyar" (*tirukkōvaiyār*)[77] des gleichen Autors bildet das *Tiruvacakam* das achte Buch der *Zwölf Tirumurai*. Zusammen mit Sampantar, Appar und Suntarar zählt Manikkavacakar heute zu den vier großen „religiösen Lehrern" (*camay ācariyar*) des tamilischen Sivaismus.

Tirumantiram

Das *Tirumantiram* (alternativ auch *tamiḻmūvāyiram*)[78] wird Tirumular (*Tirumūlar*) zugeschrieben, der im 11. Jahrhundert gewirkt haben soll. Wie bereits besprochen, ist die Figur Tirumulars legendär-mythologisch überlagert. Als sein Lehrer wird in der Regel Nandi auf dem Berg Kailash verstanden, der ihn nach Unterweisung im „Siva-Wissen" nach Tamil Nadu gesandt haben soll. Tirumular ist eng mit Thiruvavaduthurai verbunden, wo sich seine Grabstätte auf dem Gelände des Gomukthiswarar-Tempels (*tiruvāvaṭutuṟai kōmuktīcuvarar ālayam*) neben dem Adhinam befindet. Nach sivaitischer Lesart soll das *Tirumantiram* ursprünglich eine Sammlung von 3.000 Versen dargestellt haben. Die überlieferten 232 Abschnitte (*atikāram*) des *Tirumantiram* werden in neun Kapitel (*tantiram*) eingeteilt. Neben seiner Relevanz für den tamilischen Saiva Siddhanta gilt das *Tirumantiram* als zentrales Werk der tamilischen Siddhas (*cittar*), die traditionell als tamilische Yogis, Mystiker und Wundertäter mit übermenschlichen Fähigkeiten bezeichnet werden. Die Siddhars werden heute als paradigmatische Saiva Siddhantins reklamiert, wie das bekannte Diktum „Der Weg des Siddhas ist der Weg des Siddhanta" (*cittar*

---

[76] Die Datierung Manikkavacakars ist bis heute äußerst umstritten und reicht vom 1. bis zum 14. Jahrhundert. Siehe hierzu Zvelebil 1995, 405.

[77] Die Publikationsgeschichte des zweiten kanonischen Textes Manikkavacakars beginnt 1841 mit Putuvai Nayanappa Mutaliyar (*Putuvai Nayanappa Mutaliyār*), der den Text erstmals auf Tamil herausgab. 1860 veröffentlicht Arumuka Navalar den Text mit dem klassischen Kommentar des Peraciriyar *(Pērāciriyar)*. Vgl. Irājacēkaraṉ 2008, 238. Zu Peraciriyar siehe Zvelebil 1995, 542, 669. Es ist wahrscheinlich, dass Murdoch Arumuka Navalars Publikation in seinem Katalog aufgeführt hat, vgl. Murdoch 1865, 88.

[78] Erstmals wurde das *Tirumantiram* auf Tamil 1887 durch K. Shanmuga Suntara Mutaliyar (*Ko. Caṇmuka Cuntara Mutaliyār*) veröffenlicht. Die zweite Ausgabe des Textes stammt von Supparaya Tambiran (*Cupparaya-t Tampirāṉ*) aus dem Thiruvavaduthurai Adhinam. Vgl. Irājacēkaraṉ 2008, 239. Die frühesten englischen Übersetzungen von S. Ramaswami Aiyar und J. M. Nallaswami Pillai zahlreicher Teile wurden ab 1897 in der „Siddhanta Deepika" publiziert, siehe zur Übersicht Zvelebil 1995, 676.

neriyē cittānta neri) ausdrückt.[79] Das *Tirumantiram* stellt das zehnte Buch der kanonischen Kompilation der *Zwölf Tirumurai* dar.

Andere Tirumurai

Das vierte Buch im Band „Saiva Siddhanta in den Zwölf Tirumurai" aus dem Lektürekanon des Studienprogramms des Thiruvavaduthurai Adhinam ist als „Andere Tirumurai" (*pira tirumuraikal*) benannt und enthält die Werke von insgesamt 21 weiteren Autoren. Diese setzen sich aus den neun Sängern der 28 Hymnen des neunten *Tirumurai* und den zwölf Sängern der 40 Hymnen des elften *Tirumurai* zusammen, von denen einer der Kompilator des *Tevaram*, Nampi Andar Nampi, sein soll. Ersteres wird zusammengefasst als „Tiruvicaippa" (*tiruvicaippā*), zweiteres als „Prapantam" (*pirapantam*) bezeichnet.[80]

Periyapuranam

Das tamilische Epos *Periyapuranam* (auch *tiruttoṇṭarpurāṇam*) wird dem Dichter Sekkilar (*Cēkkilar*) aus dem 12. Jahrhundert zugeschrieben. Es beschreibt in poetischer Form die kanonisierten Lebensgeschichten der 63 sivaitischen *bhakti*-Heiligen, der sogenannten „Nayanmar" (*nāyaṉār*, Pl. *nāyaṉmār*). Sekkilar soll das Werk in über 4.200 Versen auf Basis der Überlieferungen zu den Heiligen durch Sundarar und Nampi Andar Nampi verfasst haben. Als die bedeutendsten dieser *Nayanmar* gelten die drei Autoren des *Tevaram*, wohingegen Manikkavacakar nicht zu den 63 gezählt wird. Das Epos, welches wohl seit dem 13. Jahrhundert unter anderem durch die Anerkennung Umapatis als heiliges Werk betrachtet wurde, bildet das zwölfte Buch der *Tirumurai* und damit den vorläufigen Abschluss des klassischen tamilisch-sivaitischen *bhakti*-Kanons.[81] Vom

---

[79] Zitiert in Ramachandran 1996, 4. Zur Tradition der 18 Tamil-Siddhas, vgl. auch Kailasapathy 1987; Brooks 1997; Ganapathy 1997. Zur sog. „Siddha-Medizin", einer auf die Siddhas zurückgeführten indigenen südindische Medizin-Tradition, siehe Sieler 2015; Weiss 2009.

[80] Für eine Aufstellung aller Autoren, siehe Tabelle 1. Siehe auch Zvelebil 1995, 678–679. Eine vollständige englische Übersetzung des 9. und 11. Tirumurai, die auf Saiva Siddhanta Veranstaltungen zu erwerben ist, wurden erst Anfang des 21. Jahrhunderts durch den Dharmapuram Adhinam herausgegeben, siehe bspw. Sankaranarayanan 2010.

[81] Die früheste publizierte Fassung des Periyapuranam muss vor 1865 zumindest zur Hälfte erschienen sein, sowie eine Prosa-Zusammenfassung Arumuka Navalars und eine Bearbeitung des Materials durch Umapati, vgl. Murdoch 1865, 81; Irājacēkaraṉ 2008, 64. Als vollständiger Text wurde das *Periyapuranam* durch Navalar 1873 veröffentlicht, vgl. Zvelebil 1995, 547. Die erste umfassende englische Übersetzung von J. M. Nallaswami

Siddhanta-Aktivisten Arumuka Navalar, der in enger Verbindung mit dem Thiruvavaduthurai Adhinam stand, wurde dieses Werk 1852 in einer Prosa-Version veröffentlicht und als sivaitische Antwort auf christlich-missionarische Propaganda eingesetzt.[82]

1.5. Tirukkural

Der Band „Saiva Siddhanta im Tirukkural" (*tirukkuṟaḷil caiva cittāntam*) der Lektüreliste besteht aus nur einem Buch mit 120 Seiten. Es behandelt Saiva Siddhanta Lehren in diesem klassischen tamilischen Text, der dem Dichters Tiruvalluvar (*Tiruvaḷḷuvar*) zugeschrieben wird.

Die Entstehungszeit des „Tirukkural" (*tirukkuṟaḷ*) wird auf zwischen 450–550 u. Z. datiert, auch wenn dies sehr umstritten ist.[83] Der Text, in 1330 Doppelversen (*kuṟaḷ*) verfasst, gilt als praktisches, aphoristisches Lehrbuch über Ethik, Politik und Liebe und ist unter verschiedenen Namen bekannt, unter anderem ebenfalls als „tamilisches Veda".[84] Der Name des Autors, Tiruvalluvar, wird im *Tirukkural* selbst nicht genannt und taucht frühestens im 10. Jahrhundert in einem Lobgedicht auf.[85] Der Text ist heute das meist verbreitete und meist publizierte tamilische Werk, das sich gemäß landläufiger Meinung in jedem tamilischen Haushalt befinden sollte.[86] Tiruvalluvar wird als der tamilische Nationaldichter schlechthin verehrt.[87]

Pillai wurde 1923 posthum publiziert, Nallaswami Pillai 2010. Deutschsprachige (Teil)Übersetzungen erschienen 1903 und 1925, siehe Zehme 1903; 1925.

[82] Vgl. hierzu Weiss 2016.

[83] Von tamilischen Nationalisten wird bspw. eine wesentlich frühere Entstehungszeit zwischen dem 3. und 1. Jahrhundert v.u.Z. angenommen. Zvelebil 1995, 669.

[84] Laut sivaitischer Tradition soll Tiruvalluvar den *Tirukkural* explizit als tamilisches Veda verfasst haben. Dies zeigt bspw. Navalar 1959, 18. Diese Ansicht wurde u.a. von G. U. Pope in seiner Einleitung zu seiner Übersetzung vertreten: „*Tradition declares that Tiruvalluvar composed his* ***Kurral*** *[sic!] at the request of his neighbours, in order that the Tamil people might have a* ***Vedam*** *of their own*" [Herv. i. O.] Pope 1982, xxi. Dass diese Meinung seit Anfang des 20. Jahrhunderts als etabliert galt, zeigt auch die Übersetzung des Missionars H. A. Popley von 1931, die den programmatischen Titel „The Sacred Kural, or, The Tamil Veda of Tiruvalluvar" trug, Popley 1931. Für die neun etablierten Namen siehe Cutler 1992, 561, Fn 44.

[85] Siehe Blackburn 2000, 454.

[86] Zu keinem tamilischen Text wurden mehr Kommentare verfasst als zum *Tirukkural*, deren einflussreichster, der des Parimelalakar (*Parimēlaḻakar*), aus dem 13. Jahrhundert stammt. Siehe hierzu Cutler 1992. Die Bedeutung des Werkes war offensichtlich seit dem späten 16. Jahrhundert auch portugiesischen Kommentatoren bekannt, Subramanyam 1995, 357. Der deutsche Missionar Bartholomäus Ziegenbalg verglich Tiruvalluvar Anfang des 18. Jahrhunderts mit Seneca und der britische Missionar Charles Gover sah in der zweiten Hälfte des 19. Jahrhunderts im *Tirukkural* ein Werk von solcher Güte, die Homer, den

Der *Tirukkural* lässt sich bis heute nicht eindeutig einer religiösen Tradition zuordnen, da sich der Text durch eine ausgesprochene „negative Neutralität“[88] gegenüber Gott oder bestimmten Göttern auszeichnet und keine speziellen Gemeinschaften explizit nennt. Die Neutralität und damit einhergehend der große Interpretationsspielraum ist auch der Grund dafür, dass das Werk, welches gemeinhin als „moralischer Verhaltenskodex“ (*nal neṟi* oder *nīti nūl*) bezeichnet wird, und sein Autor heute von nahezu jeder (religiösen) Gemeinschaft in der tamilsprachigen Welt für sich beansprucht wird.[89] In der indologisch-tamilistischen Forschung gilt es als etabliert, dass der *Tirukkural* – wenn überhaupt – jainistische Ideen transportiert.[90]

Seit dem 19. Jahrhundert haben auch sivaitische Vertreter offensiv versucht, Tiruvalluvar für die eigene religiöse Tradition zu vereinnahmen. Der einflussreiche Siddhanta-Aktivist J. M. Nallaswami Pillai, der Ti-

---

Zehn Geboten und Dante zusammengenommen gleichwertig sei. Vgl. Blackburn 2000, 455. Die erste Übersetzung stammt vom Jesuiten Constanzo Beschi 1730 ins Lateinische. Die erste vollständige deutsche Übersetzung hat der lutherische Missionar Karl Graul 1856 vorgelegt, Graul 1856. 1865 hat Graul noch eine Übersetzung von Hochtamil in umgangssprachliches Tamil publiziert, Graul 1969. Bereits vor 1865 waren etliche tamilische Publikationen des Textes in Umlauf, siehe Murdoch 1865, 161. Im Laufe des 19. Jahrhunderts wurde der Text vielfach ins Englische übersetzt, am prominentesten von G. U. Pope, W. H. Drew, John Lazerus und F. W. Ellis, siehe Pope 1982. Heute ist der Text in ca. 40 Sprachen erhältlich. Die Literatur zum *Tirukkural* ist unübersichtlich und vielseitig, für eine Übersicht der meist verbreiteten Werke siehe Zvelebil 1995, 669–671.

[87] Auf einem Felsen vor der Küste Kanyakumaris, dem südlichsten Punkt Indiens, steht heute eine knapp 30 Meter hohe Statue des Dichters. Sie befindet sich in Sichtweite der Vivekananda-Gedenkstätte „Vivekananda Rock“, die als ein Hindutva-Projekt ein nationales indisches Monument darstellen soll. Die Statue Tiruvalluvars wurde 1979 von der Regierung des Bundesstaats Tamil Nadu initiiert, schließlich aber erst im Jahr 2000 fertiggestellt und eingeweiht. Obwohl die Statue ein Symbol für die tamilische Kultur darstellt, wurde seine Errichtung auch von den Hindutva-Aktivisten des *Vivekananda Kendra* unterstützt. Vgl. Kanungo 2012, 127.

[88] Schalk 2013, 100.

[89] Vgl. Zvelebil 1995, 670. Christliche Vereinnahmung des Textes findet sich schon beim Jesuiten-Missionar Constanzo Beschi (1680–1742), vgl. Dhavamony 1971, 116. Später v.a. bei Popley 1931. Auch die Dravidische Bewegung reklamierte Tiruvalluvar als nicht-brahmanischen Genius und adaptierte den *Tirukkural* für die eigene atheistische Agenda eines politischen und kulturellen Tamil-Nationalismus, vgl. Cutler 1992, 561–564. Für E.V. Ramasami, den wichtigsten Führer der Dravidischen Bewegung, war der *Tirukkural* vielleicht das einzige klassische Werk der Tamil-Literatur, das nicht durch sanskritische Einflüsse wie etwa Ritualismus, Kastenwesen, Ungleichheit der Geschlechter und Irrationalität, beeinträchtigt war. Vgl. Ramaswamy 1997, 239. Für Legenden um die genaue Identität des Autors Tiruvalluvar und dessen soziale Hintergründe, vgl. Cutler 1992.

[90] Vgl. u.a. Blackburn 2000, 453; Jesudasan & Jesudasan 1961, 43; Schalk 2013, 99–105; Zvelebil 1974, 119–127. Dhavamony hingegen vertritt die Ansicht, dass sich im *Tirukkural* viele Elemente des tamilischen *bhakti* bereits andeuten, Dhavamony 1971, 113–116.

ruvalluvar als „Sokrates Südindiens" bezeichnete, setzte 1897 die Bedeutung des *Tirukkural* für die Tamilen mit der der Bibel für Christen, des Korans für Muslime und der Veden für Brahmanen gleich und erhob den Text damit in den Status eines fundamentalen religiösen Textes.[91] Für ihn war der *Tirukkural* eindeutig theologisch motiviert, wenn auch nicht einer bestimmten Religion zuzuordnen. Es handele sich eher um einen Ausdruck „natürlicher Religion" (*natural religion*), deren Erforschung den Weg zu einer „Universalen Bruderschaft der Menschheit" ebene.[92] Zugleich unterstellte er dem *Tirukkural* durchaus, dieselben Aussagen über Gott zu treffen wie beispielsweise das *Sivagnana Botham*.[93] Dem Vorwurf von christlicher Seite, der *Tirukkural* hätte nichts mir Religion zu tun, widersprach aus dem orthodoxeren Siddhanta-Spektrum des 19. Jahrhunderts beispielsweise Arumuka Navalar, der 1861 eine Edition des Werks, zusammen mit dessen bekanntesten Kommentar des Parimelalakar (*Parimēlaḻakar*) aus dem 13. Jahrhundert, herausgab.[94] Arumuka Navalar hob insbesondere die rituelle und devotionale Bedeutung des Textes hervor.[95]

Aufgrund dieser enormen Bedeutung und umkämpften Deutungshoheit des *Tirukkural* verwundert es wenig, dass das Studienprogramm des Thiruvavaduthurai Adhinam eine Bearbeitung des Werkes für seinen Lektürekanon vorsieht. Allerdings nicht als unkommentierte Ausgabe des Textes, sondern in der Lesart des ersten Direktors Vaithiyanathan, der Tiruvalluvar eine sivaitische Grundaussage und implizite Andeutungen über Saiva Siddhanta zuschreibt.[96]

1.6. Kanon im Kanon: Die Kurslektüre im Lehrplan

Die Übersicht über die ausgegebenen Kursbücher des Saiva Siddhanta Studienprogramms des Thiruvavaduthurai Adhinam zeigt die Idealvor-

[91] Nallaswami Pillai 1897.

[92] „*[A] study of the Kural may [...] pave the way for the long dreamed Universal brotherhood of men*" Nallaswami Pillai 1897, SD I., 2.42–43.

[93] Vgl. Nallaswami Pillai 1984, v. Der mit Nallaswami Pillai gut bekannte deutsche Missionar H. W. Schomerus hielt diesen Rückschluss und die Behauptung, beim Autor des *Tirukkural* hätte es sich um einen Siddhanta-Vertreter gehandelt, für „wissenschaftlichen Leichtsinn", Schomerus 1912, 29.

[94] Nāvalar 1861. Für diese Edition, deren Publikation durch den einflussreichen Förderer der Veröffentlichung sivaitisch-tamilischer Texte, Ponnuswami Tevar (*Poṉṉuccāmittēvar*) (1837–1870), finanziert wurde, hatte der Dichtergelehrte des Thiruvavaduthurai Adhinam, Minakshi Sundaram Pillai, ein einleitendes Gedicht verfasst, siehe auch Venkatachalapathy 2012, 25, 40.

[95] Vgl. auch Ambalavanar 2006, 46.

[96] Siehe u.a. Vaittiyanātaṉ 1995a, 34.

stellung der Kursverantwortlichen über die schriftliche Grundlage des Saiva Siddhanta. Die Bücher der Kurslektüre enthalten neben grundsätzlichen Einführungen in die Geschichte des Sivaismus und in die Saiva Siddhanta Philosophie vor allem die Werke der *Tirumurai* (7. bis 12. Jahrhundert) und der *Siddhanta-Sastras* (12. bis 14. Jahrhundert). Die tamilischen *bhakti*-Hymnen und die philosophischen *Sastras* werden heute selbstverständlich zum Siddhanta-Kanon gerechnet und im Rahmen der Kurslektüre von den Adhinam-Autoren Vaithiyanathan und Kunjithapatham eingeordnet. Neben diesen tamilischen Werken gehören, zumindest im Rahmen der generellen Einführungen der ersten beiden Bände der Lektüreliste, auch die sanskritischen *Siva-Agamas* und Veden, als unmittelbarer Beginn der sivaitischen Tradition, formell in diesen Kanon. Auffällig ist, dass der Adhinam diesen klassischen Kanon komplett für den Saiva Siddhanta reklamiert und sogar noch erweitert. So findet sich beispielsweise der *Tirukkural* (5./6. Jahrhundert), als bedeutender tamilischer Text, ebenso als Teil der Saiva Siddhanta Tradition wieder wie die sogenannten *Pandara-Sastras* (16. bis 17. Jahrhundert), also Schriften von vier Angehörigen der Institution selbst. Hierdurch wird nicht nur die Lehre des Saiva Siddhanta auf das verbreitetste Buch der tamilischen Literatur, den *Tirukkural*, ausgeweitet, sondern auch der Adhinam und seine Angehörigen noch stärker als autoritative Quellen in die Siddhanta-Tradition eingeschrieben. Die nachträgliche Aufnahme der *Pandara-Sastras* in den Lektürekanon kann als deutlicher Hinweis gelten, die Rolle des Thiruvavaduthurai Adhinam in dieser Tradition stärker hervorzuheben, zumal damit der tradierte Klassizismus der tamilisch-sivaitischen Kanones explizit verschoben und erweitert wird.

Diese Erweiterung der klassischen Korpora geschieht jedoch nicht immer in die Richtungen, die ein heute etabliertes Saiva Siddhanta Verständnis nahelegen würde. Denn erkennbar ist auch, dass bestimmte Werke in der Pflichtlektüre des Studienprogramms fehlen, die in rezenten sivaitischen Debatten als zentrale Saiva Siddhanta Texte angesehen werden. Besonders auffällig erscheint in diesem Zusammenhang, dass sich das schon mehrfach erwähnte *Sivagnana Mapadiyam* des Sivagnana Munivar von 1775 nicht unter den Kursbüchern befindet. Zwar war dieser ein Tambiran in Thiruvavaduthurai und wird damit innerhalb der eigenen Tradition verortet, allerdings gehört er nicht zu den kanonisierten Lehrern der *Pandara-Sastras* des Adhinam. Die Wertschätzung für diesen lange Zeit schwer zugänglichen Text, der als als wichtigster Kommentar zum *Sivagnana Botham* gilt, ist seit dem späten 19. Jahrhundert unter tamilischen Siddhantins nachweisbar.[97] Der langjährige Leiter des „Internatio-

---

[97] J. M. Nallaswami Pillai orientierte sich in seiner Übersetzung des *Sivagnana Botham* von 1895 ausdrücklich an diesem Text: „*I follow the excellent commentary of* Sivagnana

nal Institute of Saiva Siddhanta Research" des Dharmapuram Adhinam, T. N. Ramachandran (*Ṭi. Eṉ. Rāmaccantiraṉ*), geht sogar so weit zu behaupten, dass Sivaiten, die dieses Werk nicht kennen, lediglich „dem Namen nach Sivaiten" seien.[98] Wie bereits gezeigt, sehen unter anderem mit Kandaswami und Kunjithapatham auch zwei entscheidende Figuren des Thiruvavaduthurai Netzwerkes Sivagnana Munivars Werk als besonders wichtig für den Saiva Siddhanta an. Dies zeigt sich auch darin, dass das *Sivagnana Mapadiyam* den am zweithäufigst zitierten Text in den *Grundsätzlichen Lehren* darstellt, also dem einführenden Grundlagenbuch für Teilnehmende des Studienprogramms.

Das fehlen des *Sivagnana Mapadiyam* in der Lektüreliste kann unterschiedliche erklärt werden. Einerseits könnte diese Schrift von den Verantwortlichen als zu anspruchsvoll für den Kurs angesehen werden. Um sich diesem Text zu nähern, benötigt es eine fundierte Grundkenntnis der Saiva Siddhanta Lehren und seiner Literatur. Kandaswami hat diese Ansicht, wie schon gezeigt, auch für die von ihm seit den späten 1980er Jahren organisierten 15-tägigen Saiva Siddhanta Kurse in Vikramasingapuram vertreten. Wichtiger erscheint jedoch der Umstand, dass der Adhinam diesen Text noch nie selbst hat drucken lassen. Angehörige des Adhinam haben, wie oben gesehen, Anfang des 20. Jahrhunderts noch aktiv versucht zu verhindern, dass dieser Kommentar überhaupt außerhalb der Institution zugänglich gemacht wurde. Obwohl es sich hierbei um ein heute als zentral verstandenes Siddhanta-Traktat handelt, wird es vom Adhinam weiterhin nicht an die Öffentlichkeit weiter gegeben.[99] Nicht unwahrscheinlich ist aber auch, dass die Verantwortlichen des Studienprogramms das *Sivagnana Mapadiyam* als zu „gefährlich" einschätzen, da es durchaus als Werk des Advaita Vedanta gelesen werden kann, also der Philosophie, von der sich heutige Saiva Siddhanta Vertreter dezidiert abzugrenzen versuchen.[100]

Yogi [Munivar]" Nallaswami Pillai 1984, ix. Sivagnana Munivars herausragende Stellung in der Geschichte der Gelehrsamkeit des Thiruvavaduthurai Adhinam beschreibt er wie folgt: „*The famous Adhinam at Thiruvavaduthurai has produced very many great sages, poets and writers in its days but it produced none equal to Sivagnana Yogi.*" Nallaswami Pillai 1984, xvi.

98 „*There are Saivites who have not even heard of the name of this magnum opus.* ***These are nominal Saivites****. Again, even among the practitioners of Saivism, a very few only desire to pore over this work.*" [Herv. RK] Ramachandran 1999, 45.

99 Vgl. Ramachandran 1999, 51–59.

100 Sivagnana Munivar war stark beeinflusst durch den nicht-dualistischen Siva-Advaita (*civa attuvitam*, Skt. *śiva advaita*, auch *śiva viśiṣṭādvaita*) Srikanthas (Skt. *Śrīkaṇṭha*, *alternativ* bekannt als Nilakantha) aus dem 12. Jahrhundert, der das zentrale Sutra des Advaita Vedanta, namentlich das Advaita/Brahma-Sutra (*piramam cūttiram*, Skt. *brahmasūtra*), kommentiert hat. Die zahlreichen Referenzen in Munivars Werk zu Srikantha zeugen von höchster Wertschätzung, Vajravelu Mudaliar 1985. Vgl. hierzu auch Sivara-

Es steht zu vermuten, dass ähnliche Gründe auch zur Auslassung eines weiteren Autors geführt haben, der im heutigen tamilischen Saiva Siddhanta als bedeutender Philosoph und Poet Südindiens bekannt ist. Das Werk Tayumanavars (*Tāyumāṉavar*),[101] der wahrscheinlich im 17. oder frühen 18. Jahrhundert gewirkt hat und der als großer tamilischer Mystiker verehrt wird, gilt als Synthese von Advaita Vedanta und Saiva Siddhanta. Er gehörte im 19. und 20. Jahrhundert wohl zu den populärsten tamilisch-sivaitischen Poeten. Tayumanavar bezieht sich in seinen Texten nicht zuletzt deutlich auf Meykanda. Zwar zitieren verschiedene Adhinam-Publikationen immer wieder passende Verse dieses Dichters[102] und prominente Siddhanta-Aktivisten, wie Nallaswami Pillai, haben Tayumanavar seit dem Ende des 19. Jahrhunderts für die eigene Tradition und ihre Interpretation der Idee von „Advaita" reklamiert,[103] allerdings ist seine Dichtung durchaus unterschiedlich interpretierbar, wie seine Rezeption im zeitgenössischen Advaita Vedanta ebenfalls zeigt.[104] David Shulman beispielsweise sieht in Tayumanvar eine einzigartige Poesie verkörpert, die sich an südindischem *bhakti*, klassischem Yoga, esoterischen Tantra-Lehren, der tamilischen Siddha-Tradition und unpersonalen, monistischen Gottesvorstellungen etwa des Advaita Vedanta gleichermaßen bedient.[105] Vielleicht wurde der „Gefahr" einer unerwünschten Inter-

man 1973, 33. Srikanthas Kommentar wurde erstmals in Englisch als fortlaufender Text in der „Siddhanta Deepika" zwischen 1898 und 1906 veröffentlicht. Die erste tamilische Übersetzung stammt von einem Schüler Arumuka Navalars und wurde 1907 publiziert, vgl. Ramachandran 1999, 32. Zur verwobenen und widersprüchlichen Diskussion um Advaita Vedanta und Saiva Siddhanta im vormodernen Tamil Nadu und im 19. Jahrhunderts, siehe beispielhaft Steinschneider 2017a; 2017b.

[101] Erste englische Übersetzungen sind in der „Siddhanta Deepika" ab 1897 von verschiedenen Autoren veröffentlicht worden, vgl. die Aufstellung bei Zvelebil 1995, 658. Arno Lehmann hat 1936 deutsche Übersetzungen der Hymnen vorgelegt, siehe Lehmann 1935.

[102] Vgl. u.a. Vaittiyanātaṉ 1995a, 14, 100, 103.

[103] Alleine in der *Siddhanta Deepika* sind über 30 Artikel zu Tayumanavar erschienen. R. S. Subramaniam bspw. endet seine Rede über Tayumanavar auf der Saiva Siddanta Konferenz 1910 in Ramnad mit dem Ausruf: „*Glory to his Religion, the Vedanta Siddhanta Saivam.*" (Subramaniam 1910, SD XI., 6.456). Auch der Vordenker des *Saiva Siddhanta Revivals* um 1900, J. M. Nallaswami Pillai, nutzte Tayumanavars Verse, um die eigene Advaita-Interpretation im Saiva Siddhanta gegenüber dem Advaita Vedanta zu untermauern, siehe bspw. Nallaswami Pillai 1911c. Seine Übersetzung des *Sivagnana Botham* von 1895 illustriert Nallaswami Pillai zudem dezidiert schwerpunktmäßig mit Zitaten Tayumanavars, da dieser besonders bekannt und sehr gut verständlich sei, vgl. Nallaswami Pillai 1984, ix.

[104] Vgl. Bergunder 2010, 79.

[105] Shulman 1991. Für eine Interpretation Tayumanavars von katholischer Seite, im Sinne einer Nutzbarmachung seiner Mystik für den interreligiösen Dialog, die sich dabei deutlich von den früheren sivaitischen Autoren und deren philosophischen Foki abgrenzt, siehe Manninezhath 1989.

pretation Tayumanavars durch die Auslassung im Lektürekanon vorgebeugt, zumal er – im Gegensatz zu Sivagnana Munivar – eher der personalen Genealogie des anderen großen sivaitischen Adhinam in Tamil Nadu, namentlich der Institution in Dharmapuram, zugeordnet wird.[106] Die Beispiele Tayumanavars und Sivagnana Munivars sowie deren Texte können darüber hinaus aber als Hinweis darauf gelten, dass der vermeintlich klare historische Gegensatz zwischen Saiva Siddhanta und Advaita Vedanta für die Zeit vor dem 19. Jahrhundert als zweifelhaft angesehen werden kann.

Der ideale literarische Kanon des Saiva Siddhanta Studienprogramms umfasst also klassische Texte, die sich in fünf Bereiche einteilen lassen. In der einführenden Literatur zum Kurs wird den Sanskrit-Texte der Veden und der *Siva-Agamas* eine formale Autorität zugesprochen, was die traditionell-sivaitische Ansicht widerspiegelt und auch in der indologisch-tamilistischen Forschung akzeptiert wird. Den größten Umfang des publizierten Materials nehmen die *14 Siddhanta-Sastras* ein, deren Bedeutung für die Saiva Siddhanta Philosophie als allgemeiner Konsens angesehen wird. Zusätzlich gehören seit dem Kursjahrgang 2008–2009 auch die *Pandara-Sastras* zu diesem Kanon, die aus der Thiruvavaduthurai Tradition stammen, jenseits dieser aber kaum rezipiert werden. Weiterhin werden die sivaitischen *bhakti*-Hymnen der *Tirumurai*, die als organischer und dezidiert tamilischer Vorgänger der Saiva Siddhanta Philosophie gesehen werden, für den Kanon reklamiert. Diese Vereinnahmung ist bereits im 14. Jahrhundert in der Siddhanta-Tradition durch Umapati nachweisbar. Mit der Vereinnahmung des *Tirukkural* für den Saiva Siddhanta bewegt sich der Lektürekanon des Kurses zwar deutlich außerhalb des tamilisch-sivaitischen Klassizismus, jedoch finden sich Nachweise über solche Interpretationen des Werkes Tiruvalluvars schon seit dem 19. Jahrhundert.

Nichtsdestotrotz stimmt die Lesart der grundlegenden Werke des Saiva Siddhanta durch den Adhinam zumindest in großen Teilen mit akademischen Sichtweisen überein. Die gegenseitige Bestätigung des Kanons wirkt sich in jedem Falle positiv auf die Plausibilität der vom Studienprogramm vertretenen Position aus. Die Literaturliste des Studienprogramms des Thiruvavaduthurai Adhinam schreibt sich hier also aktiv in einen bestehenden Diskurs um die textuellen Grundlagen des Saiva Siddhanta ein. Zu großen Teilen werden hierzu etablierte Ansichten formal reiteriert und zugleich verschoben, da Saiva Siddhanta Philosophie in der Lesart des Adhinam explizit auch außerhalb des sedimentierten Kanons, na-

---

[106] Tayumanuvar war wohl zunächst Schüler am und später Oberhaupt des Saramamunivar Matham (*Cāramāmunivar Maṭam*) in Tiruchirappalli, der dem Dharmapuram Adhinam unterstellt ist.

mentlich im *Tirukkural* und den *Pandara-Sastras*, zu finden ist. Die Einbettung der eigenen Lehre im Kurs versucht dabei aber aktiv, die Deutungshoheit der klassischen Texte durch eigene Kommentierung zumindest anfänglich sicherzustellen. Diese werden schließlich durch vom Adhinam konzipierte Abschlussklausuren immerhin teilweise überprüft und zertifiziert.

Es muss allerdings deutlich betont werden, dass den einzelnen Texten im Verlauf des Studienprogramms unterschiedlich große Bedeutung zugemessen wird. Auch den Verantwortlichen ist klar, dass zum einen weder die Dozenten fundiertes Wissen über alle hier kanonisierten Texte aufweisen, noch dass innerhalb von insgesamt 24 Kurstagen diese Texte ausführlich behandelt werden können:

> „Es ist nicht so, dass wir alles im Detail lehren können. Aber wir dachten, die Studierenden sollten die Bücher haben. Zu manchen Büchern veranstalten wir detaillierten Unterricht, aber andere Dinge werden nur eingeführt, also die Hauptaussage eines Themas eines bestimmten Buches. Das wird durch einem kurzen ein- bis zweistündigen Vortrag abgedeckt. Weil es insgesamt 39 Bücher sind, wäre es sehr schwierig, alles [vollständig] in 24 Unterrichtseinheiten durchzuführen.“[107]

Für den praktischen Unterricht müssen also Schwerpunkte im Umgang mit dem nominellen Textkanon gesetzt werden. Diese Schwerpunktsetzung lässt Rückschlüsse darauf zu, was der Adhinam als besonders wichtig für die Grundbildung in Saiva Siddhanta ansieht. Dieser reduzierte beziehungsweise fokussierte Kanon innerhalb des formalen Kanons wird schon durch kursorische Ansicht des publizierten Lehrplans (*pāṭattiṭṭam*) für das Studienprogramm deutlich.[108] Einige der ausgegebenen Texte kommen dort nämlich kaum oder gar nicht vor, wohingegen für andere mehrere Kurstage reserviert sind. Da die Bedeutung jener Texte für den Unterricht später noch im Detail vorgestellt werden wird, sei an dieser Stelle lediglich festgehalten, dass in insgesamt 17 der 24 Sitzungen die *Saiva Siddhanta-Sastras* thematisiert werden, wovon alleine acht für die gemeinsame Lehre von *Sivagnana Botham* und *Sivagnana Siddhiyar* vorgesehen sind. Die anderen kanonisierten Schriften der *Agamas*, des *Tirkkural*, der *Tirumurai* und der *Pandara-Sastras* teilen sich dementsprechend auf die verbliebenen sieben Sitzungen auf.

---

[107] „*It is not that we teach everything in detail. But what we thought was, that they keep the books. On some books we conduct detailed classes, but certain things will only be introduced, i.e. the main gist of the whole subject of a particular book. That will be given in a short 1–2 hour lecture. Since there are 39 books, conducting everything in 24 classes would be very difficult.*“ Interview mit Kantacuvāmi 2012.

[108] Vgl. auch Tabelle 3.

Das Saiva Siddhanta Studienprogramm legt seinen Fokus also deutlich auf die Lehre der *Sastras*. Innerhalb dieses Kanons philosophischer Texte liegt der Schwerpunkt vor allem auf dem *Sivagnana Botham* und dem *Sivagnana Siddhiyar* sowie den Werken Umapatis. Auch wenn sich, nach Deutung des Adhinam, die Grundideen der in den *Sastras* formulierten Saiva Siddhanta Philosophie ebenfalls in früheren Werken der tamilischen Schrifttradition finden lassen, wird eine Trennung zwischen den verschiedenen Textgattungen offenkundig. Dies zeigt sich auch in der institutionellen Teilung von Saiva Siddhanta Studienprogramm und *Tirumurai*-Kurs des Thiruvavaduthurai Adhinam, und spiegelt die traditionelle Unterteilung in „religiöse Lehrer" und „philosophische Lehrer" wider, die aber organisch verbunden sind. Der „Kanon im Kanon" des Studienprogramms zeigt damit augenfällige Parallelen mit einem im heutigen tamilischen Saiva Siddhanta weit verbreiteten Vers, der bildhaft die postulierten Zusammenhänge und Kontinuitäten dieser Kanonvorstellung ausdrückt:

„Die Veden sind die Kuh; die *Agamas* sind ihre Milch; das Tamil, das die vier [religiösen Lehrer in *Tevaram* und *Tiruvacakam*] gesungen haben, ist ihr *Ghee*[109], der daraus gewonnen wird; die Essenz des tamilischen Buches, das von Meykanda aus dem berühmten Thiruvennainallur [*Tiruveṇṇeynallūr*][110] verfasst wurde, ist der Geschmack/die Süße dieses *Ghees* der Weisheit."[111]

Dieses Gleichnis artikuliert deutlich, dass die Lehre Meykandas – und damit auch die seiner kanonisierten Nachfolger – als Kristallisationspunkt der Entwicklung des Saiva Siddhanta verstanden wird. Dem Fluchtpunkt der *Meykanda-Sastras* sind demzufolge klassische tamilische (*Tirumurai*) und Sanskrit-Texte (*Siva-Agamas*) vorausgegangen. Diese Zeilen sind in zahlreichen Publikationen als Nachweis für die traditionelle Konzeption des Siddhanta Kanons als „wohlbekannter Vers", dessen Autor in der Regel als anonym gilt oder der vereinzelt Umapati zugeschrieben wird, zitiert worden – meist jedoch ohne weitere Angaben zum Ursprung der Zeilen.[112] An dieser Stelle kann konstatiert werden, dass sich die kurze

---

[109] „Ghee" (*kīlney*) ist eine in Südasien im Allgemeinen und in Tamil Nadu im Speziellen sehr verbreitete Form von Butterschmalz und als solche eine der häufigst verwendeten Formen von Speisefett.

[110] Der Ort Thiruvennainallur, etwa 50 Kilometer westlich von Pondicherry, gilt als Sterbeort Meykandas. Joseph Jaswant Raj hat auf das Wortspiel mit dem tamilischen Wort für „Butter", „*veṇṇey*", im Ortsnamen hingewiesen, vgl. Raj 1989, 497.

[111] „*vētam pacu ataṉpāl meyyākamam nālvar ōtum tamiḻ ataṉi ṉuḷḷuṟuney – pōtamiku neyyiṉuṟu cuvaiyā nīḷ veṇṇey meykaṇṭāṉ, ceyta tamiḻ nūliṉ tiṟum.*" zitiert nach Nallaswami Pillai 1984, xix.

[112] Siehe z.B.: „*In closing, I will quote a well-known verse that illustrates both the status of these Tamil texts in Tamil culture and the pure knowledge of the Tamil Śaiva siddhānta.*" Pechilis Prentiss 1996, 257. Auf ähnliche Weise findet sich der Vers seit den

Strophe lediglich bis ins 19. Jahrhundert zurück verfolgen lässt. J. M. Nallaswami Pillai druckte die Zeilen mehrfach in den Einleitungen zu seinen Übersetzungen des *Sivagnana Botham* (1895) und des *Sivagnana Siddhiyar* (1913) ab, ohne allerdings irgendeinen Nachweis dafür anzugeben.[113] Dass er weder einen Autor noch einen Referenztext für dieses Zitat nennt, ist ungewöhnlich, zumal die später vorgeschlagene Urheberschaft Umapatis die Autorität des Spruchs sicherlich nicht gerade geschmälert hätte. Es mag sein, dass der Vers den Zeitgenossen tatsächlich schlicht so bekannt war, dass es keiner weiteren Erklärung bedurfte. Vorläufig kann jedoch festgehalten werden, dass die vermeintlich klassische Kanonvorstellung des Saiva Siddhanta, die sich in der Lektüreliste des Studienprogramms des Thiruvavaduthurai Adhinam widerspiegelt und die paradigmatisch im oben zitierten Bild von Kuh, Milch und *Ghee* ausgedrückt wird, zumindest seit dem späten 19. Jahrhundert nachweisbar in Publikationen reiteriert wird.

Zusammenfassend lässt sich festhalten, dass alle Schriften des Lektürekanons des Saiva Siddhanta Studienprogramms ausschließlich auf Tamil erschienen und von Verantwortlichen des Studienprogramms veröffentlicht und kommentiert worden sind. Dieser Kanon geht in der Interpretation der Adhinam-Verantwortlichen auf eine direkte Offenbarung Sivas zurück und gilt als transhistorische und organische Einheit. Die Grundannahmen und Wahrheiten des Saiva Siddhanta sollen sich in dieser Lesart, beginnend bei Siva selbst, über die von ihm geoffenbarten *Agamas* über *Tirukkural*, *Tirumurai* und *Siddhanta-* sowie *Pandara-Sastras* bis zur heutigen Lehre des Studienprogramms in unveränderter Aussage wiederfinden. Das heißt allerdings nicht, dass diese Wahrheiten in ihrer sprachlichen oder stilistischen Artikulation nicht unterschiedliche Formen angenommen hätten, aber dennoch, dass es sich hierbei um *dieselben* ewigen Wahrheiten handelt. Der Saiva Siddhanta Kanon kann hier also als eine historische Manifestation göttlicher Wahrheiten verstanden werden, die

---

1930er Jahren in zahlreichen Veröffentlichungen, siehe u.a. Nilakanta Sastri 1956, 76; Piet 1952, 14; Balasubramaniam 1959, 3; Subramania Pillai 1965, 13; Ramanujachari 1965, 5; Canagarayar 1961, o.S.; Irudayaraj 1974, 446–447; Vajravelu Mudaliar 1985, 17–18; Manninezhath 1989, 171; Raj 1989, 497; Smith 1996, 116. Letzterer führt den (erstmaligen?) Vorschlag der Autorenschaft Umapatis auf Joseph Jaswant Raj zurück, der wiederum seine Annahme nicht weiter begründet. Andere Forschungsliteratur, die sich schwerpunktmäßig mit Umapati auseinandersetzt, erwähnt nichts von dieser Annahme. K. Koppedrayer schreibt den Vers dem jainistischen Werk *Peruṅkatai* zu (Koppedrayer 1990, 165, Fn 300), was aber wohl durch eine inkorrekte Zitation zu erklären ist. Der von ihr als Referenz angegebene Text enthält einen solchen Hinweis nicht, vgl. Nilakanta Sastri 1998, 382.

113 „*I will give below a stanza which shows in what high estimation, Tamilians hold the present work [das Sivagnana Botham] and other works referred to above.*“ Nallaswami Pillai 1984, xix; 1913, li.

sich sukzessive vom Anbeginn der Zeiten kontinuierlich, zwingend und konkretisierend bis hin zu den *Pandara-Sastras* entwickelt hat. In diesem Zusammenhang muss allerdings abermals darauf hingewiesen werden, dass nahezu alle Schriften, die das Studienprogramm in seinen Kanon integriert hat, frühestens im Laufe des 19. und frühen 20. Jahrhunderts publiziert und übersetzt wurden. Die Implikationen dieses Umstands sollen im letzten Kapitel dieser Untersuchung kritisch thematisiert werden.

2. Das Curriculum des Saiva Siddhanta Studienprogramms[114]

In der bisherigen Betrachtung standen die organisatorischen Aspekte des Saiva Siddhanta Studienprogramms des Thiruvavaduthurai Adhinam im Mittelpunkt der Analyse. Im Folgenden sollen die zentralen curricularen Gesichtspunkte der Lehre des Saiva Siddhanta im Studienprogramm beschrieben und eingeordnet werden. Daher wird nun kurz die Struktur des Lehrplans vorgestellt, um die nachfolgende inhaltliche Auseinandersetzung mit den grundsätzlichen Lehren des Saiva Siddhanta besser in den Kontext des Studienprogramms einordnen zu können.

Nachdem die ausgegebene Literatur für das Saiva Siddhanta Studienprogramm des Thiruvavaduthurai Adhinam und die damit einhergehende Kanonisierung besprochen wurde, soll gezeigt werden, wie sich diese im konkreten Lehrplan des Kurses auf formaler Ebene niederschlägt. Hierzu wird beispielhaft das Curriculum des Studienprogramms für den Jahrgang 2008–2009 vorgestellt. Zwar ist der Lehrplan augenscheinlich offen für kreative Umsetzung, jedoch spiegelt sich hierin eine idealisierte Konzeption der Saiva Siddhanta Lehre wider, wie sie vom ersten Direktor Vaithiyanathan in Abstimmung mit den Adhinam-Gelehrten vorgenommen wurde. Für die Betrachtung werden die thematischen Vorgaben für 24 einzelne Kurstage, die monatlich über zwei Jahre hinweg stattfinden, zusammengefasst, um so einen Einblick in die inhaltlichen Schwerpunktsetzungen des Studienprogramms zu erhalten. Dabei wird erkennbar sein, dass sich – wie bereits angedeutet – der „Kanon im Kanon“, also ein klarer Fokus auf bestimmte Texte des literarischen Kanons, unübersehbar im Lehrplan des Saiva Siddhanta Kurses wiederfindet. Diese überblicksartige Darstellung erlaubt eine erste grundsätzliche Einordnung der Sitzungsthemen und damit Rückschlüsse auf den wesentlichen Lernstoff des vom Adhinam propagierten Saiva Siddhanta.

[114] Sofern nicht anders vermerkt, beziehen sich die folgenden Ausführungen auf Vaittiyanātaṉ 2007, Anhang 1 (aṭṭavaṇai 1). Vgl. auch die übersetzte Version des Lehrplans in Tabelle 3 des Anhangs.

Der Lehrplan des Studienprogramms ist in zwei Teile gegliedert, die jeweils einem Kursjahr entsprechen. Das erste Studienjahr (*mutal āṇṭu*) wird als „Wissenschaftlicher Teil“ (*a̱riviyal pakuti*) und das zweite Jahr (*iraṇṭām āṇṭu*) als „Erfahrungsteil“ (*a̱nupava-p pakuti*) beschrieben. Mit dieser Zweiteilung ist ein Topos des Saiva Siddhanta angedeutet, der in der unten ausgeführten Analyse der Philosophie seine Entsprechung findet. Hierbei handelt es sich um die Vorgängigkeit von „weltlichem Wissen“ vor der rezeptiven Erfahrung des „göttlichen Wissens“ auf dem Weg der Erlösung. Beide Kursjahre bilden damit konzeptionell und soteriologisch eine zusammenhängende Einheit. Dadurch soll zunächst eine wissenschaftliche Grundlage gelegt werden, anhand derer sich die Inhalte des zweiten Jahres besser verstehen oder erfahren lassen. Die Aufstellung des Lehrplans folgt den englischen Monatsnamen in gängiger tamilischer Umschrift.[115] Abschließend wird die Betrachtung auf die Veränderungen hinweisen, die der aktuelle Direktor des Studienprogramms, Kandaswami, zum Zeitpunkt unseres ausführlichen Gesprächs im September 2012 in den Lehrplan zu implementieren plante.

2.1. Der „wissenschaftliche Teil“ im ersten Studienjahr

Die ersten zwölf Sitzungen im „wissenschaftlichen Teil“ des ersten Studienjahres gliedern sich in sieben thematische Bereiche. Der „wissenschaftliche Teil“ beginnt 1.) mit einer Einführung in die „Geschichte des Sivaismus und der *Tirumurai*“ (*caiva camay varalā̱ru*, *pa̱ṉniru tirumu̱rai varalā̱ru*), in der sowohl die kanonischen Texte des Saiva Siddhanta vorgestellt als auch die Position des Adhinam in dieser Tradition bestimmt wird. Daraufhin werden 2.) zwei Sitzungen auf die „Grundlegenden Lehren des Saiva Siddhanta“ (*caivacittānta aṭippaṭai-k koḷkaikaḷ*) verwendet, wovon eine für die „Erklärung der 36 Tattvas“ (*muppattā̱ru tattuva viḷakkam*) reserviert ist. Es folgen sieben Kurseinheiten zu den ersten *Sastra*-Texten: 3.) zwei zu *Unmai Vilakkam* (Verse 1–26: *„uṇmai viḷakkam“ e̱ṉnum nūliruntu mutal 26 veṇpākkaḷ viḷakkam*; Verse 27–53: *mē̱rpaṭi nūlil uḷḷa 27 mutal 53 muṭiya veṇpākkaḷ viḷakkam*)[116], 4.) zwei zu den 50 Hymnen des *Tiruvarudpayan* (*„tiruvaruṭ payan“ e̱ṉnum nūliliruntu vakuppi̱rku 50 ku̱raṭpākkaḷ viḷakkam*), 5.) drei zum *Sivaprakasam* (Verse 1–12: *„civappirakācam“ e̱ṉnum nūliliruntu pāyirappakuti 12 tiruviruttaṅkaḷukku viḷakkam*; Verse 13–50: *mē̱rpaṭi nūliliruntu potu atikāram 13 liruntu 50 viraiyuḷḷe tiruviruttaṅkaḷukku viḷakkam*; Verse 50–100:

[115] Also „*ca̱navari*“ für „*January*“, „*pirpravari*“ für „*February*“ usw.

[116] Der letzte, also der 54. Vers – eine Lobpreisung Meykandas – ist offensichtlich kein Teil des Lehrplans.

mēṟpaṭi nūliliruntu uṇmai atikāram 51 liruntu 100 viraiyuḷḷe tiruviruttaṅkaḷukku viḷakkam) und 6.) eine zu *Tiruvuntiyar* und *Tirukkalirru Padiyar* (*tiruvuntiyiār, tirukkaḷiṟṟu-p paṭiyār mutaliya nūlkaḷiliruntu mukkiyaceytikaḷai viḷakkuvatu*). Den Abschluss des ersten Kursjahres bildet 7.) eine Lehreinheit zur Lehre des Saiva Siddhanta im *Tirukkural* (*tirukkuṟaḷil caiva cittāntam*).

Der inhaltliche Schwerpunkt des „wissenschaftlichen Teiles" liegt damit sehr deutlich auf den *Sastras* Umapatis, die fast die Hälfte des ersten Kursjahres ausmachen. Die Bedeutung dieses Autors, der zu den kanonischen „philosophischen Lehrern" gerechnet wird und der acht der insgesamt zwölf *Siddhanta-Sastras* verfasst hat, für den Saiva Siddhanta des Thiruvavaduthurai Adhinam wird hierdurch hervorgehoben. Für die Veden und vor allem die *Agamas* als Grundlagen des Sivaismus existiert kein eigenes Textstudium. Sie tauchen lediglich als Zitate einer größeren Hindu-Tradition auf. Auch die *Tirumurai* und der *Tirukkural* spielen in wenigen Sitzungen eine hervorgehobene Rolle als Unterrichtsinhalte. Zwar ist damit der sivaitische *bhakti*-Kanon deutlich geringer repräsentiert als die dezidierte Lehre der *Sastras*, allerdings gehören viele dieser Gesänge zum tamilisch-sivaitischen Allgemeingut. Viele Teilnehmenden kennen zumindest die bekannteren Hymnen dieses Korpus. Die praktische Relevanz für das Studienprogramm, insbesondere bestimmter Verse aus dem *Tiruvacakam,* zeigt sich durch deren gemeinsame Rezitation zu Beginn jedes Unterrichtstages oder in eigenen monatlichen Veranstaltungen. Dass die *Tirumurai* also nicht im selben Maße wie die *Sastras* im Curriculum verankert sind, liegt einerseits darin begründet, dass ihre (partielle) Kenntnis vorausgesetzt wird und diese Lieder andererseits in den praktischen Bereich der Saiva Siddhanta Lehre fallen. Daher tauchen sie in der Strukturierung der philosophischen Unterweisung nur in abgeschwächter Form auf. Für eine ausführlichere Beschäftigung mit den *Tirumurai*-Hymnen existiert zudem ein zweiter Kurs des Thiruvavaduthurai Adhinam.

2.2. Der „Erfahrungsteil" im zweiten Studienjahr

Die zwölf Sitzungen des zweiten Kursjahres lassen sich thematisch in vier Teile gliedern. Der „Erfahrungsteil" beginnt 1.) mit einer Unterrichtseinheit zu „Saiva Siddhanta in den Zwölf Tirumurai" (*paṉṉiru tirumuṟaikaḷil caiva cittāntam*). Darauf folgen 2.) zwei Sitzungen zu den „wichtigsten Inhalten der *14 Pandara-Sastras*" (*tiruvāvaṭuṟai ātīṉa-p paṇṭāra cāttiraṅkaḷ 14lil uḷḷa mukkiya ceytikaḷai viḷakkuvatu*). Der eindeutige Schwerpunkt des zweiten Studienjahres liegt aber 3.) auf der

„einfachen Lehre der subtilen Bedeutungen des *Sivagnana Botham* und *Sivagnana Siddhiyar*“ (*civañāṉa pōtam, civañāṉa cittiyār ākiya iru nūlkaḷil uḷḷa nuṭpamāṉa poruḷkaḷai, eḷimaiyāka viḷakkiy-p pāṭam naṭattutal*), welche sich vom vierten bis zum elften Kursmonat erstreckt und sich an den zwölf Sutras des ersteren orientiert.[117] Die Abschlusssitzung des Kurses bildet 4.) ein Kurstag zum *Unmai Neri Vilakkam* (*uṇmai neṟi viḷakkam*).

Die gemeinsame Lehre des *Sivagnana Botham* und des *Sivagnana Siddhiyar* nimmt folglich knapp drei Viertel der Kurstage des zweiten Kursjahres ein. Der deutliche Fokus des Lehrplans liegt also auf dem Werk Meykandas in Kombination mit dem Komplementärtext von Arulnandi Siva. Die enorme Bedeutung, die dem *Sivagnana Botham* als fundamentaler Text der Saiva Siddhanta Philosophie zugesprochen wird und die sich schon bei der Betrachtung des Lektürekanons angedeutet hatte, findet alleine durch die Strukturierung der Lehre einen augenfälligen Ausdruck. Auf die Erklärung der *Tirumurai*, die damit nach der ersten Sitzung im ersten Studienjahr ein zweites Mal im Lehrplan vorkommen sowie die Erläuterung des *Unmai Neri Vilakkam* und die Bearbeitung der *Pandara-Sastras*, entfallen im Vergleich relativ wenige Sitzungen. Zusammenfassend verdeutlicht diese überblicksartige Darstellung der numerischen Verteilung der Lehrinhalte des Curriculums des Saiva Siddhanta Studienprogramms einmal mehr den bereits mehrfach akzentuierten „Kanon im Kanon“ im Unterricht des Thiruvavaduthurai Adhinam, der das klare Hauptaugenmerk in der Lehre auf die *14 Saiva Siddhanta Sastras* legt.

2.3. Jüngere Veränderungen des Curriculums

Der aktuelle Direktor des Studienprogramms, C. Kandaswami, hat während unseres Gesprächs am 3. Oktober 2012 ausführlich dazu Stellung bezogen, dass er den von Vaithiyanathan ausgearbeiteten Lehrplan zu modifizieren gedenke und teilweise diese Veränderungen schon eingeführt habe. Der alte Lehrplan habe vor allem die theoretischen Aspekte des Saiva Siddhanta gelehrt. Eine Aktualisierung des Curriculums sollte daher auf die praktische Umsetzung dieses theoretischen Wissens abzielen. Dies bedeutet, ausführlicher herauszuarbeiten, wie die vermittelten Kenntnisse den Menschen im Leben konkret helfen könnten, respektive

---

[117] Die Gliederung für die Sitzungen verteilt sich wie folgt: April: 1. Sutra; Mai: 2. Sutra; Juni: 3., 4. und 5. Sutra; Juli: 6. und 7. Sutra; August: 8. Sutra; September: 9. Sutra; Oktober: 10. und 11. Sutra; November: 12. Sutra; vgl. auch Tabelle 3.

was es konsequenterweise bedeute, der Saiva Siddhanta Philosophie im Alltag zu folgen.[118]

Theorie und Praxis müsse, so Kandaswami, enger verzahnt werden, um den Teilnehmenden der Kurse alltagspraktische Relevanz des Saiva Siddhanta klarer zu verdeutlichen:

> „Die Studierenden sollten in der Lage sein, das Gelernte mit ihrem alltäglichen Leben in Einklang zu bringen, nur dann ist es sinnvoll. [...] Es ist nicht so, als würde man Theorien lernen und sich dann automatisch dementsprechend verhalten. Man sollte wissen, wie sich eine Theorie im Alltag anwenden lässt. Darüber denke ich nach und werde langsam mehr und mehr dieser Themen in den Lehrplan einbauen."[119]

In den Erläuterungen Kandaswamis schwingt eine latente Kritik am bisherigen Lehrplan mit, für den der Direktor weiter Verbesserungspotential sieht.[120] Kandaswamis Überlegungen hierzu sehen zum Beispiel vor, die Kursteilnehmer genauer über den Sinn des Tragens sivaitischer Symbole wie *Vibhuti* oder des „Rudraksha" (*akkumālai/rutrāṭcai*, Skt. *rudrākṣa*), einer Art Gebetskette aus den Kernen der Früchte des Ganiterbaums, aufzuklären. Weiterhin soll es zukünftig vertiefter darum gehen, etwa die Signifikanz der Rezitation der heiligen fünf Silben (*tiruvainteḻutē*) des sivaitischen Mantras (*mantiram*) „Si-Va-Ya-Na-Ma" (*ci-vā-ya-na-ma*) besser zu verstehen. Darüber hinaus sollen die Teilnehmenden des Kurses die Hintergründe bestimmter religiöser Vorschriften (*virattam*), die Wichtigkeit religiöser Feste und die des Tempelbesuchs richtig einordnen können.[121] Auch die *Grundsätzlichen Lehren* widmen sich, wie noch genauer zu zeigen sein wird, diesen Themenkomplexen religiöser Praxis. Kandaswami hat allerdings bereits begonnen, diese Aspekte stärker im Lehrplan des Studienprogramms zu verankern.

---

[118] „*Actually, this was designed by the previous director. I made only very few changes in that. I wanted to add one thing: that is how Saiva Siddhanta is related to our day-to-day life. Earlier it was only theory, now I wanted to introduce some practice into that, that means how it helps us practically, in our day-to-day life. The things we have to do in our day-to-day life when we follow Saiva Siddhanta philosophy.*" Interview mit Kantacuvāmi 2012.

[119] „*The students should be able to correlate what they learn with their day-to-day life, then only it will work out. [...] [I]t is not like you learn some theories and then go out and act on it. You should know how a theory is applied in the day-to-day life. That is what I am contemplating and what I will slowly introduce more and more of these things into the curriculum.*" Interview mit Kantacuvāmi 2012.

[120] „*These kind of things are included in the curriculum now. Earlier they were not there. I am still contemplating how we can improve.*" Interview mit Kantacuvāmi 2012.

[121] Interview mit Kantacuvāmi 2012.

3. Die grundsätzlichen Lehren des Thiruvavaduthurai Adhinam

Die konkrete Lehre des Saiva Siddhanta im Studienprogramm des Thiruvavaduthurai Adhinam soll vor allem anhand des einführenden Buches der *Grundsätzlichen Lehren* analysiert werden, da dieses als einzige Veröffentlichung des Lektürekanons die Saiva Siddhanta Lehre systematisch und relativ umfassend aufarbeitet. Die Erläuterung wird versuchen, die Lehre durch Querverweise zum Lehrplan und zu den Klausurfragen in den weiteren Kontext des Studienprogramms einzubetten. Dabei werden immer wieder auch historische Bezugnahmen vorgenommen, die zeigen sollen, dass etliche Charakteristika des heutigen Saiva Siddhanta Verständnisses deutliche Ähnlichkeiten zu den Äußerungen zum Thema seit dem späten 19. Jahrhundert aufweisen. Wie jüngere Forschungen nahe legen, muss genau diese Zeit um 1900 als entscheidende Phase einer „Re-Konfiguration" des tamilischen Sivaismus verstanden werden, in der, vor dem Hintergrund kolonialer Herrschaft und globaler Vernetzung orientalistischer Wissensproduktion, Saiva Siddhanta neuartig und in englischer Sprache formuliert wurde.[122] Dieses „Saiva Siddhanta Revival", dessen Vertreter sich durch die Gründung sivaitischer Organisationen und Zeitschriften (wie die *Siddhanta Deepika*) sowie die Veranstaltung von Konferenzen und Versammlungen öffentlich Gehör verschafften, hat Artikulationen hervorgebracht, die bis heute einen impliziten und expliziten Rahmen für das bilden, was gegenwärtig als Saiva Siddhanta gilt.[123]

Die *Grundsätzlichen Lehren* sind in zwei Hauptkapitel gegliedert, die sich wiederum auf 14 thematische Abschnitte aufteilen. Das erste, kürzere Hauptkapitel wird als „Allgemeiner Teil" (*potuppakuti*) bezeichnet und enthält fünf weitere Unterpunkte, die zusammen in die Geschichte der Saiva Religion, ihre textuellen Grundlagen, ihre ontologisch-kosmologischen Vorannahmen sowie ihre Epistemologie einführen.[124] Das zweite, wesentlich längere Hauptkapitel ist als „Spezieller Teil" (*ci̱rappu-p pakuti*) benannt und umfasst neun weitere Abschnitte.[125] Die

---

[122] Vgl. hierzu auch einführend Klöber 2017a.

[123] Zum sog. „Saiva Siddhanta Revival" siehe u.a. Bergunder 2010; Nehring 2010; Vaithees 2015; Vaitheespara 2012.

[124] Die Unterpunkte lauten wie folgt: „I. Einleitung" (*tō̱r̲r̲uvāy*), „II. Die Werkzeuge des Wissens" (*aḷavai*), „III. Die Wahrheit der Entitäten" (*poruḷ uṇmai*), „IV. Sarkariyavatam" (*car̲kāriyavātam*), „V. Die Wahrheit der Entitäten im Saiva Siddhanta" (*caiva cittānta poruḷ uṇmai*), vgl. Vaittiyanātan̲ 1995a, 1–19.

[125] Diese Abschnitte lauten wie folgt: „VI. Die allgemeinen Eigenschaften Gottes" (*i̱raivan̲in̲ potu iyalpu*), „VII. Die speziellen Eigenschaften des Herrn" (*i̱raivan̲in̲ ci̱rappu iyalpu*), „VIII. Die Eigenschaft der Seele" (*uyir iyalpu*), „IX. Die Eigenschaft des Anava-Mala" (*āṇavamalattin̲ iyalpu*), „X. Die Eigenschaft des Karma-Mala" (*kan̲ma malattin̲ iyalpu*), „XI. Die Eigenschaft des Maya-Mala" (*māyāmalattin̲ iyalpu*), „XII. Die Art und

ersten acht dieser Unterpunkte beschäftigen sich mit einer detaillierten Ausformulierung und Weiterentwicklung der ontologisch-kosmologischen Prämissen und der sich daraus ergebenden praktischen Folgen für die Anhänger des Saiva Siddhanta. Im „Schluss" (*iṟuvāy*) wird eine Einordnung der Saiva Siddhanta Lehre in den breiteren religiösen Rahmen indischer Religionen dargestellt. Die vorgenommene Einteilung in ein „allgemeines" und ein „spezielles" Hauptkapitel darf als eine strukturelle Imitation des *Sivagnana Botham* angesehen werden, welches sich ebenfalls in zwei Teile mit „allgemeiner Autorität" (*potu atikāram*) und „spezieller Autorität" (*ciṟapatikāram*) gliedert. Zudem kann diese Klassifikation als konkreter sprachlicher Verweis auf die Saiva Siddhanta Ontologie verstanden werden. Diese unterscheidet nämlich, wie noch im Detail gezeigt werden wird, grundsätzlich zwischen „allgemeiner Eigenschaft/Natur" (*potu iyalpu*) und „spezieller Eigenschaft/Natur" (*ciṟappu iyalpu*) alles Seienden.

Die Analyse wird zunächst die im allgemeinen Teil beschriebenen Grundlagen unter Einbezug des Schlusskapitels sowie die Bedeutung der sivaitischen Texttradition vorstellen. Daran anschließend sollen diese Grundlagen durch die im speziellen Teil artikulierten Ausarbeitungen ausführlicher untersucht werden, bevor abschließend die lebenspraktischen Konsequenzen aus der Lehre des Saiva Siddhanta aufgearbeitet werden. Letzteres geschieht in direkter Verknüpfung mit dem von den Verantwortlichen des Studienprogramms postulierten Nutzen des Saiva Siddhanta für seine Anhänger im Allgemeinen und die Studierenden des Kurses im Speziellen.

3.1. Geschichte der Saiva Religion und die Bedeutung ihrer kanonischen Texte

Die Einführung in die allgemeinen Grundlagen des Saiva Siddhanta beginnt in den *Grundsätzlichen Lehren* mit sprachlichen und historischen Verortungen der Saiva Siddhanta Tradition. Letztere spiegelt sich auch direkt in der Benennung der ersten Sitzung im ersten Jahr des Studienprogramms wider, die als „Geschichte der Saiva Religion und der Geschichte der Zwölf Tirumurai" (*caiva camay varalāṟu*, *paṉṉiru tirumuṟai varalāṟu*) betitelt ist und jenes historische Grundlagenwissen vermitteln soll. Zum Einstieg in die Saiva Siddhanta Lehre erscheint es also wichtig, die Studierenden mit den wichtigsten Schriften des Saiva Siddhanta vertraut zu machen, namentlich mit den *Siva-Agamas,* mit der Entstehung

Weise der Anbetung" (*vaḻipaṭum muṟai*), „XIII. Die Frucht der Anbetung" (*vaḻipāṭṭiṉ payaṉ*), „XIV. Schluss" (*iṟuvāy*), vgl. Vaittiyanātaṉ 1995a, 19–109.

der *Tirumurai* und der *Saiva Siddhanta Sastras* sowie mit den zugehörigen Autoren.[126] Es ist schon bei der Besprechung der Pflichtlektüre des Studienprogramms deutlich geworden, dass der textuelle Kanon des Saiva Siddhanta als ein organisches Ganzes betrachtet wird, das als sukzessive Ausformulierung der Lehre verstanden wird. Ein besonderes Augenmerk liegt in der Geschichte der Werke und Autoren auf der Position des Thiruvavaduthurai Adhinam und seiner personalen Genealogie innerhalb dieser Tradition. Diese soll, wie schon beschrieben, mit der Gründungsfigur Namasivaya Murthikal an die „philosophischen Lehrer" anschließen. Zentral für das Verständnis der Bedeutung des Adhinam ist seine Verortung in der „Heiligen Kailash Abstammungslinie", die die Verbindung aller Oberhäupter der Institution mit den großen „philosophischen Lehrer" der *Sastras* und den „religiösen Lehrer" der *Tirumurai* gewährleistet. Dadurch wird die Lehrtradition der Institution als legitime Nachfolgerin dieser Lehrer präsentiert.[127] Die Position des Adhinam innerhalb dieses Stammbaums wurde oben bereits ausführlich behandelt und wird daher an dieser Stelle nicht mehr näher besprochen.

Neben der genealogischen Lokalisierung in einer bestimmten Texttradition als historischem Rahmen, die in einem zweiten Schritt näher behandelt werden soll, gehört eine Bestimmung des Saiva Siddhanta in Beziehung zu den weitaus bekannteren Kategorien „Sivaismus" und „Hinduismus" in den einführenden und grundlegend definitorischen Themenkomplex. In der Lesart des Adhinam bildet Saiva Siddhanta, wie zunächst gezeigt werden soll, den ultimativen Referenzpunkt dieser Namen von Religion.

Religion, Saiva Siddhanta, Sivaismus und Hinduismus

Um die Beziehung zwischen den Kategorien „Religion", „Saiva Siddhanta", „Sivaismus" und „Hinduismus" aus Sicht des Saiva Siddhanta Studienprogramms des Thiruvavaduthurai Adhinam näher bestimmen zu können, muss geklärt werden, wie diese Namen von den Verantwortlichen definiert und/oder verwendet werden. Gerade die *Grundsätzlichen*

---

[126] Dass dies ein Schwerpunkt der Vermittlung in diesem Bereich ist, implizieren die Fragen aus der Abschlussklausur des ersten Kursjahres 2010. So müssen z.B. die 14 *Sastras* aufgezählt, die Zahl der Autoren der *Tirumurai* genannt sowie die Entstehung des *Tevaram* zusammengefasst werden, Vaittiyanātaṉ 2010, Fragen I. 1., II. 3., 4.

[127] Dies wird u.a. durch Fragen der Abschlussklausur nahegelegt. Dort lautet bspw. eine der zwei Fragen unter der Überschrift „Geschichte der Saiva Religion" (*caiva camay varalāṟu*): „Erläutere den Zusammenhang zwischen dem Thiruvavaduthurai Adhinam und der Heiligen-Kailash-Abstammungslinie." (*tiruvāvaṭutuṟai ātīṉam, tirukkayilāya paramparaiyai-c cērntatu eṉpatai viḷakkuka*), Vaittiyanātaṉ 2010, Frage I. 2.

Lehren liefern hierzu explizite Definitionen, wohingegen die Kursbroschüren und die Homepage des Adhinam eher indirekte Aussagen bieten.

Religion

Die Publikationen des Adhinam verwenden zwei verschiedene Wörter, die sich als tamilische Übersetzungen für den Terminus „Religion" in der modernen tamilischen Sprachgeschichte etabliert haben: „*camayam*" und „*matam*".[128] Im *Fachwörterbuch* zum Studienprogramm finden sich dementsprechend für beide Begriffe Definitionen wieder, die auf den ersten Blick eher lexikalisch wirken:

„*camayam* – zeigt den Weg, mit dem man zum beabsichtigte Ziel gelangt"

„*matam* – bedeutet das Verweilen im Egoismus in allem, was man sagt und/oder tut. Arroganz/Ausgelassenheit"[129]

Diese Erklärung lässt offensichtlich die gängige Gleichsetzung von „*camayam*" und „*matam*" mit „Religion" außen vor, die im heutigen tamilischen Sprachgebrauch üblich ist.[130] An der Definition der beiden Namen fallen weiterhin zwei Punkte besonders auf:

---

[128] Zu tamilischen Namen für „Religion" in klassischer Literatur siehe Schalk 2013.

[129] „*camayam – kuṟitta poruḷai aṭaivikkum vaḻiyai-k kāṭṭuvatu*", „*matam – yātoṉṟu collum iṭattum ceyyumiṭattum akaṅkāramāy niṟṟal. kaḷippu*" Vaittiyanātaṉ 1995b, 34 bzw. 70.

[130] Beide Wörter haben weitere, je kontextuelle Bedeutungen, die sich aber in der modernen Sprachentwicklung auf die synonyme Bedeutung „Religion" zugespitzt haben. In Wörterbüchern seit dem 18. Jahrhundert zeigt sich eine wechselnde Zuschreibung von „*camayam*" als „Zeit" und „Religion", während in den jüngeren Werken vermehrt eine synonyme Bedeutung von „*camayam*" und „*matam*" als „Religion" postuliert wird. Letztere erwähnen zwar auch den „Zeit-Aspekt", nennen aber selbstverständlich für beide Begriffe das englische oder deutsche Äquivalent „*Religion*", Ramakrishnan 2008, 541–542 bzw. 1071; Malten 1994a, 93 bzw. 187. Für „*matam*" finden sich bei J. P. Fabricius zunächst die ambivalenten Bedeutungen von „*high exhileration, joy*" – auch hier mit „*kaḷippu*" als Äquivalent genannt – und den negativeren Begriffen „Trunkenheit, Rausch, Fanatismus" („*inebriety, intoxication, fanaticism*"). Während als weitere Bedeutungen „geschlechtlicher Trieb oder Rage, Passion" („*venereal heat or fury, passion*") und „Stolz, Arroganz" („*pride, arrogance*") auftauchen, findet sich interessanterweise als neunte Angabe „Religion, religöse Sekte" („*religion, religious sect*") wofür „*camayam*" als Synonym angegeben wird, Fabricius 1972, 290. Die Einträge bei Winslow decken sich größtenteils mit denen bei Fabricius, wenngleich hier erst die elfte Bedeutung die von „Glaube, religiöse Lehre, Religion" („*Belief, religious tenet; religion*") darstellt. Als Komposita tauchen hier des Weiteren verschiedene Religionen auf, namentlich als „*civamatam*", hier „System des Sivaismus" („*The Saiva system*"), „*turuṣkamatam – islāṉamatam*" sprich „Muslimische Religion, Islam" („*The Mohammedan religion, Islamism*") oder „*viṣṇumatam*" als „Vishnuitische Religion" („*The Vaishnuva religion*"), Winslow 1984, 838. Das Madras Tamil-Lexikon zeigt im 20. Jahrhundert eine deutliche Zuspitzung auf die Bedeutung „Religion": „1. Ansicht, Glaube; 2. religiöse Lehre, Sekte, Religion" („*1. Opinion, belief; 2. Religious tenet, sect, religion*") und nennt „*camayam*" als Synonym. Erst als zweiter semantischer Bereich wird dann, unter Verweis auf Sanskrit „*mada*",

Erstens ist die Bestimmung von „*camayam*“ deutlich positiver konnotiert als die von „*matam*“. Während ersteres eine positive Perspektive aufzeigt, also auf dem Weg zu einem gewünschten Ziel (*kuṟitta poruḷ*) – beispielsweise die Erlösung – behilflich ist, verweist letzteres auf tendenziell negative Charaktereigenschaften wie Verharren (*niṟṟal*) in Egoismus (*akaṅkāramāy*) und Arroganz (*kaḷippu*). Hierbei ist wichtig zu erwähnen, dass die vom Adhinam vertretene Saiva Siddhanta Lehre, wie im späteren Verlauf noch im Detail gezeigt werden wird, den Zustand des Festhaltens am Ego und der Selbstliebe unter anderem als gewichtige Gründe ansieht, die eine Fesselung der Seelen bedingen und ihre Erlösung verhindern. Eine Möglichkeit eben diese zu erlangen wird nun gerade in der Definition von „*camayam*“ angedeutet. In der semantischen Unterscheidung zwischen „*camayam*“ und „*matam*“ wird also eine theologische Dimension beider Begriffe offenbar, die eindeutig zu Gunsten von „*camayam*“ ausfällt. Die Definitionen im *Fachwörterbuch* spiegeln durch die speziell sivaitisch-theologisch aufgeladenen Erklärungen eine nicht unbedingt alltägliche semantische Zuschreibung wider. Diese wird in Saiva Siddhanta Kreisen für „*camayam*“ häufig auf die tamilische Wurzel „*camai*“, also „fertig werden“, „kochen“, „reifen“ oder „ein Ergebnis produzieren“ zurückgeführt, wie es heutige Siddhantins in Coimbatore beispielsweise vertreten. Die im *Fachwörterbuch* intendierte Bestimmung als „Erlösungsweg“ kann damit in Verbindung gebracht werden, ist jedoch durchaus ungewöhnlich.

Die Privilegierung des Wortes „*camayam*“ für Religion ist zweitens deshalb erwähnenswert, weil im heutigen tamilischen Sprachgebrauch das Wort „*matam*“ wesentlich verbreiteter ist. Letzteres gilt beispielsweise als logisches Äquivalent zu „Dharma“ (*tarumam*, Skt. *dharma*), welches – zwar immer wieder umstritten – als genuin indischer Name von „Religion“ verstanden wird. Heute gilt in der Regel „*matam*“ als speziell tamilisches Wort, was unter anderem auf die Propagierung durch Maraimalai Adikal und des sprachnationalistischen „Pure Tamil Movement“ in der ersten Hälfte des 20. Jahrhunderts zurückgeht.[131] Dabei sind sowohl „*camayam*“ als auch „*matam*“ sanskritischen Ursprungs (Skt. *samaya*/*mada*). Die Bedeutungszuschreibungen des Thiruvavaduthurai Adhinam grenzen sich damit implizit von einem breiteren Religionsdiskurs in Südindien ab, indem sie „*camayam*“ zum eigentlichen tamilisch-sivaitischen Begriff erheben. Damit wird ein tamilischer Sanskrit-Begriff

---

„Heiterkeit, Jubel, Freude“ („*Exhilaration, exultation, joy*“) genannt, University of Madras 1924, 3052.

[131] Vgl. u.a. Vaitheespara 2009. In der Dravidischen Bewegung wurde später v.a. durch den Premierminister C. N. Annadurai (*Ci. Eṉ. Aṇṇāturai*) (1909–1969) das Wort „*neṟi*“ als passender vorgeschlagen.

verwendet, der heute so etwa in nordindischen Sprachen wie Hindi nicht mit Religion in Verbindung gebracht wird.[132] Sprachgeschichtlich lässt sich diese Tendenz eines tamilisch-sivaitischen Charakters von „*camayam*" auch in historischen Wörterbüchern nachweisen.[133]

Es wird aber noch zu zeigen sein, dass die beiden Einträge zu „*camayam*" und „*matam*", also der Versuch ihrer hegemonialen Bedeutungsfixierung, teilweise von der konkreten Verwendung der Wörter in den sonstigen Publikationen des Studienprogramms abweicht. Dort erscheinen sie zwar nicht synonym, aber durchaus in der modernen Bedeutung von „Religion". Allerdings wird auch in der Benutzung beider Begriffe eine Unterscheidung deutlich, die sich an die oben erläuterte Differenzierung der theologischen Implikationen und ihre positive beziehungsweise negative Konnotation anschlussfähig zeigt.

Der Name „*camayam*" taucht mit Abstand am häufigsten in den untersuchten Veröffentlichungen auf und wird in der Regel als Name für die eigene Tradition verwendet, beispielsweise als „unsere Religion" (*nam*

---

[132] Im Sanskrit kann „*samaya*" neben „Zeit" (auch im modernen Hindi verbreitet) vor allem „Übereinkunft", „gegenseitiges Einverständnis" oder „Vertrag" heißen. Die Bedeutung von „Religion" hat es dort nicht, wohl vereinzelt aber „Doktrin" oder „Lehre", vgl. u.a. Monier-Williams 2008, 1164.

[133] Im 18. Jahrhundert werden bei J. P. Fabricius für „*camayam*" zunächst zwei Bedeutungen genannt, die die Konnotation von „Zeit" in sich tragen, namentlich als „günstigen oder ungünstige Möglichkeit" („*favourable and unfavourable opportunity*"), bevor es semantisch in den Bereich von „Religion" als „systematisierte religiöse Praxis" („*systematized religious practice*") eingeordnet wird. Taucht „*camayam*" als Präfix für weitere Wörter auf, gehört es meist semantisch in den Bereich von „Religion", z.B. bei „*camaya-k koḷkai*", also „religiöse Doktrin", Fabricius 1972, 128. In M. Winslows Tamil-Wörterbuch aus der Mitte des 19. Jahrhunderts finden sich auch zunächst zwei Bedeutungen, die sich auf „Zeit" beziehen, etwa als „günstige, passende oder richtige Zeit; Freizeit" („*A convenient, suitable or proper time; leisure*"), beziehungsweise schlicht als „Zeit, Jahreszeit, Möglichkeit" („*Time, season, occasion*"). Erst die dritte Bedeutung ist als „religiöse Überzeugung, Glaube oder System" („*Any religious persuasion, faith or system*") ausgezeichnet. Der Kommentar Winslows zu seinem Eintrag offenbart im Übrigen, dass „*camayam*" für ihn durchaus sivaitische konnotiert ist, da er im Anschluss die sechs religiösen Systeme aufzählt, die aus Sicht von Sivaiten als orthodox angesehen werden, Winslow 1984, 404. Im Tamil-Lexikon der Universität Madras aus der ersten Hälfte des 20. Jahrhunderts scheint sich für „*camayam*" mehr auf die sanskritische Äquivalenzen zu besinnen, da zunächst die Bedeutungen von „Zeit" hier im Vordergrund stehen. So wird hier „1. Zeit; 2. kritischer Moment; günstige oder richtige Gelegenheit; 3. Freizeit" angegeben („*1. Time;. 2. Critical moment; suitable or proper opportunity; 3. Leisure*"). Erst die vierte Bedeutung ist als „Glaubenssatz oder religiöses System" („*Creed or religious system*") angegeben und nennt „*matam*" ausdrücklich als Synonym. Die fünfte Bedeutung, die in Klammern „Śaiva" angibt, um dann über bestimmte Initiationen als „*camayatīṭcai*" zu sprechen, unterstreicht den tendenziell sivaitischen Charakter des Begriffs. Komposita mit „*camayam*" finden sich gleichermaßen für „zeitspezifische", als auch für „religiöse" Begrifflichkeiten, University of Madras 1924, 1291–1293

camayam)[134], „Saiva Religion" (*caiva camayam*)[135], „sivaitische Religionsliteratur" (*caiva camayattiṉ ilakkiyam*)[136], „andere Unterteilungen der sivaitischen Religion" (*piṟacaiva camaya-p pirivukaḷ*)[137] oder „Siddhanta Religion" (*cittānta camayam*).[138] „Religion" als „*camayam*" wird also meist durch ein weiteres Wort spezifiziert, das den sivaitischen Charakter des Namens, der sich ebenfalls durch seine lexikalische Geschichte zieht, unterstreicht. Das Wort „*matam*" hingegen wird mehrheitlich als Fremdbezeichnung, etwa für „alle Religionen in Indien" (*intiyāvil uḷḷa ellā mataṅkaḷ*)[139], für „ausländische Religionen wie Christentum und Islam" (*veḷināṭṭu mataṅkaḷ ākiya kiṟittuvamum, iculāmiyamum*)[140] oder für die Entstehung und Existenz vieler verschiedener Religionen auf der Welt verwendet.[141] Auffällig ist in diesem Zusammenhang, dass sich eine ganz ähnliche Einteilung in „eigen/fremd" in einer der wichtigsten kanonischen Schriften des Saiva Siddhanta zeigt. Im *Sivagnana Siddhiyar* des Arulnandi, eines der *14 Saiva Siddhanta Sastras* aus dem 13. Jahrhundert, wird die eigene Lehre im sogenannten „Supakkam"-Teil als „*camayam*" bezeichnet, wohingegen die abzulehnenden Lehren im „Parapakkam"-Teil als „*matam*" benannt werden.[142] Ohne diesen Bezug in der Verwendung beider Namen für die Publikationen des Adhinam-Kurses explizit nachweisen zu können, erscheint die Dichotomie von „*camayam*" und „*matam*" aber augenfällig klassisch-kanonische Vorbilder zu haben, die die getroffene Unterscheidung wahrscheinlich beeinflusst hat.

Während der Name „*matam*" tatsächlich nie als Benennung des Eigenen erscheint, wird allerdings „*camayam*" immerhin in einzelnen Kontexten für nicht-sivaitische Religionen oder deren Vertreter (*piṟa camayavātikaḷ*) benutzt. Jedoch wird bei solchen Verwendungen in der Regel

---

[134] Vaittiyanātaṉ 1995a, 23.

[135] Vgl. u.a. Vaittiyanātaṉ 1995a, 1,; 2007, (camaytturaiyil ēṟpaṭam kuḻappaṅkaḷai tīrkka); 2008, 5; Veḷḷaivāraṇam 2010b, 1.

[136] Vaittiyanātaṉ 1995a, 3.

[137] Vaittiyanātaṉ 1995a, 2.

[138] Vaittiyanātaṉ 2007, (niṟaivurai).

[139] Vaittiyanātaṉ 1995a, 13.

[140] Vaittiyanātaṉ 1995a, 13.

[141] Vgl. u.a. „In der Welt gibt es viele Religionen, die über Philosophie nachdenken." (*ulakkatil tattuva ārāycci ceyyum mataṅkaḷ ettaṉaiyō uḷḷaṉa.*) Vaittiyanātaṉ 2007, (niṟaivurai). Oder: „Sind alle Religionen gleich? Was ist der Grund dafür, dass auf der Welt viele verschiedene Religionen entstanden sind?" (*emmatamum cammatam eṉpatu cariyā? ulakattiṉ palvēṟu mataṅkaḷ tōṉṟiyiruppataṟku eṉṉa kāraṇam?*) Vaittiyanātaṉ 2007, (camaytturaiyil ēṟpaṭam kuḻappaṅkaḷai tīrkka), Frage 10. Man beachte das Wortspiel bei „*cammatam*", was wörtlich „Einverständnis/Zustimmung" bedeutet. Das Präfix „*cam-*" impliziert zudem „Gleichheit", wie z.B. in „*camamāṉa*", als „Gleichberechtigung". Der zweite Wortteil „*matam*" kann, wie gesehen, für „Religion" stehen.

[142] Vgl. Schalk 2013, 118–121.

immerhin auf eine gemeinsame Hindu-Identität rekurriert, die als Referenzgröße für das Studienprogramm oben schon mehrmals angesprochen wurde. So wird beispielsweise auch von der „Hindu-Religion“ (*intu camayam*) gesprochen.[143] Das heißt, selbst wenn in den Publikationen „*camayam*“ als Kategorie für andere Traditionen als die eigene angeführt wird, stehen diese zumindest in einer Art Verwandtschaftsverhältnis zueinander.

Bevor diese Relationen näher untersucht werden können, soll der Frage nach der Bestimmung von „Religion“ durch die Autoritäten des Saiva Siddhanta Studienprogramms nachgegangen werden. Deren Artikulationen bieten, außer in ihrer lexikalischen Erklärung für die heute gängigen Religionsbegriffe „*camayam*“ und „*matam*“ im *Fachwörterbuch*, keine dezidierten Religionsdefinitionen. „*Matam*“ ist, wie deutlich wurde, eher als Begriff für andere, unverwandte „Weltreligionen“ zu verstehen. Es lässt sich daher folgern, dass auf dieser Ebene die eigene Religion (*camayam*) situativ zu den Religionen der Welt (*matam*) gehören kann, wobei diese aber dann nicht den Namen und Status der eigenen Religion als „*camayam*“ teilen. Über die Definition des *Fachwörterbuchs* als „Erlösungsweg“ hinausgehend, wird insbesondere „*camayam*“ indirekt näher beschrieben. So stellen der Text der Kursbroschüre zehn Konfusionen (*ku͟lappam*) und die Ausführungen auf der Homepage neun Fragen (*vi͟nā*) vor, die im „Bereich der Religion“ (*camayattu͟rai*) auftreten können, beziehungsweise die sich alle Menschen des Öfteren stellen.[144]

Der „Bereich der Religion“ kann gemäß diesen Äußerungen in sechs Themenkomplexe eingeteilt werden, die in diesem Zusammenhang zentral sind: 1.) die Existenz und Rolle Gottes; 2.) die lebenspraktischen Implikationen; 3.) die Frage nach Wiedergeburt; 4.) die Bedeutung der Astrologie; 5.) die Pluralität der Religionen; 6.) die Relevanz der Vernunft. Um eine Art „Religionsbegriff“ des Thiruvavaduthurai Adhinam herauszuarbeiten, lohnt sich eine genauere Betrachtung der Fragen in diesen verschiedenen Fällen.

Zunächst umfasst der „Bereich der Religion“ also den Streitpunkt der Existenz Gottes, die verschiedentlich angezweifelt wird, unter anderem,

---

[143] Vaittiyanātan͟ 1995a, 109–111. Vgl. für andere Beispiele etwa die Ausführungen zu der unten noch näher auszuführenden Saiva Siddhanta Konzeption der Idee von „Advaita“ (*attuvitam*), deren unterschiedliche Interpretation durch jene „Vertreter anderer Religionen“ – gemeint sind die Vertreter des Advaita Vedanta in der Tradition Sankaras – zumindest beschrieben wird, vgl. Vaittiyanātan͟ 1995a, 23.

[144] „*ivai pōn͟r͟a vin͟ākkaḷ pala, namakku aṭikkaṭi tōn͟r͟ukin͟r͟an͟a.*“ Vaittiyanātan͟ 2007, (camayttur͟aiyil ēr͟paṭam kul͟appaṅkaḷai tīrkka) Vgl. die neun Fragen bei http://thiruvavaduthuraiadheenam.org/Aadheenam/?page_id=1886 (zuletzt aufgerufen am 11.02.2014).

weil man Gott nicht sehen kann.[145] Zusätzlich kennt die Saiva-Religion viele Götterfiguren oder Formen Gottes (*pala kaṭavuḷ vaṭivaṅkaḷ*), was die Frage aufwirft, ob es nur einen Gott gibt.[146] Wenn jedoch die Existenz eines einzigen Gottes akzeptiert wird, muss dessen Handlungsmacht näher erklärt werden: hat er die Welt und die Menschen erschaffen? Und wenn ja, ist Gott gerecht, und wie beeinflusst er das Leben der Menschen?[147] Diese Fragen nach Gott führen zweitens dazu, die lebenspraktischen Auswirkungen seiner Existenz für die Menschen herauszuarbeiten. Konkret muss geklärt werden, wie sich die Menschen unter der Annahme eines solchen Gottes verhalten sollten. Wie und nach welchen Regeln sollten sie leben und sich zu Gott verhalten?[148] Den dritten Punkt stellt der Komplex der Wiedergeburt *(maṟupiṟappu)* dar und die Frage danach, in welcher Form sich diese vollzieht und warum wir als Menschen über vergangene Leben nichts wissen.[149] Viertens gehört der Umgang mit

---

[145] „Gibt es einen Gott? Wenn das so ist, warum können wir ihn nicht sehen?" (*kaṭavuḷ eṉṟu oruvar uṇṭā? appaṭiyāṉāl avarai nām ēṉ pārkka muṭivatillai.*) http://thiruvavaduthuraiadheenam.org/Aadheenam/?page_id=1886 (zuletzt aufgerufen am 11.02.2014), Frage 1.

[146] Vaittiyanātaṉ 2007, (camayatturaiyil ēṟpaṭam kuḻappaṅkaḷai tīrkka), Frage 2.

[147] „Wenn er es ist, der uns und die Welt erschaffen hat, warum gibt es so viele Unterschiede? Er hätte doch alle unveränderlich und gleichwertig erschaffen können."(*avartāṉ nammaiyum inta ulakattaiyum paṭaittār eṉṟāl ēṉ ittaṉai eṟṟa-t tāḻvukaḷ? ellōraiyum orē mātiriyāka, cammāka paṭaikka vēṇṭiyatu tāṉē?*); „Wenn es heißt, »ohne ihn bewegt sich nicht einmal ein Atom«, warum geschehen dann Naturkatastrophen in der Welt?" (*»avaṉṉri ōr aṇuvum acaiyātu« eṉṟāl ulakil nītikku puṟampāṉa ceyalkaḷ ēṉ naṭaiperukiṉṟaṉa?*) http://thiruvavaduthuraiadheenam.org/Aadheenam/?page_id=1886 (zuletzt aufgerufen am 11.02.2014), Fragen 2 u. 3. Vgl. auch: „»Alles ist sein Werk«, sagen die Vertreter der Religion. Wenn das so ist, muss ich selbst nichts tun?" (*»ellām avaṉ ceyal« eṉṟu camayavātikaḷ colvataṟku eṉṉa poruḷ? appaṭiyāṉāl; nām enta muyaṟciyum ceyya vēṇṭāvā?*) Vaittiyanātaṉ 2007, (camayatturaiyil ēṟpaṭam kuḻappaṅkaḷai tīrkka), Frage 5.

[148] Vgl. u.a.: „Wenn es Gott gibt, dann soll es ihn eben geben. Aber warum sollen wir ihn verehren? Ist es nicht ausreichend, lediglich anständig zu leben? Muss man unbedingt in den Tempel gehen?" (*kaṭavuḷ iruntāl iruntuviṭṭu-p pōkaṭṭumē, varai nām ēṉ vaḻipaṭu vēṇṭum? oḻukkamāka naṭantāl maṭṭum pōtātā? kōyilukku avaciyam pōkaēṇṭumā?*) Vaittiyanātaṉ 2007, (camayatturaiyil ēṟpaṭam kuḻappaṅkaḷai tīrkka), Frage 6. „Genügt es nicht, den Weg des Anstands zu verfolgen, indem man Armen hilft, jeden liebt und keine Lügen zu erzählt? Warum muss man darüber hinaus Gott verehren?" (*ēḻaikaḷukku utavutal, ellōriṭattilum aṉpu coluttutal, poy collāmal aruttal pōṉṟa oḻukka neṟikaḷai kaikoṇṭāl pōtātā? itaṟku mē kaṭavu vaḻipāṭu eṉpatu etaṟkāka*), http://thiruvavaduthuraiadheenam.org/Aadheenam/?page_id=1886 (zuletzt aufgerufen am 11.02.2014), Frage 6.

[149] „Gibt es Wiedergeburt? Was ist der Grund dafür, dass wir von dem, was in früheren Geburten/Leben geschehen ist, nichts mehr wissen." (*muṟupiṟappu uṇṭā? uṇṭu eṉṟāl, muṟpiṟaviyil naṭantavaikaḷai, nām aṟiyāmal iruppataṟku eṉṉa kāraṇam?*) Vaittiyanātaṉ 2007, (camayatturaiyil ēṟpaṭam kuḻappaṅkaḷai tīrkka), Frage 4. „Gibt es eine frühere Geburt? Gibt es die Wiedergeburt? Durch wen und auf welcher Grundlage sind diese [Geburten] geregelt?" (*muṟpiṟappu oṉṟu uṇṭā? muṟu piṟappu uṇṭā? ivai ellām yārāl,*

Astrologie (*cōtiṭam*) und ihre Bedeutung für die Menschen, etwa als Verehrung der neun Planeten (*navakkirakam*), in den „Bereich der Religion".[150] Der fünfte Themenkomplex umfasst die Pluralität von Religionen auf der Welt. Hier ist zu beantworten, ob beispielsweise alle Religionen (*matam*) das Gleiche, nämlich Liebe lehren und warum überhaupt verschiedene Religionen existieren.[151] Abschließend ist sechstens zu klären welche Relevanz der Vernunft (*pakuttaṟivu*) im „Bereich der Religion" zugeschrieben werden kann, wenn zum Beispiel gefragt wird, ob alle diese Fragen auf rationale Weise beantwortet werden können oder inwieweit die Wahrheit der mythischen Geschichten der Puranas (*purāṇam*) angenommen werden kann.[152]

Wie sich die hier aufgeworfenen Fragenkomplexe des „Bereichs der Religion" beantwortet ließen, ist an dieser Stelle für die semantische Abgrenzung der Namen für Religion zunächst nicht relevant. Der inhaltlichen Füllung dieser Themen durch die Verantwortlichen des Studienprogramms soll aber im weiteren Verlauf ausführlicher Rechnung getragen werden. In der Interpretation der Verantwortlichen des Studienprogramms gibt es letztlich nur eine Möglichkeit, all diese

---

enta aṭippaṭaiyil amaikkappaṭukiṉṟaṉa.), http://thiruvavaduthuraiadheenam.org/Aadheenam/?page_id=1886 (zuletzt aufgerufen am 11.02.2014), Frage 8.

150 „Ist Astrologie wahr? Ist es nötig, die neun Planeten zu verehren?" (*cōtiṭam uṇmaiyā? navakkiraka vaḻipāṭu-t tēvaiyā?*); „Muss man den neun Planeten gegenüber vorbeugende religiöse Leistungen erbringen, um sein Schicksal/Karma zu besiegen?" (*navakkirakaṅkaḷukku-p parikāram ceytāl, vitiyai vella muṭiyumā?*) Vaittiyanātaṉ 2007, (camaytturaiyil ēṟpaṭam kuḻappaṅkaḷai tīrkka), Fragen 8 u. 9 Vgl. ähnlich bei http://thiruvavaduthuraiadheenam.org/Aadheenam/?page_id=1886 (zuletzt aufgerufen am 11.02.2014), Frage 7. Das Thema des richtigen Umgangs mit der Astrologie ist für Vaithiyanathan durchaus wichtig. Er hat sich an anderer Stelle dazu im Detail geäußert, vgl. v.a. Vaittiyanātaṉ 2008, 7–8.

151 „Lehren nicht alle Religionen Liebe? Daher kann man es doch dabei belassen, dass alle Religionen gleich sind. Wozu gibt es dann so viele Religionen beziehungsweise so viele Unterteilungen?" (*ellā mataṅkaḷum aṉpaittāṉē potikkiṉṟaṉa. ākayāl emmatamum cammatam eṉṟu iruntu viṭṭu-p pōka vēṇṭiyatu tāṉē. etaṟkāka ittaṉai mataṅkaḷ? ittaṉai pirivukaḷ?*) http://thiruvavaduthuraiadheenam.org/Aadheenam/?page_id=1886 (zuletzt aufgerufen am 11.02.2014), Frage 9.

152 „Stimmt es, wenn die Rationalisten sagen, dass es keinen Gott gibt? Mit welcher Grundlage sagen sie das? Ist das vernünftig? Was ist eigentlich Vernunft?" (*„kaṭavuḷ illai, illavē illai" eṉṟa pakuttaṟivu vātikaḷ colvatu cariyā? pakuttaṟiviṉ aṭippaṭaiyil tāṉ avarkaḷ vātiṭukiṟārkaḷā? pakuttaṟivu eṉpatu yātu?*); „Sind die Geschichten in den Puranas wirklich wahr? Wie soll man diese der Vernunft entsprechend gut verstehen?" (*purāṇattil uḷḷa ceytikaḷ uṇmaiyāṉavaiyā? pakuttaṟivukku ēṟpa, avaṟṟai eppaṭi-p purintu koḷvatu?*) Gemeint sind hier vor allem tamilische Puranas, allen voran das *Periyapuranam*. Vaittiyanātaṉ 2007, (camaytturaiyil ēṟpaṭam kuḻappaṅkaḷai tīrkka), Fragen 1 u. 3. Für die philosophische Relevanz der Puranas empfehlen die *Grundsätzlichen Lehren* im Übrigen die Lektüre der tamil-nationalistischen Siddhanta-Aktivisten des frühen 20. Jahrhunderts Maraimalai Adikal und Thiru. V. Kalyanasundaram (*Tiru. Vi. Kaliyāṇacuntaraṉam*) (1883–1853), vgl. Vaittiyanātaṉ 1995a, 111.

Problemstellungen auf logische Weise zu lösen, wie exemplarisch folgende Formulierung auf der Homepage des Adhinam zeigt:

> „Saiva Siddhanta ist das Einzige auf der Welt, was auf all solche zahlreichen Bedenken und auf Fragen mit unbekannten Antworten, in überlegener und akzeptabler Art und Weise, Antworten gemäß einer Kausallogik gibt.“[153]

Hiermit ist schon einer der versprochenen zentralen Nutzen des Studiums des Saiva Siddhanta angedeutet, der später noch gesondert vorgestellt werden soll. Ohne also jene existenziellen Fragen an dieser Stelle konkret zu beantworten, machen die Aussagen in den Publikationen des Studienprogramms indirekt deutlich, was eine „Religion“ im Allgemeinen (*matam*) beziehungsweise die eigene „Religion“ (*camayam*) im Speziellen ausmacht: eine „Religion“, von denen es auf der Welt viele verschiedene gibt, geht von der Existenz Gottes aus und gibt den Menschen Regeln für die Gestaltung ihres Lebens im Verhältnis zu diesem Gott an die Hand. Sie erklärt das Schicksal der Menschen auf rationale Weise – hier unter anderem durch die Logik von „Karma und Wiedergeburt“. Die Betonung der Rationalität beziehungsweise auch der Wissenschaftlichkeit des Saiva Siddhanta wurde schon mehrfach als Charakteristikum der Interpretation des Thiruvavaduthurai Adhinam erwähnt und gehört heute weltweit zu den „klassischen“ Ansprüchen, die die eigene Religion idealerweise erfüllen sollte. Im tamilischen Kontext hat insbesondere die dezidierte Verwendung des Wortes Vernunft/Rationalität (*pakuttaṟivu*) eine weitere historische Implikation, denn das Wort wird heute vor allem als Abgrenzung zu religionsbezogenen Termini verwendet. Es gehört zu Schlagworten der Dravidischen Bewegung und ihres Führers E. V. Ramasamis (*Ī. Ve. Rāmacāmi*) (1879–1973), der eine atheistische Grundhaltung propagierte und sich dem „Rationialismus“ (*pakuttaṟivu vātam*) verpflichtet sah.[154] Die Hervorhebung des rationalen Charakters des Saiva Siddhanta kann also als Versuch gelesen werden, die Vernunft aus dem Deutungsbereich des politischen Atheismus in Tamil Nadu herauszuführen und für die Religion zurückzugewinnen. In der vom Adhinam vertretenen mittelbaren Religionsdefinition wird darüber hinaus deutlich, dass es zwar verschiedene Religionen gibt, jedoch lediglich eine einzige existiert, die keine Fragen offen lässt: der Saiva Siddhanta.

---

[153] „*appaṭi iṉṉum ettaṉai ettaṉaiyō cantēkaṅkaḷ, viṭaiteriyāta viṉākkaḷ attaṉaikkum kāraṇa, kāriya iyaipuṭaṉ, tarukka rītiyāka ēṟṟu-k koḷḷa-k kūṭiya vakaiyil cariyāṉa viṭai colluvatu caiva cittāntam oṉṟu maṭṭumē.*“, http://thiruvavaduthuraiadheenam.org/Aadheenam/?page_id=1886 (zuletzt aufgerufen am 11.02.2014). Vgl. auch ähnlich Vaittiyanātaṉ 2007, (camayttuṟaiyil ēṟpaṭam kuḻappaṅkaḷai tīrkka).

[154] Vgl. hierzu u.a. Quack 2012, 80–83.

Saiva Siddhanta, Sivaismus und Hinduismus

Im Gegensatz zu den Religionsbegriffen, die von den Veröffentlichungen des Studienprogramms lexikalisch oder eher indirekt definiert werden, werden die Kategorien „Saiva Siddhanta", „Sivaismus" und „Hinduismus" deutlich klarer umrissen und in Beziehung zueinander gesetzt. Die allererste Frage, die in den *Grundsätzlichen Lehren* gestellt wird, ist die nach der Bedeutung der Wortfolge „Saiva Siddhanta". Die Antwort lautet wie folgt: „Saiva Siddhanta beschreibt zum einen den Zustand Sivas und zum anderen den bestimmten Weg, in die Nähe Sivas zu gelangen."[155] Der Status Sivas ist einer der absoluten Existenz und wird im Verlauf noch näher betrachtet. Das Ziel, das am Ende des im Zitat genannten Weges (*neṟi*)[156] des Saiva Siddhanta für die Menschen steht, ist die endgültige Befreiung der Seelen aus dem System von „Karma und Wiedergeburt". Dieser Zustand wird traditionell durch das Bild vom Erreichen des „göttlichen Fußes Sivas" (*civaperumāṉiṉ tiruvaṭi*)[157] ausgedrückt. Der Weg des Saiva Siddhanta wird ausdrücklich als der leichteste Weg benannt, um diesen Zustand zu erreichen.[158]

„Saiva Siddhanta" als Wortkombination ist also der Name einer bestimmte Lehre. Die Bedeutung des zweiten Teils dieses Kompositums, namentlich die von „Siddhanta" (*cittāntam*), wird in den *Grundsätzlichen Lehren* eindeutig bestimmt:

> „Das Wort *Siddhanta* bedeutet endgültige Schlussfolgerung (*End to the ends*). Es bedeutet also das Ende, das aus vielen verschiedenen Perspektiven erläutert wurde und aufgrund von solchen Dialog-/Diskussionsbüchern [wie den *Tirumurai* und den *Saiva Siddhanta Sastras*] etabliert wurde." [Herv. R.K.][159]

„Siddhanta" bezieht sich also auf das absolute Ergebnis jeglicher Argumentation. Es steht für die abschließende Vollendung oder vollkommene Erfüllung allen Nachdenkens. Der Bezug zur schriftlichen Artikulation dieses Nachdenkens, also den Büchern des Saiva Siddhanta Kanons, re-

---

[155] „*civa perumāṉai-p paṟṟiya nilaiyaiyum civaṉaṭi cērtaṟku uriya neṟiyaiyum kuṟippatu caiva cittāntam.*" Vaittiyanātaṉ 1995a, 1.

[156] „*neṟi*" (vereinzelt auch „*cenneṟi*") hat die Konnotation eines religiösen oder tugendhaften Wegs, einer Richtschnur, Methode oder Regel. Je nach Kontext ist das Wort auch mit „Doktrin", „Lehre" oder sogar „Religion" übersetzbar.

[157] Vgl. u.a. Vaittiyanātaṉ 2007, (niṟaivurai).

[158] Vaittiyanātaṉ 1995a, 1.

[159] Die englische Bestimmung „end to the ends" befindet sich im Original: „*cittāntam eṉṉum col muṭinta muṭivu (End to the ends) eṉṉum poruḷai-t tarum. aḵtāvatu, pala kōṇaṅkaḷiliruntu āyvu ceyyappaṭṭu-t tarukka nūl aṭippaṭaiyil niṟuvappaṭṭa muṭivu eṉpatu itaṟku-p poruḷākum.*" Vaittiyanātaṉ 1995a, 1. Vgl. auch Vaittiyanātaṉ 1995b, 37. Das Wort „*cittāntam*" stammt zweifelsfrei aus dem Sanskrit (Skt. *siddhānta*) und bedeutet dort ungefähr das Gleiche.

kurriert hier auf die unmittelbar vorher im Text genannten *Tirumurai* und *Siddhanta-Sastras*.[160] Damit wird auch deutlich gemacht, auf was sich die nähere Bestimmung der proklamierten „endgültige Schlussfolgerung" („Siddhanta") bezieht, nämlich das vorangestellte „Saiva" (*caiva*).[161] Der tamilische Begriff „*caivam*" wird in den Adhinam-Publikationen nirgendwo näher definiert. Dies liegt wohl daran, dass er als so etabliert gilt, dass eine nähere Erklärung kaum als nötig erachtet wird. Wie oben schon erläutert, steht „*caivam*" im heutigen Sprachgebrauch in erster Linie für „Sivaismus", kann aber auch, je nach Kontext, „Vegetarismus" heißen. In Zusammenhang mit der explizit gegebenen Erklärung für „Siddhanta" ergibt sich also etwa folgende Bedeutung: Saiva Siddhanta ist die endgültige und vollkommene Schlussfolgerung, zu der der Sivaismus gekommen ist.

Die Artikulationen des Studienprogramms verwenden in erster Linie die adjektivische Form „*caiva*" als nähere Bestimmung weiterer Namen. Dies gilt, wie gesehen, vor allem für die Auszeichnung der eigenen Religion (*camayam*) als „Saiva Religion" (*caiva camayam*). Allerdings muss konstatiert werden, dass „*caivam*" an den wenigen Stellen wo es explizit als Nomen auftaucht, von den Verantwortlichen des Siddhanta-Kurses schlicht synonym zu „*caiva camayam*" genutzt wird. Dies zeigt sich exemplarisch an der achten Frage der *Grundsätzlichen Lehren* und deren Antwort, die beide Wörter alternierend und gleichwertig gebraucht. Dort wird gefragt, ob es in Nordindien denn keinen Sivaismus (*caivam*) gebe. Die Antwort spricht dann davon, dass die Saiva-Religion (*caiva camayam*) in ganz Indien verbreitet und nur unter verschiedenen Namen bekannt sei. Vielmehr gebe es einige Unterteilungen dieser Religion, wie etwa „Vira-Sivaismus" (*vīra caivam*),[162] „kashmirischen Sivaismus" (*kāṣmīra caivam*)[163] oder „Pasupata-Sivaismus" (*pācupata caivam*).[164] Sogar in fremden Ländern wie Amerika sei der Sivaismus (*caivam*) bekannt.[165] Die vorliegende Arbeit nimmt diese Bedeutungsäquivalenz auf

---

[160] Vgl. Vaittiyanātaṉ 1995a, 1.

[161] Vereinzelt auch als „*cittānta caivam*" verwendet, vgl. Vaittiyanātaṉ 2007, (niṟaivurai).

[162] Vgl. hierzu Michael 2012.

[163] Lawrence 2012; Gengnagel & Aghoraśivācārya 1996.

[164] Vgl. hierzu Acharya 2012.

[165] „*vintiyamalaikku vaṭapakutiyil caivam illaiyā? ēṉ illai? caiva camayam intiyā muḻuvatum parantu virintu uḷḷatu. atu palvēṟu peyrkaḷil uḷḷatu. vīra caivam, kāṣmīra caivam, pācupata caivam eṉṟu pala pirivukaḷil uḷḷatu. ikkālattil amerikkā pōṉṟa veḷināṭukaḷilum caivam paraviyuḷḷatu.*" Vaittiyanātaṉ 1995a, 2.

und wird daher auch weiterhin „Sivaismus“ und „Saiva Religion“ gleichbedeutend verwenden.[166]

Aus dem zitierten Beispiel des synonymen Gebrauchs von „*caivam*“ und „*caiva camayam*“ wird allerdings ein weiterer wichtiger Aspekt deutlich. Der tamilische Saiva Siddhanta stellt auch in der Selbstwahrnehmung nicht die einzige Form des Sivaismus dar. Die anderen genannten sivaitischen Traditionen, so führen die *Grundsätzlichen Lehren* weiter aus, würden sich zwar im Detail – etwa in der konkreten philosophischen Ausformulierung oder in der Art und Weise der Verehrung Gottes – vom hier vertretenen tamilischen Saiva Siddhanta unterscheiden, jedoch seien die grundlegenden Wahrheiten dieselben. Nicht zuletzt basierten die Philosophien aller sivaitischen Religionen (*caiva camaya-t tattuvakaḷ*) auf den *Siva-Agamas*. Der tamilischen Sivaismus habe nun aber das Glück gehabt, recht früh eine eigene Texttradition, speziell die der *Tirumurai* und später die *Siddhanta-Sastras* hervorzubringen. Durch diesen tamilsprachigen Ausdruck ergebe sich letztlich auch der Unterschied zu den anderen indischen Sivaismen.[167]

Saiva Siddhanta übernimmt damit in der Interpretation des Thiruvavaduthurai Adhinam die führende Rolle unter allen sivaitischen Strömungen. Dass der eigene Anspruch jedoch noch weiter reicht, zeigt die nähere Bestimmung des Verhältnisses von Sivaismus – und damit seine überlegene und endgültige Form des Saiva Siddhanta – und der Kategorie der „Hindu-Religion“ beziehungsweise des „Hinduismus“ (*intu camayam*). Es wurde bereits mehrfach angedeutet, dass sich die Verantwortlichen des Studienprogramms durchaus dieser religiösen Identität zuordnen und prinzipiell offen für eine Art Hindu-Ökumene sind. Abschließend wird aber in den *Grundsätzlichen Lehren* hierzu dezidiert Stellung bezogen, indem auf die Frage „Was ist Hinduismus?“ (*intu camayam eṉpatu yātu?*) wie folgt geantwortet wird. Es lohnt sich an dieser Stelle, die Position ausführlicher zu zitieren:

„Obwohl man generell von Hinduismus spricht, handelt es sich *in Wahrheit um Sivaismus*. Hinduismus gibt es nicht nur in ganz Indien, sondern auch unter den Indern, die in anderen Ländern leben. Saiva Siddhanta existiert von Kashmir bis Kanyakumari. Zwar wird Siva auf der ganzen Welt verehrt, in Südindien, genauer in Tamil Nadu, findet diese Verehrung mit Hilfe der Zwölf Tirumurai statt. *Siva, der in Südindien verehrt wird, ist der Gott aller Länder*. [...] In den sivaitischen Tempeln Südindiens wird Siva in Form eines steinernen Lingams verehrt. Die anderen Götterformen wie Ganapathi, Murukan, Ammai, Tirumal und so weiter ergeben sich alle aus der Form dieses Siva-Lingams. [...] Alle Götter, die es im

---

166 Ähnlich ist auch die Verwendung der Begriffe durch den Dozenten Nedumaran, Interview mit Neṭumāraṉ 2012.

167 Vaittiyanātaṉ 1995a, 2–3.

Hinduismus gibt, existieren in der Saiva Religion. Daher sind Hinduismus und Sivaismus nicht verschieden. *Was Hinduismus genannt wird, ist Sivaismus.*“ [Herv. RK][168]

Diese Aussage, die mit einem direkten Zitat zweier bekannter Zeilen aus dem *Tiruvacakam* des Manikkavacakar unterstützt wird, zeigt mindestens drei zentrale Punkte der Verhältnisbestimmung des Saiva Siddhanta als Erfüllung des Sivaismus beziehungsweise des Hinduismus.[169] Erstens handelt es sich beim Hinduismus um die pan-indische Religion, die inzwischen durch Migration eine globale Dimension erreicht hat. Zweitens muss Siva als der einzig wahre Gott der ganzen Welt verstanden werden, der auf besondere Art und Weise in Tamil Nadu verehrt wird. Drittens ist der Siddhanta-Sivaismus der eigentliche Hinduismus. Nicht nur existiert Saiva Siddhanta auf dem ganzen Subkontinent, sondern alle Formen des Hinduismus gehen aus ihm hervor beziehungsweise in ihm auf. Gezeigt wird dies am Beispiel der speziellen Verehrungsart südindischer – gemeint sind vor allem tamilische – Tempel, die Siva als höchsten beziehungsweise einzigen Gott in Form des sogenannten „Lingam“ (*liṅkam*)[170] anbeten. Alle Gottesvorstellungen ergeben sich in dieser Deutung aus der Form des *Lingams*. Genannt werden Ammai/Parvati (*ammai, pārvati* Skt. *pārvatī*), die Ehefrau Sivas, und deren gemeinsame Söhne Ganapathi/Pillaiyar/Ganesha (*kaṇapati, piḷḷaiyār,* Skt. *gaṇeśa*) und Murukan (*murukaṉ,* Skt. *skanda*) sowie Tirumal/Vishnu (*tirumāl,* Skt. *viṣṇu*), der von den Vishnuiten als höchster oder einziger Gott verehrt wird. Weil all jene Götter auch im Sivaismus vorkommen, müsse dieser als der eigentliche Hinduismus verstanden werden.

---

168 „*intucamayam eṉpatu potuvāka-k kūṟappaṭṭālum uṇmaiyil atu caiva camaamē ākum. intu camayam intiyā muḻuvatum maṭṭum aṉṟi intiyarkaḷ vāḻum ulakil uḷḷa piṟa nāṭukaḷil uḷḷatu. intiyāviṉ vaṭa ellai ākiya kācmīram mutal teṉ ellaiyākiya kaṉṉiyākumāri varai caivacamayam uḷḷatu. ulakeṅkum civavaḻipāṭu uḷḷatu. eṉṟālum, teṉṉāṭākiya tamiḻnāṭṭil avvaḻipāṭu paṉṉiru tirumuṟaikaḷōṭu tuḷaṅkiṉṟatu. teṉṉāṭṭil civaṉāka vaḻipaṭappaṭum kaṭavuḷē piṟa nāṭukaḷil iṟaivaṉāka ilaṅkiṉṟāṉ itaṉālēyē […] teṉṉāṭṭu-c civaṉkōyilkaḷil civaperumāṉ civaliṅka vaṭivil mūlavarāka irukkiṟār. inta-c civaliṅkavaṭiviliruntu tōṉṟiyaṉavē piṟa vaṭivaṅkaḷākiya kaṇapati, murukaṉ, ammai, tirumāl mutaliya mūrttaṅkaḷ ākum. […] intucamayam vaḻipaṭum ellā iṟai vaṭivaṅkaḷaiyum caivacamayam koṇṭirukkiṟatu. eṉavē, intu camayam vēṟu – caivcamayam vēṟu alla; intucamayam eṉṟāl atu caiva camayattaiyē kuṟkkum.*“ Vaittiyanātaṉ 1995a, 109.

169 Hierbei handelt es sich um zwei Zeilen aus dem sogenannten 4. Hymnus „Heiliger Lobpreis“ (*pōṟṟittiruvakaval*) des *Tiruvacakam*, die als literarisch-kanonischer Nachweis die Argumentation stützen sollen. Die Zeilen lauten: „Gepriesen seist du, o Šiva, der du der Herr des Südlandes bist! Gepriesen seist du, o Gott, der du der Herr bist aller Menschen!“ (*teṉṉāṭuṭaiya civṉē pōṟṟi; eṉ nāṭṭavarkkum iṟaivā pōṟṟi*), zitiert nach der Übersetzung bei Schomerus 1923, 22.

170 Vgl. hierzu Hohenberger 2012.

Unabhängig davon, ob man diese Argumentation für Siva als einzigen Gott und des Sivaismus als seine Religion als besonders überzeugend ansieht – sie würde sicherlich in den meisten anderen Hindu-Traditionen abgelehnt werden – muss festgehalten werden, dass im Saiva Siddhanta Studienprogramm des Thiruvavaduthurai Adhinam eine Form von hierarchisierendem Hindu-Inklusivismus gelehrt wird. Danach haben zwar alle verwandten indischen Religionen (*camayam*) durchaus Anteil an der göttlichen Lehre Sivas, des im Endeffekt einzigen Gottes. Dieser hat sich jedoch am konkretesten im Sivaismus offenbart. Die autoritative und letztgültige Ausformulierung des Sivaismus wiederum stellt unmissverständlich der tamilischen Saiva Siddhanta dar.

Die hier vorgetragenen Ideen von Saiva Siddhanta als einer (hierarchisierenden) inklusivistischen Religion, oder sogar potentiellen Universalreligion für die ganze Menschheit, sind in sivaitischen Artikulationen in Tamil Nadu bereits seit dem 19. Jahrhundert nachweisbar. Vor allem dem kontroversen sivaitische Dichter, Reformer und Heiligen Ramalinga Adikal (*Aruṭ Vaḷḷalār Pirakāca Citamparam Irāmaliṅkam*, kurz *Irāmaliṅka Aṭikaḷ*) (1823–1874) wurde von seinen Anhängern (posthum) eine universale *und* sivaitische Botschaft zugeschrieben. Das Werk und die Einordnung Ramalinga Adikals war der Ausgangspunkt polemischer Debatten in sivaitischen Kreisen in der zweiten Hälfte des 19. Jahrhunderts. Insbesondere von orthodoxen Sivaiten, wie etwa Arumuka Navalar, wurde Ramalinga als „Hochstabler" abgelehnt.[171] Die universal-religiöse Deutung Ramalingas wurde ab den 1880er Jahren von einigen seiner Schüler prominent vertreten, die in engem Kontakt zur „Theosophischen Gesellschaft" standen. Diese, 1875 in New York gegründete Vereinigung, war eine der zeitgenössisch einflussreichsten Organisationen in der globalen Diskussion um Religion. Sie beanspruchte für sich, die universelle Wahrheit hinter allen Religionen der Welt erkannt zu haben und diese im Sinne einer „universellen Bruderschaft" aller Menschen zu verbreiten. Die Theosophische Gesellschaft hatte ihren Hauptsitz 1878 nach Südindien verlegt und war aktiv in die Diskussionen um modernen Hinduismus involviert.[172] Einer der führenden Anhänger Ramalingas, T. Velayuda Mudaliyar (*Toḻuvūr Vēlāyuta Mutaliyār*), brachte seinen Lehrer vor diesem Hintergrund als Vertreter des Saiva Siddhanta mit universaler Botschaft in jene Debatten ein, was aber mehrheitlich Widerspruch in der sivaitischen Szene auslöste. Die Überzeugung, Saiva Siddhanta sei der einzig legitime Erbe der Sanskrit-Tradtion, die ultimative Ausformulierung des Hinduismus/Sivaismus und eine potentielle Universalreligion, wurde wenig später pointiert von Nallaswami Pillai vertreten. Für ihn zeichnete

---

[171] Vgl. hierzu u.a. Raman 2002; 2013; 2017; Weiss 2015.

[172] Vgl. u.a. Viswanathan 2012.

sich Saiva Siddhanta als Universalreligion vor allem dadurch aus, dass die Lehre – ähnlich wie heute propagiert – inklusivistisch alle anderen Formen von Religion und/oder Philosophie in sich einschloss:[173] „Saiva Siddhanta, behauptet, indem es den alten Hinduismus repräsentiert, eine eklektische Philosophie und eine Universalreligion zu sein."[174]

3.2. Die Bedeutung der Veden und Agamas

In der Lesart des Studienprogramms des Thiruvavaduthurai Adhinam beginnt die Saiva Siddhanta Tradition mit den Veden als allgemeinen Werken (*potu nūl*) und wird danach in den speziellen Werken (*ciṟappu nūl*), also den von Siva offenbarten 28 *Siva-Agamas*, formuliert.[175] Dies wird nicht nur damit begründet, dass die Wortkombination „Saiva Siddhanta" im sogenannten „Kamika-Agama" (*kāmikākamam*) zum ersten Mal überhaupt auftaucht.[176] Viel wichtiger für die tamilischen Tradition ist vielmehr, dass die formale Autorität der sanskritischen Veden und *Agamas* von kanonischen Autoren wie Tirumular und dem „philosophischen Lehrer" Arulnandi anerkannt wird. Ersterer habe in seinem *Tirumantiram,* das als 10. Buch der *Tirumurai* verstanden wird, nicht nur „die Definition des Begriffs *Saiva Siddhanta* zum allerersten Mal *in Tamil* begründet [Herv. RK]",[177] sondern unter anderem im viel zitierten Vers 2397 die oben schon beschriebene klassische Vorstellung der fundamentalen Bedeutung beider sanskritischer Korpora für den sivaitischen Kanon formuliert:

„Sowohl Veden als auch *Agamas* sind von Gott offenbart. Die Veden sind allgemein; die Agamas sind bestimmt oder speziell. Einige, die die Veden und die

---

[173] Bergunder 2010.

[174] „*Śaiva Siddhanta, as representing the old Hinduism [...] claims to be an eclectic philosophy and universal Religion*" Nallaswami Pillai 1911f, 313. Eine ausführliche Formulierung des umfassend-inklusivistischen Charakters des Saiva Siddhanta aus Sicht Nallaswami Pillais bietet Nallaswami Pillai 1911b.

[175] Vgl. u.a. Veḷḷaivāraṇam 2010b, 14.

[176] Vaittiyanātaṉ 1995a, 2; Veḷḷaivāraṇam 2010b, 1.

[177] „*caiva cittāntam eṉṉum collāṭciyai-t tamiḻil mutaṉ mutalil tirumūlarē kaiyāḷukiṟār.*" Vaittiyanātaṉ 1995a, 1–2. Das Wort „*collāṭci*" ist hier mit „Definition" übersetzt. Das tamilische Kompositium besteht aus den Begriffen für „Wort" (*col*) und „Herrschaft" (*āṭci*). Tirumular verwendet meist den Namen „Suddha Siddhanta" (*cutta cittāntam*) oder „Suddha Saivam" (*cutta caivam*), also „reines Siddhanta/Sivaismus" und nur vereinzelt „Saiva Siddhanta". Zudem setzt er Saiva Siddhanta mit dem Wort „Vedanta" (*vētāntam*) gleich, was sich hier aber nicht auf den Advaita Vedanta Sankaras bezieht, sondern die eigene Lehre beschreibt. Am häufigsten taucht daher der Name „Vedanta-Siddhanta" (*vētāntam cittāntam*) bzw. „Siddhanta-Vedanta" auf. Vgl. hierzu die vollständige Übersetzung des *Tirumantiram* in drei Bänden von Natarajan 1999b.

Agamas lesen, behaupten, sie würden sich unterscheiden. Dieser Unterschied verschwindet für wahre Gelehrte [*ñāṉikaḷ*], also Empfänger des göttlichen Wissens."[178]

Als Bestätigung dieses etablierten Verständnisses führen die *Grundsätzlichen Lehren* weiterhin Arulnandis *Sivagnana Siddhiyar*, eines der *14 Siddhanta-Sastras*, als Kriterium für jene Wahrheit (*uṇmai piramāṇam*) an. Dort wird feststellt: „Die *Siva-Agamas* sind Siddhanta."[179] Der im Studienprogramm gelehrte Saiva Siddhanta beruft sich also formal und grundlegend auf Sanskrit-Schriften, denn im Adhinam ist man sich darüber bewusst, dass „die Siva-Agamas in Sanskrit verfasst sind."[180] Allerdings ist für die Geschichte der Saiva-Religion noch wichtiger, dass historisch hierauf eine tamilische Formulierung der Kernaussagen der *Agamas* zunächst durch die Hymnen der tamilischen *bhakti*-Heiligen folgt. Der Grund für diese spätere tamilische Artikulation des Saiva Siddhanta ist laut *Grundsätzlicher Lehren* im *Karana-Agama* beschrieben, in welchem der Geburtsort des Saiva Siddhanta (*caiva cittāntattiṉ piṟappiṭam*) südlich des zentralindischen Vindhyagebirges (*vintiya malaittoṭar*) verortet wird.[181] Da auf die Interpretation der konkreten Lehren der *Tirumurai* und *Sastras* in den nächsten Schritten der Lehrbesprechung des Adhinam-Studienprogramms noch eingegangen wird, soll an dieser Stelle lediglich unterstrichen werden, dass die Verantwortlichen des Saiva Siddhanta Kurses den *Siva-Agamas* eine fundamentale Rolle für diese späteren Texttraditionen in der Geschichte des Sivaismus zuschreiben. Hierbei handelt es sich allerdings weniger um eine detaillierte Auseinandersetzung mit diesen Texten als um ein indirektes Zitat, welches die eigene Orthodoxie sicherstellen soll.

Bevor das in den *Grundsätzlichen Lehren* vertretene Verständnis eben jener tamilischen Schriften näher beleuchtet werden soll, muss darauf hingewiesen werden, dass den *Agamas* eine weitere zentrale Rolle im

---

[178] „*vētamōṭu ākamam meyyām iṟaivaṉnūl; ōtum potuvum ciṟappumeṉṟu uḷḷaṉa, nātaṉ uraiyavai nāṭil iraṇṭantam; pētamatu eṉpar periyōrkku apētamē*", Tirumūlar 2016, Vers 2397. Vgl. die leicht unterschiedlichen Übersetzungen bei Piet 1952, 7; Balasubramaniam 1959, 3; Natarajan 1999a, 8.74.

[179] „*civākamaṅkaḷ cittāntamākum*" Vaittiyanātaṉ 1995a, 2. Der zitierte Satz stammt aus dem 15. Vers des achten Sutras des *Sivagnana Siddhiyar*: „Das Veda-Buch und die Śaivāgamas sind beide wirkliche heilige Schriften. Alle anderen genannten Schriften sind aus ihnen abgeleitete Schriften. Sie sind die ersten Bücher und von dem anfanglosen *mala*-losen [Siva] geoffenbart. Die Bücher, die die in dem alten Veda unerwähnt gebliebenen Gegenstände und den fehlerlosen Inhalt der Upaniṣaden enthalten, sind die Śivāgamas. Die anderen Bücher sind heterodox. Die Śivāgamas sind Śaiva-Siddhānta-Schriften." Zitiert nach der deutschen Übersetzung in Schomerus 1981a, 310.

[180] „*civākamaṅkaḷ vaṭamoḻiyil uḷḷaṉa.*" Vaittiyanātaṉ 1995a, 36. „*vaṭamoḻi*" bedeutet wörtlich „Sprache des Nordens" und ist ein gängiges tamilisches Synonym für „Sanskrit".

[181] Vaittiyanātaṉ 1995a, 2.

südindischen Sivaismus zugeschrieben wird, namentlich für die Tempelrituale. Laut der traditionellen sivaitischen Überzeugung, die auch hier in der Grundlagenschrift des Studienprogramms reiteriert wird, haben die Tamilen Ordnung in die rituellen Vorschriften der *Agamas* gebracht und Anleitungen oder Handbücher (*pattati*) für die Reihenfolge sowie Art und Weise (*naṭamuṟaikaḷ*) verfasst, in welcher die Verehrung Sivas (*civavaḻipāṭu*) zu verrichten ist.[182] Die *Agamas* werden somit als textuelle Basis des sivaitischen Tempelrituals verstanden, wobei anerkannt wird, dass diese Werke über kompilierte „Handbücher" rezipiert werden, was der tamilischen Tempelpraxis entspricht. In diesem Bereich gibt es seit dem 20. Jahrhundert etliche Initiativen, die die Tempelpriester mit den Ursprungstexten vertraut machen wollen. Hierfür sind verschiedentlich sogenannte sanskritische „Agama-Schulen" (Skt. *veda śivāgama pāthaśālā*) gegründet worden.[183] Sogenannte „agamische Ritualistik" spielt für das Studienprogramm – vor allem im Vergleich zu „rein tamilischen" Ritualinitiativen, die unten noch besprochen werden – eine eher untergeordnete Rolle. Die Rituale im Adhinam jedoch folgen einem strengen Muster, das sich ausdrücklich auf agamische Rituale und Handbücher beruft.[184]

3.2. Die Bedeutung des Tirukkural und der Zwölf Tirumurai

Nachdem für die Saiva Siddhanta Lehre des Thiruvavaduthurai Adhinam etabliert wurde, dass diese grundlegend auf den sanskritischen 28 *Siva-Agamas* beruht, soll die Bedeutung der tamilischen Formulierungen dieser Lehre vorgestellt werden. Das chronologisch früheste Werk des tamilischen Saiva Siddhanta bildet in der Lesart des Adhinam der *Tirukkural* des Tiruvalluvar, auf das später die *bhakti*-Hymnen der *Zwölf Tirumurai* folgen. Wie schon ausführlich in der Analyse des textlichen Kanons des Saiva Siddhanta Studienprogramms besprochen, wird dieser Kanon als organische Einheit betrachtet, die seit Anbeginn der Zeit – wenn auch in unterschiedlicher sprachlicher Artikulation – *dieselben* Wahrheiten transportiert.

---

182 Vaittiyanātaṉ 1995a, 3.
183 Vgl. Fuller 2003, 80–113.
184 Vgl. ausführlich hierzu Koppedrayer 1990, 88–136.

Saiva Siddhanta im Tirukkural

Die große Relevanz des *Tirukkural*-Textes in der jüngerer tamilischen (Literatur-)Geschichte und seiner politischen wie religiösen Bedeutung in den südindischen Identitätsdebatten wurde bereits angedeutet. Hier konnte auch gezeigt werden, dass von sivaitischer Seite – wie von vielen anderen Gemeinschaften in Tamil Nadu – bereits seit der 2. Hälfte des 19. Jahrhunderts versucht wurde, diese Schrift und ihren Autor für die eigene Religion zu beanspruchen. Nun soll gezeigt werden, wie die Verantwortlichen des Adhinam-Kurses jenes umkämpfte Werk für ihre Lehre des Saiva Siddhanta reklamieren.

Die Frage, an welchem Ort die Lehren des Saiva Siddhanta in alttamilischen Schriften erstmals auftauchen, beantwortet eines der Hilfsbücher des Studienprogramms unmissverständlich mit dem *Tirukkural*.[185] Dass es sich hierbei allerdings nicht um eine offensichtliche, allgemein bekannte und akzeptierte Erkenntnis handelt, legen die exakten Formulierungen im Kontext des Studienprogramms nahe. Sowohl die Benennung des ausgegebenen Bandes der Kurslektüre als auch der letzten Sitzung des ersten Lehrjahres als „Saiva Siddhanta im Tirukkural" (*tirukkuṟaḷil caiva cittāntam*) deuten darauf hin, dass die Verbindung von *Tirukkural* und Saiva Siddhanta nicht selbstverständlich ist. Vielmehr zeigt die lokative Ausdrucksweise, dass sich *in* Tiruvalluvars Text Saiva Siddhanta finden lässt und nicht etwa, dass es sich dabei um ein dezidiert sivaitisches oder sogar Saiva Siddhanta Werk handelt. Dafür spricht weiterhin, dass eine explizite Verknüpfung des *Tirukkural* mit den *Siva-Agamas* fehlt und damit die kategorische Einordnung des Textes in die Tradition des Sivaismus. Kandaswami hat dies wie folgt deutlich gemacht: „Im Tirukkural, einem Werk über Ethik, sind die Prinzipien des Saiva Siddhanta eingeschlossen. Wenn auch nicht explizit, sind sie dort implizit vorhanden. Daher widmen wir diesem [Werk] eine Unterrichtseinheit."[186]

Im *Tirukkural* sind also implizit Saiva Siddhanta Lehren enthalten. Was im Rahmen des Studienprogramms darunter verstanden wird, zeigen Äußerungen Vaithiyanathans. Die *Grundsätzlichen Lehren* beispielsweise geben an, dass bestimmte Aspekte der Gottes- und Seelenkonzeption des Saiva Siddhanta bereits im *Tirukkural* vorformuliert sind.[187] In einem seiner weit zirkulierten Hilfsbücher beruft sich Vaithiyanathan nicht nur in Bezug auf das Saiva Siddhanta Verständnis des Verhältnisses zwischen

---

185 „*caiva cittānta pōṭpāṭukaḷ iṭam peṟṟa paḻantamiḻnūl yātu?* ***tirukkuṟaḷ***" Veḷḷaivāraṇam 2010b, 1.

186 „*[I]n the Tirukkural [...] [which] is a work on ethics, the Saiva Siddhanta principles are embedded in that, even though it is not explicit, but implicitly it is there. Therefore, one class is reserved for that.*" Interview mit Kantacuvāmi 2012.

187 Vaittiyanātaṉ 1995a, 34 und 38.

Gott und den Seelen auf Tiruvalluvar, sondern sieht auch die Logik von Karma und Wiedergeburt dort angelegt. Laut Lesart des Studienprogramms etabliert der *Tirukkural* die grundsätzliche Wahrheit, dass prinzipiell alle Menschen gleich sind und die jeweils nächste Geburt durch das in diesem Leben angehäufte „Karma" (hier *kaṉmam,* auch *karumam*) bedingt ist. Dieses *Karma* wiederum ist als Frucht (*payan*) der guten beziehungsweise schlechten Handlungen (*nelviṉai /tīviṉai*) zu verstehen.[188] Der *Tirukkural* liefert also laut Studienprogramm die frühesten tamilischen Artikulationen zentraler ontologisch-kosmologischer Lehren des Saiva Siddhanta, die im Verlauf noch im Detail behandelt werden sollen.

Der Bezug auf den *Tirukkural* im Rahmen des Studienprogramms des Thiruvavaduthurai Adhinam ist trotz seiner äußert umstrittenen religiösen Zuordnung wenig überraschend. Vielmehr erscheint es aufgrund der vielfältigen Ansprüche verschiedener Traditionen auf den Text geradezu notwendig, auch auf dieses wichtige tamilische Werk zurückzugreifen, um die eigene Autorität zu untermauern. Für das Saiva Siddhanta Studienprogramm ist der *Tirukkural* ein impliziter Ausdruck von Saiva Siddhanta, vor allem in Bezug auf die Gottes- und Seelenlehre und der beschriebenen Logik von Karma und Wiedergeburt als kosmisches Gesetz. Da es sich hierbei ebenfalls um eine in verschiedenen südasiatischen Religionstraditionen vertretene – wenngleich unterschiedlich interpretierte – Konzeption handelt, verdeutlicht die Position zur Bedeutung des *Tirukkural* einmal mehr die Anschlussfähigkeit an eine breitere Hindu-Ökumene. Die eigentliche Ausprägung der Karma-Logik jedoch, als explizite und endgültige Äußerung, findet erwartungsgemäß im tamilischen Saiva Siddhanta statt.

Saiva Siddhanta in den Zwölf Tirumurai

Während die Bedeutung des *Tirukkural* für den Saiva Siddhanta des Thiruvavaduthurai Adhinam Studienprogramms zumindest etwas vorsichtiger formuliert ist, wird die Einordnung der sivaitischen *bhakti*-Hymnen der *Tirumurai* als tamilische Fortführung der *Siva-Agamas* wesentlich offensiver ausgedrückt. Dies wurde oben am Beispiel des *Tirumantiram* des Tirumular demonstriert, der die Bezüge zu den Veden und vor allem den *Agamas* deutlich artikuliert. Gerade dessen Inanspruchnahme der agamischen Tradition gilt den heutigen Siddhantins des Adhinam-Studienprogramms als Nachweis für die Zusammenhänge sanskritischer und tamilischer Texttradition. Die Diskussion des propagierten Kanons konnte zudem bereits zeigen, dass die Reklamation der klassischen

[188] Vgl. Vaittiyanātaṉ 2008, 9–17.

Tirumurai-Gesänge der „religiösen Lehrer“ als Vorgänger der späteren Saiva Siddhanta Philosophie erstmals beim letzten der großen „philosophischen Lehrer“, Umapati, im frühen 14. Jahrhundert nachweisbar ist. Im Gegensatz zum *Tirukkural* wird für die unwidersprochen sivaitischen *Tirumurai* nicht nur eine inhaltliche Verwandtschaft mit den impliziten Lehren des Saiva Siddhanta, sondern vielmehr eine direkte Kontinuität zu den *Siva-Agamas* postuliert.

Die Poeten der *Tirumurai*-Hymnen sollen ihre Gesänge als spontane Kompositionen zu Ehren Sivas beziehungsweise lokal verehrter Gottheiten an bestimmten südindischen Tempeln und Schreinen verfasst haben. Diese spielen im heutigen tamilischen Sivaismus allgemein eine große Rolle, etwa im Bezug auf Pilgerschaft. Die Relevanz der jeweiligen Tempel als Pilgerorte hängt unter anderem davon ab, inwieweit ein Tempel in diesen Hymnen erwähnt wurde.[189]

Entsprechend der großen Bedeutung dieser Texte widmet sich der Lehrplan des Saiva Siddhanta Studienprogramms neben der ersten einführenden Sitzung auch ein zweites Mal dem Studium der *Tirumurai*. Die erste Sitzung des zweiten Studienjahres trägt den gleichen Namen wie der publizierte Band der Lektüreliste, nämlich „Saiva Siddhanta in den Zwölf Tirumurai“ (*paṉṉiru tirumuṟaikaḷil caiva cittāntam*).[190] Auffällig ist – analog zum Sitzungsnamen der Einheit zum *Tirukkural* – auch in dieser Benennung der verwendete Lokativ „*in* den Tirumurai“ (*tirumuṟaikaḷil*). Dies ist ein Hinweis darauf, dass es sich, obwohl diese Texte heute gemeinhin als ein zentraler Bestandteil sivaitischer Texttradition verstanden werden, auch bei jenen Werken anscheinend nicht offensichtlich um Saiva Siddhanta handelt. Vielmehr müssen die philosophischen Lehren in den Hymnen erst nachgewiesen werden. Hierzu ist es aber nötig, diese Texte „mit dem Auge für die *Saiva Siddhanta Sastras* zu lesen.“[191]

Diese kleine sprachliche Unterscheidung ist nicht sonderlich verwunderlich, da sich die Trennung zwischen konkreter Philosophie in den *Sastras* und poetischem Ausdruck der Saiva Religion in den *Tirumurai*, wie schon mehrfach gezeigt, durch die modernen Konzeptionen des Saiva Siddhanta zieht. Es lässt sich in diesem Zusammenhang von einem retroaktiven Akt der Inklusion zeitlich früherer Artikulationen in eine gegenwärtige Identität sprechen. Das heißt, dass die älteren Texte der *Tiru-*

---

189 Peterson 1983a, 339.

190 Die Betitelung der Lehreinheit verwendet allerdings das Pluralsuffix „*-kaḷ*“, das im Buchtitel fehlt.

191 „*eṉavē tirumuṟaikaḷil varum karuttukkaḷukku viḷakkam kāṇavēṇṭumāṉāl caiva cittānta cāttira-k kaṇkoṇṭē kāṇa vēṇṭum.*“ Vaittiyanātaṉ 1995a, 3. Siehe auch die Aussage des aktuellen Direktors Kandaswami: „*We also teach some general subjects, like Siddhanta Sastra principles as found in the Tirumurais, how these principles are found in the Panniru Tirumurais.*“ Interview mit Kantacuvāmi 2012.

murai durch ihre Benennung als implizite und dichterische Ausdrücke *derselben* Wahrheiten zu den organischen Vorgängern der später als explizite philosophischen Lehren verstandenen *Sastras* gemacht werden. Diese Behauptung, die sich meist insbesondere auf das *Tiruvacakam* Manikkavacakars fokusiert, trägt heute dazu bei, die Identität des modernen Saiva Siddhanta historisch in einer dezidiert tamilischen Tradition zu begründen.[192]

Für die Lehre des Thiruvavaduthurai Adhinam bezüglich des Saiva Siddhanta in den *Tirumurai* sind fünf Aspekte besonders hervorzuheben, die sich auch in den *Grundsätzlichen Lehren* zeigen.[193] Erstens vertritt der Kurs die Ansicht, dass die Hymnen der *Tirumurai* auf Basis der sanskritischen *Agamas* entstanden sind, also eine tamilische Ausformulierung ihrer Kernaussagen bilden: „auch die *Tirumurai* geben den Klang der Lehren der Siva-Agamas wieder."[194] Daraus ergibt sich in der Lesart des Studienprogramms zweitens, dass grundlegende ontologisch-kosmologische Annahmen des Saiva Siddhanta, die auf die *Agamas* zurückgeführt werden, auch in den *Tirumurai* nachverfolgbar sind. Die Kenntnis der späteren philosophischen Ausarbeitungen ist dafür aber unabdinglich, um die *Tirumurai* korrekt, also im Sinne des Saiva Siddhanta, zu verstehen, da sich die Saiva Siddhanta Lehren dort eher implizit finden lassen. Drittens gilt daher: „Die *Tirumurai* sind das Kernstück der sivaitischen Religionsliteratur und die *Siddhanta Sastras* liefern die Definition dieser [Tirumurai]."[195] Der direkte Zusammenhang der beiden Textsammlungen *Tirumurai* und *Siddhanta Sastras* wird dadurch abermals betont. Dies zeigt sich auch in einer gängigen komplementierenden Benennung, die

---

[192] Dies wird deutlich in tamilistischer Forschung vertreten, z.B. prominent Yocum 1982; Zvelebil 1995, 405–407, 687–689. Ähnlich stellt sich die Interpretation auch aus sivaitischer Perspektive seit dem frühen 20. Jahrhundert dar, siehe Sesha Aiyer 1912, SD XIII., 2.51–66. Laut diesem Beitrag der „Siddhanta Deepika" von 1912 ist das *Tiruvacakam* nicht ein unvergleichliches Werk devotionaler Literatur und Äußerung fundamentaler Doktrinen des Saiva Siddhanta, sondern sollte wegen seiner universalen Thematiken für die gesamte Menschheit wichtig sein: „*The hymns of the Tiru Vāçagam are songs of faith and grace and love and immortality, of spiritual struggle and spiritual triumph – themes that are of the highest significance to all mankind.*" (Sesha Aiyer 1912, SD XIII., 2.65).

[193] Als literarische Referenzen tauchen die Tirumurai dort eher selten auf. Bezug zu den *Tirumurai* im Allgemeinen erscheint drei Mal, namentlich als Medium, das die Wahrheiten der Agamas transportiert. Einzelne Werke und Autoren, wie das *Tirumantiram* Tirumulars, für die Definition von „Saiva Siddhanta", oder der ontologisch-kosmologische Prämissen zusammen mit Gnana Sampantars *Tevaram* je ein Mal. Ebenfalls werden für die Lehre der Erlösung das *Tevaram* Appars für die Beschreibung Sivas als einzigen Gott das *Tiruvacakam* Manikkavacakars je einmal genannt.

[194] „*tirumuṟaikaḷum civākama-k koḷkaikaḷaiyē muḻakkiṉa.*" Vaittiyanātaṉ 1995a, 3.

[195] „*irumuṟaikaḷ caiva camayattiṉ ilakkiya-k karuvūlaṅkaḷ; cittānta cāttiraṅkaḷ avaṟṟiṟku ilakkaṇaṅkaḷāka-t tikaḻkiṉṟaṉa.*" Vaittiyanātaṉ 1995a, 3.

die *Tirumurai* als „*tōttiram*", also „Lobpreisungen", und die Siddhanta-Philosophie als „*cāttiram*", also „wissenschaftliche/philosophische Lehre", bezeichnet.[196] Hierin spiegelt sich die Trennung in „religiöse" und „philosophische" Tradition wider, die in der Unterscheidung der jeweiligen Autoren als „religiöse Lehrer" und „philosophische Lehrer" vertreten wird. Weiterhin wird einmal mehr die Kontinuität von *Agamas*, *Tirumurais* bis zu *Saiva Siddhanta Sastras* artikuliert. Die vierte zentrale Bedeutung der *Tirumurai* für den Adhinam-Kurs liegt in ihrer Herkunft. Ihre Sänger gelten als Heilige (*aruḷārkaḷ*) und erlöste Seelen (*ñāṉikaḷ*), die von Siva als Inkarnationen (*avatarikka*) in die Welt gesandt wurden, um den Menschen zu helfen. Dadurch enthalten die Hymnen dieser Heiligen letztlich göttliche Artikulationen: „Die *Tirumurai*, die von diesen [Heiligen] verfasst wurden, sind göttliche Worte, weil sie von Gott geäußert wurden".[197] Die kanonisierten *bhakti*-Hymnen sind also nicht nur als eine tamilische Formulierung der offenbarten Wahrheiten der *Agamas* zu verstehen, sondern vielmehr selbst als eine unmittelbare göttliche Botschaft.

Aus diesen vier grundsätzlichen Bedeutungen der *Tirumurai* – auf *Agamas* basierend und deren Kernaussage transportierend; implizite Saiva Siddhanta Lehre; deren Explikation in des *Siddhanta-Sastras*; göttlicher Ursprung – ergibt sich, fünftens, eine praktische Folgerung für den Umgang mit den *Tirumurai*: die Notwendigkeit der bewussten Rezitation dieser Texte auf dem religiösen Weg der Siva-Anhänger zur endgültigen Befreiung.[198] Diese Überzeugung wird von den Verantwortlichen des Saiva Siddhanta Studienprogramms dezidiert vertreten. Zwar leistet der Kurs lediglich eine vergleichsweise kurze Einführung in die heiligen Texte der *Tirumurai*, aber – wie bereits erwähnt – existiert zum einen inzwischen ein analoger Kurs des Adhinam, der eben das Erlernen der Rezitation der *Tirumurai* zum Gegenstand hat. Zum anderen organisieren die einzelnen Zweigstellen gemeinsame monatliche Rezitationen einzelner dieser Texte, wie das Beispiel der *Tiruvacakam*-Rezitation in Tirunelveli und anderswo zeigt. Der erste Direktor Vaithiyanathan, der die Ausgestaltung des Lehrplans entscheidend beeinflusst hat, hat die Wichtigkeit der täglichen *Tirumurai*-Rezitation für die Siva-Anhänger immer wieder besonders hervorgehoben. So haben in der Lesart des Studienprogramms alle Worte der *Tirumurai* die Eigenschaft eines Mantras (*mantira āṟṟal*), die in der Lage sind, die die Unwissenheit (*aṟiyāmai*) der Seelen auf ihrem Weg zur

---

[196] Vgl. u. a. Vaittiyanātaṉ 1995a, 89.

[197] „*avarkaḷ aruḷi-c ceytuḷḷa tirumuṟaikaḷil uḷḷa tiruvākkukaḷ, iṟaivaṉiṉ aruḷvākkukaḷē eṉpatai [...]*" Vaittiyanātaṉ 1995a, 63.

[198] Vgl. Vaittiyanātaṉ 1995a, 64.

Erlösung zu vertreiben. Diese Funktion der Hymnen ist in diesem Gedankengang letztlich auch der Grund, warum Siva die *Tirumurai* durch die Heiligen offenbart hat.[199]

Zusammenfassend lässt sich feststellen, dass die Bedeutung der *Tirumurai* für die Saiva Siddhanta Lehre des Thiruvavaduthurai Adhinam hoch eingeschätzt werden muss, obwohl die Texte lediglich in zwei der 24 Sitzungen als Lehrinhalt Thema sind. Sie bilden den Schwerpunkt der praktischen und explizit tamilischen Verehrung Sivas, die das Studienprogramm propagiert und der an jedem Kurstag durch gemeinsame Rezitation sicht- beziehungsweise hörbar Performanz verliehen wird.[200] Als göttliche Offenbarung gelten sie als Medium, das die ewigen Wahrheiten des Saiva Siddhanta transportiert, wenngleich auf meist implizite Art und Weise. Die Unterscheidung zwischen *Tirumurai* und *Siddhanta-Sastras*, als unterschiedliche Artikulationsformen dieser göttlichen Wahrheiten, wird durch das Studienprogramm vorgenommen und reproduziert damit die gängige Interpretation der beiden Kanones. Die Hymnen der *Tirumurai* sind als ein zentraler Zwischenschritt in der Geschichte der göttlichen Offenbarung zu verstehen, die schließlich in den *14 Saiva Siddhanta Sastras* kulminiert. Als solche spielen sie eine essentielle Rolle für die Konstruktion der eigenen Geschichte.

3.3. Die Bedeutung 14 Siddhanta Sastras und der Pandara-Sastras

Die absolute Schlüsselrolle der *14 Saiva Siddhanta Sastras* für die heutige Konzeption des Saiva Siddhanta im Allgemeinen und für die Lehre des Studienprogramms des Thiruvavaduthurai Adhinam im Speziellen ist in der bisherigen Betrachtung mehrfach zum Ausdruck gebracht worden. Über die Formulierung der grundlegenden Ideen in den Sanskrit-Texten vor allem der *Siva-Agamas* und die impliziten Artikulationen in den tamilischen Werken des *Tirukkural,* sowie insbesondere der *Tirumurai*, findet die Saiva Siddhanta Philosophie in dieser etablierten Lesart ihre explizite Artikulation in den *Sastra*-Texten der Saiva Siddhanta Philosophen zwischen dem 12.–14. Jahrhundert. Der klassische Saiva Siddhanta Kanon gilt, wie gezeigt, als zusammenhängender und organischer Korpus, der von den einflussreichen sivaitischen Institutionen Tamil Nadus in Form der sogenannten *Pandara-Sastras* im Anschluss an jene Philoso-

---

[199] „*tirumuṟaikaḷil uḷḷa ovvoru »**collum**« mantira āṟṟal uṭaiyatu. eṉavē, tirumuṟaikaḷ nām pārāyaṇam ceyyum pōtu, atil uḷḷa mantira āṟṟal, namatu uyiril kalantu, namatu aṟiyāmaiyai-p pōkkum tiṟaṉ uṭyaoyatu. [Herv. i. O.]*" Vaittiyanātaṉ 2008, 13.

[200] „*ulakeṅkum civavaḻipāṭu uḷḷatu. eṉṟālum, teṉṉāṭākiya tamiḻnāṭṭil avvaḻipāṭu paṉṉiru tirumuṟaikaḷōṭu tuḷaṅkukiṉṟatu.*" Vaittiyanātaṉ 1995a, 109.

phen fortgeschrieben wurde. Beide Textgattungen sollen daher nun in ihrer Bedeutung für die Lehre des Saiva Siddhanta gemäß des Studienprogramms des Thiruvavaduthurai Adhinam näher betrachtet werden.

Die 14 Saiva Siddhanta Sastras

Die große Relevanz der *14 Saiva Siddhanta-* oder *Meykanda Sastras* für das Studienprogramm ist bereits bei den Analysen der Lektüreliste und des Lehrplans offenkundig geworden. Wenngleich im nominellen textuellen Kanon des Adhinam-Kurses die *Siddhanta-Sastras* nur 15 der insgesamt 39 Bücher ausmachen, fiel insbesondere bei der Betrachtung des Lehrplans auf, dass die *Sastra*-Texte mit insgesamt 17 Sitzungen über drei Viertel des Curriculums einnehmen. Auch die quantitative Aufstellung der kanonisch-literarischen Referenzen im Grundlagenbuch für die Kursteilnehmer, den *Grundsätzlichen Lehren*, konnte zeigen, dass sich diese in deutlicher Mehrheit auf jene *14 Siddhanta Sastras* beziehen. Dies spiegelt klar den „Kanon im Kanon" wider, der innerhalb eines theoretisch weiterreichenden textuellen Kanons eine konkrete Zuspitzung in der praktischen Vermittlung erkennen lässt.

Unter den Verantwortlichen des Studienprogramms herrscht die generelle Ansicht, dass es sich bei diesen Werken um die Erfüllung des Sivaismus, also im Wortsinne um „Saiva Siddhanta" handelt. Die dezidiert tamilische und umfassende Artikulation des Saiva Siddhanta findet damit ihren Höhepunkt in jenen 14 kanonischen Texten, denn: „die Bücher, die *alle Lehren der Saiva Religion* enthalten, werden Saiva Siddhanta Sastras genannt" [Herv. RK].[201] Damit wird einmal mehr unterstrichen, dass es sich hierbei nicht nur um die wichtigsten Texte des tamilischen Saiva Siddhanta Kanons handelt, sondern vielmehr um die ultimative Formulierung des Sivaismus.

Im Folgenden werden die *Sastra*-Schriften in ihrer Bedeutung für die vom Adhinam vertretene Lehre vorgestellt, die im Curriculum des Studienprogramms als Unterrichtsgegenstand vorgesehen sind. Dies umfasst nicht alle 14 Sastra-Werke, sondern beschränkt sich lediglich auf deren acht. Konkret fehlen das *Irupairupatu* Arulnandis und fünf der acht Texte Umapatis.[202] Bei der folgenden Bearbeitung wird die Reihenfolge des Lehrplans eingehalten, um die mögliche didaktische Intention hinter dieser Anordnung zumindest formal abzubilden.

---

[201] *„caiva camayattiṉ koḷkaikaḷ aṉaittaiyum kūṟum nūlkaḷ caiva cittānta cāttiram eṉppaṭum."* *Vaittiyanātaṉ* 1995a, 1.

[202] Diese fünf im Lehrplan nicht auftauchenden Texte Umapatis sind *neñcuviṭutūtu*, *viṉāveṇpā*, *koṭkkavi*, *pōṟṟipaḵroṭai* und *caṅkaṟpa nirākaraṇam*.

Unmai Vilakkam

Das *Unmai Vilakkam* steht am Beginn der Unterweisung in die *Saiva Siddhanta Sastras* in der Kursstruktur des Studienprogramms. Dem Werk sind, nach den einführenden Sitzungen, immerhin zwei Kurstage gewidmet. Das Werk gilt durch seine Form als dialogisches Lehrgespräch zwischen dem Autor Manavacakam Kadantar und seinem Guru Meykanda als Prototyp der strukturierten Darstellung des Saiva Siddhanta. Die 54 Verse, die die Wahrheiten der *Siva-Agamas* und der Saiva Siddhanta Doktrin erläutern sollen, werden heute als idealer und vergleichsweise leichter Einstieg in das Saiva Siddhanta Textstudium verstanden:[203] „Man könnte das Buch zurecht als Handbuch für die Unterweisung junger Sivaiten bezeichnen."[204]

Die Bedeutung des *Unmai Vilakkam* für den Adhinam-Kurs als geeigneter Auftakt zur Auseinandersetzung mit den *Sastras* spiegelt sich also nicht nur in der frühen Position im Lehrplan wider, sondern zeigt sich auch in folgender Aussage des Adhinam-Gelehrten Kunjithapatham, der jeden Interessierten auffordert, sich mit diesem Text auseinanderzusetzen:

> „Man kann zwar auch Prosabücher [zum Saiva Siddhanta] lesen und wird eine ungefähre Idee davon bekommen. Und wenn man nur eine ungefähre Idee erhalten will, dann ist das ausreichend. Nicht jeder wird sich die Mühe machen, sich Saiva Siddhanta durch [Original]Texte anzueignen. Wenn man aber Saiva Siddhanta mit Hilfe des *Unmai Vilakkam* studieren möchte, dann ist das großartig!"[205]

---

203 Eine Aufstellung der wichtigsten Inhalte des *Unmai Vilakkam* in insgesamt 25 Fragen mit Strophenangaben aus Sicht des Studienprogramms bietet Veḷḷaivāraṇam 2010d, 29–30.

204 „*The book can rightly be called a manual for the instruction of young Śaivites.*" Dhavamony 1971, 252. Dass diese Ansicht auch im Adhinam geteilt wird, zeigt folgende Aussage eines Tambirans: „*You start with Unmai Vilakkam, Tiruvarudpayan, Sivagnana Botham, finally, at the end, you come to Sivaprakasam.*" Interview mit Kuñcitapātam & Tirucciṟṟampala Tampirāṉ 2012. Diese Meinung ist bei vielen Siddhantins in Tamil Nadu, wie z.B. Siva Mathavan, ebenso verbreitet (Interview mit Mātavaṉ 2012.). Auch mein eigenes Saiva Siddhanta Text-Studium unter dem weiblichen Guru Swarna Somasundaram (*Svarṇā Cōmacuntaram*) (1942–2018) in Coimbatore begann mit diesem Werk, das sie mit dem Kommentar ihres eigenen Gurus herausgegeben hat und mit all ihren Schülern studiert: Ñāṉaprakāca Tēcika Paramācariya Svāmikaḷ 2010. Hinweise auf ein solches Verständnis des *Unmai Vilakkam* als „Einstiegstext" gibt es seit dem frühen 20. Jahrhundert: „*The author tries to expound in these few pages, the truth of the Sacred Āgamas, without going into argumentation, just so much as is sufficient for the aspirant after spiritual Truth, to bring the teaching into actual daily practice.*" Nallaswami Pillai 1902, SD V., 11.165.

205 „*So, one can study those prose-books, and you can get some idea. And if you only want to get some idea, you will be satisfied. Everybody may not come and study Saiva Siddhanta through texts. So if you are interested to study Saiva Siddhanta through Unmai Vilakkam it is very great!*" Interview mit Kuñcitapātam & Tirucciṟṟampala Tampirāṉ 2012.

Im Studienprogramm des Thiruvavaduthurai Adhinam wird die Lehre des *Unmai Vilakkam* insbesondere dazu verwendet, die Saiva Siddhanta Konzeption der Seelen und die der materiellen Welt zu erläutern. Anhand des Textes sollen, wie man den Klausurfragen und den *Grundsätzlichen Lehren* entnehmen kann, die besonderen Eigenschaften der „vernunftbegabten Seele" (*pakuttaṟivatu āṉmā*) auf dem Weg zur Erlösung oder „Mukti" (*mutti*) ebenso gezeigt werden, wie das Verhältnis zwischen Gott und den Seelen.[206] Das *Unmai Vilakkam* bietet weiterhin eine systematische Vorstellung der sogenannten 36 Tattvas (*tattuvam*), die die materielle Existenz des Kosmos ausmachen.[207]

Tiruvarudpayan

Das *Tiruvarudpayan* ist das erste von insgesamt drei Werken Umapatis, die im Studienprogramm näher behandelt werden. Diesem Text, der in zehn Kapitel unterteilt wird, sind zwei Sitzungen – die Kurstage sechs und sieben – gewidmet. Das *Tiruvarudpayan* gilt als deskriptive Darstellung der grundsätzlichen Saiva Siddhanta Lehren und, wie der Name (etwa „Frucht der göttlichen Gnade") nahelegt, als Ausdruck einer expliziten „Gnadentheologie".[208] Letzteres bedeutet, dass hierin die zentrale Rolle der göttlichen Gnade (*tiruvaruḷ/aruḷ*) auf dem Weg der Seelen zur Erlösung betont wird.

Die ersten drei Kapitel des *Tiruvarudpayan* befassen sich mit den ontologisch-kosmologischen Grundannahmen des Saiva Siddhanta, namentlich der Konzeptionen von Gott (*pati*), den Seelen (*pacu*) und der Fesselung (*pācam*). Letztere stellt die Gründe für den unerlösten Zustand der Seelen dar. Die folgenden Kapitel vier und fünf behandeln die göttliche Gnade und ihre Bedeutung für die Seelen. Die Kapitel sechs bis acht umfassen eine Erläuterung, wie Siva-Anhänger (*cīvaṉ mattar*) durch die gnadenvolle Lehre eines Guru den Weg zur Erlösung beschreiten können. Das neunte Kapitel erklärt die Wichtigkeit des aus fünf heiligen Silben (*tiruvainteḻutē*, Skt. *pañcākṣara*) bestehenden fundamentalen sivaitischen Mantras (*mantiram*) „Si-Va-Ya-Na-Ma" (*ci-vā-ya-na-ma*), das als Manifestation der göttlichen Gnade verstanden wird, auf diesem Weg. Das zehnte und letzte Kapitel des *Tiruvarudpayan* beschreibt den Zustand der erlösten Seelen (*aṇaintōr taṉmai*), denen die höchste Frucht (*payan*) der göttlichen Gnade (*tiruvaruḷ*) zuteil geworden ist.[209] Für die Saiva Siddhanta Unterweisung im Studienprogramm des Thiruvavaduthurai Adhi-

[206] Vaittiyanātaṉ 2010, Frage IV. 9 und 10; 1995a, 49 und 108.

[207] Vaittiyanātaṉ 2010, 36; Veḷḷaivāraṇam 2010a.

[208] Vgl. hierzu auch Dhavamony 1971, 275–288; Arulsamy 1987; Raj 1989, v.a. 123–180.

[209] Eine Aufstellung der wichtigsten Inhalte des *Tiruvarudpayan* aus Sicht des Studienprogramms bietet Veḷḷaivāraṇam 2010d, 34–37.

nam stehen laut Klausurfragen und den *Grundsätzlichen Lehren* vor allem die ontologisch-kosmologischen Lehren im Mittelpunkt. Hierzu zählt vor allem ein systematisch ausformuliertes Verständnis Gottes sowie der Seelen, genauso wie die Konzeption der Fesselung der Seelen, die im *Tiruvarudpayan* weiter ausdifferenziert wird, und folgerichtig ihrer möglichen Erlösung.[210]

Besonders erwähnenswert ist die Betonung der Bedeutung des *Mantras* „Si-Va-Ya-Na-Ma" aus den nach-vedischen Puranas im Adhinam-Kurs.[211] Bei den sanskritischen Puranas handelt es sich keineswegs um eine homogene Textgruppe – auch die klassische Zahl von 18 ist umstritten – sondern um eine vielfältige Texttradition, die sich vor allem dadurch auszeichnet, den Veden in Bezug auf Heiligkeit untergeordnet zu sein.[212] Das puranische Mantra wurde in der tamilisch-sivaitischen Tradition dezidiert durch die *14 Siddhanta Sastras* propagiert, was eine neue Offenheit und Verschiebung weg von den sanskritisch-agamischen *Mantras*, die nur Initiierten zugänglich waren, markiert haben soll.[213] Die Schlüsselrolle dieses *Mantras*, welches klassischerweise 108 Mal am Tag aufgesagt werden sollte, wird, wie oben gezeigt, auch von Kandaswami hervorgehoben. Die fünf Silben sind theologisch aufgeladen und transportieren, laut Umapati, an sich schon die Wahrheit der Veden, *Agamas* und der *Sastras*.[214] Für die Lehre des Studienprogramms steht hierbei im Vordergrund, dass dieses *Mantra* als gleichbedeutend zum kosmischen Ursprungsgeräusch, der heiligen Wurzelsilbe (Skt. *bīja*) „Om" (*ōm/aum*, Skt. *auṃ/oṃ*), angesehen wird.[215] Diese vedische Silbe, die heute nicht zuletzt durch ihre Verwendung im weltweiten Yoga als globales Symbol des Hinduismus gesehen wird, gilt als besonderer und auspiziöser Laut. Seine Bedeutung wurde in verschiedenen Schulen, wie zum Beispiel prominent im Advaita Vedanta, philosophisch bearbeitet. Die Wichtigkeit von „Om" wurde erstmals ausführlich in den Upanishaden diskutiert, aber

---

[210] Vgl. für die Konzeption Gottes als ewig, allwissend und allgegenwärtig Vaittiyanātaṉ 2010, Frage V. 11.; 1995b, 12–13 und 17–19. Für die Fesselung der Seelen und ihre Möglichkeit, sich von dieser zu befreien, vgl. Vaittiyanātaṉ 2010, Frage V. 13., 14.; 1995a, 46, 51, 53 und 64. Zur Ausdifferenzierung der Fessel im *Tiruvarudpayan* siehe Vaittiyanātaṉ 1995a, 67–68.

[211] Zur Unterscheidung von vedischen, nach-vedischen (puranischen) und tantrischen (agamischen) Mantras siehe Padoux 2003.

[212] Zu den Puranas siehe Matchett 2003.

[213] Vgl. Sanderson 2015. Zu einer ähnlichen Zeit (12.–14. Jahrhundert) ist diese Verschiebung auch im Vira-Sivaismus zu beobachten.

[214] *„The Agama and the Veda and other Shastras only explain the truth of Panchakshara."* (*aruḷnūlum āraṇamum allātum aintiṉ poruḷnūl teriya-p pukiṉ.*) Zitiert nach der Übersetzung in Nallaswami Pillai 1945, 31. Für eine übersichtliche graphische Darstellung der theologischen Implikationen der einzelnen Silben siehe Raj 1989, 158.

[215] Vaittiyanātaṉ 2010, Frage V. 12.

auch in jainistischen und buddhistischen Traditionen wird „Om“ als heiliger Laut verstanden. In orthodox-brahmanischer Lesart gilt die Silbe als so heilig, dass sie nur von bestimmten initiierten Mitgliedern „zweimalgeborener“ Kasten (Skt. *dvija*) ausgesprochen werden darf. Hiervon können beispielsweise Frauen und Sudras ausgeschlossen sein.[216]

Durch die Gleichsetzung der vedischen Wurzelsilbe „Om“ mit dem puranischen *Mantra* „Si-Va-Ya-Na-Ma“ im Saiva Siddhanta des Thiruvavaduthurai Adhinam wird die Frage nach dieser Berechtigung umgangen, die auch im Kontext der sivaitischen Zentren Tamil Nadus immer wieder, so in Bezug auf die Verwendung bei religiösen Initiationsriten, zu Debatten geführt hat. Vor allem der Dharmapuram Adhinam hat sich seit dem späten 17. Jahrhundert als Verfechter der Befugnis zur Verwendung der Silbe „Om“ durch Sudras, die in brahmanischer Vorstellung nicht zur Gruppe der „Zweimalgeborenen“ gehören, hervorgetan. Der 7. Gurumaha Sannidhanam dieser Einrichtung hat die rituelle Reinheit seiner asketischen Mitglieder und Anhänger sowie die Anerkennung seiner Oberhäupter als religiöse Lehrer betont. Er verfasste in diesem Zusammenhang eine Sanskrit-Schrift, um jenem Selbstverständnis und den offensichtlich auch damals schon etablierten Praktiken des Adhinam auf Basis der *Siva-Agamas* eine schriftliche Begründung zu geben. Dieses Werk namens „Varnashramachandrika“ (Skt. *varṇāśramacandrika*), also etwa „Erläuterung von Varna und Lebensstufe“, legt den hohen religiösen Status von Sudras im Allgemeinen und den der nicht-brahmanischen Asketen in Dharmapuram im Speziellen dar und verteidigt deren Ansprüche gegen den massiv geäußerten Zweifel von brahmanischer Seite.[217] In Dharmapuram gilt seitdem das Mantra „Om-Si-Va-Ya-Na-Ma“, also als Mantra mit der vedischen Wurzelsilbe (Skt. *sabīja*) als Wurzel-Mantra (*mūlamantiram*) der Institution. Dieses dürfen allerdings nur die Tambirans aussprechen, die den dritten und vorletzten Initiationsgrad erreicht haben.[218] Gleiches gilt in Thiruvavaduthurai.[219]

Die Propagierung des nicht-brahmanistisch/nicht-vedischen, sondern puranischen, universal-sivaitischen Mantras „Si-Va-Ya-Na-Ma“ im Saiva Siddhanta Studienprogramm des Thiruvavaduthurai Adhinam verzichtet aber auf die vedische Silbe „Om“ und vermeidet dadurch mögliche Konflikte um die Berechtigung der Laienanhänger, diese zu äußern. Dass sich der nicht-brahmanische Adhinam selbst aber durchaus als autorisiert ansieht, den Laut „Om“ zu verwenden, zeigen die Publikationen der Einrichtung, die alle mit „Om, Si-Va-Ya-Na-Ma“ eingeführt werden.

---

216 Narayanan 2012.

217 Koppedrayer 1991b.

218 Koppedrayer 1990, 107–108.

219 Vgl. Yocum 1990, 257.

Sivaprakasam

Das *Sivaprakasam* Umapatis gilt im Umfeld des Thiruvavaduthurai Adhinam insgesamt als Buch mit besonderem Stellenwert. Nicht nur hat sich Kunjithapatham in seiner ersten Publikation mit der Rezeption des *Sivaprakasam* bei Sivagnana Munivar beschäftigt. Der Text gehörte auch zu den Werken, die Kandaswami in seiner öffentlichen Lehre für den *Saiva Neri Kazhagam* in Vikramasingapuram behandeln lies. Laut Aussage eines Tambiran in Thiruvavaduthurai verändert das Studium des *Sivaprakasam* den Blick auf alles bisher Gelernte. Für ihn sollte es sogar den Abschluss des Textstudiums bilden:

„Man beginnt mit dem *Unmai Vilakkam*, dem *Tiruvarudpayan*, dem *Sivagnana Botham*. Schließlich, am Ende, sollte man sich mit dem *Sivaprakasam* beschäftigen. [...] Man kann das *Tiruvuntiyar* und das *Tirukkalirru Padiyar*, die zwei der 14 Sastras sind, durcharbeiten. Wenn man dann aber das *Sivaprakasam* studiert und diese [Texte] wieder ließt, dann ist das eine gänzlich andere Sache.“[220]

Im Gegensatz zu dieser Aussage wird das *Sivaprakasam* im Saiva Siddhanta Studienprogramm zusammen mit den anderen kanonischen Schriften Umapatis bereits in drei Sitzungen des ersten Studienjahres behandelt. Damit macht seine Erläuterung also immerhin ein Viertel des Lehrplans des ersten Jahres aus. Die 100 Verse des *Sivaprakasam* werden im heutigen Saiva Siddhanta als wichtiger Text verstanden, in dem die Wortkombination „Saiva Siddhanta“ erstmals als explizite Bezeichnung für die bestimmte philosophische Lehre geprägt wurde. Umapati nennt diese Lehre „Saiva Siddhanta“, die dort beginnt, wo die Veden enden.[221] Die Bezugnahme auf die Autorität der Veden und *Agamas* zieht sich durch den ganzen Text.

Der Lehrplan des Studienprogramms des Thiruvavaduthurai Adhinam teilt das Werk in drei Abschnitte auf.[222] Die ersten zwölf Strophen bilden eine Art Prolegomena (*pāyirappakuti*), die die heute gängigen Ansichten über den Text prägen.[223] Umapati ruft hier nicht nur verschiedene Götterfiguren an, sondern verortet das eigene Werk explizit in der Tradi-

[220] „*You start with Unmai Vilakkam, Tiruvarudpayan, Sivagnana Botham, finally, at the end, you come to Sivaprakasam. [...] You can go through Tiruvuntiyar and Tirukalirru Padiyar, two of the 14 Sastras. So you read it first, and you will get something. Then you study Sivaprakasam and read it again, it is a different thing.*“ Interview mit Kuñcitapātam & Tiruccirrampala Tampirāṉ 2012.

[221] Siehe Strophe 8: „*I shall speak of Seiva-sittântam, which begins where the Vētham end.*“ Zitiert nach der Übersetzung in Hoisington 1854b, 134. Vgl. auch Gangadharan 1992, 8.

[222] Eine Aufstellung der wichtigsten Inhalte des *Sivaprakasam* auf insgesamt 56 Fragen aus Sicht des Studienprogramms bietet Veḷḷaivāraṇam 2010d, 30–34.

[223] Hoisington 1854b, 129–142.

tion des Saiva Siddhanta. Neben der schon erwähnten Verwendung genau dieser Wortkombination wird hier die heilige Geneaologie (*cantāṉa paramparai*) der Lehre von der Offenbarung Sivas auf dem Berg Kailash und dessen ersten mythischen Schülern hin zu Meykanda, Arulnandi und Maraignana Sampantar gespannt.[224] Wie schon mehrfach erwähnt, gilt das *Sivaprakasam* als „verwandte Quelle" (*cārpunūl*) zu den früheren Texten des *Sivagnana Botham* und des *Sivagnana Siddhiyar*. Dieses Verhältnis ist bereits von Umapati in der zwölften Strophe auf diese Weise beschrieben, in der er ersteres als zu konzis und zweiteres als zu umfangreich bezeichnet. Zwar seien beide gleichermaßen wahr und würden dieselben Dinge wie die *Agamas* lehren, jedoch sei die eigene Abhandlung namens *Sivaprakasam* eine Verbindung von diesen Texten.[225]

Der zweite Lehrabschnitt, also die Strophen 13 bis 50, ist eine ausführliche Darstellung der allgemeinen (*potu*) Lehre Gottes, der Seelen und der Fesselung nebst der potentiellen Erlösung der Seelen aus dem gefesselten Zustand.[226] Der letzte Kurstag zum *Sivaprakasam* umfasst die Erklärung der Strophen 51 bis 100, die sich – gemäß des oben bereits erwähnten grundsätzlichen Aufbaus vieler Saiva Siddhanta Texte – mit den speziellen (*ciṟa*) Lehren des Saiva Siddhanta befassen. Dieser Abschnitt wird als „Wahrheit" (*uṇmai*) bezeichnet und beschreibt sehr detailreich die genauen Aufgaben und Eigenschaften Gottes, die konkreten Möglichkeiten der Seele und ihre Interaktion mit Gott sowie Zusammensetzung der Fesselung einschließlich ihrer materiellen Realität.[227]

Für die Lehre des *Sivaprakasam* im Saiva Siddhanta Studienprogramm des Thiruvavaduthurai Adhinam können drei Schwerpunkte konstatiert werden. Erstens soll die Bearbeitung des ersten Teils des Werkes, nebst der schon bekannten kanonischen Lesart verschiedener Texttraditionen, vor allem die Position des Adhinam in der sivaitischen Tradition betonen. Der Autor Umapati wird von den Kursverantwortlichen dezidiert als einer „unserer Vorfahren, der heilige Kailash-Abstammung" (*tirukkayilai*

---

[224] V.a. in Strophe 6 und 7, vgl. Hoisington 1854b, 133–134.

[225] „*Meykaṇḍa-Nâyanâr, one of the Gurus before mentioned, wrote in Tamil the Siva-Gnâna-Pōtham. His disciple, Aruaṇṇti-Nâyanâr, wrote a larger treatise, a commentary on that work, called Siva-Gnâna-Sitti. I, adoring the beautiful feet of those Gurus, studied their works with delight. Considering the former to be too concise, and the latter too voluminous, and believing that they and the Âkamam both teach the same things, and are true, I shall attempt to blend them, and present the whole in this treatise of one hundred stanzas, the result of ardent zeal and study, which I style Siva-Pirakâsam.*" Zitiert nach Hoisington 1854b, 142.

[226] Vgl. Hoisington 1854b, 143–201.

[227] Siehe hierzu v.a. die programmatische Strophe 52, vgl. Hoisington 1854b, 201–202.

marapē, nam cantāṉa marapu)[228] bestimmt, womit der Anspruch des Adhinam auf die legitime Fortführung dieser Linie untermauert wird.

Zweitens fokussiert sich der Unterricht auf ein konkreteres Verständnis Gottes. Namentlich wird eine nähere Bestimmung des Verhältnisses Gottes zu den Seelen in den Mittelpunkt gerückt[229] und vor allem die Handlungen, die Gott diesen gegenüber ausführt. Es geht hierbei insbesondere um die fünf funktionalen Aufgaben (*aintoḻil*) der „Schöpfung" (*paṭaittal*), der „Bewahrung" (*kāttal*), der „Zerstörung" oder „Auflösung" (*aḻittal*), der „Verschleierung" (*maṟaittal*) und der „Enthüllung" oder des „Gnade-Gebens" (*aruḷal*), und wie sich diese göttlichen Handlungen auf die Seelen auswirken.[230] Die ersten drei Funktionen Gottes, also Schöpfung, Bewahrung und Zerstörung, die sich auch auf den ganzen Kosmos beziehen, sind ein typischer Narrativ der nach-vedischen Puranas. Vor allem dort werden diese Aufgaben den Göttern Brahma, Vishnu und Siva zugeschrieben, also der sogenannten „hinduistischen Trinität" (*mummūrttikaḷ*, Skt. *trimūrti*). Es muss dabei festgehalten werden, dass eine solche seit dem 20. Jahrhundert global verbreitete Vorstellung dieser „Trinität" als Produkt hinduistisch-christlichen Kontakts verstanden werden muss.[231] Das „korrekte" Verständnis der verschiedenen göttlichen Handlungen war auch für die sivaitischen Reformer um 1900 ein wichtiges Thema in Auseinandersetzung mit orientalistischen Forschungen. Insbesondere Nallaswami Pillai hat die Ansicht vertreten, die klassischen drei Aufgaben der Trinität würden ausschließlich von einem Gott, namentlich Siva, durchgeführt.[232] Die Diskussion um jene Handlungen zeigt, dass sich der Kurs dieser Debatte nicht entzieht, sondern für den tamilischen Saiva Siddhanta eine Weiterentwicklung gängiger Konzepte, beziehungsweise die führende Rolle innerhalb der Hindu-Traditionen, für sich beansprucht.

Der dritte Fokus bei der Lehre des *Sivaprakasam* liegt für das Studienprogramm auf einer Ausdifferenzierung der Seelenkonzeption. Im Zentrum steht dabei die Erläuterung des Eintritts der Seelen in die materielle Welt, also der Geburt in einen Körper.[233] Der Saiva Siddhanta zählt hierfür 8.400.000 verschiedene mögliche Formen. Diese materielle Verbindung der Seelen beschreibt einen Zustand der vollständigen Fesselung der

---

[228] Vgl. Vaittiyanātaṉ 2010, Frage V. 15.

[229] Vgl. Vaittiyanātaṉ 1995a, 20.

[230] Vgl. Vaittiyanātaṉ 2010, Frage V. 16.

[231] Vgl. Rigopoulos 2012b.

[232] Nallaswami Pillai 1911f. Nallaswami Pillai bezog sich hierzu v.a. auf das bekannten Epos Mahabharata (*makāpāratam*, Skt. *mahābhārata*), das er mit Hilfe des *Sivagnana Botham* und dem relativ unbekannten Sanskrit-Kommentar Srikanthas zu den Vedanta-Sutras deutete. Vgl. auch Bergunder 2010, 37.

[233] Vgl. Vaittiyanātaṉ 1995a, 38–46.

Seelen (*cākkirātītam*).[234] Wie der Weg von dort in den erlösten Zustand unter anderem durch die Seelen beeinflusst werden kann, wird ebenfalls aus Sicht des *Sivaprakasam* verdeutlicht.[235]

Tiruvuntiyar und Tirukkalirru Padiyar

Die beiden Werke *Tiruvuntiyar* und *Tirukkalirru Padiyar* gehören zu den wissenschaftlich bisher weniger bearbeiteten *Siddhanta-Sastras*, wenngleich sie die ältesten kanonisierten philosophischen Schriften dieser Tradition aus dem späten 12. Jahrhundert darstellen. Beide Texte gelten, wie oben besprochen, als komplementäre Traktate, deren Autoren in einem Lehrer-Schüler-Verhältnis zueinander gestanden haben sollen. Die Lehre des Studienprogramms widmet diesen daher eine gemeinsame Sitzung, die die wichtigsten Inhalte beider Bücher erklären soll (*tiruvuntiyiār, tirukkaḷiṟṟu-p paṭiyār mutaliya nūlkaḷiliruntu mukkiyaceytikaḷai viḷakkuvatu*).

Während das *Tiruvuntiyar* heute vor allem als wenig systematische und eher mystische sowie erfahrungszentrierte Beschreibung der Saiva Siddhanta Doktrin verstanden wird, wird das *Tirukkalirru Padiyar* in erster Linie als ausdrücklicher Kommentar und Erklärung zum Vorgängertext betrachtet. Die Grundthemen beider Texte – ersterer in 45, zweiterer in 100 Strophen verfasst – korrespondieren daher inhaltlich stark, was durch die in der Regel gemeinsame Betrachtung beider Schriften noch unterstützt wird.[236] Beide Bücher behandeln zwar viele zentrale Argumente der Siddhanta-Theologie, werden aber vor allem wegen ihrer Erläuterung der Wichtigkeit eines Gurus für den Weg zur Erlösung (*mutti*), der devotionalen Praxis des *bhakti* sowie der Bedeutung göttlicher Gnade (*aruḷ*) geschätzt.[237]

In den *Grundsätzlichen Lehren* werden die beiden Komplementärwerke zwar überhaupt nicht erwähnt, aus den weiteren Quellen lässt sich jedoch schließen, dass sie im Saiva Siddhanta Studienprogramm als verfeinerte und verschriftlichte Form der Grundprinzipien (*kōṭpāṭu*) der älteren religiösen Werke (*camaytōttiraṅkaḷ*) – gemeint sind insbesondere der *Tirukkural* und die *Tirumurai* – verstanden werden, die den Tamilen seit Jahrtausenden bekannt seien.[238] Das Hauptaugenmerk bei der Lehre der beiden Schriften wird durch den Adhinam auf die Zentralität eines Gurus für

234 Vgl. Vaittiyanātaṉ 2010, Fragen V. 17., 18.

235 Vgl. Vaittiyanātaṉ 1995a, 60–61 und 102–103.

236 Eine inhaltlich-thematische Aufstellung beider Werke aus Sicht des Studienprogramms bietet Veḷḷaivāraṇam 2010d, 1–3.

237 Vgl. v.a. die korrespondierende inhaltliche Aufstellung bei Balasubramanian 2007, 130–133 sowie Dhavamony 1971, 175–199.

238 Siehe Veḷḷaivāraṇam 2010d, iv.

den persönlichen Weg zur Erlösung gelegt. Ein solcher Guru stellt in dieser Lesart eine Verkörperung Sivas (*iṟaivaṉ tirumēṉi*)[239] dar und ist somit unbedingt notwendig, um die Seelen auf dem Weg zur Befreiung von der Fesselung zu begleiten.[240]

Sivagnana Botham und Sivagnana Siddhiyar

Die gemeinsame Lehre des *Sivagnana Botham* Meykandas und des *Sivagnana Siddhiyar* Arulnandis nimmt ein Drittel der Unterrichtseinheiten im zweijährigen Kurs des Saiva Siddhanta Studienprogramms ein. Hierdurch lassen sich alleine formell zwei wichtige Punkte festigen, die bereits mehrfach betont wurden. Zum einen wird deutlich, dass beide Werke als zusammengehörig betrachtet werden. Das *Sivagnana Siddhiyar*, das sich explizit auf Meykanda als göttlich-inspirierten Lehrer und sein *Sivagnana Botham* bezieht,[241] gilt als ausführliche Erläuterung jenes zentralen *Siddhanta-Sastras*. Ersteres ist das „Ursprungsbuch" (*mutaṉūl*) und zweiteres das Buch der Erklärung und Weiterentwicklung (*vaḻinūl*), mit dessen Abfassung Meykanda Arulnandi beauftragt haben soll. Zum anderen verdeutlicht die schlichte Anzahl der Lehreinheiten zu beiden Texten, dass es sich hierbei um das inhaltliche Kernstück des Saiva Siddhanta nach Thiruvavaduthurai-Lesart handelt.

Das *Sivagnana Botham* kann bezüglich seiner Wertschätzung, die ihm im Saiva Siddhanta entgegengebracht wird, kaum überbewertet werden. Meykanda gilt heutigen Siddhantins als der Größte der „philosophischen Lehrer" des tamilischen Sivaismus und sein Text als die fundamentale Grundlage des Saiva Siddhanta. Dass sich diese Hochschätzung auch in weiteren späteren *Sastras* zeigt, ist schon angeklungen. Die zwölf Sutras des *Sivagnana Botham* werden als Essenz des *Agamas* verstanden und von Meykanda zum besseren Verständnis jeweils philosophisch ausgearbeitet und kommentiert. Zusammen mit diesen Kommentaren und Erklärungen wird der Text in zwei Teile von „allgemeiner Autorität" (*potu atikāram*) und „spezieller Autorität" (*ciṟapatikāram*) zu je sechs Sutras gegliedert.[242] Die ersten sechs Sutras befassen sich mit der Lehre Gottes, der Seelen und der Fesselung sowie ihrem jeweiligen Verhältnis zueinander. Die zweiten sechs Sutras behandeln den Weg der Seelen zur und die Natur der Erlösung.[243]

---

239 Vgl. Vaittiyanātaṉ 2010, Frage V. 19.

240 Dies bezieht sich v.a. auf die Strophen 2–3 des *Tiruvuntiyar* und 6–8 des *Tirukkalirru Padiyar*. Vgl. Balasubramanian 2007, 130.

241 Vgl. Schomerus 1981a, 46–47; Nallaswami Pillai 1948, 4 und 6–7.

242 Eine ausführlichere inhaltlich-thematische Aufstellung der zwölf Sutras des *Sivagnana Bothams* aus Sicht des Studienprogramms bietet Veḷḷaivāraṇam 2010d, 4–12.

243 Vgl. u.a. Schomerus 1981a, 21–38; Nallaswami Pillai 1984.

Wie Umapatis oben erwähnte Einschätzung im *Sivaprakasam* zeigen konnte, wird das *Sivagnana Botham* als relativ kurzer, wenn auch prägnanter Text gesehen, dessen ausschweifende Explikation das *Sivagnana Siddhiyar* liefert. Arulnandis Hauptwerk, das in Bezug auf Wichtigkeit und Autorität direkt hinter dem *Sivagnana Botham* angesiedelt wird, gliedert sich in zwei etwa gleichgroße Hauptteile.[244] Der erste namens *Parapakkam* (*parapakkam*, wörtl. „die andere Seite"), also die ersten 301 Strophen, befasst sich mit fremden philosophischen Schulen, kommentiert und widerlegt diese. Hierbei handelt es sich um 14 abzulehnende Philosophien, die detailreich entkräftet werden.[245] Der zweite Hauptteil mit dem Titel *Supakkam* (*cupakkam*, wörtl. „die eigene Seite") und seinen 328 Strophen gilt als ausführliche positive Formulierung der Saiva Siddhanta Lehren gemäß der Grundlagen, die im *Sivagnana Botham* dargelegt wurden. Nach einer klassischen Einleitung, die verschiedene Götter und den eigenen Lehrer Meykanda preist, und einem Abschnitt zur Epistemologie des Saiva Siddhanta liefert der *Supakkam*-Teil des *Sivagnana Siddhiyar* eine differenzierte und umfangreiche Darstellung der Saiva Siddhanta Doktrinen. Analog zum Text Meykandas teilt sich dieser Teil in zwölf Sutras, in welchen die grundlegende Ontologie der Lehre, die Konzeptionen Gottes, der Seelen, der Fesselung und der Erlösung ausgearbeitet werden.[246]

Diese Lehren sollen im weiteren Verlauf noch näher vorgestellt werden. Dass beide Texte in der Vermittlung durch das Saiva Siddhanta Studienprogramm einen zentralen Stellenwert einnehmen, ergibt sich zum einen aus der rein numerischen Anzahl der Sitzungen, die den beiden Büchern gewidmet sind. Zum anderen ist das *Sivagnana Siddhiyar* in den *Grundsätzlichen Lehren* das mit Abstand meist zitierte Werk, welches nahezu zu allen Themen als literarischer Nachweis angeführt wird. Das *Sivagnana Botham*, wohl auch auf Grund seiner relativen Kürze und möglichen Unverständlichkeit, taucht wesentlich seltener auf. In der Logik der Saiva Siddhanta Lehre des Adhinam dürfte ist jedoch unproblematisch, da sich die Ausformulierung jenes Ursprungsbuches sowieso nachvollziehbarer im *Sivagnana Siddhiyar* findet. Dies schmälert demnach keineswegs die elementare Bedeutung des *Sivagnana Botham* als Kulmination des tamilischen Saiva Siddhanta. Folgende Einschätzung aus einer der „Hilfspublikationen" zum Adhinam-Kurs bringt diesen Status klar zum Ausdruck:

„Seit vielen Jahrtausenden lernt man durch die Tamilen die Doktrinen des Saiva Siddhanta. Diese werden unbewusst weitergegeben. Diese Doktrinen sind in den

---

[244] Eine ausführliche inhaltlich-thematische Aufstellung der beiden Hauptteile aus Sicht des Studienprogramms bietet Veḷḷaivāraṇam 2010d, 12–27.

[245] Vgl. Schomerus 1981b.

[246] Vgl. Schomerus 1981a.

religiösen Texten [der *Tirumurai*], in den Geschichten und der Lebensart [der Tamilen] vorhanden. [...] Meykanda hat das Buch des Sivagnana Botham gnadenvoll gegeben, sodass diese [Doktrinen] mit den Prinzipien der Kausalität und Logik in Einklang gebracht sind."[247]

Die Passage lässt keinen Zweifel daran, dass das *Sivagnana Botham* Meykandas die ultimative Klimax der geistesgeschichtlichen Entwicklung der Tamilen darstellt. Über Jahrtausende wurden demzufolge die Lehren des Saiva Siddhanta durch die Tamilen, wie die bisherige Betrachtung mehrfach gezeigt hat, meist implizit vermittelt, gesungen und gelebt. Die finale, logische und – in der Interpretation des Adhinam – wissenschaftlich-rationale Artikulation, also den wahren Saiva Siddhanta beziehungsweise die Vollendung des Sivaismus, stellt unangefochten das *Sivagnana Botham* und mit ihm als Erklärung das *Sivagnana Siddhiyar* dar.

Unmai Neri Vilakkam

Das *Unmai Neri Vilakkam* wird in der Regel Umapati zugeschrieben, so auch vom Thiruvavaduthurai Adhinam.[248] Die Bearbeitung dieses Werks bildet nicht nur die Letzte der Lehreinheiten zu den *Siddhanta-Sastras* im Saiva Siddhanta Kurs, sondern vielmehr die Schlusssitzung der zwei Jahre des Studienprogramms.

Nachdem Umapati in seinen vorherigen Texten – insbesondere im *Sivaprakasam* – bereits die grundlegenden Saiva Siddhanta Lehren entworfen hat, bieten die sechs Strophen des *Unmai Neri Vilakkam* eine systematische Darstellung der Erfahrungen der Seele auf dem Weg zur Erlösung, also der Erfahrung Gottes (*civa pōkam*). Diese werden in zehn einzelnen Stufen eingeteilt, die als „Dasakarya" (*tacakāriyam*)[249] bezeichnet werden und zur endgültigen Befreiung aus der Fesselung der Seelen führen.[250]

Da das *Unmai Neri Vilakkam* in den *Grundsätzlichen Lehren* und in den weiteren Publikationen um das Studienprogramm nicht oder kaum vorkommt, ist es an dieser Stelle schwer, seine Bedeutung für die Lehre

---

[247] „*pallāyiram āṇṭukaḷukku mu̱npiruntē tami̱lariṭam caiva cittānta kōṭpāṭukaḷ payi̱ṉru varuki̱ṉra̱na. ava̱ṟrai avarkaḷ a̱riyāmalē kaiyāṇṭu varuki̱ṉra̱nar. akkōṭpāṭukaḷ camayatōttiraṅkaḷilum varalā̱rukaḷilum vā̱lkkai ne̱riyilum kalantuḷḷa̱na. meykaṇṭārtā̱n ca̱rkāriyavātattukkum aḷavai nūlukkum poruntumpaṭi civañā̱napōtam e̱ṉra nūḷai aruḷi̱nār.*" Veḷḷaivāraṇam 2010d, iv.

[248] Veḷḷaivāraṇam 2010b, 4.

[249] Vgl. Dhavamony 1971, 321–324. Zehn Schritte mit gleicher Bezeichnung, aber unterschiedlicher Ausprägung, gibt es auch im Advaita Vedanta.

[250] Eine ausführliche inhaltlich-thematische Aufstellung des *Unmai Neri Vilakkam* aus Sicht des Studienprogramms bietet Veḷḷaivāraṇam 2010d, 41–42.

des Adhinam zu bestimmen. Aus der Positionierung der Lehreinheit zu diesem Text im Curriculum und den etablierten Ansichten zu seinem Inhalt lässt sich aber zumindest schließen, dass das *Unmai Neri Vilakkam* als Abschluss der Saiva Siddhanta Lehre betrachtet wird. Die Anleitung zu dieser Philosophie, deren Doktrinen, Ausgestaltung und Hintergründe über zwei Jahre hinweg unterrichtet werden, kommt mit der Lehre dieses Werkes zu einem Ende. Das ist nicht zuletzt darauf zurückzuführen, dass in diesem Text Umapatis die letzten Fragen der endgültigen Erlösung geklärt werden.

Die Pandara-Sastras

Die *Pandara-Sastras* des Thiruvavaduthurai Adhinam sind relativ unbekannte Texte, die von vier Angehörigen der Institution, sogenannten „Tuvitiya-Gurus" (*tuvitīya kuruvar*), verfasst wurden. Bisher hat kaum eine wissenschaftliche oder öffentliche Auseinandersetzung mit diesen Werken stattgefunden. Allerdings gibt es in den letzten Jahren vermehrt Initiativen, jene Texte zumindest in sivaitischen Kreisen bekannter zu machen.[251] Die Verantwortlichen des Studienprogramms tragen seit einigen Jahren zu dieser Verbreitung bei, indem die Texte in das Curriculum des Saiva Siddhanta Kurses aufgenommen wurden. Demzufolge nimmt die „Erklärung der wichtigsten Inhalte der 14 Pandara-Sastras des Thiruvavaduthurai Adhinam" (*tiruvāvaṭuṟai ātīṉa-p paṇṭāra cāttiraṅkaḷ 14lil uḷḷa mukkiya ceytikaḷai viḷakkuvatu*) zwei Kurseinheiten des zweiten Lehrjahres des Studienprogramms ein.

Die 14 Texte der *Pandara-Sastras* werden als Erläuterungen zu den *Siddhanta-Sastras* verstanden: „Sie zeigen den Weg, um die genaue Bedeutung der Meykanda-Sastras zu begreifen und um die erlernten Wahrheiten zu befolgen und den rechten Weg zu finden."[252] Aufgrund dieses direkten Bezuges erscheint es wenig zufällig, dass die Anzahl von exakt 14 *Pandara-Sastras* mit der Anzahl der *Siddhanta-Sastras* übereinstimmt.

---

[251] Ein Beispiel für diese Initivativen ist das „Zentrum für Tirumurai-Forschung" (*paṉṉiru tirumuṟai āyvu mayam*) aus Coimbatore, das monatlich kostenfreie Veranstaltungen mit 300–500 Teilnehmenden abhält. Am 27. und 28. August 2011 organisierte die Organisation beispielsweise eine Konferenz mit Vorträgen zu allen 14 Texten unter dem Titel „*paṇṭāra cāttiraṅkaḷ – vaḻipāṭṭu-k karuttaraṅkam*". Die Organisation geht auf die private Initiative des lokalen Unternehmers I. Vasanthakumar (*Irāca. Vacantakumār*) zurück, der eine eigene Hochschule in Coimbatore betreibt. Die Räumlichkeiten dieser Karpagam Universität (*kaṟpakam palkalaikkaḻakam*) werden für die monatlichen Konferenzen genutzt. Das Zentrum steht dem Thiruvavaduthurai Adhinam nahe und der Adhinam-Gelehrte Kunjithapatham war auf dieser Konferenz einer der Hauptredner. In diesem Rahmen wurde auch seine Edition der *Pandara-Sastras* kostenlos an Interessierte verteilt.

[252] „*meykaṇṭa cāttiraṅkaḷiṉ poruḷ nuṭpam uṇarvataṟkum, kaṟṟa uṇmaikaḷ-k kaṭaippiṭittu uyvataṟkum vaḻivakuppaṉa.*" Kuñcitapātam 2011, ix.

Inhaltlich umfassen sie das gesamte Spektrum der Saiva Siddhanta Lehre, wenngleich der Schwerpunkt der *Pandara*-Schriften auf praktischen Aspekten zu liegen scheint. So umfassen sie Fragen der religiösen Praxis, der Initiation und vor allem den konkreten Weg der Seele – gemäß der zehn *Dasakarya*-Stufen – auf dem Weg zur Erlösung.[253]

Die Bedeutung der *Pandara-Sastras*, die in den *Grundsätzlichen Lehren* gar keine Rolle spielen, für die Lehre im Saiva Siddhanta Studienprogramm und den Thiruvavaduthurai Adhinam wird anhand der Definition des Wortes „pandaram" (*paṇṭāram*, Skt. *bhāṇḍāra*/*bhāṇḍāgāra*) durch Kunjithapatham angedeutet. Der Adhinam-Gelehrte hat die *Pandara-Sastras* für die Edition im Rahmen der Pflichtlektüre kommentiert und diese Publikation wie folgt eingeleitet:

> „[D]as Wort »pandaram« hat die Bedeutung einer Schatzkammer (*treasure house*). Die Wurzel des »pandaram« ist ein Ort voll von absolutem Wissen. Der Ort, der als eine mit Wissen gefüllte Schatzkammer gilt, ist der Thiruvavaduthurai Adhinam."[254]

Die *14 Pandara-Sastras*, deren Autoren als Angehörige des Adhinam aus der Abstammungslinie Meykandas stammen, seien daher ebenso wie die *14 Siddhanta-Sastras* „allesamt Schatzkammern."[255] Die Verwendung der Metapher der „Schatzkammer" für die *Pandara*-Texte wird an dieser Stelle auf das *Tiruvacakam* zurückgeführt und sofort mit dem Thiruvavaduthurai Adhinam assoziiert.[256] Die vier eigenen Autoren gelten der Institution als „Menschen mit besonderer Wissensgabe" (*ciṟanta ñāṉamuṭaiyarkāḷ*)[257] und „göttliche Gurus" (*kurumūrttikaḷ*), die als „noble

---

[253] Eine inhaltliche Übersicht über die Texte bietet Kuñcitapātam 2011, ix–xxx.

[254] Hier wird im Übrigen, wohl um die Bedeutung noch klarer zu bestimmen, das gängige tamilische Wort „*karuvūlam*" für „Schatzkammer" verwendet. Als zusätzliche Bestimmung taucht das englische Äquivalent „*treasure house*" so im Originaltext auf: „*paṇṭāram eṉṉum coṟku-k karuvūlam (TREASURE HOUSE) eṉpatu poruḷ. mūl paṇṭāram eṉpatu, ñāṉa-p poruḷ niṟainta iṭam ākum. attaku ñāṉa-k karuvūlamāka ilaṅkum iṭam, tiruvāvaṭutuṟai ātīṉamē ākum.*" Kuñcitapātam 2011, vii.

[255] „*attaṉaiyum aruṭ karuvūlam ākum.*" Kuñcitapātam 2011, vii.

[256] Diese Rückführung auf das *Tiruvacakam* ignoriert, dass die sanskritische Bedeutung von „*bhāṇḍāra*/*bhāṇḍāgāra*" ebenfalls „Schatz" oder „Schatzkammer" ist. In historischen Wörterbüchern wird deutlich, dass „*paṇṭāram*" die Bedeutung eines Anhänger Sivas, sivaitischen Mönchs oder religiösen Oberhaupts hat, vgl. Fabricius 1972, 250; Winslow 1984, 719; University of Madras 1924, 2450. Laut K. Koppedrayer wird der Begriff im Tamilischen spätestens ab dem 16. Jahrhundert speziell für Asketen mit *Vellala*-Hintergrund verwendet. So erscheint bspw. „Pandara-Sannadhi" (*paṇṭāracannāti*) als alternative Bezeichnung etwa zu Gurumaha Sannidhanam, für die Oberhäupter nicht-brahmanischer, sivaitischer Institution wie des Thiruvavaduthurai Adhinam oder des Dharmapuram Adhinam. „Pandaram" verweist wohl v.a. auf die leitende administrative Funktion, Koppedrayer 1990, 74–77, 134–135.

[257] Veḷḷaivāraṇam 2010d, iv.

Männer in mystischer Vereinigung mit Siva" (*civāṉupūti-c cīlarkaḷāka*) zu verstehen sind.[258] Die Aufgabe der Lehre des Kurses sei daher, den Studenten die *Pandara-Sastras* zu lehren, da dies das Verständnis der *Saiva Siddhanta Sastras* erleichtern würde:

> „Für diejenigen, denen es gnadenvoll gestattet ist, die Gnana-Sastras [Siddhanta-Sastras] zu studieren, die von den Heiligen verfasst worden sind, ist es von Vorteil, diese [Pandara-]Sastras ein wenig kennenzulernen."[259]

Die Bedeutung der Lehre der *Pandara-Sastras* im Rahmen des Siddhanta-Kurses kann gemäß der präsentierten Einschätzungen der Texte auf mindestens zwei Hauptpunkte konkretisiert werden. Zum einen werden die 14 Werke als Hilfsmittel gesehen, die die Erkenntnisse über die klassischen Kerntexte des Saiva Siddhanta begreifbarer erscheinen lassen, da hier die philosophischen Lehren praktisch und verständlich erklärt werden. Zum zweiten – dies ist bereits vorher bei der Besprechung des Lektürekanons angesprochen worden – schreibt sich der Thiruvavaduthurai Adhinam durch die Kanonisierung von Lehrern der eigenen institutionellen Tradition explizit als zentrale Autorität in die Geschichte des tamilischen Sivaismus ein. Nicht zuletzt zeigen die *Pandara-Sastras* in dieser Logik, dass der Thiruvavaduthurai Adhinam als der Hort oder die „Schatzkammer" des göttlichen Wissens anzusehen ist. Für die Studierenden des Studienprogramms heißt dies daher, dass sie durch Teilnahme am Unterricht an diesem absoluten Wissen direkt partizipieren können – ein Umstand, der auf dem Weg zu Erlösung sicherlich nicht als hinderlich angesehen werden dürfte.

Die Bedeutung des Kanon im Kanon: Die Relevanz der kanonischen Texte für die Lehre

Bei der Auswertung der textuellen Grundlagen der Lehre des Saiva Siddhanta Studienprogramms im Rahmen der Analyse der ausgegebenen Lektüreliste ist bereits deutlich geworden, dass von den Autoritäten des Adhinam zunächst ein umfassender schriftlicher Kanon für den Saiva Siddhanta präsentiert wird. Dieser stellt sich aber bei näherer Betrachtung als selektiver und fokussierter „Kanon im Kanon" heraus. Durch die nun vorgelegte Untersuchung der Bedeutung jener kanonischen Werke im Lehrplan und den grundlegenden Publikationen zum Studienprogramm

---

[258] Kuñcitapātam 2011, ix.

[259] *„ittakaiya aruḷāḷarkaḷāl iyaṟṟa-p peṟṟa ñāṉa cāttiraṅkaḷai-k kaṟkum pēṟu peṟṟōr accāttiraṅkaḷ kuṟittu mutalil curukkamāka aṟintu koḷḷutal nalamāka.*" Kuñcitapātam 2011, x.

konnte gezeigt werden, dass sich der „Kanon im Kanon" in der praktischen Umsetzung der Lehre erkennbar widerspiegelt.

Die als historischer Ausgangspunkt der eigenen Tradition betrachteten offenbarten Sanskrit-Schriften der Veden und *Agamas* erfüllen in erster Linie den Zweck, der eigenen Lehre eine göttliche Autorität zuzusprechen. Ihre Wertigkeit ist vor allem davon abhängig, dass sie von den nachfolgenden tamilischen Werken anerkannt und durch diese die göttlichen Wahrheiten transportiert werden. So findet sich in der Lesart des Adhinam sowohl im *Tirukkural* als auch in den *Zwölf Tirumurai* impliziter Saiva Siddhanta wieder. Gerade letztere werden als Kernstücke der sivaitischen Religionsliteratur verstanden und stellen direkte Bezüge zu den Veden und *Agamas* her. Die explizite Saiva Siddhanta Philosophie wird dann, teilweise mit Rückbezug auf die sanskritischen und tamilischen Texte, in den *Siddhanta Sastras* formuliert. Diese bilden die ultimative tamilische Artikulation der göttlichen Wahrheiten in philosophischer Form. Von den 14 kanonisierten Schriften werden tatsächlich nur acht im Studienprogramm gelehrt. In den unterrichteten Texten entfaltet sich die differenzierte Lehre des Saiva Siddhanta. Die Lehre im Studienprogramm präsentiert jene Werke in didaktischer Reihenfolge und zeigt darin nicht nur die fundamentalen Doktrinen des Saiva Siddhanta und die daraus gefolgerten Konsequenzen für die Studierenden. Vielmehr soll damit der Weg zur Erlösung jedes einzelnen Teilnehmers bereitet werden. Zum besseren Verständnis insbesondere der *Siddhanta-Sastras* bietet der Kurs über den klassischen sivaitischen Kanon hinaus eine Einführung in die *Pandara-Sastras*, die in der konkreten Tradition des Thiruvavaduthurai Adhinam stehen.

Auffällig ist, dass sowohl der Lehrplan als auch die Interpretationen der Kurs-Verantwortlichen eine klare Fokussierung auf die *14 Saiva Siddhanta Sastras* im Allgemeinen und das *Sivagnana Botham* Meykandas und das *Sivagnana Siddhiyar* Arulnandis erkennen lassen. Dies entspricht dem mehrfach konstatierten „Kanon im Kanon" des Thiruvavaduthurai Adhinam, ebenso wie den verbreiteten Bewertungen im modernen Saiva Siddhanta.

Allerdings muss auch bei der Betrachtung der Bedeutung der kanonischen Texte festgehalten werden, dass der generell hoch geschätzte Saiva Siddhanta Autor des Adhinam, namentlich Sivagnana Munivar aus dem 18. Jahrhundert, trotz seiner nominellen Missachtung in Lektürekanon und Curriculum, für die konkrete Lehre wohl doch eine Rolle spielt. In den *Grundsätzlichen Lehren* beispielsweise wird das *Sivagnana Mapadiyam*, immerhin elf Mal – und damit am zweithäufigsten – zitiert. Sivagnana Munivars Text wird also vielfach herangezogen, um verschiedene Aspekte der Saiva Siddhanta Lehre näher zu erklären oder den getätigten Aussagen Autorität zu verleihen. Seine Wichtigkeit wird bereits zu Beginn der *Grundsätzlichen Lehren* beschrieben:

„Im Sivagnana [Ma]Padiyam, das ein Kommentar zum Sivagnana Botham ist, hat unsere unübertroffene Heiligkeit Sivagnana Swamikal [Munivar] die Bedeutungen der Sutras des Sivagnana Botham bestätigt. Die Wahrheit des oben aufgeführten Werkes [des Sivagnana Mapadiyam] lässt sich daran erkennen, dass es sich auf die textuelle Autorität der Tirumurai bezieht."[260]

In diesem Zitat wird nicht nur deutlich, dass Sivagnana Munivar zweifelsfrei als verehrter und herausragender Autor der eigenen Institution verstanden wird, dessen *Sivagnana Mapadiyam* als autoritativer Kommentar zum zentralen Text des Saiva Siddhanta, dem *Sivagnana Botham*, verstanden wird. Die Gültigkeit der Schrift wird zudem durch die Feststellung unterstrichen, dass sie im Einklang mit der „textuellen Autorität" (*mēṟkōḷ*) der *Tirumurai* steht. Damit werden also die Wahrheiten der beiden wichtigen Kanones von *Tirumurai* und *Siddhanta-Sastras* im *Sivagnana Mapadiyam* transportiert.

Es ist daher umso bemerkenswerter, dass ein Werk, dem diese große Relevanz für das Verständnis des Kerntextes der Saiva Siddhanta Philosophie zugeschrieben wird, zumindest formal nicht im Lehrplan auftaucht. Dass aber sogar das grundlegende einführende Buch zum Saiva Siddhanta Studienprogramm diesen Text derart lobt und rezipiert, deutet darauf hin, dass Sivagnana Munivar in der konkreten Lehre deutlich stärker rezipiert wird als die offizielle Lesart des Curriculums nahe legen würde.[261] In abgeschwächter Form gilt dies auch für Tayumanuvar. Es ist bereits oben vermutet worden, dass die Schriften Sivagnana Munivars wohl deshalb nicht Bestandteil der Lektüre- und Lehrpläne des Adhinam-Kurses sind, da sie zu leicht als Advaita Vedanta interpretiert werden könnten. Diese Einschätzung ist durch die Analyse der Bedeutungen der kanonischen Texte für den Unterricht zumindest nicht unwahrscheinlicher geworden. Sivagnana Munivar darf dementsprechend „offiziell" nicht als kanonischer Autor propagiert werden, obwohl er praktisch als solcher betrachtet wird. Dies zeigt auch die folgende Einschätzung des Adhinam-Gelehrten Kunjithapatham deutlich, für den die Texte Sivagnana Munivars fraglos Saiva Siddhanta Philosophie darstellen:

---

260 „*civañāṉa pāṭiyam eṉṉum tam civañāṉa pōta-p pēruraiyil nammuṭaiya arumpeṟal mātava-c civañāṉa cuvāmikaḷ civañāṉa pōta cūttura-p poruḷukku viḷakkam kūṟumpōtu, tirumuṟaikaḷai mēṟkōḷ kāṭṭi-k kūṟiyiruppatiliruntu ivvuṇmaiyai-p purintu koḷḷalām.*" Vaittiyanātaṉ 1995a, 3.

261 Vgl. ähnlich Murukavēḷ 2010, 34.

„Wenn man das Werk des Sivagnana Swamikal [Munivar] studiert, ist das in der Regel der Kommentar zum Sivagnana Botham und Sivagnana Siddhiyar – also Saiva Siddhanta Philosophie.“[262]

Sivagnana Munivar und sein Werk kann daher als „unkanonisch-kanonisch“ verstanden werden. Sein Beispiel demonstriert erkennbar, dass die Betrachtung des Lehrplans zwar einen Einblick in die autoritative Konzeption des Saiva Siddhanta Kanons des Thiruvavaduthurai Adhinam bieten kann. Allerdings wird hierdurch auch deutlich, dass die praktische Umsetzung dieser Lehre auch in offiziellen Publikationen immer wieder vom propagierten Ideal abweicht und wiederholt Autoren sowie Texte berücksichtigt werden, die nominell gar nicht in diesen Kanon gehören. Der tatsächliche „Kanon im Kanon“ enthält damit durchaus „Unkanonisches“.

262 „*If you study Sivagnana Swamikal's work, it will be the commentary of Sivagnana Botham, Sivagnana Siddhiyar, so Saiva Siddhanta philosophy.*“ Interview mit Kuñcitapātam & Tirucci<u>r</u><u>r</u>ampala Tampirā<u>n</u> 2012.

III

Die Doktrinen des Saiva Siddhanta

Für die Analyse der fundamentalen Lehren des Saiva Siddhanta wurde bisher die vom Adhinam vorgenommene kategorale Bestimmung von „Saiva Siddhanta“ als ultimative Philosophie des Sivaismus im Kontext anderer Religionen vorgestellt, sowie ein Überblick über die historische Einordnung und Bedeutung der kanonischen Texte im Rahmen der Lehre des Studienprogramms präsentiert. Dabei sind vereinzelt bereits Hinweise auf die allgemeinen philosophisch-theologischen Prämissen angeklungen, die im Folgenden näher beleuchtet werden. Es soll nun gezeigt werden, wie der Namen „Saiva Siddhanta“ mit philosophischen Inhalten gefüllt wird. Diese Betrachtung orientiert sich an der inhaltlichen Ausgestaltung der *Grundsätzlichen Lehren*, die paradigmatisch die im Saiva Siddhanta übliche Einteilung in einen allgemeinen und einen speziellen Teil widerspiegeln und die Lehre des Studienprogramms strukturiert darlegen.

Das bedeutet, dass im Folgenden, nach einer Einführung in die Epistemologie, vor allem die Ontologie des Saiva Siddhanta vorgestellt wird. Letztere lässt sich durch die Annahme von drei ewigen kosmischen Entitäten charakterisieren, namentlich Gott, Seelen und Fesselung. Die Betrachtung wird sich insbesondere auf deren allgemeine Eigenschaften konzentrieren, um so ein Grundverständnis der Saiva Siddhanta Philosophie zu gewährleisten. Der Fokus liegt hierbei wiederum auf den Besonderheiten der Saiva Siddhanta Doktrinen, also auf jenen philosophisch-theologischen Aspekten, die folglich in der Propagierung des Adhinam ausgesprochen betont werden. Dazu zählen unter anderem etwa implizite und explizite Abgrenzungen zu anderen Traditionen. Die speziellen Eigenschaften der drei ewigen Entitäten werden punktuell behandelt, wobei darauf geachtet wird, die charakteristischen Attribute der Saiva Siddhanta Prämissen herauszuarbeiten.

Die Analyse beschränkt sich hierbei auf die Lehre des im Rahmen des Studienprogramms des Thiruvavaduthurai Adhinam artikulierten Saiva Siddhanta. Die dort akzeptierte und oben beschriebene kanonische Literatur sowie die etablierten Kommentar-Traditionen werden im Zuge dessen über deren Zuspitzung und Zitation durch die Kursverantwortlichen rezipiert. Jene klassisch-autoritativen Texte sind damit nur indirekt der Gegenstand der Untersuchung. Deren schierer Umfang, ihre Komplexität und ihre Vielstimmigkeit bieten daneben die unterschiedlichsten Interpretationsmöglichkeiten, die hier für das Beispiel der Deutungen durch den Thiruvavaduthurai Adhinam, der eine einflussreiche Stimme in den Debatten um Saiva Siddhanta darstellt, nachvollzogen werden. Hierbei wird eine pragmatische Fokussierung auf die zentralen und ungewöhnlicheren philosophischen Positionen vorgenommen. Denn die Überlegungen der Saiva Siddhantins behandeln nicht nur die „großen Fragen" über Gott, Mensch und Erlösung, sondern zeichnen sich mitunter durch eine feingliedrige Konzeption göttlicher, menschlicher und materieller Existenz aus. Der philosophische Nachvollzug dieser Details bildet im Zusammenhang der vorliegenden historischen Untersuchung nicht den Schwerpunkt der Untersuchung und muss daher zunächst Gegenstand zukünftiger Forschung bleiben.

Nach einer kurzen Darstellung der Epistemologie zu Beginn und einer folgenden ausführlicheren Analyse der ontologisch-kosmologischen Grundannahmen der drei ewigen Entitäten im Saiva Siddhanta soll in einem dritten Schritt auf deren Verhältnis untereinander eingegangen werden. Gerade hier lassen sich einige Eigentümlichkeiten der Lehre zeigen, die besondere Beachtung verdienen und die in den gegenwärtigen Debatten um Saiva Siddhanta in Tamil Nadu eine große Rolle spielen. Viertens werden die propagierten Aspekte der religiösen Praxis der Verehrung Gottes und der endgültigen Erlösung der Seelen thematisiert, die mit dem versprochenen praktischen Nutzen des Saiva Siddhanta verknüpft werden soll. All das geschieht abermals unter Bezugnahme auf die entscheidende historische Phase der Entwicklung des heutigen Saiva Siddhanta, also die Zeit um 1900.

1. Die Epistemologie des Saiva Siddhanta

Die Tradition des Saiva Siddhanta akzeptiert verschiedene Formen sinnvolles Wissen zu produzieren, die sogenannten „Mittel, um gültiges Wissen zu erwerben" (*aḷavai*). Die *Grundsätzlichen Lehren* definieren diese „epistemologischen Mittel" als „Werkzeuge zur Überprüfung durch logische Beweisführung" (*aḷattal kuravi*), die auf Sanskrit „pramanam" (*piramāṇam*, Skt. *pramāṇa*) genannt werden. Vergleichbar mit Messwerkzeugen (*eṇṇal aḷavai*), die die materielle Welt etwa auf Länge oder Gewicht vermessen, gibt es laut Saiva Siddhanta viele verschiedene „epistemologische Mittel" mit deren Hilfe die Wahrheit der drei ewigen Entitäten des Saiva Siddhanta begreifbar ist. Dies ist das explizite Erkenntnisziel, welches die speziellen „epistemologischen Mittel" als sinnvoll qualifiziert. Die Epistemologie des Saiva Siddhanta ist damit direkt an seine philosophischen Voranname geknüpft und gerade deswegen gültig, weil dadurch die ontologischen Wahrheiten des Saiva Siddhanta erkennbar seien. Zu den akzeptierten epistemologischen Methoden gehören unter anderem das „Mittel der Beobachtung oder Wahrnehmung“ (*kāṭci aḷavai*), „der Schlussfolgerung“ (*karutal aḷavai*), „des Textnachweises“ (*urai aḷavai*), „des Vergleichs“ (*iṉmai aḷavai*), „der Wahrheit“ (*uṇmai aḷavai*), „des Ausschlussverfahrens“ (*oḻipu aḷavai*), „der Argumentation“ (*vaḻakku aḷavai*), „der Natur“ (*iyalpu aḷavai*) oder „der Bedeutung“ (*poruḷ aḷavai*). All jene sind deshalb als mögliche Vorgehensweisen zugelassen, da „diese auf Basis der Argumentationen der [14 Saiva Siddhanta] Sastras entstanden sind.“[1]

Im Saiva Siddhanta des Adhinam-Studienprogramms werden diese vielfältigen Möglichkeiten der Wissensproduktion auf eine klassische, dreigliedrige Epistemologie zugespitzt, die seit dem frühen 20. Jahrhundert in tamilisch-sivaitischen Debatten genauso vertreten werden[2] und alle möglichen Erkenntnisformen mit einschließen:[3]

> „Dennoch können alle diese unter die drei epistemologische Mittel der *Beobachtung/Wahrnehmung*, der *Schlussfolgerung* und des *Textnachweises* subsumiert werden. Folglich kann man alleine mit diesen drei epistemologischen Mitteln die Wahrheit der Entitäten des Saiva Siddhanta erkennen.“ [Herv. RK][4]

Diese Feststellung über die Erkenntnis der ewigen Entitäten des Saiva Siddhanta und die Wahrheit ihrer Existenz ist in Hinblick auf die Argumentationen der Vertreter des Thiruvavaduthurai Adhinam besonders wichtig. Es wird sich in der nachfolgenden Analyse zeigen, dass sich die Beweisführung in den *Grundsätzlichen Lehren* des Studienprogramms eben auf genau jene drei epistemologischen Mittel stützt. So bilden empirische Beobachtungen, logische Schlussfolgerungen und autoritative Textnachweise das Gerüst der Begründungen der ontologisch-kosmologischen Grundannahmen des hier vertretenen Saiva Siddhanta.

Die in den *Grundsätzlichen Lehren* präsentierte Lesart spezifiziert die drei legitimen epistemologischen Mittel näher: 1.) als „Beobachtung/Wahrnehmung“ (*kāṭci aḷavai*, alternativ auch *kaṇṭal aḷavai*) gilt die Akzeptanz dessen, was man mit bloßem Auge sieht und damit als Wahrheit anerkennt; 2.) als „Schlussfolgerung“ (*karutal aḷavai*) wird die Annahme der Wahrheit der Existenz von etwas bezeichnet, das man zwar nicht direkt sehen oder wahrnehmen kann, worauf aber durch das Wissen um seine Eigenschaften geschlossen werden kann. So sei es beispielsweise logisch zulässig, indirekt vom Vorhandensein eines Feuers auszu-

---

[1] „*avai ellām tarukka cāttira aṭippaṭaiyil kūṟum aḷavaikaḷ ākum.*“ Vaittiyanātaṉ 1995a, 4.

[2] Vgl. Raghava Aiyar 1994a; 1994b; Ponniah 1962. Nallaswami Pillai hingegen hat eine dezidierte Ausarbeitung dieser Epistemologie nicht vorgenommen.

[3] Vgl. auch Kuñcitapātam 2014, 27–33.

[4] „*āyiṉum, ivai aṉaittum kāṭci aḷavai, karutal aḷavai, urai aḷavai ākiya mūṉṟaṉuḷ aṭaṅkum. eṉavē, caivacittānta-p poruḷkaḷiṉ uṇmaikaḷai immūṉṟu aḷavaikaḷai koṇṭē aḷantaṟiyalām.*“ Vaittiyanātaṉ 1995a, 4.

gehen, sobald Rauch wahrnehmbar ist; 3.) als „Textnachweis" (*urai aḷavai*) ist jene Wissensproduktion zu verstehen, die weder durch „Beobachtung/Wahrnehmung" oder „Schlussfolgerung" erreicht wird, sondern durch „die göttlichen Äußerungen der Heiligen" (*tiruvākku aruḷāḷar*) belegt ist. Hierzu gehören zum Beispiel die Wahrheiten der Existenz Gottes (*kaṭavuḷ uṇṭu*) oder der Wiedergeburt (*maṟupiṟappu*).[5]

Damit gelten die Autoren des textuellen Saiva Siddhanta Kanons ausdrücklich als eine legitime Quelle gültigen Wissens. Gemäß dieser Logik überrascht es wenig, dass die dreigliedrige Saiva Siddhanta Epistemologie an dieser Stelle durch das kanonische Werk *Sivagnana Siddhiyar* des Arulnandi bewiesen wird. Erwähnenswert ist zudem, dass die *Grundsätzlichen Lehren* für die drei beschriebenen epistemologischen Mittel jeweils Sanskrit-Namen in tamilischer Umschrift angeben, die als Äquivalent der eigenen Interpretation zu gelten haben. Die Saiva Siddhanta Konzeptionen von „Beobachtung/Wahrnehmung" (*pirattiyaṭci-p piramāṇam*, Skt. *pratyakṣa pramāṇa*), „Schlussfolgerung" (*aṉumāṉa-p piramāṇam,* Skt. *anumāṇa pramāṇa*) und „Textnachweis" (*capta-p piramāṇam,* Skt. *śabda pramāṇa*)[6] ähneln inhaltlich und dem Namen nach den drei grundlegenden epistemologischen Mitteln der philosophischen Traditionen von Samkhya (*cāṅkiyam*, Skt. *sāṃkhya*), Yoga (*yōkam*, Skt. *yoga*) sowie den beiden Vedanta-Schulen Vishishtadvaita (*viciṭṭāttuvitam*, Skt. *viśiṣṭādvaita vedānta*) und Dvaita (*tuvitam,* Skt. *dvaita vedānta*). In den verschiedenen Traditionen des Advaita-Vedanta oder Mimamsa (*mīmāñcam, mīmāmcam, mīmāmcai,* Skt. *Mīmāṃsā*) werden jene drei in der Regel akzeptiert, jedoch darüber hinaus um zusätzliche Wege zur Wissensproduktion erweitert.[7]

2. Die Ontologie des Saiva Siddhanta: Die Wahrheit der drei Entitäten

Die grundlegenden ontologisch-kosmologischen Annahmen des Saiva Siddhanta finden sich nicht nur zu Beginn der *Grundsätzlichen Lehren*, sondern sie werden auch im Studienprogramm des Adhinam in allgemeiner Form in der zweiten und dritten Sitzung behandelt. Diese ersten Lehreinheiten namens „Grundsätzliche Lehren des Saiva Siddhanta" (*caivacittānta aṭippaṭai-k koḷkaikaḷ*) und „Erklärung der 36 Tattvas" (*muppattāṟu tattuva viḷakkam*) bilden also, nach der Einführung in die historischen Entwicklungen und kanonische Literatur des Saiva Sid-

[5] Vaittiyanātaṉ 1995a, 5.
[6] Vaittiyanātaṉ 1995a, 4–5.
[7] Vgl. Phillips 2015.

dhanta, die konzeptionelle und philosophische Basis für die spezifischen Ausformulierungen dieser Lehren in den jeweiligen kanonischen Texten im Verlaufe der beiden Kursjahre.

Die fundamentale ontologische Annahme des Saiva Siddhanta ist die Doktrin, dass im Kosmos drei Entitäten existieren, die ohne Anfang und Ende, also ungeschaffen und ewig (*anāti*) sind.[8] Ihre jeweilige Existenz ist nicht auf eine der anderen Entitäten zurückzuführen. Namentlich handelt es sich hierbei um Gott/„Pati" (*pati*, Skt. *pati*), die Seelen/„Pasu" (*pacu*, Skt. *paśu*) und die Fesselung/„Pasam" (*pācam*, Skt. *pāśa*). Letztere verhindert die Verbindung der Seelen mit Gott und damit ihre Erlösung aus der Kausalität von „Karma" (*viṉaippayaṉ*) und Wiedergeburt (*maṟu-piṟappu*). Es muss betont werden, dass damit auch Gott nicht für das bloße Dasein der beiden anderen Entitäten verantwortlich ist. Die rein tamilischen Namen dieser drei existentiellen Entitäten (*uḷporuḷ*), deren gängige Bezeichnung als *Pati*, *Pasu* und *Pasam* tamilisierte Versionen der Sanskrit-Wörter darstellen, wird analog für Gott als „*iṟai*", für die Seele als „*uyir*" und für die Fesselung als „*taḷai*" angegeben.[9] Die Sprachregelung in den Adhinam-Publikationen privilegiert in der Häufigkeit ihrer Verwendung eindeutig die tamilischen Begriffe, was als Abgrenzung etwa zu anderen sanskritisch-sivaitischen Traditionen mit ähnlichen Vorannahmen gewertet werden kann.

Das Konzept der „Erklärung der Entitäten des Siddhanta" (*cittānta-p poruḷ viḷakkam*) wird „Wahrheit der drei Entitäten" oder „dreigliedrige Wahrheit" (*mupporuḷ uṇmai*) genannt.[10] Diese ontologische Vorannahme, deren Explikation sich alle *14 Siddhanta-Sastras* widmen und die auf die *Siva-Agamas* zurückgeführt wird sowie in den *Tirumurai* nachverfolgbar ist, bildet in der Lesart des Adhinam nicht nur allgemein die „grundsätzliche Lehre" (*aṭippaṭai-k koḷkai*) aller oben schon genannten Spielarten des Sivaismus (*caiva camaya-p pirivukaḷ*), sondern explizit die Kernaussage des Saiva Siddhanta.[11]

Im Saiva Siddhanta unterscheiden sich die drei Entitäten nicht nur kategoral, sondern auch qualitativ bezüglich ihrer Eigenschaften voneinander. Alle drei haben zunächst eine allgemeine Eigenschaft (*potu iyalpu*), die als „offensichtliche oder grobe Form" (*tūlanilai/taṭatta ilakkaṇam*) durch die Beziehung zu den anderen Entitäten erkennbar ist, sowie eine spezi-

[8] Vgl. auch folgende Definition von „*anāti*" im *Fachwörterbuch*: „Die Entität, die ohne Anfang und ohne Ende existiert, wird als »anāti« beschrieben." (*tōṟṟamum iṟutiyum illāmal eṉṟum uḷḷa poruḷ etuvō, aḵtu »anāti« eṉappaṭum.*) Vaittiyanātaṉ 1995b, 4.

[9] Vaittiyanātaṉ 1995a, 6.

[10] Vaittiyanātaṉ 1995a, 3.

[11] Vaittiyanātaṉ 1995a, 2. Vgl., auch für eine Übersicht über die Entitäten, Kuñcitapātam 2014, 34–35.

elle Eigenschaft (*ci<u>r</u>appu iyalpu*), deren „subtile oder feine Form“ (*cūkkuma nilai/corūpa ilakkaṇam*) nicht zwangsläufig aus einem relationalen Verhältnis zu anderen Entitäten ersichtlich ist.[12]

2.1. Die Eigenschaften Gottes und die Wahrheit seiner Existenz

Eine differenzierte Beschreibung der Konzeption Gottes, also der „Theologie“ des Saiva Siddhanta, nimmt einen zentralen Teil der Lehre durch den Thiruvavaduthurai Adhinam ein.[13] Gemäß der prinzipiellen Unterscheidung der Eigenschaften aller Entitäten charakterisieren die *Grundsätzlichen Lehren* die allgemeine Eigenschaft Gottes, damit „zusammen/eins, davon getrennt/unterschiedlich von sowie damit verbunden/in Beziehung mit den Seelen“ (*uyirkaḷōṭu o<u>nr</u>āyum, vē<u>r</u>āyum, uṭa<u>n</u>āyum*) zu sein.[14] Was diese allgemeine Bestimmung dieses Verhältnisses Gottes vor allem für die „sich in der Phase der Erlösung befindlichen Seelen“ (*muttiyil uḷḷa ā<u>n</u>māvi<u>n</u> nilai*)[15] konkret bedeutet, wird im weiteren Verlauf noch genauer ausgeführt.

An dieser Stelle kann aber bereits angemerkt werden, dass die oben unter den Ausführungen zur Bedeutung des *Sivaprakasams* bereits angedeuteten fünf funktionalen Aufgaben Gottes (*ainto<u>l</u>il*), namentlich „Schöpfung“ (*paṭaittal*), „Bewahrung“ (*kāttal*), „Zerstörung“ oder „Auflösung“ (*a<u>l</u>ittal*), „Verschleierung“ (*ma<u>r</u>aittal*) und „Enthüllung“ oder „Gnade-Geben“ (*aruḷal*) hierbei eine wichtige Rolle spielen. Insbesondere die letzten beiden beziehen sich direkt auf die Seelen selbst, wohingegen die ersten drei eine Interaktion mit *Pasam* darstellen. Die göttlichen Aufgaben oder Handlungen gehören also in den Bereich der allgemeinen Eigenschaften Gottes und werden im Saiva Siddhanta weiterhin in je fünf gleichnamige „höchst subtile Handlungen“ (*aticūkkuma aintu to<u>l</u>il*), „subtile Handlungen“ (*cūkkuma aintu to<u>l</u>il*) und „strahlende Handlungen“ (*tūla aintu to<u>l</u>il*) differenziert. Die ersten betreffen die Seelen in ihrem ursprünglichen, vorgeburtlichen Zustand, die zweiten stehen in Zusammenhang mit den Seelen im Moment des Eintritts in die Folge der Geburten, während die letzten fünf für die postnatalen, inkarniert-immanenten Seelen relevant werden.[16]

---

[12] Vaittiyanātan 1995a, 5–6.
[13] Vgl. hierzu ausführlich, aus Sicht der Adhinam-Autoritäten, Kuñcitapātam 2014, 36–86.
[14] Vaittiyanātan 1995a, 6, 19.
[15] Vaittiyanātan 1995a, 3.
[16] Vaittiyanātan 1995a, 25–29.

Das Konzept der Gnade (*aruḷ*) gehört zu den heute zentralen Charakteristika des Saiva Siddhanta.[17] Die ausdrückliche Betonung der absoluten Abhängigkeit der Seelen von der göttlichen Gnadenhandlung ist ein zentrales Element der sivaitischen *bhakti*-Dichtung. Insbesondere im *Tiruvacakam* des Manikkavacakar wird die fundamentale Bedeutung von Gottes Wirken durch liebevolle Gnade hervorgehoben, was in den späteren *Sastra*-Texten in der Regel affirmiert wird.[18] Die prominente Rezeption von „*aruḷ*“ und die Gleichsetzung mit den Begriffen „Gnade/*grace*“ in religionswissenschaftlichen Arbeiten des 20. Jahrhunderts sowie insbesondere in christlicher Theologie und interreligiösem Dialog (dort als komparatistische Kategorie), hat weiterhin dazu beigetragen, „Gnade/*aruḷ*“ als Alleinstellungmerkmal des Saiva Siddhanta hervorzuheben.[19] Nallaswami Pillai, der die Gleichsetzung mit christlichen Gnadekonzeptionen dezidiert vorgenommen hat,[20] formulierte entsprechend Anfang des 20. Jahrhunderts: „Die Doktrin von Gnade und Liebe ist die kennzeichnende Besonderheit des Sivaismus“.[21]

Es ist mehrfach angedeutet worden, dass die Gnade Gottes aus Sicht des Saiva Siddhanta des Thiruvavaduthurai Adhinam den entscheidenden Faktor für alles Geschehen im Kosmos darstellt. Aufgrund der Schlüsselrolle der Kategorie der Gnade sollen die fünf beziehungsweise 15 göttlichen Handlungen für die funktionale Aufgabe des „Gnade-Gebens“ laut den *Grundsätzlichen Lehren* kurz nachvollzogen werden. Im Allgemei-

---

[17] Das Wort „*aruḷ*“ hat der klassischen tamilischen Literatur wesentlich mehr semantische Konnotationen, wie etwa „Mitleid“, „Gewogenheit“, „Güte“, „Befehl“ und „Auftrag“. Allerdings sind auch diese verschiedenen Bedeutungen stets kontextabhängig. Charakteristisch ist jedoch, dass „*aruḷ*“ immer mit Siva assoziiert ist, mehr noch alles bezeichnen kann, was Siva tut. Siehe hierzu Harris 2008, 7–10. Dass die Bedeutung „Gnade“ oder „*grace*“ für „*aruḷ*“ heute als etabliert gilt, ist zu großen Teilen auf die Beschäftigung christlicher Autoren mit tamilischer Literatur zurückzuführen. Schon bei J. P. Fabricius findet sich als erste Übersetzung „Gnade“ (Fabricius 1972, 33), die sich seitdem in allen relevanten Wörterbüchern wiederholt. Insbesondere seit Anfang des 20. Jahrhunderts hat sich die Äquivalenz von „*aruḷ*“ und Gnade in christlich-theologischer Literatur und Übersetzungen ebenso durchgesetzt, wie in den englischsprachigen Werken sivaitischer Autoren. Siehe hierzu u.a. Pope 1900, xlviii; Schomerus 1912; Nallaswami Pillai 1911a. So erscheint es nicht verwunderlich, dass im heutigen Sprachgebrauch bekennender Siddhantins *aruḷ*/*grace*/Gnade gleichbedeutend verwendet werden, u.a. bei Venkatachalam 2007. Festzuhalten ist hier, dass „*aruḷ*“ stets göttliche Gnade, also Sivas Gnade, meint.

[18] Vgl. hierzu Harris 2014; 2008.

[19] Vgl. u.a. Devasenapathi 1963; Frenz 1975; Arulappa 1980; Arulsamy 1987; Raj 1989; Donald 2005; Chellappa 2014, 31–32.

[20] „*I have referred to the Doctrine of Grace as a special feature of Śaiva Siddhanta [...]; and in this respect also,* ***it differs in no respect*** *from that of the Christian Doctrine.*“ [Herv. RK] Nallaswami Pillai 1911b, 355.

[21] „*The doctrine of Grace and Love is the distinguishing feature of Śaivaism*“ Nallaswami Pillai 1911f, 300

nen bedeutet „Gnade-Geben", dass Gott den Seelen im Laufe des Prozesses von vielen Wiedergeburten, sofern diese Leben von einer Sehnsucht (*viruppam*) nach Gott geprägt sind, durch Entkräftung von und Schutz vor Unwissenheit eine endgültige Erlösung ermöglicht.[22] Im Bereich der „höchst subtilen Handlungen" heißt dies, dass Gott den ursprünglichen vorgeburtlichen Seelen nach einem komplexen vierstufigen Prozess des Erhalts und der Trennung von Wissen (*a̱rivu*) letztlich durch die fünfte Handlung des „Gnade-Gebens" erlaubt, das zu genießen, was sie in diesem Zustand wissen.[23] Im Rahmen der „subtilen Handlungen" ist das „Gnade-Geben" für die in die Geburten eintretenden Seelen der Abschluss erneuter fünf Aktionen Gottes. Diesen Seelen bringt Gott absolutes Mitgefühl (*karuṇai*) entgegen und bereitet sie in vier Schritten auf den Eintritt in die Welt in Form eines konkreten Körpers vor, bevor sie bereit für die fünfte „subtile Handlung" sind: „Das Gnade-Geben bedeutet, die Seelen dazu zu befähigen, in die Geburt involviert zu werden, indem sie den weltlichen Erfahrungen ausgesetzt werden."[24] Die fünf „strahlenden Handlungen" umfassen abschließend den Bereich, der sich auf die in der Welt inkarnierten Seelen bezieht. Während Gott hierfür zunächst die Welt erschafft, diese erhält und immer wieder zerstört, verbirgt er auch schädliche Dinge vor den Seelen. Die fünfte Handlung für die immanenten und von ihm mit Körpern ausgestatteten Seelen ist abschließend das „Gnade-Geben", welche weltliche Erfahrungen für die Seelen vollständig zulässt:

> „Das Gnade-Geben bedeutet, den Seelen zu ermöglichen, diese [weltlichen Erfahrungen] zu genießen. All diese strahlenden fünf Arbeiten geschehen nur um der Seelen Willen im konkreten Körper."[25]

Das „Gnade-Geben" durch Gott ist also die entscheidende Handlung Gottes für die unerlösten Seelen. Durch ihre verschiedenen Zustände hindurch bis hin zu deren Inkarnation in einen konkreten Körper bildet dieser Gnadenakt Gottes die fundamentale Voraussetzung für die Seelen, um überhaupt den Weg zur Erlösung (über Wissenserwerb) zu beschreiten, die sich in der größtmöglichen Nähe zu Gott realisieren lässt. Es wird in diesen Ausführungen deutlich, dass die Seelen hierfür vollständig auf die Gnade Gottes angewiesen sind.

Es ist wichtig festzustellen, dass im Saiva Siddhanta alle oben genannten göttlichen Handlungen nicht von Gott unmittelbar ausgeführt werden,

---

[22] Vaittiyanātaṉ 1995a, 25.

[23] „*a̱rinta viṭayaṅkaḷai uyir aṉupavikkumā̱ru ceytal, aruḷal ākum.*" Vaittiyanātaṉ 1995a, 26.

[24] „*takutiyāṉa uyirkaḷai cakalattil viṭṭu-p pi̱rappukku uṭpaṭa-c ceytal, aruḷal ākum.*" Vaittiyanātaṉ 1995a, 26.

[25] „*ava̱ṟruḷ uyirkaḷ anupavikka vēṇṭuvaṉavaṟṟai-p pe̱rumā̱ru ceytal, aruḷal ākum. intatūla aintutoḻilkaḷ muḻuvatum uyirkaḷiṉ poruṭṭu, caṭapporuḷākiya pācattil nikaḻvaṉ ākum.*" Vaittiyanātaṉ 1995a, 27.

sondern durch seine Energie oder Potenz (*āṟṟal*) namens „Sakti" (*catti*, Skt. *śakti*).[26] Der Name *Sakti* ist in mehreren indischen Traditionen als Name des weiblichen Aspekts Gottes oder als Göttin verbreitet und hat vor allem in tantrischen Schulen verschiedene Konzeptionalisierungen als Energie erfahren.[27] Im Saiva Siddhanta befindet sich *Sakti* in einem Zustand der „Harmonie" (*layam*) untrennbar mit Gott verbunden, aber als seine Energie nicht identisch mit ihm. Diese Verbindung lässt sich, wie die *Grundsätzlichen Lehren* mit Bezug auf das *Sivagnana Siddhiyar* feststellen, mit der der Sonne und ihren Strahlen vergleichen. Die Strahlen, hier *Sakti*, gehen energetisch aus der Sonne, hier Gott, hervor und berühren die Welt. Nicht die Sonne oder Gott selbst treten also in Beziehung zu anderen Entitäten oder der Welt, sondern lediglich ihre beziehungsweise seine Energie.[28] Daher bietet *Sakti* für Gott eine Möglichkeit, auf die anderen Entitäten einzuwirken, ohne selbst direkt (*nēril*) mit diesen in Kontakt zu kommen. Wenngleich *Sakti* damit das zentrale Mittel ist, welches Gott zur Interaktion mit anderen Entitäten nutzt, nimmt der Saiva Siddhanta etliche weitere göttlichen Manifestationen (*navantarupētam*) an, die sich grundlegend in drei Formen (*vaṭivam*) aufteilen lassen. Namentlich handelt es sich hierbei um den „formlosen Aspekt" (*aruvattirumēṉi/niṭakaḷam*), den „formlosen und formhaften Aspekt" (*aruvuruttirumēṉi/cakaḷa niṭakaḷam*) sowie den „formhaften Aspekt" (*uruvattirumēṉi/cakaḷam*) Gottes. *Sakti* gehört neben Gott als reinem Siva (*cutta civa*) selbst in die erste Kategorie, während sich die anderen Formen unterscheiden lassen, etwa in verschiedene „formlos und formhafte" Gestalten wie den *Lingam* oder gänzlich „formhafte" figürliche Darstellungen und Erscheinungen, die sogenannten „Maheshwara-Formen" (*makēcuvara-t tirumēṉi*).[29]

Diese drei Formen werden zwar noch im Detail in etliche Unterformen ausgearbeitet, allerdings ist an dieser Stelle eine Feststellung besonders erwähnenswert, die einen pan-hinduistischen Anspruch des Saiva Siddhanta formuliert. Für die *Grundsätzlichen Lehren* des Thiruvavaduthurai Adhinam sind nämlich die landläufig als „hinduistische Trinität" (*mummūrttikaḷ*, Skt. *trimūrti*) als „Brahma" (*ayaṉ*, Skt. *brahmā*), „Vishnu" (*māl*, Skt. *viṣṇu*) und „Rudra/Siva" (*uruttiraṉ*, Skt. *rudra*) verstandenen Gottheiten gemäß der hier präsentierten Formen-Lehre Gottes letztlich „nur" verschiedene „niedere" Manifestationen des einen wahren Gottes. Diese Idee ist durchaus ebenfalls in den unterschiedlichen puranischen Traditionen verbreitet, wobei jener „eine wahre Gott" hinter den

[26] Vaittiyanātaṉ 1995a, 33.
[27] Vgl. Timalsina 2012a.
[28] Vaittiyanātaṉ 1995a, 31–32.
[29] Vaittiyanātaṉ 1995a, 29.

drei Personalisierungen unterschiedlich konzeptionalisiert und benannt wird. Die Interpretation des Saiva Siddhanta ist diesbezüglich also nicht ungewöhnlich und wird mindestens seit Beginn des 20. Jahrhunderts in den sivaitischen Debatten so vertreten. Nallaswami Pillai, der sich dabei auf Arulnandis *Sivagnana Siddhiyar* beruft, stellte hierzu fest, dass die Konzeption des Allerhöchsten im Siddhanta nicht mit jenen potentiell sektiererischen Interpretationen der Hindu-Trinität verwechselt werden darf, sondern „dass der Gott der Saiva Siddhantins der universale Gott aller Nationen und Religionen ist“.[30] Es muss also festgehalten werden, dass diese populäre Triade hierdurch nicht nur in den Saiva Siddhanta inkludiert wird, sondern eine umfassende und ultimative Konzeption dieser etablierten hinduistischen Namen anbietet.[31]

Die spezielle Eigenschaft Gottes

Die spezielle Eigenschaft Gottes (*i̱raivaṉiṉ ci̱rappu iyalpu*) bedeutet, dass er mit acht Qualitäten ausgestattet ist, die als „acht Gunas“ (*eṇ kuṇam*, Skt. *guṇa*) bezeichnet werden. Diese besonderen Qualitäten lauten wie folgt: 1.) ohne Bedürfnisse zu sein (*taṉ vayam uṭaimai*), 2.) Besitz einer reinen Form (*tūya uṭampu uṭaimai*), 3.) ursprüngliche Allwissenheit (*iya̱rkai uṇarvu uṭaimai*), 4.) ewige Allwissenheit (*mu̱ṟruṇarvu uṭaimai*), 5.) absolute Freiheit von *Pasam*/Fesselung (*iyalpākavē pācam iṉmai*), 6.) unendliches Mitgefühl (*pēraruḷ uṭaimai*), 7.) Allmacht (*muṭivil ā̱ṟral uṭaimai*), und 8.) Glückseligkeit (*varampil iṉpam uṭaimai*).[32]

Die acht göttlichen Qualitäten werden in den *Grundsätzlichen Lehren* durch den Bezug auf Schriften Umapatis sowie auf den *Tirukkural* und die *Tirumurai* textlich-kanonisch begründet. Die fundamentale Bedeutung der Annahme der Existenz dieser Qualitäten für die Lehre des Saiva Siddhanta wird die Frage „Was macht die acht Qualitäten zu einer Unabdinglichkeit?“ (*eṇkuṇaṅkaḷiṉ iṉ̱riyamaiyāmai yātu?*)[33] unterstrichen, die jene achtteilige Konzeption einleitet. Alle acht *Gunas* werden hier näher beschrieben und ihre absolute Notwendigkeit gemäß der internen Logik des Saiva Siddhanta erläutert:

Die „Bedürfnislosigkeit“ Gottes ist daher eine essentielle Qualität, insofern sie dafür erforderlich ist, dass Gott sich den Seelen gegenüber unvoreingenommen verhalten könne. Dies bezieht sich ausdrücklich auf das Saiva Siddhanta-Verständnis von „Karma“ (*viṉaippayaṉ, kaṉma, karmā,*

---

[30] *„that the God of the Śaiva Siddhāntis is the universal God of all the nationas and all religions“* Nallaswami Pillai 1911e, 243.

[31] Vaittiyanātaṉ 1995a, 32.

[32] Vaittiyanātaṉ 1995a, 34.

[33] Vaittiyanātaṉ 1995a, 35.

Skt. *karman*), welches, wie unten noch ausführlich erläutert wird, von Gott aktiv für die Seelen eingesetzt wird. Die „reine Form“ Gottes wird benötigt, um den Seelen, die eben keine reine Form haben, Wissen zu schenken. Dieser Aspekt des Wissenserwerbs gehört zu den zentralen Schritten der Seelen auf dem Weg zur Erlösung. Die Qualität der „ursprünglichen Allwissenheit“ ist deshalb wichtig, um nachweisen zu können, dass das göttliche Wissen ursprünglich vorhanden ist, also jenseits jeglicher sinnlicher Erfahrung steht welche eine Möglichkeit der Seelen zum Wissenserwerb darstellt. Die „ewige Allwissenheit“ zeigt folglich an, dass Gott alles immer und damit gleichzeitig wissen kann. Die „Freiheit von Fesselung“ muss für Gott obligatorisch sein, um begründen zu können, dass er, abermals im Gegensatz zu den Seelen, stets unabhängig von der dritten Entität *Pasam*, also ungefesselt, und damit erlöst existiert. Die Annahme eines „unendlichen Mitgefühls“ Gottes, welches unkonditional ist, ist unabdingbar, um die Haltung Gottes den Seelen gegenüber zu beschreiben. Die göttliche „Allmacht“ muss vorausgesetzt werden, um nachweisen zu können, dass alleine Gott die grenzenlose Kraft (*ellai a̱ṟa ā̱ṟal*) besitzt, alles Böse oder Hinderliche jederzeit entkräften – wenn auch nicht vernichten – zu können. Die abschließende Notwendigkeit der göttlichen Qualität der „Glückseligkeit“, die sich aus dem Fehlen von Mangel, Sehnsüchten oder Abneigungen ergibt, ist wiederum erforderlich, um einen fundamentalen Unterschied zu den Seelen zu markieren. Denn für diese gilt: „die Begrenzung der Glückseligkeit ist Leid.“[34] Gott jedoch kennt keine Form des Leides und muss daher als ultimativ glückselig vorgestellt werden.[35]

An den acht Qualitäten Gottes zeigt sich deutlich, dass es sich hierbei um eine argumentative Unabdinglichkeit (*i̱ṉṟiyamaiyāmai*) handelt, also um schlicht notwendige, zwingende Annahmen. Diese sind explizit damit befasst, die logische Stringenz und Kohärenz des Saiva Siddhanta in Bezug auf die teilweise bereits präsentierten, teilweise noch näher auszuführenden ontologischen Doktrinen und die daraus folgenden Ableitungen zu gewährleisten. Die Position Gottes muss laut der *Grundsätzlichen Lehren* in dieser Weise verstanden werden, um in Einklang mit den weiterführenden philosophischen Überlegungen zu stehen.

Die textliche Rechtfertigung für diese *Guna*-Konzeption Gottes findet sich aber nicht nur in den schon erwähnten tamilisch-kanonischen Schriften des Saiva Siddhanta, sondern ist gemäß der Adhinam-Lehre auch schon in ihren „Grundtexten“, den *Siva-Agamas,* nachweisbar. Daher stellen die *Grundsätzlichen Lehren* den tamilischen Namen der acht

---

34 *„uyirkaḷi̱ṉ i̱ṉpatti̱ṟku ellaiyāka iruppatu tu̱ṉpam.“* Vaittiyanāta̱ṉ 1995a, 36.
35 Vaittiyanāta̱ṉ 1995a, 35–36.

Qualitäten die sanskritischen Äquivalenzen der *Agamas* gegenüber.[36] Diese acht *Gunas* wurden im relativ unbekannten Kommentar zu den zentralen Vedanta-Sutras von Srikantha Sivacharya (Skt. *Śrīkaṇṭha*) aus dem 12. Jahrhundert (unter Bezug auf vedische Quellen) ausführlich besprochen. In den reformistischen Saiva Siddhanta Debatten des frühen 20. Jahrhunderts wurden die göttlichen Qualitäten vor allem durch Nallaswami Pillai unter Hinweis auf jenen, als autoritativ dargestellten, Sanskrit-Kommentar des Sivaismus in Abgrenzung von etablierten Vedanta-Lesarten thematisiert.[37] An der vom Adhinam vorgenommenen Gleichstellung tamilisch-kanonischer und agamischer Beschreibungen der göttliche Qualitäten wird abermals deutlich, dass der tamilische Saiva Siddhanta seine Bezüge zu Sanskrit-Traditionen nicht verleugnet, aber gerade durch die Äquivalentsetzung der Sanskrit-Namen mit den Entwürfen der tamilisch-sivaitischen Philosophie in der eigenen Lesart die eigentliche und endgültige Ausformulierung sieht.

Diese Stoßrichtung wird weiterhin an der Interpretation einer Lehre zu den göttlichen Qualitäten aus den zentralen Kommentar-Texten der Vedanta-Schulen, den Sanskrit-Schriften der Upanishaden (*upaniṭam*, Skt. *upaniṣad*), deutlich. Diese Texte, die vor allem in brahmanischen Hindu-Traditionen als „Sruti"-Texte (*curuti*, Skt. *śruti*), also direkt göttlich offenbarte Schriften akzeptiert werden,[38] sind spätestens seit dem 19. Jahrhundert Gegenstand orientalistischer, globaler und indischer Religionsdebatten. Auch für den tamilischen Saiva Siddhanta Diskurs des frühen 20. Jahrhunderts bildeten diese Texte einen wichtigen Referenzpunkt. Zeitgenössische Siddhanta-Reformer haben sich intensiv mit diesem Korpus auseinandergesetzt. Exemplarisch hierfür steht Nallaswami Pillais Analyse der sogenannten „Svetasvatara Upanishad" (Skt. *śvetāśvataropaniṣad*), welche er als einen der wichtigsten Texte des Sivaismus überhaupt betrachtete und der dominanten Deutungshoheit von Samkhya und Advaita Vedanta zu entziehen versuchte. Er präsentierte dieses Upanishad als Äußerung einer universalen Hindu-Religion, die letztlich im Saiva Siddhanta bewahrt sei.[39]

In den Upanishaden wird Gottes Zustand laut *Grundsätzlicher Lehren* als „satchitananda" (*caccitāṉantam,* Skt. *satcitānanda*) beschrieben. In der Lesart des Saiva Siddhanta wird die Lehre der acht *Gunas* mit der Beschreibung der göttlichen Qualitäten als *satchitananda* gleichgesetzt:

---

[36] Die Namen werden in tamilischer Umschrift angegeben und lauten wie folgt: 1.) *cutantirattuvam*; 2.) *vicuttatēkam*; 3.) *anāti pōkam*; 4.) *carvaññattuvam*; 5.) *nirāmayāṉmā*; 6.) *alupta catti*; 7.) *aṉanta catti*; 8.) *tirupati*; Vaittiyanātaṉ 1995a, 36.

[37] Vgl. Nallaswami Pillai 1911e.

[38] Vgl. Olivelle 2012a.

[39] Vgl. Nallaswami Pillai 1911g. Siehe auch Bergunder 2010, 35–36.

„Das Wort »satchitananda«, das in den Upanishaden auftaucht, zeigt dieselben *acht Qualitäten* von denen die Siva-Agamas sprechen, als *drei* an. [Herv. R.K.]“[40] Der Name *satchitananda* besteht aus drei Wortteilen, die diese spezielle Eigenschaft näher definieren: „»sat« bedeutet ewig im gleichen Zustand zu sein, »chit« heißt allwissend im gleichen Zustand zu sein und »anandam« zeigt den seligen Zustand der Vollendung ohne Unvollendung an.“[41] Die *satchitananda*-Eigenschaft schreibt Gott also ebenfalls den Status einer ewig unveränderlichen, allwissenden und ultimativ seligen oder erlösten Entität zu, die der Lehre der acht *Gunas* entspricht. Beide Konzeptionen haben laut *Grundsätzlicher Lehren* die gleiche Bedeutung (*orē poruḷ*).

Im heutigen Saiva Siddhanta spielt die Formulierung des *satchitananda* eine wesentlich größere Rolle als die der acht *Gunas*. Dies zeigt sich unter anderem daran, dass sich dieses Trikolon der göttlichen Qualitäten als Referenzpunkt auch in den Doktrinen zu Seele und zur Fesselung wiederfindet. Für die Lesart des Adhinam wird an der sich entsprechenden Darstellung von *Gunas* und *satchitananda* einmal mehr der postulierten hierarchisierende Hindu-Inklusivismus des Saiva Siddhanta unterstrichen. Die eigene Betrachtungsweise bestimmter Konzepte aus der Sanskrit-Tradition wird eine mindestens gleichwertige, wenn nicht sogar überlegene, Saiva Siddhanta Interpretation gegenübergestellt. Dass diese Interpretation von Gott als *satchitananda* vor allem als moderne Zuspitzung der göttlichen Qualitäten verstanden werden muss, zeigen die Saiva Siddhanta Debatten des frühen 20. Jahrhunderts. Jene Äußerungen zielten insbesondere darauf ab, die Siddhanta Philosophie gegen christlich-missionarische Kritik zu verteidigen und gleichzeitig gegen die globale Dominanz des modernen Vedanta zu positionieren. Das sanskritische Trikolon *satchitananda* spielte im klassischen Saiva Siddhanta eher eine untergeordnete Rolle. Zwar gibt es zahlreiche Referenzen zu den einzelnen Wortteilen beziehungsweise Qualitäten – allen voran zu *sat* und *chit* – in kanonischen Texten wie dem *Sivagnana Botham*, allerdings taucht eine gemeinsame Konzeptionalisierung als philosophisch-ontologischer Dreiklang selten auf.[42] Vielmehr lässt sich die Verbreitung von *satchitananda* als fundamentales Gottesverständnis des Saiva Siddhanta auf den Reformer Nallaswami Pillai zurückführen, der diese dreigliedrige Formel abermals mit Rückgriff auf Srikanthas Kommentar propagierte,

---

[40] *„upaniṭaṅkaḷil varum »caccittāṉantam« eṉṟa col civākamaṅkaḷ kūṟum eṇkuṇattaiyē, mūṉṟāka vaittu-p pēcappaṭuvaitayē kuṟikkum.*“ Vaittiyanātaṉ 1995a, 34.

[41] *„»cattu« eṉṟum orē taṉmaiyil niṟpatu ākum; »cittu« eṉṟum orē taṉmaiyil muṟṟuṇarvuṭaṉ niṟpatu ākum; »āṉantam« eṉpatu, kuṟavilā niṟaivaṭaiya pēriṉpam uṭaimaiyākum*“ Vaittiyanātaṉ 1995a, 34.

[42] Vgl. Nallaswami Pillai 1911e, 227; Schomerus 1912, 49–62.

wo jene ebenfalls nur sehr vage vorkommt. Die Idee des *satchitananda*, die ausgesprochen im zeitgenössischen Vedanta Swami Vivekanandas vertreten wurde, sollte so den dominanten Sichtweisen des globalen Hinduismus entgegengesetzt werden.[43] Nallaswami Pillai reklamierte unter anderem mit diesem Konzept den Anspruch des Saiva Siddhanta, der hier Vedanta-Siddhanta genannt wird, den ultimativen Hinduismus darzustellen: „Gemäß der *wahren Vedanta-Siddhanta Philosophie* ist Gott Sat, Chit, Ananda“ [Herv. RK].[44]

An der Qualitäten-Lehre Gottes in den *Grundsätzlichen Lehren* des Thiruvavaduthurai Adhinam zeigt sich deutlich, dass hier – wenn auch ohne direkte Bezugnahme – seit dem frühen 20. Jahrhundert etablierte anti-Vedanta Positionen reiteriert werden. Diese Positionierung wird durch die in den *Grundsätzlichen Lehren* abgelehnte Ansicht, Gott sei – in seinem Grundzustand – „jenseits von“ oder „ohne Qualitäten“ (*kuṇātītaṉ*, *nirkunaṉ*, Skt. *nirguṇa*) weiter unterstrichen. Eine solche Konzeption Gottes als „nirguna“ wird explizit im Advaita Vedanta vertreten, wo sie ebenfalls auf die Upanishaden zurückgeführt wird. Hierbei wird angenommen, dass Gott ultimativ ohne Qualitäten ist, allerdings in Verbindung mit der Welt bestimmte göttliche Qualitäten (*cakunaṉ*, Skt. *saguṇa*) annimmt.[45] Für den Saiva Siddhanta trifft diese Auslegung allerdings keineswegs zu, da – wie gesehen – die Qualitäten Gottes als unhintergehbares Datum angenommen werden müssen und für die weitere Argumentation zentral sind. Die eigentliche, korrekte Bedeutung von *nirguna* wäre daher lediglich, dass Gott *bestimmte Qualitäten* der Seelen *nicht teilt*, die diese durch ihre Fesselung erhalten. Diese Sichtweise ist abermals eines der zentralen Argumente der Saiva Siddhanta Reformer um 1900. Nallaswami Pillai, der sich hierbei auch von christlich-missionarischen Vorwürfen und orientalistischen Diagnosen eines unpersönlichen Gottes im Saiva Siddhanta abgrenzt, wehrt sich unter Rückgriff auf das *Tirumantiram* und *Sivagnana Botham* vor allem gegen die Interpretationen von Samkhya und Vedanta. Die Vorstellung einer absoluten „Qualitätslosigkeit“ Gottes des Advaita Vedanta wird von ihm verworfen und, ähnlich der in den *Grundsätzlichen Lehren* vorgebrachten Argumentation von *nirguna,* als Konzeption Gottes als „frei von jeglicher Fesselung“ vorgestellt.[46]

---

[43] Vgl. Bergunder 2010, 40–42.

[44] „*According to the true Vedānta Siddhānta Philosophy, God is Sat, Chit, Ānanda*“ Nallaswami Pillai 1911e, 243. Vgl. auch Nallaswami Pillai 1911f, 301.

[45] Vgl. Agrawal 2012.

[46] Vgl. u.a. Nallaswami Pillai 1911e.

Die Beschreibung Gottes als *nirguna* muss für den vom Thiruvavaduthurai Adhinam vertretenen Saiva Siddhanta alternativ gegen Vedanta-Positionen interpretiert werden:

„Daher nennt man Gott *gunatinan* oder *nirgunan*. Aber es ist nicht angebracht zu sagen, er sei ohne Qualitäten. Es ist offensichtlich, dass es keine Entität ohne Qualität gibt. Wenn es keine Qualität gäbe, dann gäbe es auch keinen Träger von Qualität. Daher bedeutet dies, dass, wenn es keine Qualität gäbe, Gott keine Qualität hätte und damit gäbe es keinen Gott." [Herv. RK][47]

Somit ist erkennbar, dass die Lehre des Saiva Siddhanta über die Qualitäten Gottes nicht nur eine philosophisch-argumentative Notwendigkeit darstellt, die insbesondere in Form der *satchitananda*-Konzeption für weitere Positionen relevant ist. Auffällig ist zudem, dass vom Thiruvavaduthurai Adhinam implizit die Lesarten des Vedanta bezüglich der Qualitäten Gottes abgelehnt werden. *Satchitananda*- und *nirguna*-Lehren des Saiva Siddhanta bilden damit, wie gezeigt, seit 100 Jahren die fundamentalen Axiome der Saiva Siddhanta Ontologie. Deren Infragestellung oder alternative Interpretation hätte für den Adhinam äußerst schwerwiegende Folgen, namentlich für die Existenz Gottes.

Die Wahrheit der Existenz Gottes

Die Wahrheit der Existenz Gottes (*kaṭavuḷ uṇṭu*) wird in den *Grundsätzlichen Lehren* auf folgende Art und Weise begründet: das Argument beginnt mit der Beobachtung, dass alle Menschen in einen Körper (*uṭal*) geboren werden, in oder mit diesem leben und diesen Körper durch das Sterben wieder verlassen. Daher „ist unser Körper der Geburt, dem Sein und dem Tod unterworfen. Diese werden als die drei Vorgänge der Schöpfung, Bewahrung und Zerstörung benannt."[48] Dem Gegenargument der Atheisten (*nāttikar*), es handele sich dabei um normale Abläufe der Natur (*iyaṟkai*), die keine andere Entität (*vēṟoru poruḷ*) als Agens benötigen, wird entgegen gehalten, dass es sich bei der Natur um eine „intellektlose Entität" (*aṟivaṟṟa poruḷ*) handele. Gemäß dem Saiva Siddhanta sei es aber ein evidentes Faktum (*kaṇkūṭu*), dass nicht-vernunftbegabte Wesen (*aṟivaṟṟa caṭapporuḷ*) ihre eigene Zerstörung nicht verursachen könnten, da sie sich lediglich im Zustand einer gegenwärtigen Beschaf-

---

[47] „*eṉavē, iṟaivaṉ kuṇātītaṉ nirkuṇaṉ eṉappaṭukiṟāṉ. aḵtaṉṟi, kuṇamē illātavaṉ eṉa-k kūṟuvatu poruntātu. kuṇam illāmal enta oru poruḷum iruppatillai eṉpatu kuṇkūṭu. kuṇamillaiyēl kuṇiyumillai, āka, iṟaivaṉ kuṇamē illātavaṉ eṉṟu kūṟiṉṉāl, iṟaivaṉē illai eṉṟē poruḷ.*" Vaittiyanātaṉ 1995a, 35.

[48] „*namatu uṭal, piṟattal, iruttal, iṟattal ākiya muttoḻilukkum uṭpaṭukuṟatu. ivaṟṟai muṟaiyē tōṉṟutal, niṟṟal, aḻital eṉṟu kūṟuvar.*" Vaittiyanātaṉ 1995a, 9–10.

fenheit befänden (*irukkum nilaiyil irukkumē*). Der Grund für die Veränderung durch die Vorgänge von Schöpfung und Zerstörung kann also nicht in der Natur der Sache liegen. Als Verdeutlichung wird das Beispiel von Wasser angeführt, das zu Dampf werden kann, aber nicht selbst der Grund für sein Verdampfen darstellt. Dieser Grund ist Hitze, die aber verschieden vom Wasser selbst ist.[49]

> „Es kann daraus geschlossen werden, dass auf dieselbe Weise für das Ausführen der Funktionen von Schöpfung, Erhaltung und Zerstörung eine weitere intelligente Entität benötigt wird. Dies ist die Entität, die der Saiva Siddhanta Gott nennt."[50]

Es wurde oben bereits angedeutet, dass die drei Vorgänge von Schöpfung, Erhaltung und Zerstörung im Saiva Siddhanta als Handlungen Gottes verstanden werden. Zwar würden diese göttlichen Aufgaben in den gängigen Interpretationen anderer Hindu-Traditionen drei verschiedenen Göttern zugeschrieben, allerdings stellten diese Götter in Saiva Siddhanta Lesart lediglich Personifikationen eines einzigen Allerhöchsten dar. Es gibt daher lediglich einen wahren Gott, der Siva genannt wird, und Saiva Siddhanta muss damit als ein ausdrücklicher Monotheismus verstanden werden.[51]

Die Logik hinter der zitierten Aussage aus den *Grundsätzlichen Lehren* liegt also in der Annahme, dass Entitäten wie Seele und Fesselung, die sich nicht aus sich heraus verändern können, eine weitere Entität benötigen, um überhaupt Veränderungen, die sich in der Natur beobachten lassen, zu bewirken. Da sich nun immer weiter nach der die Veränderung induzierenden Entität fragen ließe, muss es irgendwann eine Entität geben, die nicht mehr von einer anderen Entität beeinflusst wird: „Diese [Entität], die hinter all diesem steht, definiert der Saiva Siddhanta als »Gott«."[52] Damit erledigt sich auch die Frage danach, ob Gott erschaffen wurde und warum die Welt so ist wie sie ist:

> „Nur wenn eine ungeschaffene Entität ohne Anfang und Ende existiert, dann kann es eine Welt mit Anfang und Ende geben, die funktioniert. Auf diese Weise beweist der Saiva Siddhanta die Wahrheit Gottes."[53]

---

[49] Vaittiyanātaṉ 1995a, 10.

[50] *„avvāṟē avvulakattai-t tōṟṟuvikkavum nilainiṟuttavum aḻikkavum ākiya ceyalkaḷai-c ceyvataṟku, aṟivuṭaiya vēṟoru poruḷ iruntāka vēṇṭum eṉpatu peṟappaṭukiṉṟatu."* Vaittiyanātaṉ 1995a, 10.

[51] Murukavēḷ 2010, 29.

[52] *„ataittāṉ »kaṭavuḷ« eṉṟu caiva cittāntam varaiyaṟai ceytuḷḷatu."* Vaittiyanātaṉ 1995a, 10.

[53] *„tōṟṟamum īṟum illāta ōr anāti-p poruḷ iruntāltāṉ, tōṟṟamum īṟum uḷḷa ulakiyal iyakkam naṭaipeṟa muṭiyum. caivacittāntam, kaṭavuḷ uṇmaiyai ivvāṟu nilaināṭṭukiṉṟatu."* Vaittiyanātaṉ 1995a, 11.

Die hier in den *Grundsätzlichen Lehren* vorgetragene Argumentation über die Wahrheit der Existenz eines Gottes als ultimativem Referenzpunkt alles Seienden beruft sich gemäß der Epistemologie des Saiva Siddhanta nicht nur auf eine Art logische Ableitung aus der empirischen Beobachtung der Welt und ihrer Vorgänge, sondern auch auf die Lehren Meykandas im *Sivagnana Botham* und Arulnandis im *Sivagnana Siddhiyar*. Damit wird die erste der drei kosmologisch-ontologischen Prämissen des Saiva Siddhanta direkt auf die zentralen kanonischen *Sastra*-Werke bezogen und durch autoritative literarische Nachweise begründet.[54] Die notwendige Annahme Gottes bildet, wie bereits gezeigt wurde, eine der Säulen des vom Adhinam propagierten Religionsverständnisses.

2.2. Die Eigenschaften der Seele und die Wahrheit ihrer Existenz

Die allgemeine Eigenschaft einer ewigen Entität zeigt sich, wie oben besprochen, aus ihrer Relation zu anderen Entitäten.[55] Für die Saiva Siddhanta Konzeption der Seele/*Pasu* bedeutet dies, dass die Seele grundsätzlich nie alleine stehen kann, also nie unverbunden mit oder unabhängig von anderen Entitäten ist: „Die Eigenschaft der Seele ist, dass sie sich an eine andere Entität hängen muss."[56] Diese Verbindung zu anderen Entitäten hat für die Seele wiederum zur Folge, dass sie die Natur des jeweiligen Beziehungspartners reflektiert und von dieser in ihren Möglichkeiten eingeschränkt wird. Daraus ergibt sich für den Saiva Siddhanta ein dreistufiges Modell, das die Seelen in verschiedene ursächliche Zustände (*kāraṇa nilaikaḷ*) einteilt, die mit den jeweiligen Abhängigkeiten korrelieren.

Die Seelen, die vollständig mit der Fesselung verbunden sind, befinden sich demnach im „Zustand der Isolation", dem sogenannten „Kevala-Zustand" (*kēvalam*), weil sie von Gott maximal getrennt sind. Diejenigen Seelen, die in der Erlösung absolut unter der Herrschaft Gottes stehen, befinden sich im „Zustand der Reinheit" oder „Suddha-Zustand" (*cuttam*). Die Seelen, die unter dem Einfluss beider Entitäten stehen, befinden sich im „Zustand der Verbindung mit der Welt" oder „Sakala-Zustand" (*cakalam*). Diese drei Zustände unterscheiden sich zeitlich im Verlauf der Seelen auf dem Weg zur Erlösung. Diese Stufenlehre des Saiva Siddhanta ließe sich philosophisch erweitern und detailreich ausdifferenzieren, wie es in den *Grundsätzlichen Lehren* auch noch ge-

---

[54] Vaittiyanātaṉ 1995a, 11; Murukavēḷ 2010, 29–30.

[55] Zur Seelen-Lehre des Adhinam, siehe auch Kuñcitapātam 2014, 87–98.

[56] „*ētēṉum oru poruḷai-p paṟṟi niṟpatē uyirkku iyalpākum.*" Vaittiyanātaṉ 1995a, 36–37.

schieht.[57] Für den vorliegenden Kontext ist es aber ausreichend festzuhalten, dass der *Sakala*-Zustand derjenige ist, in welchem sich die Seelen befinden, sobald sie in den Lauf der Geburten eintreten, also in einem Körper in der Welt sind. Dieser notwendige Zwischenschritt ermöglicht eben durch diese Immanenz auch letztlich erst eine mögliche Assoziation mit Gott. Damit ist, unter textuellem Rückgriff auf das *Sivagnana Siddhiyar* für den Saiva Siddhanta des Adhinam, der Name „Pasu" für die Seelen gerechtfertigt. Dieser soll schlicht den Umstand der praktischen weltlichen Bedingtheit der Seelen beschreiben. Im engeren Sinne ist damit eigentlich nur die Seele in ihrer Existenz als immanente, körperbehaftete und den Geburten unterworfene Entität als *Pasu*[58] oder „Anma/Atman" (*āṉmā*, Skt. *ātman*) zu verstehen. Dieselbe Argumentation findet sich auch Anfang des 20. Jahrhunderts beim Siddhanta-Reformer Nallaswami Pillai, der in seiner Auseinandersetzung mit der *Svetasvatara Upanishad* feststellt, dass „die Seele, wenn sie durch Pasam gefesselt ist, Pasu genannt wird."[59]

Neben der beschriebenen zeitlichen Dimension lassen sich die Seelen zudem im *Sakala*-Zustand gemäß des Grades ihrer Fesselung differenzieren. Da die Beziehung zu Gott im ursprünglichen Zustand der Seelen eine Unmöglichkeit darstellt, lehnen sie sich an die Fesselung an, die sich wiederum aus „drei Grundübeln" (*mummalaṅkaḷ*) zusammensetzt.[60] Diese Aufspaltung der Entität der Fesselung/*Pasam* im Saiva Siddhanta in jene „drei Grundübel" wird im Verlauf der Arbeit noch detaillierter vorgestellt. Es existieren drei Arten (*vakai*) von Seelen, namentlich jene, die mit allen drei, zwei oder nur einem dieser Grundübel verbunden sind, wie die *Grundsätzlichen Lehren* mit Verweis auf das *Tiruvarudpayan* Umapatis feststellen.[61]

Die zeitliche und qualitative Veränderung der ewigen Seelen im Verhältnis zu den anderen beiden Entitäten von Gott und Fesselung spiegelt den Erlösungsweg des Saiva Siddhanta wider. In diesem wird deutlich, dass das Anhaften der Seelen an der dreigliedrigen Entität des *Pasam* zum einen unausweichlich ist, zum anderen aber gleichzeitig durch die Übernahme der Qualitäten der Fesselung erst die Möglichkeit eröffnet wird, den Prozess der Erlösung einzuleiten. Dieser Erlösungsweg führt

---

[57] Vaittiyanātaṉ 1995a, 40–47. Die ebenfalls gängige sanskritische Entsprechung für den in den Grundsätzlichen Lehren verwendeten Namen für „Zustand"/„*nilai*" lautet „*avasthā*".

[58] Vaittiyanātaṉ 1995a, 42. Das Wort „*pacu*" steht im Tamil und im Sanskrit außerhalb philosophischer Semantiken auch schlicht für „Kuh", „Vieh" oder „Tier".

[59] „*the Soul when bound by Pasa is called Pasu*" Nallaswami Pillai 1911g, 121.

[60] „*iṟaivaṉ aṉṟi, vēṟu poruḷkaḷai-p paṟṟi niṟpatē uyirkku-p potu iyalpākum.*" Vaittiyanātaṉ 1995a, 37.

[61] Vaittiyanātaṉ 1995a, 37.

laut Saiva Siddhanta nur über die Aneignung von Wissen in der von Gott erschaffene Welt zum ultimativen Ziel. Dieses Wissen lässt sich zunächst einzig und alleine über eine Verbindung der Seele mit der Fesselung, konkret in Form eines menschlichen Körpers und seiner geistigen Werkzeuge und Sinnesorgane, generieren. Ein Körper wird den Seelen letztlich durch Gott in dieser Form gegeben, um die Seelen zu bilden oder zu erziehen.[62]

Daher ist die wichtigste allgemeine Eigenschaft der Seelen, dass sie durch den gottgegebenen Körper grundsätzliche „geistige Fähigkeiten" (*karuvi karaṇaṅkaḷ*) besitzen.[63] Den Seelen sind neben dem Charakteristikum des „Wissens" (*aṟivu*) auch die Wesensmerkmale des „Verlangens" oder „Wollens" (*iccai*) und des „Handelns" (*ceyal*) zu eigen. Ersteres spielt mit Abstand die größte Rolle im Saiva Siddhanta und ist daher am ausführlichsten philosophisch bearbeitet worden.[64]

Die spezielle Eigenschaft der Seelen

Die Lehre Gottes basiert, wie gezeigt, unter anderem auf der Vorstellung seiner speziellen Eigenschaft als *satchitananda*. Die Seelen finden in dieser Idee ebenfalls ihren Platz. Allerdings sind sie lediglich *sat* und *chit*, also ewig existent sowie fähig, Wissen zu generieren. Das *satchit* der Seelen unterscheidet sich jedoch qualitativ von den gleichnamigen Eigenschaften Gottes, die der ultimative Referenzpunkt der Saiva Siddhanta Ontologie ist. Während Gott beispielsweise allwissend ist, sind die Seelen lediglich zu Wissenserwerb fähig. Die besondere Eigenschaft der Seelen liegt damit in der grundsätzlichen Möglichkeit, durch Überwindung der beschriebenen geistigen Fähigkeiten (und der Fesselung) in einen „Sivaähnlichen Zustand" (*civamāy niṟṟal*) zu kommen, der durch eine so unmittelbare Nähe zu Gott gekennzeichnet ist, dass von endgültiger Erlösung gesprochen werden kann.[65]

Wie an den allgemeinen Eigenschaften der Seelen deutlich geworden ist, beginnt ihr soteriologischer Prozess der Akkumulation von Wissen durch den Eintritt in einen Körper, der damit den Weg zum „Siva-ähnlichen Zustand" erst ermöglicht. Dieser Eintritt, also die *Pasu*- oder *Anma/Atman*-Werdung der Seelen, ist durch Gott bedingt. Gleiches gilt damit für die Qualität der Seelen, überhaupt Wissen erlangen zu können. Dieser Prozess ist letztlich ein passiver Vorgang, denn den Seelen wird

---

62 Vaittiyanātaṉ 1995a, 46.
63 Vaittiyanātaṉ 1995a, 6.
64 Vaittiyanātaṉ 1995a, 45.
65 Vaittiyanātaṉ 1995a, 6.

das Wissen von Gott gegeben.[66] Die allgemeine Eigenschaft der Seele, immer und notwendigerweise mit einer anderen Entität verknüpft zu sein, wirkt sich konsequenterweise, wie bereits angedeutet, auf ihren Zustand als inkarniert-immanente Seele aus:

„Die Seele reflektiert die Qualität derjenigen Entität, mit der sie verbunden ist und reflektiert oftmals alleinig die Qualität dieser Entität. [...] Das ist die spezielle Eigenschaft der Seele."[67]

Diese Vorstellung wird in den *Grundsätzlichen Lehren* durch Zitate aus dem *Sivagnana Siddhiyar* und dem *Sivagnana Mapadiyam* textuell begründet und zeigt, wie eingeschränkt die gefesselten Seelen im Saiva Siddhanta sind. Sie sind zum einen völlig von den Handlungen Gottes abhängig. Zum anderen sind die Seelen auch immer dadurch bedingt, dass sie die Qualitäten ihrer jeweiligen Fesselung annehmen und dadurch begrenzt sind. Die Dependenz von Gott ist aber schließlich das entscheidende Charakteristikum der Seele, die die *Grundsätzlichen Lehren* in Hinblick auf ihre allgemeine Eigenschaft der Relation zur Fesselung wie folgt formulieren: „Wenn die Seele mit der Welt verbunden ist, dann hat sie doch die spezielle Eigenschaft, von Gott abhängig zu sein."[68] Diese Abhängigkeit soll unten im Rahmen der näheren Bestimmung der Verhältnisse der Entitäten im Detail in Augenschein genommen werden.

Die Wahrheit der Existenz der Seelen

Die Wahrheit der Seele (*uyir uṇmai*) beruht auf „dem Grundsatz des Saiva Siddhanta, dass die Seelen nicht von Gott erschaffen wurden."[69] Wäre dies nämlich der Fall, müsste man die Frage nach dem „Warum" ihrer Schöpfung stellen. Diese Frage ist aber aus Sicht der *Grundsätzlichen Lehren* in Hinblick auf Gott letztlich sinnlos:

„Gott hat keine Bedürfnisse; er hat keinen Nutzen durch die Seelen. Gott, der weder Verlangen noch Ablehnung besitzt, hat kein Bedürfnis, die Seelen zu erschaffen. Daher sagt der Saiva Siddhanta, dass Gott die Seelen nicht erschaffen hat."[70]

---

[66] Vaittiyanātaṉ 1995a, 47.

[67] „*uyir, enta enta-p poruḷai-p paṟṟi niṟkiṟatō, anta anta-p poruḷiṉ taṉmaiyē taṉ taṉmaiyāy niṟkum iyalpu uṭaiyatu. [...] ittaṉmaiyē uyiriṉ ciṟappu uyalpu ākum.*" Vaittiyanātaṉ 1995a, 47.

[68] „*ulakattai-p paṟṟi niṟkum uyir, iṟaivaṉai-p paṟṟum ciṟappu iyalpu uṭaitu eṉpatai ōr uvamaiyāl aṟiyalām.*" Vaittiyanātaṉ 1995a, 48.

[69] „*uyirkaḷ kaṭavuḷ uṇṭākkavillai eṉpatu caivacittānta-k koḷkai.*" Vaittiyanātaṉ 1995a, 13.

[70] „*iṟaivaṉ enta-k [sic] tēvaiyum illātavaṉ; uyirkaḷāl avaṉukku ākum payaṉ yātumillai, vēṇṭutal vēṇṭāmai ilātavaṉākiya iṟaivaṉukku uyirkaḷai uṇṭākka vēṇṭiya avaciyam ētum*

Ein Problem der klassischen Theodizee-Frage wird durch die kosmologisch-ontologische Annahme der zweiten ewigen Entität, namentlich der Seele, umschifft. Die Existenz der Seele und damit auch ihr mögliches Leiden oder ihre Fesselung kann Gott nicht angelastet werden, da er nichts mit ihrer ewigen Existenz zu tun hat. Dies wird zunächst damit begründet, dass Gott, der jenseits von Bedürfnissen und Verlangen ist, rein gar nichts von der Erschaffung der Seelen hätte, denn eine solche würde ihn schlicht weder positiv noch negativ berühren. Die ewige Existenz der Seele wird an dieser Stelle übrigens als Wahrheit präsentiert, die von allen Religionen (hier: *matam*) akzeptiert wird. Die Besonderheit der Religionen Indiens gegenüber beispielsweise Christentum und Islam sei nun, dass indische Traditionen eben nicht nur das immer währende Dasein der Seelen annähme, sondern – im Unterschied zu den „ausländischen Religionen" (*veḷināṭṭu mataṅkaḷ*) – auch ihre Nicht-Geschaffenheit.[71]

Aus jener Nicht-Geschaffenheit wird weiterhin gefolgert, dass die Anzahl der ewig existierenden Seelen immer gleichbleibend ist. Da diese Menge als praktisch unzählbar verstanden wird, ist sie faktisch zahllos oder unendlich. Diese begrenzt-unbegrenzte Summe von Seelen lässt sich zwar, wie oben gesehen, in verschiedene Stufen der Fesselung und Zustände in Bezug auf Immanenz durch Geburt unterscheiden, deren grundsätzliche Existenz bleibt davon allerdings unangetastet.[72]

In den *Grundsätzlichen Lehren* liefert der Adhinam, mit direktem Bezug zum 3. Sutra des *Sivagnana Botham*, acht weitere logisch-empirische Begründungen, warum der Saiva Siddhanta an die Seele als unabhängige Entität (*taṉiporuḷ*) glaubt: 1.) würde man sagen, es gebe keine Entität wie die Seele, gäbe es zumindest einen Intellekt, der dies sagen könnte; dieser kann daher nur die Seele sein; 2.) da die Seele als intelligente Entität und der Körper als Teil der Natur oder Fesselung eine nicht-intelligente Entität darstellt und beide unterschiedlich voneinander sind, muss dies bedeuten, dass die Seele existiert; 3.) die Seele existiert, da sie durch die fünf Sinnesorgane (*aimpoṟi*) Wissen anhäufen kann, aber unterschiedlich von diesen ist; 4.) weil die Seele die inneren Organe (*antakaraṇam*) steuern kann, muss sie unterschiedlich von diesen sein; 5.) da sich Traum und Realität unterscheiden, ist auch der Traum-Körper (*kaṉavu uṭal*) als subtiler Körper (*nuṇṇuṭal*) von den Seelen verschieden; 6.) obwohl im Schlaf die Lebenskraft (*pirāṇavāyu*) existiert, hat man darin keine Erfahrung, weshalb dies anders als die Seele ist; 7.) aus dem fehlenden Bewusstsein

illai.eṉavē, iṟaivaṉ uyirkaḷai uṇṭākkavillai eṉṟu caivacittāntam kūṟukiṟatu." Vaittiyanātaṉ 1995a, 13.

[71] Vaittiyanātaṉ 1995a, 13.

[72] Vaittiyanātaṉ 1995a, 38–39.

über das Zusammenspiel (*cērkkai*) von grobem Körper (*paru uṭal*), Sinnesorganen, inneren Organen, subtilem Körper und der Lebenskraft lässt sich folgern, dass die Seele von diesem Zusammenspiel zu differenzieren ist.[73] Diese sieben Folgerungen kulminieren abschließend in einer achten, konsequenten Ableitung der Existenz der Seele aus der vorher präsentierten Konzeption Gottes: „Gott ist eine unveränderliche Allwissenheit zu eigen; die Seele hat begrenztes Wissen, daher ist die Seele eine Entität verschieden (*separate entity*) von Gott."[74]

Für die philosophische Seelen-Lehre der Saiva Siddhanta Ontologie liefert das einführende Buch des Adhinam-Studienprogramms also verschiedene Argumentationsmuster. Zunächst wurden die allgemeinen und speziellen Eigenschaften der Seelen als intelligente Entität präsentiert, die mit Hilfe des Körpers Wissen anhäufen kann. Des Weiteren verweisen die *Grundsätzlichen Lehren* auf die generelle Akzeptanz der Vorstellung einer ewigen Seele. Indische Religionen insgesamt und der Saiva Siddhanta im Besonderen betonen zudem, dass Gott nicht verantwortlich für diese ewige Existenz sei, die Seelen also nicht erschaffen habe. Der Nachweis, warum die Seelen zudem als solche eigenständigen Entitäten vorhanden sind, entspringt der etablierten Saiva Siddhanta Epistemologie. Durch ein Zusammenspiel von Induktion und Deduktion, also durch eine Kombination aus empirischen Beobachtungen und logischen Ableitungen aus den theologisch-philosophischen Vorannahmen, wird die Existenz der Seelen begründet. Die literarisch-kanonische Referenz für die Lehre von der Wahrheit der Seele stammt an dieser Stelle aus dem Kerntext der *Saiva Siddhanta Sastras*, dem *Sivagnana Botham* Meykandas.[75]

Diese besondere Seelen-Konzeption stellt für den Adhinam-Gelehrten Kunjithapatham die zentrale Einsicht des Saiva Siddhanta dar. Die Frage, was die wichtigste Lehre des Saiva Siddhanta sei, beantwortete er mit der für normale Menschen nicht leicht zu erreichenden Erkenntnis, dass die Seele eigenständig existiere und damit etwa vom Körper, geschweige denn von Gott, zu unterscheiden sei:

> „Es ist ein Faktum, dass ich eine Seele bin, dass ich unterschiedlich vom Körper bin. Aber ich bleibe im Körper und stark abhängig vom Körper, obwohl ich eine separate Seele bin. Das endgültige Ziel ist daher: wir müssen uns von unserem Körper befreien, aber unser Wissen muss sich dafür vervollkommnen. Mit voll-

---

[73] Vaittiyanātaṉ 1995a, 13–14.

[74] Die englische Qualifizierung der Seele als „separate entity" erscheint im Original, wohl um diesen Umstand nochmals besonders hervorzuheben: „*kaṭavuḷ māṟuapaṭāta muṟṟaṟivu uṭaiyavar; uyir cuṭṭi aṟiyum ciṟṟaṟivu uṭaiyatu. eṉavē, kaṭavuḷukku vēṟāka uyir eṉpatu oru taṉipporuḷāka (separate entity) uḷḷatu.*" Vaittiyanātaṉ 1995a, 14.

[75] Vgl. auch mit etwas detaillierterem Bezug zum *Sivagnana Botham*, Murukavēḷ 2010, 13–15 bzw. 26–29.

kommenem Wissen, vollständiger Erkenntnis, sollten wir von unserem Körper frei sein. Das ist unser Ziel. Diese können wir nicht von selbst erreichen. Deshalb müssen wir die göttlichen Schriften lesen, um den Schluss zu ziehen, dass wir Seelen sind.“[76]

In diesem Zitat wird abermals darauf hingewiesen, dass die Eigenschaft der prinzipiell unabhängig existierenden Seele, die es ihr erlaubt, Wissen zu produzieren, einen der Kernpunkte für die potentielle Erlösung aus der Fesselung – hier am Beispiel des materiellen Körpers gezeigt – darstellt. Für Akkumulierung des vollendeten Wissens, das ein Bewusstsein über das wahre Seelenverständnis voraussetzt, ist es hilfreich, wenn nicht sogar notwendig, die Texte des Saiva Siddhanta zu studieren. Dies geht nur mit Hilfe der Möglichkeiten eines menschlichen Körpers. Das Studienprogramm des Thiruvavaduthurai Adhinam bietet gerade für das Studium der entscheidenden Schriften eine leicht zugängliche Option. Die Seele wird hier zudem deutlich als individualisierte Entität und gleichzeitig Identität („ich bin eine Seele“) präsentiert. An anderer Stelle wird in einem der Hilfsbücher deutlich gemacht, dass es sich fraglos um Individualseelen handelt, die mit je einem Körper verbunden sind:

„Jeder fühlt Freud und Leid, die an den eigenen Körper gebunden sind. Man ist nicht in der Lage das Selbe in Körpern anderer zu fühlen. Daher kann geschlossen werden, dass es sich nur um *eine Seele* in *einem Körper* handelt und um *eine andere* in *einem anderen Körper* und so weiter. Es gibt zahlreiche Körper, also gibt es auch zahlreiche Seelen. [Herv. RK]“[77]

Die Seelen-Lehre des Saiva Siddhanta ist damit nicht nur an die Idee von Gott, sondern eben auch an die Konzeption der materiellen Welt, zum Beispiel in Form der menschlichen Körper, geknüpft. Diese gehören zum Bereich der Fesselung und werden im Folgenden dargestellt.

---

[76] „*[I]t is a fact that I am soul, I am different from the body, but I am staying in the body and closely confined to the body and highly dependent on the body, despite of that I am a different soul. So the ultimate goal is: we should be free from our body, but our knowledge should be completed. With complete knowledge, complete cognition, we should be free from our body. That is our goal. That we cannot achieve by ourselves, because only by going through our Gurumurtikals' textbooks, we can infer that we are souls.*“ Interview mit Kuñcitapātam & Tiruccirrampala Tampirān 2012.

[77] „*Every one feels pleasures and sorrows constrained only to his body. He is not able to feel the same in others' bodies. Hence follows that there is one Ooyir in one body, and another one in anther body and so on. Bodies are numerous, so Ooirs [sic] are numerous.*“ Murukavēḷ 2010, 26.

2.3. Die Eigenschaften der Fesselung und die Wahrheit ihrer Existenz

Die Ontologie des Saiva Siddhanta kennt, wie bereits mehrfach angedeutet, neben Gott und Seelen eine dritte ewige Entität, namentlich die der Fesselung oder *Pasam*. Gemäß der oben vorgestellten Logik von *satchitananda* ist diese dritte Entität lediglich *sat*, also ewig und ungeschaffen. Im Rahmen der Gottes-Lehre wurde bereits darauf hingewiesen, dass Gott, wenngleich unverantwortlich für die Existenz der Fesselung, diese aktiv für die Seelen einsetzt. Die Seelen-Lehre hat gezeigt, dass die Seelen eine Verbindung mit dieser Fesselung eingehen müssen. Dieser Kontakt von Seelen und Fesslung kommt in der allgemeinen Eigenschaft letzterer zum Ausdruck. Jene allgemeine, klassischerweise relationale Eigenschaft von *Pasam* wird als „effektive Form" oder „kariya-rupam" (*kāriya rūpam*) bezeichnet. Hierfür wird angenommen, dass *Pasam* grundsätzlich unfähig ist Wissen zu akquirieren. Ihre spezielle Eigenschaft wird hingegen „ursächliche Form" oder „karana-rupam" (*kāraṇa rūpam*) genannt und erklärt ihre bloße Existenz als Entität innerhalb der eigenen Grenzen, also ohne in Berührung mit den anderen Entitäten zu kommen.[78]

Die philosophische Ausarbeitung der Fesselung gehört zu den ausgesprochenen Besonderheiten der Saiva Siddhanta Doktrinen, die sich markant von anderen Traditionen unterscheidet. Zentral für die Saiva Siddhanta Konzeption des ewigen und ungeschaffenen *Pasam* ist zunächst, dass sich diese Fesselung der Seelen in drei Arten (*mūṉṟu vakaippaṭum*) einteilen lässt, namentlich in die oben schon erwähnten ewigen „Grundübel", die sogenannten „drei Malas" (*mummalaṅkaḷ*).[79] Diese werden „Anava-Mala" (*āṇavamalam*), „Karma-Mala" (*kaṉmamalam*) und „Maya-Mala" (*māyāmalam*) genannt. Damit ergibt sich genau genommen eine kosmologisch-ontologische Vorannahme von nicht drei, sondern fünf ewigen Entitäten (*aintu poruḷkaḷ*): „Also sind Gott, die Seelen, Anava, Karma und Maya die fünf Entitäten, die im Saiva Siddhanta existieren."[80] Jene dreiteilige Fesselung aus *Anava*, *Karma* und *Maya* und ihre allgemeinen, relationalen Eigenschaften sollen nun näher beleuchtet werden. Die speziellen Eigenschaften beschränken sich in diesem Falle auf die grundlegende Existenz dieser nicht-intelligenten Entitäten, die ihr eigentliches Potential schließlich im Kontakt zu den Seelen entfalten.

---

[78] Vaittiyanātaṉ 1995a, 6.

[79] Das Wort „*malam*" ist im Tamil deutlich negativ konnotiert und steht, neben der speziellen sivaitischen Bedeutung, bspw. auch für „Fäkalien", „Schmutz" oder „Sünde".

[80] „*āku, iṟaivaṉ, uyirkaḷ, āṇavam, kaṉmam, māyai eṉṟu »aintu poruḷkaḷ« caiva cittānta koḷḷum poruḷkaḷāka uḷḷaṇa*" Vaittiyanātaṉ 1995a, 9.

Anava-Mala

Die Idee von *Anava-Mala* ist eine Besonderheit des Saiva Siddhanta.[81] Dabei handelt es sich um das ursächliche Übel der Unwissenheit (*aṟiyāmai*), die die Seelen fesselt und ihre Erlösung verhindert. Durch das Zitat „Unwissenheit ist Anavam" (*aṟiyāmai āṇavam*) aus dem *Unmai Vilakkam* wird dieser Umstand in den *Grundsätzlichen Lehren* textuell-kanonisch belegt.[82] Wie schon gezeigt wurde, gehört die Qualität der Seelen, Wissen durch ihre geistigen Fähigkeiten zu produzieren, zu ihren allgemeinen Eigenschaften und wird ihnen von Gott durch die Inkarnation in der Welt ermöglicht. Die Ursache ihres Unwissens ist das *Anava-Mala* und die Wahrheit seiner Existenz lässt sich mit Hilfe der bereits vorgestellten Seelen- und Gottes-Konzeptionen des Saiva Siddhanta herleiten.

Gott wird demnach als Entität „vollständigen Vollendung" (*muḻu niṟaivu*) verstanden, der gleichzeitig unterschiedlich von allem und trotzdem mit allem Existierenden verbunden ist. Für die Menschen und damit für die Seelen ist es aber zunächst unmöglich, dies überhaupt zu realisieren. Demzufolge muss es einen Grund dafür geben, warum die Seelen diese Eigenschaften Gottes nicht begreifen können. Es muss also eine Entität dafür verantwortlich sein, diese Unwissenheit hervorzurufen. Gott selbst kann aber nicht derjenige sein, der eine solche Entität erschaffen hat, weil er, erfüllt von großer Gnade (*pēraruḷ*) und aufgrund seines Mitleids (*irakkam*) mit den Seelen, grundsätzlich nur Gutes (*naṉmai*) tut, wozu das Auslösen von grundlegender Unwissenheit offensichtlich nicht gehören kann. Auch die Seelen können nicht selbst der Ausgangspunkt jener Unwissenheit produzierenden Entität sein. Gemäß der Adhinam-Interpretation, lässt sich dies daran erkennen, dass alle Menschen ihre eigene Unwissenheit als unangenehm und hinderlich empfinden. Weil sowohl Gott auf absolute Art Wissen zu eigen ist, als auch die Seelen in eingeschränkter Form in der Lage sind, Wissen anzuhäufen, muss gemäß der Logik des Saiva Siddhanta alles Verbleibende ohne Intellekt (*aṟivaṟṟa*), also grundsätzlich unwissend sein. Diese Entität ist die Fesselung oder *Pasam* im Allgemeinen, die in ihrer Ausprägung als *Anava-Mala* im Speziellen das ewige Unwissen hervorrufende Grundübel darstellt.[83]

---

[81] Vgl. auch Kuñcitapātam 2014, 99–104.
[82] Vaittiyanātaṉ 1995a, 49.
[83] Vaittiyanātaṉ 1995a, 14–15.

„Aus diesen Punkten kann geschlossen werden, dass die Entität, die die Unwissenheit in der Seele hervorbringt, nicht von irgendwem erschaffen worden sein kann. Diese Entität wird im Saiva Siddhanta »Anava-Mala« genannt.“[84]

Das fundamentale Problem für die Seelen, die, wie gezeigt, schlicht darauf angewiesen sind, sich an eine weitere Entität anzulehnen, liegt damit in der grundsätzlichen ewigen Existenz des *Anvava-Mala*. Es lässt sich durch dessen Existenz nicht verhindern, dass dieses auf jene einwirkt: „Weil Anava-Mala eine verführerische Entität ist, hängt die Seele an ihm und wird so in Unwissenheit getaucht.“[85] Damit zeigt sich auch, dass *Anava* nicht zu den Qualitäten (*guṇam*) der Seele selbst gehört, sondern eine externe Größe darstellt, die den Defekt der Unwissenheit auslöst. Dieser Umstand wird unter anderem durch ein Gleichnis aus dem *Sivagnana Siddhiyar* belegt, das die vom *Anava-Malam* betroffene Seele mit einem durch einen grauen Star erblindeten Auge vergleicht. Diese Erkrankung sei eben keine eigentliche Qualität des Auges, sondern eine induzierte Fehlfunktion.[86] Der unvermeidliche Effekt des *Anava* auf die Seelen wird somit bildlich als Erkrankung verstanden.

Das *Anava* hat aber dennoch ambivalente Implikationen für die Seelen, die sich des ursprünglichen und betörenden Einflusses dieses Übels nicht entziehen können. Ihr Anhaften an diese Quelle der Unwissenheit ist die einzige Verbindung, die die ontologische Grundkonstellation der rohen Existenz der Entitäten zulässt. Damit ist diese Verknüpfung der Seelen, in ihrer elementaren Naivität (*eḷimai*), mit *Anava* nicht zu verhindern. Dieser Kontakt als fundamentale Ursache ihrer Fesselung ist unvermeidlich. Die Verbindung ist aber ebenfalls nötig, um überhaupt den Weg zu Erlösung, also zu Gott, zu beschreiten. Denn in der ontologischen Grundkonstellation ist die Beziehung zu Gott noch nicht möglich. Diese wird letztlich nur dadurch zur Option, dass die Seelen die Grundübel in Kauf nehmen (müssen), die einerseits zunächst den Weg zu Gott versperren, aber andererseits diesen Weg überhaupt erst aufzeigen. Der Weg zum Wissen kann nur über den Antagonismus des Unwissens führen. Die Fesselung und mit ihr *Anava-Mala* ist damit sogar ein Mittel zum übergeordneten Zweck.

Die Begründung für das erste Grundübel im Saiva Siddhanta wird in den *Grundsätzlichen Lehren* aus den Annahmen über Gott und die Seelen

---

[84] „*a̲rivaṟṟa uyirkku a̲riyāmaiya-c ceyyum oru poruḷ, yārālum paṭaikkappaṭāta nilaiyil irukkavēṇṭum eṉpatu pe̲rappaṭukiṟatu.ipporuḷai-c caiva cittāntam, »āṇavamalam« eṉa-k kuṟippiṭukiṟatu.*“ Vaittiyanātaṉ 1995a, 15.

[85] „*āṇavamalam mayakkum poruḷāka iruppatāl, uyir ataṉai-p paṟṟi a̲riyāmaiyil aḻuntiyatu.*“ Vaittiyanātaṉ 1995a, 16. Vgl. auch Interview mit Kuñcitapātam & Tiruccirrampala Tampirāṉ 2012.

[86] Neben dem Zitat einiger Zeilen aus dem *Sivagnana Siddhiyar* wird hier die Erkrankung des grauen Stars mit ihrem verbreiteten englischen Fachbegriff „*cataract*“ genannt, Vaittiyanātaṉ 1995a, 52.

abgeleitet. Die Argumentation folgt dabei darüber hinaus der empirischen Beobachtung der Unvollkommenheit des menschlichen Wissens. Als Quelle solcher Unkenntnis kommen aber weder der allwissende Gott, noch die Seelen aufgrund ihrer grundsätzlichen Wissensbegabung in Frage. Damit verbleibt die dritte ewige Entität des *Pasam*, die nicht-intelligenten Entität, als einzig möglicher Ursprung der fesselnden Unwissenheit. Innerhalb der wiederum dreigeteilten *Pasam*-Konzeption wird dem *Anava-Mala* die Rolle des Auslösers der Unwissenheit der Seelen zugeschrieben, das ihren unfreien und durch Nicht-Wissen charakterisierten Zustand bedingt. Die textlich-kanonische Rechtfertigung stammt in diesem Fall in den *Grundsätzlichen Lehren* aus dem *Irupairupatu-Sastra* Arulnandis.

Karma-Mala

Der Saiva Siddhanta verfügt über eine dezidierte Lehre von „Karma und Wiedergeburt".[87] Wichtig ist, hierbei festzustellen, dass im Saiva Siddhanta die Idee von *Karma* dem Bereich der ontologisch-kosmologischen Vorannahmen zugerechnet wird und damit den verbreiteten Namen *Karma* auf ganz eigene Weise als eines der drei *Malas* konzeptionalisiert. Die *Grundsätzlichen Lehren* äußern sich im allgemeinen Teil relativ wenig über das *Karma-Mala*.[88] Seine Konzeptionalisierung beschränkt sich zunächst darauf, seine ewige Existenz festzustellen. Diese erklärt sich aus der ontologischen Grundkonstellation, in der sich alle drei beziehungsweise fünf Entitäten im Urzustand befunden haben:

„In dieser Stufe muss die Seele aufgrund ihrer Naivität nur die Fähigkeit besessen haben, sich mit Anava-Mala zu verbinden. Auf diese Weise hängt die ewige Seele am ewigen »Anava-Mala« und macht dieses Anhaften zur ewigen Handlung, des ewigen »Karma«. Dies wird vom Saiva Siddhanta »erstes Karma« oder ursächliches Karma genannt. Das ist das Vergehen der Seelen."[89]

Auf den initialen Prozess der Verbindung von Seelen und *Anava-Mala* ist oben schon hingewiesen worden. Dies ist die „ewige Handlung des Anhaftens" (*ānatiyē paṟṟiya ceykaiyum*) der Seele, die, wenn auch hier dezidiert als „Vergehen" oder „Fehler" (*kuṟṟam*) bezeichnet, unaus-

[87] Für eine Übersicht der *Karma*-Lehre in anderen indischen Traditionen siehe Lipner 2012a.

[88] Vgl. auch Kuñcitapātam 2014, 104–117.

[89] „*annilai uyir, taṉ eḷiya iyalpukku ēṟpa, āṇavamalattai maṭṭumē paṟṟi niṟkum tiṟaṉ uṭaiyatāka iruntirukkiṟatu. avvāṟu, anātiyē uḷḷa uyir, anātiyē uḷḷa »āṇavamalattai«, ānatiyē paṟṟiya ceykaiyum anātiyē uḷḷa »kaṉmam« ākiṟatu. itaṉai-c caivacittāntam »mūlakaṉmam« allatu kāraṇakaṉmam eṉa-k kūṟukiṟatu. aḵtē uyirkku kuṟṟum eṉappaṭukiṟatu.*" Vaittiyanātaṉ 1995a, 16.

weichlich ist und letztlich ja sogar notwendig, um überhaupt den Erlösungsweg einzuschlagen. Für die *Grundsätzlichen Lehren* reicht diese Begründung aus, um – unter Verweis auf eine Schrift Sivagnana Munivars – zu konstatieren, dass „der Saiva Siddhanta formuliert, dass Karma-Mala auch ewig ist."[90] Das obige Zitat weißt weiterhin auf eine Zweiteilung in der Vorstellung des *Karma* hin, die im speziellen Teil der *Grundsätzlichen Lehren* weiter ausformuliert wird. Namentlich wird hier diese ursprüngliche Auswirkung der Existenz des *Karma-Mala* auf die Seelen als „erstes Karma" (*mūlakaṉmam*) oder „ursächliches Karma" (*kāraṇa kaṉmam*) bezeichnet. Demgegenüber steht das sogenannte „effektive Karma" (*kāriya kaṉmam*), welches dann darauf folgend mit den konkreten Taten der Seelen als „gute Handlungen" (*nalviṉai*) und „schlechte Handlungen" (*tīviṉai*) in Verbindung gebracht wird.[91]

Karma und Wiedergeburt

Aus dem bisher Gesagten lässt damit auch folgern, dass der Name *Karma* im Saiva Siddhanta mindestens drei Bedeutungen hat. Als „ursächliches Karma" ist es als ewig existenter Anfangspunkt eines unvermeidlichen kosmischen Gesetzes zu verstehen, das einen Teil der Fesselung der Seelen ausmacht. In dieser Funktion zeitigt es allerdings als „effektives Karma" konkrete Folgen in Form von guten oder schlechten Handlungen der Seelen. Die Früchte oder Resultate dieser Taten (*viṉaippayaṉ*) aus den früheren Geburten (*muṟupiṟappu*), die sich immer auf die nächste immanente Geburt der Seelen in einem Körper auswirken, werden schließlich auch *Karma* genannt. Die Logik des *Karma* ist also untrennbar mit der Vorstellung von Wiedergeburt verbunden und wird in den *Grundsätzlichen Lehren* ausführlich dargestellt. Im Folgenden werden die diesbezüglich wichtigsten Gedankengänge ausgeführt.

„Gute Handlungen" sind im Sinne des Saiva Siddhanta solche, die der Seele Gutes tun (*naṉmai cey*). Dies kann durch den Geist (*maṉam*), die Stimme (*vākku*) und den Körper (*kāyam*) geschehen und sollte sich idealiter an den 16 göttlichen Tugenden Sivas orientieren, die sich vor allem durch Güte und Mitgefühl auszeichnen.[92] Die Auswirkungen solcher Handlungen wird als „Verdienst" oder „Tugendhaftigkeit" (*puṇṇiyam*) beschrieben und bringt dementsprechend „Freude" (*iṉpam*) für die Seele in der jeweils nächsten Geburt hervor. Die Güte einer Handlung lässt sich gemäß der *Grundsätzlichen Lehren*, die sich dabei auf das *Sivagnana*

---

[90] „*kaṉmamalamum anātiyē uḷḷatu eṉpatai-c caiva cittāntam avvāṟu nilaināṭṭukiṉṟatu.*" Vaittiyanātaṉ 1995a, 16.

[91] Vaittiyanātaṉ 1995a, 53.

[92] Für eine Aufstellung der 16 Tugenden, siehe Vaittiyanātaṉ 1995a, 54.

Siddhiyar berufen, einzig und alleine an einem Umstand festmachen, namentlich am Bewusstsein der Gnade Gottes während des Handelns. Damit reicht es beispielsweise nicht aus, wenn man sich lediglich an den Vorgaben von autoritativen Schriften (*aṟanūl*), wie etwa den Veden und *Agamas,* orientiert, die sich auch zu einem moralischen Verhaltenskodex äußern. Wichtig ist nicht die Handlung selbst, sondern das Bewusstsein während der Tat:

> „Die wichtigste aller guten Taten ist, sich des Mitgefühls Gottes zu erinnern und ihm Verehrung zuteil werden zu lassen. Daher ist auch jede gute Handlung, während der man Gottes Gnade vergisst, nutzlos.“[93]

Das Zitat deutet bereits an, dass die Verehrung Gottes (*vaḻipaṭu*) als die paradigmatisch „gute Handlung“ verstanden wird, die unten noch näher konkretisiert werden soll. Aus der Aussage ergibt sich aber auch eine logische Folge für das Verständnis der „schlechten Handlungen“, die sich bereits dadurch auszeichnen, dass ihnen das Bewusstsein Gottes fehlt. Konkret werden diese als Taten verstanden, die eben keine „guten Handlungen“ im obigen Sinne sind, sondern vielmehr „Böses anrichten“ (*tīmai cey*). Ihr Effekt wird „negativer Verdienst“ oder „Sündhaftigkeit“ (*pāvam*) genannt. Das Resultat daraus bedeutet für die Seelen konkretes „Leiden“ (*tuṉpam*) in der nächsten Geburt. Damit ist der Zustand der Seelen – und somit alle Menschen während eines Lebens – Teil einer Kausalität, die sich aus den Handlungen in früheren Geburten ergibt.[94] Diese *Karma*-Vorstellung des Saiva Siddhanta bedeutet konsequent, dass sich Moralität letztlich nicht aus einer Handlung oder ihrer Intention selbst ergibt, sondern dass erst deren vorhandenes oder fehlendes „Gottesbewusstsein“ sie als „gut“ oder „schlecht“ auszeichnet. Eine solche Argumentation wird seit den Siddhanta-Debatten des frühen 20. Jahrhunderts prominent vertreten. Nallaswami Pillai, der sich insbesondere mit christlich-missionarischer Kritik an der Ethik der *Karma*-Lehre befasst und diese zurückgewiesen hat, hat als ultimativ gute Handlung die Bemühungen der Seelen, sich vom Egoismus zu befreien, dargestellt. Egoismus ist für ihn gleichzusetzen mit *Anava*-Mala, also dem ersten „Vergehen“ der Seelen oder „ursächlichen Karma“, welches er mit dem biblischen Sündenfall gleichsetzt. Das Auflösen von Egoismus kann, im Sinne des Saiva Siddhanta Nallaswami Pillais, nur durch „Einswerden mit Gott, die

---

93 „*aṟa-c ceykaḷil ciṟntu, iṟaivaṉ karuṇaiyai niṉaintu avaṉai vaḻipaṭuvatē ākum. eṉavē, iṟaivaṉ tiruvaruḷai maṟantuviṭṭu-c ceyyum aṟacceyalkaḷ aṉaittum payaṉaṟṟavaiyē ākum.*“ Vaittiyanātaṉ 1995a, 91.

94 Vaittiyanātaṉ 1995a, 53–56. Vgl. auch Vaittiyanātaṉ 2008, 10–11.

Hingabe in der Handlung an Gott und unendliche Liebe und Verehrung für ihn“[95] geschehen.

Die *Grundsätzlichen Lehren* erklären, mit Bezug auf das *Sivagnana Siddhiyar*, dass sich die positiven und negativen Verdienste, die aus den früheren Handlungen resultieren, in der aktuellen Geburt im „Bildungsgrad“ (*kalvi*), „Wohlstand“ (*celvam*), „Herkunft aus einer guten Gemeinschaft/Familie/Kaste“ (*naṟkulam utittal*), Erfahrung von „Freuden und Leiden“ (*iṉpaṅkaḷum tuṉpaṅkaḷum*) sowie in „Lang- oder Kurzlebigkeit“ (*nīṭitta āyaḷum kuṟukiya āyaḷum*) widerspiegeln. Diese sind bereits vor dem Eintreten der Seelen in die immanent-materielle Welt festgelegt.[96] Hieraus lässt sich schließen, dass sich auch eine Teilnahme am Saiva Siddhanta Studienprogramm des Thiruvavaduthurai Adhinam gemäß dieser Verdienste erklären lässt. Die Beschäftigung mit Saiva Siddhanta ist, wie oben bereits mehrfach angesprochen, als konkreter Effekt des *Karma* zu verstehen.

Die Frage nach der Gerechtigkeit Gottes wird im Saiva Siddhanta demnach mit Rückgriff auf die *Karma*-Konzeption beantwortet. Gott ist, wie gesehen, weder für die Existenz der Seelen, noch für die der Fesselung verantwortlich. Das *Karma*, als Teil der Fesselung, ist schlicht ein kosmisches und ewiges Gesetz einer Logik von Ursache und Wirkung, auf dessen Ablauf Gott nur insofern Einfluss hat, als dass er es aktiv für das Fortkommen der Seelen nutzt (oder nutzen muss). Daher weist Gott, dem *Karma*-Gesetz entsprechend, den Seelen lediglich die ihnen zustehenden Früchte zu und zwar immer so und in dem Maße, wie es für die Seelen angebracht ist.[97] Dies tut er, um den Seelen den Fortschritt auf dem Erlösungsweg zu ermöglichen. Das *Karma* selbst aber lässt sich auch von ihm nicht abschaffen.[98]

Wie bei der Betrachtung der Seelen-Lehre deutlich geworden ist, verfügen die Seelen über die grundsätzlichen Eigenschaften des Wissens,

---

[95] „*They are, becoming one with God, and dedicating one's acts to God, and unceasing Love and devotion to Him.*“ Nallaswami Pillai 1911i, 195.

[96] Vaittiyanātaṉ 1995a, 56–57.

[97] Vgl. auch folgende Aussage des Adhinam-Gelehrten Kunjithapatham: „*So in different situations, you are in need of different things. But in all situations, we are in the need of the grace of God, Lord Siva. Because wherever, whatever you need, those necessities can only be given to you by the grace of God.*“ Interview mit Kuñcitapātam & Tiruccirrampala Tampirāṉ 2012. Ähnlich auch in Vaittiyanātaṉ 2008, 9–10.

[98] Vaittiyanātaṉ 1995a, 59–62. Vgl. auch den Adhinam-Gelehrten Kunjithapatham, der dies mit Verweis auf Sampantar begründet: „*Due to our previous births' Karmas, we are confined to some works. I told you, I have some duties, I am a school teacher, I have a lot of duties, and when I then say I don't find time to worship – that is a wrong concept! Whatever other duties we have, Sampantar says, due to our previous births' Karmas, we are confined to these earthly works, professional works.*“ Interview mit Kuñcitapātam & Tiruccirrampala Tampirāṉ 2012.

Verlangens und Handelns. Durch diese ist es für die Seelen auch möglich, das *Karma* zumindest indirekt zu beeinflussen. Die oben formulierte *Karma*-Doktrin könnte leicht als absoluter Determinismus missverstanden werden, allerdings stellt sie lediglich einen Zusammenhang zwischen der Situation in einem Leben, mit einem früheren Leben her. Der Seele verbleiben aber innerhalb dieser Grenzen Handlungsmöglichkeiten, die die Wirkung des *Karma* mittelbar verringern können. Für den Saiva Siddhanta des Thiruvavaduthurai Adhinam gibt es durchaus indirekte Wege, die Wirksamkeit des *Karma* als Fesselung in diesem Leben zu unterminieren: „Wir müssen absolut überzeugt davon sein, dass Gott uns in seiner unendlichen Gnade die seltene Möglichkeit gegeben hat, korrektive Veränderungen herbeizuführen."[99]

Die *Karma*-Logik benötigt, wie mehrfach angedeutet, die Idee der Wiedergeburt, um sich vollständig zu entfalten: „Auf diese Weise spricht der Saiva Siddhanta definitiv von der Existenz der Wiedergeburt."[100] Der Prozess der „Entfesselung" der Seelen ist gemäß der *Karma*-Lehre des Saiva Siddhanta als „Korrektur" (*tiruttam*) des ursächlichen Fehlers zu begreifen, der sich über unzählig viele Geburten in verschiedenen Körpern erstreckt. Das *Karma*-Gesetz bedarf somit des Konzepts der Wiedergeburt, oder schließt dieses automatisch ein, um die Möglichkeit zur Verbesserung überhaupt bereithalten zu können. Ziel müsse hier sein, sich vom Gefühl des „Ich und mein" (*yāṉ – eṉatu*) zu lösen, um das „Ego" (*cerukku*) zu überwinden.[101] Diese Erkenntnisse der Seelen haben allerdings hierauf keinen direkten Einfluss, indem sie etwa das *Karma* von sich aus neutralisieren könnten. Dies kann nur Gott durch seine „grenzenlose Gnade" (*pēraruḷāḷaṉ*) bewirken – *Karma* wird aber auch durch Gott maximal wirkungslos, es verschwindet nicht. Er neutralisiert die Wirkung des *Karma* aber erst, wenn sich die Seelen in einem geeigneten Zustand dafür befinden. Diesem näher zu kommen, kann aber immerhin durch konkrete Handlungen vorbereitet werden. Wie dies praktisch aussehen kann, soll im weiteren Verlauf noch gezeigt werden.

Abschließend muss festgehalten werden, dass der Saiva Siddhanta des Thiruvavaduthurai Adhinam zwar das kosmische Gesetz von *Karma* und Wiedergeburt anerkennt, allerdings letztere, insbesondere im Vergleich zur *Karma*-Lehre, kaum philosophisch bearbeitet. Obwohl in populären modernen Darstellungen hinduistischer Philosophie in der Regel davon

---

99 „*pēraruḷāḷaṉ ākiya iṟaivaṉ, nām tiruntuvataṟku uriya ariya vāyppai inta-p piṟappil namakku-t tantirukkiṟāṉa eṉṟa uṟutiyāṉa eṇṇam mutalil namakku-t tōṉṟa vēṇṭum.*" Vaittiyanātaṉ 1995a, 63.

100 „*muṟupiṟappu uṇṭu eṉpatai-c caiva cittāntam avvāṟu niṟuvukiṉṟatu.*" Vaittiyanātaṉ 1995a, 59.

101 Vaittiyanātaṉ 1995a, 63.

ausgegangen wird, dass die Wiedergeburt zu den Kernlehren indischer Religionen gehört, ist eine derartige, relative Unterbelichtung jener Idee eher der Normalfall klassischer hinduistischer Philosophie. Dort wird meist nicht über die bloße Anerkennung eines Zusammenhangs von *Karma* und Wiedergeburt hinaus gegangen. Die Frage etwa nach personaler Identität und Kontinuität der wiedergeborenen Seelen, die Erinnerung an frühere Leben oder die rituelle oder lebenspraktische Relevanz von Wiedergeburt spielt dort in der Regel – ähnlich wie im Saiva Siddhanta – kaum eine Rolle. In der kanonischen *bhakti*-Literatur des tamilischen Sivaismus gibt es zwar Hinweise auf die Logik von *Karma* und Wiedergeburt, jedoch wird dort – wenn überhaupt – die göttliche Intervention und eine potentielle Auflösung dieser Regel thematisiert.[102] Michael Bergunder hat darauf hingewiesen, dass „[d]ie heute weit verbreitete Ansicht, dass Karma und Wiedergeburt die tragenden Säulen hinduistischer Welt- und Lebensaufassung seien, [...] auf andere Konstellationen zurück [geht]."[103] Diese sind in der orientalistischen Faszination für die indische Kastenordnung, der westlich-missionarischen Kritik daran und neo-hinduistischer Apologetik hierzu zu suchen. Indische Denker des 20. Jahrhunderts, wie S. Radhakrishnan, D. S. Sarma und vor allem Aurobindo Gosh, haben als Vertreter eines modernen und universalen Hinduismus eine Wiedergeburtslehre zum Schlüsselargument gegen moralisierende Vorwürfe christlicher Kommentatoren erhoben.[104]

Die Ausarbeitung der Idee der Wiedergeburt ist im Saiva Siddhanta der *Grundsätzlichen Lehren*, wie gezeigt, weitgehend abstrakt und geht nicht wirklich über die bloße Feststellung ihrer Existenz hinaus, die jedoch für den Prozess der Erlösung notwendig ist. Diese Einschätzung zeigt sich auch in vereinzelten Hinweisen in den Saiva Siddhanta Debatten des frühen 20. Jahrhunderts, wo diese Fragen scheinbar ebenfalls nur am Rande diskutiert worden sind. In einem Kommentar zu seiner Übersetzung des *Sivagnana Siddhiyar* stellt Nallaswami Pillai die Notwendigkeit von Wiedergeburt für den Erlösungsweg der Seelen pragmatisch wie folgt dar:

„Die wiederholten Geburten sind notwendig, um das anhaftende Anava-Mala abzuwaschen, indem Erfahrungen gemacht, Wissen und Spiritualität erlangt werden. Diese Auflösung [in vielen Geburten] wird benötigt, um den ermüdeten körperlichen Energien Ruhe zu gönnen, genauso wie wir während der Nacht

[102] Vgl. Hart 1980.
[103] Bergunder 2001, 711.
[104] Bergunder 2001, 707–714.

ruhen, um unsere Energien für die Aufgaben des morgigen Tages wieder zu gewinnen."[105]

Im heutigen Saiva Siddhanta wird darüber hinaus vielmehr auf die fundamentale Bedeutung der göttlichen Gnade verwiesen, die auch für den Komplex der Wiedergeburt entscheidend ist und als Erklärung hierfür anscheinend vollkommen ausreicht. Wenn, wie beschrieben, meine Anwesenheit als deutscher Forscher bei Saiva Siddhanta Veranstaltungen in Tamil Nadu plausibilisiert wurde, geschah dies zwar einerseits mit dem eher unspezifischen Hinweis auf „gutes Karma" aus früheren Geburten. Dieses wurde aber andererseits immer als Ergebnis von göttlicher Gnade gedacht und nie weiter – etwa in Bezug auf persönliche Identität und Kontinuität – konkretisiert. Die Lehre von *Karma* hingegen zeigt sich äußert ausdifferenziert und enthält in der Interpretation des Thiruvavaduthurai Adhinam weitere Besonderheiten, zu der die Vorstellung von Schicksal als *Karma* explizit gehört.

Schicksal als Karma

Die Logik von *Karma* und Wiedergeburt wird unter den Anhängern des Thiruvavaduthurai Adhinam in der Regel akzeptiert. Ihre Anerkennung wurde, wie mehrfach angedeutet, mir gegenüber von allen Gesprächspartnern des Studienprogramms, egal ob Adhinam-Gelehrten, Direktor, Organisator oder Teilnehmenden, bestätigt oder gar auf mich angewendet. Diese Beobachtung über die allgemeine Akzeptanz von *Karma* und Wiedergeburt kann durch die Betrachtung eines der verbreitetsten Hilfsbücher zum Saiva Siddhanta Studienprogramm weiter gestützt werden. Im bei vielen Veranstaltungen kostenlos verteilten Heft „Wie kann das Karma besiegt werden?" (*vitiyai velvatu eppaṭi?*) des ersten Kurs-Direktors K. Vaittiyanathan zeigt sich bereits im Vorwort, dass es sich bei der *Karma*-Doktrin um eine durchaus verbreitete Lehre handelt, die aber im Saiva Siddhanta eine eigene nuancierte Ausformulierung erfahren hat. So wird hier die allgemeine Aussage „[d]as Karma tritt in Kraft und verursacht die Erfahrung der Früchte der Taten"[106] aus dem klassischen Werk „Silappatikaram" (*cilappatikāram*) (ca. 450 u. Z.), das dem Jainismus (*camaṇam*) zugerechnet wird, für den Sivaismus (*caiva camayam*) in ihrer Pauschalität abgelehnt. Der Saiva Siddhanta qualifiziert vielmehr die grundsätzliche Kausallogik weiter, da er eine Gefahr in ihrer zu

---

[105] „*The repeated births are necessary for the purpose of washing off the inherent Anava-mala, by gaining experience and knowledge and spirituality. The resolution is required as rest for the tired bodily energies just as we take rest during night to recoup our energies for the task of tomorrow.*" Nallaswami Pillai 1948, 25.

[106] „*ūḻvinai uruttu vantu ūṭṭum.*" zitiert in Vaittiyanātaṉ 2008, 5.

simplistischen Interpretation als nachvollziehbare Gesetzmäßigkeit sieht. Demnach wäre es zu einfach anzunehmen, Menschen könnten diese Gesetzmäßigkeit verstehen und aktiv beeinflussen. Vielmehr sei es aber aus menschlicher Sicht unmöglich, die Taten (*viṉai*) und die daraus folgenden Resultate (*viṉai-p payaṉ*) in eine eindeutige Korrelation zu bringen. Die wahrhafte Übersicht und Kontrolle über diesen Prozess obliegt einzig Gott: „Gott, der Wissen hat und die Essenz von allem ist, gibt den Seelen/Lebewesen das *Karma*, damit diese sich verbessern und vollkommene Reife erlangen. Das *Karma* wird in diesem Sinne als Schicksal verstanden.“[107]

Aus diesen Aussagen werden drei Punkte deutlich, die durch Bezug zu einer Hymne des kanonischen *bhakti*-Heiligen Sampantar untermauert werden und die für den weiteren Verlauf zentral sind. Erstens zeigt sich, dass Gott, der nicht für die ewige Existenz des *Karma*-Gesetzes – ausgelöst durch das *Karma-Mala* – verantwortlich ist, das konkrete *Karma* (hier: *viṉaippayaṉ*, wörtl. „Frucht/Resultat der Tat“) aktiv einsetzt, um den Seelen zur „vollkommenen Reife“ (*tirunti pakkuvam*) zu verhelfen. Es ist also wichtig, die Ursache des *Karma* als *Karma-Mala* und das erfahrbare *Karma* selbst voneinander zu trennen. Damit ist zweitens auch klar, dass sich ein einfacher Zusammenhang zwischen einer Tat in der einen, und dem entsprechendem *Karma* in einer nachfolgenden Geburt, aus menschlicher Perspektive nicht herstellen lässt. Dieser Zusammenhang befindet sich ausschließlich im Verantwortungsbereich Gottes, welcher für die beschränkten Seelen nicht zugänglich ist. Drittens erläutert diese Argumentation die Äquivalenz verschiedener Begriffe, die allesamt für *Karma* stehen können, namentlich „*viṉaippayaṉ*“, „*ūḻviṉai*“ und „*viti*“. Vor allem Letzteres ist als tamilischer Ausdruck für „Schicksal“ gebräuchlich, wobei zweiteres, das im obigen Zitat aus dem *Silappatikaram* verwendet wird, eine fatalistische Konnotation hat. „Schicksal“ ist also aus Sicht des Saiva Siddhanta zum einen nichts rein Zufälliges, das schlicht über die Menschen hereinbricht oder für Menschen nachvollziehbar wäre. Es ist vielmehr das Ergebnis eines ewigen Prozesses, der von Gott zwar nicht verursacht, aber doch benutzt wird und als solcher nicht vollständig für menschliche Kapazitäten fassbar ist. Somit ist „Schicksal“ eigentlich *Karma* und das Saiva Siddhanta Studienprogramm bietet die Lehre von Möglichkeiten an, damit sinnvoll umzugehen. Diese *Karma*-Interpretation gehört zu den Eigenheiten des populären Saiva Siddhanta des Thiruvavaduthurai Adhinam und wurde vor allem vom ersten Direktor des Studienprogramms, K. Vaithiyanathan, vertreten.

---

[107] „*aṟivuṭaiya-p poruḷākiya iṟaivaṉē uyirkaḷ tirunti pakkuvam aṭaiyum poruṭṭu viṉaippayaṉ avaṟṟiṟku ūṭṭkiṉṟāṉ. viṉaippayaṉē viti eṉṟu colla-p paṭuvatu.*“ Vaittiyanātaṉ 2008, 5.

Vergleichbare Konzeptionen im Kontext des tamilischen Saiva Siddhanta sind allerdings auch in diesem Falle bereits in den Interpretationen des frühen 20. Jahrhunderts in Nallaswami Pillais kommentierter Übersetzung des *Sivagnana Botham,* nachweisbar, speziell bei der Erklärung zum 2. Sutra. Dort beschreibt Nallaswami Pillai, ähnlich wie in der oben zitierten Aussage, Wiedergeburt (hier alternativ auch „Kreislauf von Evolution") als allgemein-abstrakte Notwendigkeit unter der vollständigen Abhängigkeit von göttlicher Hilfe. Gleichzeitig verwirft er die Deutung des von *Anava-Mala* initiierten *Karma* als „fatalistisches Schicksal" oder „erzwungene Determiniertheit":

> „Akzeptiere dies [die Wirkung des Anava-Mala]; und wenn die Seele die Kreisläufe der Evolution beginnt, dann tritt das Gesetz des Karma in Gänze in Kraft. Diese Doktrin darf daher nicht mit der Doktrin von fatalistischem Schicksal oder Determinismus verwechselt werden. Evolution oder Geburten sind die einzigen Modi, die zur Erlangung von perfektem Wissen zur Verfügung stehen; und um diese Geburten zu erhalten oder um in den Kreislauf der Evolution einzutreten, benötigen wir Gottes Hilfe."[108]

Durch die Aufnahme des *Karma-Mala* in den Bereich der ewigen und ungeschaffenen Entitäten nimmt die *Karma*-Lehre des Saiva Siddhanta also Gott aus der Verantwortung für die Existenz dieses kosmische Gesetzes. Genauso wie für die anderen beiden Grundübel *Anava-Mala* und *Maya-Mala* gültig, hat Gott keinen Einfluss auf ihr grundsätzliches Bestehen, sondern er kann lediglich damit umgehen. Dies gilt laut dem Saiva Siddhanta konsequenterweise auch für die Logik des *Karma*, die – ohne Zutun, oder ohne Erlaubnis Gottes – durch die erste Handlung der Seelen, also ihre vermeintliche anfängliche „Verfehlung", in Gang gesetzt wurde.

Maya-Mala

Die „Wahrheit der Maya" (*māyai uṇmai*) gehört zu den Besonderheiten der Lehren des Saiva Siddhanta.[109] Als eine der drei Grundübel wird es in den *Grundsätzlichen Lehren* abermals in einer Kombination aus Ableitungen aus den ontologisch-kosmologischen Prämissen und empirischen Beobachtungen erklärt. Als Teil der Fesselung/*Pasam* gehört „Maya"

---

[108] „*Grant this; and start the soul in the cycles of evolution, then the whole law of Karma comes into operation. This doctrine therefore is not to be confounded with the doctrine of Fate or necessity. Evolution or births are the only modes provided for attaining perfect knowledge; and for getting births or setting us on the wheel of Evolution we require God's help.* " Nallaswami Pillai 1984, 24.

[109] Vgl. auch Kuñcitapātam 2014, 117–129.

(*māyai*, Skt. *māyā*) in den Bereich der nicht-intelligenten Entitäten. Diese Entitäten haben alle die Eigenschaft, dass sie materieller Veränderung und Verfall unterworfen sind (*a̱lintupōkum*). Verdeutlicht wird dies am Beispiel der Sonne, die langsam ihre Potenz verliert und irgendwann vergeht. Diese Ansicht wird in den *Grundsätzlichen Lehren* mit dem allgemeinen Verweis auf wissenschaftliche Bücher (*viññā̱na nūl*), die dies bestätigen, vertreten. Gleiches gilt für den menschlichen Körper (*uṭal*), der als nicht-intelligente Materie zu Staub zerfällt, sobald die Seele ihn verlässt. Dass ein solcher Verfall aber nicht bedeutet, dass die grundsätzliche und ewige Existenz des *Maya* in Frage steht, begründen die *Grundsätzlichen Lehren* explizit mit Erkenntnissen der „wissenschaftlichen Welt" (*viññā̱na ulakam*). So habe die „Wissenschaft des 20. Jahrhunderts" (*irupatām nū̱ṟṟāṇṭu viññā̱nam*) beispielsweise herausgefunden, dass ein stetig kleineres Zerteilen von Materie (*caṭapporuḷ*) bis hin zur Spaltung des Atoms (*aṇu*) dazu führt, dass weiterhin eine „große Energie" (*pērā̱ṟṟal*) übrig bleibt. Die *Maya*-Konzeption des Saiva Siddhanta als ewige und unvergängliche Entität, wird also von den (natur)wissenschaftlichen Erkenntnissen nur bestätigt, wie folgende Passage deutlich macht:

> „Die Wahrheiten, die die heutige Wissenschaft herausfindet, hat unser Saiva Siddhanta vor tausenden von Jahren gelehrt. Wenn alle Energien, aller Materie als Energiefeld zusammen kommt, nennt der Saiva Siddhanta dieses »Maya«. Die Materie der ganzen Welt ist aus diesem Energiefeld namens »Maya« immaniert. Das sind die Lehren des Saiva Siddhanta. Materie kann nur aus Materie entstehen, Gott ist eine allwissende Entität, daher kann nicht-intelligente Maya nicht aus ihm immanieren. Daher ist auch Maya, wie Gott, eine ewige Entität, die nicht erschaffen wurde, sagt der Saiva Siddhanta."[110]

In dieser Ausführung zeigt sich deutlich, dass die Vertreter des heutigen Saiva Siddhanta versuchen, ihre Lehren an die Plausibilität eines modernen naturwissenschaftlichen Weltbildes anzuschließen. Solchen wissenschaftlichen Erkenntnissen wird damit indirekt eine Allgemeingültigkeit zugeschrieben, die sich aber durch die vorgenommene argumentative Verknüpfung auf die Saiva Siddhanta Lehre überträgt. Eine solche Vereinbarkeit oder Übereinstimmung religiöser Lehren mit den Ansichten

---

[110] „*i̱ṉṟaiya viññā̱na ulakam kaṇṭupiṭittu-k kū̱ṟum uṇmaiyai-p pala āyiram āṇṭukaḷukku mu̱ṉpē, namatu caivacittāntam kū̱ṟiyuḷḷatu. ellā-c caṭapporuḷi̱ṉ ā̱ṟṟalkaḷum oruṅkiṇaintu tiraṇṭu ōr ā̱ṟṟal mayamāy ni̱ṟpatu etuvō, atuvē »māyai« e̱ṉa-c caivacittāntam kū̱ṟuki̱ṉṟatu. avvā̱ṟu ā̱ṟṟal mayamāka ni̱ṟkum »māyai« yiliruntē ulakattil uḷḷa caṭapporuḷkaḷ a̱ṉaittum tō̱ṉṟiyuḷḷa̱ṉa, e̱ṉpatu caivacittānta-k koḷkaiyākum. caṭattiliruntutā̱ṉ caṭam tō̱ṉṟum, kaṭavuḷ pēra̱ṟivuṭaipporuḷ; e̱ṉavē avariṭamiruntu a̱ṟivaṟṟa poruḷākiya »māyai« tō̱ṉṟa muṭiyātu. e̱ṉavētā̱ṉ, māyaiyum kaṭavuḷaippōla yārālum paṭaikkappaṭāta anātipporuḷ e̱ṉa-c caiva cittāntam koḷki̱ṟatu.*" Vaittiyanātaṉ 1995a, 11–12.

der Wissenschaft gehört, wie mehrfach angedeutet, für viele Traditionen zum modernen „Standard" einer Religion. Der in den *Grundsätzlichen Lehren* präsentierte Saiva Siddhanta bildet hier keine Ausnahme. So sind (natur)wissenschaftliche Erkenntnisse lediglich gegenwärtige Ausformulierungen ewiger göttlicher Wahrheiten.[111]

Michael Bergunder hat kürzlich gezeigt, dass die Entstehung eines globalen Religionsverständnisses seit dem späten 19. Jahrhundert zentral an die Auseinandersetzung mit den sich in dieser Zeit etablierenden modernen Naturwissenschaften geknüpft ist. Insbesondere die „materialistische Kritik" am Christentum hat in Europa und Nordamerika dazu geführt, das Verhältnis von Religion und Wissenschaft neu zu bestimmen. Hierbei sind sowohl Abgrenzungsbewegungen zu beobachten, als auch vermehrt religionspsychologisch-empiristische Versuche, beide Sphären wieder zusammenzuführen. Dies gilt auch und vor allem für indische Fürsprecher eines global akzeptierten modernen Hinduismus, für die die Idee der Vereinbarkeit von Hinduismus und Naturwissenschaften geradezu konstitutiv erscheint. Paradigmatisch und folgenreich hat Swami Vivekananda den von ihm propagierten Advaita Vedanta, der sich auf fundamental innerlich-religiöse Erfahrung beruft, als perfekte Harmonie von Naturwissenschaften und Religion präsentiert. Beide „Sphären" würden letztlich die gleichen Weisheiten zu Tage fördern.[112] Die weltweite Rezeption der Thesen von Harmonie zwischen Wissenschaften und Religion innerhalb der globalen Debatten seit dem 19. Jahrhundert ist nicht zuletzt auf die weitreichenden Aktivitäten der „Theosophischen Gesellschaft"[113] zurückzuführen, die behauptete, die wissenschaftlich belegbare Wahrheit hinter allen Religionen gefunden zu haben. Theosophisches Gedankengut wurde massiv auch in den tamilisch-sivaitischen Kreisen Tamil Nadus um 1900 rezipiert, wie die Beiträge der Zeitschrift *Siddhanta Deepika* deutlich zeigen.[114] Prominente zeitgenössische Vertreter des Saiva Siddhanta wie Nallaswami Pillai und Maraimalai Adikal haben immer wieder vor allem in Bezug auf die *Maya*-Lehre auf die Übereinstimmungen mit moderner Wissenschaft verwiesen.[115] Gerade Maraimalai Adikal, dem im tamilischen Sivaismus heute noch große Anerkennung zuteil wird, hat

---

[111] Paradigmatisch finden sich diese Ansichten ausformuliert in einem Beitrag der hindu-nationalistischen Philosophin Ruth Reyna, die an anderer Stelle Nachweise für die Existenz von Raumschiffen in klassischen Hindu-Schriften findet und die in einem Beitrag für eine Saiva Siddhanta Zeitschrift im Jahr 1966 die *Maya*- bzw. *Tattva*-Lehre des Saiva Siddhanta in Einklang mit den Theorien Albert Einsteins sieht. Dieser Artikel wurde 1984 vom Dharmapuram Adhinam nochmals abgedruckt. Vgl. Reyna 1984.

[112] Bergunder 2016.

[113] Vgl. u.a. Godwin 1994; Hammer 2013. Zum globalen Einfluss siehe Bergunder 2016.

[114] Vgl. Harlass 2012; 2017.

[115] Für Nallaswami Pillai, siehe u.a. Nallaswami Pillai 1911e.

1906 in einem Aufsatz für die *Siddhanta Deepika* das Verhältnis von Saiva Siddhanta und moderner Naturwissenschaft explizit besprochen.[116] Im Bezug auf die Seelen- und *Maya*-Konzeption des Saiva Siddhanta stellt er mit Referenz zum *Sivagnana Botham* fest:

„Die gedankliche Tiefe und die argumentative Feinsinnigkeit, die dieses philosophische System [Saiva Siddhanta] charakterisieren, kann nicht in einem solch kurzen Abriss dargestellt werden. Eine kursorische Ansicht des Sivagnana Botham, einem Werk von seltener Güte, das alle Prinzipien der Siddhanta Philosophie in stringenter und logischer Weise systematisiert, ist ausreichend, jeden von der Wahrhaftigkeit unserer Aussage zu überzeugen. Während die Darstellung dieses Systems in striktem Einklang mit den Lehren der Naturwissenschaft steht, stimmt sie ebenfalls mit den notwendigen Prinzipien der hoch entwickelten Religionen überein. In ihm fließen zwei große Ströme menschlichen Denkens und verbinden sich um es bis zum Rand zu füllen, sodass jene, die es nach Wahrheit dürstet, hierher [zum Saiva Siddhanta] kommen können, um mit Begierde zu trinken.“[117]

Maraimalai Adikal schließt seinen Beitrag, der auffällige argumentative Ähnlichkeiten zu den heute vertretenen Ansichten des Thiruvavaduthurai Adhinam aufweist, mit folgenden Worten, die die den umfassenden religiösen, philosophischen und naturwissenschaftlichen Charakter des Saiva Siddhanta betonen:

„Wir fassen zusammen, dass Saiva Siddhanta als Religion, Philosophie und Naturwissenschaft drei Ansichten präsentiert, die sich nach kritischer Überprüfung als widerspruchsfrei zueinander erweisen.“[118]

Über die Inanspruchnahme wissenschaftlicher Gültigkeit für den Saiva Siddhanta hinaus wird an den oben zitierten Zeilen aus den *Grundsätzlichen Lehren* weiterhin abermals erkennbar, dass Gott nichts mit der Existenz von *Pasam*, hier konkret der *Maya*, zu tun hat. Auch dieser

---

[116] Dieser Beitrag erschien noch unter Maraimalai Adikals Geburtsnamen R. S. Vedachalam, Vedachalam 1906.

[117] *„The depth of thought and the subtlety of argument that characterise this system of philosophy, we are not able to exhibit in such a brief sketch as this. A cursory view of Sivajnana Bodham a work of very rare merit and which systematises the entire principles of the Siddhanta philosophy in a stringe logical method, would be sufficient to convince any one of the veracity of our statement. While the exposition of this system is in strict accordance with the teachings of Physical science, it also conforms itself to the necessary principles of the more advanced religions. The two great channels of human thought flow into it and mingle to fill it to the brim, so that those who are thirsting after truth may go there and drink it with avidity.*“ Vedachalam 1906, 67–68.

[118] *„In one word, we conclude that, as a religion, philosophy and science, the Saiva Siddhanta presents three views which on a critical examination prove to be consistent one with the other.*“ Vedachalam 1906, 69.

Schluss steht in Beziehung zur der zentralen Bedeutung der Kategorie des Wissens im Saiva Siddhanta. Der Logik von *satchitananda* folgend wurde für die intelligenten Seelen schon gezeigt, dass sie, aufgrund ihres Bewusstseins über ihre Verschiedenheit zum Körper und dessen Vergänglichkeit, nicht die Urheber der Materie oder der Fesselung sein können. Gott, als allwissende Entität (*pēraṟivuṭaiporuḷ*), kann erst recht nicht etwas Unintelligentes hervorbringen. Da im Saiva Siddhanta Materie nur aus Materie, also Nicht-Intelligentes nur aus Nicht-Intelligentem entstehen kann, muss *Maya* ebenfalls grundsätzlich schon immer unabhängig und ungeschaffen existieren. Weder Gott noch die Seelen sind dafür verantwortlich. Die *Maya,* hier explizit als „Energiefeld" (*āṟṟal mayamāy*) beschrieben, ist „der erste Grund der Welt" (*ulakukku mutaṟkāraṇam*), also die Ursache für die materielle Existenz des Kosmos, wie die *Grundsätzlichen Lehren* mit Bezug auf das *Sivaprakasam* feststellen.[119]

Der vedische Name *Maya* ist in indischen Traditionen sehr unterschiedlich ausformuliert worden. Die heute bekanntesten Varianten sind Vertretern des modernen Advaita Vedanta wie S. Radhakrishnan und Aurobindo Gosh zuzuordnen, die *Maya* als eine Art „provisorische Realität" denken, die die Seelen tendenziell daran hindert, den Weg zu Gott und zur Erlösung zu finden.[120] Eine Abgrenzung von solchen Konzeptionen hat bereits Nallaswami Pillai mit Bezug zum kanonischen Text des *Sivagnana Siddhiyar* Anfang des 20. Jahrhunderts vorgenommen und *Maya* mit der Idee der Materie der westlichen Philosophie gleichgestellt. Für ihn war es vor allem zentral den negativen Konnotationen von *Maya*, wie sie vom modernen Vedanta vertreten wurde, eine positive Deutung der *Maya* im Saiva Siddhanta entgegenzusetzen. *Maya* sei demnach weder der Ursprung der Fesselung und Unwissenheit der Seelen – dieser liegt wie gesehen im *Anava-Mala* – noch mit ihnen oder Gott identisch. Der besonderen Überzeugung der Saiva Siddhanta Interpretation zufolge ist *Maya* vielmehr als Hilfsmittel auf dem Weg zur Erlösung zu verstehen.[121]

Für den vom Thiruvavaduthurai Adhinam propagierten Saiva Siddhanta erscheint es aufgrund der Popularität der Auseinandersetzung um die Konzeption von *Maya* wichtig, sich ebenfalls speziell von fehlerhaften Lesarten „einiger anderer Philosophen" (*cila tattuvavātikaḷ*) explizit abzugrenzen. Ohne sie ausdrücklich beim Namen zu nennen, werfen die *Grundsätzlichen Lehren* den Vertretern des Advaita Vedanta ein schlicht falsches *Maya*-Verständnis vor: „Diese Philosophen befinden sich in einem Zustand der Verwirrung, wenn sie sagen, Maya sei verantwortlich

---

[119] Vaittiyanātaṉ 1995a, 12.
[120] Vgl. Forsthoefel 2012.
[121] Nallaswami Pillai 1911f, 303–306. Vgl. Bergunder 2010, 41–43.

für die Unwissenheit [der Seelen].“[122] Der Saiva Siddhanta des Thiruvavaduthurai Adhinam befindet sich hier also innerhalb des argumentativen Raumes, den Nallaswami Pillai bereits ausführlich dargestellt hat.

Dem Saiva Siddhanta ist also eine rein negative Interpretation von *Maya* fremd. Zwar ist sie als *Maya-Mala* eine der drei Grundübel und damit ein Teil der Fesselung der Seelen, zeitigt aber dennoch vor allem auch positive Folgen. Sie ist als materielle Verbindung mit den Seelen nämlich auch dafür verantwortlich, dass diese überhaupt Wissen generieren können. Wie schon mehrfach angedeutet, finden die Seelen im menschlichen Körper und der immanenten Welt, die Gott aus *Maya* für sie formt, den konkreten Ort zur Erlangung von Wissen:

> „Gott gibt uns unsere Körper und diese Welt aus Maya. Es ist offensichtlich, dass wir nur wegen unserer Körper und der Welt Wissen erlangen können und dass diese daher nicht die Ursache der Unwissenheit darstellen können. [...] Sie [Maya] aktiviert unser Wissen, unser Verlangen und unsere Handlungen und bewirkt unser Bewusstsein für neue Informationen durch unsere Handlungen.“[123]

In dieser Aussage wird deutlich, dass der Saiva Siddhanta *Maya* – ganz im Gegensatz zu Lesarten der modernen Vedanta – nicht als nur bedingt realen Faktor ansieht, der Unwissenheit hervorruft. Diese wird bereits durch das oben beschriebene *Anava-Mala* initiiert. *Maya* existiert zum einen in einem speziellen, „ursächlichen Zustand“ (*kāraṇa nilai*), der allerdings inaktiv oder „schlafend“ (*oṭuṅku*) vorgestellt wird und in dem *Maya* grenzenlos ist. Zum anderen hat *Maya* einen allgemeinen „effektiven Zustand“ (*kāriya nilai*), welcher derjenige ist, in dem sie für die Seele, zum Beispiel als Körper, hilfreich ist.[124] Damit ist die „effektive Maya“ für den Erlösungswege also alternativlos, da sie gleichzeitig nur als konkrete Materialisierung für die Seelen unterstützend wirken kann, das obligatorische Wissen anzueignen: „Sie ist in Wahrheit eine erhellende Entität.“[125] Innerhalb der ontologischen Axiome des Saiva Siddhanta ist diese positive Konnotation des *Maya* damit zwingend und bildet eine deutlich Abgrenzung – allen voran zum modernen Vedanta. Abermals präsentiert sich die vom Adhinam vertretene Position als die

---

122 *„māyai tāṉ namakku aṟiyāmaiyai-c ceykiṟatu eṉṟa oru vakai mayakkam kāraṇamāka attattuvavātikaḷ kūṟukiṟārkaḷ.“* Vaittiyanātaṉ 1995a, 49.

123 *„māyaiyiliruntē iṟaivaṉ namakkuḷḷa uṭalkaḷaiyum nām irukkum ivvulakattaiyum paṭaittu, namakku-t tantuḷḷāṉ. ivvulakālum namatu uṭalālum namuṭaiya aṟivu viḷakkam peṟukiṟatē aṉṟi, namakku aṟiyāmai ēṟpaṭuvatillai eṉpatu kaṇkūṭu. [...] namatu aṟivu iccai ceylkaḷai iyaṅka-c ceytu, nām itaṟku muṉpu aṟiyāta pala viṭayaṅkaḷai aṟiya-c ceyvatu māyākāriyaṅkaḷē ākum.“* Vaittiyanātaṉ 1995a, 49.

124 Vaittiyanātaṉ 1995a, 69.

125 *„uṇmaiyil māyai oḷipporuḷē ākum.“* Vaittiyanātaṉ 1995a, 66.

eigentliche, korrekte Interpretation des Namens *Maya*, die weiterhin durch den kanonischen Text des *Sivagnana Siddhiyar* belegt wird.[126]

Die Schöpfung der Welt aus Maya

Wenn nun der Saiva Siddhanta im „ursächlichen Maya" als Energiefeld die Ursache für die materielle Realität ansieht, muss erklärt werden, wie es schließlich zu einer konkreten und effektiven „Schöpfung der Welt" (*ulaka-p paṭaippu*) kommen kann. Für die ewige Existenz des *Maya* ist Gott nicht verantwortlich, wohl aber für die Materialisierung dieses *Maya* als Kosmos oder Welt: „Maya als Entität wurde nicht erschaffen, aber diese Welt wurde aus jener durch Gott erschaffen."[127] *Maya* ist somit der energetische Grundstoff, aus dem Gott die Welt formt. Beide sind ewig, die Handlungsmacht liegt aber bei Gott: „Gott erschafft aus Maya und zerstört alle nicht-intelligenten Entitäten der Welt und die Körper, die mit den Seelen verbunden sind. Das ist ein Grundsatz des Saiva Siddhanta."[128] Dieser Grundsatz lehrt also, dass Gott über die *Maya* verfügt und in der Lage ist, diese zumindest in ihrer materiellen Existenz zu zerstören, wie die Verbindung und Trennung von Seelen und Körpern verdeutlicht. Die energetische Existenz von *Maya* bleibt davon aber unangetastet, das heißt sie verschwindet nie.

Der Sinn dieser Schöpfungshandlung Gottes liegt nun konsequenterweise darin, dass die *Maya* als konkrete materielle Welt für die Seelen durchaus nützlich beziehungsweise sogar absolut notwendig ist. Sie ist der einzig existierende Weg für die Seelen, Wissen zu produzieren: „Die Seelen benutzen die Materie in der Welt und die Körper und empfinden Freud und Leid. Um Wissen zu erlangen, benötigen sie die Welt und den Körper."[129] Ohne die Materie sind also die Seelen gar nicht in der Lage, etwas zu empfinden und zu lernen. Die Generierung von Wissen gehört, wie mehrfach erwähnt, zu den zentralen Aufgaben der Seelen auf dem Weg zu Erlösung. Damit ist *Pasam*, hier in Form der *Maya*, zwar zum einen der Grund für die Fesselung der Seelen, aber gleichzeitig auch die einzige Möglichkeit, die Fesselung zu überwinden. *Maya-Mala* ist damit, im wahrsten Sinne des Wortes, ein notwendiges Übel.

---

[126] Vaittiyanātaṉ 1995a, 49.

[127] *„māyaitāṉ yārālum paṭaikkappaṭāta poruḷē aṉṟi, atiliruntu tōṟṟuvikkappaṭṭa ivvulakam, iṟaivaṉālēyē paṭaikkappaṭṭatākum."* Vaittiyanātaṉ 1995a, 12.

[128] *„inta ulakattu-c caṭaporuḷkaḷaiyum, uyirkaḷ cārntuḷḷa aṉaittu uṭalkaḷaiyum, iṟaivaṉ māyaiyiliruntu tōṟṟuvittu oṭukkukiṟāṉ eṉpatu caivacittānta-k koḷkai."* Vaittiyanātaṉ 1995a, 12.

[129] *„uyirkaḷ, ulakiluḷḷa poruḷkaḷai-k koṇṭum uṭalkaḷai-k koṇṭum iṉpatuṉpaṅkaḷai aṉupavikkiṉṟaṉa avai aṟivuviḷakkam peṟuvataṟku inta ulakamum uṭalum avaṟṟikku-t tēvaippaṭukiṉṟaṉa."* Vaittiyanātaṉ 1995a, 12.

Die *Grundsätzlichen Lehren* erklären diese Konzeption am Beispiel der menschlichen Sinnesorgane wie folgt:

> „Wenn es im Körper keine Augen, Ohren, Nase etc. gibt, können die Seelen nichts wissen; wenn es diese Entitäten in der Welt nicht gibt, dann können jene nichts empfinden. Nur um des Wissens der Seelen Willen erschafft Gott aus Mitgefühl daher diese Welt und diesen Körper aus Maya und gibt ihn den Seelen.“[130]

Augen, Ohren, Nase und die anderen Sinnesorgane sind Mittel für die Seelen, physiologische Wahrnehmungen zu erleben und dadurch Wissen zu generieren. Genau aus diesem Grund benutzt Gott *Maya*, um den Seelen eine Welt (*puvaṉam*, Skt. *bhuvana*) zu erschaffen, die genussvolle Wahrnehmung (*pōkam*, Skt. *bhoga*) zu schenken, einen Körper (*tāṇu*, Skt. *tanu*) zur Verfügung zu stellen und diesem Sinnesorgane (*karaṇam*, Skt. *karaṇa*) zu geben. Da die ewige Existenz aller drei grundlegenden Entitäten im Saiva Siddhanta ein unhintergehbares Faktum darstellt, also die fundamentale Trennung der Seelen von Gott und ihre gleichzeitige Fesselung schlicht die ontologische Grundkonstellation ist, kann Gott daran nichts ändern. Allerdings kann er versuchen, den Seelen den Weg zur Erlösung, durch Entkräftung der Wirkung von *Pasam*, zu bereiten. Einer der zentralen Schritte Gottes ist gemäß des Saiva Siddhanta daher die Schöpfung der materiellen Welt inklusive der menschlichen Körper aus *Maya*. Dies ist ausdrücklich ein Akt des gnadenvollen Mitgefühls (*karuṇai*, Skt. *karuṇā*)[131] Gottes für die Seelen und ihren Zustand, wie die *Grundsätzlichen Lehren* mit Bezug auf den kanonisch-unkanonischen Text des *Sivagnana Mapadiyam* feststellen.[132]

Die bisherigen Ausführungen zur *Maya*-Konzeption des Saiva Siddhanta haben sich schwerpunktmäßig mit ihrer immanent-materiellen Form, die sich aus der Schöpfungshandlung Gottes aus dem energetischen Urstoff des *Maya-Mala* ergibt, befasst. Dieser Gnadenakt um der Seelen willen betrifft allerdings bei genauerer Betrachtung der Ausführungen des Saiva Siddhanta lediglich einen Teil der „effektiven Maya“, also der aus ihr hervorgehenden Produkte (*attuvā*, Skt. *adhvan*). Diese lassen sich nun wiederum in zwei Arten aufspalten, namentlich die sogenannte „reine Maya“ (*cuttamāyai*) und die „unreine Maya“ (*acuttamāyai*). Die Ausarbeitung dieser beiden Arten von *Maya* liefert der Saiva Sid-

---

130 „*uṭalil uḷḷa kaṇa, mūkku, cevi mutaliyaṉa illāviṭṭāl, uyirkaḷ oṉṟaiyum aṟiyamuṭiyātu; ulakapporuḷkaḷ illāviṭṭāl avai oṉṟaiyum nukara muṭiyātu. āka, uyirkaḷukku aṟivu viḷakkam ēṟpaṭum poruṭṭē iṟaivaṉ, karuṇai kāraṇamāka ivvulakaiyum ivvuṭailayum māyaiyiliruntu paṭaittu uyirkaḷukku vaḻaṅkiyuḷḷāṉa.*“ Vaittiyanātaṉ 1995a, 13.

131 „*karuṇai*“ hat sowohl im Tamil als auch im Sanskrit weitere ähnliche Konnotationen wie „Mitleid“, „Gnade“, „Güte“ oder „Milde“.

132 Vaittiyanātaṉ 1995a, 13.

dhanta in Form der „Erklärung der 36 Tattvas" (*muppattāṟu tattuva viḷakkam*).

Die Lehre der 36 Tattvas

Der Name „Tattva" (*tattuvam,* Skt. *tattva*) gehört auch in anderen philosophischen Traditionen zu den Konzepten, anhand derer die materielle Realität des Kosmos erklärt wird. Insbesondere in der Denkschule des Samkhya ist diese Lehre prominent formuliert worden, wobei hierbei von der Existenz von 25 *Tattvas* ausgegangen wird.[133] Der Saiva Siddhanta kennt hingegen 36 *Tattvas*, deren Bearbeitung in orientalistischen Debatten seit Mitte des 19. Jahrhunderts nachweisbar ist.[134] Eine ausführliche Verteidigung von sivaitischer Seite des speziellen *Tattva*-Verständnisses des Saiva Siddhanta als alleiniges Produkt von *Maya,* vor allem gegen Vertreter von Samkhya und modernem Vedanta, findet sich bereits bei Nallaswami Pillai im frühen 20. Jahrhundert.[135] Gemäß der Lesart des Thiruvavaduthurai Adhinam kann man die Bedeutung des Wortes *Tattva* anhand seiner beiden Wortteile erklären: „*tat-*" bedeutet „Vorhandensein" (*uḷḷatum*) und „*-tuvam*" entspricht „Beschaffenheit" (*taṉmai*). *Tattva* bedeutet also etwa „wahre Existenz, wie sie ist."[136]

Die *Tattva*-Lehre des Saiva Siddhanta gestaltet sich sehr ausführlich und wird auch in den *Grundsätzlichen Lehren* und anderen Publikationen des Studienprogramms detailreich beschrieben.[137] Hier sollen allerdings lediglich die zentralen Annahmen herausgearbeitet werden, die zum allgemeinen Verständnis des bisher Gesagten beitragen. Die „effektive Maya", bestehend aus den 36 *Tattvas*, gliedert sich in zwei Hauptteile. Wichtig ist hierbei festzuhalten, dass es sich bei dieser „effektiven Maya" immer um durch Gott bereits beeinflusste „ursächliche Maya" handelt. Dieser Einfluss wird, wie schon angedeutet, nie von Gott direkt ausgeübt, da er grundsätzlich nicht unmittelbar mit den anderen Entitäten in Verbindung tritt. Das geschieht immer durch seine Energie *Sakti.* Auf den Bereich der „reinen Maya" entfallen gemäß der Zweiteilung der *Maya* lediglich die ersten fünf *Tattvas*, die auch „Siva-Tattvas" (*civa-tattuvam*) genannt werden, weil sie von Gott als Instrumente eingesetzt werden, um die Seelen zu beeinflussen. Mit ihrer Hilfe kann Gott als Siva seine fünf funktionalen Handlungen ausführen. Diese fünf ersten *Tattvas*, die als

133 Vgl. Jacobsen 2012b.

134 Hoisington 1854c.

135 Nallaswami Pillai 1911h.

136 Vgl. „*uḷporuḷ; uḷatām taṉmai; uṇmai*" Vaittiyanātaṉ 1995b, 47. Ähnlich auch definiert bei Veḷḷaivāraṇam 2010a, 1.

137 Vgl. Vaittiyanātaṉ 1995a, 73–88; Kuñcitapātam 2014, 119–129. Für ein übersichtliches graphisches Schaubild der 36 *Tattvas*, siehe Kuñcitapātam 2014, 129.

außerordentlich fein beschrieben werden, bringen beispielsweise Worte, Buchstaben, Welten, Körper, Genußobjekte, Organe und nicht zuletzt die übrigen 31 *Tattvas* hervor. An dieser Aufstellung ist bereits zu erkennen, dass die *Tattva*-Konzeption weit über eine rein stoffliche Interpretation von Materialität hinausgeht.

Den ersten fünf *Tattvas* folgen sieben weitere, die aus der „unreinen Maya" hervorgehen, die im Saiva Siddhanta Kurs des Thiruvavaduthurai Adhinam als „Purusha-Tattvas" (*puruṭa-t tattuvam*, Skt. *puruṣa tattva*) bezeichnet werden.[138] Zu ihnen gehört unter anderem die Zeit (*kāla-t tattuvam*) als Element, das die Früchte des *Karma* bringt sowie weitere fünf *Tattvas*, die die seelischen Qualitäten des Wissens, Verlangens und Handelns beeinflussen.[139] Die gemeinsame Bezeichnung *Purusha-Tattva* bildet dann den siebten dieser zweiten Gruppe von *Tattvas*, die als feinstoffliche Verbindung mit der Seele deren Eintritt in die immanentmaterielle Welt als *Pasu/Anma/Atman* bedingt.

Auf die immanente Seele beziehen sich dann die etwas konkreteren verbleibenden 24 *Tattvas*, die dementsprechend auch den Sammelnamen „Anma-Tattvas" (*āṉma-t tattuvam*) tragen. Diese schließen zum einen auch „klassische" Elemente wie beispielsweise Luft (*vāyu*), Wasser (*nīr*), Erde (*nilam*), Feuer (*tī*) oder materielle Körper ein, zum anderen aber auch weniger greifbare Dinge wie Äther (*ākāyam*), Schall (*ocai*), Geschmack (*cuvai*), Geruch (*maṇam*) oder die fünf Sinne (*ñāṉēntiriyaṅkaḷ*). Diese 24 helfen den Seelen konkret bei der Wissensproduktion. Letztlich sind aber, aufgrund der inhärenten Beziehungen der *Tattvas* zueinander, alle 36 notwendig für die Seelen, um das erforderliche Wissen zu generieren und den Weg der Erlösung zu beschreiten.

Die Lehre der 36 *Tattvas* ist, wie auch die Artikulationen des Thiruvavaduthurai Adhinam nahelegen, in etlichen kanonischen Schriften des Saiva Siddhanta und kleineren Kommentar-Texten (*kaṭṭaḷai*) entworfen worden. Als klassische und systematische Darstellung wird jedoch dezidiert das *Unmai Neri Vilakkam* verstanden.[140] Die *Tattva*-Konzeption des Saiva Siddhanta ist im Sinne des Saiva Siddhanta Studienprogramms jedoch keine leere philosophische Übung des detailreichen Ausbuchstabierens aller möglichen, noch so feinstofflichen, Formen von Wirklichkeit. Vielmehr ist die genaue Kenntnis der 36 *Tattvas* von zentraler Wichtigkeit, um die umfassende Gnade Gottes überhaupt realisieren zu können. Da sich die Seelen nämlich von Anfang an zunächst vollkommen inaktiv im Zustand umfassender Unkenntnis befunden hätten, könnten sie

---

[138] Vgl. auch Vaittiyanātaṉ 2010, Frage III., 8.

[139] Namentlich handelt es sich neben der Zeit hierbei um *„niyati-tattuvam", „kalai-t tattuvam", „vittai-t tattuvam"*.

[140] Vgl. das Hilfsbuch des Studienprogramms zu diesem Thema, Veḷḷaivāraṇam 2010a.

– beispielsweise als Teilnehmende der Kurse – durch das Studium der *Tattvas*, die Gott kontinuierlich aktiv einsetzt, besser verstehen, welche „unendliche Hilfe" (*aḷaviṭa muṭiyāta utavi*) Gott dadurch allen Menschen zuteil werden lässt. Damit ließe sich auch für Menschen die eigentlich unerkennbare Natur des Mitgefühls Gottes erahnen: „Wir können so auch realisieren, wie dankbar wir Gott für seine große Hilfe sein müssen."[141]

2.4. Das Verhältnis der ewigen Entitäten zueinander: Allgegenwart auf dem Weg zum Wissen

Aus den bisher dargelegten Konzeptionen des vom Thiruvavaduthurai Adhinam propagierten Saiva Siddhanta ist deutlich geworden, dass die ontologische Grundkonstellation von drei beziehungsweise fünf fundamentalen Entitäten als unhintergehbare Vorannahme gelten muss. Da alle fünf ungeschaffen und ewig existieren, kann niemand, einschließlich Gott, für die daraus resultierenden Folgen, etwa für die Seelen, verantwortlich gemacht werden. Im Folgenden sollen nun die Verhältnisse der Entitäten untereinander nochmals zusammengefasst und ergänzt werden.

Hierfür muss betont werden, dass sich die Verhältnisse der Entitäten zueinander, die zentral um die Frage des Wissens kreisen, vor einer ontologischen Konstellation der Allgegenwart abspielen. Der Kategorie des Wissens, beziehungsweise die Möglichkeiten zum Wissenserwerb für die Seelen, kommt dabei eine absolute Schlüsselrolle zu, um das endgültige Ziel der Erlösung zu erreichen. Der Saiva Siddhanta geht davon aus, dass sowohl Gott als auch die Seelen und die Fesselung ewig und ungeschaffen sind. Gott ist allerdings dabei eine Vollkommenheit zu eigen (*muḻuniṟaivu*), die von der Existenz der Seelen und Fesselung nicht betroffen ist. Dies wird auch nicht dadurch gemindert, dass die drei Entitäten zusätzlich noch allgegenwärtig, alles durchdringend und grenzenlos (*viyāpakam*) sind. Diese gleichzeitige und grenzenlose Gegenwart aller drei Entitäten löst für den Saiva Siddhanta allerdings keineswegs Widersprüche aus, geschweige denn wird eine Entität durch die Existenz der anderen geschmälert. Die *Grundsätzlichen Lehren* erklären dieses Prinzip mit Hilfe zweier Bilder aus dem *Tiruvarudpayan* und dem *Kodkkavi* Umapatis. Hierfür ist eine anteilige Differenzierung alles Existierenden in „grobe Form" (*tūlapporuḷ*) und „feine/subtile Form" (*cūkkumapporuḷ*) notwendig:[142]

---

[141] „*ivvaḷavu pērutavikaḷai-c ceytuvarum iṟaivaṉukku, evvaḷuvu naṉṟi-k kaṭappāṭu uṭaiyavarkaḷāka nām irukku vēṇṭum eṉpatai itu namakkuṇarttukiṟatu.*" Vaittiyanātaṉ 1995a, 88.

[142] Vaittiyanātaṉ 1995a, 18–19.

Am Beispiel von warmem Wasser könne beobachtet werden, dass dieses einerseits in seiner groben Form physisch begrenzt ist. Seine feine Form, die subtile Qualität von Wasser im Allgemeinen, namentlich „Kühle" (*taṉmai*) aber, sei nicht begrenzt, obwohl sie im Wasser gleichermaßen existiere. Die zweite Analogie, die die Überzeugung der grenzenlosen, gleichzeitigen und ewige Allgegenwart der Existenz der Entitäten beschreibt, rekurriert auf das das Zusammenspiel von Licht und Dunkelheit. So sei Dunkelheit grundsätzlich und immer subtil vorhanden, auch wenn wir uns als Beobachter im Licht befänden. Erst wenn das Licht sich entferne, könne man das Vorhandensein der Dunkelheit wahrnehmen – und umgekehrt. Ähnlich verhalte es sich mit den feinen Entitäten von *Pati*, *Pasu* und *Pasam*. Alle könnten nebeneinander und gleichzeitig ohne physische Grenzen gegenwärtig sein. Denn „die drei Entitäten, von denen der Saiva Siddhanta spricht, sind alle je feine Entitäten. Sie existieren ewig und alle haben eigene Qualitäten."[143] Diese sind oben im Detail dargestellt worden.

Vorläufig kann an dieser Stelle festgehalten werden, dass die ontologisch-kosmologische Grundannahme der Lehre des Saiva Siddhanta Studienprogramms des Thiruvavaduthurai Adhinam als „Wahrheit der drei Entitäten" vertreten wird. Gott/*Pati*, die Seelen/*Pasu* und die Fesselung/*Pasam*, letztere einschließlich ihrer drei Bestandteile *Anava-Mala*, *Karma-Mala* und *Maya-Mala*, sind gemäß diesem Glaubenssatz als Entitäten alle ewig, unerschaffen, allgegenwärtig und gleichzeitig existent. Sie haben aber unterschiedliche Eigenschaften, die sich qualitativ vor allem in Bezug auf ihre Möglichkeit, Wissen zu akkumulieren, massiv unterscheiden. Während Gott sowohl allwissend als auch absolut selig ist, besitzen die Seelen zumindest geistige Fähigkeiten sowie Sinnesorgane und können daher potentiell erlöst werden. Die Fesselung ist gänzlich nicht-intelligent und völlig unempfindsam.

Die Saiva Siddhanta Lehre im Studienprogramm sieht die Begründung für diese grundsätzliche ontologische Konzeption durch eine dezidierten „Seins-Lehre" oder „Lehre der Existenz" (*caṟkāriya vātam*) im Saiva Siddhanta erklärt.[144] Diese wird in der Regel auf das 1. Sutra des *Sivagnana Botham* und seine Erklärung zurückgeführt und basiert auf einer Logik von Ursache und Wirkung (*kāraṇa – kariya*). Konkret gipfelt diese Lesart in dem Postulat, dass etwas, das existiert, nicht Nichts werden kann, und dass etwas, das existiert, nicht aus Nichts entstehen kann. Da

---

[143] „*caivacittām kūṟum aṉaittu-p poruḷkaḷum tam aḷavil cūkkuma-p poruḷkaḷē ākum. avai anātiyē uḷḷaṉa eṉpatu avaṟṟiṉ taṉittaṉmaiyai-k koṇṭē kūṟappaṭukiṉṟatu.*" Vaittiyanātaṉ 1995a, 18–19.

[144] Vgl. Vaittiyanātaṉ 2010, Fragen III. 6.

die Existenz der drei beziehungsweise fünf Entitäten das fundamentale Axiom des Saiva Siddhanta Denkens bildet, wird aus jener Gesetzmäßigkeit gefolgert, dass alle Entitäten dementsprechend auch nie gänzlich verschwinden.[145] Wie schon angedeutet wurde, schließt diese Überzeugung eine prinzipielle Veränderlichkeit etwa von Materie oder des gefesselten Zustands der Seelen beziehungsweise der Wirkungsmacht der Grundübel nicht aus. Das Potential zur Veränderung bedeutet aber nicht, dass die jeweilige und ewige Existenz einer der Entitäten – oder ihre allgemeinen Eigenschaften – grundsätzlich in Frage stehen.

Anava, Karma und Maya als notwendige Übel für die Seelen

Die Existenz der drei *Malas Anava, Karma* und *Maya* stellt eine unhintergehbare Annahme des Saiva Siddhanta dar und wird in der „Seins-Lehre" nochmals bestätigt. Deshalb kann Gott auch nicht verhindern, dass die Seelen sich mit den drei ursächlichen Grundübeln verbinden. Zwar ist er selbst nicht direkt von ihnen betroffen, aber ihren Gesetzmäßigkeiten in Hinblick auf die Seelen ist er ebenfalls unterworfen. Letztere sind vor allem durch ihre Unwissenheit von Gott getrennt. Der Grund des initialen Nicht-Wissens liegt im *Anava-Mala* begründet. Dieses stößt damit den Prozess des *Karma* an, das als *Karma-Mala* unausweichlich zu dieser Kausalität führt. Gott überwacht diesen Vorgang letztlich nur und stellt sicher, dass er korrekt abläuft. Die energetische Existenz des *Maya-Mala* nutzt Gott schließlich, um indirekt, also durch *Sakti*, daraus für die Seelen Körper und Welten zu schaffen. Diese sind zwingend erforderlich, das entscheidende Wissen zu generieren, um die Distanz zu Gott positiv beeinflussen zu können.[146]

Zentral ist für den Saiva Siddhanta gemäß der Lehre des *satchitananda,* dass es sich bei den Seelen um intelligente, also wissensfähige Entitäten handelt. Da aber die Seele nur eine „einfache Intelligenz" (*a̱rivu eḷiya*) besitzt, ist es notwendig, dass sie diese etappenweise auf dem Wissensweg zur Erlösung erweitert. Dieser Fortschritt ist laut den *Grundsätzlichen Lehren* mit der Entfaltung der Intelligenz eines Kindes (*vaḷaru vaḷaru a̱rivu viḷakkam pe̱rum oru ku̱lantaiyin*) zu vergleichen, die sich kontinuierlich im Verlauf des Lebens entwickelt. Eine vollkommenes Wissen von Beginn an würde, so die *Grundsätzlichen Lehren*, die Seelen genauso überfordern, wie die Zulassung eines 10-jährigen zur Doktorarbeit.[147] Daher behält Gott in seinem Verhältnis zum Wissen der Seelen

[145] Vaittiyanātan̲ 1995a, 9 und 24–25.
[146] Vgl. auch Interview mit Kuñcitapātam & Tirucci̱r̲rampala Tampirān̲ 2012.
[147] Vaittiyanātan̲ 1995a, 16.

dieses stufenweise Vorgehen bei und versucht nicht, die Seelen von einer Assoziation mit den *Malas* abzuhalten, selbst wenn er es könnte:

„Da die Seele Schritt für Schritt lernt, kann Gott ihr nicht vollkommenes Wissen schenken. Auf diese Weise lehrt der Saiva Siddhanta die »Prozesshaftigkeit«. Daher verhindert Gott nicht die feste Verbindung der Seele mit dem ewigen Mala.“[148]

Die Fesselung der Seelen hat also einen disziplinarischen oder Erziehungscharakter, der den Seelen helfen soll. Da diese Fesselung der Seelen impliziert, dass sich jene nur entsprechend der Bedingungen der anderen Entitäten entwickeln können, mit welchen sie verbunden sind, ist ihre Wissensfähigkeit und ihr Wissenserwerb (*a̱rivu viḷakkam*) direkt an nichtintelligente Entitäten, wie etwa an die Sinnesorgane, gekoppelt. Um diesen Prozess überhaupt zu ermöglichen, nutzt Gott aktiv die *Malas,* aufgrund seines Mitgefühls mit den unerlösten Seelen.

Aus der bisherigen Analyse ist offensichtlich, dass die Lehre des Saiva Siddhanta einen philosophischen Schwerpunkt auf die Zentralität des Wissens (*a̱rivu*) legt. Dieses Wissen ist, wie bereits bereits bei der Unterscheidung von *Vidya*- und *Gnana*-Guru angedeutet, kategorisch von göttlichem Wissen oder göttlicher Weisheit (*ñā̱nam,* Skt. *jñāna*) zu differenzieren, die lediglich von Siva selbst beziehungsweise mittelbar durch göttlich inspirierte Lehrer weitergegeben werden. Die Seelen können dies anteilig lediglich in der Erlösung erfahren. Der Weg dorthin führt allerdings nur über die Akkumulation „weltlichen Wissens“ (*a̱rivu,* Skt. *vidyā*). Es ist dabei zu beachten, dass das Saiva Siddhanta Studienprogramm im Selbstverständnis des Thiruvavaduthurai Adhinam sowohl das notwendige „weltliche Wissen“ vermittelt, als auch über den Gurumaha Sannidhanam Anschluss an das „göttliche Wissen“ bietet. Diese Konzeptionalisierung des Bereichs des Wissens in zwei kategoral unterschiedliche Formen ist in indischen philosophischen Schulen durchaus verbreitet. Die frühesten differenzierten Ausformulierungen dieser Unterscheidung finden sich in den Upanishaden und der Bhagavadgita. Mit der Verbindung zwischen Wissen und Erlösung haben sich später dann vor allem Mimamsa und Vedanta befasst, wobei insbesondere Sankaras Advaita Vedanta, aufbauend auf den Upanishaden, Wissen um die absolute und eigentliche Einheit von Gott und Seelen zur zentralen soteriologischen Kategorie erhoben hat. Im modernen Advaita Vedanta Swami Vivekanandas bildet, ebenfalls angelehnt an die Upanishaden, der „Weg

148 „*paṭippaṭiyāka a̱rivu viḷakkam pe̱rum uyirkku ata̱n vāṅkum ti̱ra̱nukku ē̱rpavē, i̱raiva̱n a̱rivu viḷaṅka-c ceykiṟā̱n. immu̱raiyai-c caiva cittāntam, »cōpā̱namu̱rai« e̱na-k ku̱rippiṭukiṉṟatu. e̱navētā̱n, uyir anātiyē malattai-p pa̱ṟṟutalai i̱raiva̱n taṭukkavillai.*“ Vaittiyanāta̱n 1995a, 16.

des göttlichen Wissens“ (Skt. *jñānamārga*) – neben der eigenen Kategorie der innerlichen und wissenschaftlich belegbaren „religiösen Erfahrung“[149] – den wohl höchststehenden von drei möglichen Erlösungswegen.[150]

Auch im tamilischen Kontext wurde die Fragen nach den unterschiedlichen Wissenskategorien seit dem frühen 20. Jahrhundert diskutiert. Der einflussreiche Politiker, Jurist und Missionskritiker Sir Ponnambalam Ramanathan (*Poṉṉampalam Irāmaṉātaṉ*) (1851–1930) aus Sri Lanka, der im späten 19. Jahrhundert die USA bereist und dort Vorträge gehalten hatte sowie enge Verbindungen zur Theosophischen Gesellschaft unterhielt, hat in seinem 1906 in New York erschienen Werk „The Culture of the Soul among Western Nations“ dieses Thema behandelt.[151] Dieses Buch stellt in erster Linie eine Auseinandersetzung mit biblischen Ideen dar, die mit dem Denken indischer Denkschulen verglichen werden. Das vierte Kapitel dieses Buches („The Key of Knowledge or The Fundamental Experiences of The Sanctified in Spirit“)[152] befasst sich ausführlich mit dem – von ihm als allgemeine indische Überzeugung dargestellte – Konzept von *Gnana* als „göttliches Wissen“ sowie den Funktionen eines *Gnana*- und *Vidya*-Gurus. Erstere sind für ihn erlöste Seelen oder „Jivanmuktas“ und können als lebende Beispiele für das entscheidende göttliche Wissen fungieren.[153] Zentral für den tamilisch-sivaitischen Kontext ist in diesem Zusammenhang, dass Ponnambalam Ramanathan seine Ausführungen auf die Veden und *Agamas* gründet und mit zahlreichen Zitaten aus den sanskritischen Upanishaden und der Bhagavadgita sowie mit Versen aus den *Tirumurai* und von Tayumanavar anreichert. Ponnambalam Ramanathan, der wohl großen Einfluss auf den eng mit dem Thiruvavaduthurai Adhinam verbundenen Siddhanta-Gelehrten Arumuka Navalar hatte,[154] galt in den reformistischen Saiva Siddhanta Kreisen des frühen 20. Jahrhunderts als durchaus umstritten, da er von vielen Siddhantins als Vertreter des Vedanta gesehen wurde. Dies zeigen

---

[149] Vgl. u.a. Bergunder 2016, 110–111.

[150] Vgl. Flood 2012. Flood schätzt in diesem Kontext interessanterweise für den Saiva Siddhanta die Relevanz von Wissen für die Erlösung als sehr gering ein. Diese Beobachtung deckt sich in keiner Weise mit den hier untersuchten Lehren des modernen Saiva Siddhanta.

[151] Ramanathan 2007.

[152] Abgedruckt in Ramanathan 1988.

[153] „*In India those who have the »Key« called »Knowledge of God« are known as* ***Jnanis****, or Knowers of the Truth or Wisdom; and the Light, Wisdom, or Knowledge they posses is* ***Jnanam****. They are also called* ***Jivanmuktas****, or Freed Ones, freed from bondage to folly or corruption or ignorance.*“ [Herv. i. O.] oder „*Of all teachers, the* ***Jnana-guru*** *is acknowledged to be the greatest Unlike [sic] the* ***Vidya-guru****, who imparts knowledge on any given secular subject;*“ [Herv. i. O] Ramanathan 1988, 1 bzw. 3.

[154] Vgl. Schalk 2010, 117.

die Berichte zur ersten populären Saiva Siddhanta Konferenz 1906 in Chidambaram auf der auch Nallaswami Pillai und Maraimalai Adikal zu den Hauptrednern gehörten.[155] Nichtsdestotrotz fungierte er als Präsident dieser Veranstaltung[156] und sein Text zur Konzeptionalisierung von *Gnana* und *Vidya* wurde, in einer Saiva Siddhanta Anthologie des Dharmapuram Adhinam Ende der 1980er Jahre nochmals abgedruckt.

Dies gilt ebenfalls für den Beitrag des – wohl wegen seines brahmanischen Hintergrunds – in Vergessenheit geratenen Siddhanta-Gelehrten A. Raghava Aiyar (*A. Rakava Aiyar*), der 1910 und 1911 in der von christlichen Missionaren herausgegebenen Zeitschrift „Madras Christian College Magazine" zwei Aufsätze veröffentlichte. Einer dieser Texte („Knowledge and Conduct According to Saiva Siddhanta") behandelt zum einen die Frage des „weltlichen Wissens" der Seelen, das Raghava Aiyer als prozessual versteht und in „Wissen um die materielle Welt" (hier: „pasa-gnana") und „Wissen um die intelligente Seele" („pasu-gnana") aufspaltet.[157] Zum anderen beschreibt er „göttliches Wissen" („pati-gnana") als intuitive Erfahrung und unmittelbare Realisierung von Wirklichkeit, die aber nur auf der Gnade Gottes beruhen kann:

„Dieses [göttliche] Wissen ist nicht mühsam und zögerlich. Der direkte Vorgang göttlicher Gnade macht alles Wissen das durch Maya [die materielle Welt und die

---

[155] In der Zeitschrift „Siddhanta Deepika" wurde P. Ramanathan nicht nur eine 8-seitige Biographie gewidmet, sondern auch sein emotionaler Redebeitrag ausdrücklich gelobt. Allerdings wurden dort auch seine vedantischen Ansichten zumindest hinterfragt: „*But the President's speech surpassed them all. We had all heard that he was an able speaker in English, but his speeches in Tamil surprised us all no little. His diction was pure and simple and elegant and he showed himself a master in the handling of it. Several of the speakers spoke very well indeed. The President expounded his view of Vedanta and Siddhanta but it was not very clear and he assured us however, that his view of Vedanta was not that of Mayavada. He quoted the text from Tirumantra and proceeded to say that it was inexplicable how the Jivatma of the nature of Sivam came to be bound.* ***There might be a slight difference in the way the text is read by Mr. Ramanadan and ourselves, and at any rate we feel certain that the Siddhanta never postulates that the supreme Sivam became bound, and any view opposed to this can never be reconciliable with the Siddhanta.*** *Among followers of Sankara, some do raise the question. »How the Perfect became the imperfect« and some do not raise the question and such views have been dealt with elsewhere by Mr. Nallaswami Pillai. In all other respects, in his plea for a higher life and the means for attuning it, we fully endorse his views. And the sincerest thanks of the whole Saiva public is due to the Hon'ble Gentleman for his having undertaken all the trouble to come over from Ceylon and for his having so ably presided at the sittings of the Conference.*" [Herv. RK] Anonymus 1910, 323.

[156] Vgl. auch Vaitheespara 1999, 388.

[157] Raghava Aiyar 1994a, 128–130.

Körper] erlangt wurde überflüssig, und die Person die dieses Wissen erreicht hat ist ein Gnani oder Weiser."[158]

Zusammenfassend kann festgehalten werden, dass es sich auch in der heutigen Betrachtung des Thiruvavaduthurai Adhinam bei *Anava-*, *Karma-* und *Maya-Mala* letztendlich und ausdrücklich um „notwendige Übel" handelt. Ihr Einfluss ist nicht zu verhindern und zeitigt die Folge der Fesselung der Seelen. Diese Fesselung ist aber absolut unabdingbar, damit die Seelen Wissen erlangen können. Der Wissensweg der Seelen ist mit dem Weg zur Erlösung gleichzusetzen und er schließt die Erkenntnis über die Wahrheit und Wirkung der *Malas* explizit ein. Der göttlich geförderte Lernprozess ist aber laut Saiva Siddhanta keinesfalls als Zwangsläufigkeit zu verstehen, da den Seelen aufgrund ihrer Eigenschaften hierin eine gewisse Handlungmacht erhalten bleibt. Es muss aber abschließend abermals betont werden, dass dies nicht bedeutet, dass die Anhäufung von Wissen direkt zur Erlösung führt. Diese stellt, durch die Schenkung von *Gnana*, einen Gnadenakt Gottes dar, welcher durch richtiges Verhalten der Seelen lediglich vorbereitet werden kann.

Die Beziehung Gottes zu den Seelen als „Advaita"

In den bisherigen Betrachtungen ist deutlich geworden, dass Gott im Saiva Siddhanta, aufgrund seines großen Mitleids und Mitgefühls mit den unerlösten Seelen, die verschiedenen Teile der Fesselung einsetzt, um den Seelen aktiv zu helfen. Damit ist Gott durch seine handelnde Energie *Sakti* auch mit den Entitäten der Fesselung verknüpft, ohne identisch mit diesen oder von ihnen in irgendeiner Form betroffen zu sein.[159] Dieser Einsatz für die Seelen ist eine Beziehung des Mitgefühls und lässt sich noch besser verstehen, wenn das grundsätzliche Verhältnis Gottes zu den Seelen näher betrachtet wird. Der Saiva Siddhanta geht, wie bei der Erläuterung der Eigenschaften Gottes angedeutet, davon aus, dass diese Relation als „eins sein" (*oṉṟāy*), „unterschiedlich sein" (*vēṟāy*) und „verbunden sein" (*uṭaṉāy*) verstanden werden muss. Da die Seelen von sich aus nicht in der Lage sind, in Beziehung zu Gott zu treten, sondern zunächst erzwungenermaßen in Bezug zu den *Malas* stehen, geht die Kontaktaufnahme immer von Gott aus.

Im Saiva Siddhanta und explizit in den *Grundsätzlichen Lehren* ist es üblich, die Beziehung Gottes zu den Seelen mit dem Namen „Advaita"

---

[158] „*Such knowledge is not laborious and faltering. The direct operation of Divine grace supersedes the knowledge received through* ***maya****, and the person who possesses such knowledge is the* ***gnani*** *or seer.*" [Herv. i. O.] Raghava Aiyar 1994a, 131.

[159] Vaittiyanātaṉ 1995a, 20–22.

(*attuvitam*, Skt. *advaita;* wörtl. etwa „Nicht-Zweiheit") zu versehen. Dies ist insofern bemerkenswert, als dass es sich hierbei um einen sehr bekannten Namen handelt, der in den Debatten um Hindu-Traditionen seit den letzten 150 Jahren eine äußerst bedeutende Rolle spielt. Mehrfach ist bisher auf den Einfluss der indischen Philosophie des Advaita Vedanta, insbesondere in ihrer modernen Ausprägung seit dem 19. Jahrhundert, Bezug genommen worden, die bis heute das weltweite Verständnis von Hinduismus prägt. Die Vertreter des Saiva Siddhanta Studienprogramms des Thiruvavaduthurai Adhinam versuchen sich, wie unter anderem an den Beispielen des Verständnisses der göttlichen Qualität von *nirguna* und der *Pasam*-Konzeption bereits gezeigt, immer wieder von genau dieser Tradition abzugrenzen. Dies hat zum einen damit zu tun, dass Saiva Siddhanta hier stets als die ultimative Lesart des Hinduismus präsentiert wird, die nicht nur alle Hindu-Traditionen in sich einschließt und sich in Form eines hierarchisierenden Inklusivismus als deren eigentlich Erfüllung versteht. Darüber hinaus stellt die Schule des Advaita Vedanta, wie die vorliegende Untersuchung zeigt, den philosophischen Hauptgegner des Saiva Siddhanta dar, den es abzulehnen oder zu widerlegen gilt. Als solcher verbleibt (moderner und globaler) Advaita Vedanta damit aber gleichzeitig der wichtigste Referenzpunkt der Auseinandersetzung, was seine große Bedeutung durch explizite Abgrenzung unterstreicht.

Der namensgebenden *Advaita*-Konzeption (*attuvita-k koḷkai*) des Advaita Vedanta werden in den *Grundsätzlichen Lehren* verschiedene Argumente gegenüberstellt, deren Richtigkeit durch die textuelle Autorität des *Sivagnana Siddhiyar* belegt werden. Ohne die Vedanta-Tradition beim Namen zu nennen, werden den Interpretationen „anderer Religionsvertreter" (*pir̲a camayavātikaḷ*) grobe Fehler unterstellt, die sich nicht mit einer logischen Vorgehensweise in Einklang (*kāraṇakāriya iyaipu*) bringen ließen. Eine nähere Erklärung jener Lehren wird von den Adhinam-Vertretern als kontraproduktiv eingeschätzt, da sie zu viel „Verwirrung" (*kul̲appam*) stiften würde.[160] Erwähnenswert ist allerdings, dass die Philosophen des Advaita Vedanta immerhin durch ihre Beschreibung als Religionsvertreter (*camayavātikaḷ*) in den Bereich von „*camayam*" einbezogen werden, also in die Sphäre der verwandten Religion.

Dies bedeutet aber nicht, dass die Vertreter des Adhinam nicht auf die Inkonsistenz der *Advaita*-Lehre des Vedanta hinweisen würden. Die erwähnte „Mängelliste" liest sich wie folgt: erstens nähmen die Vertreter des Advaita Vedanta an, dass Gott alleine eine ewige Entität sei und alle

[160] „*avarkaḷ kūr̲um tattuva viḷakkam palavēr̲u kul̲appaṅkaḷai-k kiḷippuvan̲a; en̲avē, avar̲r̲ai-k kur̲ittu namatu camaya-t tattuvaṅkaḷai-t teḷivatar̲kāka el̲utappaṭṭa innūlil, ētum kur̲ippiṭa-p per̲avillai.*" Vaittiyanātan̲ 1995a, 23.

anderen Entitäten von ihm erschaffen würden. Sie wüssten daher zweitens nicht um die ewige Existenz des *Anava-Mala*, das die Unwissenheit der Seelen eigentlich hervorruft. Durch diese Missachtung ergibt sich drittens, dass Anhänger des Advaita Vedanta nicht in der Lage sind, die Gründe des Leides der Seelen auf logische Weise (*pakuttar̲ivukka ēr̲pa*) erklären zu können. Abschließend verstehen jene viertens nicht, dass die Seelen nicht von Gott erschaffen worden sind.[161]

Teilte man die Annahmen der Advaita Vedanta Lehre, die letztendlich von einer monistischen Einheit Gottes und der Seelen ausgeht, ergäben sich laut Saiva Siddhanta verschiedene Probleme. Diese würden vor allem die mitfühlende Rolle Gottes in Frage stellen. So könnte hier schwerlich erklärt werden, wie ein gerechter und mitfühlender Gott zum einen unerlöste Seelen erschaffen und diese dann zum anderen durch Unwissenheit selbst fesseln könnte. Wie oben gezeigt wurde, löst der Saiva Siddhanta dieses Problem durch seine Lehre der drei ewigen Entitäten, innerhalb derer Gott weder für die Existenz von Seele noch die der Fesselung verantwortlich ist. Gerade die Nicht-Geschaffenheit der Seelen und damit ihr Verhältnis zu Gott stellt für die *Grundsätzlichen Lehren* den größten Unterschied der eigenen *Advaita*-Konzeption zur Advaita Vedanta Lesart dar: „Weil es die Überzeugung der anderen Religionsvertreter ist, dass die Seelen von Gott erschaffen wurden, ist die [deren] Lehre von Advaita auch unterschiedlich."[162]

Entgegen der *Advaita*-Interpretation des Advaita Vedanta, die eben nur eine einzige Entität, namentlich Gott, annimmt, benennen die *Grundsätzlichen Lehren* das eigene Verständnis als „reines/wahres Advaita" (*cuttāttuvitam*). Dieses beschreibt das Verhältnis zwischen Gott und den Seelen als zwei unterschiedliche Entitäten auf eigene Weise:

> „Saiva Siddhanta lehrt, dass Gott eins mit den Seelen, unterschiedlich von und zusammen mit ihnen ist, und dass dies »reines Advaita« heißt. Das Wort *Advaita* bedeutet die Qualität, untrennbar verbunden zu sein, selbst wenn es sich um zwei Entitäten handelt. *Dvaita* heißt die Qualität von Zweiheit; *Advaita* ist die Qualität von zwei Entitäten, die miteinander eng verbunden sind." [Herv. RK][163]

---

[161] „*pir̲a camayavātikaḷ kaṭavuḷ maṭṭumē anāti poruḷ en̲r̲um mar̲r̲apporuḷkaḷ an̲aittaiyum kaṭavuḷē paṭattār en̲kir̲an̲ar. uyirkaḷukku ar̲iyāmaiyai-c ceyyum āṇavamala uṇmaiyai avarkaḷ ar̲iyāmalirukkir̲ārkaḷ. atan̲kāraṇamāka, uyirkaṭku varum tun̲paṅkaḷukku en̲n̲a kāraṇam en̲patai-p pakuttar̲ivukku ēr̲pa viḷakka muṭiyāmalirukkir̲ārkaḷ. uyirkaḷ, kaṭavuḷāl paṭaikkappaṭavillai en̲n̲um uṇmaiyaiyum avarkaḷ ar̲iyavillai.*" Vaittiyanātan̲ 1995a, 23.

[162] „*uyirkaḷai-k kaṭavuḷāl paṭaikkappaṭavillai en̲n̲um koḷkaiyai mar̲r̲a camayavātikaḷ koḷvatāl, avarkaḷ kūrum attuvita-k koḷkai vēr̲uvitamāka uḷḷatu.*" Vaittiyanātan̲ 1995a, 23.

[163] „*ivvār̲u ir̲aivan̲, uyirōṭu on̲r̲āy vēr̲āy uṭan̲āy nir̲parai caiva cittāntam »cuttāttuvitam« en̲a-k kūr̲ukin̲r̲atu. attuvitam en̲r̲a collukku-p poruḷ iraṇṭāka iruntālum, vēr̲u vēr̲u in̲r̲i-k kalantu nir̲kum tan̲mai en̲r̲u poruḷ. tuvitam – iraṇṭutan̲mai; attuvitam – iraṇṭu poruḷkaḷum kantu nir̲kum tan̲mai.*" Vaittiyanātan̲ 1995a, 20.

Anhand dieser Passage wird das „wahre Advaita" des Saiva Siddhanta deutlich, indem nämlich diese Konzeption die unterschiedliche Existenz der beiden Entitäten, also Gott einerseits und Seelen andererseits, anerkennt und den Zustand ihrer engstmöglichen Verbindung als *Advaita* versteht. Hierbei lösen sich allerdings die Seelen nicht in der Existenz Gottes auf, sondern bleiben bestehen, wenngleich diese Verbindung so innig ist, dass beide fast wie eine einzige Entität wirken. Dies wird zusätzlich durch die Bedeutung des Wortteils „Dvaita" (*tuvitam,* Skt. *dvaita*) als „Zweiheit" erklärt.

Die Saiva Siddhanta Konzeption von *Advaita* ist der klassische Ort, an dem die Vertreter dieser Philosophie versuchen, die expliziten Unterschiede insbesondere zu den Schulen des Vedanta herauszuarbeiten. Zwar finden sich in den kanonischen Schriften des tamilischen Saiva Siddhanta seit Meykandas *Sivagnana Botham* eindeutige Hinweise auf eine eigenständige *Advaita*-Interpretation, die auch in etlichen Beiträgen des frühen 20. Jahrhunderts zitiert werden. Allerdings ist der heutige Fokus auf *Advaita* als dezidierte Besonderheit des Saiva Siddhanta wohl auf diese modernen Debatten zurückzuführen. Der global erfolgreiche Vedanta seit Ende des 19. Jahrhunderts bildete für die prominenten tamilischen Fürsprecher des Saiva Siddhanta einen ständigen Referenzrahmen.[164] Besonders Nallaswami Pillai bekämpfte den spürbaren Einfluss des modernen Advaita Vedanta auch in Tamil Nadu, den er meist als „idealistischen Monismus" („idealistic monism") bezeichnete. Er versuchte die Deutungshoheit für den Namen „Advaita" des Advaita Vedanta, der in einem Zusammenspiel von orientalistischer Repräsentation und indischer Selbstdarstellung zur Kernphilosophie des Hinduismus erhoben wurde,[165] zu brechen und dieser eine siddhantische Lesart entgegenzustellen.

In zahlreichen Beiträgen zu den zeitgenössischen Religionsdebatten versuchte er zu zeigen, dass der tamilische Saiva Siddhanta, den er alternativ auch als „Saiva Advaita Siddhanta" bezeichnete, die wahre Interpretation von *Advaita* darstellte.[166] Paradigmatisch geschah dies in einer Rede, die er 1909 im Rahmen einer von der vedantischen „Vivekananda Society" organisierten Religionskonferenz in Kalkutta hielt. Sein Beitrag mit dem programmatischen Titel „The Saiva Religion and Saiva Advaita Siddhanta Philosophy"[167] versuchte den oben bereits erwähnten Sanskrit-Kommentar zum Vedanta-Sutra des Srikantha gegen die wesentlich bekanntere Schule des Sankara als eigentliches Erbe der Upanishaden in Stellung zu bringen. Srikanthas sivaitische Lehre, bekannt unter dem

---

164 Einführend zum modernen Vedanta, siehe Bartley 2012b; King 2002.

165 Vgl. hierzu u.a. Bergunder 2012a; Nehring 2013; King 2002, 118–142.

166 Vgl. u.a. explizit in Nallaswami Pillai 1911c.

167 Nallaswami Pillai 1911f.

Namen „Siva-Advaita", die er durch ausführliche Bearbeitung orientalistischer Werke rezipierte, sah er im tamilischen Saiva Siddhanta trotz Anerkennung kleinerer Differenzen fortgeführt und zur Vollendung gebracht.[168] Nallaswamis Kritik am modernen Advaita Vedanta, die er hier explizit mit christlichen Autoren teilte, kulminierte in der Ablehnung des *Advaita*-Verständnis des modernen Vedanta, das die ultimative Einheit von Gott und Seele postuliert, indem er festhielt: „Gott ist *verschieden* von den Seelen. [...] [A]lle Religion und Moral ist dem Tod geweiht, wenn wir die Seele als identisch mit Gott ansehen." [Herv. i. O.][169] Die positive Bestimmung von „Advaita" liest sich bei Nallaswami, der sich hierbei auf das *Sivgnana Botham* und das *Sivgnana Mapadiyam* bezog, wie folgt: „Advaita, was wörtlich nicht zwei bedeutet, verneint schlicht die Trennbarkeit oder Zweiheit von Gott, Seele und Materie, aber behauptet nicht Einheit".[170] Diese Ansicht verdeutlichte Nallaswami Pillai mit Rückgriff auf eine Analogie der Funktion von Vokalen und Konsonanten, die er in den Upanishaden findet, und in der tamilischen Grammatik, hier als explizite Ressource philosophischen Denkens genutzt, bestätigt sieht. Zwar sind beide unterschiedlich, aber ohne einen Vokal könne ein Konsonant keine Form annehmen, da sein Klang nicht hörbar wäre. So verhalte es sich auch mit Gott und den Seelen, wobei letztere als Konsonanten zwar unterschiedlich vom Vokal, hier Gott, seien, aber nur in enger Verbindung oder Einheit mit diesem, bei gleichzeitiger Unterschiedlichkeit, wahrnehmbar.[171]

Nallaswami Pillai versuchte unter anderem, mit starkem Fokus auf die Siddhanta-Konzeption von *Advaita*, den tamilischen Saiva Siddhanta als eigentlichen Erben der vedischen Tradition und – im Sinne eines hierarchisierenden Inklusivismus[172] – als ultimative Version des Hinduismus darzustellen. Er grenzte dabei die eigene Philosophie gegen die orientalistisch/neo-hinduistisch etablierte, vermeintlich klassisch-vedantische Trias der Schulen von Advaita Vedanta, Vishishtadvaita und Dvaita unter Bezugnahme auf den relativ unbekannten Kommentar von Srikantha ab. Dass diese Lesart in den sivaitischen Debatten durchaus verbreitet war, zeigt ein Beitrag des oben bereits erwähnten Raghava Aiyar. Ein 1910 in einer christlichen Missionszeitschrift veröffentlichten Aufsatz trägt den Titel „Saiva Siddhanta or Suddha-Advaita"[173] und nennt Saiva Siddhanta

[168] Vgl. Bergunder 2010, 38–39.

[169] „*God is* ***other*** *than the soul. [...] all religion and morality are sure to die, when we regard the soul the same as God.*" Nallaswami Pillai 1911g, 306.

[170] „*Advaita, literally meaning not two, simply denies the separability or duality of God and soul and matter, but does not postulate Oneness*" Nallaswami Pillai 1911f, 310.

[171] Nallaswami Pillai 1911f, 311. Vgl. Bergunder 2010, 48–49.

[172] Siehe hierzu auch explizit Nallaswami Pillai 1911b.

[173] Raghava Aiyar 1994b.

nicht nur, wie die *Grundsätzlichen Lehren,* „Suddha Advaita", also „wahren Advaita", sondern macht die Vorstellung von *Advaita* in dezidierter Abgrenzung zu den drei oben genannten populären Vedanta-Schulen zu einer Schlüssellehre des Saiva Siddhanta: „Tatsächlich bildet die Bedeutung von *Advaita* [...] das zentrale Thema des ganzen Systems." [Herv. i. O.][174] Diese Ansicht wird auch in Beiträgen europäischer und amerikanischer Autoren des 20. Jahrhunderts weiter iteriert.[175] Raghava Aiyar beruft sich in seiner Darstellung nicht nur wie Nallaswami Pillai auf den sanskritischen und tamilischen Kanon des Saiva Siddhanta und die Ergebnisse orientalistischer Forschung, sondern auch auf Srikantha. Im heutigen Saiva Siddhanta wird ein zu starker Bezug zu Srikantha allerdings eher abgelehnt.[176] Sowohl Nallaswami Pillai als auch Raghava Aiyar richten sich aber deutlich gegen die orientalistische Annahme, der moderne Vedanta repräsentiere nicht nur das wahre Verständnis von *Advaita*, sondern von Hinduismus im Allgemeinen. Es gibt durchaus Hinweise, dass der Fokus auf die *Advaita*-Interpretation des Saiva Siddhanta seit dem frühen 20. Jahrhundert durchaus eine Neuerung darstellte, die der Auseinandersetzung mit dem globalen Advaita Vedanta geschuldet war. Im 1863 vom waliser Missionar Thomas Foulkes ins Englische übersetzten „Sivaitischen Katechismus" („A Catechism of the Shaiva Religion") des publizistisch sehr aktiven Tamil-Gelehrten Kanchi Sabhapati Mudaliyar (*Kāñcipuram Capāti Mutaliyār*), der unter anderem die kanonischen *Tevaram*-Hymnen und das *Periyapuranam* publiziert hatte,[177] wird der Erlösungszustand („*the highest state*") noch als „vollständige Identität" („*complete identity*") und „vollkommene Einheit mit Gott" („*perfect oneness with God*") beschrieben.[178] Im Übrigen listet Sabhapati Mudaliyar als Autoritäten des Sivaismus die Veden, die *Agamas*, die *Puranas* sowie die *Sastras*. Als *Sastras* versteht er aber nicht die kanonischen 14 Siddhanta-Werke, sondern „Vedanta", „Vaisheshika", „Patta", „Prabakara", „Purva-Mimamsa" und „Uttara-Mimamsa".[179] Dies

---

[174] „*In fact, the meaning of* ***advaita*** *[...] forms the central topic of the whole system.*" Raghava Aiyar 1994b, 152.

[175] Vgl. u.a. Piet 1952, 58–63. Durch den Dharmapuram Adhinam 1984 nochmals gedruckt auch als Piet 1984.

[176] Vgl. den Kommentar der Herausgeber der Anthologie des Dharmapuram Adhinam, in der Raghava Aiyars Text 1994 nochmals erschien: „*The description of Saiva Siddhanta as Siva-advaita is misleading. The school of Siva-advaita is different from that of Saiva Siddhanta. Nilakantha [Srikantha], the commentator of the Brahma Sutras is an exponent of Siva-advaita. Appayya Dikshitar belongs to this school. It is, however, to be borne in mind, that a close connection subsists between these two schools.*" Raghava Aiyar 1994b, 185, Editor's Notes 1.

[177] Vgl. Weiss 2015, 18.

[178] Mudaliyar & Mudaliyar 1863, 16.

[179] Mudaliyar & Mudaliyar 1863, 2–6.

ist zumindest ein Indikator für die Annahme, dass die *Advaita*-Lehre (und der Kanon!) des Saiva Siddhanta im tamilischen Sivaismus bis ins 19. Jahrhundert unterschiedlich gedeutet wurde.

Um das nuancierte *Advaita*-Verständnis des Saiva Siddhanta noch deutlicher zu machen, bedienen sich die Vertreter des Adhinam-Studienprogramms in den *Grundsätzlichen Lehren* einer klassischen Erklärung, die in verschiedenen kanonischen Schriften auftaucht. Hierbei wird zudem ersichtlich, dass sich das *Advaita*-Verhältnis nicht nur auf die Beziehung Gottes zu denen Seelen anwenden lässt, sondern vor dem Hintergrund der Allgegenwart aller drei Entitäten auch auf die der Seelen zu ihren jeweiligen Körpern. Denn auch diese beiden könnten nicht genau voneinander getrennt werden, da sich die Seele immer im ganzen Körper befände. Somit sind auch diese beiden Entitäten eins, unterschiedlich und zusammen. Die Bezüge zu Gott werden nachvollziehbar, wenn das etablierte Gleichnis zur *Advaita*-Konzeption betrachtet wird. Es handelt sich dabei um das bereits bemühte Bild des menschlichen Auges, das sieht. Dieses Bild, das aus dem *Sivagnana Botham* stammt,[180] ist im heutigen Saiva Siddhanta weit verbreitet und wird immer wieder genutzt, um die Abhängigkeit der Seelen von Siva zu verdeutlichen. Das Auge ist hierbei Teil der Entität der materiellen Fesselung, die aber für die Entität der intelligenten Seele notwendig ist, überhaupt zu sehen. Dadurch, dass weiterhin angenommen wird, dass der Intellekt aber das Auge steuert, erkennt man ihren Zusammenhang und ihre Differenz. Letztlich ist aber auch ein vom Intellekt gesteuertes Auge alleine nicht in der Lage zu sehen, ohne dass die Sonne ihre Strahlen sendet, die das Licht in das Auge transportiert und es wahrnehmen lässt. Die Sonne ist in diesem Bild Gott, ihre Strahlen seine Energie *Sakti*. Somit ist klar, dass die Seele über ihren Intellekt mit dem Auge verbunden ist, ohne identisch zu sein. Sie braucht aber schließlich die Sonnenstrahlen, also die göttliche Energie, um zu funktionieren. Dies ist analog zu der Verbindung, die Gott zu den Seelen aufnimmt. Die *Grundsätzlichen Lehren* belegen diese Zusammenhänge mit einem Zitat aus dem *Sivaprakasam* Umapatis: „Körper – Seele, Auge

[180] Das Gleichnis aus dem *Sivagnana Botham* ist seit der zweiten Hälfte des 19. Jahrhunderts auch im englischsprachigen Diskurs bekannt, wie John Murdochs Katalog zu gedruckten tamilsprachigen Werken von 1865 zeigt. Murdoch zitiert bei seiner Anmerkung zum *Sivagnana Botham* aus der Übersetzung H. R. Hoisingtons (Hoisington 1854a) zwei charakteristische Verse aus dem Werk. Der zweite Vers ist der Beginn des 11. Sutras und eine Formulierung dieses Bildes: „*As the soul enables the eye, which has the power of sight, to see, so Sivan looks upon the soul, when it has escaped from the control of its body, and become pure, and shows himself to it. In this way he gives his sacred foot to the soul, so that it will never cease to love.*“ Murdoch 1865, 135.

– Sonne, Intellekt – Licht, das ist Advaita als integraler Bestandteil des Saiva Siddhanta."[181]

Dieses Bild Umapatis wird weiterhin in den *Grundsätlichen Lehren* eingesetzt, um die *Advaita*-Konzeption des Saiva Siddhanta von den Schulen des kashmirischen Sivaismus und abermals des Vedanta abzugrenzen.[182] Die klassischen Debatten letzterer sind unter anderem davon geprägt, die Lehren von „abeda" (*apētam*, Skt. *ābheda*) als „eins sein" oder Einheit Gottes mit den Seelen, „beda" (*pētam* Skt. *bheda*) als „unterschiedlich sein" oder Unterschied zwischen Gott und den Seelen, sowie „beda-abeda" (*pētāpētam*, Skt. *bhedābheda*) als „verbunden aber unterschiedlich sein" oder Verbindung und Unterschiedlichkeit der beiden zu bestimmen.[183] Die *Grundsätzlichen Lehren* adaptieren die Reklamation aller dieser Bestimmungen durch die Lesart Umapatis, die Nallaswami Pillai ebenfalls vornimmt und so begründet hat:

> „Es muss an dieser Lesart etwas Besonderes geben, das es möglich macht, all diese verschiedenen Beziehungsarten oder Aspekte anzuerkennen und dabei dennoch nicht widersprüchlich zu sein und als ein harmonisches Ganzes zu erscheinen. Und es ist diese besondere Beziehung die nicht leicht definiert oder beschrieben werden kann, die mit dem Wort »Advaita« bezeichnet wird."[184]

Der führende Adhinam-Gelehrte Kunjithapatham hat, als er die Seelen-Lehre des Saiva Siddhanta erläuterte, das gleiche Bild „Körper – Seele, Auge – Sonne, Intellekt – Licht" benutzt. Er bezog sich dabei allerdings auf das *Unmai Vilakkam* des Manavacakam Kadantar. Die zentrale Aussage des *Unmai Vilakkam* in diesem Kontext sei durch ein dort auftauchendes Gleichnis verständlich.[185] Die Seele werde dort ebenfalls mit dem menschlichen Auge verglichen, welches, selbst wenn es absolut gesund und funktionsfähig ist, nichts von sich aus sehen könne, sondern dafür immer auf Sonnenlicht angewiesen sei. Genauso verhalte es sich, laut *Unmai Vilakkam* und dessen gängiger Interpretation, mit der

---

[181] „*uṭal – uyir, kaṇ – arukkaṉ, aṟivu – oḷi pōl piṟr varum attuvitam ākum caiva cittānta-t tiṟaṉ.*" Vaittiyanātaṉ 1995a, 20.

[182] Vgl. u.a. Lawrence 2012; Lipner 2012b; Hopkins 2012.

[183] Vaittiyanātaṉ 1995a, 20.

[184] „*There must be something peculiar in this view which makes it possible to admit of all these different relationships or aspects, and yet not be self-contradictory, and to appear as one harmonious whole. And it is this peculiar relation which cannot be easily defined or described, that is denoted by the word »Advaita«.*" Nallaswami Pillai 1911c, 248–249.

[185] Hierbei handelt es sich um die Verse 28 und 29, hier nach der ersten englischen Übersetzung von J. M. Nallaswami Pillai zitiert: „*28. »Out of thine undiminished grace, hast thou shown me my nature. Explain to me Thy own Imperishable Form.« »As the sun enables the eye to see, so we will enlighten you and your intelligence. 29. Know more. The senses cannot understand the soul.« So, also do we enlighten you without your being able to perceive us.*" Nallaswami Pillai 1902, SD V., 11.167.

menschlichen Seele. Diese sei ohne Gott, der in diesem Bild die Sonne darstellt, und seine Gnade, hier das Sonnenlicht, nicht aus sich heraus in der Lage, das nötige Wissen auf dem Weg zur Erlösung zu generieren. Die Seele bleibt damit letztendlich und vollständig auf die Gnade Gottes angewiesen.[186]

Dieses subtile Angewiesen-Sein der Seelen kann auch durch ein weiteres Bild aus dem *Sivagnana Botham* verdeutlicht werden, welches die *Grundsätzlichen Lehren* ebenfalls erwähnen. Hierbei handelt es sich um den Vergleich der Seelen mit Meerwasser. Dieses ist zwar salzig, jedoch ist das Salz im Wasser nicht sichtbar, obwohl es überall im Wasser vorhanden ist. Um Meerwasser zu sein, muss es aber notwendigerweise Salz enthalten, es ist also logischerweise vom Salzgehalt abhängig. Ebenso verhält es sich mit Gott, der hier, wie Salz im Meerwasser, den Seelen überall präsent ist. So sind die Seelen untrennbar mit Gott verbunden und vollständig von ihm abhängig.[187]

Der Name *Advaita*, dessen Besonderheit Kunjithapatham auf Tamil „*uyirku uyir*" („zusammen mit der Seele") nennt, beschreibt also eine besondere Lehre des Saiva Siddhanta, die sich letztendlich auf alle Beziehungen der ewigen Entitäten untereinander anwenden lässt. In modifizierter Form gilt die *Advaita*-Konzeption nämlich, wie gesehen, auch für das Verhältnis Gottes zur Fesselung, wie für die Relation der Seelen zur Fesselung. Hier wurde beispielhaft der Fokus auf die Betrachtung des *Advaita* zwischen Gott und Seelen gelegt, da Siddhanta-Vertreter seit dem frühen 20. Jahrhundert, und ganz ähnlich auch die des heutigen Studienprogramms, dieses als prominenten Ort nutzen, um sich dezidiert von „anderen Religionsvertretern", gemeint sind die des Advaita Vedanta, abzugrenzen. Entsprechend hat sich auch der Siddhanta-Aktivist Siva Mathavan aus Pondicherry, der ein vom Adhinam autorisierter Redner zum Saiva Siddhanta ist, hierzu geäußert. Zwar läge der erkennbare phi-

---

[186] In diesem Bild verhält sich die Seele zu Gott wie der materielle Körper (z. B. das Auge oder die Ohren) zur Seele. Auch der Körper benötigt, um etwas wahrnehmen zu können, die Hilfe der Seele, die wiederum von der Gnade Gottes abhängig ist: „*there is a poem in Unmai Vilakkam, even if one forgets the other poems, this poem should never be forgotten. The message given by the poem is: how the light enables the eye to see all the things around us. See, even if our eyes are free from all defects, our eyes cannot see things without the help of sunlight, isn't it? This is the position of the āṉmās, the souls. Each soul, if it comes to know anything, God shows it, like the sunlight, then only the soul can come to know anything. The soul cannot get knowledge by itself. [...] Similarly, these material bodies cannot realize anything, but we are able to realize. But only with the help of God's grace. [...] So it has come to know that the eye cannot see and the ear cannot hear by themselves. Only the soul makes the eye to see, makes the ear to hear. In the same way, Lord Siva makes the soul to know anything. Without the help of the souls, our sense-organs cannot know anything.*" Interview mit Kuñcitapātam & Tiruccirrampala Tampirāṉ 2012.

[187] Vaittiyanātaṉ 1995a, 48.

losophische Unterschied zwischen Advaita Vedanta und Saiva Siddhanta eigentlich in der genauen Vorstellung der Erlösung, weswegen etwa eine öffentliche Auseinandersetzung mit den Vertretern des Advaita Vedanta im Sinne einer Hindu-Ökumene wenig hilfreich wäre. Allerdings müsse auch festgehalten werden, dass in der Vedanta-Tradition schlicht ein falsches *Advaita*-Verständnis vorherrschen würde, denn: „Wie könnte die Seele überhaupt Seligkeit erfahren, wenn sie immer schon mit Gott vermischt oder eins mit ihm ist? Advaita Vedanta lügt."[188]

3. Wege zur Erlösung, die Verehrung Gottes und der Nutzen des Saiva Siddhanta

In den bisherigen Betrachtungen ist immer wieder vom „Weg der Erlösung" gesprochen worden, den die Seelen im Rahmen der durch die Fesselung gezeitigten Folgen und unter der Einflussnahme Gottes beschreiten können. Dabei konnte gezeigt werden, dass der Kategorie des Wissens – etwa um die Natur Gottes oder die notwendigen Übel der drei *Malas* – hierbei eine zentrale Rolle zukommt. Im Folgenden sollen daher erstens die vom Saiva Siddhanta des Thiruvavaduthurai Adhinam propagierten Erlösungswege unter Berücksichtigung ihrer Vermittlung durch geeignete Gurus dargelegt werden. Zweitens wird gezeigt, welche konkrete Praxis vom Studienprogramm empfohlen wird, diese Erlösungswege einzuschlagen. In einem dritten Schritt soll beleuchtet werden, wie sich der Saiva Siddhanta die Erlösung genauer vorstellt, bevor viertens der Nutzen der Beschäftigung mit Saiva Siddhanta erörtert wird. Diese Ausführungen speisen sich aus unterschiedlichen Artikulationen der Vertreter des Adhinam-Kurses sowie, besonders im letzten Punkt, auch aus Stimmen der Teilnehmenden des Programms.

3.1. Erlösungswege und die Wichtigkeit des Gurus

Bei der obigen Analyse des Adhinam-Studienprogramms, seines Lehrplans und der Bedeutung der kanonischen Literatur für den praktischen Unterricht ist bereits angeklungen, dass der Weg zur Erlösung oder „Mukti" (*mutti*, Skt. *mukti*) im Saiva Siddhanta zwingend über die Figur eines Lehrers, also eines Gurus, führt. Dieser ist nicht nur als *Vidya*-Guru

---

[188] *„How can the soul experience bliss if it is already mingled or one with God? Advaita Vedanta lies."* Interview mit Mātavaṉ 2012.

für die Unterweisung in begrenztem, weltlichem Wissen zuständig oder als *Gnana*-Guru ein immanentes Medium für die Vermittlung der göttlichen Gnade. Der Guru fungiert darüber hinaus auch als derjenige, der die Initiation oder „Diksha" (*tīkkai, tīṭcai, tīkṣai,* Skt. *dīkṣā*) für die Anhänger des Saiva Siddhanta spendet. Bevor allerdings die Eigenschaften eines Gurus näher betrachtet werden, sollen die vier agamischen Erlösungswege vorgestellt werden, die der Saiva Siddhanta vertritt. Eigentlich gäbe es, so erläutert der Dozent der Zweigstelle des Studienprogramms in Pondicherry, Nedumaran, viel mehr Erlösungswege. Aber die indischen Traditionen hätten diese als vier verschiedene Richtungen klassifiziert, die eine Grobeinteilung möglich machen:

„Das ist der Punkt, an dem indische Denkschulen sehr weiterhelfen. Sie haben uns vier Wege genannt. Nicht unbedingt exakt vier, denn es gibt eine große Anzahl an Wegen, aber diese lassen sich in vier [Wege] gruppieren."[189]

Diese Aussage ist insofern interessant, da hier auf eine etablierte Einteilung in exakt vier Erlösungswege (Skt. *mārga*) rekurriert wird, die vor allem vom einflussreichen Vertreter des Neo-Advaita Vedanata Swami Vivekananda aufsteigend und hierarchisierend als „Weg des Handelns" (Skt. *karma mārga*), „Weg der Hingabe" (Skt. *bhakti mārga*), „Weg der Selbstbeherrschung" (Skt. *yoga mārga*) und „Weg des Wissens" (Skt. *jñāna mārga*) popularisiert wurde.[190] Diese Konzeptionalisierung stellt nicht nur ein Verschiebung beziehungsweise Erweiterung im Vergleich zu den „klassischen" Erlösungswegen des im modernen Hinduismus – etwa S. Radhakrishnans und M. K. Gandhis[191] – äußert einflussreichen Textes der Bhagavadgita dar, der lediglich drei mögliche Wege kennt. Vielmehr wurden durch die global wirkungsmächtigen Ideen des modernen Vedanta die tamilischen Traditionen – und damit der Saiva Siddhanta – in den Debatten um 1900 als Ausdruck nur eines dieser Wege, namentlich des *bhakti*-Weges, marginalisiert. Daher überrascht es wenig, dass bereits Nallaswami Pillai versucht hat, dieses Bild zu korrigieren, indem er eine überlegene Lehre von den vier Erlösungswegen des Saiva Siddhanta vertrat. Die grundsätzliche Anzahl von vier agamischen Wegen muss seit Mitte des 19. Jahrhunderts im tamilisch-sivaitischen Diskurs diskutiert worden sein, wie ihre Erwähnung in den beiden 1854 und 1863 erschienen „sivaitischen Katechismen" von Arumuka Navalar[192] und

---

[189] „*Here is were the Indian schools of thought help a lot. They gave you four routes. Not exactly four, since there are an ample number of routes, but they are grouped into four.*" Interview mit Neṭumāraṉ 2012.

[190] Vgl. Bergunder 2010, 50.

[191] Für eine globalgeschichtliche Perspektive auf die Bedeutung der Bhagavadgita in Debatten um Hinduismus seit dem 19. Jahrhundert siehe Bergunder 2006; 2014.

[192] Nāvalar 1910, 13.

Sabhapati Mudaliyar zeigt. Die englische Übersetzung des Werkes von Sabhapati Mudaliyar, der sich vorher schon durch die Publikation einiger *Tevaram*-Hymnen hervorgetan hatte, beschreibt die vier in den *Agamas* gelehrten Wege als „vier Arten des religiösen Lebens, namentlich 1.) Religiösen Dienst, 2.) Religiöse Zeremonien, 3.) Religiöse Kontemplation, 4.) Spirituelle Weisheit"[193] und in den weiteren Ausführungen mit den gleichen tamilisierten Sanskrit-Namen, die Nallaswami Pillai später ebenfalls verwendete, als 1.) „Charita" (*cariyai*, Skt. *caryā*), 2.) „Kriya" (*kiriyai*, Skt. *kriyā*), 3.) „Yoga" (*yōkam*, Skt. *yoga*) und 4.) „Gnana" (*ñāṉam*, Skt. *jñāna*).[194] Diese Darstellung ist zunächst nicht mit der, etwa im modernen Vedanta vorgenommenen, Klassifikation von Saiva Siddhanta als reiner *bhakti*-Weg vereinbar. Wie im folgenden Abschnitt noch gezeigt werden soll, offeriert der Saiva Siddhanta eine eigene Interpretation all dieser Wege als *bhakti*, mit der sich in Sabhapati Mudaliyars „vier Arten des religiösen Lebens" in Einklang bringen lassen.

Nallaswami bezog sich in seiner Darstellung explizit auf Vivekanandas Ansichten und sah in dessen vier Wegen die Parameter einer Universalreligion, wenngleich er diese abermals im Saiva Siddhanta wahrhaft transportiert sah: „Es ist im moderne Sivaismus[195] und in der Saiva Siddhanta Philosophie, wo dieser vierteilige Aspekt von Religion und Philosophie voll und ganz bewahrt ist."[196] Nallaswamis inklusive und progressive Darstellung dieser Wege benannte er mit Sanskrit-Begriffen als „Weg des Dieners" (Skt. *caryā/dāsa mārga*), „Weg des Kindes" (Skt. *kriyā/putra mārga*), „Weg des Freundes" (Skt. *yōkam/saha mārga*) und als „wahren Weg" (Skt. *ñāṉam/san mārga*). Letzterer ist dabei aber eigentlich kein Weg, sondern markiert die endgültige Erlösung. Die vier von Nallaswami vertretenen Wege führte er unter anderem auf die *Agamas* zurück und stellte fest, dass sie grundsätzlich für jeden Menschen offen stehen, wobei sich die jeweilige Verfolgung eines solchen Weges nach der intellektueller Konstitution des Anhängers richtet.[197] Ähnliche

---

193 *„of the four kinds of religious life, namely, 1. Religious services, 2. Religious ceremonies, 3. Religious contemplation, 4. Spiritual wisdom;"* Diese Aufzählung ist die explizite Antwort auf die *Frage „What special doctrines of the Shaiva religion are taught in the Agamas?"* Mudaliyar & Mudaliyar 1863, 6–7. Kamil Zvelebil geht davon aus, dass Kanchi Sabhapati Mudaliyar ein Lehrer von Ramalinga Adikal gewesen sei. Rick Weiss hat allerdings darauf hingewiesen, dass es hierfür keine Belege gibt, vgl. Weiss 2015, 5, Fn 14.

194 Vgl. Mudaliyar & Mudaliyar 1863, 8–15.

195 „Moderner Sivaismus" steht in den Äußerungen um 1900 für die tamilische Saiva Siddhanta Tradition seit Meykanda, im Gegensatz etwa zu den *Tirumurai* und vor allem den sanskritischen Traditionen.

196 *„[I]t is in modern Saivism and in the Siddhanta Philosophy, this fourfold aspect of Religion and Philosophy is wholly and fully preserved."* Nallaswami Pillai 1911g, 128.

197 Nallaswami Pillai 1911d; 1911f, 312. Vgl. auch Bergunder 2010, 49–50.

Ansichten vertritt, wie im Folgenden gezeigt wird, der Thiruvavaduthurai Adhinam in seinem Studienprogramm seit Ende des 20. Jahrhunderts.

Die vier agamischen Erlösungswege

Die *Grundsätzlichen Lehren* verhandeln die vier Erlösungswege des Saiva Siddhanta unter der Überschrift „Die Art der Verehrung" (*vaḻipaṭum muṟai*, auch *cātaṉa iyal*). Dass jene Erlösungswege direkt mit der Verehrung Gottes zusammenhängen, erklärt sich aus der oben erläuterten Position des Saiva Siddhanta, die in der Verehrung oder Anbetung Sivas die ultimativ „gute Handlung" sieht, da sie im expliziten Bewusstsein für Gott geschieht. Die vier Wege, die gesammelt auch als „Wege der Siva-Tugenden" (*civapuṇṇiya neṟikaḷ*) bezeichnet werden, tragen folgende Sanskrit-Namen in tamilischer Umschrift, die in den *Agamas* vorkommen: „Sariya" (*cariyai*, Skt. *caryā*), „Kriya" (*kiriyai*, Skt. *kriyā*), „Yoga" (*yōkam*, Skt. *yoga*) und „Gnana" (*ñāṉam*, Skt. *jñāṇa*). Die spezielle Bedeutung dieser Namen im Saiva Siddhanta wird für den Adhinam mit Hinweis auf das *Sivagnana Siddhiyar* wie folgt fixiert:[198]

„Sariya bedeutet physische Verehrung."[199] Diese umfasst konkret die rituelle Umrundung des Tempels, die Gabe von Blumen für rituelle Zwecke an den Tempel, oder das Helfen bei der Reinigung des Tempels. Zusammengefasst steht *Sariya* also für den Einsatz des eigenen Körpers als Teil der Verehrung Gottes, hier vor allem als Leistung für den baulichen Komplex, der seiner Anbetung dient. „Kriya ist die Verehrung mit der Stimme."[200] Dazu gehört beispielsweise die Wiederholung der heiligen fünf Buchstaben, dem sivaitischen Mantra „Si-Va-Ya-Na-Ma", die tägliche Rezitation der *Tirumurai* oder die Erklärung der *Tirumurai* für andere. Hierbei handelt es sich um verbale Anbetung. „Yoga steht für die Verehrung durch den Geist."[201] Diese schließt unter anderem die Meditation einer göttlichen Form als innerliche *Puja* sowie das stille Aufsagen der heiligen fünf Silben mit Hilfe der Gebetskette des *Rudraksha* mit ein. Dieser Weg ist einer der mentalen Anbetung.

[198] Hierbei handelt es sich um das 8. Sutra des *Sivagnana Siddhiyar Supakkam*. Im Text von Arulnandi tauchen die Erlösungswege als „*tātamārkkam*", „*cakamārkkam*", „*caṟputramārkkam*" und „*caṉmārkkam*" auf. Die Bezeichnungen „*cariyai*", „*kiriyai*", „*yōkam*", und „*ñāṉam*" erscheinen in der Interpretation Nallaswami Pillais eher als Praktiken. Vgl. Nallaswami Pillai 1948, 153–162.

[199] „*cariyai eṉpatu, uṭalāl vaḻipaṭuvatu.*" Vaittiyanātaṉ 1995a, 89.

[200] „*kiriyai eṉpatu vāyiṉāl vaḻipaṭuvatu.*" Vaittiyanātaṉ 1995a, 89.

[201] „*yōkam eṉpatu maṉattiṉāl vaḻipaṭuvatu.*" Vaittiyanātaṉ 1995a, 89.

„Wenn man alle drei Formen der Verehrung ausführt, dann wird Gott uns mit Gnanam erhellen."[202] Der Weg des *Gnana* steht also lediglich Seelen offen, die schon einen gewissen, gereiften Zustand durch die anderen drei Verehrungwege erreicht haben. In dieser Phase wirkt Gott durch erlöste Seelen, die sogenannten „Gnanis" (*ñāṉi*) oder „Jivanmuktis" (*cīvaṉmuttar*), und tritt den Menschen ausdrücklich in der Gestalt eines Gurus gegenüber, der auch eine menschliche Form annehmen kann. Hieraus folgt für die praktische Umsetzung des Weges des *Gnana*: „Deshalb ist die Verehrung erlöster Seelen selbst, die den Status eines Gurus haben, die Anbetung durch Gnana."[203]

Bei erster Betrachtung der vier etablierten Erlösungswege des Saiva Siddhanta wird abermals deutlich, warum die Seelen einer immanenten Welt und materieller Körper bedürfen. Diese sind nicht nur notwendig, um Wissen zu generieren, sondern es ist, wie die Beispiele von *Sariya*, *Kriya* und *Yoga* zeigen, eine menschliche Geburt erforderlich, um das akquirierte Wissen in konkrete körperliche, verbale und geistige Verehrung Gottes umzusetzen.[204] Der Dozent Nedumaran hat darüber hinaus – ähnlich wie Nallaswami Pillai – darauf hingewiesen, dass die Wahl des jeweiligen Weges absolut individuell ist. Nicht jeder ist in der Lage, sich mit anspruchsvoller Philosophie zu beschäftigen. Daher sind physische Arbeit im oder am Tempel, das Rezitieren der heiligen fünf Silben, das Abhalten von *Pujas* oder das Praktizieren von Yoga und Meditation alles Möglichkeiten der Verehrung Gottes, die den Neigungen und Fähigkeiten verschiedener Menschen entsprechen können. Letztlich führen aber alle diese Vorgehensweisen, wenn richtig gehandhabt, zum Weg des *Gnana*:

> „Alle diese Dinge, egal was man tut, sei es Sariya, Kriya oder Yoga, von wo aus und welchem Weg man folgt, Gott wird schließlich diesen Menschen Gnana geben. Sie mögen nicht unbedingt die Schriften studieren, aber was auch immer sie tun – womöglich indem sie »Si-Va-Ya-Na-Ma« singen, womöglich indem sie Dienst für den Tempel oder die Öffentlichkeit tun, womöglich indem sie Yoga oder sonst etwas praktizieren – wenn sie es auf vollendete Weise tun, werden sie das Gnana erhalten."[205]

---

[202] *„immūvakai vaḻipāṭukaḷaiyum tavaṟāmal ceytu vantāl, iṟaivaṉ namakku ñāṉattai uṇarttuvāṉ."* Vaittiyanātaṉ 1995a, 89.

[203] *„eṉavē, kurupīṭattil amarntuḷḷa ñāṉikaḷai vaḻipaṭuvatu ñāṉaneṟiyil ceyyum vaḻipāṭākum."* Vaittiyanātaṉ 1995a, 89.

[204] Vaittiyanātaṉ 1995a, 89.

[205] *„All these things, whatever you do, that Cariye, Kiriyai, Yogam all those things, wherever and whatever path you follow, God will be giving this Gnanam for these people. They might not need to go to any scriptures, they need not study all these things, but whatever they do, maybe by chanting »Si-Va-Ya-Na-Ma«, maybe doing some service in the temples or for public, maybe doing some yogam and what not. So everywhere, when they*

Die verschiedenen möglichen Wege der Verehrung müssen dabei ausdrücklich als potentielle Erlösungswege betrachtet werden. Der Weg des *Gnana* gilt zwar zweifellos als anspruchsvollster Weg oder als Erfüllung der drei vorherigen, wie ein angeführter exemplarische Vergleich, der aus einer Hymne des unkanonisch-kanonischen Tayumanavar stammt, von *Sariya* mit einer Knospe (*arumpu*), von *Kriya* mit einer Blüte (*malar*), von *Yoga* mit einer unreifen Frucht (*kāy*) und von *Gnana* mit einer reifen Frucht (*kaṉi*) zeigt.[206] Hier wird der prozessuale Charakter der verschiedenen Erlösungswege bildhaft unterstrichen. Dennoch wird gleichzeitig und eindeutig mit Rückgriff auf diese botanische Analogie festgestellt, dass der eingeschlagene Weg nicht zwangsläufig diesen Verlauf nehmen muss, sondern durchaus individuell unterschiedlich sein kann. So könnte aus medizinischer Sicht manche „Krankheit" (*nōy*) bereits durch die Einnahme der Knospe einer bestimmten Pflanze geheilt werden, für andere Krankheitsbilder sei es aber notwendig, etwa die Blüte, die unreife Frucht oder die reife Frucht zu konsumieren. Der gefesselte und damit unerlöste Zustand der Seelen wird hier, wie schon vorher ähnlich im Zusammenhang mit der Erklärung der drei *Malas* am Beispiel eines maladen menschlichen Auges, als „Erkrankung" verstanden. Dennoch wird *Gnana* aber genau deshalb als die „reife Frucht" begriffen, weil sich hierbei das Herz eines Gläubigen in einem „Zustand des Verschmelzens" (*uḷḷukurukum nilai*) befände, indem er oder sie ständig in liebevoller Hingabe (*aṉpu*) über die Gnade Gottes nachsinnen würde, wie das Zitat „Gnana ist nichts als Liebe für Gott"[207] aus dem kanonischen *Periyapuranam* nahelegen würde. Beispielhaft für die Wirksamkeit aller vier Wege stehen aber die vier „religiösen Lehrer" der tamilisch-sivaitischen Tradition, die sogenannten „großen Nalvars" (*nālvar perumakkaḷ*) Appar, Sampantar, Suntarar und Manikkavacakar, an denen Gott diese Wege aufgezeigt haben soll.[208]

Zwar unterscheiden sich also die vier Wege durch ihre metaphorische „Reife" voneinander, aber für einen „Anhänger Sivas" (*civaṉaṭiyār*) können sie doch alle den Weg zur Erlösung bedeuten. Daher drücken die *Grundsätzlichen Lehren* mehrfach diese Sicherheit unmissverständlich aus: „Auf jedem einzelnen der vier Wege, sei es Sariya, Kriya, Yoga oder

are doing it in a perfect way, they will be given this Gnanam." Interview mit Neṭumāraṉ 2012.

[206] Vaittiyanātaṉ 1995a, 100.

[207] „*ñāṉam īcaṉpāl aṉpē*" Vaittiyanātaṉ 1995a, 101.

[208] Vaittiyanātaṉ 1995a, 100–101.

Gnana, ist Erlösung sicher, wenn jene mit fester Überzeugung verfolgt werden."[209] Oder an anderer Stelle:

„Im Saiva Siddhanta wird gelehrt, dass die Menschen, die die Wege der Siva-Tugenden von Sariya, Kriya, Yoga und Gnana mit größtmöglicher Hingabe verfolgen, in dieser Geburt die Erlösung erreichen können."[210]

Damit wird klar bestätigt, dass jedem Menschen die Erlösung ausdrücklich „in dieser Geburt" (*inta-p pi̱rappilēyē*) möglich ist, egal welchen der Wege sie oder er einschlägt, wenn sie nur im richtigen Bewusstsein der „größtmöglichen Hingabe" (*uḷḷa̱npōṭu*) oder „festen Überzeugung" (*u̱raippōṭu*) ausgeführt werden. Diese Überzeugung findet sich ausdrücklich im *Sivagnana Siddhiyar*, wo es im Kommentar zum 8. Sutra – hier in der Übersetzung von Nallaswami Pillai – heißt:

„Im Siddhanta hat der höchste Siva gnadenvoll offenbart, dass er gereifte Seelen in einer Geburt zu Jivanmuktas [erlösten Seelen] machen wird, nachdem er deren Malas entfernt hat und sie in einem Ozean von Gnana badet, und sie von der Glückseligkeit kosten lässt, und sie von allen weiteren Geburten befreit, und sie unter seinen Füßen für die endgültige Erlösung platzieren wird."[211]

Die Erlösungswege unterscheiden sich aber nicht nur in ihrer praktischen Umsetzung, sondern zeichnen sich auch durch verschiedene Verhältnisse zu Gott aus. Diese lassen sich wie folgt charakterisieren:

„Auf dem Weg des Sariya ist die Beziehung zwischen Gott und uns gleich derer zwischen einem Herrn und seinem Diener. Auf dem Weg des Kriya entspricht die Beziehung der zwischen einem Vater und seinem Sohn. Auf dem Weg des Yoga kommt die Beziehung der zwischen Freunden gleich. Auf dem Weg des Gnana kommt die Beziehung der zwischen einem Guru und seinem Schüler gleich."[212]

Diese bildhafte Erklärung des Verhältnisses zwischen Gott und denjenigen, die die unterschiedlichen Wege wählen, wird an dieser Stelle mit einem Zitat aus dem *Sivagnana Siddhiyar* literarisch-kanonisch begründet. Auffällig hieran ist, dass diese vierteilige Beschreibung der Erlö-

---

[209] „*cariyai, kiriyai, yōkam, ñāṉam eṉṉum nāṉku ne̱rikaḷil ētēṉum orune̱riyil u̱raipōṭu niṉ̱ṟāl vīṭupē̱ru pe̱ramuṭiyum*" Vaittiyanātaṉ 1995a, 101.

[210] „*cariyai, kiriyai, yōkam, ñāṉam ākiya civapuṇṇiya ne̱rikaḷil uḷḷaṉpōṭu o̱luki varupavarkaḷ inta-p pi̱rappilēyē muttiyai-p pe̱ṟ̱ruviṭa muṭiyaum eṉ̱ṟu caivacittāntattil kū̱rappaṭṭuḷḷatu.*" Vaittiyanātaṉ 1995a, 104.

[211] „*In the Siddhanta, the Supreme Siva has graciously revealed that He will, even in one birth, make His devotees Jivanmuktas, after removing their Mala, by bathing them in the Ocean of Jnana and making them drink of Bliss, and freeing them of all future births, will place them under His Feet of Final Mukti.*" Nallaswami Pillai 1948, 158.

[212] „*cariyai ne̱riyil i̱raivaṉukkum namakkum uḷḷa u̱ravu mu̱rai, āṇṭāṉukkum aṭimaikkum uḷḷatu pōṉ̱ṟatu. kiriyai ne̱riyil, tanttaikkum makaṉukkum uḷḷa u̱ravu mu̱rai pōṉ̱ṟatu. yōka ne̱riyil, tō̱laṉukkum uḷḷa u̱ravu mu̱rai pōṉ̱ṟatu. ñāṉa ne̱riyil, kuruvukkum cīṭaṉukkum uḷḷa u̱ravu mu̱rai pōṉ̱ṟatu.*" Vaittiyanātaṉ 1995a, 93.

sungswege der klassischen Typologie der Verehrungsverhältnisse des südindischen *bhakti* ähnelt, wobei die letzte Stufe dort in der Regel als Verhältnis zwischen einer Liebenden und einem Geliebten beschrieben wird.[213] Das Verständnis von *bhakti* als religiösem Weg der liebenden Hingabe findet sich einflussreich in der Bhagavadgita und wurde in vielen lokalsprachlichen Traditionen ebenfalls ausformuliert. Zu den prominentesten als *bhakti*-Literatur klassifizierten Werken gehören die Hymnen der tamilisch-sivaitischen *Tirumurai*, die seit dem großen „philosophischen Lehrer" Umapatis im Saiva Siddhanta als kanonisch gelten. Von den Autoren der *Tirumurai* stehen gemeinhin vor allem die vier „religiösen Lehrer" des tamilischen Sivaismus für diese vierstufige *bhakti*-Typologie: Sampantar verehrte Gott wie ein Kind seinen Vater, Appar wie ein Diener seinen Herrn, Suntarar wie ein Freund seinen Freund und Manikkavacakar als Liebende/r den Geliebten.[214]

Die *Grundsätzliche Lehren* grenzen sich in ihrer Saiva Siddhanta Interpretation aber hier von einer solchen Lesart deutlich ab, indem darauf verwiesen wird, dass insbesondere der Weg des *Gnana* oftmals fälschlicherweise mit der Beziehung zweier Liebender verglichen wird. Ein solcher Vergleich sei aber nicht statthaft (*poruntātu*), da der „noble, gute Weg" (*naṉmārkkam*, Skt. *nanmārga*) als „richtiger Weg" (*caṉmārkkam*, Skt. *sanmārga*) der Menschen nicht mit der Beziehung zwischen männlichem und weiblichem Aspekt Gottes gleichgestellt werden dürfe. Der „richtige Weg" habe vielmehr zweifellos zum Ziel, über die Kenntnis, beispielsweise von Veden und *Agamas*, „reines, absolutes Wissen" (*parañāṉam*) zu generieren. Da es auf dem Erlösungsweg, in Übereinstimmung mit den Annahmen des Saiva Siddhanta, also primär um Wissenserwerb geht, muss der *Gnana*-Weg daher als Lehrer-Schüler-Verhältnis verstanden werden.[215]

Es muss an dieser Stelle deutlich hervorgehoben werden, dass die *Grundsätzlichen Lehren* des Saiva Siddhanta des Thiruvavaduthurai Adhinam *bhakti* an keiner Stelle konzeptionalisieren oder das Wort überhaupt verwenden. Dies könnte, wie mir Siddhantins aus Coimbatore nahelegten, daran liegen, dass die Liebe zu Gott als selbstverständlicher Teil der religiösen Praxis gesehen wird, die alle vier Erlösungs- beziehungsweise Verehrungswege durchzieht und somit für tamilische Sivaiten gar nicht mehr speziell thematisiert werden müsse. Diese Annahme lässt sich auch durch Überlegungen Nallaswami Pillais stützen, der die angedeutete Verbindung zwischen *Gnana* und *bhakti* in seinem Kommentar zum *Sivagnana Siddhiyar* klar bestimmt: „Es zeigt sich hierin kein Kon-

---

213 Cutler 1987, 1.

214 Vgl. u.a. Pechilis Prentiss 1999, 9.

215 Vaittiyanātaṉ 1995a, 93.

flikt zwischen *Bhakti* und *Gnana*." [Herv. i. O.][216] Er lehnt explizit die Bezeichnung „bhakti" für einen der Wege des Saiva Siddhanta ab und führt weiterhin aus:

„In Wirklichkeit ist Bhakti oder Liebe zu Gott in jedem Falle essentiell in allen vier Wegen, die wir oben vorgestellt haben. Es ist Liebe, die den Praktizierenden von Sariya, Kriya, Yoga oder Gnana anleitet. Ohne diese essentielle Liebe wären all ihre Handlungen reine Scheinheiligkeit. [...] Der größte Trugschluss liegt in einer Begrenzung von Bhakti und Gnana. Es besteht hier überhaupt kein Gegensatz, sondern beide bedingen und implizieren einander. Liebe ist tatsächlich die Erfüllung von Wissen. Und das höchste Gnana ist es, wenn wir wissen und anerkennen wie liebevoll Gott, wie groß seine Liebe ist."[217]

Bhakti wird also im heutigen Saiva Siddhanta ausdrücklich nicht als *ein bestimmter* Erlösungsweg verstanden, sondern ist vielmehr die allgemeine Grundvoraussetzung *aller vier* Wege. *Bhakti* ist gekennzeichnet durch das Bewusstsein der Liebe und des Mitgefühl Gottes für die unerlösten Seelen in *jeder* Handlung. Reines *bhakti* ist weiterhin das spezielle Resultat des Empfangens von *Gnana* durch göttliche Gnade im Zustand von „wahrem Advaita" und es lässt sich mit Nallaswami Pillais Kommentar zum *Sivagnana Botham* beschreiben:

„Wenn also die Seele die göttliche Gnade [hier: Arul] mehr und mehr spürt, wächst ihre Liebe zu Gott. Daher ist dies (ayarā aṉpu) unsterbliche Liebe, wahres Bhakti, das der Grund für die höchste Freude der Seele, Glückseligkeit und göttliches Wissen ist. Und in diesem Zustand von Advaita begreifen wir die wahre Bedeutung von Liebe oder Bhakti."[218]

Die oben von Nedumaran geäußerte Ansicht, es gäbe tatsächlich mehr als die hier vorgestellten vier Erlösungwege, lässt sich für den Saiva Siddhanta des Thiruvavaduthurai Studienprogramms weiter bestätigen. Denn in den *Grundsätzlichen Lehren* wird „der direkte Weg, die Erlösung zu erlangen" (*muttiyai-p peṟuvataṟku nērvaḻi*) in fünf konkreten Schritten beschrieben. Es wird dadurch deutlich, dass die vier beschriebenen klassi-

---

216 „*Herein is seen no conflict between* ***Bhakti*** *and* ***Gnanam***" Nallaswami Pillai 1984, 108.

217 „*[A]s a matter of fact, Bhakti or love of God in any sense is essential in all the four Mārgas we have indicated above. It is love that guides the Charyavan, Kriyāvan and Yogi and Jñāni. Without this essential love, all their acts would only be bare hypocrisy. [...]. The greatest fallacy underlies in containing Bhakti and Jñāna. There is no contrast at all but each one involves and implies the other. Love is in fact the fruitions of knowledge. And the Highest Jñāna is when we do know and recognize how loving God is, how great His Love is*" Nallaswami Pillai 1913, 233–234.

218 „*[S]o, as the soul feels His Arul more and more, its love of the Lord increases. So it is this (ayarā aṉpu) undying love, True Bhakti, that is the cause of the Soul's Supreme Happiness, Bliss and* ***Pathi Gnanam****. And in this* ***Adwaitha Anubava****, do we get the true definition of Love or Bhakti*" [Herv. i. O.] Nallaswami Pillai 1984, 107–108.

schen Namen der Formen der Verehrung lediglich eine mögliche Kategorisierung diese Wege darstellen und vielleicht eher als Herstellung eines Anschlusses an traditionellere und gemeinhin als „hinduistisch" verstandene Konzeptionen zu werten sind. Der „direkte Weg" zur „endgültigen Befreiung" (*vīṭupēṟu*) lässt sich nämlich durch folgende fünf Phasen darstellen:

1.) die Notwendigkeit des Studiums der *Zwölf Tirumurai* und der *14 Saiva Siddhanta Sastras*, das langsam göttliches Wissen (*ñāṉam*) offenbart; 2.) die Weitergabe des Erlernten an andere; 3.) die Behebung von Unklarheiten und das Erlernen der Feinheiten durch einen „guten Lehrer" (*nallāciriyar*); 4.) die weitere Erklärung dieser Erkenntnisse an andere auf einfache Art und Weise; 5.) das ständige weitere Nachdenken über diese „großen Fragen" (*periya poruḷ*). Wie die *Grundsätzlichen Lehren* mit Bezug auf das *Sivagnana Siddhiyar* feststellen, führt das Befolgen dieser fünf konkreten, prozessualen und kontinuierlichen Tätigkeiten dazu, dass die Seelen in die Nähe Gottes gelangen. Diese Nähe wird, wie schon erwähnt, bildhaft als das Erreichen der „heiligen Füße Gottes" (*tiruvaṭi*) verstanden. Erst hier ist Erlösung möglich.[219]

Der hier vorgeschlagene „direkte Erlösungsweg", der zum einen Textstudium und informierte Instruktion durch andere, zum anderen eigene Verkündigung und geistiges Nachsinnen voraussetzt, korreliert sicherlich nicht ganz zufällig mit den bereits bekannten Angeboten und Lernzielen des Saiva Siddhanta Studienprogramms. Die Unterweisung in den kanonischen Schriften ist dort einer der Schwerpunkte, ebenso wie eine kundige und direkte Erläuterung der Feinheiten des Saiva Siddhanta durch die Dozenten der einzelnen Zweigstellen. Diese Schritte sind Voraussetzungen für jeden einzelnen, sich weiterhin mit den „großen Fragen" zu befassen. Die Erlösung selbst kann dadurch aber nur vorbereitet werden, denn sie hängt gänzlich von der Gnade Gottes ab. Mit der Propagierung eines „direkten Erlösungsweges" der „in dieser Geburt" beschritten werden kann, hat sich der Saiva Siddhanta des Studienprogramms des Thiruvavaduthurai Adhinam endgültig aus seiner exklusiv-asketischen Tradition gelöst. Denn wo es traditionell nur für zölibatär lebende, speziell initiierte Mitgliedern der Bruderschaften orthodoxer Institutionen denkbar war, erlöst zu werden, wird dies heute, von eben einer dieser Einrichtungen, als realistische Möglichkeit *für jede/n* propagiert. Diese „Demokratisierung der Erlösungsoption" ist nur konsequent, wenn die seit dem späten 19. Jahrhundert geäußerten Ansprüche des Saiva Siddhanta als potentielle inklusive Universalreligion ernst genommen werden.

---

219 Vaittiyanātaṉ 1995a, 95.

Empfehlungen für das Vorgehen auf dem religiösen Weg jedes Sivaiten (ohne universal-religiöse Grundierung) wurden bereits Mitte des 19. Jahrhunderts vom einflussreichen Saiva Siddhanta Gelehrten Arumuka Navalar publiziert. In einer Schrift zur Verteidigung des Sivaismus von 1854 führte er detailliert die Schritte aus, die ein wahrer Anhänger Sivas zu gehen habe. Arumuka Navalar schrieb vor, dass zunächst Logik, Grammatik, Lexographie studiert werden müssten, bevor der *Tirukkural* und weitere ethische Lehrbücher gelesen werden sollten. Hierauf dürfe die erste sivaitische Initiation folgen, die es schließlich erlaube, die *Tirumurai* zu lesen. Dies berechtige schließlich zum Beschreiten der vier Wege (*nāṉku pātam*). Erst nach Erlangen dieses Wissens sei es statthaft, die *14 Siddhanta Sastras* (hier: „14 Dravidische Sastras", *tirāviṭa cittāntam patiṉāṉku*) zu studieren. Als Folge dieses Wissens sei die Verehrung Gottes und von Gurus unvermeidlich.[220] Arumuka Navalars Reihenfolge wird heute in dieser Form nicht mehr vertreten. Vielmehr zeigt sich aber an diesem Beispiel, dass es auch in Bezug auf die klassisch-agamischen Erlösungswege seit dem 19. Jahrhundert deutliche Verschiebungen gegeben hat. Die Zentralität des Wissens wird aber bereits hier deutlich hervorgehoben und findet, wie die Betonung der Funktion eines religiösen Lehrers, seine Entsprechungen im Saiva Siddhanta des Thiruvavaduthurai Adhinam. Bei der Analyse der verschiedenen Arten der Wege zur Erlösung über Verehrung und religiöse Praxis ist an mehreren Stellen deutlich geworden, dass dabei die Rolle des Gurus als Vermittler und Lehrer nicht unterschätzt werden darf. Diese wird aus Sicht des Saiva Siddhanta im Folgenden näher betrachtet.

Die Rolle des Gurus und die Initiation

Die Analyse der kanonischen Literatur des Saiva Siddhanta konnte bereits zeigen, dass die Figur eines Gurus dort stark hervorgehoben wird. Nicht zuletzt sind etliche der zentralen Schriften in Form eines Lehrgesprächs zwischen Schüler und Lehrer verfasst. Im Lehrplan des Adhinam Kurses findet die Betonung der Rolle des Gurus vor allem in Bezug auf die Texte des *Tiruvuntiyar* und *Tirukkalirru Padiyar* statt. Gemäß der Grobeinteilung der vier Erlösungswege des Saiva Siddhanta sprechen die *Grundsätzlichen Lehren* von zwei verschiedenen Arten von Gurus, wenn sie definieren, was ein „guter Guru" (*naṟkuru*) sei:

„Derjenige, der die Wege von Sariya, Kriya und Yoga lehrt, wird »Kriya-Guru« genannt; derjenige, der Gnana lehrt, wird »Gnana-Guru« genannt. Nur Siva selbst

[220] Nāvalar 1910, 13. Für diesen Hinweis danke ich Rick Weiss.

kann göttliches Wissen/Gnana hervorrufen. Deshalb ist er der wahre »Gnana-Guru«."[221]

Die hier vorgenommene Unterscheidung (*Kriya*-Guru/*Gnana*-Guru) entspricht der schon mehrfach thematisierten Differenzierung zwischen *Vidya*-Guru und *Gnana*-Guru. Ersterer – hierzu gehören auch ausdrücklich die Dozenten des Studienprogramms – kann durch die Unterweisung in begrenztem Wissen die Erlösungswege des *Sariya*, *Kriya* und *Yoga* aufzeigen. Zwar gelten diese, richtig praktiziert, auch als mögliche Wege, sie dienen aber letztlich „nur" der Vorbereitung für den gnadenvollen Kontakt Gottes mit den Menschen oder Seelen, der den *Gnana*-Weg kennzeichnet. Da Gott, der der „wahre Gnana-Guru" ist, aber nie direkt in Beziehung zu anderen Entitäten, hier zu immanenten Seelen, tritt, wirkt er über seine Energie *Sakti* durch einen Guru, in dem Gott indirekt gegenwärtig ist. Das Oberhaupt des Thiruvavaduthurai Adhinam, der den Titel „Gurumaha Sannidhanam" trägt, welcher diese „heilige Präsenz" bereits andeutet, ist explizit ein solcher *Gnana*-Guru. Nallaswami Pillai hat die soteriologische Bedeutung des Gurus ebenfalls in seiner Rede auf der Religionskonferenz 1909 in Kalkutta wie folgt hervorgehoben: „ohne das Erscheinen Gottes als göttlicher Guru in menschlicher Form und seine göttliche Gnade ist endgültige Erlösung nicht möglich."[222]

Der Dozent Nedumaran hat den Übergang zwischen den Wegen und den entsprechenden Arten des Gurus deutlich gemacht und gleichzeitig die aktive, entgegenkommende Rolle Gottes hervorgehoben. Die Anhänger Sivas könnten demnach durch das Befolgen der ersten drei Wege die Kontaktaufnahme Gottes lediglich vorbereiten:

> „Dann werden sie [die Menschen/Seelen] Einsicht erhalten und Gott wird ihnen in Form eines Gurus begegnen. Sie werden nicht einen Guru suchen, sondern er [Gott] wird als Guru in ihr Leben treten und wird ihnen den Weg zu Gnana weisen. Zu denjenigen, die Gnana suchen, wird er zunächst in der Gestalt eines Vidya-Gurus und schließlich als Gnana-Guru erscheinen, und dann erleben wir in der Regel auch Gnana."[223]

Entscheidend für die Saiva Siddhanta Lesart der verschiedenen Wege und der Bedeutung eines Gurus hierbei ist weiterhin, dass diese Wege nicht

---

[221] *„cariyai, kiriyai, yōkam ākiya neṟimuṟaikaḷai uṇarttupavar »kiriyākuru« eṉappṭuvār; ñāṉattai uṇarttuvar »ñāṉakuru« eṉappaṭuvār.* " Vaittiyanātaṉ 1995a, 98.

[222] *„[W]ithout God's appearance as the Divine Guru, in human form, and His Divine Grace, the final salvation is not possible.* " Nallaswami Pillai 1911f, 300.

[223] *„Then they should be realizing, and God will be coming to them as a Guru. They will not be searching for a Guru, but he will be coming as a Guru in their life and will be teaching them to attain this Gnana. But to the people who are searching Gnana, he will come in the form of a Vidya-Guru and finally a Gnana-Guru and we usually attain Gnana.* " Interview mit Neṭumāṟaṉ 2012.

nur durch letzteren gelehrt werden, sondern, dass vielmehr das Beschreiten dieser Wege an eine Initiation geknüpft ist. Eine solche *Diksha* kann nämlich, wie auch in anderen indischen Traditionen, nur von einem Guru gespendet werden.[224] Die Bedeutung des Sanskrit-Namens *Diksha* (*tīkṣai*, Skt. *dīkṣā*), der tamilisiert in der Regel als „*tīkkai*" verwendet wird, wird in den *Grundsätzlichen Lehren* anhand seiner beiden Wortteile beschrieben. In diesem Zusammenhang steht die erste Silbe „*tī*-" für „zerstören" (*keṭuttal*) und die zweite „-*kṣai*" für „geben" (*koṭuttal*). Gemeinsam interpretiert heißt dies Folgendes: „Das Zerstören der Fesselung und das Geben der Befreiung [hier: „Moksha"], um in den Prozess das Lehren eines Mantras durch einen Guru zu erreichen, wird generell als Diksha verstanden."[225] Damit stellt die Initiation durch einen Guru, durch die Vergabe eines bestimmten *Mantras* (*mantira upatēcam*), den ritualisierten Eintritt in einen Erlösungsweg dar, welcher durch Aufhebung der Fesselung und Empfangen der Befreiung gekennzeichnet ist. Hierbei ist besonders hervorzuheben, dass es sich bei diesen *Mantras* nicht um vedische *Mantras* handelt, sondern um solche, die auf den *Agamas* beruhen.[226] Für die erste Intitiationsstufe im tamilischen Saiva Siddhanta, die im folgenden näher beschrieben wird, ist dies das oben bereits erwähnte puranische *Mantra* „Si-Va-Ya-Na-Ma" – ohne die vedische Vorsilbe „Om" (Skt. *nirbīja*, im Gegensatz zu *sabīja*, also „mit der Wurzelsilbe"). Die verschiedenen Formen der Initiation, die von den sivaitischen Institutionen Tamil Nadus, darunter auch prominent durch den Thiruvavaduthurai Adhinam, vertreten werden, unterscheiden sich inhaltlich und strukturell von vedischer Praxis. Während sich die Ausformulierung vedischer Initiationsritualistik, etwa in den „Dharmasastras" (Skt. *dharmaśāstra*)[227], an den klassischen Lebensphasen (Skt. *varṇāśrama*) orientieren, basiert agamische Initiationslehre vor allem auf indiviuellen Qualitäten des Anwärters, wie etwa „der Reife der Seele, den Zeichen von Gnade, dem richtigen Lehrer, den vorherigen Stufen der Initiation oder anderen Dingen".[228]

Zwar gibt es, so erklären die *Grundsätzlichen Lehren*, viele verschieden Arten von *Diksha*, allerdings sind davon lediglich drei besonders wichtig,

---

[224] Vgl. Jacobsen 2012a. Eine Einführung in den Forschungsstand zur vielseitigen Figur des Gurus in südasiatischen Traditionen bietet Copeman & Ikegame 2012a bzw. 2012b.

[225] „*aḵtāvatu pācattai-k keṭuttu mōṭcattai-t tarumporuṭṭu kuruviṭamiruntu peṟum mantira upatēcam potuvāka-t »tīkkai« eṉappaṭum.*" Vaittiyanātaṉ 1995a, 98.

[226] Wayne Surdam stellt in der Einleitung seiner Übersetzung eines zentralen Handbuchs für sivaitische Dikshas aus dem 12. Jahrhundert jedoch fest, dass diese Unterscheidung heute nicht trennschaft gezogen werden kann „*Today vedic mantras have become a common addition to almost all āgamic ritual performances.*" Surdam 1984, ci.

[227] Vgl. hierzu Olivelle 2012b.

[228] „*Ripeness of the soul, signs of grace, the proper preceptor, previous stages of initiation, and so on*" Koppedrayer 1991a, 201.

namentlich die sogenannten „Camaya-Diksha" (*camayattīkkai*), „Viseda-Diksha" (*vicēṭa tīkkai*) und „Nirvana-Diksha" (*niruvāṇa tīkkai*). Diese drei Formen der Initiation entsprechen eindeutig verschiedenen Stufen auf dem Erlösungsweg und können daher auch mit den vier agamischen Wegen korreliert werden. Diese Verknüpfung nimmt auch Nallaswami Pillai in seinem Kommentar zum *Sivagnana Siddhiyar* vor. Wichtig ist in diesem Zusammenhang, dass Arulnandis kanonischer Text an dieser Stelle auch als Hinweis auf die Verbindung der Initiationsformen mit vedischen und puranischen Mantras verstanden werden kann. In der Übersetzung Nallaswamis aus dem frühen 20. Jahrhundert sind diese drei *Dikshas* sogenannte „Nirbija-Dikshas", also solche, die die vedische Wurzelsilbe „Om" nicht enthalten.[229]

Im Sinne eines Zusammenfallens der Initiationsarten mit den Erlösungswegen ist die *Camaya-Diksha* demnach die grundlegende Initiation, die einen Menschen erst zu „Sivaiten" (*caivacamayi*) macht, sie stellt also den „Zugang zur Religion" (*camaya nuḻaivukku aṉumati*)[230] dar. Diese erste *Diksha* erlaubt einem Sivaiten das Auftragen der heiligen Asche als Zeichen seiner Affiliation mit dem Sivaismus und den Eintritt in den *Sariya*-Weg der Verehrung. Die *Viseda-Diksha* als zweite Stufe entspricht den Wegen des *Kriya* und des *Yoga*. Dadurch wird der Gläubige dazu befähigt, Gott in bestimmten Formen, beispielsweise als *Lingam* oder in seinen *Maheshwara*-Formen, zu verehren oder generell täglich eine „Siva-Puja" (*civapūcai*) durchzuführen. Letzteres geschieht in den meisten sivaitischen Haushalten, die ich besucht habe, an kleineren Schreinen innerhalb der eigenen vier Wände. Mit Hinweis auf die *Siva-Agamas* wird zudem festgestellt, dass solche äußere und innere Verehrung Gottes (*puṟappūcai*/*akappūcai*) Gott mehr oder minder dazu animiert, seine Gnade wirken zu lassen.[231] Diese beiden Initiationsformen sind im Übrigen auch die einzigen, die in der Lesart des Adhinam allen Menschen offen stehen, das heißt, dass sie auch von verheirateten Anhängerinnen und Anhängern empfangen werden können. Für weitere *Dikshas* ist eine Entsagung des weltlichen Lebens, beispielsweise durch Beitritt in eine asketische Bruderschaft, notwendig.

Die letzte der drei wichtigen Initiationsarten stellt die *Nirvana-Diksha* dar, die entsprechend auf den *Gnana*-Weg rekurriert und die beiden anderen *Dikshas* voraussetzt. Erst hier ist es möglich, die dreifache Fesselung der Seelen durch *Anava*, *Karma* und *Maya* gänzlich zu überwinden, ins-

---

[229] Vgl. Nallaswami Pillai 1948, 148–150.

[230] Diese Feststellung scheint so wichtig zu sein, dass sie in den *Grundsätzlichen Lehren* zusätzlich mit der englischen Formulierung „*It is just like an entrance to the saivism*" erklärt und hervorgehoben wird, Vaittiyanātaṉ 1995a, 98.

[231] Vaittiyanātaṉ 1995a, 98.

besondere dadurch, dass alles im Bewusstsein Gottes getan wird: „Unser Geist sollte immer fest in Gedanken bei Siva sein."[232] Alles andere sei, wie hier mit Bezug auf den Heiligen Appar festgestellt wird, letztlich unwichtig.[233] Kathleen Koppedrayer beschreibt für den Dharmapuram Adhinam den Ablauf dieser Initiation, die dort zwei Tage dauert. Auffällig ist dabei, dass diese *Diksha* ausdrücklich mit der Verwendung der vedischen Wurzelsilbe „Om" operiert.[234]

Obwohl, wie oben gesehen, die Lehre des Saiva Siddhanta Studienprogramms die Konzeption der vier klassischen Erlösungswege abschwächt und hin zu einem „direkten Weg zur Erlösung" verschiebt, wird die Wichtigkeit einer Initiation oder *Diksha* durch einen Guru nicht aufgelöst. Die bereits erwähnte Episode der „Wiederaufnahme" einiger konvertierter Bergstämme in den Sivaismus durch den 23. Gurumaha Sannidham des Thiruvavaduthurai Adhinam kann als ein Beispiel von *Camaya-Diksha* durch Applikation der heiligen Asche angesehen werden. Alle drei in den *Grundsätzlichen Lehren* näher bestimmten Formen von *Diksha* können nur von Personen gespendet werden, die darüber hinaus eine vierte Initiation erhalten haben. Diese wird „Acharya-Abhisheka" (*āccāryāpiṣēka*) genannt und kennzeichnet den jeweiligen Gurumaha Sannidhanam eines sivaitischen Adhinam und wird in diesen orthodoxen Einrichtungen für die Mitglieder der Bruderschaften vorgenommen, die für die Nachfolge des Gurumaha Sannidhanam vorgesehen sind.[235] Diese Initiation berechtigt einen so ausgezeichneten Tambiran etwa zur Durchführung bestimmter agamischer Rituale im Adhinam, zum Beispiel während der Abwesenheit des Oberhaupts. Zur Erlösung ist diese *Diksha* allerdings nicht notwendig.[236]

Der Sanskrit-Terminus „Abhisheka" (*apiṣēka, tirumuḻukku vaḻipāṭu,* Skt. *abhiṣeka*) ist in vielen indischen Traditionen verbreitet und deutet in der Regel auf spezielle Rituale zur Konsekration durch zeremonielles Baden von Personen, Tempeln oder devotionalen Gegenständen hin. „Acharya" (*āccāryā,* Skt. *ācārya*) gilt in indischen Traditionen als Ehren-

[232] *„nam uḷḷattil civaniṉaivu oṉṟē eppōtum vēṇṭaṟpālatu."* Vaittiyanātaṉ 1995a, 100.

[233] Vaittiyanātaṉ 1995a, 98–100.

[234] Koppedrayer 1990, 95–96.

[235] Hierbei handelt es sich naturgemäß um eine vergleichsweise seltene Initiationsform, da die Zahl der potentiellen Kandidaten, also der Tambirans der Institutionen, relativ gering ist. Kathleen Koppedrayer konstatiert beispielsweise, dass zum Zeitpunkt ihrer Feldforschung in der zweiten Hälfte des 1980er Jahre, Schätzungen des Leiters des Saiva Siddhanta Forschungszentrums des Dharmapuram Adhinam T. N. Ramachandran zufolge, etwa 30 Personen in ganz Tamil Nadu überhaupt diese Diksha erhalten haben, Koppedrayer 1990, 65, Fn. 105. Wie unten noch gezeigt werden wird, wird die „Acharya-Abhiskeka" auch außerhalb der klassischen Institutionen verliehen.

[236] Koppedrayer 1990, 88–98.

titel für religiöse Lehrer, die sich vor allem durch Gelehrsamkeit in heiligen Schriften auszeichnen. Dies unterscheidet den Namen unter anderem auch vom Wort Guru.[237] Zwei der großen „philosophischen Lehrer" des Saiva Siddhanta, Arulnandi und Umapati, werden so oftmals mit dem Beinamen „Sivacharya" (*civācāryā*) versehen. Den gleichen Titel tragen im Übrigen auch brahmanisch-tamilische Tempelpriester, die – im Unterschied zu vedischen Smarta-Brahmanen – agamische Rituale durchführen. Von vielen heutigen Siddhantins werden diese, wie noch gezeigt werden wird, als ursprüngliche, tamilische Ritualspezialisten verstanden.[238] In seiner tamilisierten Version wird der Titel „Acharya" auch im Kontext des Saiva Siddhanta Studienprogramms vereinzelt verwendet, beispielsweise für die Mitglieder des Adhinam. Sowohl in Dharmapuram, als auch in Thiruvavaduthurai werden die *Dikshas* als Teil der agamischen Ritualtradition des Adhinam betrachtet, die dort vor allem über sogenannte „rituelle Handbücher" (*pattāti*, Skt. *paddhati*) rezipiert wird.[239] Das Selbstverständnis dieser großen nicht-brahmanischen Institutionen Tamil Nadus rechtfertigt, dass ihre Mitglieder und vor allem der Gurumaha Sannidhanam als autoritative religiöse Lehrer und „Zeremonienmeister" zu gelten haben. Als solche sind sie berechtigt, agamische Rituale innerhalb ihrer Einrichtungen und in den von ihnen abhängigen Zentren vorzunehmen. Gleichzeitig akzeptieren sie dennoch in einigen Bereichen die Ansprüche brahmanischer Sivacharyas. In beiden Adhinams, sowie in den von ihnen verwalteten Tempeln, sind diese Priester für bestimmte Rituale alleinig zuständig. In Thiruvavaduthurai und Dharmapuram spielen diese etwa in den täglich abgehaltenen *Pujas* zwar eine eher untergeordnete Rolle, wobei gleichzeitig die Beteiligung der Sivacharyas für die Konsekration von Tempeln oder die *Puja* für den Gründer des Adhinam konstitutiv bleibt.[240]

Auffällig ist bei der Betrachtung der Interpretation von *Diksha* durch die *Grundsätzlichen Lehren,* dass es sich bei den drei hier privilegierten Formen der rituellen Weihe um die etablierten sivaitischen Initiationen im Kontext der nicht-brahmanischen Institutionen, wie des Thiruvavaduthurai Adhinam und des Dharmapuram Adhinam, handelt. Die Fokussierung auf *Camaya-Diksha*, *Viseda-Diksha* und *Nirvana-Diksha*

---

[237] Vgl. Jacobsen 2012a.

[238] Vgl. u.a. Fuller 2003, 11–18.

[239] Die Frage der drei etablierten sivaitischen *Dikshas* in einem der verbreitetsten dieser Handbücher, dem „Kriyakramadyotika" (Skt. *kriyākramadyotikā*) des Aghorasiva (Skt. *Aghoraśivācārya*) aus dem 12. Jahrhundert, behandelt ausführlich Surdam 1984. Zu Aghorasiva, siehe Davis 2010, 3–14.

[240] Für den Dharmapuram Adhinam, siehe Koppedrayer 1990, 128–129. Für den Thiruvavaduthurai Adhinam Koppedrayer 1990, 198–200.

gehört wohl, wie die Studien von Kathleen Koppedrayer nahelegen, zu den Charakteristika dieser von Vellalar-Gemeinschaften geführten Einrichtungen. Dabei ist zu beachten, dass es im Umfeld südindischer Traditionen zum einen verschiedene Ansichten über die Zahl und Form der Initiation und zum anderen Debatten um die aktive und passive Berechtigung zur Initiation gegeben hat. Für den Dharmapuram Adhinam existiert beispielsweise eine Geschichte, die von einer Auseinandersetzung zwischen dem dortigen 7. Gurumaha Sannidhanam und den brahmanischen Beratern des Königs von Tanjavur im späten 17. Jahrhundert berichtet. Hierbei ging es vor allem darum, ob die Angehörigen des Adhinam als Nicht-Brahmanen befugt seien, *Diksha* zu spenden, vedische *Mantras* zu rezitieren und den König zu belehren. In dieser Geschichte werden jene Fragen nach zwischenzeitlicher Bestrafung der vermeintlichen Anmaßung dieser Rechte durch die Zerstörung eines zum Dharmapuram Adhinam gehörigen Tempels durch eine Intervention Gottes geklärt – zu Gunsten der als „Sudras" (*cūttirar*, Skt. *śūdra*) bezeichneten Vertreter des Adhinam. Das oben bereits erwähnte Werk *Varnashramachandrika* jenes Gurumaha Sannidhanam gilt als Ergebnis dieser Auseinandersetzung und begründet unter anderem die Berechtigung der Aussprache der vedischen Silben „Om" durch die Mitglieder der asketisch-zölibatären Bruderschaft. Damit wird zudem durch die Adhinam-Tradition die Berechtigung zur Initiation in die Erlösungswege begründet.[241] Im *Sivagnana Siddhiyar* findet sich hierzu auch der ausdrückliche Hinweis, der diese *Diksha* als „Sabija-Diksha", also Initiation unter Verwendung der vedischen Wurzelsilbe „Om", für besonders fortgeschrittene Anwärter rechtfertigt.[242]

Das Studienprogramm zeigt sich hier also auch im Bereich der Vorstellungen von Initiation in die Erlösungswege als popularisierte Variante der rituellen Praxis des Thiruvavaduthurai Adhinam selbst. Wege können durch die verschiedenen Gurus des Adhinam vermittelt und *Diksha* gespendet werden. Allerdings finden hier, wie das Beispiel des „direkten Weges zur Erlösung" zeigt, durchaus deutliche Verschiebungen des traditionellen Verständnisses statt, die aber im Studienprogramm durch die Autorität des Adhinam gedeckt sind und einen Anschluss an den Geltungsbereich der sivaitischen Urschrifen der *Agamas* gewährleisten.

---

[241] Koppedrayer 1991a; 1991b.

[242] Vgl. in der Übersetzung von Nallaswami Pillai, die durch den Dharmapuram Adhinam publiziert wurde: „*To the highly advanced in learning and character is granted the excellent Sabiija Diksha. They are taught in **Nitya**, **Naimittika** and **Kamya** duties, and become clothed with authority as Sathakas, (Chelas) and Acharyas, and attain freedom.*" [Herv. i. O.] Nallaswami Pillai 1948, 150.

3.2. Verehrung Gottes als Saiva Siddhanta Praxis

Das Studienprogramm des Thiruvavaduthurai Adhinam lehrt neben dem Wissen um die Geschichte des Sivaismus, den kanonischen Texten, den grundlegenden Doktrinen und möglichen Erlösungswegen auch ganz praktische Aspekte des religiösen Lebens eines Sivaiten. Einige dieser konkreten Handlungsanweisungen sind bereits bei der Analyse der Erlösungswege angedeutet worden. Im Folgenden soll die Umsetzung der Saiva Siddhanta Lebensweise als Verehrung Gottes noch präzisiert werden. Hierfür sind vor allem zwei Praktiken näher auszuführen, namentlich die der *Puja* und die der Rezitation, die bei genauerem Hinsehen allerdings schwerlich voneinander zu trennen sind, sondern sich vielmehr überlappen und gegenseitig bedingen.

Bevor diese beiden Aspekte jedoch im Detail in den Blick genommen werden, sei auf eine religiöse Aktivität hingewiesen, in der sich die Figur des Gurus sowie die Verehrung Gottes berühren. Hierbei handelt es sich um die sogenannte „Guru-Puja" (*kurupūcai*). Wie oben in Bezug auf die Zertifikatsvergabe des Studienprogramms bereits gezeigt wurde, ist das jährlich in Erinnerung an das Ableben des ersten Oberhaupts abgehaltene, zehntägige Festival der *Guru-Puja* das größte öffentliche Zeremoniell des Thiruvavaduthurai Adhinam – gleiches gilt für ähnliche Institutionen in Tamil Nadu, am prominentesten sicherlich im Dharmapuram Adhinam. Auch für das Saiva Siddhanta Studienprogramm hat dieses Fest eine besondere Bedeutung, da hier nicht nur der jeweilig aktuelle Gurumaha Sannidhanam verehrt wird, sondern die Absolventinnen und Absolventen des Kurses im Rahmen der Feierlichkeiten ihre Zertifikate erhalten. Das Studienprogramm hat damit inzwischen einen festen Platz im Ablauf des Festivals. Die jährliche *Guru-Puja* der großen orthodoxen Institutionen ist allerdings nur ein besonderes Beispiel, anhand dessen sich die Verehrung eines Gurus – hier der Oberhäupter der Adhinams – zeigen kann.

Der Name *Guru-Puja* wird auch für die rituelle Verehrung der tamilisch-sivaitischen Heiligen an Schreinen oder in Tempeln verwendet. Diese Heiligen sind, wie die *Grundsätzlichen Lehren* am Beispiel der großen „religiösen Lehrer" Sampantar und Appar deutlich machen, allerdings – ebenso wie die Oberhäupter der Adhinams – eigentlich nicht direkt von dieser Verehrung betroffen. Da sie sich bereits im sogenannten „Sayuchiya-Zustand" (*cāyucciyanilai*) befinden, das heißt als erlöste Seelen die Qualitäten Sivas (*civamām taṉmai*) teilen, bedürfen sie dieser Verehrung genau genommen nicht, auch wenn sie von Gott auf der Erde inkarniert worden sind. Genauso wenig wie Siva selbst aufgrund seiner Vollkommenheit von den Seelen und ihrer Anbetung abhängig ist, hat die

Guru-Puja keinen Einfluss auf die heiligen Lehrer.[243] Der Sinn der Verehrung der Gurus liegt vielmehr darin, dass ihre Anhänger damit Gott selbst preisen, wie mit Rückgriff auf das *Sivagnana Siddhiyar* festgestellt wird:

> „Wir führen die Feierlichkeiten der Guru-Puja aus, um unsere Dankbarkeit zu zeigen. Siva selbst zeigt seine Präsenz in den göttlichen Menschen und akzeptiert die *Guru-Pujas* durch deren Form direkt."[244]

Die hier angedeutete Direktheit der Akzeptanz der Verehrung muss natürlich in Hinblick auf die göttliche Präsenz in den Heiligen insofern qualifiziert werden, als dass es sich hierbei um die göttliche Energie *Sakti* und nie um Gott selbst handelt. Der wichtige Punkt ist aber, dass die Verehrung der Gurus als eine ritualisierte Anbetungsform nicht ausgeübt wird, um den Heiligen und damit Gott etwas Gutes zu tun. Vielmehr ist die *Guru-Puja* als ein Beispiel der Saiva Siddhanta Praxis zu sehen, durch welches die Seelen ihre Dankbarkeit (*naṉṟiyuṇarvu*) gegenüber Gott zum Ausdruck bringen. Dieses Bewusstsein über die Liebe, die Gnade und das Mitgefühl Gottes ist bereits mehrfach als fundamentale geistige Notwendigkeit jeglicher „guter Handlung" vorgestellt worden, die als Saiva Siddhanta Konzeption von *bhakti* verstanden werden muss. Die Verehrung als *Puja* gilt hierfür als paradigmatisches Beispiel.

Saiva Siddhanta Praxis als Puja

Die zentrale Form der Saiva Siddhanta Praxis stellt die Verehrung (*vaḻipaṭu*) Gottes dar. Im Vokabular des Saiva Siddhanta Studienprogramms werden diese Handlungen meist als „Puja" (*pūcai*) bezeichnet, wobei gerade auf Englisch die Begriffe „*worship*" oder „*prayer*" synonym verwendet werden, die neben der Bedeutung als „Verehrung" auch Konnotationen von „Lobpreis" und „Gebet" ausdrücken können. Der Name „Puja" kann also durchaus verschiedene Aspekte religiöser Praxis als „gottesfürchtiger Verehrung" (*vaḻipaṭu teyva*) meinen, die sich laut Saiva Siddhanta grundsätzlich in zwei Formen einteilen lässt, nämlich in „innerliche Puja" (*akappūcai*) und „äußerliche Puja" (*puṟappūcai*).

Als „äußerliche Puja" ist hierbei die Verehrung Gottes in Gestalt als *Siva-Lingam* oder den figürlichen *Maheshwara*-Formen zu verstehen. Hierzu zählen ausdrücklich die für die Wege des *Sariya* und *Kriya* ge-

---

[243] Vaittiyanātaṉ 1995a, 111–112.

[244] „*namatu naṉṟiyuṇarvai ceḷippaṭuttum poruṭṭu-k kurupūcai-c ciṟappukaḷai-c ceykiṟōm. teyvāmcam poruntiya avarkaḷai atiṭṭittu niṉṟu civaperumāṉē nām ceyyum kurupūcaikaḷ avarkaḷ vaṭivil taṅkiyiruntu nēraṭiyāka-p peṟṟu-k koḷkiṟāṉa.*" Vaittiyanātaṉ 1995a, 112.

nannten Handlungen der körperlichen und stimmlichen Anbetung.[245] Gerade letztere wird anschließend noch näher behandelt, da sie in Form von Rezitation prominent vom Adhinam propagiert wird. Die „innerliche Puja“, die für die Wege des *Yoga* und des *Gnana* charakteristisch ist, stellt demgegenüber die höherwertige Praxis in den Augen Gottes dar, wie mit Bezug zum *Sivagnana Siddhiyar* festgestellt wird:

> „Von den beiden Pujas akzeptiert er die innerliche Puja als vollendete Verehrung und berührt die Seelen und schenkt seine Gnade. Das ist die Art und Weise, wie Siva verehrt werden muss.“[246]

In Einklang mit der Lehre von den verschiedenen Erlösungswegen wird in der Lesart der *Grundsätzlichen Lehren* die „innerliche Puja“ also eindeutig privilegiert, wobei dies nicht die grundsätzliche Möglichkeit und Sinnhaftigkeit der „äußerlichen Puja“ in Frage stellt. Diese, analog zu den Wegen von *Sariya* und *Kriya*, kann, richtig praktiziert, ebenfalls zum Empfangen der Gnade Gottes führen. Der Vorgang der „innerlichen Puja“, die eine in erster Linie geistige Handlung darstellt, ist vergleichbar mit dem Polieren eines Spiegels, der dadurch Glanz und Reinheit erlangt, was dazu führt, dass er Licht besser reflektieren kann. Die klassische Metapher des Lichts für Gottes Energie *Sakti* ist auch in diesem Falle zutreffend, da der Reinigungsprozess der Seelen eben eine Klärung von den *Malas* darstellt, die die Seelen zur Aufnahme des göttlichen Wissens oder *Gnana* vorbereitet. Daher kann unter Referenz des *Sivagnana Siddhiyar* konstatiert werden: „Dies ist der höchste Weg für die inkarnierten Seelen, die Erlösung zu erhalten.“[247] Der Vergleich der Seelen als Spiegel für Gottes Energie hat vor allem auch Nallaswami Pillai massiv popularisiert, wobei er versuchte, die Seelen-Vorstellung des Saiva Siddhanta mit zeitgenössischer christlicher Theologie in Einklang zu bringen. In mehreren seiner Publikationen reproduzierte er in lobenden Worten die Ansichten des schottischen evangelikalen Theologen und Wissenschaftlers Henry Drummond (1851–1897),[248] der in seiner Interpretation eines Verses aus den paulinischen Briefen (2. Korinther 3:18) die Idee des Men-

---

[245] Vaittiyanātaṉ 1995a, 92–95.

[246] *„ivviru pūcaikaḷuḷ akappūcaiyiṉai-p paripūraṇa pūcaiyāka ēṟṟu, uyirkaḷiṉ akattē muṉ niṉṟu aruḷ ceyvāṉ. ivvāṟu, civaperumāṉai vaḻipaṭa vēṇṭum.*“ Vaittiyanātaṉ 1995a, 92.

[247] *„atuvē āṉma muttikkuriya uyarnta cātaṉamākum.*“ Vaittiyanātaṉ 1995a, 93. Der Vers zu „innerlicher Puja“ aus dem *Sivagnana Siddhiyar* in der Übersetzung Nallaswami Pillais lautet: *„And as one thinks and thinks of Him with Jñāna, he will gradually enter your heart, as does the light when the mirror is cleared and cleaned. Then the impurities will all disappear.*“ Nallaswami Pillai 1913, 245. In der Publikation des *Supakkam*-Teils dieses Werkes durch den Dharmapuram Adhinam von 1948 findet sich für das Wort „Spiegel“/„mirror“ an selber Stelle übrigens das Wort „Lotus“, vgl. Nallaswami Pillai 1948, 182.

[248] Nallaswami Pillai 1911c, 257–258; 1911d, 215–216; 1911f, 308; 1911g, 143–144; 1948, 108;.

schen als Spiegel für Christus vertrat. Dabei reflektiert der Mensch – bildlich wie ein Spiegel – die Eigenschaften Christi und wird damit wie dieser. Nallaswami sah diese Lesart in Einklang mit der oben bereits dargestellten Konzeption des Saiva Siddhanta, die davon ausgeht, dass es eine Eigenschaft der Seelen sei, immer die Qualitäten der Entität zu übernehmen, mit der sie verbunden ist. Nallaswami begründete seine Gleichsetzung mit einer Metapher aus der *Svetasvatara-Upanishad*, wo von der Seele als „Kristall" oder „Metallscheibe" gesprochen wird, und mit Hinweis auf eine Spiegelanalogie im *Sivagnana Botham*.[249]

Ganz egal, ob der Mensch nun „innerliche" oder „äußerliche Puja" praktiziert, bleibt für die *Grundsätzlichen Lehren* das Wichtigste, dass die Menschen Gott überhaupt verehren: „Daher ist die Verehrung Gottes mit Dankbarkeit unsere explizite Pflicht".[250] Der aktuelle Direktor des Saiva Siddhanta Studienprogramms des Thiruvavaduthurai Adhinam, Kandaswami, bestätigt diese Einschätzung aus den einführenden Adhinam-Publikationen deutlich und stellt die Anbetung Gottes ebenfalls in den Kontext der (indirekten) Begegnung mit Gott: „Deine einzige Pflicht ist es, ihn zu verehren. Das ist alles. Dann wird er dir begegnen und dir auf die Art und Weise helfen, die du benötigst."[251] Ähnlich hat es auch der Adhinam-Gelehrte Kunjithapatham formuliert, der zudem auf die Instruktion zur Anbetung durch die sivaitischen Heiligen hinwies:

> „Wir müssen ihn verehren. Das ist der Grund dafür, warum unsere Heiligen uns zur Verehrung auffordern. Deshalb hat die Verehrung einen solch hohen Stellenwert. Der Grund ist, dass wir ohne Gottes Gnade nichts wissen können."[252]

Die kontinuierliche Verehrung Gottes oder die *Puja* zu seinen Ehren – und sei es nur 15 Minuten täglich, wie Kunjithapatham zusätzlich anmerkt – wird also nicht nur in die Lehre um die Erlösungswege, die durch Wissen zum Erlangen der göttlichen Gnade führen können, eingebettet, sondern sie ist auch mit der tamilisch-sivaitischen Tradition der „religiösen Lehrer" verknüpft. Diese werden als ultimative Beispiele der Anbetung im Bewusstsein Gottes und der Dankbarkeit ihm gegenüber verstanden, da sie den unerlösten Seelen in Gestalt von Gurus erscheinen. Wie

---

[249] Nallaswami Pillai 1911f, 308–309.

[250] „*e̲navē, nan̲r̲i uṇarvōṭu, i̲raivan̲ai vaḻipaṭa vēṇṭuvatu namatu in̲r̲iyamaiyāta kaṭamai en̲patu*" Vaittiyanātan̲ 1995a, 88.

[251] „*Your only duty is to worship him, that's all, then he will come down and help you in whatever way you require.*" Interview mit Kantacuvāmi 2012.

[252] „*So, we have to worship him. That is the reason why our saints insisted for us to worship. That is why worship is given such a great important place. The reason is that without God's grace we cannot know anything.*" Interview mit Kuñcitapātam & Tiruccir̲r̲ampala Tampirān̲ 2012.

oben angemerkt, stehen diese Heiligen symbolisch für die vier agamischen Erlösungswege, die allesamt von *bhakti* erfüllt waren.

Für beide Formen der *Puja* – egal ob äußerlich und ritualisiert oder innerlich und geistig – muss allerdings noch ein weiterer Aspekt angesprochen werden, der bisher lediglich indirekt behandelt und durch die Betonung des Wissens im Saiva Siddhanta etwas unterbelichtet wurde, namentlich der der Erfahrung. Dabei gilt, dass der moderne Saiva Siddhanta im Allgemeinen, und der des Thiruvavaduthurai Adhinam im Speziellen, selten bis nie etwa über eine eigene Kategorie der „religiösen Erfahrung" spricht, die in der globalen Religionsgeschichte um 1900 – vor allem auch im Vedanta Vivekanandas – zu einem der zentralen Marker einer „richtigen Religion" geworden ist.[253] Auch im Kontext des Siddhanta-Aktivismus des frühen 20. Jahrhunderts finden sich nur vereinzelte Auseinandersetzungen mit diesem Thema. Einer der wenigen in der *Siddhanta Deepika* erschienenen Artikel, der sich explizit mit „religiöser" beziehungsweise „spiritueller Erfahrung" aus Sicht des Saiva Siddhanta befasst, ist ein Text des an dieser Stelle nicht zu identifizierenden Autoren „K. R.". Dieser hatte 1912 einen Vortrag mit dem Titel „Experience" bezeichnenderweise vor der „Vivekananda Society" in Colombo/Sri Lanka gehalten, in dem er zunächst mit Rückgriff auf westliche Denker wie Herbert Spencer und David Hume die Möglichkeiten des weltlichen Wissens für den menschlichen Intellekt auslotet. Allerdings bezeichnet er den Intellekt und die fünf Sinne als „Erzfeinde" („arch-enemy") der wahren spirituellen Erfahrung, die er, mit Verweis auf den *Tirukkural,* höher bewertet als etwa Textstudium und Nachdenken.[254] Jene „wahre Erfahrung" wird für den Autoren nur in der Erlösung möglich, die durch den Weg des *Gnana* eintreten kann:

„Es heißt, Gott erscheint dann als ein Guru und bewirkt Gnana oder wahres Wissen, das ewige Glückseligkeit ist. Von diesem heißt es, es sei höheres Wissen oder wahre Erfahrung (*cuvāṉupavam*), und als solcher kommt ihr Vorrang unter allen anderen [Erfahrungen/Wissensformen] zu, die nicht mehr als Mittel zu diesem Zweck sind. Um sich selbst aus dem Ozean der Geburten zu retten, sollte man die Füße Gottes erreichen."[255]

---

[253] Vgl. hierzu u.a. Nehring 2005.

[254] Vgl. „*In the spiritual world experience is all important. In the spiritual plane, apart from »Sruti« the truth determined through experience is more convincing than that determined by reasoning. The mere possession of any amount of book-knowledge is but of little worth.*" Anonymus „K.R." 1912, 170.

[255] „*The Lord is then said to appear as guru and impact Jñānam or true knowledge which is Bliss Eternal. This is said to be knowledge supreme or experience true (cuvāṉupavam) and as such it takes precedence over all others which are but the means to this end. To save oneself from the ocean of births one should attain the feet of the Lord.*" Anonymus „K.R." 1912, 175.

Eine ähnliche Unterscheidung trifft auch Nallaswami Pillai in seinem Kommentar zum *Sivagnana Siddhiyar*, wo er „das Erreichen von wahrhaft entwickeltem religiösen und spirituellen Gefühl“ zunächst als Grundlage für das Beschreiten der vier agamaischen Erlösungswege beschreibt, um diese „religiöse Emotion“ dann als „in der Art wirklich unterschiedlich zu bloßem Intellekt und Wahrnehmung bestimmter schlichter Wahrheiten“ darzustellen.[256]

Im heutigen Saiva Siddhanta des Thiruvavaduthurai Adhinam findet sich keine explizite Bestimmung von „religiöser Erfahrung“. Vielmehr ist Erfahrung immer mit der zentralen Kategorie des Wissens verknüpft. Weltliches Wissen wird durch immanente Erfahrung ermöglicht, die letztlich mit Gottes Bereitstellung einer Welt und des menschlichen Körpers für die Seelen verbunden ist. Göttliches Wissen oder *Gnana* als entscheidender Faktor auf dem Erlösungsweg stellt damit, wie implizit immer wieder angedeutet wird, die ultimative Erfahrung des göttlichen Gnadenakts dar. Jegliche Erfahrung ist damit nur immer nur ein Teil im Prozess des Wissenserwerbs.

Bei der Betrachtung der Doktrinen des Saiva Siddhanta ist deutlich geworden, dass der Weg der Seelen zur Erlösung zwar notwendigerweise über diesen Wissenserwerb führt, jedoch muss gleichzeitig hervorgehoben werden, dass dieses Wissen immer von Gott geschenkt und von den Seelen erfahren wird. Die Seelen befinden sich stets in der Position der Rezeption, da letztlich alles, was erlernt und erfahren wird, kein ausschließlich intellektueller Prozess ist, sondern über alle Organe des menschlichen Körpers wahrgenommen wird. Diese Wahrnehmungen und Erfahrungen werden immer von Gott gegeben, sei es auch im Rahmen seiner Möglichkeiten, die sich aus der ontologischen Grundkonstellation der Fesselung der Seelen durch *Anava*, *Karma* und *Maya* ergeben. Prinzipiell, so hat ein Tambiran aus Thiruvavaduthurai ausdrücklich betont, sei Gott zwar in allen Handlungen erlebbar, aber nur die Praxis der *Puja* ermögliche es schließlich, zu einer wahren Erkenntnis Gottes als *Gnana* zu kommen:

„Du kannst Gott in allem erfahren, was auch immer du tust. [...] Aber du kannst diese Erfahrung [des *Gnana*] nur während der Puja haben, also der Praxis. [...] Du musst diese Erfahrung haben! Aber die Erfahrung kann nur aus der Zeit der Puja

[256] *„The paths of Charya, Kriya, Yoga, etc., open out only after reaching a truely developed religious and spiritual sentiment, and then most religious emotion is really distinct in kind from mere intellection or perception of certain bare truths“* Nallaswami Pillai 1948, 154.

kommen. Wenn du sie regelmäßig praktizierst, dann wird sie [die Fesselung] für immer verschwinden.“[257]

In diesem Zitat wird deutlich, dass das Empfangen der Erlösung zentral mit der Praxis der Verehrung Gottes durch *Puja* zusammenhängt. Die *Puja* bietet damit den vorbereitenden Rahmen, innerhalb dessen den Seelen, durch Neutralisierung der Wirkung der drei *Malas*, schließlich *Gnana* durch den Gnadenakt Gottes zuteil werden kann.

Abschließend kann also mit den *Grundsätzlichen Lehren* für den Saiva Siddhanta, unter Berufung auf das *Sivagnana Siddhiyar*, festgehalten werden, dass die Praktizierung von *Puja* einen besonderen Akt darstellt, den die handelnde Seele im Bewusstsein Gottes ausführt:

„Jeder sollte für die Verehrung eine gottesfürchtige Haltung einnehmen. [...] Wir sollten durchgehend über diese Haltung nachsinnen. Wir sollten Hymnen über Gottheiten rezitieren und entsprechend geeignete Mantras für diese wiederholen. Wenn wir auf diese Weise unaufhörlich anbeten, dann wird sich Gott in der Form unserer Verehrung zeigen und uns das zuteil werden lassen, was wir benötigen.“[258]

Diese grundsätzliche Haltung ist ein Bewusstsein über Gott und seine Liebe und sein Mitgefühl, die der Saiva Siddhanta, wie oben besprochen, *bhakti* nennt. Mit den *Mantras* (*mantiram*, Skt. *mantra*) sind zum einen die jeweiligen Initiationsmantras der Praktizierenden gemeint, zum anderen aber vor allem die Gesänge der *Tirumurai*, die Hymnen an verschiedene Formen Gottes darstellen und, wie gezeigt, vom Saiva Siddhanta explizit als *Mantras* verstanden werden. Diese Artikulation weist also deutlich darauf hin, dass im Prozess der Verehrung Gottes der Rezitation der sivaitischen Hymnen eine besondere Rolle zukommt, wie sie für das Saiva Siddhanta Studienprogramm bereits mehrfach nachgewiesen werden konnte.

Saiva Siddhanta Praxis als Tirumurai-Rezitation

Das Saiva Siddhanta Studienprogramm des Thiruvavaduthurai Adhinam legt den Schwerpunkt seiner Lehre, wie ausführlich gezeigt, auf die Vermittlung der Schriften der „philosophischen Lehrer“ und ihrer Inhalte.

---

[257] „*You can experience God in everything. Whatever you do. [...] But you can get that experience only in the pooja period. The practice! [...] You got to have the experience! But the experience can only come out of pooja time. If you practice it regularly, then it will go away forever.*“ Interview mit Kuñcitapātam & Tiruccirrampala Tampirāṉ 2012.

[258] „*ovvoruvarum tām vaḻipaṭuvataṟku eṉ oru teyvavaṭivattai mēṟkoḷḷa vēṇṭum. [...] anta vaṭivattaiyē maṉattiṉāl eppōtum niṉaikka vēṇṭum. anteyvattai-k kuṟitta pālkaṭai vaḷyiāṉāl ōta vēṇṭum. atteyvattiṟkuriya mantiraṅkaḷ uccarikka vēṇṭum.*“ Vaittiyanātaṉ 1995a, 90.

Inzwischen existiert ein zweiter Kurs der Institution, der sich der Unterrichtung der *bhakti*-Hymnen der „religiösen Lehrer“ widmet, die in der Kompilation der *Tirumurai* zusammengefasst sind. Dennoch wird aber auch im Studienprogramm die „Rezitation heiliger Texte“ (*paṭaṉam*, *pārāyaṇam*, Skt. *pārāyaṇa*), gerade dieser Hymnen, als Kernelement der sivaitisch-religiösen Praxis hervorgehoben – nicht zuletzt durch das gemeinsame Singen am Beginn jedes Kurstages.

Wie schon vereinzelt angedeutet – unter anderem bei der Besprechung der *Karma*-Lehre des Saiva Siddhanta – vertreten die Adhinam-Autoritäten die Ansicht, das vermeintliche „Schicksal“ der Seelen sei dadurch zu besiegen, dass die Gläubigen kontinuierlich und jeder Lebenslage angemessen die Gesänge der *Tirumurai* rezitieren. Der erste Direktor Vaithiyanathan hat aus diesem Grunde für alle Teilnehmenden des Studienprogramms ein „Hilfsbuch“ herausgegeben, das für jede kritische Lebenslage – von finanziellen Problemen über familiäre Streitigkeiten hin zu körperlichen Krankheiten – die passenden Hymnen aus den *Tirumurai* zur Rezitation empfiehlt. Dort heißt es unter Berufung auf den Heiligen Sampantar:

> „Damit jeder, der sich [und seinen Lebenswandel] korrigieren möchte, jeder, der sich von Leid befreien möchte, um verbessert und glücklich zu leben, dies tun kann, hat Gott durch seine Heiligen, die er auf diese Erde geschickt hat, die heiligen Worte [der *Tirumurai*] offenbart. Diese heiligen Worte beseitigen unsere Unwissenheit, retten uns davor, schlechte Taten zu begehen, und verbessern uns in kleinen Schritten.“[259]

Diese Aussage macht deutlich, dass es sich bei den *Tirumurai* letztlich um göttliche Hymnen handelt, die durch die sivaitischen *bhakti*-Heiligen Tamil Nadus offenbart wurden. Die Rezitation dieser Gesänge stellt eine der entscheidenden Tätigkeiten auf dem Erlösungs- und Erfahrungsweg für die Seelen dar, da sie helfen, das Leben jedes Einzelnen zu verbessern und diese glücklich zu machen. Die Verse der *Tirumurai* haben darüber hinaus die Kraft, die fesselnde Unwissenheit zu bekämpfen und denjenigen, der sie singt, vor negativen Taten zu bewahren. Der Lobpreis Gottes ist damit per Definition zum einen eine „gute Handlung“ im Sinne der *Karma*-Lehre, da er im vollen Bewusstsein Gottes und zu seinen Ehren geschieht, also paradigmatisch für das alle Erlösungswege durchziehende *bhakti* steht. Zum anderen wird durch die heiligen Lieder auch die Wirkung des *Anava* eingeschränkt.

---

[259] „*tirunta virumpum ovvoruvārum, tuṉpaṅkaḷiliruntu viṭupaṭutaṟku virumpum ovvoruvārum, tiruntu makiḻcciyāka vāḻum poruṭṭē iṟaivaṉ aruḷāḷarkaḷai, ippūlavulakiṟku aṉuppi, avarkaḷai-k koṇṭu aruḷvākkukaḷai vaḻaṅka-c ceytirukkiṟāṉ. anta aruḷ vākkukaḷ, namatu aṟiyāmaiyai-p pōkki, nammai-t tīviṉaikaḷ ceyvatiliruntu kāppāṟṟi, nammai-c ciṟitu ciṟitāka tirunta-c ceykiṉṟaṉa.*“ Vaittiyanātaṉ 2008, 12.

Dabei ist es für die soteriologische Wirksamkeit der Rezitation im Übrigen unwichtig, ob derjenige, der sie tätigt, musikalisch ist oder nicht. Die Kenntnis der klassischen Melodien oder Intonationen ist nicht nötig, solange die Verse hörbar artikuliert werden. Denn die *Tirumurai* können nur ihre Wirksamkeit (*ā<u>r</u><u>r</u>al*) entfalten, die denen von *Mantras* gleichkommen, wenn sie laut ausgesprochen werden:[260]

„Diese Wirksamkeit erzeugt eine Vibration um uns herum, wenn laut gesungen wird. Demjenigen, der die Tirumurai singt, können schlechte Einflüsse nichts anhaben. Nicht einmal kleine zerstörerische Lebewesen können in ihre Nähe kommen. Die mantrische Kraft der Worte der Tirumurai erlaubt ihnen nicht, sich denjenigen, die die Tirumurai singen, zu nähern."[261]

Die Strophen der *Tirumurai* werden hier eindeutig als besondere heilige Worte verstanden, die in ihren Eigenschaften denen von *Mantras* entsprechen. Die besondere Bedeutung von *Mantras*, also als im religiösen Sinne besonders wirksam verstandene Worte, wird in vielen indischen Traditionen anerkannt. Ihre Rezitation gilt gemeinhin als eine der rituellen Kernpraktiken „des Hinduismus".[262] Oben wurde bereits auf den Unterschied zwischen vedischen und puranischen *Mantras* hingewiesen, an deren „Artikulations-Berechtigung" sich auch im südindischen Kontext Debatten um Geburt und Kaste anschließen. Ihre ritualisierte Äußerung nimmt bei vielen Zeremonien in hinduistischen, jainistischen oder buddhistischen Traditionen eine zentrale Rolle ein. Speziell den vedischen *Mantras* wird auch von initiierten Mitgliedern sivaitischer Institutionen in Tamil Nadu eine holistische Funktion zugeschrieben, wobei bereits die hörbare Aussprache kosmologische Veränderungen hervorbringen kann.[263]

Bemerkenswert an dem obigen Zitat aus den *Grundsätzlichen Lehren* ist daher, dass die tamilischen Verse der *Tirumurai* mit vedischen *Mantras* in ihren Eigenschaften und schützenden Wirksamkeiten gleichgesetzt werden. Dabei muss festgehalten werden, dass das *Mantra* hier den positiven Referenzpunkt für die Hymnen der eignen Tradition bildet, denn die

---

260 Vaittiyanātaṉ 1995a, 111; 2008, 18.

261 „*anta ā<u>r</u><u>r</u>al co<u>r</u>kaḷai vāyviṭṭu-p pāṭumpōtu oli alaikaḷāk-c ceṉ<u>r</u>u nammai-c cu<u>r</u><u>r</u>i oru pē<u>r</u>a<u>r</u><u>r</u>alai ē<u>r</u>paṭuttukiṉ<u>r</u>atu. tirumu<u>r</u>ai pāṭupavarkaḷai keṭṭa āvikaḷ aṇukuvata<u>r</u>ku añcukiṉ<u>r</u>aṉa; ci<u>r</u>iya naccu-p pirāṇikaḷ kūṭa avarkaḷai neruṅkuvatillai. tirumu<u>r</u>ai-c co<u>r</u>kaḷiluḷḷa mantira ā<u>r</u><u>r</u>al tirumu<u>r</u>ai-p paṭaṉam ceypavarkaḷai aṇukaviṭāmal avaikaḷai-t taṭukkiṉ<u>r</u>aṉa.*" Vaittiyanātaṉ 1995a, 111.

262 Vgl. u.a. „*Mantras are among the most characteristic features of Hinduism. They existed in Vedic times and are still widely used today. They permeate Hindu ritual.*" Padoux 2003, 478. „*Mantras are at the center of religious experience in India: they are found in all modes of ritual and practices, and they accompany all life events from birth to death.*" Timalsina 2012b.

263 Vgl. Interview mit Muttukkumāracuvāmi Tampirāṉ 2012.

Tirumurai haben die „Kraft von Mantras" (*mantira āṟṟal*). Zwar gelten beide sprachlich unterschiedlichen Formen von Gesängen damit als ebenbürtig, aber das *Mantra* erscheint dennoch als die grundlegende Kategorie. Hiermit ist ein latenter Konflikt in heutigen sivaitischen Debatten angedeutet, der im Spektrum des tamilischen Saiva Siddhanta seit dem frühen 20. Jahrhundert eine große Rolle spielt, namentlich die Frage nach der Bedeutung der beiden Sprachen Tamil und Sanskrit. Es gibt in Tamil Nadu heute, wie unten noch gezeigt werden wird, einige Gruppen, die sich für die Verbannung des Sanskrit aus dem kompletten rituellen Kontext auch der sivaitischen Tempel oder jeglicher Zeremonien einsetzen.

Am Beispiel der Rezitation der *Tirumurai* als „Quasi-Mantras" lässt sich erkennen, dass die Frage nach der Gewichtung von Tamil und Sanskrit zumindest implizit immer wieder für das Studienprogramm des Thiruvavaduthurai Adhinam gestellt und beantwortet werden muss. Im Falle der rituellen Rezitation als Praxis der Verehrung Gottes oder *Puja* ist für die Anhänger des Saiva Siddhanta keine Sanskrit-Kenntnis erforderlich. Denn die hörbare Artikulation der Verse der tamilischen *Tirumurai* – entsprechend der unterschiedlichen Lebenssituationen – reicht zunächst als religiöse Betätigung für Laien auf dem Weg zur Erlösung vollkommen aus. Die orthodoxen Institutionen Tamil Nadus reklamieren für ihre Mitglieder jedoch die Berechtigung zur Rezitation vedischer Mantras, wie oben am Beispiel der Silbe „Om" gezeigt wurde. Im Modell der dargelegten klassischen vier Erlösungswege gehört die Rezitation der *Tirumurai* zwar „nur" in den Bereich von *Kriya* und der „äußerlichen Puja", die beide die endgültige Erlösung vorbereiten. Auch im vom Studienprogramm vorgeschlagenen „direkten Erlösungsweg" in fünf Schritten ist das Studium der *Tirumurai* formell lediglich der erste Schritt. Wie aber die Betrachtung der Hochschätzung der Rezitation zeigt, darf die Bedeutung der Artikulation der sivaitischen Hymnen dennoch nicht unterbewertet werden, gerade weil sie eine relativ leicht umsetzbare und unschwer täglich zu praktizierende Möglichkeit der Verehrung Gottes im richtigen Bewusstsein darstellt.

Zwar sind diese Verse in Alttamil verfasst und damit heute nicht immer leicht verständlich. Jedoch sind sie, auch durch ihre Verbreitung und Popularität, sicherlich bedeutsamer als etwa die hier auch erwähnten Sanskrit-Worte. Schließlich sind die Hymnen der *Tirumurai* in einer für alphabetisierte Tamilen lesbaren Schrift zugänglich und können somit ausgesprochen werden, was alleine schon ihre soteriologische Wirkung entfaltet.

Saiva Siddhanta in Theorie und Praxis: Puja, Rezitation und rationales Wissen

Die ausführliche Darstellung und Analyse der Lehre des Saiva Siddhanta Studienprogramms des Thiruvavaduthurai Adhinam kann nach dem bisher Gesagten grob in zwei Bereiche eingeteilt werden, die sich mit dem verbreiteten Wort von „Theorie und Praxis" beschreiben lassen. Die Bearbeitung der kanonischen Literatur und der sich daraus ergebenden Doktrinen des Saiva Siddhanta vermochte zu zeigen, dass die Kategorien des „Wissens" (*a̱rivu*) und des „göttlichen Wissens" oder *Gnana* (*ñāṉam*) eine herausragende Bedeutung für die Überzeugungen des Saiva Siddhanta einnehmen. Diese Relevanz ist bereits in der ontologischen Grundkonstellation der drei beziehungsweise fünf ewigen Enitäten angelegt, wenn von Gott als allwissend, den Seelen als zum Wissen fähig und den *Malas* als unintelligente Entitäten ausgegangen wird. Es wurde mehrfach betont, dass die Generierung von Wissen durch die gefesselten Seelen mit Hilfe der Möglichkeiten, die ihnen durch Gott anhand der Fesselung gegeben sind, einen der Grundpfeiler des Erlösungsweges im Saiva Siddhanta ausmacht. Hierbei ist zusätzlich zu beachten, dass die Vertreter des Adhinam diese Lehre des Wissens in eine eigene Epistemologie einbetten, die – so das Selbstbild – nicht nur logisch und rational die Gegebenheiten des Kosmos und der sich darin befindlichen Entitäten repräsentiert. Vielmehr sollen diese Annahmen zusätzlich den Erkenntnissen der modernen Wissenschaft entsprechen. Wissen kann im Saiva Siddhanta zwar durch die Seelen unter Zuhilfenahme des eigenen Körpers und der materiellen Welt akquiriert werden, ist aber immer von einer gnadenvollen göttlichen Intervention abhängig. Dies setzt im Übrigen auch voraus, dass dieses Wissen grundsätzlich bereits „irgendwo da draußen" existiert, was der Saiva Siddhanta durch die Allwissenheit Gottes leicht erklären kann. Die göttlichen Interventionen werden aber nie von Gott direkt ausgeführt, sondern geschehen immer mittelbar durch seine Energie *Sakti*, die sich immanent in der Figur des Gurus zeigt. Daher ist die Person des Lehrers eine der notwendigen Axiome des Saiva Siddhanta für seine Erlösungsvorstellungen.

Allerdings ist die Kategorie des Wissens lediglich ein, wenn auch äußerst zentraler Teil, der Saiva Siddhanta Soteriologie. Wie die Bearbeitung der vom Studienprogramm vorgeschlagenen Saiva Siddhanta Praxis demonstrieren konnte, kann der kontinuierliche Lern- oder Erziehungsprozess der unerlösten Seelen immer nur unvollständig sein, insofern er die praktische Seite der Verehrung Gottes missachtet. Nicht nur sind die klassischen vier Erlösungswege als relativ konkrete Verhaltensanweisungen für die Gläubigen zu verstehen, die – gekoppelt an eine von einem Guru gespendete Initiation – die praktische Lebensführung von Sivaiten bestimmen sollten. Vielmehr propagiert das Saiva Siddhanta Studienprogramm eine bestimmte religiöse Praxis von *Puja* und Rezitation heiliger Texte, die, im Sinne der *Karma*-Lehre, eine ultimativ „gute Handlungsweise" darstellt, da sie das dankbare Bewusstsein Gottes um seine Gnade, Güte und sein Mitgefühl repräsentiert.

Für die Erlösung im Saiva Siddhanta ist also ein Zusammenspiel von Theorie und Praxis, von Studium und konkreter Verehrung, oder von Wissenserwerb und Gnadenerfahrung erforderlich, deren Zusammenwirken vom Studienprogramm des Adhinam nicht nur propagiert, sondern im eigenen Selbstverständnis auch aktiv und direkt gelehrt wird. Dieser Anspruch findet einen expliziten Niederschlag in der Namensgebung für die beiden Kursjahre, die, wie oben gezeigt, als „wissenschaftlicher Teil" (*a̱riviyal*) und „Erfahrungsteil" (*a̱nupava-p pakuti*) ausgezeichnet sind. Die Relation der Bereiche des Wissens und der religiösen Praxis wurden vom Adhinam-Gelehrten Kunjithapatham wie folgt beschrieben:

> „Wenn von jemandem die Natur Gottes, der Seele, die Natur der Fesselung, von Anavam, die Natur unseres Körpers und der Welt, wenn also all diese Dinge von jemandem verstanden wurden, dann ist es unmöglich, sich davon abzuhalten, Siva zu verehren. [...] Es ist egal, wie viele Sastras wir studieren und wie viele Vorträge wir halten – all das sind nur unterstützende Werkzeuge, damit wir unsere täglichen Pujas ausführen."[264]

Die Anbetung Gottes ist also eine unausweichliche Konsequenz aus dem vorher generierten rationalen oder philosophischen Wissen, das vor allem durch das Studium der kanonischen Texte gewonnen wird – eine Logik, die sich in der Benennung der zwei aufeinander folgenden Kursjahre deutlich widerspiegelt. Damit ist auch offenbar, dass das Studium der heiligen Texte und die philosophische Auseinandersetzung mit Saiva Siddhanta zwar hilfreich auf dem Erlösungsweg ist, dass aber diese intellektuelle Durchdringung alleine nicht ausreicht. Sie ist nur dann von soteriologischem Nutzen, wenn sie – allerdings ist dies, wohl auch aufgrund der angenommenen Perfektion der Saiva Siddhanta Lehre, eigentlich zwingend – in eine Saiva Siddhanta Praxis mündet, die wiederum die Entfesselung der Seelen durch Gott vorbereitet.

Der fünfstufige „direkte Erlösungsweg" des Saiva Siddhanta Studienprogramms umfasst daher als ersten Schritt die Beschäftigung mit den kanonischen Texten der *Tirumurai* und der *Saiva Siddhanta Sastras*, die Weitergabe des Erlernten an andere, die Instruktion durch gute Lehrer

---

[264] *„So if the nature of Siva, of the soul, the nature of that bondage, anavam, the nature of our body and the world – so if all these are understood by someone, one cannot prevent oneself from worshipping Lord Siva. [...] Even though we study so many Sastras and deliver lectures – all these are supporting tools to do our prayer regurlarly."* Interview mit Kuñcitapātam & Tirucci̱ṟ̱ampala Tampirā̱ṉ 2012.

und das ständige Nachdenken über die „großen Fragen" des Saiva Siddhanta. Hiermit ist ein weiterer Aspekt der Saiva Siddhanta Praxis zumindest angedeutet, der in den schriftlichen Artikulationen des Adhinam meist etwas unterbelichtet ist, namentlich die Aufgabe der Gläubigen die Lehren zu verkünden – ein Mandat, das das Studienprogramm in institutionalisierter Form wahrnimmt. Da sich dies in der Logik der Siddhanta Praxis als Handlung im Bewusstsein Gottes interpretieren lässt, könnte man diese Propagierung als Dienst an der guten Sache verstehen, die damit im übertragenen Sinne als religiöse Betätigung gedeutet werden kann – also eine Wissen verbreitende und Erfahrung zeitigende Tat.

Die Frage von religiöser Erfahrung als Ergebnis der praktischen Verehrung erörtert der Saiva Siddhanta des Thiruvavaduthurai Adhinam höchstens implizit. In sivaitischen Debatten seit dem frühen 20. Jahrhundert wird dieser Punkt erstaunlich wenig diskutiert. Vielmehr ist die – für moderne Weltreligionen – klassische Diskussion um die Erfahrungsdimension im Saiva Siddhanta eindeutig der Kategorie des Wissens untergeordnet. Weltliche Erfahrung ist ein wichtiger Teil des Erlösungsweges im Rahmen der Anhäufung von immanentem Wissen. Das Empfangen von *Gnana* in den letzten Stufen des erlösenden Entfesselungsprozesses der Seelen kann wohl als „religiöse Erfahrung" verstanden werden. Der Fokus der Lehren des Saiva Siddhanta Studienprogramms liegt aber explizit auf Wissenserwerb durch Textstudium und einer sich daraus ergebenden religiösen Verehrungspraxis. Diese Schwerpunktsetzung ähnelt stark vedantischen Ideen vom Primat der Erkenntnis. Die Bearbeitung der vom Thiruvavaduthurai Adhinam propagierten Lehren des Saiva Siddhanta sowie die punktuelle Verortung in den sivaitischen Religionsdebatten seit dem späten 19. Jahrhundert hat dezidiert gezeigt, dass der moderne Advaita Vedanta oftmals den philosophischen Hauptgegner und gleichzeitigen argumentativen Referenzrahmen des tamilischen Saiva Siddhanta bildet. Insofern kann die Fixierung auf Wissen und Erkenntnis auf dem Weg zur Erlösung im modernen Saiva Siddhanta, der als überlegene und eigenständige Religion oder ultimativer Hinduismus präsentiert wird, nur wenig überraschen.

3.3. Erlösung als Entfesselung

Bisher wurden ausführlich die Konzeptionen zu „Wegen der Erlösung", „direkten Erlösungswegen", ihrer praktischen Umsetzung, der Rolle eines Gurus und der Abhängigkeit von göttlicher Gnade dargelegt. Was aber „Erlösung" oder „Mukti" (*mutti*, Skt. *mukti*) genau bedeutet, konnte dabei meist nur angedeutet werden. Dass diese aber ausdrücklich für jeden in dieser Geburt möglich ist, der den agamischen Wegen folgt, wurde mehrfach hervorgehoben.[265] Es kann in jedem Falle bereits konstatiert werden, dass *Mukti* das Ziel eines langen Prozesses von immanenten Geburten der Seelen darstellt, der durch eine schrittweise Neutralisierung der Wirksamkeit der Fesselung – nicht ihrer Vernichtung – gekennzeichnet ist. Damit wird letztlich ermöglicht, dass für die Seelen die vorher unüberwindbare Trennung zu Gott aufgehoben wird und sie sich, bedingt durch seine Gnade, der Glückseligkeit, die sich aus der Nähe zu Gott ergibt, erfreuen können. Dies gilt als der Zustand des „wahren Advaita". Der Weg zu diesem Ziel ist charakterisiert durch die Generierung von Wissen und durch Erfahrungen, die sich aus der Saiva Siddhanta Praxis ergeben.

Die *Grundsätzlichen Lehren* beschreiben die Erlösung, unter Berufung aus das *Sivagnana Siddhiyar*, wie folgt:

> „»Mukti« bedeutet, dass die Seele einen Zustand erreicht, indem es keine weiteren Geburten mehr gibt. Dieser heißt auf Tamil »Viduperu«. »Vidu« steht für die Entledigung von der Fesselung, »peru« für das Erreichen Sivas. Im »Viduperu« ist die Wirkung des Anava-Mala vollständig außer Kraft gesetzt, die Seele erlangt siva-ähnliche Qualitäten und erlebt ewige, unendliche Freude."[266]

Aus dieser Erklärung der „vollständigen Erlösung" (*viṭupē̠ṟu*) wird deutlich, dass durch jene der ewige Prozess der Geburten für die Seelen zu einem Ende kommt. Auf die zentrale Bedeutung der Inkarnation der Seelen in einen immanent-materiellen Körper durch Geburt für Fesselung und Befreiung wurde im Kontext der *Karma*-Lehre des Saiva Siddhanta ausführlich hingewiesen. Die Seelen werden durch die die Aufhebung der Macht der drei *Malas* – vor allem des *Anava-Mala* – umfassend von *Pasam* befreit, also wortwörtlich „entfesselt". In diesem Zustand, der sich durch unmittelbare Gemeinschaft und Verbundenheit mit Gott – aber keine Verschmelzung oder Eins-Werdung! – auszeichnet, endet konsequenterweise alles Leid. Die Seelen, wie an dieser Stelle mit Hinweis auf *Sivagnana Siddhiyar*, *Sivaprakasam* sowie die Schriften der unkanonisch-kanonischen Autoren Sivagnana Munivar und Tayumanavar festgehalten wird, stehen damit unter der vollständigen Herrschaft Gottes, da sie die göttlichen Qualitäten erreichen und sind für immer erlöst glückselig (hier: „*pērāṉantam*"), also *satchitananda*, in einem „Ozean des göttlichen Wissens" (*ñāṉacākaram*).[267]

---

[265] Vgl. Vaittiyanātaṉ 1995a, 204.

[266] *„»mutti« eṉpatu uyir piṟavikku varāta nilaiyai-p peruvatu ākum. itaṉai vīṭupēṟu eṉṟu tamiḻil kūṟuvar. vīṭu eṉpatu pācattai viṭuvatu, pēṟu eṉpatu civattai-p peṟuvatu. āka vīṭupēṟu eṉpatu uyirkkuḷḷa āṇavamala maṟaippu aṟavē nīṅka-p peṟṟu uyir civamām taṉmaipeṟṟu māṟāta pēriṉpattil iruppatu eṉpatākum.*" Vaittiyanātaṉ 1995a, 102.

[267] Vaittiyanātaṉ 1995a, 103–104.

Der Saiva Siddhanta kennt bei genauerer Betrachtung zusätzlich vier Stufen der Erlösung (*innālvakai muttkaḷiṉ*) namens „Pata-Mukti" (*patamutti*), „Apara-Mukti" (*aparamutti*), „Para-Mukti" (*paramutti*) und schließlich „Jivan-Mukti" (*cīvaṉmutti*), die in den *Grundsätzlichen Lehren* auch kurz erklärt werden. Diese Stufen haben durchaus qualitativ unterschiedliche Eigenschaften (*iyalpu*), die, unter Bezugnahme zum *Sivagnana Mapadiyam* Sivagnana Munivars, wie folgt dargestellt werden: 1.) *Pata-Mukti* beschreibt eine physische Nähe zu Gott, ist aber durch eine fortbestehende Verbindung oder Fesselung mit den drei *Malas* gekennzeichnet. Das bedeutet auch, dass Seelen in diesem Zustand weiterhin der Wiedergeburt unterworfen sein können. 2.) *Apara-Mukti* ist der Zustand, in dem der „subtile Körper" der Seelen abgestreift wird. Diese Stufe wird als „Übergangsphase" (*cellum nilai*) zwischen *Pata-Mukti* und dem folgenden *Para-Mukti* verstanden und markiert den beginnenden Austritt aus der Kausalität der Wiedergeburt. 3.) Der Zustand des *Para-Mukti*, der, wie oben bereits für die vier großen „religiösen Lehrer" des tamilischen Sivaismus erläutert, auch *Sayuchiya*-Zustand genannt wird, kennt keine körperliche Form mehr. Damit ist die Seele vollständig aus der Logik der Geburten befreit, da alle drei *Malas* der Fesselung aufgehoben sind: „Die Seele befindet sich in engster Verbindung mit Gott"[268] 4.) *Jivan-Mukti* wird schließlich die letztmöglich Stufe der Erlösung genannt, in sich der „heiligen" oder „erlöste Seelen" (*aruḷāḷar*) befinden, die aus dem Zustand von *Para-Mukti* heraus wieder auf der Welt wirken: „Obwohl sie [die erlösten Seelen] mit einem Körper verbunden sind, sind sie nicht durch ihn begrenzt. Daher besitzen diese Seelen, obwohl sie in dieser Welt leben, Para-Mukti."[269]

Anhand der Ausführungen zu den vier Stufen der Erlösung[270] in den *Grundsätzlichen Lehren* sind folgende zwei Punkte besonders hervorzuheben. Erstens wird deutlich, dass sich diese qualitativ unterschiedlichen Zustände in zwei Teile, die „vorläufige" (*Pata-* und *Apara-Mukti*) sowie die „endgültige Erlösung" (*Para-* und *Jivan-Mukit*), unterteilen lassen. „Echte Erlösung" als „vollständige Entfesselung" bieten lediglich die beiden letzteren. Um möglichen Missverständnissen vorzubeugen, wid-

---

[268] „*iraṇṭaṟa-k kalantu niṟkum.*" Vaittiyanātaṉ 1995a, 104.

[269] „*cīvaṉmutti eṉpatu, patamutti nilaiyiliruntu ivvulakil tōṉṟiya aruḷāḷarkaḷ uṭampōṭu irukkum nilaiyililēyē uṭampaippaṟṟiya uṇarviṉṟi niṟpatāl cīvaṉōṭu ulakil irukkumpōtē peṟṟirukkum paramuttiyākum.*" Vaittiyanātaṉ 1995a, 104.

[270] In der englischen Übersetzung des „Sivaitischen Katechismus" von Sabhapati Mudaliyar aus der Mitte des 19. Jahrhunderts finden sich ebenfalls vier leicht unterschiedlich konzeptionalisierte Stufen beschrieben, als „*1. The presence of god, 2. Near-approach of god, 3. Unitiy of form with god, 4. Complete unity with god*" Mudaliyar & Mudaliyar 1863, 7. Dies deutet darauf hin, dass es im tamilischen Sivaismus durchaus verschiedene Ansichten zum Thema gab.

men die Verantwortlichen des Thiruvavaduthurai Adhinam Studienprogramms der Thematik einen weiteren Abschnitt, der speziell den Unterschied zwischen *Pata-* und *Para-Mukti* beleuchtet.[271] Hierin wird nochmals deutlich gemacht, dass im Zustand des *Pata-Mukti* die Seelen noch mit einem – wenn auch subtilen – Körper ausgestattet und damit den Effekten der *Malas* im Sinne von weiteren möglichen Geburten ausgeliefert sind. *Pata-Mukti* ist damit lediglich „ein sehr hoher Status" (*oru perum pataviye*). In „einigen anderen Religionen" (*vēṟucila mataṅkaḷ*) würde dieser Zustand fälschlicherweise mit dem der endgültigen Erlösung als Entfesselung gleichgesetzt, was aber auf Basis der *Siva-Agamas*, die in diesem Punkt vom *Sivagnana Siddhiyar* bestätigt werden, abgelehnt werden müsse. Da sich in den *Grundsätzlichen Lehren* kein expliziter Hinweis auf diese „anderen Religionen" findet, sei auch in diesem Punkt auf die Ausführungen von Nallaswami Pillai verwiesen, der in seinem Kommentar zu exakt den Passagen des *Sivagnana Siddhiyar*, die hier für die Konzeptionalisierung der Erlösungsstufen herangezogen werden, klar gemacht hat, wessen Ansichten zurückgewiesen werden müssten. So liest sich seine Erläuterung zur 3. Erklärung des 8. Sutras wie folgt, die den Anspruch des Saiva Siddhanta, „der eine universale Religion und Philosophie gleichzeitig darstellt, alle philosophischen Schulen und alle Arten von *bhakti-* und *Gnana*-Wegen einschließt"[272] artikuliert:

„So wie die Natur Vakuum vermeidet, so kann die Seele nicht existieren, wenn sie nicht von der Welt oder Gott erfüllt ist. Um also von der Welt befreit zu werden, gibt es nur eine Möglichkeit, nämlich durch die ewige Glückseligkeit Gottes erfüllt zu sein. Wenn sie nicht so erfüllt ist, wird die Seele zurückkehren und in die Welt fallen. Dies ist die logische Folge, die sich aus den Ansichten der Buddhisten und Mayavadis [Advaita Vedantins] ergibt und ehrliche Menschen wie Mrs. Besant scheuen nicht davor zurück, solche Konsequenzen freimütig anzuerkennen. Für sie sind die abschließenden Worte der Upanishaden »Es gibt keine Rückkehr, es gibt keine Rückkehr« lediglich tröstende Worte. Es gibt kein Ende der Geburten und »es besteht eine ewig wiederkehrende Notwendigkeit des Samsara [Kreislauf der Wiedergeburten]«. Aber die Position des wahren Advaita-Siddhantins ist eine andere. Er zieht es vor zu glauben, dass die Worte der Upanishaden wahr sind und keine leeren Worte. Er untermauert seine Haltung sowohl durch Logik, als auch durch Erfahrung."[273]

---

[271] „*patamuttikkum paramuttikkum uḷḷa mukkiya vēṟupāṭu yātu?*" Vaittiyanātaṉ 1995a, 106.

[272] „*Saiva Siddhanta that it is a universal religion and philosophy at once, comprising all schools of philosophy and all kinds of Bhakti and Gnana Margas*" Nallaswami Pillai 1948, 165–166.

[273] „*As nature avoids vacuum, so the soul cannot exist unless it be filled in by the world or God. So to get freed from the world, the only means is to get into eternal Bliss of God. If not so filled, the soul will again revert back and fall into the world. Such is the logical*

Nallaswami Pillai rekurriert hier zum einen auf etablierte Saiva Siddhanta Doktrinen, wie die der Unfähigkeit der Seele, alleine zu existieren, um zum anderen auf die fälschlichen Ansichten über Erlösung unter Buddhisten, Anhängern des Advaita Vedanta Sankaras und abschließend bei Annie Besant (1847–1933), der damaligen Vorsitzenden der Theosophischen Gesellschaft, hinzuweisen. Diese Vertreter hätten laut Nallaswami eben schlicht nicht erkannt, was die wahre Bedeutung der Upanishaden und ihrer Lehre vom Ende der Geburten sei. Jene hätten nicht begriffen, dass die Annahme eines fortbestehenden Körpers niemals wahre Erlösung sein könnte. Im Gegensatz hierzu steht die auch in den *Grundsätzlichen Lehren* vertretene Konzeption des Saiva Siddhanta, der die endgültige Erlösung im Sinne von *Para-Mukti* völlig von einem Körper entkoppelt. Auch in diesen Andeutungen zeigt sich abermals die Ablehnung des modernen Advaita Vedanta.

Der zweite Punkt, der Beachtung verdient, ist die zweigeteilte Vorstellung vollständiger Erlösung, die eine deutliche Besonderheit des Saiva Siddhanta darstellt. Denn dort kennt die vollständige Erlösung, das *Para-Mukti*, dennoch eine immanente Form, namentlich im *Jiva-Mukti*. Wie die *Grundsätzlichen Lehren* zeigen, ist der *Jivan-Mukti*-Zustand einer Seele ausdrücklich ein vollständig erlöster. Für eine solche Person, der *Para-Mukti* in diesem Leben zuteil geworden ist, die aber noch in die Welt hineinwirkt, wird daher der Bezeichnung „Jivan-Mukta" (*cīvaṉmuttār*) oder synonym auch „Gnani" (*ñāṉi*)[274] oder „Bhakta" (*pattar*) verwendet. Ein *Jivan-Mukta* ist also jemand, der während dieser Geburt die Erlösung erfahren hat. Er oder sie unterscheidet sich nur in seiner Erscheinung (als Mensch), nicht aber in seinem Wesen von einem *Para-Mukta*. H. W. Schomerus stellt zu dieser subtilen Unterscheidung fest, dass sich der *Jivan-Mukta* lediglich in einer anderen Umgebung (der Welt) befände. Daraus ergebe sich für ihn „die Notwendigkeit der Betätigung in der Welt", da für ihn ein minimaler Rest an *Karma* vorliegen würde, aber:

results which flow from the views of Buddhists and Mayavadis, and honest people like Mrs. Besant do not shirk from stating plainly such a consequence. To them, the concluding words of every Upanishad "There is no return, there is no return," are mere comforting words. There is no end to births, and "there is an ever-recurring necessity of Samsara." But the true Advaita-Siddhantis' position is different. He prefers to believe that the words of the Upanishad are true and not empty words. He strengthens his position both by logic and experience." Nallaswami Pillai 1948, 171–172.

274 Nallaswami Pillai verwendet in seiner Übersetzung des *Sivagnana Botham* meist den Terminus „Gnani", seltener auch „Jivan-Mukta" und setzt beide stellenweise mit „Bhakta" gleich, z.B. bei Nallaswami Pillai 1984, 112–117. „Jivan-Mukta" ist auch offensichtlich der zeitgenössisch etablierte Name, den H. W. Schomerus in seiner Abhandlung von 1912 hauptsächlich benutzt, vgl. v.a. Schomerus 1912, 407–422.

„Was nach dem Karma-Gesetz geschehen muß, geschieht, aber es berührt ihn nicht. Er ist in der Welt, als wäre er nicht in der Welt. Er erleidet Pein, als erlitte er keine Pein, er genießt Freuden, als genösse er keine Freuden, er verrichtet Taten, als verrichte er keine Taten.“[275]

Obwohl der Name *Jivan-Mukta* vereinzelt in den kanonischen Schriften des Saiva Siddhanta auftaucht, wie zum Beispiel im *Sivagnana Siddhiyar*,[276] gehört die Entsprechung *Jivan-Mukti* nicht zu den Kernbegriffen des Saiva Siddhanta. Michael Bergunder hat darauf hingewiesen, dass speziell Nallaswami Pillai sich dieses Begriffes (oder auch „Jiva“, Skt. „*jīva*“ für „Seele“), der insbesondere im Advaita Vedanta, Samkhya und Yoga verbreitet ist,[277] bediente, wohl um ein breiteres zeitgenössisches Publikum anzusprechen.[278] Im heutigen Saiva Siddhanta sind *Jivan-Muktas* also durch die Gnade Gottes in *Gnana* getauchte Seelen, die im *Sivagnana Siddhiyar* als Heilige beschrieben werden, die „sich in diesem Leben von allen Fesseln befreit und die Siva-Eigenschaften erhalten hätten, also göttlich geworden wären“.[279] In der Übersetzung Nallaswami Pillais aus dieser Schrift heißt es unter anderem:

„die Person, die ein Jivanmukta in dieser Welt wird, kümmert sich nicht darum, ob die Sonne scheint und empfindet kein Begehren, und verlässt ihren Körper, tritt in die Fülle des höchsten Gottes ein und wird vollständig eins mit dieser Fülle.“[280]

Und an anderer Stelle:

„Dann werden sie Jivanmukta in dieser Welt. Sie werden weder Vorlieben noch Abneigungen haben. Sie werden einer Tonscherbe und Gold den gleichen Wert beimessen. Sie werden so vereinigt mit Gott sein, dass sie Gott nie verlassen, und Gott wird sie nie verlassen; in ihm verweilen und sie werden in allem nur Gott wahrnehmen.“[281]

Unter Berücksichtigung dieser modernen Saiva Siddhanta-Übersetzungen lässt sich also festhalten, dass die *Jivan-Muktas*, als vollständig während

[275] Schomerus 1912, 408.

[276] Vgl. Nallaswami Pillai 1948, 158.

[277] Vgl. Rukmani 2012.

[278] Vgl. Bergunder 2010, 42.

[279] „*They even in this life have freed themselves from all bonds, and obtaining Sivam, have become God themselves.*“ Nallaswami Pillai 1948, 171.

[280] „*[T]he person who becomes a Jivanmukta in this world, does not care where the sun shines and feels no want, and leaving his body, enters the fullness of Supreme God, and becomes one with that fullness and all in all.*“ Nallaswami Pillai 1948, 168–169.

[281] „*They will they become Jivanmuktas in this world. They will have neither likes nor dislikes. They will treat a potsherd and gold at the same value. They will so unite with God that they will never leave God and God will never leave them; and dwelling in Him, they will perceive only God in everything.*“ Nallaswami Pillai 1948, 167.

einer Geburt erlösten Seelen, zwar in der immanenten Welt präsent, aber von dieser (und damit den *Malas*) nicht mehr wirklich betroffen sind. Sie haben *Gnana* empfangen und wirken bis zu ihrem irdischen Tod (*camāti* , Skt. *samādhi*) als heilige Figuren. Als solche werden dezidiert die Gurumaha Sannidhanams der traditionellen sivaitischen Zentren Tamil Nadus verstanden. Der Gurumaha Sannidhanam des Thiruvavdauthurai Adhinam ist damit ein *Jivan-Mukta*, dessen Wirken für die unerlösten Seelen in der Welt ausdrücklich das Saiva Siddhanta Studienprogramm des Thiruvavaduthurai Adhinam und seine Anhänger (als unerlöste Seelen) einschließt.

3.4. Nutzen des Saiva Siddhanta

Der ultimative Nutzen des Saiva Siddhanta liegt, wie die Bearbeitung der Erlösungswege und der religiösen Praxis bereits deutlich gezeigt haben, in der Befreiung der Seelen aus ihrer Fesselung. Damit werden die Seelen von der Notwendigkeit der erneuten Geburt entbunden und befinden sich für immer in einer Gemeinschaft mit Gott, was einer ewigen Glückseligkeit gleich kommt. Es konnte auch demonstriert werden, dass die Verantwortlichen des Thiruvavaduthurai Adhinam davon ausgehen, dass diese Erlösung – die immer auf der Gnade Gottes basiert – für jeden Menschen, der sich entsprechend verhält, in diesem Leben möglich ist. Die Beschäftigung mit den philosophischen Saiva Siddhanta Lehren, ihre Weitergabe an andere und das Praktizieren von Verehrung Sivas sind hierbei als die zentralen Schritte zu verstehen. Das Saiva Siddhanta Studienprogramm bietet ein Angebot, genau diese Dinge zu verstehen und die relevanten Praktiken zu erlernen, und kann damit durchaus als ein potentieller Erlösungsweg betrachtet werden. Neben der Möglichkeit, das endgültige Ziel der Entfesselung zu erlangen oder vielmehr von Gott zu erhalten, verspricht der Saiva Siddhanta Kurs des Thiruvavaduthurai Adhinam aber zudem, das Leben jedes einzelnen Teilnehmers ganz praktisch zu verändern. Um dies näher in den Blick zu nehmen, soll zunächst dargestellt werden, welche konkreten Versprechen die Kurs-Publikationen in dieser Hinsicht machen, bevor einige Stimmen aus den Kursen gehört werden sollen, die sich zu den Veränderungen in ihrem Leben durch Saiva Siddhanta äußern.

Propagierter Nutzen des Studienprogramms

Auf die Frage, warum es sich lohnt, Saiva Siddhanta zu studieren, gibt die Homepage des Thiruvavaduthurai Adhinam folgende Auskunft:

„Saiva Siddhanta alleine zeigt uns den richtigen Weg, alle Hindernisse, die uns in unserem Leben begegnen, zu überwinden und ein glückliches und ein im Herzen erfülltes Leben zu führen.“[282]

Diese Zusage, namentlich, dass sich das Leben jedes Menschen zum Positiven verändert, der sich mit Saiva Siddhanta auseinandersetzt, wird vom Adhinam weiter konkretisiert. Nicht nur ist Saiva Siddhanta demnach der „einzig gute Wegweiser“ (*o<u>n</u><u>r</u>ē ci<u>r</u>anta va<u>l</u>ikāṭṭi*), um – im Sinne der siddhantischen Soteriologie – am Ende der eigenen Tage den Fuß Sivas (*tiruvaṭi*), also seine absolute Nähe in der endgültigen Erlösung zu erreichen.[283] Vielmehr zeitigt das Saiva Siddhanta Studienprogramm weiterhin ganz lebenspraktische Resultate oder „Früchte“ (*itakku caiva cittānta-p payi<u>r</u>ciyi<u>n</u> paya<u>n</u>kaḷ*).

Die positiven Folgen des Saiva Siddhanta Studiums, dessen Erkenntnisse an anderer Stelle als „sicheres Pfand“ (*cēmavaippu*) für eine rosige Zukunft verstanden werden,[284] lassen sich grob in zwei Bereiche einteilen, namentlich in den Bereich der Psychologie und in den der Religion. Für beide Bereiche hat aber zunächst die folgende Annahme zu gelten, die das Adhinam-Studienprogramm zu einem Mittel der Ursachenforschung macht. Denn gemäß den bereits präsentierten Überzeugungen ist die Erkenntnis der (kosmologisch-ontologischen) Hintergründe für jede Lebenssituation durch die Erklärungen des Saiva Siddhanta der sprichwörtlich erste Schritt zur Besserung:

„Für jegliches Problem, das im Leben auftaucht, muss es einen Grund geben. Die Gründe werden im Kurs in Ruhe erörtert und es wird Ihnen [den Teilnehmenden] ein Weg gelehrt, um dieses [Problem] einfach zu lösen.“[285]

---

[282] *„nam vā<u>l</u>vil nām cantikkum ellā iṭaiyūrukaḷaiyum tīrttu, maki<u>l</u>cciyā<u>n</u>a, ma<u>n</u>a ni<u>r</u>aivā<u>n</u>a vā<u>l</u>kkaiyai vā<u>l</u>vata<u>r</u>ku caiva cittāntam maṭṭumē cariyā<u>n</u>a va<u>l</u>iyai kāṭukiṭ<u>r</u>atu.“* http://thiruvavaduthuraiadheenam.org/Aadheenam/?page_id=1886 (zuletzt aufgerufen am 11.02.2014).

[283] Vaittiyanātа<u>n</u> 2007, (ni<u>r</u>aivurai).

[284] Veḷḷaivāraṇam 2010d, iv.

[285] *„vā<u>l</u>kkaiyil ē<u>r</u>paṭum cikkal (PROBLEM) etuvāka iruntālum, ata<u>r</u>ku nicceyum oru kāraṇam irukku vēṇṭum. 1. anta-c cikkalukkā<u>n</u>a kāraṇattai, amaitiyāka iruntu ārāyantu, atai eḷitil tīrkkum va<u>l</u>iyai, inta-p payi<u>r</u>ci maiyam taṅkaḷukku-k ka<u>r</u><u>r</u>u-t taruki<u>r</u>atu.“* Vaittiyanāta<u>n</u> 2007, (ittaku caiva cittānta-p payi<u>r</u>ciyi<u>n</u> paya<u>n</u>kaḷ). Das Wort „*cikkal*“ wird hier durch das englische „*problem*“ in Klammern ergänzt, wohl um die Bedeutung weiter zu qualifizieren.

Der Anspruch der Adhinam-Lehre ist also erstens nichts weniger, als für „jegliches Problem, das im Leben auftaucht" (*vāḻkkaiyil ērpaṭum cikkal etucāka iruntālum*) die Ursachen zu erklären. Diese liegen, wie bereits ausführlich bei der Lehre der ontologischen Entitäten gezeigt werden konnte, allgemein in der Fesselung der Seelen und speziell, was die konkreten Lebenskonstellationen durch Geburt der Seelen angeht, in der Logik von *Karma* und Wiedergeburt begründet. Dass diese aber – wie oben gezeigt – nie vollends vom Menschen verstanden werden kann. Neben dieser diagnostischen Dimension bietet die praktische Lehre des Saiva Siddhanta zweitens zudem dezidierte Lösungswege an, wie die Menschen beziehungsweise Seelen mit jener Einsicht in die eigene, notwendigerweise mangelhafte, weil unerlöste Situation, umzugehen haben. Diese sind oben bereits ausführlich in den Ausführungen zu den Erlösungswegen und zur Saiva Siddhanta Praxis als Verehrung geschildert worden.

Psychische Verbesserungen

Die Darstellung der positiven Folgen des Saiva Siddhanta Studiums, die hier als „psychische Verbesserungen" verstanden werden sollen, beginnt mit der Feststellung durch die Adhinam-Verantwortlichen, dass schlicht jeder Mensch unausweichlich in seinem Leben die Erfahrungen von „Leid, Trauer und Unannehmlichkeiten" (*tuṉpamō, tuyaramō, tollaiyō*) mache. Mit Hilfe der Einsichten des Saiva Siddhanta Studienprogramms über den Ursprung dieser negativen Gefühle sei es aber möglich, diese umzukehren. Erstens sei der Kurs in der Lage „emotionalen Stress" (*maṉa uḷaiccal, TENSION*) zu eliminieren. Zum zweiten führten die Saiva Siddhanta Erkenntnisse zu einem „klaren Verstand" (*aṟivu teḷivu*, CLEAR HEAD) und „innerer Ruhe" (*nimmati, PEACE OF MIND*).[286] Drittens sei

> „Saiva Siddhanta das einzig Hilfreiche, um das Selbstvertrauen zu vergrößern. Durch das Studium können wir verstehen, wie wir den Situationen, die uns widerfahren, auf richtige Art und Weise begegnen können."[287]

Der Saiva Siddhanta Unterricht des Studienprogramms behebe also nicht nur emotionalen Stress, sondern verhelfe zu klarem Verstand, innerem Frieden sowie einer Steigerung des Selbstvertrauens (*taṉṉampikkai*). Diese psychischen Verbesserungen seien alleine der Auseinandersetzung

[286] Die englischen Erklärungen finden sich in Klammern und Großbuchstaben so im Originaltext, Vaittiyanātaṉ 2007, (ittaku caiva cittānta–p payiṟciyiṉ payaṉkaḷ).

[287] „*taṉṉampikkaiyai vaḷarkka utavum cittāntam itu oṉṟē. itai-k kaṟpataṉ mūlam nām cantikkum enta cūḻalaiyum cariyāṉa muṟaiyil kayāḷuvatu eppaṭi eṉpatai nām viḷaṅki koḷḷalām.*" http://thiruvavaduthuraiadheenam.org/Aadheenam/?page_id=1886 (zuletzt aufgerufen am 11.02.2014).

mit den Wahrheiten des Saiva Siddhanta geschuldet, die – wie bereits im Detail analysiert – vor allem durch eine spezielle Lehre von *Karma* und Wiedergeburt die Ursachen für jegliches Freud und Leid in der Welt erklären können. Die Versprechungen des Kurses lassen in diesem Fall darauf schließen, dass die Verantwortliche hierbei – die Anführung der äquivalenten englischen Termini legt dies zumindest nahe – an einen auch in Indien verbreiteten Diskurs um mentale oder psychische Gesundheit anzuknüpfen versuchen. Wie schon gezeigt werden konnte, gehört die Rezitation der sivaitischen *bhakti*-Hymnen zu der vom Adhinam empfohlenen religiösen Praxis, die zudem auch konkrete körperliche Beschwerden oder sonstige Krisensituationen lindern beziehungsweise vollständig beheben soll. Saiva Siddhanta wird hier also als holistische Art der Lebensführung dargestellt, die die Situation von Körper und Geist ausdrücklich verbessert. Solche Zusagen sind weltweit, insbesondere seit dem 20. Jahrhundert, durchaus Referenzgrößen in Auseinandersetzungen um Religion.[288]

Der Kern der Saiva Siddhanta Erkenntnis im Bereich der psychischen Verbesserungen liegt folglich in der Einsicht, dass das irdische „Schicksal", wie oben gezeigt, eben weder zufällig auf die Menschen hereinbricht, noch absolut nachvollziehbar wäre. Da aber „Schicksal" (*viti*) explizit als *Karma* gedacht wird, handelt es sich dabei um ein kosmisches Gesetz, das letztendlich zu Gunsten der Seelen wirkt und von Gott auch so eingesetzt wird. Wenn dies verstanden ist, kann sich jeder einzelne aktiv mit diesem *Karma* auseinandersetzen (ohne seine Logik vollends nachvollziehen zu können) und Schritte unternehmen, um dessen Wirkung schließlich neutralisiert zu sehen. So wird verhindert, dass die Menschen sich nicht fatalistisch ihrem vermeintlich Schicksal ergeben, sondern den vom Studienprogramm propagierten Weg einschlagen, der sich der „Gnade Gottes" (*iṟaiyaruḷ*) bewusst ist und der auf „rationale und nachvollziehbare Weise" (*pakuttaṟivukku ēṟpa, taṅkaḷukku-t teḷivāka*) lehrt, der Erlösung näher zu kommen.[289] Den negativen psychischen Folgen einer falschen Schicksalshörigkeit wird hier durch Saiva Siddhanta also aktiv entgegen gewirkt.

Religiöse Erkenntnisse und Umgang mit Astrologie

Saiva Siddhanta Unterricht trägt aber nicht nur zu Verbesserungen der psychischen Konstitution jedes Anhängers bei, sondern führt damit auch automatisch zur Lösung aller Konfusionen (*kuḻappam*) im Bereich der Religion. Die vom Studienprogramm als häufig auftretende Zweifel und

---

[288] Vgl. hierzu Carrette & King 2005.

[289] Vaittiyanātaṉ 2007, (ittaku caiva cittānta–p payiṟciyiṉ payaṉkaḷ).

Unklarheiten in diesem Bereich wurden bereits im Detail bei der Analyse des Religionsbegriffs des Adhinam ausgeführt. Demzufolge verschafft die Beschäftigung mit den Lehren des Saiva Siddhanta Gewissheiten über die Existenz und Rolle Gottes, über die angebrachten praktischen Handlungsweisen, über die Relevanz der Idee der Wiedergeburt, über das Vorhandensein verschiedener Religionen und die Wichtigkeit der Vernunft im religiösen Leben. Mit Hilfe der Saiva Siddhanta Doktrinen lassen sich all diese Punkte klären, da die Existenz Gottes nachgewiesen, richtiges Verhalten in Form von Verehrung im Bewusstsein Gottes gelehrt, die Implikationen von *Karma* und Wiedergeburt geklärt, die Überlegenheit des Saiva Siddhanta als ultimative Religion gezeigt und die Schlüsselrolle der Vernunft im religiösen Erkenntnisprozess hervorgehoben wird. Ein Aspekt der positiven Folgen der psychischen Veränderungen eines Saiva Siddhantins, der bisher noch nicht explizit thematisiert wurde und der im Bereich der Religion angesiedelt wird, soll im Folgenden noch näher betrachtet werden, gerade weil er mehrfach in den Adhinam-Publikationen akzentuiert wird. Hierbei handelt es sich um den Umgang mit Astrologie (*cōtiṭam*, Skt. *jyotiṣa*).

Eine horoskopische und kalendarische astrologische Lehre gehört in vielen Traditionen zu den wichtigen Elementen religiöser Praxis, deren Autorität im Hindu-Kontext nicht selten auf vedische Schriften und deren Kommentar-Traditionen zurückgeführt werden.[290] Allerdings gibt es in Indien und Tamil Nadu unzählig viele verschiedene Varianten und Formen der astrologischen Dienstleistungen, die inzwischen teilweise sogar gesetzlich geregelt sind. Einige indische Hochschulen bieten beispielsweise Studiengänge an, die zertifizierte Astrologen hervorbringen. Die Erhebung astrologischer Ausbildung zum Universitätsfach ist eng mit hindu-nationalistischen Intitiativen verknüpft, die seit dem späten 20. Jahrhundert immer mehr Einfluss auf Regierungen auch auf gesamtstaatlicher Ebene ausüben und damit Ausprägungen – vor allem der vedischen Astrologie – den Status einer Wissenschaft zusprechen.[291]

Ganz praktisch sind astrologische Artikulationen aber im Alltag vieler Siviaiten in Tamil Nadu sehr präsent, etwa in Form von Kalendern mit entsprechenden Informationen oder durch eigene Schreine in Tempeln, die den neun Planeten oder „Navigrahas" (*navakkirakam*, Skt. *navagraha*) gewidmet sind.[292] Diese sind, nicht zuletzt auf priesterliche

[290] Vgl. Gantsen 2012a und in Hinblick auf die jüngeren Entwicklungen Gantsen 2012b. Zur speziellen tamilischen „Palmblatt-Astrologie", die zwar meist nicht mit den Veden, aber mit autoritativen tamilischen Texten arbeitet, siehe Satish 2013.

[291] Vgl. hierzu Nanda 2009, 108–144.

[292] Vgl. zu den neun Planeten Gantsen 2012c. Für das klassische astromisch-kalendarische System in Tamil Nadu, siehe Fuller 1980.

Anweisung hin, in besonderer Weise zu verehren, namentlich durch eine Art religiösen Dienst, der „Pariharam“ (*parikāram*, Skt. *parihāram*) genannt wird und als praktisches und teilweise prophylaktisches „Heilmittel“ verstanden wird. Spätestens vor einer geplanten Heirat werden in Hindu-Familien in der Regel die Tätigkeiten von professionellen Astrologen – dies können auch Tempelpriester sein – in Anspruch genommen. Hierbei werden etwa astrologische Parameter der potentiellen Ehepartner auf Kompatibilität überprüft. Dazu gehören unter anderem der Geburtstag und -ort wie die exakte Geburtszeit mit zugehörigen Planetenkonstellationen.

Interessant ist die unübersichtliche astrologische Praxis in Tamil Nadu in diesem Zusammenhang aber gerade deshalb, weil die Verantwortlichen des Adhinam-Studienprogramms diese aus bestimmten Gründen und in bestimmten Ausprägungen dezidiert ablehnen. Denn „das Vertrauen auf/der Glaube an Astrologie“ (*cōtiṭa nampikkai*) sei, aus dieser Lesart des Saiva Siddhanta heraus, das Ergebnis der schlechten psychischen Verfassung derer, die sich nicht der eigentlichen Hintergründe der eigenen Lebenssituation bewusst sind. Die Suche nach Zuflucht in der Astrologie ist damit das Resultat eines falschen Umgangs mit den Erfahrungen von Leid, Trauer und sonstigen Unannehmlichkeiten. Dies führe aber für diejenigen, die auf Astrologie vertrauen, zu vielen weiteren Problemen, wie ein „Hilfsbuch“ des ehemaligen Direktors Vaithiyanthan, der wohl nicht zufällig auch als Experte für Astrologie galt,[293] deutlich formuliert:

> „Viele der verzweifelt Suchenden wenden sich in solchen Situationen hauptsächlich an Astrologen, denen sie dann große Mengen an Geld und Wertsachen überreichen, in der Hoffnung, dass diese ihnen einen Weg aus ihrer Misere zeigen und Auskunft über den [verbleibenden] Lebenszeitraum geben. Die Leute, die zu den Astrologen gehen, schenken dem, was diese sagen, so viel Wert, dass sie sogenannte „Pariharams“ durchführen – gegen jegliche Vernunft – und opfern Zeit und Geld. Die Leute denken überhaupt nicht nach, ob die von den Astrologen vorgeschlagenen Pariharams deren Leid verschwinden lassen.“[294]

Ein schlechter, weil den Erkenntnissen des Saiva Siddhanta gegenüber verschlossener, psychischer Zustand, treibt die Menschen also in die Arme von astrologischen Dienstleistern. Wie das Zitat zu zeigen vermag, besteht bei diesen immer die Gefahr, dass die Hilfesuchenden schlicht-

---

[293] Vaithiyanathan trug auch den Titel des „*cōtiṭa-k kalai vallunar*“.

[294] „*avvāṟu tēṭi alaipavarkaḷ perumpālōr cōtiṭa nipuṇarkaḷa-k kaṇṭu, tamakku eppōtu inta-t tuyar nīṅkum eṉṉum taṭaiyai eḻuppi-p perum poruḷ koṭuttu-c cōtiṭariṉ viṭaikkāka-k kāttu-t tavam kiṭakkiṟārkaḷ. cōtiṭarkaḷ kūṟum veṟṟuraikaḷukku- pperumatippu-k koṭuttu-p »parikāram« eṉṉum peyarāl, pakuttaṟivukku ovvātaṉa palavaṟṟai-c ceytu, poruḷaiyum kālattaiyum vīṇ virayam ceykiṟārkaḷ. cōtiṭar kūṟum parikāram tamatu tuyarai nīkkumā eṉpatai-k kuṟittu-c ciṟitēṉum avarkaḷ cintippatillai.*“ Vaittiyanātaṉ 2008, 7.

weg betrogen werden, insbesondere, wenn sich jene sogenannten „falschen Astrologen“ (*pōli cōtiṭarkaḷ*) an ihren Klienten ökonomisch bereichern.[295]

Das Problem an den „falschen Astrologen“ ist aber – neben einem möglichen betrügerischen Vorgehen – vor allem, dass sie den Gläubigen die Durchführung bestimmter religiöser Dienste oder Handlungen, also die *Pariharams*, auftragen. Diese werden dann als praktische und wirksame Heilmittel für jede Lebenslage, die oft als „Schicksal“ fehlinterpretiert wird, betrachtet, was es aber aus Sicht des Saiva Siddhanta strikt abzulehnen gilt. Denn Astrologen berufen sich für ihr Vorgehen auf bestimmte „astrologische Schriften“ (*cōtiṭa nūlkaḷ*), anhand derer sie, mit Hilfe der planetarischen Konstellation zum Zeitpunkt der Geburt, konkrete *Pariharams* empfehlen. Allerdings lässt sich leicht feststellen, dass sich immer nur einige dieser Empfehlungen und Prognosen erfüllen, und andere eben nicht: „Genau deswegen gibt es viele [Menschen], deren Leid trotz der Verrichtung der Pariharams nicht verschwindet.“[296] Deswegen seien diese ausdrücklich „gegen jegliche Vernunft“ (*pakuttaṟivukku ovvātaṉa*).

Die grobe Unzulänglichkeit der meisten Formen von Astrologie liegt für Vaithiyanathan darin begründet, dass sie von einem falschen Verständnis der neun Planeten und der Wirksamkeit der *Pariharams* ausgehen, die durch die Lehre des Saiva Siddhanta nicht gedeckt ist. Entgegen der verbreiteten Meinung, durch eine Berechnung der neun Planeten und daraus abgeleiteter religiöser Dienste könnte die konkrete Lebenslage verbessert werden, steht eindeutig die Saiva Siddhanta Lehre des *Karma*. Genau genommen gilt sogar:

> „Alles, was unter dem Namen »Pariharam« bekannt ist, dient ausschließlich zum Überleben, aber wahrhaft gute astrologische Experten wissen, dass es in astrologischen Schriften keinen Beweis dafür [ihre Wirksamkeit] gibt.“[297]

An diesem Zitat wird offenbar, dass es neben den „falschen Astrologen“ auch „wahrhaft gute astrologische Experten“ (*ciṟanta cōtiṭa nipuṇarkaḷ*) gibt, die die Zusammenhänge der neun Planeten im Saiva Siddhanta Sinne korrekt verstanden haben und auch so lehren. Denn zwar ist der Einfluss der Planeten auf das Leben jedes Einzelnen durch die Konstellation bei der Geburt grundsätzlich nicht zu leugnen. Aber sie sind eben

---

295 Eine ähnliche Warnung wird in der Kursbroschüre ausgesprochen, Vaittiyanātaṉ 2007, (ittaku caiva cittānta–p payiṟciyiṉ payaṉkaḷ).

296 „*eṉavē tāṉ, nammil perumpālōrkku-c cōtiṭarkaḷ kūṟiya perikāraṅkaḷai-c ceytu muṭitta piṟakum tuyarkaḷ nīṅka-p peṟāmal toṭarnta vaṇṇam uḷḷaṉa.*“ Vaittiyanātaṉ 2008, 7–8.

297 „*»parikāram« eṉṟa peyaril kūṟappaṭuvaṉavellām, piḻaippu karuti-p pēcap-paṭuvaṉavē aṉṟi-c cōtiṭa-c cuvaṭikaḷil, ataṟku-p piramāṇam illai eṉpatai-c ciṟanta cōtiṭa nipuṇarkaḷ aṟivārkaḷ.*“ Vaittiyanātaṉ 2008, 8.

keine unabhängigen Entitäten, sondern „die Navigrahas sind Diener Gottes“ (*navakkiraṅkaḷ iṟaivaṉiṉ ēvalarkaḷ*) und damit weit von einer eigenständigen Wirkmacht entfernt.[298] Deshalb sind jegliche menschlichen Ableitungen aus ihnen notwendigerweise falsch, insofern sie davon ausgehen, dass das Leben einzelner dadurch verändert werden kann. Denn jede Lebenssituation ist, wie mehrfach gezeigt, unbedingt vom *Karma* abhängig, das Gott gemäß der kosmischen Gesetzmäßigkeit einsetzt. Die neun Planeten hingegen, oder ein Verhalten ihnen gegenüber, können also nicht dazu beitragen, das Leben zu verbessern, denn „die Navigrahas haben dazu nicht die notwendigen Rechte.“[299] Der Umgang mit den Planeten in Form von *Pariharams* hat also schlicht weder Einfluss auf das göttliche Verhalten, noch auf die ewigen kosmischen Gesetze (*niyati*), also auf die Kausalität des *Karma*.

Die kritische Haltung des Saiva Siddhanta gegenüber der Astrologie geht letztlich in der propagierten Konzeption von *Karma* auf, dessen Wirkungen alleine jede Situation in einer Geburt erklärt. Die Lehren des Studienprogramms zeigen relevante Wege auf, das Leben zu meistern und der Erlösung näher zu kommen. Nur die Erkenntnis dessen kann ein valides „Ergebnis“ (*palaṉ*) produzieren. Die einzig wahre Möglichkeit, sich auf den Weg zur Erlösung zu begeben, führt damit über das Studium des Saiva Siddhanta und seiner heiligen Texte. Denn die grundsätzliche Mangelhaftigkeit der konventionellen Astrologie zeigt sich bereits darin, dass sie nicht im Vertrauen auf „Gott und die gnadenvollen Worte seiner frühen göttlichen Gesandten“ (*iṟaivaṉiṭattilum iṟai aṭiyārkaḷiṉ aruḷvākku kaḷilum*) – gemeint sind die Autoren der *Tirumurai* – praktiziert wird. Diese literarisch-kanonische Rückbindung wäre, im Sinne der oben präsentierten Saiva Siddhanta Epistemologie, eine Möglichkeit, das astrologische Wissen als legitim anzusehen. Dies sei aber in der Regel nicht der Fall. Den wenigen „gottesfürchtigen Astrologen“ (*cōtiṭarkaḷ iṟaippaṟṟu uṭaiyavarkaḷ*) jedoch, die mit Rückgriff auf die Schriften des Saiva Siddhanta arbeiten, darf aber vertraut werden.[300] Wie eine solche „siddhantische Astrologie“ im Detail aussieht, bedarf jedoch weiterer Forschung.

Mit Hilfe dieses Argumentationsstrangs wird im Übrigen auch eine weitere Gruppe aus dem Bereich des „korrekten Wissens“ ausgeschlossen, die als ähnlich gefährlich wie die „falschen Astrologen“ eingestuft wird, namentlich die der „falschen religiösen Lehrer“ (*pōli matāvatikaḷ*), wie folgendes Zitat von der Homepage des Adhinam zeigt:

---

[298] Vaittiyanātaṉ 2008, 8.

[299] „*navakkiraṅkaḷukku ataṟkuriya urimai vaḷaṅka-p peṟavillai.*“ Vaittiyanātaṉ 2008, 8.

[300] Vaittiyanātaṉ 2008, 7–8.

„Alle Botschaften, die in diesem Kurs gelehrt werden, sind Lehren aus der Erfahrung der Nachkommen, die reich an Wissen sind und welche aus der Genealogie der Heiligen Kailash Abstammungslinie entspringen. Diese [Lehren], welche nicht von *falschen Religionsvertretern* und *falschen Astrologen* verunreinigt wurden, helfen, im Leben einen wahren Aufstieg zu erreichen.“ [Herv. RK][301]

Das entscheidende Kriterium dafür, dass jemand als „falscher Astrologe“ oder „falscher Religionsvertreter“ eingestuft wird, der die korrekten Lehren „verunreinigt“, ist also die fehlende Verankerung in der kanonischen Tradition des tamilischen Sivaismus. Als dessen einzig wahrhafte Linie eines ungebrochenen Lehrer-Schüler-Verhältnisses gilt in diesem Zusammenhang ohne Zweifel die „Heilige Kailash Abstammungslinie“ des Thiruvavaduthurai Adhinam. Diese autoritative Tradition umfasst formal, wie bereits ausführlich dargestellt, die kanonischen Werke der *Siva-Agamas*, den *Tirukkural*, die *Tirumurai*, die *Siddhanta-Sastras* und die *Pandara-Sastras*. Die Erfahrungen und das Wissen dieser göttlich inspirierten Äußerungen ist die einzig gültige Basis, auf deren Grundlage sich Schlüsse für die psychische Konstitution, den Umgang mit Zweifeln im Bereich der Religion und damit auch der konventionellen Astrologie, oder für die praktische Lebensführung ziehen lassen. Das richtige Verhalten in jeder Lebenslage kann also nur durch die Kenntnis der Lehren und Wahrheiten des Saiva Siddhanta ausgeführt werden, die aus einer bestimmten textlichen und personalen Tradition stammend gedacht werden. Dies ist der soteriologische und praktisch-immanente Nutzen des Saiva Siddhanta, der abermals eng an die Kategorie des Wissens geknüpft ist.

Empfundener Nutzen des Studienprogramms

Nach der Untersuchung des „propagierten Nutzens“ des Saiva Siddhanta des Thiruvavaduthurai Adhinam sollen im Folgenden beispielhafte Ansichten von Anhängern in den Fokus genommen werden, die sich mir gegenüber zu den Auswirkungen des Saiva Siddhanta in ihrem Leben geäußert haben. Hierbei handelt es sich um ausgewählte Stimmen, die exemplarisch für vergleichbare Äußerungen zahlreicher weiterer Siddhantins stehen. Dabei wird deutlich werden, dass viele Elemente des „propagierten Nutzens“ durch den „empfundenen Nutzen“ der Studierenden reiteriert werden. Diese positive Bestätigung ist allerdings auch

[301] „*ivvakuppil kūṟappaṭum ceytikaḷyāvum tirukkayilāya paramparai vaḻi vantā ñāṉa-c celvarkaḷiṉ aṉupava moḻikaḷ. ivai pōli matavātikaḷiṭamum, pōli cōtiṭarkaḷiṭamum ēmāṟāmal, vāḻvil nīṅkaḷ uṇmaiyāṉa muṉṉēṟṟam aṭaiya uṟutuṉaiyāṉa.*“ http://thiruvavaduthuraiadheenam.org/Aadheenam/?page_id=1886 (zuletzt aufgerufen am 11.02.2014).

strukturell bedingt, da ich zu diesem Thema im Rahmen der Feldforschung ausschließlich mit Anhängern des Saiva Siddhanta gesprochen habe. Womöglich enttäuschte Kurs-Teilnehmende oder die Meinungen anderer Religionsvertreter sind damit nicht erfasst. Dennoch ist auffällig, dass der „propagierte Nutzen" vielfach affirmiert wird, was auf die diskursive Relevanz dieser Positionen schließen lässt. Interessant ist aber in diesem Zusammenhang vor allem, auf welche Weise die folgenden Artikulationen die autoritative Sicht aufnehmen und wiedergeben.

Es konnte bisher gezeigt werden, dass in der Lesart der Adhinam-Verantwortlichen die Auseinandersetzung mit Saiva Siddhanta im Rahmen des Studienprogramms ganz konkrete positive Folgen zu zeitigen vermag. Hierbei wird betont, dass die Erkenntnisse des Saiva Siddhanta die psychische Konstitution des Einzelnen verbessern, indem durch die Konzeptionen von *Karma* und Wiedergeburt eine Erklärung für die Hintergründe jeder Lebenssituation gegeben werden kann. Die Einsichten des Saiva Siddhanta dienen des Weiteren dazu, die Konfusionen der Anhänger im Bereich der Religion aufzulösen, wozu auch explizit ein richtiger Umgang mit Astrologie gezählt wird. Die entscheidende Bedeutung der Unterweisungen des Saiva Siddhanta durch das Studienprogramm des Thiruvavaduthurai Adhinam, die neben philosophischer Erläuterung eben auch religiöse Praxis in Form von *Puja* und Rezitation lehren, speist sich aus ihrer postulierten Übereinstimmung mit den Lehren der kanonischen Literatur.

Ausnahmslos jeder Anhänger, mit dem ich gesprochen habe, hat von einer Verbesserung des eigenen Lebens durch die Beschäftigung mit Saiva Siddhanta berichtet. Dies scheint wenig überraschend, da hierdurch die eigene Identitätspositionierung als Saiva Siddhantin mit einem positiven Narrativ erklärt und gerechtfertigt werden kann. In der Regel wird die Situation vor dem Kontakt mit Saiva Siddhanta als eine der Ignoranz gegenüber oder des geringfügigen Interesses für sivaitische Religion beschrieben, die sich höchstens durch traditionelle Praxis, wie etwa Tempelbesuche und *Puja* auszeichnete, aber wenig reflektiert wurden.[302] Die Teilnahme an Saiva Siddhanta Unterricht habe das Bewusstsein diesbezüglich massiv verändert, da hierdurch die wahren Bedeutungen und die korrekte Durchführung dieser religiösen Praktiken erläutert worden wären, was zu einem konstanten Nachdenken darüber angeregt habe.[303] So

---

[302] Interview mit Pālacuntaram 2012; Interview mit Āṉanta Jōti 2011; Interview mit Neṭumāṟaṉ 2012.

[303] „*Firstly, it was discipline oriented. Some pooja performances about Siva after gettting Diksha, we are adopting. After my retirement life, I feel comfort and think more about what I am and Lord Siva. What is the world? It [Saiva Siddhanta] definitely changed my life. Before that, working in my department, because I was holding a higher post, there*

sei beispielsweise nun bekannt, wann und wie die heiligen Verse zu rezitieren oder die heilige Asche aufzutragen sei.[304] Allgemein lässt sich feststellen, dass alle Befragten eine Veränderung ihrer religiösen Praxis im Sinne einer „Bewusstwerdung" der eigentlichen Zusammenhänge beschreiben, die sich aus den Unterweisungen ergeben habe.

Die Veränderungen der eigenen psychischen Konstitution, die vom Adhinam in vielen Stellen und ausdrücklich als Nutzen propagiert werden, gehören ebenfalls zu den häufig artikulierten Entwicklungen als Resultat eines Saiva Siddhanta Trainings. Grundsätzlich sei Saiva Siddhanta in der Lage, alle Schwierigkeiten (*kaṣṭam*) des Lebens zu lösen,[305] das Selbst der Anhänger positiv zu beeinflussen[306] und zu innerem Frieden beizutragen, wie folgende Äußerung exemplarisch zeigt:

> „Heute führe ich ein sehr friedliches Leben. Es gibt keine Verwirrungen mehr in meinem Denken, sondern Klarheit. Bevor ich mich mit Saiva Siddhanta beschäftigt habe [...] ging ich nur gelegentlich zum Tempel, aber danach begann ich, regelmäßig Gott zu verehren. Ich besuchte Thiruvavaduthurai. Jetzt fühle ich mich besser, damals war zudem meine berufliche Situation sehr schwierig, aber alles hat sich zu meinen Gunsten verändert."[307]

Ein anderer Teilnehmer des Studienprogramms betont zudem die positive Wirkung des Saiva Siddhanta auf seinen Seelenfrieden im Vergleich mit der vorherigen Betätigung in der vishnuitischen Gemeinschaft ISKCON:

> „Als ich ISKCON [...] beitrat, wurde mein Leben sehr glücklich wegen Krishna [...]. Er schenkt Glücklichkeit. Aber er hat mir keinen Seelenfrieden gegeben, denn Seelenfrieden kann nur von Siva gegeben werden. Früher war ich ein bisschen wütend, aber seit ich diesen Kurs besuche, habe ich mich beruhigt und durch die Regeln Sivas hat sich mein Zorn gelegt."[308]

---

was no time even to pray. Now I have sufficient time for worshipping." Interview mit Muttucāmi 2015.

[304] Interview mit Pālacuntaram 2012.

[305] Interview mit Pālacuntaram 2012.

[306] „*I've received my Samaya-Diksha and have practiced for 9 months or so. I have seen so many changes in my self, my inner self. Sudden changes happened after 6–7 months. I have given so much practice.*" Interview mit Curēṣ 2012.

[307] „*Today I am leading a very peaceful life. There is no confusion in my thinking, but clarity. Before being involved in Saiva Siddhanta, [...] I would got to temples only occasionally, but then I started to worship regularly. I visited Thiruvavaduthurai. Now I am feeling better, my job situation was problematic back then, but everything changed in my favour.*" Interview mit Mātavaṉ 2012. Ähnlich auch: „*We will be untouched by so many desires and so on.*" Interview mit Curēṣ 2012.

[308] „*Once I became part of ISKON [...], my life became very happy, because of Krishna [...]. He gives the happiness. But he has not given peace of mind, for peace of mind will only be given by Siva. Previously I was a little bit angry, but once I did this course, I settled down, now through the discipline of Siva, my temper has gone down.*" Interview mit Kiruṣṇamūrtti 2012.

Beide Passagen sprechen deutlich die Verbesserung der psychischen Verfassung als eine der wichtigen Folgen der Auseinandersetzung mit Saiva Siddhanta an, wenn etwa von der Abnahme des Wutgefühls oder einer neuen Klarheit im Denken gesprochen wird. Andere Teilnehmer berichteten in ähnlicher Weise von einem durch Saiva Siddhanta ermöglichten positiven Umgang etwa mit Liebeskummer oder Alkoholismus von Angehörigen. Gleichzeitig wird im ersten Zitat aber auch auf ganz konkrete Veränderungen der Lebenssituation, hier namentlich dem beruflichen Fortschritt, hingewiesen, die sich durch Saiva Siddhanta ergeben haben.

Die Beobachtung einer solchen Kausalität ist typisch für die Aussagen aller von mir interviewten Siddhantins. Saiva Siddhanta zeigt nicht nur, wie die praktische Verehrung Gottes durchzuführen sei, oder bedinge die Lösung inneren Unfriedens, sondern beeinflusse auch das alltägliche Verhalten. Eine häufig genannte Veränderung ist hierbei im Übrigen die Umstellung der eigenen Ernährung auf rein vegetarische Kost, die, wie oben bereits erwähnt, auch zu den Bedingungen der Kursteilnahme – zumindest als „temporäre Askese“ an den Kurstagen gehört – und die im tamilischen Sivaismus allgemein als Verhinderung von Leid verstanden wird.[309] Ein Wandel der Verhaltensweisen sei, wie der Organisator Balasundaram bestätigt, durch Saiva Siddhanta unausweichlich: „Deine schlechten Angewohnheiten, wie etwa Rauchen und Trinken, verändern sich automatisch, nicht erzwungenermaßen.“[310] Er geht sogar soweit zu sagen, dass Anhänger des Saiva Siddhanta durch die Gnade Gottes auf spezielle Art und Weise geschützt sind, etwa vor Verkehrsunfällen oder anderen körperlichen Verletzungen.

Fragt man Kursteilnehmer nach ihren Motivationen, warum sie das Saiva Siddhanta Studienprogramm des Thiruvavaduthurai besuchen, erhält man verständlicherweise verschiedene Antworten. Die meisten Studierenden berichten in der Regel von einem vorherigen allgemeinen Interesse an Religion, das sich aus unterschiedlichsten Gründen hin zu einer Kursteilnahme konkretisierte. Allerdings fallen vor allem die Antworten auf, die ganz explizite Vorteile in der sivaitschen Lehre sehen, etwa im Bezug auf die mögliche Erlösung. Dies gilt insbesondere für solche Interessenten, die sich bereits mit alternativen Wegen beschäftigt haben, wie folgende Äußerungen zeigen:

„Ich habe in den letzten fünf bis sechs Jahren einige Bücher von Osho studiert. Eigentlich denke ich, dass *Saiva Siddhanta ein Weg ist*, Gott den Allmächtigen zu

[309] Interview mit Pālacuntaram 2012; Interview mit Āṉanta Jōti 2011; Interview mit Neṭumāṟaṉ 2012.

[310] „*Your bad habits, like smoking or drinking, change automatically, not compulsorily.*“ Interview mit Pālacuntaram 2012.

erreichen. [...] *Es gibt so viele Wege*, wie beispielsweise Buddhismus und Tantra, und Saiva Siddhanta ist *einer von ihnen*. Ich denke aber, dass *Saiva Siddhanta der sicherste Weg ist*, denn dort wird nicht so großer Wert auf den physischen Körper gelegt. Sie spenden lediglich Diksha, die auf einem Mantra und auf ein wenig Puja basiert.“ [Herv. RK][311]

Der schon mehrfach zitierte ISKCON-Anhänger sieht einen weiteren expliziten Vorteil im Sivaismus als Erlösungsweg, wenn er sagt:

„Im Sivaismus gibt es keine Wiedergeburt. *Sobald man mit der Verehrung Sivas beginnt, gibt es keine Wiedergeburt mehr*. Im Vishnuismus hingegen werden deine Schulden und Kredite [des Karma] in deine nächste Geburt überführt. Im Sivaismus werden diese annulliert. Keine Schulden, kein Kredit. Das ist der Grund, warum ich den Lehren des Sivaismus [gemeint ist hier Saiva Siddhanta] folge.“ [Herv. RK][312]

An beiden zitierten Aussagen wird deutlich, dass sich die Anhänger des Saiva Siddhanta neben psychischen und lebenspraktischen Veränderungen auch Vorteile im Hinblick auf den Weg zur Erlösung versprechen. Es wird offenbar, dass Saiva Siddhanta dabei zwar als einer von vielen möglichen Wegen betrachtet wird, allerdings als der „sicherste“ oder der „einfachste“, da er beispielsweise weniger Askese oder körperliche Praktiken erfordert oder gar – im Gegensatz zu anderen Lehren – im Stande ist, die Logik von *Karma* und Wiedergeburt direkt in diesem Leben auszuhebeln. Diese Überzeugung ähnelt stark der vom Studienprogramm vertretenen Ansicht der Erlösungsfähigkeit jeder Seele in der jetzigen Geburt. Das heißt nicht, dass damit *Karma* und Wiedergeburt kein Teil des Saiva Siddhanta sind, sondern dass Saiva Siddhanta diese kosmische Gesetzmäßigkeit – beispielsweise durch Verehrung Gottes – zu entkräften vermag.

An den hier präsentierten, beispielhaften Stellungnahmen von Teilnehmern und Verantwortlichen des Saiva Siddhanta Studienprogramms des Thiruvavaduthurai Adhinam können im Hinblick auf den „empfundenen Nutzen“ des Saiva Siddhanta mindestens vier Punkte festgehalten werden. Hierbei muss hervorgehoben werden, dass jede Reiteration des vom

[311] „*I've gone through some Osho books for the last 5–6 years. Actually, Saiva Siddhanta is a path to reach the God Almighty. [...] There are so many paths, like Buddhism or Tantric paths. Saiva Siddhanta is one of them. But what I feel is, that this is the safest path, because they don't give much pressure to the physical body; they only give dikshai, which is based only on a mantra and some pooja.*“ Interview mit Curēṣ 2012. Mit „Osho“ ist hier der 1990 verstorbene und weltweit populäre indischer Philosoph und Begründer der Neo-Sannyas-Bewegung, Chandra Mohan Jain gemeint, der auch unter den Namen „Acharya Rajneesh“ und „Bhagwan Shree Rajneesh“ bekannt ist.

[312] „*In Saivam, there is no rebirth. Once you start with Siva-devotion, there is no rebirth. But in Vaishnavism, your debits and credits will be carried out in your next birth. In Saivam, we make it a zero. No debits, no credits. That is why I follow the Saiva principles.*“ Interview mit Kiruṣṇamūrtti 2012.

Adhinam „propagierten Nutzens“ oder seiner Lehren im Allgemeinen in den Artikulationen der Anhänger (potentiell) eine Verschiebung der Adhinam-Äußerungen darstellt. Die Wiederholung jener Adhinam-Ansichten ist damit nie identisch mit der vorherigen Aussage, sondern ist immer ein Zitat, das andere Bedeutungen akzentuieren oder neue hervorbringen kann, wie folgende Rückschlüsse zeigen:

Erstens werden die vom Kurs propagierten „psychischen Verbesserungen“ für jede Lebenslage in der Regel affirmiert, wenngleich dies – zumindest in den hier ausgewählten Äußerungen – kaum auf die Einsichten der Saiva Siddhanta Lehre von *Karma* und damit mit der ontologischen Begründung für jede Lebenssituation geschieht. Zweitens berichten Saiva Siddhantins häufig von einem besseren Verständnis religiöser Praxis, also etwa *Puja* und Rezitation, die positive Folgen für die Lebensführung zeitigen. Gerade die *Tirumurai*-Rezitation gehört, wie oben gezeigt, zu den zentralen praktischen Lehren des Studienprogramms. Überhaupt wirkt sich drittens die Auseinandersetzung mit Saiva Siddhanta positiv auf die Lebensumstände der Anhänger aus, etwa, indem sie durch Gott speziell vor bestimmten Übeln geschützt sind, oder sich problematische Situationen wie unsichere Anstellungsverhältnisse verbessern und schlechte Verhaltensweisen, beispielsweise Fleischkonsum oder Alkoholismus, unweigerlich auflösen. Ein ähnlicher Automatismus wurde oben bereits besprochen, den die Verantwortlichen des Adhinam-Kurses durch das Studium des Saiva Siddhanta in Kraft treten sehen. Namentlich führten die Erkenntnisse des Saiva Siddhanta zwangsläufig zu einer religiösen Praxis im Bewusstsein Gottes, die wiederum charakteristisch für die vertretenen Erlösungswege sind. Gerade der vom Studienprogramm artikulierte direkte Weg zur Erlösung scheint viertens von einigen Teilnehmenden als besonders „sicher“ oder „einfach“ – vor allem im Vergleich zu anderen Hindu-Traditionen – wahrgenommen zu werden. Diese Einschätzung entspricht durchaus den vom Adhinam verbreiteten Positionen, die im Saiva Siddhanta nicht nur den ultimativen Erlösungsweg sehen, sondern die erfolgreiche Durchführung dieses Weges in der aktuellen Geburt versprechen.

Zusammenfassend lassen sich allerdings auch einige erkennbare Verschiebungen des „propagierten Nutzens“ des Saiva Siddhanta feststellen. Mit Hinblick auf die Hervorhebung der Einordnung von konventioneller Astrologie durch die Autoritäten des Saiva Siddhanta Studienprogramms kann auch konstatiert werden, dass der richtige Umgang mit dieser für die Teilnehmenden, mit den denen ich gesprochen habe, kaum eine Rolle spielt. Zudem ist auffällig, dass die philosophischen Inhalte und die Bedeutung der kanonischen Literatur, die im Saiva Siddhanta Kurs des Adhinam ausgesprochen betont werden, selten als ausdrücklicher Grund für den Nutzen des Saiva Siddhanta angeführt wird. Vielmehr scheinen die praktischen Aspekte des Saiva Siddhanta, etwa in Form von *Puja*-Verständnis, psychischer und lebenspraktischer Verbesserung und schließlich einer konkreten Erlösungsoption als wichtigste Resultate der Auseinandersetzung mit Saiva Siddhanta für die Teilnehmenden im Vordergrund zu stehen. Dadurch wird deutlich, dass die Reiterationen von Anhängern des Saiva Siddhanta des Thiruvavaduthurai Adhinam, also der „empfundene Nutzen", zwar oftmals auf das rekurrieren, was von den Verantwortlichen als Nutzen propagiert wird. Es liegt aber andererseits in der Natur eines jeden solchen artikulierten Bezugs, dass hierbei mögliche intendierte Aussagen verkürzt, verschoben und zugespitzt werden. Die Artikulationen des „empfundenen Nutzens" stellen damit oftmals Zitate des „propagierten Nutzens" dar, dies heißt aber nicht, dass ihre Bedeutung damit identisch wäre.

IV.

Was ist Saiva Siddhanta? Historisierung eines Namens

Die vorliegende Untersuchung hat es sich zum Ziel gesetzt, die Propagierung des Saiva Siddhanta im Tamil Nadu des frühen 21. Jahrhunderts zu untersuchen. Die Leitfrage „Was ist Saiva Siddhanta?“ ist am Beispiel der ausführlichen Analyse des umfangreichsten populären Verbreitungswegs bearbeitet worden, dem sogenannten Saiva Siddhanta Studienprogramm des Thiruvavaduthurai Adhinam. Diese Frage ist zwar mehrfach auch in der tamilistischen und religionsgeschichtlichen Forschung gestellt worden. Allerdings wurde sie – mit wenigen Ausnahmen[1] – in der überwältigender Mehrheit der wissenschaftlichen Publikationen durch eine ahistorische und ent-kontextualisierte Betrachtung bestimmter philosophischer Schriften und eben nicht historisch beantwortet. Diese Untersuchung beansprucht, sich schwerpunktmäßig mit dem tamilischen Saiva Siddhanta der letzten 20 Jahre zu befassen und dabei eine historisierte Beantwortung jener Leitfrage zu präsentieren. Die Arbeit untersucht damit gegenwärtigen Saiva Siddhanta beziehungsweise den der jüngeren Vergangenheit historisch, wobei sie nicht zuletzt immer wieder geschichtliche Bezüge, insbesondere zu tamilisch-sivaitischen Debatten um 1900, hergestellt. Dies ist deshalb vonnöten, da jener Kontext einflussreiche Artikulationen und Diskursbeiträge hervorgebracht hat, ohne die der gegenwärtige Saiva Siddhanta in Tamil Nadu nicht plausibel erklärt werden kann.

Im Folgenden sollen zunächst die bisherigen Ergebnisse zusammengefasst und theoretisch eingeordnet werden. Hierbei wird nochmal nachgezeichnet werden, *wie* der Thiruvavaduthurai Adhinam versucht, Saiva Siddhanta unter den Tamilen zu verbreiten und vor allem, *welche Inhalte* in der Laienorganisation des Studienprogramms gelehrt werden. In einem zweiten Schritt soll diese Initiative zur Propagierung des Saiva Siddhanta aus theoretischer Sicht mit Hilfe poststrukturalistischer Ansätze der Namensgebung betrachtet werden. Daran anschließend wird das Saiva Siddhanta Spektrum Tamil Nadus anhand ausgewählter Beispiele vorgestellt, um alternative Möglichkeiten aufzuzeigen, wie die Frage „Was ist Saiva Siddhanta?“ jüngst beantwortet wird. Abschließend sollen die historischen Bezüge und Abhängigkeiten des heutigen Saiva Siddhanta zu den wirkmächtigen Auseinandersetzungen des späten 19. und frühen 20. Jahrhunderts exemplarisch an der heute allgemein unwidersprochenen

---

[1] Allen voran Bergunder 2010; Ishimatsu 1999; Klöber 2017b; Nehring 2010; Pechilis Prentiss 1996.

Überzeugung der Einheit des textuellen Kanons herausgearbeitet werden. Dieses Kapitel möchte damit eine Kritik an etablierten Definitionen und Beschreibungen, etwa eines transhistorischen oder gar ewigen Saiva Siddhanta, formulieren, die sich aus dem vorgeschlagenen Vorgehen ergeben.

1. Organisation, Kanon, Lehre, Praxis, Nutzen: Die Lehre des Saiva Siddhanta Studienprogramms

Beim Thiruvavaduthurai Adhinam handelt es sich nicht nur um eine der ältesten Vellalar-geführten, sivaitischen Institutionen Tamil Nadus, der eine besondere religiöse Autorität zugeschrieben wird, sondern darüber hinaus hat diese Einrichtung in den letzten 20 Jahren die größte Laienorganisation zur Lehre des Saiva Siddhanta im tamilsprachigen Raum etabliert. In etwa 70 lokalen Zweigstellen wird heute, schwerpunktmäßig in Tamil Nadu, aber auch in anderen südindischen Bundesstaaten sowie in Sri Lanka, Malaysia, Großbritannien und zwischenzeitlich in Australien, Saiva Siddhanta nach dem Lehrplan und unter der Aufsicht des Adhinam unterrichtet. Diese Initiative wird von den Vertretern der Organisation in der Regel als Bekämpfung der Unkenntnis der Tamilen über ihre eigene und eigentliche Religion, den Saiva Siddhanta, bezeichnet.

In diesem Zusammenhang haben die Verantwortlichen des Adhinam seit 1992 ein weit verzweigtes personales und organisatorisches Netzwerk aufgebaut, welches die Durchführung dieser Lehre ermöglicht. Hierzu wurde ein Direktorat für das Studienprogramm geschaffen, das in Zusammenarbeit mit den Autoritäten des Adhinam zum einen für die inhaltliche Ausformulierung der Lehrinhalte, Curricula und die Zertifizierung der Teilnahme verantwortlich ist. Zum anderen bildet der jeweilige Direktor die Spitze der populären Organisation und ist als solcher den einzelnen Zweigstellen organisatorisch übergeordnet. Diese Zweigstellen sind nach einer vorgegebenen Struktur aufgebaut, und die handelnden Personen dort, namentlich ein Dozent und mindestens ein lokaler Organisator, werden vom Direktorat ernannt, ausgebildet, geführt und kontrolliert. Sowohl für den thematischen Ablauf der beiden Kursjahre, die jeweils mit einer Klausur abgeschlossen werden, als auch für die monatlich abgehaltenen Kurseinheiten existieren einheitliche Vorgaben. Wie gezeigt werden konnte, kommt es dabei immer wieder zu abweichenden Umsetzungen, allerdings werden sowohl lokale Organisation und Lehre regelmäßig überprüft, als auch die Einhaltung der ausgegebenen Lernziele für die Studierenden in Form von einheitlichen Abschlussprüfungen überwacht.

Es ist also deutlich geworden, dass die Oberhoheit im Saiva Siddhanta Studienprogramm, sowohl im Bereich der inhaltlichen Ausgestaltung der Lehre als auch im Bereich der personalen Besetzung der verschiedenen Posten, innerhalb des Programms, zweifellos beim Direktor liegt. Dieser ist wiederum dem Oberhaupt des Thiruvavaduthurai Adhinam, dem jeweiligen Gurumaha Sannidhanam, untergeordnet und agiert in enger Abstimmung mit den dortigen Adhinam-Gelehrten. Während also der Direktor den organisatorischen Kopf des Kurses darstellt, liegt die religiöse Führungsrolle nominell beim Gurumaha Sannidhanam des Adhinam, der durch seine Position innerhalb der sogenannten „Heiligen Kailash Abstammungslinie“ einen Anschluss an die göttlichen Offenbarungen darstellt. Durch ihn ist indirekt Gott selbst in der Welt verkörpert, was die religiöse Autorität und Führerschaft für alle Anhänger des Adhinam und damit für die Teilnehmenden des Studienprogramms begründet. Die Gültigkeit der Genealogie des Gurumaha Sannidhanam beruht auf einem direkten Lehrer-Schüler-Verhältnis, welches sich in der Wahrnehmung des Adhinam damit über die Vorgänger des Adhinam-Oberhauptes, die großen „philosophischen Lehrer“ des Saiva Siddhanta, die „religiösen Lehrer“ der tamilischen *bhakti*-Tradition und die mythologischen unmittelbaren Schüler Sivas bis hin zur tatsächlichen Offenbarung durch Siva zurückverfolgen lässt. Die Zentralität eines solchen Lehrer-Schüler-Verhältnisses wird im Studienprogramm nicht nur als Lehre vertreten, sondern auch in der praktischen Umsetzung des Unterrichts, mittels direkter Unterweisung durch die autorisierten Dozenten an über 70 Orten gewährleistet. Nicht zuletzt trägt das Studienprogramm diese „Direktheit“ im tamilischen Namen.

Das Studienprogramm des Adhinam stellt nicht nur die größte Organisation zur Verbreitung des Saiva Siddhanta dar, sondern zeichnet sich durch eine relativ leichte Zugänglichkeit oder Offenheit aus. Grundsätzlich wird jede und jeder Interessierte zur Teilnahme zugelassen, sofern er oder sie Tamil in Wort und Schrift beherrscht. Zusätzlich müssen Teilnahmegebühren entrichtet werden, die allerdings verhältnismäßig gering ausfallen. Andere Ausschlusskriterien existieren nicht, auch wenn festgehalten werden kann, dass die meisten Studierenden des Programms der gebildeten Mittelschicht angehören. Die Kurstage selbst werden als besondere „Siva-Zeit“ oder „Askese-Zeit“ ausgezeichnet, während derer eigene Vorschriften, wie etwa vegetarische Ernährung oder sivaitische Praxis, namentlich als gemeinsame Rezitation und *Puja*, sowie rituelle Symbolik, wie das Auftragen heiliger Asche, befolgt werden.

Die Lehrinhalte für den Kurs werden formal vom Adhinam vorgegeben und sind oben ausführlich analysiert worden. Dabei ist zu konstatieren, dass der Saiva Siddhanta des Thiruvavaduthurai Adhinam einen bestimmten literarischen Kanon propagiert, der nominell die Sanskrit-Texte der Veden und *Siva-Agamas* anerkennt, die als Ausgangspunkt für die spätere tamilische Schrifttradition gesehen werden. Dieser Saiva Siddhanta Kanon wird aber nicht nur als bloßer Name propagiert, sondern durch die eigene Publikation der relevanten Texte für die Studierenden weiterhin affirmiert. Während die genannten Sanskrit-Texte hierbei lediglich als Zitate auftauchen, werden die tamilischen Werke des *Tirukkural*, der *Zwölf Tirumurai*, der *14 Saiva Siddhanta Sastras* und der *14 Pandara-Sastras* an die Kursteilnehmenden ausgegeben. Für die Lehre spielen diese oben vorgestellten Schriften eine jeweils unterschiedliche Rolle. Dabei kann konstatiert werden, dass im Kurs formal ein großes Augenmerk auf die philosophischen *Sastra*-Texte gelegt wird, wobei die *Tirumurai*-Hymnen eher für die propagierte sivaitische Praxis eine Rolle spielen. Innerhalb der philosophischen Werke ist eine weitere Spezifizierung des Kanons erkennbar, welcher vor allem die Werke *Sivagnana Botham*, *Sivagnana Siddhiyar* und *Sivaprakasam* privilegiert, was oben als „Kanon im Kanon" bezeichnet wurde. Auffällig ist hierbei, dass bestimmte Texte, die im jüngeren Saiva Siddhanta ausführlich rezipiert wurden, zwar in der konkreten Lehre oftmals auftauchen können, aber nicht in den autoritativen Kanon des Saiva Siddhanta aufgenommen wurden. Diese – allen voran die Schriften Sivagnana Munivars und Tayumanavars – sind daher hier als „kanonisch-unkanonische" Texte benannt worden.

Der ideale Lehrplan des Studienprogramms sieht sowohl eine Einführung in die Geschichte des Sivaismus und der kanonischen Werke als auch die Erläuterung bestimmter kanonischer Literatur vor. Im Mittelpunkt steht hierbei immer die Unterweisung in die grundsätzlichen Lehren und Doktrinen des Saiva Siddhanta, die sich in der kanonisierten Literatur wiederfinden lassen. Dabei wird von der frühen tamilischen Texttradition des *Tirukkural* und der *Zwölf Tirumurai* in der Regel als impliziter Saiva Siddhanta gesprochen und von den *14 Saiva Siddhanta Sastras* und den zeitlich darauffolgenden *Pandara-Sastras*, die von Angehörigen des Adhinam selbst verfasst wurden, als expliziter Lehre. Der Schwerpunkt des Unterrichts liegt hierbei dezidiert auf dem expliziten Saiva Siddhanta, also auf den Erklärungen seiner philosophischen Grundlagen und weitergehenden Ausformulierungen. Dabei gilt das Hauptaugenmerk der Epistemologie des Saiva Siddhanta und vor allem seiner dreigliedrigen Ontologie, die die ewigen und ungeschaffenen Entitäten Gott, Seelen und Fesselung annimmt. Aus diesen Prämissen ergeben sich, insbesondere durch die weitere Dreiteilung der Fesselung in die Übel *Anava*, *Karma* und *Maya*, allgemeine und spezielle Eigenschaften der ontologisch-kosmologischen Entitäten. In diesen ist damit der Grund des unerlösten, also gefesselten Zustands der Seelen angelegt, der maßgeblich und letztlich ausschließlich durch die Erkenntnisse des Saiva Siddhanta aufgehoben werden kann.

Die dezidierten Lehren des Saiva Siddhanta, die die besondere Konzeption der Unvermeidbarkeit dieser Fesselung vertreten, gehen davon aus, dass die endgültige Erlösung oder (*Para-/Jiva-*)*Mukti* für die Seelen für jeden Menschen potentiell in der jeweils aktuellen Geburt möglich ist. Dafür muss aber der Fokus deutlich auf die Akquirierung von Wissen gelegt werden, welches die Seelen nur durch die Inkarnation in einem immanenten Körper generieren können. Die Pointe des Saiva Siddhanta, die unter der Vorannahme der ontologischen Dreiteilung möglich ist, liegt in der Annahme, dass erstens Gott nicht für den gefesselten Zustand der Seelen verantwortlich ist. Der Grund dafür liegt in der fundamentalen Schwäche der Seelen, die sich mit den drei Übeln verbinden und dadurch gefesselt werden. Die Fesselung beginnt durch das Anhaften der Seelen an *Anava-Mala*, also an die das Unwissen hervorrufende ewige Entität. Zweitens überwacht Gott diesen Prozess lediglich, welcher durch das Gesetz von *Karma* und Wiedergeburt gerahmt ist, und bietet den Seelen, etwa durch Erschaffung der Welt aus *Maya*, Möglichkeiten an, das erlösungsrelevante Wissen Schritt für Schritt zu erlangen. Ein solcher Fortschritt ist aber drittens immer und notwendigerweise von Gottes Gnade abhängig. Wird aber der Erlösungsweg des Saiva Siddhanta – es werden hierbei vor allem die vier agamischen Wege des *Sariya*, *Kriya*, *Yoga* und *Gnana* propagiert – beschritten, wird Gott schließlich, wenn auch indirekt durch seine Energie *Sakti,* die in der notwendigen immanenten Figur eines Gurus wirkt, das endgültige *Mukti* der Seelen als Entfesselung einleiten. Hierin zeigen sich die unendliche Gnade und das grenzenlose Mitgefühl Gottes.

Das Saiva Siddhanta Studienprogramm des Thiruvavaduthurai Adhinam bietet also nicht nur die Option, durch Teilnahme am Kurs Anschluss an die heilige Traditionslinie göttlicher Offenbarung zu erhalten. Vielmehr offeriert der Kurs ein konkretes Angebot, das relevante Wissen zu erlernen, welches zunächst durch die Dozenten des Programms gelehrt wird, um dadurch den Weg der Erlösung zu beschreiten. Eine solche Beschäftigung mit Saiva Siddhanta führt in der Lesart des Adhinam zum einen potentiell zu jener Erlösung, die sich durch eine Nähe zu Gott auszeichnet, welche auch als „wahres Advaita“ benannt wird und ewige Glückseligkeit verspricht. Darüber hinaus bewirkt das Saiva Siddhanta Studium automatisch psychische und praktische Verbesserungen des eigenen Lebens. Der Adhinam vertritt hierfür nicht nur die Wichtigkeit der philosophischen Erkenntnisse des Saiva Siddhanta, sondern empfiehlt eine konkrete religiöse Praxis der Verehrung, die sich vor allem aus Rezitation und *Puja* zusammensetzt.

Zusammenfassend lässt sich das Saiva Siddhanta Studienprogramm als tamilisch-sivaitisches Volksbildungsprojekt verstehen, das davon ausgeht, dass die sivaitischen Tamilen sich ihrer eigenen Religion (*camayam*) nicht oder zu wenig bewusst sind und damit die Erlösungswege vergessen haben. Die oben ausgeführten Klagen der Verantwortlichen des Adhinam über den allgemein geringen religiösen Bildungsstand der Tamilen, gelten in der Regel als Rechtfertigung für die flächendeckende Organisation des Programms. Dabei kann nun, nach der Analyse der Lehre und Doktrinen des Saiva Siddhanta durch den Adhinam-Kurs, festgehalten werden, dass es sich bei dieser Problemanzeige nicht etwa „nur" um eine Form von Kulturpolitik handelt, die sich der Erhaltung tamilischer Religion und Kultur verschrieben hat. Die Beseitigung der Unkenntnis ist vielmehr sogar ein theologisch-ontologisch begründetes Projekt, das für alle, die daran partizipieren, positive soteriologische Folgen hat.

An dieser Stelle lohnt es sich nochmals Kandaswami, den aktuellen Direktor des Studienprogramms, zu Wort kommen zu lassen, der die Frage nach seinen Zielen mit der Organisation wie folgt beantwortet hat und dabei die Notwendigkeit des Programms im tamilisch-sivaitischen Erziehungsprojekt hervorhebt:

„Alle Sivaiten, die diese Philosophie [Saiva Siddhanta] nicht kennen und die nichts über die entsprechende Art zu leben wissen, sollten es kennenlernen und es übernehmen. Man kann nicht erwarten, dass Anhänger anderer Traditionen dies akzeptieren und sich daran halten. Ich erwarte nicht, dass jemand, der ein Anhänger Sankaras oder Ramanujas ist, dem Saiva Siddhanta folgt. Aber jeder, der als Sivait geboren ist, sollte wissen, dass seine Bücher die Zwölf Tirumurai und die Meykanda-Sastras sind, und dass es Institutionen wie den Thiruvavaduthurai Adhinam, den Dharmapuram-Adhinam und den Tiruppanandal-Math gibt. Sie sollten wissen, dass die Oberhäupter dieser Einrichtungen ihre Gurus sind und eben nicht andere Personen, die einer völlig anderen Philosophie folgen."[2]

---

[2] *„All Saiva people who are unaware of this philosophy and unaware of this way of life, they should come to know and adapt this. You can't expect the other people in the other sects to accept and follow this. I am not expecting somebody who is a follower of Shankara or Ramanuja to follow the Saiva Siddhanta philosophy. But who ever is born as a Saiva, they should know that their books are the Panniru Tirumurais and Meykanda-Sastras and that there are institutions like Thiruvavaduthurai-Adhinam, Dharmapuram-Adhinam, Tiruppanandal-Adhinam [sic!]. They should know that the heads of those institutions are their gurus and not some other people who have a totally different philosophy."* Interview mit Kantacuvāmi 2012.

In dieser Aussage treten einige der zentralen Elemente des Saiva Siddhanta des Thiruvavaduthurai Adhinam als Propagierung einer religiösen und kulturellen Identität deutlich hervor. Diese richtet sich in erster Linie an die tamilischen Sivaiten, die sich demnach größtenteils in Unkenntnis über ihre eigentlichen religiösen Wurzeln befänden. Ihnen müsste daher verständlich gemacht werden, dass die tamilisch-sivaitische Traditionen von *Tirumurai* und *Siddhanta-Sastras* für sie die eigentlich relevanten, also kanonischen Bezugsgrößen darstellen, die sich in der Lehre des Saiva Siddhanta kristallisieren. Das Projekt des Saiva Siddhanta Studienprogramms richtet sich also zuallererst an die ignoranten Sivaiten Tamil Nadus und erst danach an Anhänger anderer Glaubensrichtungen. Jene sind zwar im Studienprogramm durchaus willkommen, wie die vorherige Untersuchung gezeigt hat, allerdings kann von ihnen nicht in dem Maße eine Beschäftigung mit Saiva Siddhanta gefordert werden, wie von den tamilischen Sivaiten. Bezeichnenderweise werden hierbei zwei Philosophen der Vedanta-Tradition, namentlich Sankara (*Caṅkarar*, Skt. *Śaṅkara*) und Ramanuja (*Irāmāṉucar*, Skt. *Rāmānuja*), als Vergleichsgrößen genannt. Unter dem Eindruck der bisherigen Analyse des Saiva Siddhanta erscheint dies wenig überraschend, bilden doch die Schulen des Vedanta und insbesondere die modernen und global erfolgreichen Vertreter des Advaita Vedanta oftmals den artikulierten philosophischen Gegner vieler vom Adhinam (und seit dem frühen 20. Jahrhundert) öffentlich vorgetragener Positionen.[3]

Neben dem philosophischen Bildungsauftrag, der hier durch die Referenz auf kanonische Literaturen angedeutet ist, verweist Kandaswamis Zitat aber auch auf die Institutionen, die jene kanonischen Traditionen auf institutioneller und personaler Ebene repräsentieren. Genannt werden die großen sivaitischen Zentren Tamil Nadus, unter welchen dem Thiruvavaduthurai Adhinam in dieser Lesart naturgemäß die größte Bedeutung zukommen muss. Die Oberhäupter dieser Einrichtungen werden explizit als die Gurus der Tamilen verstanden, die, wie bereits gezeigt werden konnte, den Anschluss an die göttliche Offenbarung darstellen. Gemäß der Lehren des Saiva Siddhanta stellen diese Gurus aber vielmehr menschliche Formen göttlichen Handelns dar, und somit lässt sich auch das Studienprogramm des Thiruvavaduthurai Adhinam, das vom 23. Gurumaha Sannidhanam begründet wurde, als Intervention Gottes verstehen, die den gefesselten Seelen in der Welt den Weg zur Erlösung aufzuzeigen vermag.

[3] Zum verwobenen und widersprüchlichen Verhältnis der beiden vermeintlich gegensätzlichen Philosophien Advaita Vedanta und Saiva Siddhanta im vormodernen Tamil Nadu und im 19. Jahrhundert siehe Steinschneider 2017a; 2017b.

2. Der Name „Saiva Siddhanta"

Indem die vorliegende Studie versucht hat, die Propagierung des Saiva Siddhanta Anfang des 21. Jahrhunderts in Tamil Nadu darzustellen und zu analysieren, hat sie sich mit Artikulationen beschäftigt, die Aussagen dazu treffen, was Saiva Siddhanta ist. Jene Äußerungen stammen von Verantwortlichen und Teilnehmenden des Adhinam-Kurses und sind sowohl in Form der Publikationen, also dem hier bearbeiteten veröffentlichten Material, als auch in Form der nachträglich schriftlich fixierten Äußerungen aus Interviewsituationen oder meiner verschriftlichten empirischer Beobachtungen für die Analyse genutzt worden. Daneben wurde eine Vielzahl von wissenschaftlichen und (historischen) propagandistischen Siddhanta-Artikulationen verwendet, um diese Aussagen einzuordnen und verständlich zu machen.

Der Fokus auf diese Artikulationen ist bewusst gewählt, da sich hierin die Praxis der Namensgebung als explizite Äußerung nachverfolgen lässt, die den theoretischen Rahmen dieser Arbeit bestimmt. Die Frage „Was ist Saiva Siddhanta?" ist daher durch eine Nachzeichnung und Analyse der Aussagen zu beantworten, die „Saiva Siddhanta" beschreiben, also den Namen „Saiva Siddhanta" durch Artikulationen inhaltlich füllen. Für den Thiruvavaduthurai Adhinam geschieht dies in Form des Saiva Siddhanta Studienprogramms seit mehr als 20 Jahren auf einflussreiche und prominente Art und Weise. Demzufolge lässt sich, aus dem bisher Gezeigten, folgende Beschreibung von Saiva Siddhanta ableiten, die – ohne Anspruch auf Vollständigkeit – dem Namen „Saiva Siddhanta" eine Bedeutung gibt:

Saiva Siddhanta – ist eine rationale, wissenschaftlich belegbare und monotheistische Religion – ist die philosophische Erfüllung des Sivaismus und der ultimative Ausdruck des Hinduismus (zum Beispiel als „wahrer Advaita") – ist der einzig sinnvolle und realistische Weg zur endgültigen Erlösung (in dieser Geburt!) – ist die ursprüngliche Religion der Tamilen – ist potentiell offen für jeden Interessierten – basiert auf göttlicher Offenbarung in Sanskrit und findet seine vollkommene Ausformulierung in der tamilischen Schrifttradition – verfügt über einen autoritativen textlichen und personalen Kanon, der explizit Veden, *Agamas*, *Tirukkural*, *Tirumurai*, *Siddhanta-Sastras* und *Pandara-Sastras* und deren Autoren enthält – wird von einflussreichen Vellalar-geführten, sivaitischen Institution vertreten, unter welchen der Thiruvavaduthurai Adhinam die bedeutendste darstellt – lehrt eine eigene Epistemologie und eine eigene dreigliedrige Ontologie, die aus den kanonischen Werken abgeleitet wird – vertritt besondere Konzeptionen über die ewigen und ungeschaffenen Entitäten Gott/*Pati*, die Seelen/*Pasu* und die Fesselung/*Pasam*

– teilt die Fesselung in weitere drei Entitäten namens *Anava-*, *Karma-* und *Maya-Mala* auf – erklärt die drei *Malas* zu notwendigen Übeln, die von Gott aus Mitgefühl für die unerlösten Seelen eingesetzt werden – ist ein Erlösungsweg, der sich philosophisch und soteriologisch auf die Aneignung von Wissen stützt – benötigt einen Guru zur Vermittlung – führt zu Erkenntnissen, die eine bestimmte religiöse Praxis der Verehrung durch *Puja* und Rezitation automatisch hervorruft – ist ein Weg, um das eigene Leben grundlegend zu verbessern – vertraut vollständig auf die Gnade Gottes – ist das, was der Thiruvavaduthurai Adhinam durch sein direktes Studienprogramm lehrt und zertifiziert – ...

Die Liste von Bedeutungsäquivalenzen des Namens „Saiva Siddhanta" ist notwendigerweise nicht vollständig und kann es auch nicht sein, da durch jede Artikulation neue Bedeutungen hinzugefügt oder bisherige Bedeutungen negiert werden können. Auch ist diese Aneinanderreihung nicht hierarchisch zu verstehen, da einzelne der hier genannten Bedeutungen je nach Kontext einer Artikulationssituation unterschiedlich gewichtet werden können. Wie die weiteren Beispiele dieses Kapitels noch zeigen werden, sind einige dieser Zuschreibungen heute äußerst umkämpft und offenbaren deutliche Konfliktlinien. Relative Einigkeit, als „quasi-stabiler Kern" der Definition von Saiva Siddhanta, herrscht aber in Bezug auf seinen sivaitisch-tamilischen Charakter (nicht zwingend Ursprung!), seine dreigliedrige Ontologie, die spezielle Epistemologie, die Abhängigkeit von göttlicher Gnade und die Zentralität eines Gurus für Initiation und Erlösung. Umstritten ist vor allem die Bedeutung des Sanskrit, das Verhältnis zu anderen Religionen oder die Bedeutung von (bestimmten) orthodoxen sivaitischen Institutionen. Der textuelle Kanon muss gewissermaßen als Paradebeispiel der Umkämpftheit der Bestimmung von Saiva Siddhanta angesehen werden. Denn, wie noch zu zeigen sein wird, gelten zwar für nahezu jeden gegenwärtigen Siddhantin die Veden, *Agamas*, *Tirumurai* und *Saiva Siddhanta Sastras* als unwidersprochen kanonisch. Das heißt aber nicht, dass diese Schriften nicht unterschiedlich bewertet oder um andere Autoren und Texte erweitert werden könnten – die *Pandara-Sastras* des Thiruvavaduthurai Adhinam stehen exemplarisch für eine solche Ausdehnung. Die obige Äquivalenzkette bemüht sich daher lediglich, den Versuch der Fixierung von Bedeutungen für den Namen „Saiva Siddhanta" durch den Thiruvavaduthurai Adhinam Anfang des 21. Jahrhunderts auszudrücken. Damit ist selbstverständlich auch diese Untersuchung als Reiteration jener Bedeutung von „Saiva Siddhanta" zu verstehen, die damit nicht unabhängig von der vorherigen Bedeutungsfixierung steht und Religionswissenschaft folglich nicht in einer Sphäre jenseits der Äußerungen des Untersuchungsgegenstands verortet. Sie ist dadurch zum einen Teil der Artikulationen über „Saiva

Siddhanta“ selbst, jedoch zum anderen unter dem Anspruch der kritischen kontextuellen und historischen Einordnung verfasst worden.

Die obige Aufzählung der Äquivalenzen des Namens „Saiva Siddhanta“ stellt allerdings lediglich eine positive Definition von Bedeutung durch Einschluss vieler verschiedener weiterer Namen dar. Jeder Versuch der Bedeutungsfixierung ist jedoch immer auch auf eine Abgrenzung davon angewiesen, was sie eben nicht ist. Das heißt zum einen, dass jede Artikulation immer eine begrenzte Artikulation einer Bedeutung ist, da sie nur Bestimmtes sagt und anderes wiederum nicht, also etwas implizit aus der Kette der vielen positiven Bedeutungen ausschließt. Zum anderen finden sich in den Äußerungen des Thiruvavaduthurai Adhinam aber auch explizite Aussagen dazu, was der Saiva Siddhanta nicht ist, etwa, wenn andere Lesarten oder Traditionen dezidiert abgelehnt oder widerlegt werden. In diesem Zusammenhang lässt sich also eine ebenfalls unvollständige und notwendigerweise veränderbare Liste einer Negativdefinition des Saiva Siddhanta formulieren:

Saiva Siddhanta – ist nicht Atheismus – ist nicht Christentum, Islam oder Jainismus – ist nicht Vishnuismus – ist nicht (Advaita) Vedanta – beruft sich nicht ausschließlich auf Sanskrit-Texte – ist keine exklusive Elitenreligion – ist keine unlogische oder unwissenschaftliche Lehre – widerspricht einer monistischen Ontologie – verfügt nicht über eine rein negative Deutung von *Karma* und *Maya* – ist keine reine Erfahrungsreligion – vertraut nicht der konventionellen Astrologie – ist nicht ohne eine Guru zu verstehen – ...

Auch diese Aufzählung von negativen Äquivalenzen des Namens „Saiva Siddhanta“ ließe sich mehr oder minder beliebig fortsetzen, da hier ebenfalls je nach Kontext der Artikulation neue und veränderte Bedeutungen benannt werden können. Dennoch ist diese antagonistische Kette zum Namen „Saiva Siddhanta“, die sich aus den Äußerungen des Thiruvavaduthurai Adhinam gewinnen lassen, zwingend erforderlich, um durch Ausschluss anderer Bedeutungen den Versuch der Fixierung der eingeschlossenen Bedeutungen einigermaßen stabil zu gestalten. Diese vorläufige Stabilität kann nur gelingen, wenn sowohl positive als auch negative Äquivalenzketten in *einem Namen* zusammenfallen.

2.1. Religionswissenschaft als Untersuchung der Namensgebung

Im Verlauf der Untersuchung konnte bereits gezeigt werden, dass die vorliegende Bearbeitung versucht hat, die Artikulationen des Namens „Saiva Siddhanta“ durch den Thiruvavaduthurai Adhinam zu verfolgen. Die hier vorgeschlagene Sichtweise, diese Namen als ein Zusammenspiel zwischen zwei antagonistischen Äquivalenzketten von Bedeutungen und Nicht-Bedeutungen von „Saiva Siddhanta" zu verstehen, soll im Folgenden näher erläutert werden. Dabei handelt es sich keineswegs lediglich um eine deskriptive Methode des wissenschaftlichen Arbeitens, sondern um die forschungspraktische Umsetzung einer theoretischen Perspektive, die tiefgreifende Implikationen für das Verständnis von Kulturwissenschaft im Allgemeinen und Religionswissenschaft im Speziellen hat. Der hier vorgetragene Ansatz und seine bisher eher implizite Umsetzung in dieser Arbeit stützen sich in erster Linie auf die kürzlich artikulierten Vorschläge Michael Bergunders in seinem programmatischen Aufsatz „Was ist Religion? Kulturwissenschaftliche Überlegungen zum Gegenstand der Religionswissenschaft".[4] Bergunder präsentiert im Anschluss an poststrukturalistische Vorarbeiten eine nicht-essentialistische und sprachphilosophisch fundierte Möglichkeit religionswissenschaftlichen Vorgehens, die hier kurz vorgestellt werden soll, da sie die vorliegende Arbeit maßgeblich prägt.

Der Ansatz Bergunders, der seine Überlegungen am Beispiel des Namens „Religion" herausarbeitet, stützt sich zunächst auf die Einsichten des Philosophen Jacques Derrida, der eine anti-essentialistische Sprachphilosophie entwickelt hat.[5] Die Konzeption Derridas, die wichtige Erkenntnisse Ferdinand de Saussures aufnimmt, bricht dabei fundamental mit idealistischen Sprachvorstellungen, denen zufolge sich jeder sprachliche Begriff auf eine tatsächliche und unveränderliche Referenz außerhalb von Sprache beziehen würde. Hierdurch wird der klassische Zusammenhang von Signifikat und Signifikant, also von Bezeichnetem und Bezeichnendem insofern abgelehnt, als dass Ersteres nicht mehr als ausschlaggebend für das Zweitere angesehen wird. Konkret heißt dies, dass die Bedeutung eines sprachlichen Zeichens, also des Signifikanten, nicht an seine (vermeintliche) außersprachliche Entsprechung geknüpft ist, beziehungsweise automatisch aus ihr hervorgeht. Wenn dies so wäre, müsste ein „transzendentales Signifikat" angenommen werden, welches letztlich eine essentialistische und metaphysische Position voraussetzen würde, die als absoluter Anspruch oder Garant von Bedeutung nie nachweisbar sein kann und damit immer eine Behauptung bleiben müsste. Es ist, laut Derrida, vielmehr umgekehrt, denn die Bedeutung eines Signifikanten ist nicht mehr durch ihren Bezug zu einem außersprachlichen Signifikat einfach gegeben, sondern resultiert aus dem Signifikanten als sprachliches Zeichen. Allerdings produziert ein solcher Signifikant keine Bedeutung aus sich selbst heraus, sondern ist immer auf die Differenz zu anderen sprachlichen Zeichen angewiesen. Im Gegensatz zu de Saussure,

---

[4] Bergunder 2012b.
[5] Vgl. hier v.a. Derrida 1972; 1999.

auf den die Idee einer solchen Differentialität aller sprachlicher Zeichen zurückgeführt wird und der die Bedeutung oder Bestimmtheit eines Zeichens mit Rückgriff auf ein übergeordnetes „sprachliches System" erklärt, lehnt Derrida die Existenz eines solchen Systems, welches die Ordnung und Bestimmtheit der Signifikanten hervorrufen würde, rigoros ab. Für ihn befinden sich die Signifikanten vielmehr in einem stetigen und unendlichen Spiel mit weiteren differenten sprachlichen Zeichen. Dieses „Fließen von Signifikanten" in der Sprache ist grundsätzlich als ergebnisoffen zu verstehen und kann aufgrund seiner ständigen Veränderung auch mit Hilfe der Differenz zu anderen Signifikanten keine stabile Bestimmtheit von Bedeutungen eines Zeichens produzieren. Hierbei geht es im Übrigen nicht darum, eine außersprachliche Realität kategorisch abzulehnen, wie es poststrukturalistischen Ansätzen gerne vorgeworfen wird, sondern lediglich festzustellen, dass das, was eine solche Wirklichkeit bedeutet, also ihr Sinn, immer und zwangsläufig in einem Zeichensystem produziert wird.[6]

Betrachtet man nun im Anschluss an diese Überlegungen „Saiva Siddhanta" als einen Signifikanten, dessen Bedeutung nicht auf ein außersprachliches Phänomen Saiva Siddhanta zurückgeführt werden kann, welches für diese Bedeutung quasi als „transzendentales Signifikat" – im Saiva Siddhanta könnte dies verständlicherweise Gott sein – bürgen würde, erklärt sich auch, warum die vorliegende Studie den Fokus der Analyse auf die sprachlichen Artikulationen von „Saiva Siddhanta" gelegt hat. „Saiva Siddhanta" ist also nicht als schlichter Begriff zu verstehen, der seine Bestimmtheit durch ein nicht-sprachliches Phänomen in der Welt erhält, sondern als Bezeichnung, die ihre Bedeutung aus dem Spiel der Differenzen mit anderen sprachlichen Zeichen bezieht. Saiva Siddhanta kann also nur Saiva Siddhanta sein, wenn er durch andere sprachliche Zeichen bestimmt wird und es etwas gibt, das nicht als Saiva Siddhanta bezeichnet wird. Da aber zum einen die fundamentale Differenz aller sprachlichen Zeichen angenommen wird und sich Bestimmtheiten der Bedeutung dieser Signifikanten nicht durch ein übergeordnetes System, dessen Annahme einem essentialistischen „transzendentalen Signifikat" gleichkommen würde, erklären lassen, muss zum anderen erläutert werden, wie es dennoch zu relativ stabilen Bedeutungen, wie etwa dem etablierten Namen „Saiva Siddhanta", innerhalb von Sprache kommen kann.

Um dieses Problem zu lösen, greift Michael Bergunder, auf die Überlegungen Ernesto Laclaus[7] zurück, der – zeitweise in Zusammenarbeit mit Chantal Mouffe – einige Aspekte der de Saussur'schen und Derrida'schen

[6] Bergunder 2012b, 29–30.

[7] Hier v.a. Laclau 2007; Laclau & Mouffe 2012; Laclau 2013.

Überlegungen, namentlich die Notwendigkeit der Begrenzung von Bedeutung innerhalb des Spiels der Signifikanten bei gleichzeitiger Verwerfung einer äußerlich-sprachsystemischen Determiniertheit, aufnimmt und in seiner Diskurstheorie weiterentwickelt. Das Fließen der Signifikanten versteht Laclau als Diskurs, der – wie bei Derrida – grundsätzlich offen und unabschließbar bleibt, wobei davon ausgegangen werden muss, dass es aber dennoch irgendeine Form von Grenzen geben muss, um einen Diskurs überhaupt als solchen beschreiben zu können. Diese Grenze von diskursiver Bedeutung ist für Laclau immer fragil, das heißt, sie befindet sich stets in der Gefahr einzubrechen, da vermeintliche Bestimmtheiten durch Reiteration als neue Artikulationen angezweifelt, umgedeutet und negiert werden können. Konkret heißt dies, dass jede Artikulation von „Saiva Siddhanta" Bedeutungen verschieben, verändern oder neue Bedeutungen hervorbringen kann. Dennoch streben Diskurse durch antagonistische Abgrenzung kontinuierlich nach Eindeutigkeit und Vollendung, was aber letztlich unmöglich ist und damit das Dilemma der Unabschließbarkeit von Diskurses markiert. Eine absolute (und überzeitliche) Bedeutung eines Namens kann es nicht geben. Die dadurch immer unvollständige Fixierung von Bedeutung eines sprachlichen Zeichens oder Diskurses ist daher nur vorläufig und zeitweise erreichbar. Dennoch ist dieser Drang nach Abschluss nötig, um überhaupt einstweilige Bestimmtheiten innerhalb von Sprache zu ermöglichen.[8]

Laclau erklärt die relative Stabilität von Diskursen durch die Logik von Äquivalenz und Differenz. Wie oben am Beispiel des sprachlichen Zeichens „Saiva Siddhanta" gezeigt wurde, wird für diesen eine Kette von positiven Bedeutungen postuliert, die durch diese Zuschreibung, die als „Unterbrechung" oder „Subversion" der Differentialität der jeweiligen weiteren Signifikanten beschrieben wird, äquivalent erscheint. So entsprechen sich beispielsweise im Namen „Saiva Siddhanta" die Bedeutungen „vollkommener Hinduismus", „tamilische Ursprungsreligion" und „Lehre des Studienprogramms des Thiruvavaduthurai Adhinam", wenngleich die einzelnen Glieder dieser Äquivalenzkette jeweils unterschiedliche Zeichen sind und ebenfalls etwas Anderes bedeuten könnten. Die stets vorläufige Bestimmtheit des Signifikanten „Saiva Siddhanta" lässt sich aber, wie gesehen, nicht alleinig aus eine solchen Positivität erklären, sondern kann nur über einen antagonistischen Ausschluss, also die oben beschriebene negative Äquivalenzkette, erreicht werden. Auch hier werden die unterschiedlichen Benennungen für das, was „Saiva Siddhanta" nicht ist – etwa „Atheismus", „Christentum" oder „Astrologie" – eben-

[8] Bergunder 2012b, 30–31.

falls ihrer Differentialität beraubt und durch Gleichsetzung zur „reinen Negativität" der positiven Signifikantenkette:

> „Zur Fixierung eines Diskurses fallen demnach positive und negative Äquivalenzketten zusammen und bilden eine beständige Opposition, so dass »Bedeutungsproduktionen« über »oppositionserzeugende Inklusions- und Exklusionsmechanismen« erfolgen."[9]

Der Saiva Siddhanta des Thiruvavaduthurai Adhinam ist also nur deshalb als relativ stabile Bedeutung des Signifikanten „Saiva Siddhanta" beschreibbar, da er diese Fixierung durch die antagonistische Logik von Äquivalenz und Differenz in der Artikulation erhält. Diesen Signifikanten, der das Zusammenhalten der beiden Äquivalenzketten bewirkt, nennt Laclau „leeren Signifikanten", weil er seiner Differentialität „entleert" wurde, also einen Signifikanten ohne Signifikat darstellt. Dabei gilt es festzuhalten, dass grundsätzlich jedes sprachliche Zeichen diese Rolle einnehmen kann, dass also jeder Signifikant entleert werden und durch antagonistische Äquivalenzketten eine (neue) Bedeutungsfixierung erhalten kann. „Damit ist die Bildung »leerer Signifikanten« ein durch und durch kontingentes Ereignis."[10] Da die durch Entleerung eines Signifikanten mögliche, vorübergehende Stabilität dieser Ketten und dadurch die vorläufige Schließung des Diskurses aufgrund der Differentialität der so vereinigten sprachlichen Zeichen nie umfassend gelingen kann, verbleibt jede Bedeutungsfixierung unweigerlich unbeständig, angreifbar und umstritten. Sie ist zwar notwendig, um Bestimmtheiten in einem faktisch grenzenlosen Diskurs überhaupt zu produzieren, aber deshalb keineswegs beliebig oder willkürlich. Die Schaffung „leerer Signifikanten" ist vielmehr kontingent, also nicht mehr durch außerdiskursive Referenzen oder das Vorhandensein „transzendentale Signifikate" zu erklären. Für den hier bearbeiteten Saiva Siddhanta bedeutet das, dass er erst durch den „leeren Signifikanten" „Saiva Siddhanta" als Artikulation im Zusammenfallen von Äquivalenzketten existieren kann.[11]

Der Ansatz Laclaus hat die Stärke, weder Essentialisierungen von Bedeutungen vorzunehmen, die sich aus einem Außerhalb des Spiels sprachlicher Zeichen speisen würde, noch in eine (postmoderne) Beliebigkeit zu verfallen. Das zentrale Potential der Diskurstheorie Laclaus, dem vor allem daran gelegen ist, eine postfundamentalistische politische Theorie zu entwickeln, liegt für Bergunder nun in ihren ontologischen Implikationen, die sie für Religionswissenschaft im Allgemeinen und vorliegende Untersuchung im Speziellen attraktiv machen. Die

[9] Bergunder 2012b, 32. Bergunder zitiert hier partiell aus Nehring 2006.
[10] Bergunder 2012b, 33.
[11] Bergunder 2012b, 32–33.

sprachphilosophisch fundierten Überlegungen Laclaus für den Bereich der Politikwissenschaft lassen sich in eine „Ontologie der Macht" überführen, die zu erklären vermag, wie Macht innerhalb von Diskursen wirkt und wie diese letztlich Bedeutungen hervorbringen. Eine solche nicht-essentialistische Ontologie betrachtet die Fixierung von Bedeutung, also „leere Signifikanten", als gesellschaftliche Aushandlungsprozesse, als konfliktive Praktiken, die, durch die Logik von antagonistischer Äquivalenz und Differenz, die denkbare Welt hervorbringen. Diese bedeutet ausdrücklich nicht die Leugnung einer Realität außerhalb von Sprache, sondern die Verneinung einer repräsentativen Referenzialität von Sprache zu einem Jenseits des Diskurses. Kurz gesagt ist Bedeutung nicht als transzendentales oder extradiskursives Datum zu verstehen, sondern als vorläufige und hegemoniale Fixierung innerhalb des unendlichen Spiels sprachlicher Zeichen. Als solches ist dieses eine soziale Praxis und hat entscheidenden Einfluss auf die gesellschaftliche Realität.[12] Saiva Siddhanta ist damit der fixierte „leere Signifikant" „Saiva Siddhanta".

Laclau verwendet, in Anschluss an die Rezeption des Anti-Deskriptivismus bei Slavoj Žižek, den Ausdruck „Name" für den „leeren Signifikanten". Hierfür ist zentral, dass ein „Name", wie oben schon angedeutet, radikal vom scheinbar entsprechenden Signifikat zu trennen ist. Die inhaltliche Füllung eines „Namens", beziehungsweise seine Bedeutung, entsteht gemäß der antagonistischen Logik von Äquivalenz und Differenz durch eine „primäre Taufe", also einen sprachlichen Akt der Namensgebung, der in erster Linie eine rein philosophische Figur darstellt, also keinen konkreten historischen Ort, der empirisch zugänglich oder beschreibbar wäre. Dabei ist wichtig,

> „dass die inhaltliche Bestimmung des Namens erst einen Effekt der Namensgebung darstellt, dass sie ein rückwirkendes Ereignis der Namensgebung ist. Die Namensgebung ist so eine rein sprachliche Artikulation, die für sich auf kein Dahinter oder Davor verweist. Sie ist ein neuschöpferischer Akt"[13]

Laclaus Beispiel ist in diesem Zusammenhang das „Volk", Bergunder untersucht „Religion" und vorliegende Untersuchung den Namen „Saiva Siddhanta". Ein „Volk" entsteht daher durch die präsentische Artikulation der Benennung als „Volk", und analog gilt dasselbe für „Religion" und hier „Saiva Siddhanta". Damit ist ein „Name", als „leerer Signifikant" verstanden, immer eine Artikulation einer gesellschaftlichen Identität, die eben durch diese Artikulation erst geschaffen wird. Die Namensgebung „Saiva Siddhanta", wie sie in vorliegender Analyse ausführlich für den

[12] Bergunder 2012b, 33–35.
[13] Bergunder 2012b, 35.

Thiruvavaduthurai Adhinam nachvollzogen wurde, produziert durch diese Handlung beispielsweise die Identitätspositionierung „Saiva Siddhantin" als Anhänger der „ursprünglichen Tamilreligion". So verstanden generiert die Namensgebung als Versuch der Bedeutungsfixierung eine vermeintliche Einheit dessen, was sie benennt, und ist damit per se ein hegemonialer Akt der Unterwerfung verschiedener Zeichen unter einen Signifikanten. Laclau tituliert das Resultat des Vorgangs der Namensgebung in Anlehnung an Žižek als „retro-aktiven Effekt". Durch die Namensgebung wird das Spiel der sprachlichen Zeichen zeitweise durch die Äquivalenzketten angehalten und Bedeutung unter *einem* Signifikanten suggeriert. Dies ist „retro-aktiv", weil diese Schließung des Diskurses zum einen immer eine präsentische Artikulation darstellt, die aber das vermeintliche Objekt des Namens dadurch notwendigerweise erst nachträglich hervorbringt. Der Name produziert also erst Vergangenes.[14] Besonders deutlich ist dieser retro-aktive Effekt der Namensgebung „Saiva Siddhanta" zu erkennen, wenn seine geschichtliche Implikation betrachtet wird. Die hier untersuchten Artikulationen des Adhinam erschaffen im Moment ihrer Artikulation nicht nur eine unmittelbare Vergangenheit, sondern vielmehr beispielsweise eine ur- oder unzeitliche Tradition göttlicher Offenbarung und eine transhistorische Kontinuität von Lehrer-Schüler-Verhältnissen.

Der sprachliche Akt der Namensgebung ist nun mit Laclau als Ausübung von Macht zu verstehen, indem er, wie gesehen, den Fluss der Signifikanten zumindest vorläufig fixiert, gesellschaftliche Realitäten, Wahrheiten und Identitäten erschafft. Um aber relative Stabilität von Bedeutungen auch aus historischer Perspektive erklären und untersuchen zu können, greift Bergunder auf die Überlegungen Judith Butlers zurück.[15] Da die Benennung eines „leeren Signifikanten" zwar eine hegemoniale, aber notwendigerweise präsentische Handlung darstellt, bedarf das Konzept der Namensgebung einer geschichtlichen Dimension. Butler entwickelt hierfür durch Rezeption John Austins und Jacques Derridas die Idee der „Performativität". Dabei ist zentral, dass das Gelingen einer sprachlichen Handlung, also einer performativen präsentischen Äußerung, daran geknüpft ist, dass die Artikulation bereits existierende sprachliche Zeichen wiederholt. Die Iterabilität und Zitierbarkeit jedes Signifikanten, die Derrida vertreten hat, ist hierfür die Grundlage. Der Erfolg einer Namensgebung, also die vorübergehende Fixierung einer Bedeutung, ist nicht nur durch ihre präsentisch-hegemoniale Äußerung bedingt, sondern zwingend von der Iteration dieses Namens abhängig. Butler nennt dies „sedimentierte Wiederholbarkeit" *derselben* Namensgebung und ihrer Äquivalenzketten, wodurch sich geschichtlich die

[14] Bergunder 2012b, 35–36.
[15] Vgl. v.a. Butler 1995; 1998.

Wirkmacht eines Signifikanten entfaltet. Wichtig ist aber hierbei, dass gemäß der sprachphilosophischen Grundierung eine Wiederholung oder ein Zitat eines selben Namens nie identisch mit dem wiederholten oder zitierten Namen ist oder sein kann. Jede neue Artikulation als Re-Signifikation bietet, aufgrund ihres Verschiebungs-, Unterscheidungs- und Verfremdungpotentials, also der Derrida'schen *différance*, die Möglichkeit der Veränderung von Bedeutung in sich selbst.[16]

Für die religionswissenschaftliche oder religionsgeschichtliche Arbeit eröffnet diese Erkenntnis mit Bergunder nun die Perspektive der Untersuchung geschichtlicher Sedimentierung von Namen. Namensgebung kann damit historisch nachverfolgt und untersucht werden. Sie ist ein präsentischer, hegemonialer Akt der „primären Taufe", die durch Wiederholung als kontingente Machtpraktik soziale Wirksamkeit entfaltet. „Saiva Siddhanta" (oder „Volk", oder „Religion") wird damit zu einem machtvollen Namen, der durch Iteration von Äquivalenzketten zu einer sedimentierten Bedeutung wird und damit die gesellschaftlichen Realitäten Tamil Nadus Anfang des 21. Jahrhunderts mit strukturiert. Die vorliegende Untersuchung zu „Saiva Siddhanta" hat bisher gezeigt, wie das Studienprogramm des Thiruvavaduthurai Adhinam diesen Saiva Siddhanta im gegenwärtigen Kontext artikuliert. Dass es sich hierbei um eine hegemoniale Namensgebung handelt, deren Wirkmacht aus der Reiterierung und Affirmation in anderen Artikulationen (bei gleichzeiger Verschiebung!) – so in den Stimmen der Kursteilnehmenden – hervorgeht, ist bisher schon angedeutet worden. Dies soll nun nochmals erläutert werden, bevor im weiteren Verlauf die religionshistorischen Implikationen des Ansatzes von Michael Bergunder weiter in den Blick genommen werden. Denn dieser regt im Anschluss an Michel Foucault eine genealogische Perspektive[17] und ein entsprechendes konkretes Vorgehen an, welches die Handlung der Namensgebung und Sedimentierung nicht nur synchron, sondern auch diachron untersucht und damit die Optionen der Kritik erweitert.[18] An dieser Stelle muss abschließend nochmals konstatiert werden, dass die hier vertretene Konzeptionalisierung religionswissenschaftlicher Arbeit einen „Namen" wie „Saiva Siddhanta" als konkretes historisches Phänomen der Signifikation versteht und eben nicht etwa als analytischen oder heuristischen Begriff, der jenseits des stets umkämpften und antagonistischen Aktes der Namensgebung bedeutsam wäre, sondern der in einem kontingenten Spiel sprachlicher Zeichen historisch gesellschaftliche Realitäten hervorbringt.

---

[16] Bergunder 2012b, 37–41. Zur Idee der *différance*, siehe u.a. Derrida 2004, v.a. 110–149.

[17] Vgl. hierzu v.a. Foucault 1996.

[18] Bergunder 2012b, 41–47.

2.2. Die Hegemonie des „Saiva Siddhanta“ des Thiruvavaduthurai Adhinam

Die bisher präsentierte Bearbeitung legt nahe, dass die Namensgebung „Saiva Siddhanta“ durch den Thiruvavaduthurai Adhinam wirkmächtig ist. Nicht nur handelt es sich bei dieser Bedeutungsfixierung um einen stets präsentisch-hegemonialen, sprachlichen Akt, sondern der propagierte Name wird in Form des Saiva Siddhanta Studienprogramms auch monatlich an 70 Orten in Tamil Nadu wiederholt, durch immer neue Artikulation reiteriert und so seine hegemoniale Namensgebung sedimentiert. „Saiva Siddhanta“ produziert, wie die vorliegende Studie deutlich macht, organisatorische Realitäten, religiöse Zugehörigkeiten, kulturelle Identitäten, psychische Verbesserungen, devotionale Praxis, veränderte Essgewohnheiten und vieles mehr. Wie immer wieder beispielhaft an den Teilnehmenden und Verantwortlichen des Programms gezeigt werden konnte, bietet die Zitierfähigkeit des „Saiva Siddhanta“ auch ständig die Möglichkeiten, die Bedeutungen des Namens zu verschieben und zu modifizieren. So werden nicht immer alle Versuche der Bedeutungsfixierung des Adhinam affirmiert, sondern eigenständig artikuliert und gedeutet, indem beispielsweise der Lehrplan je nach Kontext angepasst oder unterschiedlich ausgelegt wird. Dennoch lässt sich festhalten, dass der diskursive Rahmen des „Saiva Siddhanta“ des Thiruvavaduthurai Adhinam relativ stabil erscheint, und somit durch ständige Wiederholung zu einem machtvollen Namen innerhalb des tamilischen Sivaismus geworden ist.

Wenn bis dato meist von der „Autorität“ des Thiruvavaduthurai Adhinam gesprochen wurde, kann dies im Rahmen der geschilderten theoretischen Überlegungen als „Hegemonie der Namensgebung“ des Thiruvavaduthurai Adhinam verstanden werden. Autorität im Bezug auf die richtige Lehre des Saiva Siddhanta, seine Verbreitung, seine Praxis, seinen textlichen und personalen Kanon oder seinen lebenspraktischen Nutzen ergibt sich folglich aus artikulierten Wiederholungen und Sedimentierungen des vom Adhinam gegebenen und propagierten Namens und seiner Äquivalenzketten. Die Zitatförmigkeit dieser Operation ist wohl besonders augenfällig hinsichtlich der Benennung eines literarischen Saiva Siddhanta Kanons. Dieser ist ein Produkt wiederholter Namensgebung, etwa, indem auf die Autorität der Veden und *Agamas* verwiesen wird oder, indem Passagen aus *Tirurumais* und *Sastras* direkt zitiert werden, um Saiva Siddhanta zu erklären. Diese Texte werden, wie mehrfach erwähnt, als impliziter und expliziter Saiva Siddhanta bezeichnet. Die Namensgebung für den Kanon wird zusätzlich durch die Saiva Siddhanta Epistemologie gestützt, die in der Zitation kanonischer Schriften eine Möglichkeit der Generierung korrekten Wissens sieht.

Sehr deutlich zeigt sich die Hegemonie des Adhinam auch am Namen des Studienprogramms (*tiruvāvaṭuturai āṭīṉa caiva cittānta nērmuka payiṟci maiyam*) selbst, das die direkte Lehre des Saiva Siddhanta propagiert und unter diesem Namen an über 70 Orten in Tamil Nadu präsent ist. Gleiches gilt selbstverständlich für die ausgegebene Kurslektüre, die die Namensgebung „Saiva Siddhanta" unter den Studierenden in schriftlicher Form und tausendfachen Auflagen reiteriert, wie das hier bearbeitete Beispiel der „Grundsätzlichen Lehren des Saiva Siddhanta" (*caivacittānta aṭippaṭai-k koḷkaikaḷ*) ausführlich demonstrieren konnte. Weiterhin verfügt der Adhinam über eine oben im Detail beschriebene, institutionalisierten Form der Autorisierung von Personen, also der Benennung von Direktoren (*iyakkunar*), Dozenten (*pērāciriyar*) und Organisatoren (*amaippāḷar*). Weiterhin wird eine Zertifizierung der Kursteilnahme durchgeführt, die die Studierenden mit eigenen Titeln ausstattet und als Siddhantins der korrekten Tradition und Lesart auszeichnet. So muss etwa in den Abschlussklausuren des Programms die Namensgebung „Saiva Siddhanta" des Adhinam samt bestimmter Äquivalenzketten wiederholt beziehungsweise in schriftlicher Form artikuliert werden. Geschieht dies zur Zufriedenheit der Verantwortlichen des Adhinam, erhalten die Teilnehmenden einen entsprechenden Titel (*caiva cittānta celvar/naṉmaṇi, civapirakāca cemmal*), der sie als Siddhantins markiert. Analog zum Saiva Siddhanta Studienprogramm betreibt der Adhinam zusätzlich den schon erwähnten *Tirumurai*-Kurs (*tiruvāvaṭuturai āṭīṉa paṉṉiru tirumuṟai nērmuka payiṟci maiyam*), der neben den bekannten Titeln für Dozenten und Organisatoren zusätzlich autorisierte Sänger (*ōtuvār*) beschäftigt, die die Studierenden in der korrekten Art des Hymnengesangs unterrichten.

Diese Hegemonie des Thiruvavaduthurai Adhinam zeitigt aber nicht nur im Rahmen des Studienprogramms empirische Realitäten. Zum einen ernennt die Institution, wie gezeigt, Adhinam-Gelehrte (*āṭīṉa-p pulavar*), die unter anderem dafür zuständig sind, die Lehre des Studienprogramms inhaltlich zu betreuen und zudem am Adhinam selbst oder auf Einladung auch an anderen Orten Saiva Siddhanta zu lehren. Darüber hinaus publiziert der Adhinam durch seinen eigenen Verlag seit Jahrzehnten Bücher zu Saiva Siddhanta – Madhvan listet 2002 insgesamt 465 fast ausschließlich tamilische Veröffentlichungen, deren Zahl sich seither durch zahlreiche Broschüren und Hefte erhöht haben dürfte.[19] Weiterhin publiziert der Adhinam seit 1982 die monatliche Zeitschrift „*Meikandar/meykaṇṭār*", die nach dem Autor des *Sivagnana Botham* benannt ist, sich unter ande-

[19] Vgl. Madhavan 2002, 206–217.

rem mit Saiva Siddhanta Themen befasst und ein regelmäßiges Organ der Öffentlichkeitsarbeit des Adhinam darstellt.[20]

Zum anderen ist die Praxis der Zertifizierung als Benennung, wie an mehreren Stellen erwähnt, eine verbreitete Handlung des Adhinam, bei der Personen, Veranstaltungen oder ganze Organisationen als Vermittler von Saiva Siddhanta autorisiert werden. Dafür verleiht der Adhinam die Abschlusszertifikate und weitere Titel wie „*cenneṟi-c celvar*" („Einer, der reich an Wissen des richtigen Weges ist"), „*meyññāṉa vaḷḷal*" („Philanthrop des wahren Wissens"), „*cittānta vityācākaram*" („Meister des Siddhanta-Wissens"), „*cittānta carapam*" („Sieger des Siddhanta"), „*cittāntam pukaṭṭum cemmalār*" („Gelehrter, der Siddhanta lehrt") und „*caiva cittānta ñāṉa tēcikar*" („Strahlender des Saiva Siddhanta Wissens"), zum Beispiel an den ersten Direktor des Studienprogramms K. Vaithiyanathan. Der Siddhanta-Aktivist, Tamil-Dozent und ehemaliger Kursteilnehmer Siva Mathavan aus Pondicherry stellt in seinem Wohnzimmer eine 2010 verliehene Urkunde des Adhinams aus, die ihn als „*civaneṟi uraiccelvar*" („Befähigter, über Saiva-Lehren zu sprechen") identifiziert. Eine der ältesten populären Organisationen zu Verbreitung von Saiva Siddhanta in Tamil Nadu, der 1905 gegründete „Saiva Siddhanta Perumanram" (*caiva cittānta-p perumaṉṟam*, „Große Saiva Siddhanta Vereinigung"),[21] präsentiert in seinen Räumlichkeiten in Chennai ebenfalls an prominenter Stelle eine Urkunde, die seine Autorität als „*cittānta-c cuṭar nilaiyam*", also als „Ort des Lichts/der Flamme des Siddhanta" durch den Thiruvavaduthurai Adhinam 2005 bestätigt. Dies kann durchaus als machtvolle Namensgebung verstanden werden, die eine 100-jährige Einrichtung der Saiva Siddhanta Verbreitung somit in die eigene Tradition integriert. Die gut sichtbare schriftliche Artikulation des Adhinam zeigt deutlich, wo die Autorität zur Benennung im Verhältnis der beiden Organisationen liegt: nämlich in Thiruvavaduthurai.

Diese Beispiele für Namensgebungen des Adhinam produzieren also auch außerhalb des Studienprogramms konkrete Identitäten, die an die Wiederholung der durch die Institution propagierten Äquivalenzketten geknüpft ist, wenn sie mit der Adhinam-Sicht übereinstimmen. Denn die Titel werden schließlich nur solchen Personen und Organisationen verliehen, die den Namen „Saiva Siddhanta" so iterieren und damit weiter se-

---

[20] Krishnamoorthy 2003, 123. 2013 kostete die Zeitschrift „Meikandar" 10 Rupien und war auch als Abonnement erhältlich. Bis 2014 war die Publikation auch online über die Homepage des Adhinam als pdf-Dokument einsehbar.

[21] Zu den Gründungsmitgliedern der Vereinigung zählten u.a. die bereits erwähnten Aktivisten und Reformer J. M. Nallaswami Pillai und Maraimalai Atikal. Der ursprüngliche Name der Organisation lautete „Saiva Siddhanta Maha Samaj" (*caiva cittānta maka camājam*), wobei das Sanskrit-Wort „Maha Samaj" (Skt. *mahā samāj*) in der zweiten Hälfte des 20. Jahrhundert zu „Perumanram" (*perumaṉṟam*) tamilisiert wurde.

dimentieren. Der gleiche Mechanismus ist zu beobachten, wenn die Autoritäten des Adhinam bestimmte Veranstaltungen besuchen, wie die oben beschriebene „Welt Tirumurai Konferenz“ 2014 in London, oder wenn Publikationen zu Saiva Siddhanta Themen mit einem „Segenswort“ versehen werden. Die in dieser Arbeit häufig zitierte „History of the Thiruvavaduthurai Mutt“ von Krishnamoorthy ist hierfür eines von zahlreichen Beispielen. Nicht nur wird diese durch eine „gnadenvolle Segnung“ (*aruḷ vāḻtturai*) des 23. Gurumaha Sannidhanam eingeleitet, sondern auf der Rückseite des Umschlags dieser Publikation findet sich zudem ein Foto, das den Autor während einer Audienz bei jenem Oberhaupt zeigt, welcher Krishnamoorthy die heilige Asche spendet.

Es kann also festgehalten werden, dass die Hegemonie der Namensgebung für „Saiva Siddhanta“ durch den Thiruvavaduthurai Adhinam durch ständig wiederholte, machtvolle Artikulation in der tamilischen Saiva Siddhanta Szene immer wieder neu affirmiert wird. Dies geschieht unter anderem durch das Studienprogramm, eigene Publikationen, Segnungen von anderen Publikationen und Veranstaltungen sowie durch die Verleihung von Ehrentiteln. Gerade letzteres macht den Charakter der Namensgebung, bei der Personen und Organisationen mit neuen Namen und Titeln versehen werden, besonders deutlich und zeigt, wie einflussreich der Akt der Signifikation für soziale Realitäten und Identitäten ist.

3. Saiva Siddhanta jenseits des Thiruvavaduthurai Adhinam

Der Thiruvavaduthurai Adhinam ist bei Weitem nicht die einzige Institution oder Organisation in Tamil Nadu, die Saiva Siddhanta propagiert. Der Adhinam ist zwar zweifellos die größte Einrichtung mit den weitesten Verbreitungsmöglichkeiten und bedeutendem Einfluss in der sivaitischen Welt, allerdings existieren jenseits von Thiruvavaduthurai zahlreiche Organisationen, Initiativen und Einzelpersonen, die sich ebenfalls der Lehre von Saiva Siddhanta verschrieben haben. Um die hegemoniale Namensgebung des Thiruvavaduthurai Adhinam aber besser innerhalb der Saiva Siddhanta Debatten des frühen 21. Jahrhunderts einordnen zu können, sollen im Folgenden weitere Beispiele der Saiva Siddhanta Propagierung vorgestellt werden. Dies kann als historische Kontextualisierung des Namens „Saiva Siddhanta“ in der rezenten Vergangenheit verstanden werden, also als synchrone Verortung der Namensgebung. Denn die Namensgebung des Thiruvavaduthurai Adhinam mag zwar durch ständige Reiteration als besonders wirkmächtig angesehen werden, sie findet aber nicht in einem diskursiven Vakuum statt, das unbeeinträchtigt von den Auseinandersetzungen um „Saiva Siddhanta“ im tamilischen

Kontext wäre. Jüngere Untersuchungen haben gezeigt, dass eine öffentliche Diskussion in Südindien und Sri Lanka zu diesem Thema seit dem späten 19. Jahrhundert geführt wird – wenn auch zeitweise etwas unter dem Radar religionsgeschichtlicher Forschung.[22]

Wie vielfältig und vielstimmig die tamilisch-sivaitische Szene seit jener Zeit ist, die sich nicht nur, aber schwerpunktmäßig mit Saiva Siddhanta befasst, zeigen neuere enzyklopädische Publikationen zum tamilischen Sivaismus. Das 2013 erschienene, zehnbändige Nachschlagewerk „Enzyklopädie der Saiva Religion" („*caiva camaya-k kalai-k kaḷañciyam*") listet und erläutert im 9. Band namens „Sivaitische Organisationen" (*caiva camaya amaippukaḷ*) auf über 600 Seiten beispielsweise 990 verschiedene Institutionen, Organisationen und Individuen, die für den tamilischen Sivaismus wichtig waren oder sind.[23] Hierzu gehören auch große und relativ alte religiösen Zentren, wie etwa der Thiruvavaduthurai Adhinam. Die meisten Einrichtungen und Personen, die dort aufgeführt sind, stammen allerdings aus dem späten 19. und vor allem aus dem 20. Jahrhundert. Der Band 8 („*caiva cittāntam*") dieses Sivaismus-Lexikons ist – wie der Name nahelegt – explizit Saiva Siddhanta gewidmet. Die Publikation, die bezeichnenderweise durch ein „gnadenvolles Segenswort" (*aruḷāciyurai*) des 23. Gurumaha Sannidhanam des Thiruvavaduthurai Adhinam eingeleitet ist, umfasst nicht nur eine ausführliche Einführung in die Geschichte und die Lehren des Saiva Siddhanta, sondern lexikalische Einträge zu den 177 wichtigsten Siddhanta-Aktivisten oder „Saiva Siddhanta Weisen" (*caiva cittānta vittakar*) seit dem 19. Jahrhundert.[24]

Der tamilische Saiva Siddhanta Diskurs der letzten 150 Jahre ist also durchaus polyphon, wenngleich der Thiruvavaduthurai Adhinam zumindest heute darin eine hegemoniale Stellung einnimmt. Die Reichweite des Adhinam-Netzwerkes, das durch Autorisierungen, Titelvergaben und andere Formen der Namensgebung in den Debatten des frühen 21. Jahrhunderts weitläufig präsent ist, wird auch in den folgenden Vorstellungen jüngerer exemplarischer Saiva Siddhanta Initiativen immer wieder sichtbar sein. Wie gezeigt werden soll, gibt es heute kaum aktive Siddhantins oder Siddhanta-Einrichtungen, die keine Verbindung zum Adhinam aufweisen. Die Analyse, die vornehmlich auf den Beobachtungen meiner Feldforschung und nur in geringem Maße auf publiziertem Material beruht, wird daher vor allem versuchen zu zeigen, wie sich diese Beispiele der Saiva Siddhanta Verbreitung von den dominanten

---

[22] Vgl. Bergunder 2010; Harlass 2017; Klöber 2017a; 2017b; Nehring 2003, v.a. 308–341; 2010; Schalk 2010; Vaitheespara 2010; 2012; Vaithees 2015.

[23] Celvakkaṇapati 2013b. Ähnlich aufgebaut ist auch Irājacēkaraṉ 2006.

[24] Celvakkaṇapati 2013a, hier v.a. 511–545.

Konzeptionen des Thiruvavaduthurai Adhinam unterscheiden. Gleichwohl muss festgehalten werden, dass alle hier präsentierten Initiativen Teilnehmende an *einem* tamilischen Saiva Siddhanta Diskurs sind. Dieser zeichnet sich nicht nur durch gegenseitige (positive wie negative) Bezugnahmen aus, sondern vor allem durch einen „quasistabilen Kern" in der Namensgebung zu „Saiva Siddhanta". Das heißt, wie oben gesehen, dass beispielsweise die Kanonizität der Veden und *Agamas* sowie der *Tirumurai* und *Siddhanta-Sastras* durchgängig anerkannt wird, dass dieselben ontologisch-kosmologischen und epistemologischen Grundannahmen vertreten werden, dass die Rolle eines Gurus sowie die Abhängigkeit von göttlicher Gnade betont wird, oder dass im Saiva Siddhanta der ultimative Ausdruck des Hinduismus beziehungsweise Sivaismus gesehen wird, der explizit in tamilischer Sprache formuliert wurde. Dennoch gehört es zur Natur eines jeden Diskurses, unabschließbar zu sein. Daher liegt der Fokus der folgenden Darstellung auf den Abweichungen und Verschiebungen von der machtvollen Namensgebung des Adhinam, auch um zu zeigen, dass diese vorläufige Bedeutungsfixierung immer strittig ist und vereinzelt sogar sehr kritisch gesehen wird. Selbst wenn die Ansichten des Thiruvavaduthurai Adhinam aber dezidiert kritisiert werden, bilden die Einrichtung und ihre Vertreter dennoch einen Referenzpunkt, der heute von kaum einem aktiven Siddhantin missachtet werden kann.

3.1. Dharmapuram Adhinam

Der Dharmapuram Adhinam (*taramapuram ātīṉam*) ist, wie bereits mehrfach erwähnt, neben dem Thiruvavaduthurai Adhinam die größte und einflussreichste sivaitische Institution Tamil Nadus. Die Einrichtung befindet sich im Ort Mayiladuthurai (*Mayilāṭutuṟai*), etwa 38 Kilometer südlich von Chidambaram und 18 Kilometer nordöstlich von Thiruvavaduthurai. Die beiden führenden tamilischen Adhinams befinden sich nicht nur in geographischer Nähe zueinander, sondern weisen viele strukturelle, organisatorische und ideologische Parallelen auf. Wie in Thiruvavaduthurai wird der Dharmapuram Adhinam von einem Gurumaha Sannidhanam angeführt, der als Verkörperung einer göttlichen Abstammungslinie betrachtet wird. Die im Jahre 2018 aktuelle, 1971 installierte Gurumaha Sannidhanam ist der 26. in der Reihe von religiösen Oberhäuptern, die laut der Überlieferung der Institution im späten 16. Jahrhundert mit der Gründungsfigur Guru Gnana Sampantar (*kuruñāṉacampantar*) beginnt.[25] Wie Thiruvavaduthurai verortet der Dharmapuram Adhinam seine konkrete personale Tradition in der Nachfolge der vier klassischen „philosophischen Lehrer" des tamilischen Saiva Siddhanta. Namentlich bezieht sich die Genealogie Dharmapurams auf den Lehrer Umapatis, Maraignana Sampantar.[26] Damit und darüber hinaus betrachtet sich auch der Dharmapuram Adhinam als Fortführung der „Heiligen Kailash Abstammung", also ebenfalls als in der Tradition der göttlichen Offenbarung Sivas stehend.

Der Dharmapuram Adhinam verfügt über ein etwa zwei Hektar großes Gelände, auf welchem er Tempel, Schulen, ein Krankenhaus und ein College betreibt.[27] Besonders erwähnenswert ist, dass der Adhinam weiterhin eine Studienstätte für agamische Tempelpriester unterhält, wo tamilische Sivacharyas in sanskritischer Ritualisitik ausgebildet werden. Der Adhinam, der, wie bereits oben angedeutet, auch selbst Sivacharyas für bestimmte *Pujas* beschäftigt, ist damit Teil eines größeren Projekts zur besseren Ausbildung von Tempelpriestern in Tamil Nadu. Seit Beginn des 20. Jahrhunderts wurden von verschiedenen Trägern, darunter auch staatliche Initiativen des *Hindu Religious and Charitable Endowments Department*, sogenannte „Agama-Schulen" (Skt. *veda śivāgama pāthaśālā*) zur Aus- und Fortbildung von Priestern etabliert. Im vergangenen Jahrhundert hat der Bildungsstand von Tempelpriestern immer wieder zu öffentlichen und ideologisch aufgeladenen Debatten geführt, die nicht zuletzt vom Anti-Brahmanismus der Dravidischen Bewegung und vom aufkommenden Hindu-Nationalismus in Tamil Nadu geprägt waren. Der Dharmapuram Adhinam zeigt durch sein Engagement deutlich, dass der orthodoxe tamilische Saiva Siddhanta weder als Ausdruck eines religiösen Tamilnationalismus verstanden werden kann, noch, dass brahmanische oder Sanskrit-Elemente hieraus kategorisch ausgeschlossen werden dürfen. Vielmehr zeigen Initiativen wie die institutseigene *Agama*-Schule, dass auch der Dharmapuram Adhinam indirekt an einem reformistischen Projekt der Priesterausbildung beteiligt ist, welches die agamische Praxis am Ideal des vedischen Brahmanismus orientiert und somit letztlich an einer „brahmanisierenden" oder „sanskritisierenden" Entwicklung beteiligt ist.[28] Nicholas Dirks hat etwa in Zusammenhang mit den Bemühungen der Dravidischen Bewegung um eine radikale Priesterreform, die die Abschaffung eines erblichen Priestertums und die

---

[25] Zur Überlieferung der eigenen Ursprünge siehe Koppedrayer 1991a.

[26] Vgl. u.a. Pechilis Prentiss 1996, 247, Fn 60.

[27] Eine Übersicht über die Aktivitäten und Organisationen des Adhinam bietet Dharmapuram Adhinam 1981, 66–82.

[28] Zur historischen Entwicklung der „Agama-Schulen" und gesellschaftlichen Debatte darüber, siehe ausführlich Fuller 2003, 80–151.

Zulassung von Nicht-Brahmanen forderte und 1970 nach Beschluss des indischen Obersten Gerichtshofs unter Hinweis auf agamische Vorschriften scheiterte, festgehalten:

„So wurde die [brahmanische] Hindu-Tradition weiter bewahrt und auf textuelle Art und Weise aufrecht erhalten – und zwar genauso wie sie durch koloniale Praxis etabliert worden war. Dass die alten Texte selbst nun gemäß brahmanischen Standards, die aus orientalistischem Wissen hervorgegangen waren, interpretiert werden mussten, zementierte weiterhin die Äquivalenz von Brahmanismus und Hinduismus.“[29]

An diesem kolonialen Erbe ist der Dharmapuram Adhinam durch seine *Agama*-Schule weiter beteiligt. Der Institution in Dharmapuram gehört eine zölibatäre Bruderschaft von Tambirans an, deren Mitgliederzahl 2012 bei fünf lag, wobei lediglich einer direkt im Adhinam lebt, da die anderen Tempel und Zweig-Maths betreuen, die sich über ganz Tamil Nadu verteilen.[30]
Die interne Struktur der Institution, ihr ritueller Tagesablauf und ihre Dominanz über andere Institutionen ist durchaus mit der des Thiruvavaduthurai Adhinam zu vergleichen.[31] Eine Besonderheit des Dharmapuram Adhinam ist jedoch sicherlich, dass ihm das dritte große nicht-brahmanische, sivaitische Zentrum Tamil Nadus, namentlich der etwa 25 Kilometer westlich gelegene Tiruppanandal Kasi Math (*sri kāci tirumaṭam, tiruppaṉantāḷ*) untergeordnet ist. Dessen Gründer, Kumaraguruparar Swamikal (*Kumarakurupara Cuvāmikaḷ*), der ursprünglich aus der Gegend um Tirunelveli stammen soll, kam Ende des 17. Jahrhunderts, nach der Etablierung eines Maths in Varanasi, zurück nach Tamil Nadu und wurde vom 4. Gurumaha Sannidhanam des Dharmapuram Adhinam namens Masilamani Desikar (*Mācilāmaṇi Tēcikar*) als Schüler akzeptiert. Dieser beauftragte ihn zudem mit der Einrichtung eines Zentrums in Tiruppanandal. Jener Math gehört heute ebenfalls zu den wohlhabenderen und einflussreichen sivaitischen Institutionen, welche gleichermaßen die Kontrolle über Tempel, Schulen, Ländereien und weitere Besitzungen ausüben.[32]

---

[29] „*Thus Hindu tradition was to be upheld and preserved in textual terms, exaclty as had been established by colonial practice. That the old texts were themselves to be interpreted by Brahmanic standards of Orientalist knowledge only sealed the equation of Brahmanism and Hinduism.*“ Dirks 2001, 264–265.

[30] Interview mit Kumāracuvāmi Tampirāṉ 2012. Koppedrayer spricht Mitte der 1980er Jahre von neun initiierten Tambirans und 26 Tempeln und sonstigen Besitzungen in Südindien, vgl. Koppedrayer 1990, 33, 341.

[31] Einem Vergleich der beiden Institutionen widmet sich in einer ausführlichen Studie Koppedrayer 1990.

[32] Hierzu Kumaraswami Thambiran 1997.

Die besondere Beziehung zwischen dem Dharmapuram Adhinam und dem ihm formal unterstellten Tiruppanandal Kasi Math, war historisch gesehen immer wieder geprägt von Auseinandersetzungen um Vorherrschaft, Autorität und Autonomie, wie etliche gerichtliche Prozesse des 19. Jahrhunderts dokumentieren.[33] Beide Institutionen bewerten das heutige Verhältnis jeweils unterschiedlich. Das Oberhaupt Tiruppanandals, Muthukumaraswami Tambiran (*Muttukkumāracuvāmi Tampirāṉ*), hat es mir gegenüber eher als eine Art „freiwillige Subordination" beschrieben, die es beispielsweise verbiete, eigene Tambirans zu initiieren. Allerdings sieht er den eigentlichen Ursprung der Institution nicht in Dharmapuram, sondern in Varanasi. Der dortige Math namens Sri Kumaraswami Math (*ṣrī kumāracuvāmi maṭam*) existiert bis heute und untersteht Tiruppanandal.[34] Die Sichtweise in Dharmapuram hingegen betont vielmehr die Initiative des eigenen 4. Gurumaha Sannidhanam bei der Entstehung der Institution im Nachbarort und legt großen Wert auf die eigene Superiorität.[35]

Saiva Siddhanta Propagierung durch den Dharmapuram Adhinam

Der Dharmapuram Adhinam bemüht sich ebenfalls um die Verbreitung von Saiva Siddhanta, jedoch lange Zeit auf andere Art und Weise als der Thiruvavaduthurai Adhinam. Zwar hat sich auch das Zentrum in Dharmapuram seit dem späten 19. und frühen 20. Jahrhundert durch die Patronisierung von Publikationen von sivaitischer Literatur hervorgetan – nicht zuletzt wurde J. M. Nallaswami Pillai in seinen Initiativen zur Veröffentlichung von Übersetzungen kanonischer Texte dezidiert unterstützt – allerdings hat sich der Dharmapuram Adhinam bis vor kurzem eher auf die akademische Vermittlung des Saiva Siddhanta konzentriert. So betreibt der Adhinam seit 1946 auf seinem Gelände unter anderem eine private Hochschule, das „Dharmapuram Adhinam Arts College" (*taramapuram ātīṉam kalaikkallūri*), die für die Studierenden aller Studien-

---

33 Vgl. hierzu v.a. Oddie 1991a, 98–111.

34 Interview mit Muttukkumāracuvāmi Tampirāṉ 2012. Eine Publikation des Tiruppanandal Math vergleicht interessanterweise die Begegnung des Gründers mit dem Gurumaha Sannidhanam in Dharmapuram mit der Begegnung zwischen Ramakrishna und Vivekananda. So wie Ramakrishna sei Masilamani Desikar aus Dharmapuram ein großer Heiliger und eine erlöste Seele gewesen, wobei Vivekananda, so wie Kumaraguruparar, eher ein gebildeter Intellektueller gewesen wäre, der durch den Segen des ersteren seinen Siegeszug zur Verbreitung des Hinduismus/Advaita Vedanta bzw. des Sivaisums/Saiva Siddhanta antreten konnte: „*The similarities in both cases are striking and obvious.*" Kumaraswami Thambiran 1997, 5. Auch hier dient also die jüngere Geschichte der einflussreichen Figuren der Advaita Vedanta Tradition als Referenzrahmen.

35 Interview mit Kumāracuvāmi Tampirāṉ 2012.

gänge „Saiva Siddhanta" als Pflichtfach vorschreibt. Um zudem die Tambirans des Adhinam auszubilden, müssen alle initiierten Asketen mindestens einen MPhil-Abschluss, besser noch einen Doktortitel in Tamil absolvieren, um als geeignete Mitglieder der zölibatären Bruderschaft zu gelten. Als solche sollen sie auch im eigenen College vor allem Saiva Siddhanta lehren. Der Fokus auf die akademische Ausbildung der Angehörigen des Adhinam scheint also größer zu sein als etwa in Thiruvavaduthurai.[36]

Dieser Fokus auf institutionalisierte Bearbeitung von Saiva Siddhanta zeigt sich vielleicht am deutlichsten in der Gründung des „International Institute of Saiva Siddhanta Research" (*aṉattulaka caiva cittānta ārāycci niṟuvaṉam*) durch den Dharmapuram Adhinam im Jahre 1984 als postgraduierte Forschungseinrichtung, angeschlossen an das bestehende College.[37] Diese Institution wurde seit ihrer Etablierung langjährig vom bekannten und schon erwähnten Siddhanta-Aktivisten T. N. Ramachandran[38] geleitet, der sich vor allem bemühte, Bücher über Saiva Siddhanta und Übersetzungen der kanonischen Schriften in englischer Sprache zu publizieren und Forschungskonferenzen auszurichten. Ramachandran ist Brahmane und laut Eigenaussage „von Geburt her ein Sankara-Vedantin", der durch die Lektüre eines Werkes eines weiteren brahmanischen Autoren – namentlich der 1973 veröffentlichten Doktorarbeit von K. Sivaraman (*Kiruṣṇa Civamāraṉ Aiyar*)[39] – „unwiderruflich Heimat im Saiva Siddhanta gefunden" hat.[40] Ramachandran ist Beispiel dafür, dass Saiva Siddhanta Propagierung nicht nur – wie eine tamilnationalistische Lesart des Saiva Siddhanta nahelegen würde – auf nicht-brahmanische Vellalar-Gemeinschaften beschränkt ist und dass

[36] Interview mit Kumāracuvāmi Tampirāṉ 2012. Vgl. auch: „*All Junior Thambirans of this Adhinam are being educated in this College. Some of them have qualified themselves as Vidwans after passing the University Examination.*" Dharmapuram Adhinam 1981, 68.

[37] Vgl. Koppedrayer 1990, 32.

[38] Zur Person siehe die ausführliche Homepage von T. N. Ramachandran, http://drtnr.org/ (zuletzt aufgerufen am 03.06.2016).

[39] Sivaraman 1973. K. Sivaraman war zeitweise Professor für Saiva Siddhanta an der „Banaras Hindu University" in Varanasi und später für indische Philosophie an der McMaster University, Ontario/Kanada. Kathleen Koppedrayer war eine seiner Schülerinnen, deren in dieser Studie vielzitierte Doktorarbeit er auch betreute.

[40] „*We bow before this, his magnum opus which established us (a Sankara Vedantin by birth) in Saiva Siddhantam irrevocably.*" Dieses Zitat stammt aus der Einleitung T. N. Ramachandrans zum Kapitel „The Knowledge of God's existence" als dessen Autor K. Sivaraman zunächst angegeben ist, und die Aussage bezieht sich hier auf dessen Werk „*Śaivism in Philosophical Perspective*", Sivaraman 1973. De facto reproduziert der Beitrag der Anthologie aber Passagen aus der Master-Arbeit Kathleen Koppedrayers, die von Ramachandran hier weiter als „*true student of Saivism*" bezeichnet wird, Sivaraman 1984, 196-198.

gerade der Dharmapuram Adhinam die Bezüge zur brahmanischen Tradition sowie ihrer Autoren nicht leugnet.

Ramachandran hat drei Veranstaltungen namens „International Seminar on Saiva Siddhanta" organisiert, die zwischen 1984 und 1994 in Dharmapuram, Varanasi und Toronto/Kanada stattfanden. Im Rahmen dieser Konferenzen veröffentlichte Ramachandran im Namen des Instituts und mit Segen des Adhinams drei englischsprachige Bände, die dem akademischen Anspruch der Einrichtung deutlichen Ausdruck verleihen. Hierbei handelt es sich um Anthologien, die Aufsätze oder Auszüge aus Werken von Tamilisten und Indologen seit der Mitte des 19. Jahrhunderts beinhalten. Dabei wurden explizit auch Schriften europäischer und amerikanischer Autoren abgedruckt, die sich mit Saiva Siddhanta beschäftigt haben. Die Liste der Autoren enthält Texte christlicher Missionare wie H. R. Hoisington, G. U. Pope, W. Goudie, John H. Piet, Hilko W. Schomerus, H. A. Popley gleichermaßen wie von Siddhanta-Aktivisten wie J. M. Nallaswami Pillai, Maraimalai Atikal, V. V. Ramana Sastri oder tamilischen und westlichen Indologen und Tamilisten wie Mariasusai Dhavamony, T. N. Ramachandran, Jan Gonda, Jean Filliozat, Vajravel Mudaliar, Kathleen Koppedrayer (unter dem Namen ihres Lehrers K. Sivaraman) und Glenn Yocum. Die drei Bände haben den expliziten Anspruch, die lange Geschichte der global betriebenen Saiva Siddhanta Forschung seit dem 19. Jahrhundert abzubilden und in der wissenschaftlichen Welt ins Gespräch zu bringen.[41] Ramachandran zeigt damit explizit, dass selbst der Saiva Siddhanta der traditionellen Institutionen nicht als rein tamilische Angelegenheit verstanden werden darf. Vielmehr erkennen die Publikation des *International Institute of Saiva Siddhanta Research* dezidiert die 150-jährige Verknüpfung mit missionarischer und orientalistischer Forschung an, was nochmals verdeutlicht, dass auch der orthodoxe Saiva Siddhanta nicht unabhängig davon betrachtet werden darf.

Allerdings sei die Lektüre insbesondere der westlichen oder missionarischen Autoren mit Vorsicht zu genießen, wie das Vorwort Ramachandrans zum ersten Band klar formuliert. Gerade letztere hätten Saiva Siddhanta mit einem klaren Hintergedanken studiert: „Ihre Mission war es, die »Heiden« zu konvertieren und sie mit den »unanfechtbar überlegenen Lehren des Christentums« zu indoktrinieren."[42] Daher fordert Ramachandran ein kritisches Bewusstsein gegenüber westlich-missionarischen Darstellungen ein, welches deren Leistungen zwar anerkennt, sich aber immer deren zweifelhaften Intentionen gewahr bleiben muss. Die

---

[41] Vgl. Ramachandran 1984a; 1988; 1994.

[42] „*Their mission was to convert the »heathen« and indoctrinate them in the »incontestably superior tenets of Christianity«.*" Ramachandran 1984b, xv.

entsprechende Äußerung ist sehr aussagekräftig und wird daher hier als längere Passage zitiert:

„Bezüglich der Artikel der Missionare in dieser Anthologie täte der Leser gut daran, diese vor jenem Hintergrund [ihres missionarischen Impetus] zu studieren. Der Umstand, dass der Dharmapuram Adhinam diese als geeignet betrachtet, in diese Anthologie aufgenommen zu werden, bedeutet nicht, dass diesen dadurch umfänglich zugestimmt wird. Gleichzeitig müssen wir uns beeilen anzumerken, dass wir nicht versuchen, deren Wert zu schmälern, wie im Verlauf [der Publikation] sichtbar wird. *Wir machen deutlich, dass nur die Veröffentlichungen von sivaitischen Maths im Allgemeinen und die der drei bedeutendsten Maths, namentlich derer in Dharmapuram, Thiruvavaduthurai und Tiruppanandal, im Speziellen wahrhaft authentisch sind.* Die Leistungen des Saiva Siddhanta Samaj [Saiva Siddhanta Perumanram] sind, wie bekannt ist, von unschätzbarem Wert." [Herv. RK][43]

An dieser Aussage zeigen sich drei wichtige Punkte für das Selbstverständnis des Dharmapuram Adhinam und seine Interpretation von Saiva Siddhanta. Erstens wird deutlich gemacht, dass Forschungen außerhalb der traditionellen sivaitischen Zentren Südindiens zwar durchaus ihren Wert haben und Saiva Siddhanta dadurch zumindest in einigen westlich-indologischen Kreisen bekannt geworden ist. Aber zweitens wird zweifelsfrei festgestellt, dass „wahrhaft authentische" Artikulationen von oder zu Saiva Siddhanta nur durch jene Maths und Adhinams getätigt beziehungsweise publiziert werden können. Eine autoritative Namensgebung kann demnach nur durch Dharmapuram, Thiruvavaduthurai und Tiruppanandal erfolgen. Drittens lobt die Passage explizit die Leistungen des bereits erwähnten *Saiva Siddhanta Perumanram/Samaj*, der seit Beginn des 20. Jahrhunderts um eine öffentliche Verbreitung der Lehren und Literaturen des Saiva Siddhanta bemüht war und der unten noch eigens vorgestellt werden soll.

Das *International Institute of Saiva Siddhanta Research* besteht bis heute als Teil des Colleges in Dharmapuram fort, allerdings nicht mehr unter der Leitung von T. N. Ramachandran. Über den heutigen Zustand und die Aktivitäten des Instituts ist mir leider wenig bekannt, allerdings scheint die Einrichtung weiter Konferenzen zur Saiva Siddhanta Forschung zu veranstalten, denn 2008 wurde „The Fourth International Saiva

---

43 „*The articles of the missionaries in this Anthology, the readers will do well to remember, will have to be studied against this background. The fact that Dharmapuram Adhinam has thought fit to inlcude them in this Anthology does not mean that the seal of approval is set on them. At the same time we hasten to add that we do not attempt to belittle their value either, as can be seen clearly, infra. We make it plain that only the publications of Saiva Matams in general, and the three foremost Matams, namely of Dharmapuram, Tiruvaavaduturai and Tiruppanandal in particular, are truely authentic. The service of Saiva Siddhanta Samajam, it is well known, are inestimable.*" Ramachandran 1984a, xvi–xvii.

Siddhanda [sic] Conference" (*4 āvatu aṉaittulaka caiva cittānta mānāṭu*) in Madurai abgehalten. Dieses Symposium wird als Fortführung der von Ramachandran initiierten internationalen Seminare betrachtet und inzwischen durch tamilisch-sivaitische Vereinigungen in London, Sri Lanka, Kanada, Australien und Malaysia mitorganisiert und -finanziert.[44] Hieran wird deutlich, dass auch der Dharmapuram Adhinam global vernetzt ist und seine Einflusssphären über Tamil Nadu hinaus erweitert hat.

Der Dharmapuram Adhinam hat sich, wie gezeigt, seit den 1980er Jahren vor allem bemüht, seine Propagierung von Saiva Siddhanta aktiv in die nicht-tamilsprachigen akademischen Diskussionen zum Thema einzuspeisen, was ihn offensichtlich von seinem Pendant aus Thiruvavaduthurai unterscheidet. Für eine breitere Laienöffentlichkeit war Saiva Siddhanta Unterricht durch den Dharmapuram Adhinam lange allerdings nur in Form eines 14-tägigen Kurses zugänglich, der einmal jährlich auf dem Gelände der Institution für Interessierte durchgeführt wurde.[45] Wie mir der einzige in Dharmapuram residierende Tambiran, Kumaraswami Tambiran (*Kumāracuvāmi Tampirāṉ*), den ich bereits 2012 interviewen konnte, 2014 in London mitteilte, hat auch der Dharmapuram Adhinam inzwischen ein populäres Saiva Siddhanta Studienprogramm eingerichtet. Da bei unserer ersten Begegnung noch keine Rede von dieser Initiative war, muss diese also nach 2012 umgesetzt worden sein. Der Kurs des Dharmapuram Adhinam läuft zwei oder optional vier Jahre und bietet monatlich in verschiedenen lokale Zweigstellen – unter anderem in Tiruchirappalli, Madurai, Chennai und Dharmapuram – Saiva Siddhanta Lehre an. Es sollen bis dato 2.000 bis 4.000 Studierende am Kurs teilgenommen haben.[46] Das erfolgreiche Modell der Nachbarinstitution in Thiruvavaduthurai scheint sich also inzwischen solcher Beliebtheit zu erfreuen, dass sich der Dharmapuram Adhinam Anfang des 21. Jahrhunderts genötigt fühlt, jenes zu adaptieren und durch eine eigene Organisation mehr Einfluss auf die populären Saiva Siddhanta Debatten in Tamil Nadu zu nehmen. Die Namensgebung des Thiruvavaduthurai Adhinam als Artikulation innerhalb eines Studienprogramms für Laien ist folglich bisher so wirkmächtig, dass diese durch andere Institutionen bei der Reformation der eigenen Öffentlichkeitsarbeit strukturell imitiert, man könnte auch sagen, iteriert wird.

---

[44] Vgl. http://www.sydneymurugan.org.au/murugan2/index.php/downloads/documents/category/7-general-documents (zuletzt aufgerufen am 03.06.2016).

[45] Interview mit Kumāracuvāmi Tampirāṉ 2012. Vgl. auch Dharmapuram Adhinam 1981, 70–71.

[46] Interview mit Kumāracuvāmi Tampirāṉ 2014.

Der Saiva Siddhanta des Dharmapuram Adhinam

Die Verbundenheit des Dharmapuram Adhinam mit den akademischen Debatten um Saiva Siddhanta zeigt sich auch und vor allem in seinen englischsprachigen Publikationen. Eine kleine Veröffentlichung aus dem Jahre 1981 zum Adhinam, seiner Geschichte und seiner Besitzungen beginnt mit einer Einführung in den Sivaismus („Saivam") und mit folgenden Worten:

> „Der Dharmapuram Adhinam artikuliert den *orthodoxen Saiva Siddhanta* Südindiens, das ist die *Suddha-Advaita Schule des Saiva Siddhanta*. Der vielleicht akkurateste Versuch einer authentischen, englischsprachigen Darstellung dessen, was diese Philosophie vertritt, findet sich in den Worten von Dr. John H. Piet." [Herv. RK][47]

An dieser Aussage sind zwei Punkte besonders hervorzuheben. Erstens stellt der Dharmapuram Adhinam, ähnlich dem obigen Zitat von Ramachandran, eindeutig fest, dass es sich dabei, was er vertritt, um „orthodoxen", also authentischen und autoritativen Saiva Siddhanta handelt. Dieser wird explizit als „Suddha-Advaita Saiva Siddhanta" bezeichnet, ergo als „wahrer Advaita". Wie bereits bei der Analyse der Lehrmeinungen des Thiruvavaduthurai Adhinam zur Sprache gekommen ist, handelt es sich hierbei dezidiert um einen „Kampfbegriff" der Siddhanta-Apologetik des frühen 20. Jahrhunderts. Gleichzeitig wird dieser Saiva Siddhanta im obigen Zitat explizit als südindische (lies: tamilische) Tradition verstanden, was ihn beispielsweise vom kaschmirischen Saiva Siddhanta deutlich abgrenzt. Wie gezeigt, heißt dies aber nicht, dass Saiva Siddhanta dadurch aus der Sanskrit-Tradition gelöst wird. Zweitens zeigt die Äußerung, dass es durchaus Darstellungen des Saiva Siddhanta in englischer Sprache und von nicht-tamilischen Autoren geben kann, die relativ nahe an die authentische Sichtweise heranreichen. Genannt wird ausdrücklich das 1952 erschienen Werk „A Logical Presentation of the Śaiva Siddhānta Philosophy" des amerikanischen Theologen und Missionars John H. Piet.[48]

Die Einleitung in Sivaismus und Gründung des Dharmapuram Adhinam besteht in den folgenden acht Seiten überraschenderweise aus einer Aneinanderreihung von Zitaten aus Piets Buch mit wenigen kommentierenden Einschüben. Ergänzt wird lediglich eine kurze Gründungsgeschichte des Adhinam und ein Zitat des 1. Gurumaha Sannidhanam. Zunächst wird

[47] *„Dharmapuram Adhinam voices the orthodox Saiva Siddhanta of South India, i.e. Suddhatwaita School of Saiva Siddhanta. Perhaps the nearest approach to an authentic exposition in English of what this philosophy postulates can be had in the words of Dr. John H. Piet.*" Dharmapuram Adhinam 1981, 1.

[48] Piet 1952.

also die relative Authentizität der Darstellung durch Piet durch den Dharmapuram Adhinam, eine der wenigen autoritativen Einrichtungen, bestätigt, um daraufhin dessen Ausführungen selektiv zu wiederholen. Es steht zu bezweifeln, dass dies auch in einer tamilsprachigen Publikation so geschehen wäre, aber dennoch ist diese Approbation eines christlich-missionarischen Autors durchaus bemerkenswert und macht deutlich, dass auch die Bestimmung von „Saiva Siddhanta" durch eine der orthodoxen sivaitisch-tamilischen Einrichtungen einen direkten Bezug zu den weiteren Debatten innerhalb des akademisch-missionarischen Diskurses um Saiva Siddhanta aufweist.

Eine kurze Zusammenfassung der zitierten Passagen aus Piets „A Logical Presentation of the Śaiva Siddhānta Philosophy" sollen an dieser Stelle genügen, um zumindest die positive Äquivalenzkette der Namensgebung des Dharmapuram Adhinam für „Saiva Siddhanta" nachzuzeichnen. Diese beginnt mit der Feststellung, dass es sich bei Saiva Siddhanta um eine klassische Philosophie handelt, die genuin tamilisch ist. Als solche stellt sie „eines der besten Systeme hinduistischen Denkens und Lebens"[49] dar. Anschließend an diese Feststellung wird mit Piet die Bedeutung des Wortes „Saiva Siddhanta" erklärt, die sich von „Siva" als höchstem Gott und „Siddhanta" als „absolute intellektuelle Vollendung" („*absolute intellectual finality*") oder „Abschluss der Schlussfolgerungen" („*conclusion of conclusions*") herleitet. Zudem wird darauf verwiesen, dass sich Saiva Siddhanta immer mit anderen Hindu-Traditionen auseinandergesetzt, sich aber in Bezug auf „religiöse Wahrheit" („*religious truth*") deutlich von diesen abgegrenzt hat. Es folgt eine kurze Erläuterung der ontologisch-kosmoslogischen Grundannahme des Saiva Siddhanta, namentlich der „Existenz von drei ewigen Wahrheiten im Universum oder Thripatharthas, die Pati, Pasu und Pasa genannt werden."[50] *Pati* wird dabei als „das höchste Wesen" („*the Supreme Being*"), *Pasu* als „die Individualseele, die durch *Pasa* beziehungsweise das hinderliche Prinzip des Unwissens gefesselt ist, welches die Seele davon abhält, *Pati* gewahr zu werden"[51] bezeichnet. Die Namen *Pati*, *Pasu* und *Pasam* stammen laut Piet aus der vedischen Ritualtradition.

Gemäß der bereits bekannten weiteren Dreiteilung der Fesselung/*Pasam* erklärt die Adhinam-Publikation durch weitere Zitate aus Piets Werk die drei *Malas*. *Anava* stellt demnach den Auslöser der Un-

---

[49] „*one of the finest systems of Hindu Thought and life.*" Dharmapuram Adhinam 1981, 1.

[50] „*The Saiva Siddhanta subscribes to the existence of three eternal verities in the Universe or the Thripatharthas, viz. Pati, Pasu and Pasa.*" Dharmapuram Adhinam 1981, 2.

[51] „*the individual soul which is bound by Pasa or the obstructive principle of ignorance which hinders the soul from realising Pati.*" Dharmapuram Adhinam 1981, 3.

wissenheit der Seelen und ihrer Arroganz dar. *Karma* wird als Frucht der Handlungen der Seelen, weiterhin als Akkumulation der Verdienste und Fehler sowie als Ursache von Freud und Leid in zukünftigen Geburten vorgestellt. *Maya* wiederum wird als ursprüngliche Materie oder Samen der materiellen Welt verstanden, die die Schaffung von menschlichen Körpern als Basis für Erfahrungen der Seelen auf dem Weg zu deren Entfesselung erst ermöglicht.[52]

Neben diesen ontologisch-kosmologischen Prämissen werden noch zwei weitere Kerndoktrinen des Saiva Siddhanta erwähnt. Dabei handelt es sich um die oben ebenfalls beschriebene „Lehre der Existenz" (*caṟkāriya vātam*), derzufolge Existierendes nicht aus Nichts entstehen und gleichzeitig nicht Nichts werden kann: „Kurz gesagt, ist dies die Theorie von Kausalität, der entsprechend eine Wirkung immer bereits in ihrer Ursache angelegt ist."[53] Die zweite Doktrin, die an dieser Stelle vorgestellt wird, ist die der Lehre von den Eigenschaften der ewigen Entitäten. Hierbei wird festgehalten, dass die Entitäten an sich, also in ihrer speziellen Eigenschaft, ewig und unveränderlich sind, allerdings in ihrer allgemeinen Eigenschaft, die sich durch ihre Beziehung zu anderen Entitäten auszeichnet, Wandlungen unterworfen sind.[54]

Eine solche Kurzdarstellung des Saiva Siddhanta wäre aber nicht vollständig ohne einen Verweis auf die kanonische Literatur. Hierzu findet sich die bereits bekannte Einteilung in impliziten und expliziten Saiva Siddhanta. Piets Nennung der *Zwölf Tirumurai* als „kanonische Literatur der Poeten" („*canonical literature of the poets*"), also der „religiösen Lehrer", wird durch eine Erklärung des Adhinam näher erläutert, die die heute gängigen Lesarten der Saiva Siddhanta Tradition widerspiegelt:

> „Diese Philosophie fand ihren *populären Ausdruck*, wenngleich in *ungeordneter Form*, in den Liedern der Nayanmar. Und die frühesten Gelehrten der Adhinams haben diese auf logische Art und Weise in Form von Sutras dargestellt." [Herv. RK][55]

Die Hymnen-Dichtungen der *Tirumurai* werden hier also als „populärer Ausdruck" von Saiva Siddhanta Philosophie in „ungeordneter Form" bezeichnet, was mit der hegemonialen Namensgebung als „impliziter Saiva Siddhanta" übereinstimmt. Interessant ist an diesem Zitat weiterhin, dass sich der Dharmapuram Adhinam hier auch aktiv in die Tradition des

---

[52] Dharmapuram Adhinam 1981, 3.

[53] „*In brief it is the theory of causation according to which an effect is held to exist in its cause.*" Dharmapuram Adhinam 1981, 5.

[54] Dharmapuram Adhinam 1981, 5.

[55] „*This Philosophy has found a popular expression, though in an unseriated form in the Songs of the Nayanmars. And the earliest Paramacharyas of the Adhinams have given it a logical presentation by writing out in Sutras.*" Dharmapuram Adhinam 1981, 5.

Saiva Siddhanta einschreibt. Dafür steht der Verweis auf die logische Ausformulierung der „ungeordneten" Lehren der Hymnen der *bhakti*-Heiligen durch die „frühesten Gelehrten der Adhinams" („*the earliest Paramacharyas of the Adhinams*"). Bei der Analyse der kanonischen Literatur des Thiruvavaduthurai Adhinam wurde bereits auf die Schrifttradition der sogenannten *Pandara-Sastras* hingewiesen, die aus Texten von Adhinam-Angehörigen besteht. Wie in Thiruvavaduthurai gibt es auch in Dharmapuram einen Korpus solcher Werke. Die 13 *Pandara-Sastras* des Dharmapuram Adhinam scheinen sich, im Unterschied zu den 14 des Thiruvavaduthurai Adhinam, vor allem auf die *Tirumurai* und nicht die *Siddhanta-Sastras* zu beziehen.[56]

Diese *14 Saiva Siddhanta Sastras* werden anschließend durch abermals direkt von Piet zitierte Passagen die „kanonische Literatur der Philosophen" („*canonical literature of the philosophers*") genannt, deren Entstehungszeit dort zwischen dem 11. und 14. Jahrhundert angegeben wird. Die klassische Einteilung in „religiöse Lehrer" oder „Poeten" und „philosophische Lehrer" zeigt sich also auch deutlich in der Darstellung des Dharmapuram Adhinam. Weiterhin werden die *Sastras* mit Piet als die „14 Bücher, die die göttliche Wahrheit lehren" („*Fourteen Books which teach the Divine Truth*"), verstanden. „In diesen wird Saiva Siddhanta als ein System behandelt, während andere Glaubensrichtungen und deren Gegenargumente zur Kenntnis genommen werden."[57] Die Betonung der Systematik der *Sastra*-Literatur markiert also die bekannte Ansicht, hierbei handele es sich um expliziten Saiva Siddhanta. Die Beschäftigung mit anderen philosophischen Systemen, wie sie vor allem im *Sivagnana Siddhiyar* vorgenommen wird, gehört dabei zu den erwähnenswerten Elementen.

Vorläufig kann festgehalten werden, dass der Dharmapuram Adhinam zu den einflussreichsten Institutionen dieser Prägung in Tamil Nadu gehört, was sich unter anderem in seiner Überordnung über den Tiruppanandal Math zeigt. Der Adhinam gleicht in vielerlei Hinsicht der Institution in Thiruvavaduthurai, wenngleich er über weniger Tempel und Besitzungen verfügt. In den letzten Jahren hat der Dharmapuram Adhinam diesen strukturellen Ähnlichkeiten eine weitere hinzugefügt, indem er ein populäres Studienprogramm zu Propagierung von Saiva Siddhanta etabliert hat. Der Dharmapuram Adhinam ist darüber hinaus, historisch gesehen,

---

[56] Auch Ramachandran erwähnt in einem kurzen Abschnitt zu den *Pandara-Sastras* des Dharmapuram Adhinam insbesondere den „großen Kommentar" (*pērurai*) eines der Tambirans zu bestimmten Hymnen des Sampantars, Ramachandran 1999, 30–31. Eine Auflistung der Pandara-Sastras findet sich bei Koppedrayer 1990, 341.

[57] „*In them, the Siddhanta is treated as a system and cognizance is given to opposing faiths and their antithetical arguments.*" Dharmapuram Adhinam 1981, 6.

immer wieder als Patron sivaitischer Gelehrter und Poeten aufgetreten und hat seit Ende des 19. Jahrhunderts auch die Publikation englischsprachiger Übersetzungen kanonischer Texte und Abhandlungen zu Saiva Siddhanta unterstützt. Der Adhinam betreibt eine eigene Hochschule, an der Saiva Siddhanta gelehrt wird, und verpflichtet die Mitglieder seiner Bruderschaft zu einer akademischen Ausbildung in tamilischer Literatur. Seit Mitte der 1980er Jahre bemüht sich das sivaitische Zentrum um den Anschluss des Saiva Siddhanta an akademische Debatten, was sich in der Etablierung des *International Institute of Saiva Siddhanta Research* deutlich zeigt. Diese Einrichtung war und ist bestrebt, Saiva Siddhanta Forschung in ihrer globalen Dimension sichtbar zu machen, etwa durch die Organisation von Konferenzen und die Publikation akademischer Literatur zu Saiva Siddhanta aus den letzten 150 Jahren in englischer Sprache. Hierbei wird offenbar, dass der Adhinam massiv betont, dass authentische Aussagen zum Thema ausschließlich durch die orthodoxen Institutionen in Dharmapuram, Thiruvavaduthurai und Tiruppanandal getroffen werden können.

Die Betrachtung der (englischsprachigen) Artikulationen des Namens „Saiva Siddhanta“ durch die Verantwortlichen in Dharmapuram demonstriert aber auch, dass bestimmte westliche Autoren immerhin als „nahezu authentisch“ verstanden werden, wie vor allem die Darstellung des Saiva Siddhanta durch den amerikanischen Missionar und Theologen John H. Piet. Mit Hilfe dieses Werkes benennt der Adhinam „Saiva Siddhanta“ auf „authentische“ und hegemoniale Weise, die nicht zufällig den Ergebnissen der Analyse der Namensgebung durch den Thiruvavaduthurai Adhinam ähneln. Die Sedimentierung vieler Signifikanten der Äquivalenzketten zu „Saiva Siddhanta“ ist damit auch auf den Dharmapuram Adhinam zurückzuführen. Die Lehren der Philosophie des Saiva Siddhanta, also des wahren südindischen Advaita, werden hier auch als die Vollendung des Sivaismus und letztlich des Hinduismus betrachtet. Sie werden von der Institution artikuliert, denn „[z]u dieser herausragenden Denkschule gehört der Dharmapuram Adhinam und seine religiösen Institutionen (Tempel).“[58]

Im Rahmen der hier vertretenen theoretischen Position können die (notwendigerweise unvollständigen) Äquivalenzketten der Namensgebung zu „Saiva Siddhanta“ durch den Dharmapuram Adhinam wie folgt positiv und negativ dargestellt werden:

Saiva Siddhanta – wird auf authentische Weise von den orthodoxen Maths Tamil Nadus artikuliert, unter denen der Dharmapuram Adhinam den bedeutendsten darstellt – ist eine rationale, wissenschaftlich beleg-

---

[58] „*To such a fine school of thought Dharmapuram Adhinam and its religious institutions (temples) belong.*“ Dharmapuram Adhinam 1981, 6.

bare und monotheistische Religion – ist, als „wahrer Advaita", die philosophische Erfüllung des Sivaismus und der ultimative Ausdruck des Hinduismus – ist stark verwurzelt in der sanskritischen Tradition, insbesondere der Veden und *Agamas* – verfügt über einen autoritativen textlichen und personalen tamilischen Kanon, der explizit *Tirumurai*, *Siddhanta-Sastras* und *Pandara-Sastras* und deren Autoren enthält – kann auf „quasi-authentische" Weise auch von nicht-sivaitisch-tamilischen Autoren ausgedrückt werden – lehrt eine eigene Epistemologie und eine eigene dreigliedrige Ontologie, die aus den kanonischen Werken abgeleitet wird – vertritt besondere Konzeptionen über die ewigen und ungeschaffenen Entitäten Gott/*Pati*, die Seelen/*Pasu* und die Fesselung/*Pasam* – teilt die Fesselung in weitere drei Entitäten namens *Anava-*, *Karma-* und *Maya-Mala* auf – erklärt die drei *Malas* zu notwendigen Übeln, die von Gott aus Mitgefühl für die unerlösten Seelen eingesetzt werden – ist das, was der Dharmapuram Adhinam in seinen Publikationen, Bildungseinrichtungen, Forschungsinstitutionen und populären Verbreitungswegen lehrt – ...

Saiva Siddhanta – ist nicht Atheismus – ist nicht Christentum, Islam oder Jainismus – ist nicht Vishnuismus – ist nicht (Advaita) Vedanta – ist kein Tamilnationalismus oder Anti-Brahmanismus – widerspricht einer monistischen Ontologie – verfügt nicht über eine rein negative Deutung von *Karma* und *Maya* – ...

Dieser orthodoxe und authentische Saiva Siddhanta des Dharmapuram Adhinam ähnelt offensichtlich sehr stark auch den oben ausführlich erläuterten Artikulationen des Thiruvavaduthurai Adhinam. Dies gilt vor allem in Hinblick auf den Kanon und die philosophischen Grundlehren. Dass aber dennoch Unterschiede – zum Beispiel bei der stärkeren Betonung des sanskritischen Erbes – oder dem akademischen Anspruch bestehen, sowie relativ erwartbar bei der Privilegierung der eigenen Autorität, verdeutlicht – im Sinne der theoretischen Überzeugungen dieser Arbeit – dass hegemoniale Namensgebungen immer nur Versuche bleiben, Bedeutungen eindeutig zu fixieren. Wenngleich die Namensgebung der beiden größten sivaitischen Zentren Tamil Nadus eine spürbare Schnittmenge oder einen „quasi-stabilen Kern" aufweisen, zeigt sich gleichzeitig, dass jede Signifikation stets offen für Verschiebungen, Erweiterungen und Negationen ist, die zu einer Subversion vermeintlicher Gewiss- und Bestimmtheiten führen kann.

3.2. Saiva Siddhanta an Universitäten

Die Lehre von Saiva Siddhanta ist nicht auf die orthodoxen Adhinams Tamil Nadus beschränkt. Dort können zwar populäre Kurse besucht werden, und der Dharmapuram Adhinam hat sich zudem vermehrt der akademischen Erforschung des Saiva Siddhanta verschrieben. Stand 2016 können an vier weiteren Hochschulen im tamilsprachigen Raum Abschlüsse im Fach „Saiva Siddhanta" abgelegt werden. Dabei handelt es sich um die *Annamalai University* in Chidambaram, die *University of Madras* in Chennai, die *Kamaraj University* in Madurai und die *University of Jaffna* in Jaffna/Sri Lanka. Die *Banaras Hindu University* in Varanasi verfügte in der zweiten Hälfte des 20. Jahrhunderts zwischenzeitlich über einen Lehrstuhl für „Saiva Siddhanta", der durch den Tiruppanandal Kasi Math finanziert wurde.[59]

Ein eigener MA-Studiengang mit Namen „Saiva Siddhanta" findet sich im Moment allerdings nur an der Universität in Jaffna. Das dortige Curriculum umfasst insgesamt zwölf Kurse, von denen sich acht ausschließlich mit tamilischem Sivaismus und Saiva Siddhanta befassen.[60] Hierzu gehört die Einführung in den Saiva Siddhanta einschließlich des Beitrags Sri Lankas zum Saiva Siddhanta („*Introduction to Saiva Siddhanta including Sri Lankan Contribution to Saiva Siddhanta*"). Diese beschäftigt sich vor allem mit jüngeren Persönlichkeiten seit dem 19. Jahrhundert, wie zum Beispiel mit dem in Thiruvavaduthurai aktiven Arumuka Navalar. Ein Kurs widmet sich den philosophischen Dogmen der drei ewigen Entitäten des Saiva Siddhanta und ihrer lebenspraktischen Umsetzung („*Philosophical Study of Mupporul and Spiritual Life*"), einer den Saiva Siddhanta Lehren in den *Siva-Agamas* („*Saiva Siddhanta Tenets in Saiva Agamas*"), einer der Untersuchung des Siddhanta-Kerntextes *Sivagnana Botham*, bezeichnenderweise allerdings mit Hilfe des kanonisch-unkanonischen *Sivagnana Mapadiyam* Sivagnana Munivars („*An analytical study of Sivajnanabhoda based on Sivajnanapadiam*"). Weitere Pflichtkurse zu Saiva Siddhanta im *Tiruvacakam* und in den sivaitischen *Puranas* gehören ebenfalls zum Lehrplan („*Saiva Siddhanta*

---

[59] K. Sivaraman war, wie oben erwähnt, einer der Lehrstuhlinhaber am dortigen *Centre of Advanced Study in Philosophy*. Im Vorwort zu seiner Studie zu Saiva Siddhanta dankt er ausdrücklich den Vertretern des Tiruppanandal Kasi Maths, die für seine Berufung verantwortlich waren, Sivaraman 1973, ix. Heute scheint diese Professur nicht mehr zu existieren, auch wenn das *Department of Indian Languages* offensichtlich wieder plant, einen zweijährigen Diplomkurs aufzulegen: „*The Department proposes to introduce two-year Diploma Course in Shaiva Siddhanta Philosophy*", http://www.bhu.ac.in/arts/indian_lang/ (zuletzt augerufen am 06.06.2016).

[60] Zugänglich unter http://www.jfn.ac.lk/grad/images/Files/MA.Saiva.Siddhanta-Curriculum.pdf (zuletzt aufgerufen am 06.06.2016).

in Thiruvaachakam", „*Saiva Siddhanta in Saivapuranas*"). Zudem ist der Besuch einer Einführung in andere sivaitische Schulen („*Sects of Saivism – detailed study of selected sects*"), wie den Saiva Siddhanta Kashmir oder Vira-Sivaismus, obligatorisch, ebenso wie ein Kurs zu ethischen Normen und einer konkreten Saiva Siddhanta Lebensführung („*Ethical Norms and the Saiva Siddhanta way of Life*"), der die bereits bekannten vier Erlösungwege von *Sariya*, *Kriya*, *Yoga* und *Gnana* zum Thema hat. Diese ausdrücklichen Saiva Siddhanta Kurse fügen sich alle in das bekannte Bild von Saiva Siddhanta Lehre im tamilischen Kontext ein und finden sich thematisch ähnlich im Lehrplan des Thiruvavaduthurai Adhinam Studienprogramms. Die beiden komparatistischen Veranstaltungen zu Logik und Epistemologie („*Logic and Epistemology*"), die Saiva Siddhanta Epistemologie mit den Lehren der Nyaya-Philosophie (*niyāyam*, Skt. *nyāya*) und des Buddhismus kontrastiert, und ein Kurs zum Vergleich von Suddha-Advaita, Siva-Advaita und Advaita („*A comparative study of Suddhadvaita, Sivadvaita and Advaita*") zeugen zudem von Beschäftigung mit anderen Denkschulen. Gerade der prominente Einbezug von „Advaita" als Vergleichsfolie ist, wie gesehen, im heutigen Saiva Siddhanta Diskurs geradezu klassisch. Auffällig am Master-Studiengang der Universität Jaffna ist weiterhin, dass ein Einführungskurs Sanskrit („*Basic Sanskrit*") ebenso verpflichtend ist wie eine grundlegende Beschäftigung mit der Samkhya-Philosophie („*System of Samkhya Philosophy*"). Während bestimmte Doktrinen des Samkhya auch im Studienprogramm des Thiruvavaduthurai Adhinam vor allem im Bezug auf das Verständnis der *36 Tattvas* verhandelt werden, sind die Grundkenntnisse in Sanskrit eine erwähnenswerte Besonderheit. Ob nach dem Besuch dieses Kurses die Studierenden in der Lage sind, die fundamentalen *Agama*-Texte im Original zu lesen, darf zwar bezweifelt werden. Für den „Saiva Siddhanta" der Universität Jaffna wird allerdings die Sprache Sanskrit offenbar als so wichtig für die Tradition erachtet, dass sie eigens gelehrt wird. Entsprechend des hier vertretenen theoretischen Ansatzes der Namensgebung könnten die Äquivalenzketten wie folgt beschrieben werden:

Saiva Siddhanta – ist eine im Rahmen eines Universitätsfachs studierbare Religion – ist die ursprüngliche Religion der Tamilen, zu denen ausdrücklich die tamilsprachigen Bewohner Sri Lankas zu zählen sind – ist die philosophische Erfüllung des Sivaismus und der ultimative Ausdruck des Hinduismus (als „wahrer Advaita") – basiert auf den Lehren kanonischer Schriften wie den Veden, *Agamas, Tirumurai* und der *Siddhanta-Sastras,* unter welchen das *Sivagnana Botham* eine hervorgehobene Stellung einnimmt – findet sich im *Sivagnana Mapadiyam* Sivagnana Munivars – lehrt eine eigene Epistemologie und eine eigene dreigliedrige Ontologie, die aus den kanonischen Werken abgeleitet wird –

vertritt besondere Konzeptionen über die ewigen und ungeschaffenen Entitäten Gott/*Pati*, die Seelen/*Pasu* und die Fesselung/*Pasam* – ist eine lebenspraktische Philosophie und bietet vier agamische Erlösungswege – ist in der Sanskrit-Tradition verwurzelt – ...

Saiva Siddhanta – ist nicht kashmirischer Sivaismus oder Vira-Sivaismus – ist nicht Siva-Advaita, Advaita Vedanta, Nyaya, Samkhya, Buddhismus – ...

Abschließend kann also festgehalten werden, dass das Curriculum des MA-Programms der Universität Jaffna etablierte Namensgebungen zu „Saiva Siddhanta" reiteriert, wie abermals die Akzeptanz des klassischen sivaitisch-tamilischen Kanons oder die ontologisch-kosmologischen Grundannahmen deutlich machen. Die erwähnten Besonderheiten – etwa die Betonung des Beitrags von Tamilen aus Sri Lanka, die Wichtigkeit von Sanskrit oder die dezidierte Abgrenzung zum Buddhismus (was im religiösen Kontext Sri Lankas nicht überrascht) – zeigen auf der anderen Seite deutlich, dass eine solche Namensgebung nie endgültig fixiert werden kann, sondern durch jede Artikulation der Möglichkeit der Verschiebung und Veränderung ausgesetzt ist.

Eine Spezialisierung auf Saiva Siddhanta ist an der *University of Madras* in Chennai im Rahmen des MA-Studiengangs „Comparative Religion and Philosophy" möglich.[61] Darüber hinaus kann in Chennai eine Weiterqualifikation im Fach „Saiva Siddhanta" zudem in Form eines postgraduierten Diploms und einer Promotion absolviert werden. Die *Madras University* verfügt seit 1983 auch über ein eigenes *Department of Saiva Siddhanta*. Das online zugängliche Curriculum für den Jahrgang 2011–2012 listet insgesamt sieben verschieden Kurse dieses Programms, wovon sich zumindest vier dem tamilischem Sivaismus widmen. Dazu gehören zum einen Einführungen in die Geschichte des Saiva Siddhanta („History of Saiva Siddhantam"), in die Lehren anderer sivaitischer Schulen („Saiva Schools") sowie in die Saiva Siddhanta Epistemologie („Epistemology").[62] Diese Elemente tauchen auch im Lehrplan des Thiruvavaduthurai Adhinam prominent auf und sind mehr oder weniger

[61] Möglich ist auch eine Spezialisierung auf „Vaishnavism", „Jaina Studies"und „Christian Studies", vgl. http://www.unom.ac.in/index.php?route=academic/coursehighlights (zuletzt aufgerufen am 06.06.2016).

[62] Das Curriculum enthält darüber hinaus – neben einem Kurs zu „Soft Skills" – noch zwei weitere Kurse, deren Inhalte auf den ersten Blick wenig mit Saiva Siddhanta zu tun haben, wohl aber der organisatorischen Verankerung des Programms im MA- Studiengang „Comparative Religion and Philosophy" geschuldet sind. Hierbei handelt es sich um einen Kurs zu „Geist und Meditation nach J. Krishnamurthi" („Mind and Meditation, J.K.") und ein Kurs zum Yoga des Patanjali.
http://www.unom.ac.in/index.php?route=department/department/syllabus&deptid=63 (zuletzt aufgerufen am 06.06.2016).

erwartbar. Allerdings findet sich auch ein Kurs zur „Philosophie des Heiligen Ramalinga" („Philosophy of St. Ramalinga") im Curriculum der Universität Madras. Diese Inklusion ist nicht selbstverständlich, gehört doch Ramalinga Adikal nicht zu den kanonischen Autoren der klassischen Adhinams. Er war als tamilisch-sivaitischer Mystiker, Poet und Sozialaktivist bereits zu Lebzeiten recht umstritten. Die Veröffentlichungen seiner Hymnen ab 1867 führte gar zu öffentlichen Auseinandersetzungen um die Autorität beziehungsweise Kanonizität seines Werkes in den sivaitischen Kreisen Südindiens. Ohne die teilweise sehr scharf geführte Diskussion an dieser Stelle genauer darzustellen, muss konstatiert werden, dass der bereits mehrfach erwähnte Tamil-Gelehrte Arumuka Navalar, der eng mit dem Thiruvavaduthurai Adhinam verbunden war, die Lehren Ramalingas und seiner Anhänger dezidiert ablehnte und hierzu mehrere Polemiken und Widerlegungen veröffentlichte.[63] Ramalinga wurde und wird demnach von den orthodoxen Institutionen bis heute nicht als autoritativ oder kanonisch anerkannt. Im Saiva Siddhanta Master-Programm in Chennai ist seine Philosophie jedoch Teil des Lehrplans. Hierdurch zeigt sich einmal mehr, dass auch der Korpus der kanonischen Werke und Autoren deutlich verschoben werden kann.

Zu den Dozenten des *Department of Saiva Siddhanta* an der *University of Madras* für dieses Programm gehört unter anderem Shanmugan Gangadharan. Gangadharan wurde 1972 an eben jener Universität mit einer hier schon mehrfach zitierten Arbeit zum *Sivaprakasam* bei V. A. Devasenapathi promoviert. Im Vorwort jener 1992 als Buch veröffentlichten Schrift dankt Gangadharan ausdrücklich dem ersten Direktor des Saiva Siddhanta Studienprogramms des Thiruvavaduthurai Adhinam, K. Vaithiyanathan, für seine Hilfe und für die finanziellen Unterstützung der Publikation durch den 23. Gurumaha Sannidhanam.[64] An diesem Beispiel zeigt sich abermals, dass die akademische Beschäftigung mit Saiva Siddhanta in Tamil Nadu und die Debatten in die orthodoxen sivaitischen Zentren keineswegs getrennt voneinander betrachtet werden dürfen. Gerade der Lehrer Gangadharans, Devasenapahti, der auch in den Anthologien des Dharmapuram Adhinam auftaucht, hat seit Mitte des 20. Jahrhunderts die akademische Auseinandersetzung um Saiva Siddhanta mitgeprägt. Seine 1946 abgelegte Promotion erschien erstmals 1960 in Buchform als „Śaiva Siddhānta as expounded in the Śivajñāna-Siddhiyār and its six commentaries".[65] Die 1963 publizierte Sammlung von vier Vorträgen, die Devasenapathi 1960 unter anderem an der *Banaras Hindu University* und der *Annamalai University* gehalten hatte und die durch das

---

[63] Raman 2002; 2013; 2014; 2017; Weiss 2015.
[64] Gangadharan 1992, viii.
[65] Devasenapathi 1974.

Oberhaupt des Tiruppanandal Kasi Math finanziert wurden, ist ein weiteres Beispiel für die Verknüpfung von akademischer Auseinandersetzung und institutionalisiertem Saiva Siddhanta.[66]

Trotz der hier überblicksartig vorgenommenen Vorstellung des „Saiva Siddhanta" an der *Madras University* lässt sich im Sinne der Idee der Namensgebung in Äquivalenzketten folgendes konstatieren:

Saiva Siddhanta – ist eine Religion und Philosophie, die sich historisch im Rahmen eines Universitätsstudiums untersuchen lässt – ist eine, wenn nicht die höchststehende, der sivaitischen Schulen – verfügt über eine eigene (überlegene) Epistemologie – ist auch der Ausruck des Wirkens Ramalinga Adikals – ist verbunden mit den orthodoxen sivaitschen Zentren Tamil Nadus – basiert unter anderem auf einem tamilischen Kanon, der insbesondere die *Siddhanta-Sastras* umfasst – ... Eine negative Äquivalenzkette kann aufgrund der begrenzten Informationslage hier kaum abgebildet werden. Aus der Struktur des Master-Studiengangs „Comparative Religion and Philosophy" kann aber immerhin abgeleitet werden, dass Saiva Siddhanta nicht „Vishnuismus", „Jainismus", „Christentum", „Yoga des Patanjali" oder die „Meditationslehre J. Krishnamurtis" ist.

Devasenapathis Schüler Shanmugan Gangadharan war vor seiner Tätigkeit als Dozent in Chennai Mitglied des *Department of Saiva Siddhanta Philosophy* der *Kamaraj University* in Madurai. Dieses bietet heute einen M.Phil-Abschluss in „Saiva Siddhanta Philosophy" als Weiterqualifikation seines MA-Studiengangs „Philosophy and Religion"[67] und ein postgraduiertes Diplom „Saiva Siddhanta" im Fernstudium an.[68] Das *Department of Saiva Siddhanta Philosophy* ist Teil der *School of Religions, Philosophy and Humanist Thought*, die wiederum über ein eigenes *Department of Gandhian Studies and Ramalinga Philosophy* verfügt. Dies ist insofern erwähnenswert, da der unkanonische sivaitische Heilige Ramalinga, der an der Universität Jaffna zum Lehrplan gehört, hier institutionell offensichtlich nicht als Teil des Saiva Siddhanta betrachtet wird. Zumindest für den Diplomkurs ist ein nominelles Curriculum online zugänglich.[69] Die vier Kurse beinhalten eine Einführung in die Geschichte des Saiva Siddhanta („*History of Saiva Siddhanta*"), eine Auswahl der *Tirumurai* („*Hymnal Literature: A Selection*"), ein Beispiel der kanonischen *Sastra*-Texte („*Canonical Literature: Thiruvarutpayan*") und die philosophischen Grundlagen des Saiva Siddhanta („*Basic Tenets of Saiva Siddhanta*"). Dieser lediglich sehr formale Einblick vermag im-

---

66 Devasenapathi 1963.

67 http://mkuniversity.org/direct/# (zuletzt aufgerufen am 06.06.2016).

68 https://mkudde.org/diploma.php (zuletzt aufgerufen am 06.06.2016).

69 https://www.mkudde.org/download/course/diploma_saiva_siddhanta.pdf (zuletzt aufgerufen am 06.06.2016).

merhin zu zeigen, dass an der *Kamaraj University* die Namensgebungen zu Saiva Siddhanta folgende Punkte umfasst:

Saiva Siddhanta – ist eine Philosophie, die an einer Universität studiert werden kann – ist eine historische Ausformulierung des Sivaismus – basiert auf kanonischen Werken wie den *Tirumurai* und den *Siddhanta-Sastras* – verfügt über grundlegende ontologisch-kosmologische Lehren – ... Negativ abgrenzen lässt sich „Saiva Siddhanta“ hier von den „Lehren Gandhis“ und „dem Werk Ramalingas“, sowie implizit von etlichen weiteren philosophischen Schulen.

Ähnlich dem Modell in Madurai bietet auch die *Annamalai University* mit Sitz in Chidambaram ein einjähriges Fernstudium-Diplom an. Das dortige Curriculum listet vier Kurse, wobei zwei auf Lehren des Saiva Siddhanta („Saiva Siddhanta I & II“) und je einer auf sivaitisch-religiöse Literatur („Saiva Religious Literature“) und die Geschichte des Sivaismus im Religionsvergleich („History of Saivism and Comparative Religion“) entfallen.[70] Aus der Betrachtung der Prüfungsfragen für den Jahrgang 2010[71] wird offensichtlich, dass in den Kursen Saiva Siddhanta I und II die kanonischen *Sastra*-Werke *Unmai Vilakkam*, das *Tiruvarudpayan*, das *Sivagnana Siddhiyar* und das *Sivagnana Botham* thematisiert werden. Weiterhin wird in der Abschlussklausur unter anderem eine Erläuterung der drei *Malas* sowie der *Advaita*-Konzeption des Werkes von Meykanda gefordert. Der Leistungsnachweis für den Kurs in sivaitisch-religiöser Literatur wiederum beinhaltet beispielsweise eine Erörterung der Lebens- und Wirkungsumstände der „religiösen Lehrer“ Sampantar, Sundarar, Appar, Manikkavacakar und anderer *Tirumurai*-Sänger, sowie die sozialen Implikationen ihrer Hymnen. Auch die Botschaft des vielfach erwähnten, kanonisch-unkanonischen Autors Sivaganan Munivar soll wiedergegeben werden. Dieser Überblick zeigt einmal mehr die Sedimentierung der Äquivalenzketten des etablierten Namens „Saiva Siddhanta“, da sich die Kursinhalte größtenteils mit bereits bekannten Ansichten zur Bedeutung jenes Namens decken. Die Abschlussprüfung des Kurses zur Geschichte des Sivaismus, diesmal aus dem Jahr 2012,[72] illustriert dies schließlich nochmals klar und macht gleichzeitig die Relevanz der orthodoxen religiösen Zentren in der heutigen Konzeptionalisierung von Saiva Siddhanta deutlich. Denn neben einer Beschreibung der „Größe des Tirumantiram“ („*Describe the greatness of Thirumanthiram*“), einer Erläute-

---

70 https://annamalaiuniversity.ac.in/dde/course_684.php?pros=rgl&course=684 (zuletzt aufgerufen am 06.06.2016).

71 Diese sind online zugänglich unter http://oldquestionpaper.in/category/annamalai-university/diploma-in-saving-siddhanta/ (zuletzt aufgerufen am 06.06.2016).

72 https://annamalaiuniversity.ac.in/dde/oldqp/dec12/7625A.doc (zuletzt aufgerufen am 06.06.2016).

rung der *Sastras* („*Write about 14 Sathirangal*") oder einer Darstellung der Doktrinen von Jainismus oder Buddhismus lautet eine Aufgabe: „Schreiben Sie über den Dienst der sivaitischen Maths im Bereich der Bildung und deren sozialen Dienst".[73] Da zudem eine kurze Bemerkung zum Dharmapuram Adhinam („*Give short note – Tharumai Aadeenam*") gefordert wird, liegt nahe, dass im Fernstudiumskurs der *Annamalai University* nicht nur die Bedeutung der traditionellen Maths und Adhinams für die Geschichte des Sivaismus im Allgemeinen anerkannt wird, sondern dass hier in diesem speziellen Fall offensichtlich eine engere Verbindung zum Dharmapuram Adhinam vorliegt.

Aufgrund der (begrenzten) Informationslage lassen sich entsprechend für den „Saiva Siddhanta" des Fernstudiums an der *Annamalai University* folgende Äquivalenzketten bestimmen:

Saiva Siddhanta – ist eine sivaitische Religion, die sich im Rahmen eines universitären Programms studieren lässt – basiert auf auf den kanonischen philosophischen *Sastras* und den literarischen Äußerungen der *Tirumurai* – vertritt eine eigene dreigliedrige Ontologie – verfügt über eine eigene *Advaita*-Lehre – ist auch der Ausdruck von Sivagnana Munivar – ist eine Form der Lebensführung – ist verbunden mit orthodoxen Institutionen wie dem Dharmapuram Adhinam – ... Als negative Äquivalenzen lässt sich hierbei festhalten, dass Saiva Siddhanta eben nicht mit anderen philosophischen Hindu-Schulen des Vishnuismus und des Vedanta verwechselt werden darf.

Zusammenfassend kann festgehalten werden, dass die hier kursorisch präsentierte Übersicht zur akademischen Ausbildung im Fach „Saiva Siddhanta" in der tamilsprachigen Welt etliche Übereinstimmungen mit dem gängigen Saiva Siddhanta Verständnisses erkennen lässt. Dennoch gibt es in den verschiedenen Bildungseinrichtungen eigene Akzentuierungen und Schwerpunktsetzungen, die sich von der oben als „hegemoniale Namensgebung" bezeichneten Saiva Siddhanta Lehre der „authentischen" Institutionen Thiruvavaduthurai Adhinam oder Dharmapuram Adhinam unterscheiden. Abweichende Ansichten finden sich beispielsweise zur Relevanz von Ramalinga Adikal oder der Bedeutung von Sanskrit. Allerdings findet sich der Name „Saiva Siddhanta" in den als „quasi-stabiler Kern" bezeichneten Signifikanten der etablierten Äquivalenzkette bestätigt, vor allem in Bezug auf die ontologischen Grundannahmen oder die Bedeutung der kanonischen Literatur von *Tirumurai* und *Siddhanta-Sastras*. Affirmiert wird ebenfalls die Autorität der einflussreichen sivaitischen Institutionen. Weiterhin sind die angedeuteten persona-

---

[73] „*Write about educational and social services of saiva mutts*" https://annamalaiuniversity.ac.in/dde/oldqp/dec12/7625A.doc (zuletzt aufgerufen am 06.06.2016).

len Verbindungen der Lehrenden an den verschiedenen Einrichtungen ein weiterer Hinweis auf die Verwobenheit des akademischen Saiva Siddhanta Diskurses mit jenen religiösen Zentren. Diese Verflechtungen finden heute immer wieder konkreten Ausdruck in der Teilnahme solcher Wissenschaftler, insbesondere von Tamil-Dozenten, an Saiva Siddhanta Konferenzen. Bei allen größeren Veranstaltungen, die ich im Laufe meiner Feldforschung besucht habe – so zum Beispiel bei den monatlichen Saiva Siddhanta Veranstaltungen in den Räumlichkeiten der *Karpagam University* in der Nähe Coimbatores oder auf der „Welt Tirumurai Konferenz" in London 2014 – traten etliche Akademiker auf, die an südindischen Hochschulen an Tamil-Lehrstühlen beschäftigt sind. Wie bereits mehrfach angedeutet, existieren diese Verbindungen zwischen tamilistischer Forschung und der Propagierung von Saiva Siddhanta bereits seit der Mitte des 19. Jahrhunderts.

3.3. Siddhanta-Organisationen in Pondicherry

Die südindische 240.000 Einwohnerstadt Pondicherry (seit 2006 offiziell Puducherry, *Putuccēri*), etwa 130 Kilometer südlich von Chennai am Golf von Bengalen gelegen, verfügt über eine lebhafte sivaitische Szene.[74] Während meiner Feldforschung im Jahr 2012 gab es – neben dem Studienprogramm des Thiruvavaduthurai Adhinam – mindestens elf weitere Organisationen, die größtenteils Ende der 1990er Jahre entstanden sind und die sich auf verschiedene Art und Weise für die Verbreitung von tamilischem Sivaismus im Allgemeinen und Saiva Siddhanta im Speziellen einsetzen. Der bereits mehrfach erwähnte und zitierte Siddhanta-Aktivist Siva Mathavan fungiert dort als Koordinator der ansässigen sivaitischen Vereinigungen (*caiva maṉṟaṅkaḷ*).

An der Person Siva Mathavans und seinem Engagement lässt sich beispielhaft zeigen, wie aktiv und verwoben die Saiva Siddhanta Szene in Tamil Nadu ist.[75] Der 1958 geborene Siva Mathavan ist Tamil-Dozent an einem College in der Nähe Pondicherrys, hat am Saiva Siddhanta Studienprogramm teilgenommen, schreibt für eine tamilsprachige Lokalzeitung unregelmäßig Kolumnen zur Geschichte des tamilischen Sivaismus und hat 1998 eine eigene Saiva Siddhanta Organisation mit Namen „*cittānta caiva-t tirutoṇṭu maṉṟam*" („Vereinigung der Saiva Siddhanta Anhänger") gegründet. Zu seinen regelmäßigen Aktivitäten gehört auch

---

[74] Einen kurzen Überblick bietet Irājacēkaraṉ 2006, 97–101.

[75] Die folgende Darstellung stützt sich insbesondere auf zwei längere Interviews, die ich am 9. und 20. September 2012 mit Siva Mathavan in seinem Haus in Pondicherry führen konnte.

die monatliche Saiva Siddhanta Lehre in einem ansässigen religiösen Zentrum, die Koordinierung von Pilgerreisen zu den Tempeln, die im *Tevaram* besungen werden, die Erklärung der Bedeutung der *Tirumurai* für eine lokale Vereinigung zur Verbreitung dieser Hymnen (*putuccēri paṉṉiru tirumuṟai vaḻipāṭṭu maṉṟam*) und die Organisation von ehrenamtlichen Tempelreinigungen zusammen mit seiner Frau. Siva Mathavan wurde, wie bereits erwähnt, für seinen öffentlichen Einsatz vom Thiruvavaduthurai Adhinam mit dem Ehrentitel „*civaneṟi uraiccelvar*" („Befähigter, über Saiva-Lehren zu sprechen") bedacht.

Die enge Verbindung zwischen dem Koordinator der sivaitischen Organisationen Pondicherrys und dem Thiruvavaduthurai Adhinam ist offensichtlich, wobei Siva Mathavan sowohl dem Dharmapuram Adhinam und auch dem Tiruppanandal Kasi Math höchsten Respekt entgegenbringt. Gerne würde er auch einen Titel aus Dharmapuram erhalten. Tiruppanandal hatte Siva Mathavan zum Zeitpunkt unseres zweiten Interviews gerade besucht, um sich vom dortigen stellvertretenden Oberhaupt, Sundaramurthi Swamikal (*Cuntaramūrtti Cuvāmikaḷ*), segnen zu lassen, da dieser gerade von einer Pilgerreise zum Berg Kailash zurückgekehrt war. Die von Siva Mathavan gegründete Saiva Siddhanta Organisation fühlt sich dennoch eindeutig Thiruvavaduthurai verpflichtet. Die monatlichen Treffen in einem Siva-Tempel, namentlich dem Chetty Kovil (*ceṭṭi kōvil*) in der kolonialen Altstadt von Pondicherry, finden immer am Tag des Sterns (*asviṉi*) des Thiruvavaduthurai Adhinam statt. Am Abend dieses Tages trifft sich dort eine Gruppe von etwa 30–40 Mitgliedern der Vereinigung, um an diversen *Pujas* vor verschiedenen Schreinen teilzunehmen, gemeinsam *Tirumurai*-Hymnen – vor allem des *Tiruvacagams* – zu rezitieren und den Tempel zu umrunden. Kleine Textbücher helfen den Teilnehmenden beim vereinten und ununterbrochenem Gesang, der während der drei Tempelumrundungen angestimmt wird, die beispielsweise am Schrein für die vier „religiösen Lehrer" des tamilischen Sivaismus kurz angehalten werden. Siva Mathavan selbst bezeichnet diese Veranstaltung als eine Art „Friedensgebet" („*peace prayer*"). Das abschließende gemeinsame Abendessen der Anhänger der Vereinigung, welches von einem der Teilnehmenden gespendet wird, findet auf dem Boden des Tempelgeländes statt. Die meisten der Teilnehmenden sind selbst Absolventen des Saiva Siddhanta Studienprogramms des Thiruvavaduthurai Adhinam.[76]

Vor diesem Hintergrund verwundert es wenig, dass sich Siva Mathavans Erklärungen zum Saiva Siddhanta in bereits bekannten Bah-

---

[76] Ich habe an einem dieser Treffen am 10. September 2012 teilgenommen und informell mit Teilnehmenden gesprochen.

nen bewegt. Er vertritt nicht nur die vom Adhinam vorgeschlagene Reihenfolge zum Studium der kanonischen *Sastra*-Texte, die mit dem *Unmai Vilakkam* beginnen und über *Sivaprakasam*, *Sivagnana Siddhiyar* zum *Sivagnana Botham* führen sollte, sondern auch die grundsätzliche Akzeptanz der Veden bei gleichzeitig dezidiertem Fokus auf die *Agamas*. Siva Mathavan ist weiterhin der umstrittenen Überzeugung, dass es sich beim Kerntext des tamilischen Saiva Siddhanta, dem *Sivagnana Botham* Meykandas, nicht um eine Sanskrit-Übersetzung, sondern um ein genuin tamilisches Werk handelt. Dabei beruft er sich im Übrigen auf eine Publikation des *Saiva Siddhanta Perumanram* aus Chennai. Sivaismus ist für ihn ebenfalls ursprünglich tamilisch, wenngleich dies heute wenig bekannt sei. Die Ursache hierfür sieht er in der Unkenntnis der Tamilen begründet, die zum einen Opfer der allgemeinen indischen Historiographie wurden, da diese den tamilischen Beitrag zur indischen Kultur- und Religionsgeschichte vernachlässige: „Die indische Geschichte wird vom Norden aus geschrieben, obwohl sie vom Süden aus geschrieben werden müsste."[77] Siva Mathavan vertritt also durchaus tamil-nationalistische Positionen, wenngleich die Dravidische Bewegung durch ihren propagierten Atheismus auch negative Folgen für den Sivaismus gehabt habe, da sie diesen Eckpfeiler tamilischer Kultur negiert habe. Wie oben bei der Analyse des *Advaita*-Verständnis des Saiva Siddhanta gezeigt, lehnt Siva Mathavan zudem die Annahmen des Advaita Vedanta dezidiert ab.

Für Siva Mathavan ist Saiva Siddhanta weiterhin der Weg zu Erlösung, der prinzipiell allen Menschen offen steht – sofern sie vegetarisch leben – und der nur durch die Gnade Gottes in vielen Geburten möglich ist. Der Ursprung des Saiva Siddhanta liegt für ihn der Offenbarung Sivas, die durch eine ungebrochene Linie von Lehrer-Schüler-Verhältnissen, also der Heiligen-Kailash-Abstammung, bis hin zur göttlichen Präsenz im jeweiligen Gurumaha Sannidhanam des Thiruvavaduthurai Adhinam verfolgt werden kann. An den Ansichten Siva Mathavans wird deutlich, dass er den Saiva Siddhanta des Adhinam verinnerlicht hat, praktiziert und verbreitet – wenngleich sich in seiner Namensgebung für „Saiva Siddhanta" gewisse Verschiebungen hin zu einem rein tamilischen Charakter der Religion erkennen lassen. Er stellt zudem fest: „Saiva Siddhanta ist eine lebendige Philosophie, denn sie wurde immer praktiziert."[78] Diese Praxis des Saiva Siddhanta, die Siva Mathavan durch Lehre für andere, Pilgerreisen, Tempelreinigungen, *Puja* und Rezitation alleine und gemeinschaftlich ausübt, entspricht nicht nur relativ exakt den

---

[77] „*Indian history is written from the North, but it should be written from the South.*" Interview mit Mātavaṉ 2012.

[78] „*Saiva Siddhanta is a living philosophy, because it always has been in practice.*" Interview mit Mātavaṉ 2012.

konkreten Vorschlägen des Saiva Siddhanta Studienprogramms, sondern stellt für Siva Mathavan eine dezidierte Übersetzung der Praktiken der sivaitischen Heiligen in den heutigen Kontext dar.

Siva Mathavan ist als Akademiker und Siddhanta-Aktivist ein paradigmatisches Beispiel für den Saiva Siddhanta Diskurs in Tamil Nadu. An ihm zeigt sich, wie eng populäre Saiva Siddhanta Organisationen an die Autoritäten der orthodoxen sivaitischen Zentren angeknüpft sind, also wie die Reiteration der etablierten Namensgebung spürbar umgesetzt und damit sedimentiert wird. Gleichzeitig ist er ein Beispiel für den Anschluss vieler handelnder Personen der Saiva Siddhanta Szene an die öffentlichen Debatten zum Thema. Siva Mathavan ist nicht nur selbst Hochschullehrer für Tamil, sondern verschränkt seine akademischen Tätigkeiten eng mit seinem Engagement für Saiva Siddhanta, wenn er Vorträge hält oder auf religiösen Konferenzen auftritt. Der von Siva Mathavan artikulierte Name „Saiva Siddhanta“, der hier exemplarisch für die engagierten Siddhantins in Pondicherry steht, kann gemäß dem hier vertretenen Ansatz der Namensgebung wie folgt in Äquivalenzketten ausgedrückt werden:

Saiva Siddhanta – ist eine Universalreligion und die Erfüllung des Sivaismus und Hinduismus – ist eine Religion rein tamilischen Ursprungs, die Sanskrit-Schriften wie Veden und *Agamas* unter Annahme ihres eigentlichen genuin tamilischen Charakters akzeptiert – stellt den ultimativen Weg zur Erlösung dar – ist eine von der dominanten Nordindien-zentrierten Geschichtsschreibung marginalisierte Tradition – verfügt über eine überlegene Philosophie, die in den *Siddhanta-Sastras* ausformuliert und in den *Tirumurai* implizit enthalten ist – lehrt eine eigene Epistemologie und eine eigene dreigliedrige Ontologie, die aus den kanonischen Werken abgeleitet wird – vertritt besondere Konzeptionen über die ewigen und ungeschaffenen Entitäten Gott/*Pati*, die Seelen/*Pasu* und die Fesselung/*Pasam* – teilt die Fesselung in weitere drei Entitäten namens *Anava-*, *Karma-* und *Maya-Mala* auf – erklärt die drei *Malas* zu notwendigen Übeln, die von Gott aus Mitgefühl für die unerlösten Seelen eingesetzt werden – ist eine praktische Form der Lebensführung – ist eng an die Autoritäten der orthodoxen sivaitischen Maths und Adhinams geknüpft, unter denen dem Thiruvavaduthurai Adhinam die hervorragende Rolle zukommt – ... Die negativ-antagonistische Äquivalenzkette der Namensgebung Siva Mathavans könnte folgendermaßen beschrieben werden: Saiva Siddhanta – ist keine sanskritische Tradition – ist nicht Advaita Vedanta – entspricht nicht dem Atheismus der Dravidischen Bewegung – ...

Der Saiva Siddhanta Siva Mathavans ist offensichtlich massiv von seiner Nähe zur Institution des Thiruvavaduthurai Adhinam beeinflusst. Aber er zeigt auch deutlich die Dynamik, die in jeder noch so hegemonial erscheinenden Namensgebung und ihrer erneuten Formulierung steckt. Denn Siva Mathavan lehnt dezidiert einen sanskritischen Ursprung des Saiva Siddhanta – ganz im Gegensatz zum Thiruvavaduthurai Adhinam – ab. Siva Mathavans trotzdem enge Verbindung zum Adhinam darf aber nicht automatisch auf alle Siddhanta-Initiativen Pondicherrys übertragen werden. Dennoch kann konstatiert werden, dass der Bezug auf die Autorität oder das Bekenntnis zur Anhängerschaft an eine der orthodoxen sivaitischen Zentren nahezu in allen mir bekannten Fällen populärer Saiva Siddhanta Propagierung gegeben ist. Dies zeigt auch die, im Vorwort dieser Arbeit beschriebene, gemeinsame Petition oder Resolution (*tīrmāṉam*). Diese haben die elf sivaitischen Vereinigungen Pondicherrys unter der Leitung Siva Mathavans im Mai 2012 gemeinsam verfasst, obwohl sie im Detail verschiedene Auffassungen haben mögen oder sich unterschiedlichen orthodoxen Autoritäten verpflichtet sehen. Die Forderung der Vereinigungen, nach der Entbindung der streitbare Figur Swami Nithyanandas vom Posten des Nachfolgers des Oberhauptes des Madurai Adhinam, schloss explizit an eine ähnliche Resolution sivaitischer Maths und Adhinams an. Der Thiruvavaduthurai Adhinam hatte, wie gesehen, seine Anhänger und alle Teilnehmenden des Studienprogramms dazu aufgefordert, zur Verbesserung der Situation in Madurai monatlich gemeinsam bestimmte *Tirumurai*-Hymnen zu rezitieren. Dass es schließlich zu einer Ablösung Nithyanandas kam, wurde in sivaitischen Kreisen weitgehend begrüßt und von den Kursteilnehmern auch als Frucht ihrer religiösen Praxis empfunden.

3.4. Siddhanta-Organisationen in Coimbatore

Die Saiva Siddhanta Szene in der 1.000.000-Einwohnerstadt Coimbatore (*Kōyamputtūr*, kurz auch *Kōvai*) im äußersten Nordwesten des Bundesstaats Tamil Nadu ist auf den ersten Blick ein Beispiel für eine relativ unabhängige Entwicklung jenseits der drei großen orthodoxen Maths und Adhinams in Thiruvavaduthurai, Dharmapuram und Tiruppanandal. In Perur (*Pērūr*), einem kleinen Vorort Coimbatores, gibt es immerhin einen Zweig-Math des Thiruvavaduthurai Adhinam, in dem das Saiva Siddhanta Studienprogramm gelehrt wird. Der oben bereits erwähnte Tamil-Professor R. Vaiyapuri (*Ra. Vaiyāpuri*), der sich inzwischen im Ruhestand befindet, lehrte dort und in Erode (*Īrōṭu*) im Namen des Adhinam über 20 Jahre Saiva Siddhanta.[79] Vaiyapuri, der als Experte für Sivagnana Munivar gilt und 2004 eine eigene Organisation gründete, war ein Schü-

[79] Zu R. Vaiyapuri, siehe Celvakkaṇapati 2013b, 544.

ler des 229. (!) Oberhaupts des Thondaimandala Adhinam in Kanchipuram. Jener trug den Namen und Titel „Silatiru Gnanaprakasa Desikar Paramachariya Swamikal“ (*Cīlatiru Ñāṉaprakāca Tēcika Paramācariya Svāmikaḷ*) und leitete die Einrichtung von 1963 bis 1977. Der Adhinam gehört heute zu den weniger bedeutenden traditionellen sivaitischen Zentren Tamil Nadus – die oben besprochene Petition aus Pondicherry listet ihn immerhin an fünfter Stelle unter den adressierten Maths und Adhinams. Der Thondaimandala Adhinam spielt aber für die Verortung der Kastengruppen der Mudaliyars (*mutaliyār*), die in der sogenannten Kongu-Region (*koṅku nāṭu*) um Coimbatore die Träger der Saiva Siddhanta Propagierung sind, eine große Rolle. Die dortigen Aktivisten führen ihre Abstammung und den Anschluss an die klassischen Genealogien des tamilischen Sivaismus auf diese Institution zurück.

Der Thondaimandala Adhinam ist strukturell anders aufgebaut als die Institutionen in Thiruvavaduthurai und Dharmapuram, da dort beispielsweise die Nachfolge des Oberhaupts verheirateten Männern offen steht, die erst mit der Erhebung in dieses Amt zu zölibatären Asketen werden. Der 229. Gurumaha Sannidhanam war vor seiner Amtsübernahme im Jahr 1963 Rektor des *Dharmapuram Adhinam Arts College* und als solcher Tamil-Professor. Als religiöses Oberhaupt des Adhinam in Kanchipuram begann er, durch Tamil Nadu zu reisen und Interessierte in Saiva Siddhanta zu unterrichten, so auch in Coimbatore und Perur ab 1966. Für viele Siddhantins in Coimbatore kam dieser Schritt in die Öffentlichkeit einer „Revolution“ des bisherigen Selbstverständnisses solcher Institutionen gleich. Die mir bekannten sechs Organisationen zur Verbreitung von Saiva Siddhanta im Coimbatore des frühen 21. Jahrhunderts sind fast ausnahmslos von Schülerinnen und Schülern jenes Gnanaprakasa Desikar gegründet worden. Neben der bereits erwähnten Organisation Vaiyapuri, die wöchentliche Abendkurse[80] in den lokalen Räumlichkeiten der panindischen Kultur- und Bildungsstiftung des „Bharatiya Vidya Bhavan“ (*pāratīya vityā pavaṉ*)[81] anbietet, sollen im Folgenden zwei weitere

---

[80] Während meiner längeren Aufenthalte in Coimbatore habe ich die heute von einem Schüler Vaiyapuris, A. Thiyagarajan (*A. Tiyākarājaṉ*), geleitete Veranstaltung mehrmals besucht. Der inhaltliche Fokus lag dabei auf dem Epos des *Periyapuranam*, welches die Lebensgeschichten der sivaitischen Heiligen erzählt.

[81] Die Einrichtung wurde 1938 von Kanaiyalal Maneklal Munshi (1887–1971) mit Unterstützung durch M. K. Gandhi gegründet. Die Organisation verfügt Stand 2015 indienweit über 119 regionale Zentren und 367 verbundene Einrichtungen und Schulen, sowie sieben Zentren außerhalb Indiens, vgl. http://www.bhavan.net/ (zuletzt aufgerufen am 08.06.2016). Der Bhavan propagiert keine bestimmte religiöse Überzeugung. Die Räumlichkeiten in Coimbatore wurden zwar von einem Anhänger des umstrittenen Heiligen Ramalinga maßgeblich mitfinanziert, was zur Folge hat, dass dieser durch Bilder, Sprüche und ein heiliges Feuer, welches als Symbol für Ramalinga steht, dort sehr präsent ist. Um allerdings den ökumenischen Gedanken auszudrücken, hängen im großen Veran-

konkrete Beispiele sivaitischer Vereinigungen in Coimbatore näher betrachtet werden.

Der „Manivacakar Arudpani Manram"

Eine der öffentlich deutlich sichtbaren Organisationen, die auf Anhänger des Gnanaprakasa Desikar zurückgehen, ist der „Manivacakar Arudpani Manram" (*Maṇivācakar Aruṭpaṇi Maṉṟam*, „Mani[ka]vacakar Vereinigung des gnadenvollen Dienstes"). Die 1993 von N. R. Senniyappanar (*Na. Rā. Ceṉṉiyappaṉār*) ins Leben gerufene Organisation, die den „religiösen Lehrer" Manikkavacakar im Namen trägt, vertritt ein Motto, das sich etwa als „Wissen muss verbreitet werden! Dienst muss geleistet werden!" (*vittakam pēcal vēṇṭum! paṇi ceyal vēṇṭum!*) übersetzen lässt.[82] Die Gruppe begann zunächst kleine, halbjährlich stattfindende, 3-tägige Veranstaltungen abzuhalten, die Interessierte in die Praxis agamischer *Puja* auf Tamil einführen wollte. Ziel war also von Anfang an, selbst durchführbare, tamilsprachige Rituale für den Alltag unter den Sivaiten bekannt zu machen, sodass hierfür keine Brahmanen benötigt würden. Dies muss nicht zwingend als Anti-Brahmanismus verstanden werden, da es der Organisation vordergründig um eine religiöse Selbstermächtigung der Tamilen geht. Dennoch zeigt sich auch in den Aktionen des *Manivacakar Arudpani Manram* durch die Betonung des Tamil als Ritualsprache zumindest latent ein religiöser Tamilnationalismus.

Die beiden genannten Aspekte der selbst gesteckten Aufgabe verfolgt die Vereinigung heute unter der Leitung von P. Kumaralingam (*Pa. Kumāraliṅkam*) in wesentlich größerer Dimension. In 15 Zweigstellen in Tamil Nadu verbreitet die Organisation beispielsweise in 4-jährigen Kursen die Lehre der *Tirumurai* und der *Siddhanta-Sastras*, insbesondere im Bezug auf praktische und alltagsritualistische Umsetzung.[83] Der Unterricht in Bezug auf diesen klassischen tamilischen Kanon wird explizit als Saiva Siddhanta Lehre verstanden. Die Frage „Was ist der Name der Religion der Verehrung des absoluten Wesens Siva?" beantwortet der *Mani-*

---

staltungsraum jedoch auch Bilder von kanonischen sivaitischen und vishnuitischen Heiligen, von Tiruvalluvar, Ramakrishna, Buddha, Jesus, Guru Nanak, Zoroaster und ein Bild des Koran. Im Zentrum in Coimbatore bieten Vertreter verschiedener Hindu-Traditionen regelmäßige Kurse, z.B. für Upanishaden oder Bhagavadgita, an.

[82] Vgl. http://manivasagar.com/ (zuletzt aufgerufen am 09.06.2016). Zum *Manivacaka Arudpani Manram*, siehe auch Celvakkaṇapati 2013b, 486.

[83] Während meiner Feldforschungsaufenthalte habe ich diese wöchentlichen Kurse zweimal in Coimbatore besucht. Der Schwerpunkt dort liegt auf der Rezitation und Erklärung des *Tiruvacakam* Manikkavacakars sowie seine Bedeutung für die praktische Lebensführung. Insgesamt sollen bereits über 2.000 Menschen an dem Programm teilgenommen haben.

vacakar Arudpani Manram eindeutig mit „Saiva Siddhanta".[84] Die Kurse zur Verbreitung von sivaitischem Wissen bilden aber nur den einen Teil der Aktivitäten der Vereinigung. Gemäß der bereits bekannten Ansicht, aus dem generierten Wissen ergäbe sich automatisch eine sivaitische Praxis, legt die Organisation ihren Fokus besonders auf aktiven sivaitischen Dienst. Dazu gehört die gemeinschaftliche Reinigung von Tempeln, der Bau und die Konsekrierung neuer Tempel und das Abhalten von Hochzeitszeremonien.

Gerade die letzten beiden Handlungen sind hierbei besonders erwähnenswert, da diese gängigerweise als klassische Privilegien brahmanischer Priester verstanden werden, die – zumindest in der Vorstellung von orthodoxen Kastenhindus – ausschließlich von Brahmanen auf Sanskrit durchgeführt werden dürfen. Kumaralingam und seine Mitstreiter sind zwar äußerst aktive Siddhantins, aber weder Brahmanen, noch sind sie des Sanskrit mächtig. Beim Besuch eines solchen Tempelbauprojekts und zweier Hochzeiten, die Kumaralingam durchgeführt hat, war daher auffällig, dass hierbei alleinig tamilische Strophen und keinerlei Sanskrit-Verse rezitiert wurden. Zwar orientiert sich die Ritualistik in Ablauf und Struktur stark am brahmanisch-sanskritischen Vorbild, jedoch werden für jedes Ritual, beispielsweise einer Hochzeitszeremonie, alle Sanskrit-Verse durch Zeilen aus den *Tirumurai* ersetzt. Kumaralingam legt wert auf die Feststellung, dass es sich hierbei nicht nur um eine thematische Übersetzung durch Rezitation bedeutungsähnlicher Tamil-Strophen handelt, sondern sich das rein tamilisch-sivaitische Ritual vielmehr inhaltlich vom sanskritischen Ritual unterscheidet. Letzteres sei eine bloße Bitte und Besänftigung der Götter, wohingegen die eigene tamilische Ritualpraxis das Saiva Siddhanta Ideal der Gnade Gottes betont. Die Verwendung der sivaitischen *bhakti*-Hymnen der *Tirumurai* – dabei vor allem die Gesänge des *Tevaram* und des *Tiruvacakam* – böten zudem eine wesentlich größere Auswahl und Genauigkeit für solch zeremonielle Anlässe.[85] Bei einer Hochzeit im Frühjahr 2015 in Coimbatore, auf der sich einige einflussreiche Vertreter der Saiva Siddhanta Szene Tamil Nadus, wie etwa der Direktor des Studienprogramms des Thiruvavaduthurai Adhinam, Kandaswami, und einige religiöse Oberhäupter eingefunden hatten, wurde für die Gäste eine Art Liedblatt verteilt, auf welchem die zentralen *Tirumurai*-Hymnen für die Hochzeitszeremonie zum mitsingen abgedruckt waren. Der kleine Druck war mit „Anbetungsritual gemäß der Tirumurai" (*tirumuṟai vēḷvi vaḻipāṭu*) betitelt. Dieser Umstand zeigt zum einen, wie strukturiert,

---

[84] „*civaperumāṉai muḻumutaṟ poruḷāka vaḻipaṭum camayattiṟku-p peyar yātu? cittānta caivam*" http://manivasagar.com/faq.html (zuletzt aufgerufen am 09.06.2016).

[85] Interview mit Kumāraliṅkam 2012.

schriftlich und namentlich fixiert die dezidiert sivaitisch-tamilischen Rituale durch den *Manivacakar Arudpani Manram* durchgeführt werden. Zum anderen ist aber auch erkennbar, dass diese noch jüngere Art der Durchführung ehemals klassisch sanskritisch-brahmanischer Rituale durch nicht-brahmanische Ritualspezialisten wie Kumaralingam noch nicht so selbstverständlich ist, dass erwartet werden könnte, alle 3.000 Hochzeitsgäste wären mit der relativ neuartigen tamilischen Ritualistik vertraut. Im Sinne der „religiösen Selbstermächtigung“ ist daher die Ausgabe eines solchen Liedblatts als Schritt hin zur Transparenz der rituellen Praxis zu deuten.

An diesem Beispiel wird weiterhin offenbar, dass die virulente Frage nach der jeweiligen Bedeutung von Tamil und Sanskrit als heilige Sprachen im Spektrum des populären Saiva Siddhanta durchaus unterschiedlich beantwortet wird. Zwar wird den Hymnen der *Tirumurai*, wie bereits gezeigt wurde, auch von den orthodoxen sivaitschen Institutionen wie dem Thiruvavaduthurai Adhinam, die „Wirkung eines Mantras“ oder eine „mantrische Kraft“ (*mantira āṟṟal*) zugeschrieben. Gleichzeitig wird dort aber in der Regel die Bedeutung und Autorität von Sanskrit, als Sprache der ursprünglichen Offenbarung Gottes in Form der *Agamas* und als Sprache der *Puja*-Rituale anerkannt. Der Dharmapuram Adhinam betreibt, wie gezeigt, eine eigene *Agama*-Schule zur Ausbildung von Sivacharyas oder Tempelpriestern. Die vollständige Ersetzung der sanskritischen Strophen durch *Tirmurai*-Verse wird – exemplarisch für diese Sicht – vom stellvertretenden Oberhaupt des Tiruppanandal Kasi Math dezidiert abgelehnt. Sundaramurthi Swamikal ist der festen Überzeugung, dass Tamil und Sanskrit zwei verschieden Systeme sind, die beide ihren Wert haben und nicht vermischt werden dürfen – etwa durch die ritualistische Ersetzung von Sanskrit-Versen mit Tamil-Hymnen. Zwar sei auf Tamil der Inhalt von Ritualen für alle Beteiligten leichter verständlich, aber ein Sanskrit-*Mantra* hätte etwa, alleine durch seinen Klang eine kosmische Wirkung und Bedeutung, die sich nicht einfach ersetzen oder übersetzen lässt. Für ihn betreiben Akteure wie Kumaralingam daher einen klaren Missbrauch der *Tirumurai* („*tirumuṟai* »*misuse*« *paṇkiṟārkaḷ*“).[86]

In Perur, dem Vorort Coimbatores, gibt es eine weitere Institution, die tamilisch-sivaitische Ritualistik mit einem deutlich anti-sanskritischen Unterton durchführt und offensiv vertritt, namentlich den Perur Adhinam (*pērūr ātīṉam*).[87] Dieses nach eigener Überlieferung etwa 400 Jahre alte

[86] Interview mit Cuntaramūrtti Cuvāmikaḷ 2012.

[87] Vgl. folgende programmatische Aussage des Oberhaupts des Perur Adhinam Sathalinga Ramasami Adikal anlässlich der „6th World Saiva Conference“ in Thanjavur 1997, die vom Tiruppanandal Kasi Math und der Tamil University, Thanjavur, unter dem

Zentrum des Vira-Sivaismus (*vīra caivam*),[88] einer sivaitischen Schule, die vor allem im heutigen Bundestaat Karnataka und im Norden Tamil Nadus verbreitet ist,[89] gehört in Coimbatore und Umgebung ebenfalls zu den einflussreichen Institutionen.[90] Die Tradition des Vira-Sivaismus, die auch „Lingayatismus" genannt wird, beruft sich auch auf die *Siva-Agamas*, unterscheidet sich aber durch philosophische und kanonische Verortung von den bereits besprochenen orthodoxen tamilischen Maths und Adhinams des Saiva Siddhanta. Nichtsdestotrotz wird der Perur Adhinam von meisten Sivaiten in Coimbatore und Umgebung als authentische Saiva Siddhanta Institution anerkannt. Das Zentrum kooperiert in vielen Bereichen mit lokalen Siddhanta-Initiativen wie dem *Manivacakar Arudpani Manram* Kumaralingas. Dass diese Verschmelzung von Vira-Sivaismus und Saiva Siddhanta am Beispiel des Perur Adhinam inzwischen in der globalen tamilisch-sivaitische Diaspora affirmiert wird, zeigt eine Veranstaltung im Oktober 2015 im südafrikanischen Durban. Der dortige „Saiva Siddhanta Kazhagam" (*caiva cittānta kaḻakam*), eine in den 1930er Jahren gegründete, tamilisch-sivaitische Reformorganisation, hatte zur Durchführung der Konsekrierung eines neuen Tempels den Gurumaha Sannidhanam aus Perur, Sathalinga Ramasami Adikal (*Cāntaliṅka Irāmacāmi Aṭikaḷ*), eingeladen.[91]

Gemäß der Idee der Namensgebung lassen sich für den „Saiva Siddhanta" des *Manivacakar Arudpani Manram* folgende Äquivalenzketten benennen: Saiva Siddhanta – ist eine rein tamilische Religion und Praxis – ist eine Lebensführung des Dienstes an der Gesellschaft – ist Grundlage einer rein tamilischen Ritualistik, die nicht nur sanskritische Ritualistik ersetzen kann, sondern diese ausdrücklich übertrifft – ist verknüpft mit der Revolution im Thondaimandala Adhinam in den 1960er Jahren – basiert auf den tamilischen *Tirumurai* und den *14 Saiva Siddhanta Sastras* – wird auch von Institutionen wie dem Perur Adhinam gelehrt – ...

Titel „*Shaivism for Universal Brotherhood and Human Upliftment*" organisiert wurde: „*Tamil has been ignored in our worship because of the dominance of outsiders. How can we justify the slavish mentality of Tamilians for foreign language? Journals, with at least consideration for the worship practices of our land practiced since Sangam period, have started writing that worship in Tamil region has always been conducted in Sanskrit (the northern language). One can worship god in any language. But it is not acceptable when guidelines are given not to perform worship in our language in our temples.*" zitiert in Madhavan 2002, 9.

[88] Vgl. zu diesem Zentrum http://www.sivasiva.in/english/index-2.html (zuletzt aufgerufen am 09.06.2016).

[89] Vgl. Michael 2012.

[90] Eine kurze Darstellung der Einrichtung findet sich bei Madhavan 2002, 76.

[91] Für diesen Hinweis danke ich Ulrike Schröder. Zur ambivalenten Wahrnehmung der beiden sivaitischen Schulen in der südafrikanisch-tamilischen Diaspora, siehe Schröder 2017.

Negativ ausgedrückt, lässt sich sagen: Saiva Siddhanta – ist keine brahmanische oder sanskritische Tradition – ist keine nur passive Philosophie oder reine Wissenslehre – ist keine exklusive Elitenreligion – ...

Zusammenfassend lässt sich festhalten, dass der *Manivacakar Arudpani Manram* aus Coimbatore eine populäre Organisation zur Propagierung des Saiva Siddhanta darstellt. Sie ist relativ unabhängig von den großen orthodoxen Adhinams in Thiruvavaduthurai und Dharmapuram entstanden und beruft sich auf die Abstammung vom Thondaimandala Adhinam in Kanchipuram. Der „Saiva Siddhanta" der Vereinigung unterscheidet sich stellenweise deutlich von der Namensgebung in Thiruvavaduthurai, so insbesondere in Bezug auf die praktische und ritualistische Bedeutung des Tamil, seine genealogische Verortung oder die Akzeptanz der Autorität von Institutionen des Vira-Sivaismus. Allerdings iteriert er inhaltlich auch die bekannten textlichen Kanones der *Tirumurai* und der *Siddhanta-Sastras*. Der eindeutige Schwerpunkt liegt hierbei jedoch deutlich auf der Verbreitung, Lehre und rituellen Einbindung der tamilischen *bhakti*-Hymnen. Es zeigen sich also im Vergleich zu den bereits präsentierten Namensgebungen augenfällige Verschiebungen in den Signifikationen der Äquivalenzketten.

Der „Tiruneriya Tamil Manram"

Seit 2007 veranstaltet der *Manivacakar Arudpani Manram* einmal jährlich einen „Buß-Marsch" (*naṭaipayaṇa tavam*), dessen Teilnehmende eine Statue von Mekyanda, also des zentralen „philosophischen Lehrers" des Saiva Siddhanta, durch ländliche Gebiete der Kongu-Region tragen und versuchen, *Tirumurai* sowie *Siddhanta-Sastras* jenseits der größeren Ortschaften zu verbreiten. Die Initiative zu diesem Marsch ging von Arvind Venkatachalam (*Arvint Veṅkaṭācalam*) aus, der zusammen mit seiner Frau Neela Venkatachalam (*Nīla Veṅkaṭācalam*) 1993 eine Organisation namens „Tiruneriya Tamil Manram" (*Tiruneṟiya Tamiḻ Maṉṟam, Centre for Divine Tamil Studies*) gegründet hat. Diese Einrichtung kreiste bis ins Frühjahr 2018 um Arvind Venkatachalams Mutter Swarna Somasundaram (*Svarṇā Cōmacuntaram*), eine 1942 geborene religiöse Lehrerin und klassische Sängerin, die im März 2018 verstarb. Sie unterrichtete seit 1962 Schüler und vor allem Schülerinnen in Saiva Siddhanta Philosophie und *Tirumurai*-Gesang. Zunächst geschah dies in einem Tempel in der Nähe ihres Wohnhauses, mit dem die Familie eng verbunden ist.[92]

---

[92] Während meiner Feldforschungen 2011, 2012 und 2014 habe ich mich mehrmals für einige Wochen in Coimbatore aufgehalten und nicht nur an den wöchentlichen Veranstaltungen des *Tiruneriya Tamil Manram* teilgenommen, sondern wurde von Swarna Soma-

Swarna Somasundaram, die von ihrer Anhängerschaft nur „Amma" (*ammā*), also „Mutter", genannt wurde, wurde 1977 kurz vor seinem Tod von Gnanaprakasa Desikar als eine von wenigen Frauen mit der höchstmöglichen Initiation des tamilischen Sivaismus, der oben erwähnten *Acharya-Abhisheka,* versehen. Zuvor war sie für 11 Jahre seine Schülerin gewesen. In den Adhinams von Thiruvavaduthurai und Dharmapuram kann diese Form der Initiation nur Mitgliedern der zölibatären Bruderschaft zuteil werden, als Zeichen ihrer Nachfolgerschaft in der Heiligen-Kailash-Abstammungslinie. Insofern ist diese Initiation einer Frau, die sie ebenfalls berechtigt, nicht nur Saiva Siddhanta und *Tirumurai*-Gesang zu lehren, sondern eben auch selbst alle vier Initiationen zu spenden, ein Aspekt des „revolutionären Charakters", der von den Siddhantins in Coimbatore Gnanaprakasa Desikars Wirken zugeschrieben wird.[93]

Folglich gehörte Swarna Somasundaram zu den wenigen Frauen in der Saiva Siddhanta Szene Tamil Nadus, die als religiöse Autorität anerkannt wurde. Ihr Recht zur Initiation jedoch wurde von den orthodoxen Adhinams nicht akzeptiert. Dennoch sind in den großzügigen Räumlichkeiten des Wohnhauses der Familie Venkatachalam, die bis vor kurzem auch als Veranstaltungort für Ammas wöchentliche Kurse dienten, etliche Fotos sichtbar, die sie zusammen mit Angehörigen verschiedener Maths und Adhinams – unter anderem der Gurumaha Sannidhanams aus Thiruvavaduthurai, Perur und Dharmapuram – auf diversen Ehrenpodien während religiöser Veranstaltungen zeigen. Dort trat sie nicht nur als Sängerin, sondern eben auch als Rednerin über Saiva Siddhanta auf. Von zahlreichen Institutionen und Organisationen wurde Swarna Somasundaram ausgezeichnet und mit Titeln versehen. Dazu gehören unter anderem die Verleihung eines „Zertifikats der Anerkennung" (*pārāṭṭu-c cāṉṟitaḻ*) ihrer Leistungen um den tamilischen Sivaismus durch den Perur Adhinam 2014, der Ehrentitel „Siddhanta Sharabha" (*cittānta carapam*) durch den mehrfach erwähnten *Saiva Siddhanta Perumanram* aus Chennai, ebenfalls 2014.[94] Schon 2004 ehrte der *Bharatiya Vidya Bhavan* Coimbatore „Amma" für ihre Lehre der *bhakti*-Hymnen mit der symbolischen „Auszeichnung Lehrer vieler Tausend" (*kulapati muṉṣi virutu*) in Anwesenheit des Gurumaha Sannidhanam des Perur Adhinam und Kumaraswami Tambiran des Dharmapuram Adhinam. Der global tätige

---

sundaram und dem Ehepaar Venkatachalam in täglichen Einheiten in Saiva Siddhanta eingeführt.

93 Dass es für diese Berechtigung für Frauen auch Hinweise in den *Agamas* gibt, zeigt Ishimatsu 1999, 575.

94 „Sharabha" (Skt. *śarabha*) ist ein achtbeiniges Fabeltier, halb Löwe, halb Vogel, aus der sanskritischen Hindu-Mythologie, welches über überirdische Kräfte verfügt. In sivaitischen Traditionen gilt *Sharabha* als eine Inkarnation Sivas.

und vor allem in den USA als Verbreiter des „Intergralen Yoga" bekannt gewordene Swami Satchitananda (*Cuvāmi Caccitāṉanta*) (1914–2002), der ursprünglich aus Coimbatore stammte, zeichnete Swarna Somasundaram weiterhin im Jahr 2000 als „Edelstein des Heiligen Gesangs" (*tiruppukaḻ cemmaṇi*) aus.[95] Ein ausgesprochen außergewöhnlicher Ausdruck der Bedeutung Swarna Somasundarams innerhalb der Saiva Siddhanta Kreise Tamil Nadus ist, dass sie nach ihrem Tod innerhalb der Gräberfeldes des Perur Adhinam beigesetzt wurde – als erste Frau neben den anderen Oberhäptern dieser Einrichtung. Ihre Beisetzung mit religiösen Ehren und tagelangen *Pujas* wurde von vielen sivaitischen Würdenträgern besucht.

Swarna Somasundaram hat in den letzten Jahrzehnten zahlreiche Schülerinnen und Schüler unterrichtet. Einer von ihnen war im übrigen Tiruchidrambala Tambiran (*Tiruccirrampala Tampirāṉ*), der nach dem Studium bei „Amma" dem Thiruvavaduthurai Adhinam als zölibatärer Asket beitrat und den ich zusammen mit dem dortigen Adhinam-Gelehrten Kunjithapatham ausführlich interviewt habe. Nach einigen Jahren in diesem Adhinam schloss sich der Tambiran jedoch dem Madurai Adhinam an, wo er sich im Zuge des aus dem Amt entfernten Swami Nithyananda[96] größere Chancen auf eine höhere Position erhoffte. Die einzige Bedingung, um von Swarna Somasundaram als Schüler oder Schülerin aufgenommen zu werden, war Vegetarismus. Bis 2014, als ihr gesundheitlicher Zustand dies nicht mehr in früherem Maße zuließ, lehrte sie zweimal wöchentlich im *Tiruneriya Tamil Manram* klassischen *Tirumurai*-Gesang an etwa 30 Teilnehmende, wobei sie die philosophischen Bedeutungen der Hymnen erklärte. Ein Mal pro Woche fand zudem ein zweistündiger Unterricht zur Saiva Siddhanta Philosophie statt, der von etwa 20 Personen besucht wurde. Diese philosophischen Unterweisungen waren allerdings erst dann zugänglich, wenn der *Tirumurai*-Kurs im Vorfeld besucht worden war. Die letzte Stufe der Ausbildung durch Swarna Somasundaram war die Zulassung zu Einzelunterricht, der mit einigen Schülerinnen und Schülern an ausgewählten Tagen stattfand. Dieser wurde durch „Amma" erst dann gewährt, wenn sich die jeweiligen Anhänger

---

[95] Swami Satchitananda wurde in den USA vor allem als Eröffnungsredner des legendären Festivals in Woodstock 1969 berühmt. Er publizierte zahlreiche Bücher auf Englisch zu Yoga, Spiritualität und religiöser Lebensführung und berief sich unter anderem auf die Lehren des indischen Philosophen Sri Aurobindo (1872–1950). Satchitananda gründete einen Ashram namens „Yogaville" in Virginia/USA. In seinem Geburtsort Coimbatore, vom *Tiruneriya Tamil Manram* entfernt, befindet sich heute das indische Zentrum seiner Organisation, das „Integral Yoga Institute". Für eine Selbstdarstellung, siehe http://swamisatchidananda.org/ (zuletzt aufgerufen am 10.06.2016); http://www.integralyogaindia.org/ (zuletzt aufgerufen am 10.06.2016).

[96] Siehe das Vorwort dieser Arbeit.

über Jahre durch Besuch der gemeinschaftlichen Lehreinheiten dazu qualifiziert hatten. Dort lehrte Swarna Somasundaram einzelne Texte des sivaitischen Kanons, die für diesen Anlass von der Organisation im Eigenverlag publiziert wurden. Bei diesen Veröffentlichungen handelt es sich in erster Linie um kanonische Hymnen oder philosophische Texte mit den Kommentaren ihres Gurus Gnanaprakasa Desikar. „Ammas" Lehre und Autorität, die ihr auch erlaubte, alle vier Formen der *Diksha* zu geben, basierte also auf dem Anschluss an den Gurumaha Sannidhanam des Thondaimandala Adhinam, dessen Einfluss auf den Saiva Siddhanta in Coimbatore kaum zu überschätzen ist.

Der Schwerpunkt der Saiva Siddhanta Lehre Swarna Somasundarams lag auf dem Erlernen und dem Verständnis der Hymnen der *Tirumurai*. Diese verkörperten nicht nur impliziten oder poetischen Saiva Siddhanta, sie waren nach Ansicht „Ammas" auch die absolute Basis religiöser Erfahrung, die ein späteres Begreifen der expliziten Philosophie erst ermöglicht. Beide Teile gehören aber untrennbar zusammen und sind notwendig, um das göttliche Wissen zu erlangen, wie der oft von Swarna Somasundaram wiederholte Satz „Lobpreis und philosophische Lehre zusammen sind Gnana" (*„tōttiramum cāttiramum ñāṉam ākum"*) deutlich zum Ausdruck bringt. Hierbei ähnelt der Ansatz stark dem des oben erläuterten *Manivacaka Arudpani Manram*, mit dem der *Tiruneriya Tamil Manram* zu vielen Anlässen eng kooperiert. Die Fokussierung auf Verbreitung der *bhakti*-Hymnen äußert sich weiterhin in der Unterrichtung von Schulkindern an einer privaten Schule in Coimbatore durch initiierte Anhängerinnen Swarna Somasundarams. Einmal wöchentlich lehren diese als Wahlfach an der Schule „Amrita Vidyalayam" klassischen tamilischen Gesang. Diese englischsprachige Schule wird, wie 55 weitere in ganz Indien, vom „Mata Amritanandamayi Math" betrieben, also der zentralen Einrichtung des global aktiven weiblichen Guru Amritanandamayi (*Amrutāṉantamayi*) in Kerala. Jene ebenfalls unter dem Namen „Amma" bekannte religiöse Lehrerin vertritt einen religiösen Weg des *bhakti* und die philosophischen Ideen des Advaita Vedanta, und ist vor allem für ihre Veranstaltungen von Massenumarmungen auf der ganzen Welt bekannt.[97] Trotz einer unterschiedlichen religiösen Ausrichtung dieser Privatschule scheint die musikalische Erziehung der dortigen Schülerinnen und Schüler im traditionellen sivaitischen Hymnengesang beidseitig keinerlei Problem darzustellen.

Dieser Umstand sowie die langjährige Verbindung zum oben genannten globalen Guru Swami Satchitananda verdeutlicht zudem diese Offenheit im Sinne einer Hindu-Ökumene. Durch die Beziehung zum „Intergral

---

[97] Eine religionswissenschaftliche Darstellung Amritanandamayis im globalen Kontext bietet Lucia 2014.

Yoga Institute“ wurden auch immer wieder internationale Anhänger des Swamis zu Swarna Somasundaram geschickt, um von ihr Einführungen in die Lehren des Sivaismus zu erhalten. Gerade dieser Kontakt zu Menschen aus Europa und Nordamerika hat auch „Ammas“ Sohn und dessen Frau dazu bewogen, die Propagierung von Saiva Siddhanta nicht nur auf den tamilsprachigen Kontext zu beschränken, sondern damit, ein panindisches oder internationales Publikum anzusprechen. Neela Venkatachalam hat daher, nach 6-jähriger Saiva Siddhanta Unterweisung durch ihre Schwiegermutter, eine englischsprachige Einführung mit dem Titel „Saiva Siddhantam. An inclusive Philosophy for today's world of infinite choices“ verfasst, das 2007 durch den *Bharatiya Vidya Bhavam* in Coimbatore publiziert wurde.[98] Dieses Buch wurde durch die Oberhäupter des Thondaimanalda Adhinam, des Thiruvavaduthurai Adhinam und des Perur Adhinam mit einem Segenswort versehen sowie durch eine Würdigung des Gründers des *Manivacaka Arudpani Manram*, N. R. Senniyappanar, eingeleitet. Die artikulierte Verwobenheit dieser Publikation mit der eigenen genealogischen Verortung (*Thondaimandala Adhinam*), den orthodoxen sivaitischen Zentren (*Thiruvavaduthurai Adhinam*), einer einflussreichen lokalen sivaitischen Einrichtung (*Perur Adhinam*) und einer aktiven populären Organisation (*Manivacaka Arudpani Manram*) ist offensichtlich ein weiteres Beispiel für die vielschichtigen Beziehungen innerhalb der Saiva Siddhanta Szene Tamil Nadus. Neela und Arvind Venkatachalam haben beide das Studienprogramm des Thiruvavaduthurai Adhinam unter dem oben genannten Dozenten R. Vaiyapuri absolviert und auf etlichen Pilgerreisen zahlreiche Tempel, Maths und Adhinams in Tamil Nadu besucht.

Das Buch von Neela Venkatachalam präsentiert Saiva Siddhanta, wie der Titel nahelegt, als eine inklusivistische Philosophie und Universalreligion. Im Stile des bereits bekannten klassischen Frage-Antwort-Schemas führt die Autorin, nach einer kurzen Einführung in die Geschichte des Sivaismus, durch insgesamt 125 Fragen und Antworten zu Saiva Siddhanta. Letztere erklären zunächst die ontologischen Grundannahmen der drei ewigen Entitäten, erläutern deren allgemeine und spezielle Eigenschaften, beschreiben die Wege zur Erlösung ebenso wie die Auswirkungen dieser Erlösung. Schließlich wird die alltagspraktische Relevanz der Saiva Siddhanta Lehren und die daraus resultierende religiöse Praxis ausgeführt, bevor aktuelle Fragen der modernen Welt – beispielsweise die Vereinbarkeit von religiösem Leben und stressigem beruflichen Alltag – beantwortet werden. Abgeschlossen wird das Werk durch kurze biographische Erzählungen über die vier kanonischen „religiösen“ und vier

[98] Venkatachalam 2007.

„philosophischen Lehrer" der *Tirumurai* und der *Siddhanta-Sastras*. Als Anhang sind zudem die 12 Sutras des *Sivagnana Botham* Meykandas beigefügt, in der englischen Übersetzung von J. M. Nallaswami Pillai, dem führenden Siddhanta-Aktivisten des späten 19. und frühen 20. Jahrhunderts. Ausgehend von der Prämisse „Saiva Siddhanta gründet fundamental auf universeller Liebe",[99] stellt das Buch die Philosophie als Art eine der Lebensführung vor, die sich durch die Generierung von Wissen auszeichnet, welche wiederum zur Verehrung Gottes (hier meist: „*bhakti*") führt und dadurch als „wahre Hingabe" einer „reinen Liebe" entspricht.[100] Diese klassische Verbindung von Wissen und Verehrung, die – ebenso wie die Struktur des Buchs – den Lehren des Thiruvavaduthurai Adhinam stark ähnelt, lässt sich, laut Venkatachalam, gemäß der universalen Botschaft des Saiva Siddhanta aber durchaus auch in anderen Traditionen finden. Um dies zu verdeutlichen, sei hier eine längere programmatische Passage zitiert:

> „Saiva Siddhanta ist einzigartig in Bezug auf seinen Inklusivität und steht eben nicht für Exklusivität. Er [der Saiva Siddhanta] akzeptiert jeden einzelnen Weg als eine Stufe. Es gibt so viele Seelen, und alle sind auf verschiedenen Ebenen (Bhuvanam), sodass es vieler Wege bedarf. [...] Wenn dies verstanden wird, macht es uns leicht, religiöse Akzeptanz zu praktizieren und nicht nur religiöse Toleranz. Dies gewährt uns die Einsicht, dass jeder von uns über unterschiedliche Wege gehen muss, bevor der höchste Punkt erreicht werden kann. Siddhanta bedeutet wörtlich das Ende von allem oder die endgültige Schlussfolgerung. Das Erreichen der Glückseligkeit ist nicht beschränkt auf eine Religion, ein Land oder ein Geschlecht. Jede Religion, die von Gnade Gottes spricht, spricht von Siva. Der Name hierfür kann Gott, Jesus, Allah, Jehova oder Vishnu lauten." [Herv. RK][101]

Diese Aussage verdeutlicht eine wichtige Argumentationslinie des Buches. Saiva Siddhanta wird hier als inklusivistische Lehre präsentiert, die alle Wege zu Gott grundsätzlich anerkennt. Der Hinweis, hierbei handele es sich um „Stufen" („*stepping stone*"), impliziert jedoch, dass diese an-

---

[99] „*Saiva Siddhantam is based fundamentally on Universal Love.*" Venkatachalam 2007, 41.

[100] „*Knowledge enhances* ***Bhakti*** *(Devotion) and true devotion is pure love.*" [Herv. i. O.] Venkatachalam 2007, 42.

[101] „*Saiva Siddhantam is unique in its Inclusiveness Not Exclusiveness. It accepts every single path as a stepping stone. There are so many souls and each of them are on different planes (Bhuvanam) that many paths are needed. [...] Understanding this makes it easy for us to practice religious acceptance not just religious tolerance. It provides the insight that each one of us needs to go through the various paths, before reaching the highest point. Siddhantam literally means the end of it all or the final conclusion. Attainment of Bliss is not exclusive to any religion, country or gender. Whichever religion talks about the Grace of the Lord is talking about Sivam. The name could be God, Jesus, Allah, Jehova, Vishnu.*" Venkatachalam 2007, 168.

deren Wege eher vorläufige Varianten darstellen. Die vielfältigen Traditionen haben gerade deshalb ihre Existenzberechtigung, weil sich alle Seelen in verschieden Stadien des Wissens befinden und somit unterschiedliche Bedürfnisse haben. Unterschiedliche Wege müssen daher durchlaufen werden, bevor das endgültige Ziel, die Erlösung in Glückseligkeit, erreicht werden kann. Die Wortbedeutung von „Saiva Siddhanta" legt dabei schon nahe, dass dies im Saiva Siddhanta dezidiert möglich ist. Zwar böten generell alle Religionen die Möglichkeit, jene Glückseligkeit zu erreichen. Jedoch implizit nur, wenn eine Religion von der Gnade Gottes spricht. Sofern sie das tut, ist sie letztlich Sivaismus, ganz egal, wie sie ihren Gott jeweils nennt. In dieser Passage wird also die Idee eines „hierarchisierenden Inklusivismus" gezeichnet, wie er in vorliegender Untersuchung für den Saiva Siddhanta schon mehrfach besprochen wurde. Saiva Siddhanta erscheint hier als überlegene Philosophie und gelebte Religion, die die „endgültige Schlussfolgerung" aller religiösen Traditionen erkannt hat. Diese basiert in allererster Linie auf einer grundsätzlichen Lehre des Saiva Siddhanta, namentlich der absoluten Abhängigkeit alles Seiendem von der Gnade Gottes.

Die Lehre von der göttlichen Gnade (*aruḷ*) als zentraler philosophischer und soteriologischer Kategorie gehört heute selbstverständlich zu den fundamentalen Signifikanten des tamilischen Saiva Siddhanta. Daher überrascht die Betonung des Gnadenaspekts durch Neela Venkatachalam im Namen des *Tiruneriya Tamil Manram* wenig. Unterstützend dürfte dafür aber auch der Einfluss des Salesianer Paters Joseph Jaswant Raj (1942–2007), einem katholischen Theologen und Religionswissenschaftler, gewesen sein, dessen komparatistisches Werk „Grace in Saiva Siddhanta and in St. Paul"[102] zum Vergleich der paulinischen und Siddhanta-Gnadentheologie Venkatachalam ausführlich studiert und rezipiert hat. Nicht nur hat Pater Jaswant Raj ein Vorwort für Venkatachalams „Saiva Siddhantam" verfasst, sondern die Autorin widmet darüber hinaus seiner Biographie eine ganze Seite und zitiert weiterhin ein vierseitiges Exzerpt aus dessen oben genanntem Werk von 1989.[103] Das Ehepaar Venkatachalam hat den katholischen Priester mehrfach besucht und sich mit ihm philosophisch ausgetauscht. Diese Kontaktaufnahme hatte sicherlich auch damit zu tun, dass Jaswant Raj ebenfalls vom „revolutionären" Gurumaha Sannidhanam des Thondaimandala Adhinam, der der Lehrer so vieler Aktivisten in Coimbatore war, in Saiva Siddhanta unterrichtet wurde. Im Vorwort seines Buches „Grace in Saiva Siddhanta and in St. Paul" stellt er voller Dankbarkeit fest:

---

[102] Raj 1989.
[103] Venkatachalam 2007, 26–36.

„Ich denke gerne an die Tage zurück, als ich in die Saiva Siddhanta Sastras eingeführt wurde, von niemand geringerem als dem späten Sri-la-Sri Gnanaprakasa Desikar Paramacharya Swamikal, dem 229. Oberhaupt des Thondaimandala Adhinam, Kanchipuram, einem der größten Gelehrten der tamilischen Literatur seiner Zeit und einer Autorität im Bereich der Hymnen und der Sastras. Seine gnadenvolle Vermittlung war für mich eine vorzügliche Kombination aus Gelehrsamkeit und Erfahrung."[104]

Der katholische Gesprächspartner von Neela Venkatachalam war also ein Schüler desselben Gurus, der auch ihre Schwiegermutter Swarna Somasundaram initiiert hatte. Venkatachalam wiederum präsentiert einen „Saiva Siddhanta" für die moderne Welt mit Rückgriff auf ihr Studium bei „Amma" und mit eindeutiger Referenz zu Pater Jaswant Raj. Der „hierarchisierende Inklusivismus" ihrer Darstellung findet sich weiterhin auch in den Initiativen ihres Mannes Arvind Venkatachalam, dem Gründer des *Tiruneriya Tamil Manram* und des „Meykanda-Marsches", den er in Zusammenarbeit mit dem *Manivacaka Arudpani Manram* Kumaralingam organisiert. Arvind Venkatachalam, der, wie seine Frau, selbst verschiedene Kurse zu Saiva Siddhanta anbietet und unter anderem eine philosophische Debattiergruppe mit Namen „Meykanda Club" (*meykaṇṭār tāṭalai*) anleitet, plant auf einem Grundstück außerhalb Coimbatores ein spendenfinanziertes Institut zu gründen, das „Meykandar Tattuva Gnana Mandapam" (*Meykaṇṭār Tattuvañāṉa Maṇṭapam, Meykanda Hall of Philosophy*) heißen soll. Die Pläne für dieses Zentrum, dessen Beirat aus den bereits erwähnten R. Vaiyapuri, N. R. Senniyappanar und Swarna Somasundaram besteht, sehen vor, dort Schreine von 24 verschiedenen Religionen und Philosophien einzurichten, die von Vertretern dieser Traditionen selbst gestaltet werden sollen. In einer Art konzentrischer Anordnung soll es verschiedene Gänge geben, die auf das Herz des Gebäudes, die sogenannten „Meykanda Halle" (*meykaṇṭār maṇṭapam*), zulaufen, welche eine große Statue des Saiva Siddhanta Philosophen beheimatet. Da für Arvind Venkatachalam die Lehre Meykandas im *Sivagnana Botham* alle Philosophien und Religionen einschließt beziehungsweise ultimativ verwirklicht, kann das geplante Zentrum als bauliche Manifestation des „hierarchisierenden Saiva Siddhanta Inklusivismus" verstanden werden.

Am Beispiel des *Tiruneriya Tamil Manram* und seiner Propagierung des Saiva Siddhanta lassen sich zusammenfassend einige charakteristi-

---

[104] „*I reminisce the days when I was initiated into the Siddhānta śāstras by no less a person than the late Sri-la-Sri Ñānaprakāsa Dhēsiga Paramāchariya Swāmigal, 229th Head of the Thoṇdaimaṇdala Ādhinam, Kāñchipuram, one of the greatest scholars of his time in Tamil literature and an authority on the stōtras and śāstras. In his gracious impartation to me there was an exquisite blend of erudition and experience.*" Raj 1989, vii.

sche Eigenschaften der tamilischen Saiva Siddhanta Szene deutlich machen. Im Zentrum der Organisation stand bis vor kurzem – und das ist hingegen untypisch – der weibliche Guru Swarna Somasundaram, die ihre Lehr- und Initiationsbefugnis vom Gurumaha Sannidhanam eines traditionellen Adhinams erhalten hat, wenngleich diese Institution heute nur noch eine marginale Rolle in den Saiva Siddhanta Debatten spielt. Dieser Gnanaprakasa Desikar, der als großer Gelehrter galt, war vor seiner Ernennung zum Oberhaupt des Thondaimandala Adhinam Tamil-Professor des Dharmapuram Adhinam Colleges. Er „revolutionierte" die Verbreitung des Saiva Siddhanta durch seine öffentliche Lehre seit den späten 1960er Jahren – auch für Nicht-Sivaiten – und durch die Initiation von Frauen. „Ammas" eher klassischer Saiva Siddhanta reiteriert die etablierte Namensgebung, wenngleich der Fokus hierbei deutlich hin zu den *Tirumurai* als Basis aller philosophischen Betätigung verschoben ist. Die religiöse Autorität Swarna Somasundarams wies zahlreiche Verknüpfungen zu orthodoxen Institutionen und global agierenden Vereinigungen auf.

Die jüngere Generation des *Tiruneriya Tamil Manram* hat diese begonnene Offenheit – auch gegenüber internationalen Interessierten – weiterentwickelt und artikuliert Saiva Siddhanta als Universalreligion im Sinne eines „hierarchisierenden Inklusivismus", der am tamilischen Charakter der Tradition festhält. Dennoch streben Neela und Arvind Venkatachalam nach einer nicht-tamilsprachigen Propagierung und Modernisierung des Saiva Siddhanta für die globalisierte Welt des 21. Jahrhunderts. Beide durchliefen die Kurse des Thiruvavaduthurai Adhinam und sind in der tamilischen Saiva Siddhanta Szene sehr gut vernetzt und bekannt. Im Sinne einer Namensgebung für „Saiva Siddhanta" des *Tiruneriya Tamil Manram* lassen sich also folgende Äquivalenzketten beschreiben:

Saiva Siddhanta – ist eine Universalreligion tamilischen Ursprungs, die potentiell offen für alle Menschen ist – ist die Erfüllung des Sivaismus und Hinduismus – basiert auf einem tamilischen Kanon aus *Tirumurai* und den *Siddhanta-Sastras*, unter denen vor allem das *Sivagnana Botham* Meykandas zentral ist – ist geknüpft an Initiation und eine Guru-Schüler-Beziehung – anerkennt auch Frauen als autoritative religiöse Lehrerinnen – ist verbunden mit traditionellen tamilisch-sivaitischen Zentren, unter denen zumindest zeitweise dem Thondaimandala Adhinam und dem virasivaitischen Perur Adhinam eine hervorragende Rolle gebührt – legt wert auf Gesang und Erfahrung der *bhakti*-Hymnen der *Tirumurai*, die die philosophischen Inhalte transportieren – hat das Potential, brahmanische Ritualansprüche zu brechen – muss praktisch gelebt werden – lehrt eine eigene Epistemologie und eine eigene dreigliedrige Ontologie, die aus den kanonischen Werken abgeleitet wird – vertritt besondere Konzeptionen über die ewigen und ungeschaffenen Entitäten Gott/*Pati*, die Seelen/*Pasu* und die Fesselung/*Pasam* – teilt die Fesselung in weitere drei Entitäten namens *Anava-*, *Karma-* und *Maya-Mala* auf – erklärt die drei *Malas* zu notwendigen Übeln, die von Gott aus Mitgefühl für die unerlösten Seelen eingesetzt werden – ist ein Erlösungsweg, der sich philosophisch und soteriologisch auf die Aneignung von Wissen stützt – gründet die Erlösung auf die Gnade Gottes – kann auch von christlichen Autoren verstanden und vertreten werden – ...

Und im Sinne einer negativen Äquivalenzkette: Saiva Siddhanta – ist nicht Atheismus – ist nicht Christentum, Islam oder Jainismus – ist nicht Vishnuismus – ist nicht (Advaita) Vedanta – beruft sich nicht ausschließlich auf Sanskrit-Texte – ist keine exklusive Elitenreligion – ist keine unlogische oder unwissenschaftliche Lehre – widerspricht einer monistischen Ontologie – ist keine reine Philosophie – ist nicht nur religiöse Toleranz – basiert nicht auf Exklusivismus – ...

An der hier skizzierten Namensgebung lassen sich sehr deutliche Verschiebungen der bekannten Signifikationen erkennen. Zwar findet sich auch im „Saiva Siddhanta“ des *Tiruneriya Tamil Manram* die Iteration des klassischen Kanons, die Wiederholung eines „quasi-stabilen Kerns“ des heutigen Saiva Siddhanta. Aber dennoch zeigen sich auch verhältnismäßig untypische Charakteristika. Alleine der Umstand ist bemerkenswert, dass der Saiva Siddhanta in Coimbatore auch von Frauen in führenden Positionen artikuliert wird. Außergewöhnlich sind auch der dezidiert global-universalistische Anspruch und die äußerst positiv beurteilten Beiträge christlicher Autoren zu nennen.

3.5. „Rein tamilischer" Siddhanta des Sathiyavel Murugan in Chennai

Chennai (*Ceṉṉai*, chem. Madras, *Meṭrās/Matarās*), die Hauptstadt des Bundesstaates Tamil Nadu mit ihren über 4.000.000 Einwohnern, verfügt über eine äußerst unübersichtliche sivaitische Szene und über zahlreiche Saiva Siddhanta Organisationen. Wie schon erwähnt wurde, betreibt der Thiruvavaduthurai Adhinam in Chennai zwei eigene Zweigstellen, von denen eine zunächst vom ersten Direktor Vaithiyanathan und heute von seinem Nachfolger Kandaswami betreut wurde/wird. Unter dem Direktorat des letzteren wurde auch die administrative Zentrale des Programms in die Hauptstadt verlegt. Im Folgenden sollen nun ein Beispiel heutiger Saiva Siddhanta Propagierung in Chennai vorgestellt werden, das relativ unabhängig vom Thiruvavaduthurai Adhinam entstanden ist und exemplarisch für Initiativen steht, die in der bisherigen Analyse des Siddhanta-Spektrums noch kaum vorgekommen sind. Dabei handelt es sich um den

Siddhanta-Aktivisten M. P. Sathiyavel Murugan (*Mu. Pe. Cattiyavēl Murukaṉār*), der für einen rein tamilischen Saiva Siddhanta eintritt. Erwähnenswert ist in diesem Zusammenhang zusätzlich, dass der bereits mehrfach erwähnte *Saiva Siddhanta Perumanram,* als eine der ältesten populären Organisationen zur Verbreitung des Saiva Siddhanta, seinen Sitz in Chennai hat. Dieser Einrichtung wird im weiteren Verlauf nochmals gesondert Rechnung getragen.

Als Abschluss der hier exemplarisch präsentierten Schlaglichter auf die Initiativen zur Verbreitung von Saiva Siddhanta, gewissermaßen jenseits der Thiruvavaduthurai Adhinam, sei auf einen der kontroversesten Vertreter des populären Saiva Siddhanta in Tamil Nadu, namentlich M. P. Sathiyavel Murugan, hingewiesen. Der 1948 geborene, äußerst umtriebige Siddhanta-Aktivist ist nicht nur einer der konsequentesten Vertreter eines rein tamilischen Saiva Siddhanta, sondern distanziert sich in seinem Engagement auch entschieden von den traditionellen sivaitischen Autoritäten der Maths und Adhinams. Die Ansichten Sathiyavel Murugans lassen sich am Beispiels seines Engagements für eine von Sankrit und brahmanischem Einfluss vollständig bereinigte tamilische Ritualistik nachverfolgen, die den zentralen Punkt seines Einsatzes für Saiva Siddhanta ausmacht.

Sathiyavel Murugan stammt eigenen Angaben zu Folge aus einer Familie von Tamil-Pandits, sodass er bereits als 11-jähriger begann, Verse der *Tirumurai* zu erlernen.[105] Seinen Vater bezeichnet er in einer seiner Publikationen als „Freiheitskämpfer und Autor von 50 Büchern".[106] Die Familie soll eng mit der Dravidischen Bewegung und Maraimalai Adikal verbunden gewesen sein. Einer seiner Onkel, den Sathiyavel Murugan als frühen Einfluss auf sein Denken nennt, hat demnach schon in der ersten Hälfte des 20. Jahrhunderts rein tamilische Hochzeiten unter Verwendung von Versen aus dem *Tirukkural* veranstaltet. Es liegt nahe, dass es sich hierbei um Varianten der sogenannten „Self-Respect-Marriage" gehandelt haben dürfte, die vom Führer der Dravidischen Bewegung E. V. Ramasami (*Ī. Ve. Rāmacāmi*) (1879-1973) ab 1928 aktiv als zivile Form der Eheschließung propagiert wurden, um die Monopolstellung der Brahmanen für die Durchführung von Hochzeitsritualen zu brechen.[107] Sathiyavel Murugan, der seinen Aussagen nach etwa 45 Bücher verfasst und 40.000

---

[105] Diese Informationen stammen größtenteils aus einem längeren Gespräch, das ich am 3. Oktober 2012 mit M. P. Sathiyavel Murugan in seiner Wohnung in Chennai geführt habe, Interview mit Cattiyavēl Murukaṉ 2012. Ein kurzer Eintrag zu Sathiyavel Murugan findet sich auch in Celvakkaṇapati 2013a, 523.

[106] „*Father was a freedom-fighter and author of 50 books.*" Sathiyavayl Muruganaar 2012, (Bucheinband Rückseite).

[107] Diese zivilrechtliche Form der Eheschließung ohne Anwesenheit eines Brahmanen wurde in Tamil Nadu 1967 legalisiert. Vgl. hierzu u.a. Anandhi 1991.

gelesen hat, griff selbst diese Idee von rein tamilischen, nicht-brahmanischen (Hochzeits)Ritualen im Alter von 27 Jahren auf und machte ihre Weiterentwicklung und -verbreitung zu seiner Lebensaufgabe: „Ich habe es als meine Pflicht empfunden, die Rituale auf Tamil anzubieten."[108] Die Gründe für sein Engagement hat er in einer seiner jüngeren Publikationen in scharfen Worten formuliert, die er als Antwort auf die „jahrtausende alten Frage" nach den Möglichkeiten rein tamilischer Rituale und religiöser Zeremonien betrachtet:[109]

„Kennen sich die Tamilen gut genug mit Sanskrit und den »Mantras« aus, sodass sie sich entsprechend mit brahmanischen [Ritual]Dienstleistern auseinandersetzen könnten? Nein! Sie haben keine Ahnung von Sanskrit und noch weniger von den »Mantras«, die von den brahmanischen Dienstleistern [bei Ritualen] ausgesprochen werden. Es ist übrigens sehr interessant zu sehen, dass sich diese brahmanischen Dienstleister selbst oftmals nachgewiesenermaßen des Inhalts der sanskritischen »Mantras«, die sie aussprechen, nicht bewusst sind. [...] Kann sich irgendjemand wissentlich einer solch äußerst törichten Handlung aussetzen? Dennoch hält sich dieses [Vorgehen] interessanterweise seit Jahrhunderten"[110]

An dieser durchaus polemischen Passage wird die stark anti-brahmanische Stoßrichtung des Aktivismus von Sathiyavel Murugan sehr deutlich. Denn nicht nur den Tamilen wird Ignoranz gegenüber den Worten unterstellt, die bei religiösen Zeremonien und Ritualen artikuliert werden, sondern auch den Brahmanen, die diese durchführen. Ähnliche Vorwürfe finden sich in tamilischen Debatten und der Priesterkritik der Dravidischen Bewegung prominent seit dem frühen 20. Jahrhundert.[111] Das Problem liegt für ihn vor allem in der Beständigkeit und Kontinuität der Unterwerfung der Tamilen unter diese brahmanische Praxis. Die rhetorische Frage nach der Sinnhaftigkeit der Anerkennung der Autorität von offensichtlich unfähigen Brahmanen lässt wenig Spielraum für Interpretation. Sathiyavel Murugan ist nun angetreten, die diagnostizierten Missstände durch das Engagement für eine rein tamilische Ritualistik zu beheben.

---

[108] „*I felt the duty to provide the rituals in Tamil.*" Interview mit Cattiyavēl Murukan̲ 2012.

[109] „*[A] big question that has been looming large for centuries together has been replied successfully by this book. The question is this: whether there are possibilities to conduct ceremonies and perform rituals of life in Tamil?*" Sathiyavayl Muruganaar 2012, i.

[110] „*Are Tamilians well versed with Sanskrit language and »mantras« therewith that they engage Brahmin officiants? No! The know nothing of Sanskrit least to say the »mantras« uttered by the Brahmin officiants. It is quite interesting by the way that those Brahmin officiants themselves are often testified to be not aware of the purport of the Sanskrit 'mantras' they utter. [...] Can anyone subject oneself to such utterly foolish an act knowingly? Yet, interestingly enough this goes on for centuries*" Sathiyavayl Muruganaar 2012, i.

[111] Vgl. Fuller 2003, 80–151.

Zunächst tat er dies nach einem Bachelor-Studium in Elektronik und einem Master-Abschluss in Tamil an der *Annamalai University*, noch neben seiner Tätigkeit als Elektroingenieur, bevor er sich vollständig seiner im Jahr 2000 gegründeten Organisation für tamilische Rituale widmete. Diese trägt den programmatischen Titel „*tamiḻ vaḻipāṭṭu payiṟci maiyam*", also etwa „Studienzentrum für Tamil-Rituale/tamilische Verehrung".[112] Dieses Studienzentrum bildet nicht-brahmanische Priester für alle Formen von sivaitischen Lebens-Ritualen aus – unter anderem für die Geburt und Namensgebung von Neugeborenen, die Einschulung, die religiöse Initiation (hier: „Sivadheekkai" oder „Saiva-Baptism"),[113] die Hochzeit, die Einweihung eines neuen Hauses oder die Einäscherung von Verstorbenen.[114] Diese Ausbildung tamilischer Ritualspezialisten wird in Zusammenarbeit mit der privaten Hochschule „Sri Ramaswamy Memorial University" (*tiru. irāmacāmi niṉaivu-p palkalaikkaḻakam*) in Chennai durchgeführt, was laut Sathiyavel Murugan zur Authentizität und Autorität des Programms beiträgt.[115] Einige der Werke Sathiyavel Murugans werden hierfür als Lehrbücher verwendet, ebenso wie für ähnliche staatliche Einrichtungen unter der Kontrolle des *Hindu Religious and Charitable Endowments Department*, das seit 1926 in Tamil Nadu ebenfalls die Aus- und Weiterbildung von Priestern forciert.[116]

Die Besonderheit der Rituallehre Sathiyavel Murugans liegt zweifellos in ihrem Fokus auf die *Siva-Agamas*. Diese bereits mehrfach erwähnten Texte werden im heutigen Saiva Siddhanta allgemein als göttlich offenbarte sanskritischen Urschriften des Sivaismus verstanden. Entgegen der etablierten und wissenschaftlich akzeptierten Lesart waren diese Sanskrit-Texte laut Sathiyavel Murugan ursprünglich jedoch in Tamil verfasst beziehungsweise offenbart worden. Als Erklärung für den vermeintlichen Sanskrit-Ursprung der *Agamas* entwirft er eine radikale und tamil-nationalistische Geschichtsdarstellung, die sich auf die seit dem 19. Jahrhundert erstmals durch europäische Missionare vertretene und seitdem massiv rezipierte Theorie der sogenannten „arischen Invasion" in den indischen Subkontinent und nach Tamil Nadu stützt.[117] Für Sathiyavel

---

[112] Die Organisation veröffentlicht zudem eine Monatsschrift mit dem Titel „*teyva muracu*".

[113] Sathiyavayl Muruganaar 2012, 147–161.

[114] Vgl. Sathiyavayl Muruganaar 2012.

[115] Interview mit Cattiyavēl Murukaṉ 2012.

[116] Fuller 2003, 83.

[117] Die akzeptierte Idee von zwei ursprünglich verschiedenen Rassen in Indien, namentlich brahmanische Invasoren als „Arier" und „Draviden" als eroberte Urbevölkerung, entwickelte sich ab Mitte des 19. Jahrhunderts, vor allem durch die Rezeption der philologischen „Entdeckung" der dravidischen Sprachfamilie. Grundlegend hierfür war die Einleitung der 1856 erschienen „A Comparative Grammar of the Dravidian or South Indian

Murugan wurden die ursprünglich tamilischen Priester, die „Siva-Acharyas" (*civācāryā*), die auf Basis einer mündlichen Überlieferung der *Siva-Agamas* wirkten, durch eine Verschwörung der Herrscherhäuser der nicht-tamilischen Pallavars (*pallavar*) und der Dynastie der Cholas (*cōḻar*) mit den aus Nordindien eingewanderten sanskritisch-vedischen Brahmanen der Smarta-Tradition (*smārttam*) zwischen dem 7. und 13. Jahrhundert entmachtet und subordiniert. Zwar beschränkte sich der Einfluss der Pallavars zunächst nur auf die Thondai-Region (*toṇṭai naṭu*) um Kanchipuram, breitete sich aber schließlich tragischerweise mit den Chola-Herrschern in Madurai über den ganzen tamilischen Süden des Subkontinents aus. Seit dieser Zeit würden sich nicht nur die ehemals dravidischen (lies: tamilischen) Priester fälschlicherweise als Brahmanen verstehen, sondern vielmehr hätten sie, um sich bei der herrschenden Allianz aus Fürsten und vedischen Brahmanen anzubiedern, die tamilischen Schriften der *Agamas* ins Sanskrit übersetzt. Hierfür sei die *Grantha*-Schrift entwickelt worden, wobei das tamilische Original in Vergessenheit geriet.[118] Leider hätten auch die sivaitischen und dravidischen Reformer des frühen 20. Jahrhunderts daran nichts mehr geändert und sich weder für die *Agamas* noch für die tamilische Ritualistik eingesetzt. Gerade letzteren sei anzulasten, dass sie durch ihre öffentliche Verneinung Gottes aus dezidiert tamilischer Perspektive das private Verlangen nach religiöser Sinngebung zusätzlich befeuert und damit den Brahmanen in die Hände gespielt hätten: „Dies hat den Weg zum Gedeihen der Sanskrit-Rituale geradezu mit Ghee geschmiert."[119]

Sathiyavel Murugan ist nun angetreten, dieser historischen Niederlage des genuin tamilischen Sivaismus entgegenzutreten. Seine Bemühungen beschränken sich also nicht nur auf die Zugänglichmachung der vermeintlich sanskritischen Rituale durch Übersetzung ins Tamil, sondern vielmehr handelt es sich für ihn hierbei um eine Rückführung in den Originalzustand durch Reklamierung der *Agamas* als urtamilische Texte. Um diese Mission der Re-Etablierung der tamilisch-agamaischen Ritualistik zu erfüllen, war Sathiyavel Murugan allerdings auf die bereits erwähnten *Agama*-Publikationen des *French Institute* in Pondicherry angewiesen.[120] An dieser Stelle setzt auch seine Kritik an den traditionellen sivaitischen Zentren Tamil Nadus, also den Maths und Adhinams, an. Diese Einrich-

Family of Languages" des Missionars Robert Caldwell (1814–1891), Caldwell 1961. Eine Diskussion der Auswirkungen dieser Beiträge in zeitgenössischen Debatten und in der Historiographie bieten die Beiträge in Bergunder & Das 2002.

[118] Interview mit Cattiyavēl Murukaṉ 2012. Vgl. auch Sathiyavayl Muruganaar 2012, ii–iii.

[119] „*This paved the way for thriving Sanskrit rituals with gee.*" Sathiyavayl Muruganaar 2012, iv.

[120] Interview mit Cattiyavēl Murukaṉ 2012; Sathiyavayl Muruganaar 2012, vii; 2016.

tungen hätten es – auch aufgrund sanskritischen Einflusses – versäumt, die *Agamas* weiterzugeben und zögen sich bis heute in ihren Elitismus zurück. Seine Bemühungen um die Beschaffung der *Agamas* beschreibt Sathiyavel Murugan wie folgt:

> „Es war eine aufreibende Suche für mich, diese Bücher zu akquirieren, da es sehr wenige Publikationen der Agamas gibt und das, was vorhanden ist, wird von *den Esoterikern dieser Tradition* von der Öffentlichkeit ferngehalten, sodass diese ihre *Monopolstellung* bewahren können." [Herv. RK][121]

Die orthodoxen Maths und Adhinams, die von Sathiyavel Murugan hier als „Esoteriker dieser Tradition" bezeichnet werden, hätten also aus Selbstsucht und zum Erhalt ihres religiösen Monopols die Zugänglichkeit der Urtexte des Sivaismus verhindert. Damit seien sie auch für die generelle Unwissenheit der Tamilen über ihre ursprüngliche Religion des Saiva Siddhanta verantwortlich – ein Topos, der oben als „allgemeine religiöse Unkenntnis der Tamilen" bezeichnet wurde und der in der sivaitischen Szene Tamil Nadus heute in abgeschwächter Form durchaus verbreitet ist. Diese Fundamentalkritik an den Adhinams spezifiziert Sathiyavel Murugan weiterhin, indem er den Gelehrten dieser Institutionen vorwirft, dass sich diese höchstens mit *Tirumurai*-Literatur auskennen würden, entsprechend aber keine Ahnung von der eigentlichen Philosophie hätten: „Sie haben kein fundiertes Wissen und verstehen Saiva Siddhanta selbst nicht."[122] Noch schlimmer stünde es im übrigen um die Dozenten des Saiva Siddhanta Studienprogramms des Thiruvavaduthurai Adhinam.

Bei aller Kritik hat sich Sathiyavel Murugan allerdings ein gewisses Maß an formaler Orthodoxie bewahrt. Seine Berechtigung, die klassischen Varianten der sivaitischen Initiation oder *Diksha* zu spenden, bezieht er aus seiner eigenen *Acharya-Abhisheka*, also der höchsten Initiationsstufe, die er von Variyar Swamikal (*Tirupāṉanta Vāriyār Cuvāmikaḷ*) (1906–1993) erhalten hat.[123] Variyar Swamikal, mit dem Sathiyavel Murugan in einem entfernten Verwandtschaftsverhältnis stand,[124] war ein

[121] „*It was a frantic search for me to get at the books as the publications of Aagamam are very little and whatever little available are kept by the esoterics of this line [Adhinams] out of the reach of the common public so that it would be their monopoly.*" Sathiyavayl Muruganaar 2012, vi–vii.

[122] „*They have no in-depth knowledge and don't understand Saiva Siddhanta themselves.*" Interview mit Cattiyavēl Murukaṉ 2012.

[123] Eine kurze Darstellung von Variyar Swamikal findet sich bei Celvakkaṇapati 2013a, 520.

[124] Auf dem Einband eines jüngeren Buches das Verhältnis der beiden wie folgt beschrieben: „*Related to great Tamil Savant Thirumuruga Krupaanandha Vaariyaar SwaamigaL and baptised (Dheekkai) by him for Aachcharya Abishaygam.*" Sathiyavayl Muruganaar 2012, (Bucheinband Rückseite). Sathiyavel Murugan hat auch eine Biographie von Variyar Swamikal publiziert.

religiöser Lehrer aus der Nähe von Vellore (*Vēlūr*) der dem Vira-Sivaismus zugerechnet wird. Er gehört ebenfalls zu den früheren Aktivisten für eine tamilsprachige Ritualistik und führte mit seiner Organisation, der „Tiruppukal Sabhai" (*tiruppukaḻ capai*), Hochzeitszeremonien und andere Rituale durch. Wie der Name der Vereinigung bereits nahelegt, verwendete Variyar Swamikal vor allem die Hymnen-Dichtung des „Tiruppukal" (*tiruppukaḻ*) des Poeten Arunagirinathar (*Aruṇakirinātar*) aus dem 15. Jahrhundert. Diese Sammlung von Lobpreisungen des Gottes Murukan (*murukaṉ*, Skt. *skanda*), der als Sohn Sivas betrachtet wird, gilt als eine der bedeutendsten tamilischen Dichtungen dieser Zeit.[125] Sathiyavel Murugan leitet seine religiöse Autorität, die ihn zur Initiation seiner Anhänger befähigt – eigenen Angaben zufolge spendet er die verschiedenen *Dikshas* etwa 75 Mal pro Jahr – also nicht von den orthodoxen Institution des tamilischen Sivaismus ab. Allerdings reiteriert er durch die grundsätzliche Anerkennung die Wichtigkeit eines klassischen Lehrer-Schüler-Verhältnisses und eine autorisierende *Acharya-Abhisheka* für seine Initiationsberechtigung. Letztere stammt zwar von einem in Südindien bekannten Guru, der aber deutlich außerhalb der von ihm abgelehnten Traditionen der orthodoxen Maths und Adhinams steht, die sich offensichtlich zum Saiva Siddhanta bekennen.

Gerade weil jene orthodoxen Institutionen laut Sathiyavel Murugan elitistisch verbrämt und sanskritisch korrumpiert seien, würden sie sich gegen die Verbreitung tamilsprachiger Ritualistik einsetzen. Die Initiativen Sathiyavel Murugans zielen also nicht nur darauf ab, das rituelle Monopol der Brahmanen zu brechen, sondern vielmehr auch darauf, die autoritative Stellung der Adhinams zu unterwandern. Denn im Gegensatz zum „Saiva Siddhanta" des Thiruvavaduthurai Adhinam tauchen die *Agamas* in der Arbeit Sathiyavel Murugans nicht bloß als Zitat einer unhintergehbaren Autorität göttlichen Offenbarung auf, sondern als praktische Texte, deren tamilischen Urzustand er aus den Sanskrit-Schriften rekonstruiert habe. Um die Verständlichkeit der Rituale für alle Tamilen zu erhöhen, publiziert Sathiyavel Murugan daher Bücher wie „VaNdamizhil Vaazhviyal SadanggugL – Life Rituals in Tamil"[126], die eine konkrete und ausdifferenzierte Umsetzung des tamilisch-agamischen Rituals vorschlagen.

Da es sich bei den *Siva-Agamas* aber nicht nur um die ursprüngliche Offenbarung, sondern laut Sathiyavel Murugan auch um „wissenschaftliche" („*scientific*") Texte handelt, respektiere er zwar Initiativen wie die

---

[125] Vgl. Zvelebil 1995, 71–73.

[126] Sathiyavel Murugan verwendet ein eigenes System der Transliteration tamilischer Buchstaben, vgl. Sathiyavayl Muruganaar 2012, xi–xxxii.

des oben vorgestellten Kumaralingam in Coimbatore, allerdings würden solche nicht den höchsten Ansprüchen genügen. Hierzu sagt Sathiyavel Murugan: „Der Unterschied ist, dass sie [Kumaralingam u. a.] die Tirumurai verwenden und nicht die Agamas. Mein Ansatz ist wissenschaftlich, während ihrer emotional ist.“[127] Es stehe außer Frage, dass die *Tirumurai*-Hymnen durchaus ihre rituell-religiöse Bedeutung hätten und als „wirksame Mantras“ („*effective mandhiranggaL*“) eingesetzt werden könnten, „aber die mystischen Silben finden sich dort nicht explizit, sondern implizit.“[128] Der implizite Charakter von Saiva Siddhanta Lehren in den *Tirumurai* gehört, wie ausführlich gezeigt wurde, zu den anerkannten Überzeugungen des heutigen Saiva Siddhanta. Sathiyavel Murugan vertritt nun auf spezielle Weise, dass dies nicht nur für die philosophischen Inhalte gilt, die sich später in den *Siddhanta-Sastras* manifestieren. Vielmehr spitzt er diese Argumentation zu, indem er jenen *bhakti*-Hymnen eine eher „emotionalen“ Wert zuschreibt, wobei die sich durch wissenschaftliche Fundiertheit auszeichnenden Verse der *Agamas* erst die „mystische“ oder „kosmisch“ Wirkung entfalten würden. Diese Konzeption der *Mantras* unterscheidet ihn abermals deutlich von der diesbezüglich „sanskrit-freundlichen“ Haltung der Maths und Adhinams.

Die Bemühungen um das tamilisch-agamische Ritual sieht Sathiyavel Murugan dezidiert als Kampf für den Saiva Siddhanta. Er und seine insgesamt vier Organisationen hätten „tausende von Anhängern und alles [was ich tue] ist absolut Saiva Siddhanta“.[129] Die von ihm vertriebene DVD mit dem richtungsweisenden Titel „Sweet Thoughts of Saiva Siddhanta“ (*cittānta cintaṉaitēṉ*) enthält nicht nur die 12 Sutras des *Sivagnana Botham* und den Text des unkanonisch-kanonischen *Sivagnana Mapadiyam*, sondern auch nachvollziehbare Erklärungen der Geheimnisse des Saiva Siddhanta auf einfache Art und Weise in mehr als 16 Stunden Laufzeit.[130]

Der Saiva Siddhanta Sathiyavel Murugans unterscheidet sich von den hier bereits präsentierten Beispielen am stärksten von etablierten und weitgehend akzeptierten Namensgebungen. Sathiyavel Murugan, der

---

[127] „*The difference is that they use the Tirumurai and not the Agamas. My approach is scientific, whereas theirs is emotional.*“ Interview mit Cattiyavēl Murukaṉ 2012.

[128] „*It is alright that ThirumuRai psalms would serve for effective mandhiranggaL effective because they had wrought wonders in the teeth of inimical forces and demanding circumstances; no doubt they have great proven-track-record ineffable and insurmountable; Yet, the mystic syllables are not explicit in them but implicit.*“ Sathiyavayl Muruganaar 2012, vi.

[129] „*I have thousands of disciples and all is totally Saiva Siddhanta.*“ Interview mit Cattiyavēl Murukaṉ 2012.

[130] „*Esoteric Siddhanta made exoteric and simple with striking explanations.*“ Sathiyavayl Muruganaar o. J.

zwar auch den Kanon von *Agamas*, *Tirumurai* und *Siddhanta-Sastras* anerkennt, vertritt einen rein tamilischen Saiva Siddhanta, der von jeglichem nachträglichen sanskritischen Einfluss bereinigt werden muss. Das versucht er durch die Reklamierung der sivaitischen Urtexte der *Agamas* als „ursprünglich tamilisch" zu erreichen. Sein Vorgehen, das eine äußerst tamil-nationalistische Geschichtsdarstellung bemüht, findet seine praktische Manifestation im Kampf gegen das brahmanische Ritualmonopol und der Propagierung einer tamilisch-agamischen Ritualistik. Als Vertreter dieser Ritual-Lehre hat Sathiyavel Murugan eigenen Angaben zu Folge mindestens 1.500 Tempelkonsekrationen und über 4.500 tamilisch-agamische Hochzeiten durchgeführt. Sathiyavel Murugan ist in der tamilischen Saiva Siddhanta in Tamil Nadu und der Diaspora durchaus bekannt, wenngleich sehr umstritten. Seine Ablehnung der orthodoxen Autoritäten der sivaitschen Maths und Adhinams kann als Spiegelbild der umgekehrten Sicht betrachtet werden. Wenngleich er diese Institutionen massiv missbilligt und ihnen Elitismus und Borniertheit unterstellt, bleiben sie doch der negative Referenzpunkt seiner Positionen. Für ihn ist Saiva Siddhanta eben genau nicht das, was dort gelehrt wird. Erkennbar ist darüber hinaus, dass auch dieser Aktivist aus Chennai von den wissenschaftlichen Forschungen, wie das Beispiel der *Agama*-Rezeption über das *French Institute* zeigt, abhängig ist und versucht, Anschluss an die akademischen Debatten zu erhalten. Seine Kooperation mit einer privaten Hochschule unterstreicht dieses Bemühen. Für sein hier mehrfach zitiertes Buch zur Durchführung von Lebens-Ritualen, das über kein einleitendes Segenswort oder Ähnliches verfügt – und das ist für eine sivaitisch-tamilische Publikation durchaus ungewöhnlich – hat er einen europäischen Tamil-Dozenten um ein Vorwort gebeten. Allerdings sind die dafür vorgesehenen Seiten in der endgültigen Publikation leer geblieben.

Für das historische Versagen der tamilisch-sivaitischen Tradition macht Sathiyavel Murugan nicht nur eine „unheilige Allianz" von tamilischen Herrscherhäusern, die orthodoxen nicht-brahmanischen Zentren oder die atheistische Dravidische Bewegung verantwortlich, sondern auch explizit die sivaitischen Reformer des frühen 20. Jahrhunderts. Zwar hätten die Reformer um Maraimalai Adikal den religiösen Aspekt innerhalb der Dravidischen Bewegung verteidigt, hätten sich aber zu sehr um soziale Veränderungen und zu wenig um die Wiederbelebung einer tamilischer Ritualistik bemüht.[131] Auch J. M. Nallaswami Pillai, der zwar ein großer Gelehrter mit einigermaßen ordentlichen Ansichten zum Saiva Siddhanta gewesen wäre, wird von Sathiyavel Murugan massiv kritisiert. Jener hätte seinen Zugang zu Saiva Siddhanta über die Siva-Acharyas der Zeit er-

131 Sathiyavayl Muruganaar 2012, v–vi.

halten, die damals nicht nur bereits hoffnungslos brahmanisiert gewesen waren, sondern dementsprechend inkorrekte Ansichten an Nallaswami Pillai weitergegeben hätten. Nur so sei zu erklären, dass dieser gegenüber der sanskritischen Tradition durchaus aufgeschlossen gewesen wäre und daher eine schlicht mangelhafte Kenntnis der *Siva-Agamas* gehabt hätte, die er zudem noch falsch zitierte. Die Einschätzung, Nallaswami Pillai sei gewissermaßen ein unvollendeter und auf lange Sicht wenig erfolgreicher Sidhanta-Reformer gewesen, weil er zu wenig anti-brahmanisch motiviert war und zu wenig gegen Sanskrit agitiert hat, wurde auch in der Forschung zum Thema dezidiert vertreten.[132] Allerdings muss hierzu angemerkt werden, dass eine solche Perspektive Nallaswami Pillai als eigenständigem Denker, der Saiva Siddhanta fest in der Sanskrit- und Tamil-Tradition verwurzelt sah, kaum gerecht wird. Er war vor allem gegen Ende seines Lebens darum bemüht, die Brahmanen für die Sache des tamilischen Sivaismus (zurück) zu gewinnen.[133]

Das Hauptproblem an den zeitgenössischen Debatten der Tamil-Aktivisten des frühen 19. Jahrhunderts ist für Sathiyavel Murugan nichtsdestoweniger, dass im tamilischen Sivaismus seit dieser Zeit die unter anderem von Nallaswami Pillai geteilte Annahme vorherrsche, die Veden gehörten zum sivaitischen Kanon. Sathiyavel Murugan hält das für einen großen Fehler, denn dort käme Siva nachweislich überhaupt nicht vor, höchstens in Form blasphemischer Verse. Diese Sanskrit-Texte könnten damit niemals der Ursprung des Sivaismus sein und müssen konsequenterweise auch aus dem Kanon des Saiva Siddhanta gestrichen werden.

Die Namensgebung zu „Saiva Siddhanta" bei Sathiyavel Murugan lässt sich demzufolge durch folgende Äquivalenzketten ausdrücken, die Überschneidungen mit und deutliche Verschiebungen im Vergleich zu den hier bereits präsentierten Signifikationen zeigen: Saiva Siddhanta – ist eine rein tamilische, aber in Vergessenheit geratene Religion – basiert vor allem auf den *Agamas*, die tamilischen Ursprungs sind und wissenschaftlichen Ansprüchen genügen – ist eine vom Brahmanismus unterdrückte Religion – findet seine Vollendung in den *Siddhanta-Sastras* – lehrt eine eigene Epistemologie und eine eigene dreigliedrige Ontologie, die aus den kanonischen Werken abgeleitet wird – vertritt besondere Konzeptionen über die ewigen und ungeschaffenen Entitäten Gott/*Pati*, die Seelen/*Pasu* und die Fesselung/*Pasam* – teilt die Fesselung in weitere drei Entitäten namens *Anava-*, *Karma-* und *Maya-Mala* auf – verfügt über eine eigene, überlegene Ritualistik – ist eine konkrete Lebenspraxis –

[132] Siehe u.a. Irschick 1969, 292–293; Kailasapathy 1979; Vaitheespara 1999, v.a. 159 Fn 103.

[133] Bergunder 2010.

kennt verschiedene Initiationsformen, die nur in einem Lehrer-Schüler-Verhältnis gespendet werden können – ...

Die negative Äquivalenzkette könnte entsprechend so aussehen: Saiva Siddhanta – ist keinesfalls sanskritischen Ursprungs – hat keinen Bezug zu den Veden – wird nicht von den bornierten sivaitischen Maths und Adhinams gelehrt – ist nicht das, was sivaitische Reformer wie Nallaswami Pillai propagiert haben – hat keinen Platz für brahmanische Rituale – ist nicht Atheismus – ...

Sathiyavel Murugans alternativer Saiva Siddhanta, der sich immerhin teilweise einen „quasi-stabilen Kern“ mit den meisten anderen Artikulationen – wenn auch mit im Detail ganz eigenen Deutungen – teilt, ist ein ausdrückliches Beispiel dafür, das kein Versuch einer hegemonialen Schließung, keine von noch so autoritativer Stelle vorgenommene Fixierung von Bedeutung innerhalb eines Diskurses unwidersprochen bleiben würde. Vielmehr zeigen seine propagierten Ansichten, wie stark Wiederholungen etablierter Namen von dominanten oder sedimentierten Positionen abweichen können. Selbst die verbreitete Anerkennung göttlich offenbarter Schriften oder die Hochachtung vor orthodoxen Einrichtungen können immer angefochten, neu gedeutet oder schlicht abgelehnt werden. Sathiyavel Murugans Stimme ist zwar eine, die im tamilisch-sivaitischen Diskurs marginalisiert und oft als zu radikal oder übertrieben abgetan wird – was aber immerhin eine negative Anerkennung oder Iteration seiner Artikulationen markiert. Sie ist darüber hinaus aber doch die Stimme eines Aktivisten, der Anhänger findet, die seine Äußerungen wiederholen und damit gesellschaftliche Realitäten und Identitäten produzieren.

4. Namensgebung als global-tamilischer Diskurs

Die vorliegende Studie zum tamilischen Sivaismus des frühen 21. Jahrhunderts orientiert sich, wie oben gezeigt, an poststrukturalistisch inspirierten Vorschlägen zur „Namensgebung“. Bei der Erläuterung der theoretischen Grundannahmen dieses Ansatzes ist bereits deutlich gemacht worden, dass ein Name wie „Saiva Siddhanta“ in diesem Sinne als hegemonialer Akt der sprachlichen Signifikation verstanden wird, der gemäß der Logik von Äquivalenz und Differenz soziale Realitäten und Identitäten hervorbringt. Nach der zunächst ausführlich vorgenommenen Untersuchung der Namensgebung für Saiva Siddhanta durch den Thiruvavaduthurai Adhinam und seines populären Programms zu Propagierung dieser Lehren unter der tamilischen Bevölkerung, wurden in diesem Kapitel Artikulationen zum selben Namen nachverfolgt, die gewissermaßen jenseits des einflussreichen sivaitischen Zentrums artikuliert wurden. Dabei konnte herausgearbeitet werden, dass dieses „Jenseits“ eine Zuschreibung darstellt, die zumindest relativiert werden muss. Denn wie gezeigt werden konnte, besteht für die durchaus unterschiedlichen, hier examplarisch vorgestellten Initiativen nicht nur oftmals eine direkte Verbindung zum Adhinam in Thiruvavaduthurai oder ähnlichen orthodoxen Institutionen. Auch eine quasi antagonistische Ablehnung, wie von Sathiyavel Murugan, ist dabei als eine explizite Form von Bezugnahme zu verstehen.

Darüber hinaus wurde demonstriert, dass die in tamilischen Universitäten, klassischen Zentren, populären Organisationen und tamilnationalistischen Initiativen etablierten Namensgebungen zu „Saiva Siddhanta“ teilweise mit sehr ähnlichen Bedeutungen versehen werden wie in Thiruvavaduthurai – etwa im Hinblick auf den „quasi-stabilen Kern“ eines bestimmten textuellen Kanons, die Akzeptanz einer bestimmten Ontologie oder die Betonung der Wichtigkeit eines Gurus. Dass diese relativ fixierte Signifikation allerdings immer gefährdet ist, wird an allen Beispielen offenbar. Jede Artikulation zu „Saiva Siddhanta“ hat, wie gesehen, das Potential, sich vermeintlich autoritativen Zuschreibungen zu widersetzen. Mit dem oben vorgestellten Konzept der Sedimentierung durch den performativen Akt sprachlicher Artikulation ist bereits darauf verwiesen worden, dass diese Äußerungen notwendigerweise niemals identisch mit einer vorherigen, noch so hegemonialen Artikulation sein können. So zeigen alle hier vorgestellten Fälle von Saiva Siddhanta Propagierung mindestens immer eigene Schwerpunktsetzungen innerhalb der Äquivalenzketten von Signifikationen für „Saiva Siddhanta“.

Während sich der Dharmapuram Adhinam in einer eigenen heiligen Abstammungslinie verortet, kanonische Literatur der eigenen Institution propagiert oder sich aktiv um Anschluss an akademische Debatten bei gleichzeitiger Betonung der eigenen Orthodoxie bemüht, erkennt er doch weiterhin die Werke einiger christlicher Autoren als „quasi-authentisch“ an. Die universitären Programme zu Saiva Siddhanta zeugen teilweise von Offenheit gegenüber nicht-kanonischen Autoren, bei simultaner Anerkennung der Autorität der traditionellen sivaitischen Zentren. Dies gilt auch für die dargestellten Organisationen in Pondicherry, deren Saiva Siddhanta sehr eng an Thiruvavaduthurai angeknüpft ist. Der Anschluss an die Sichtweisen jener Einrichtungen zeigte sich auch im Falle öffentlicher Agitation, die zusätzlich als religiös-sivaitische Praxis gekennzeichnet ist. Gleichzeitig weicht Siva Mathavan etwa in Bezug auf den rein tamilischen Charakter des Saiva Siddhanta deutlich von den Adhinam Positionen ab. Die Saiva Siddhanta Organisationen in Coimbatore vertreten – zumindest in Bezug auf Kanon und grundlegende philosophische

Ansichten – einen „klassischen“ Saiva Siddhanta. Auffällig ist hier aber die Verortung in einer heute weniger einflussreichen orthodoxen Traditionslinie sowie die eindeutige Betonung des tamilischen Charakters des Saiva Siddhanta. Kumaralingams Initiative zur Durchführung tamilischer Rituale auf Basis der *Tirumurai* auf der einen, und die modernisierenden und internationalisierenden Tendenzen des *Tiruneriya Tamil Manram* auf der anderen Seite, stehen bei aller Kooperation für unterschiedliche Pole in der konkreten Umsetzung. Erwähnenswert hier ist zusätzlich die führende Rolle von Frauen, die den Saiva Siddhanta in Coimbatore deutlich von den Adhinams unterscheidet. Der abschließende Fall des Siddhanta-Aktivisten Sathiyavel Murugan ist das vielleicht deutlichste Beispiel für offensiv vorgetragenen Widerspruch zur dominanten Bedeutung des Namens „Saiva Siddhanta“. Sein anti-brahmanisch, anti-sanskritisch und rein tamilischer Saiva Siddhanta, der von den orthodoxen Einrichtungen dezidiert abgelehnt wird, ist damit aber gleichzeitig Teil eines gemeinsamen Diskurses als gesellschaftlicher Aushandlungs- und identitätsstiftender Prozess.

Die vorgestellten Initiativen einer rein tamilischen Ritualistik oder die Überzeugung eines ursprünglich tamilischen Charakters des Saiva Siddhanta stehen zwar einerseits in offenem Widerspruch zur Namensgebung der Adhinams. Allerdings kann diese gegenseitige negative Bezugnahme andererseits durchaus zur Stabilität der jeweiligen Positionen beitragen. Denn der antagonistische Ausschluss von Signifikanten in Form einer negativen Äquivalenzkette ist, wie oben gesehen, zwingend notwendig, um die vorläufige Fixierung einer Signifikation zu gewährleisten. Indem also bestimmte Bedeutungen innerhalb desselben Diskurses abgelehnt werden, können diese, als Teil der negativen Äquivalenzkette, durchaus dazu beitragen, den eigenen „Saiva Siddhanta“ zu sedimentieren. Hierzu braucht es also nicht immer Advaita Vedanta oder Christentum – genügend Abgrenzungspotential bietet dafür auch der tamilische Saiva Siddhanta Kontext selbst.

Damit konnte auch gezeigt werden, dass es bei der Bestimmung des „leeren Signifikanten“ „Saiva Siddhanta“ eben auch massive Abweichungen und Verschiebungen von Bedeutungen gibt, die bezeugen, wie fragil und angreifbar jede hegemoniale Namensgebung letztlich ist. Damit ist deutlich geworden, dass die alleinige Autorität für die Benennung von „Saiva Siddhanta“ – trotz eines solchen expliziten Anspruches – nicht beim Thiruvavaduthurai Adhinam oder ähnlichen Einrichtungen und deren Vertretern liegt, wobei das von einigen der hier gezeigten Beispiele sicherlich so anerkannt würde. Die semantische Ähnlichkeit zeugt allerdings bei aller Unterschiedlichkeit dennoch davon, dass der tamilsiche „Saiva Siddhanta“ eine sedimentierte Bedeutung kennt, die zumindest sehr selten angezweifelt wird, namentlich der fixierte Kanon aus Veden, *Agamas*, *Tirumurai* und *Saiva Siddhanta Sastras*. Gerade weil der Saiva Siddhanta Kanon als vermeintlich „stabiler Kern" der gegenwärtigen Diskussionen eine solche Wirkmacht besitzt, soll er im folgenden Kapitel historisch näher untersucht werden. Hierbei wird sich zeigen, dass die Annahme seiner Unveränderlichkeit und unwidersprochenen Allgemeingültigkeit einer historischen Analyse, die von der poststrukturalistischen Position der Namensgebung aus betrieben wird, nicht standhält.

Bevor allerdings eine solche historische Verortung des heutigen Saiva Siddhanta vorgenommen werden kann, die in der vorangegangenen Analyse durch die ausdrücklichen Bezüge zu den sivaitisch-tamilischen Debatten des späten 19. und frühen 20. Jahrhunderts bereits angedeutet wurde, muss an dieser Stelle auf den globalen Charakter des gegenwärtigen Saiva Siddhanta Diskurses hingewiesen werden. Die Frage, was Saiva Siddhanta ist, wird seit etwa 150 Jahren nicht mehr nur in Tamil Nadu und Sri Lanka gestellt und beantwortet, sondern findet seit der kolonialen und orientalistischen Intervention auf einer globalen Bühne statt, die Anfang des 21. Jahrhunderts vernetzter ist als je zuvor. So werden etliche Signifikanten des gegenwärtigen Namens „Saiva Siddhanta" in der ganzen tamilsprachigen Welt diskutiert. Hierzu gehören unter anderem die Fragen der Autorität orthodoxer sivaitischer Zentren, die Zitierung eines bestimmten Kanons und seiner Texte, die Akzeptanz der Zentralität eines Gurus, die Notwendigkeit der Initiation, der Fokus auf den Erwerb von Wissen, der Wunsch nach Anschluss an akademische Debatten oder die Umsetzung von Saiva Siddhanta Wissen in die religiöse Praxis der Rezitation, der Verehrung Gottes oder des sozialen Dienstes. Wie bereits die Beispiele der Internationalisierung der Saiva Siddhanta Propagierung im Rahmen des Saiva Siddhanta Studienprogramms des Thiruvavaduthurai Adhinam in Sri Lanka und Orten tamilischer Diaspora zeigen konnten, vergrößert sich der Aktions- oder Diskursradius insbesondere dieses Netzwerkes in den letzten Jahrzehnten merklich. Auch die Aktivisten in Coimbatore weisen etliche internationale Verbindungen auf und versuchen, ihren Saiva Siddhanta auch jenseits der Tamilsprachigkeit attraktiv zu machen, wenngleich das noch die Ausnahme darstellt. Viele der hier vorgestellten Vereinigungen und Initiativen gehen zudem immer mehr Kooperationen mit tamilischen Diaspora-Organisationen in Malaysia, Singapur, Großbritannien oder Nordamerika ein.

Die bereits vorgestellte „Welt-Tirumurai-Konferenz" 2014 in London wurde, wie viele weltweit stattfindende Veranstaltungen dieser Art, von einem Konglomerat aus tamilischen Diaspora-Vereinigungen organisiert. Dabei ist die Bedeutung der gleichzeitigen Anwesenheit akademischer und religiöser Vertreter aus der „eigentlichen Heimat" des Saiva Siddhanta nicht zu unterschätzen. Der Besuch des 24. Gurumaha Sannidhanam des Thiruvavaduthurai Adhinam und des führenden Tambiran des Dharmapuram Adhinam war auch deshalb so wichtig, da hiermit versucht wurde, den globalen Saiva Siddhanta der tamilischen Diaspora an die orthodoxen Zentren der „ursprünglichen Heimat" anzuschließen – also die eigene Namensgebung von jenen zölibatären Vertretern in Wiederholung anerkennen zu lassen. Hier wird abermals deutlich, wie eng der Name „Saiva Siddhanta" an die Formulierung von konkreten Identitäten geknüpft ist, die gerade jenseits Tamil Nadus auch von der Idee des kulturellen und religiösen Ursprungs geprägt sind. Daher wird vielfach versucht, den tamilischen Charakter der potentiellen Universalreligion „Saiva Siddhanta" auch im Kontext einer vielfältigen global-religiösen Landschaft zu vertreten. Dieses Selbstverständnis hat der sivaitische Aktivist R. Lambodharan, der in Kanada eine Organisation mit dem programmatischen Namen „Knowing our Roots"[134] anführt, beispielhaft auf der Konferenz in London zum Ausdruck gebracht: „Die kosmische Wahrheit ist universal. Sie gehört nicht zu einer bestimmten Gruppe von Menschen. Wir Tamilen sind jedoch die Wächter dieser kosmischen Wahrheit."[135]

Ein besonderes Beispiel sind im Zusammenhang der globalen Vernetzung des Saiva Siddhanta die Bemühungen von Siddhanta-Gruppen der südafrikanisch-tamilischen Diaspora, die – aufgrund der Abgeschlossenheit des Landes während der Jahrzehnte des Apartheitsregimes – erst seit Mitte der 1990er Jahre die Möglichkeit hatten, jene Verbindungen zu den „Ursprüngen" in Tamil Nadu zu suchen. Entstanden in den 1930er Jahren im Kontext aggressiver christlicher Missionsbemühungen, haben sich dort, vor allem in Durban, mehrere Vereinigungen gebildet, die auf eigene Weise versucht haben, den christlichen Agitationen eine sivaitische Antwort entgegen zu setzen. In den vergangenen 70 Jahren hat sich daher in Südafrika eine eigenständige und von Indien lange relativ unabhängige Saiva Siddhanta Szene entwickelt.[136] Als ich 2012 den Tiruppanandal Math besuchte, war unmittelbar vor meinem Gespräch mit dem dortigen stellvertretenden Oberhaupt Sundaramurthi Swamikal, ein Vertreter einer Saiva Siddhanta Organisation aus Südafrika dort vorstellig geworden. Dieser befand sich auf einer Pilgerreise durch die orthodoxen Maths und

[134] Für eine Selbstdarstellung der Vereinigung mit Sitz in Scarborough/Ontario siehe http://www.knowingourroots.com/ (zuletzt aufgerufen am 16.06.2016). Die Organisation gibt etliche Publikationen heraus, veranstaltet regelmäßige Saiva Siddhanta Kurse und verschickt wöchentlich Emails an Mitglieder und Interessierte, mit Erklärungen für Verse aus der kanonischen Literatur.

[135] „*The cosmic truth is universal. It does not belong to a certain group of people. We Tamils only happen to be the custodians of the cosmic truth.*" Lambotharan 2014.

[136] Vgl. Schröder 2015; 2017.

Adhinams Tamil Nadus, um um Unterstützung seiner Bemühungen zu bitten und den Segen für seine Tätigkeiten zu erhalten. Während Sundaramurthi Swamikal dessen Initiative ausdrücklich lobte, formulierte er aber auch eine Kritik, die sich auf die tamilische Diaspora im Ganzen ausweiten lässt, deren Entstehung bereits ins 19. Jahrhundert im Zuge der Umsiedlung von Arbeitskräften innerhalb des britischen Kolonialreiches zurückreicht. Namentlich mahnte Sundaramurthi Swamikal die verblassende Kenntnis des Tamil in den Diaspora-Gemeinschaften an.[137] So hätten die dortigen Anhänger des Saiva Siddhanta ein Problem beim Verständnis tamilischer Texte und Hymnen und würden schwerlich begreifen, was dort *eigentlich* gesagt würde. Für Sundaramurthi Swamikal ist „eigentlicher Saiva Siddhanta" also immer noch die Angelegenheit der Maths und Adhinam, oder zumindest der Tamilen Tamil Nadus (und Sri Lankas). Trotzdem lässt sich auch für ihn schwerlich verhindern, dass sich auch Südafrikaner mit tamilischen Wurzeln dazu äußern.

Wie diese Beispiele der Bemühungen der tamilischen Diaspora in jedem Falle deutlich zeigen, erhält der Saiva Siddhanta eine vermehrt globale Dimension, wobei dadurch, zum Leidwesen einiger seiner orthodoxen Vertreter, „Saiva Siddhanta" eben auch unter jenen Diaspora-Tamilen kein rein tamilsprachiger Diskurs mehr ist. Seit 1949 existiert zudem in den USA eine „Saiva Siddhanta Kirche" („Saiva Siddhanta Church"), die vom amerikanischen Guru Sivaya Subramuniyaswami (geboren als Robert Hansen) (1927–2001) gegründet wurde und dessen Organisation, unter Anerkennung der kanonischen Veden, *Agamas* und vor allem des *Tirumantiram*, aktiv versucht, an den globalen Debatten um „Saiva Siddhanta" teilzunehmen.[138] Dass dieser Diskurs seit dem 19. Jahrhundert aber immer eng verwoben war mit orientalistischen, missionarischen oder tamilistisch-akademischen Debatten, die eben gerade nicht auf Tamil stattfanden, ist an den hier präsentierten Beispielen erkennbar geworden. Die bereits seit der zweiten Hälfte des 19. Jahrhunderts geführte Diskussion um den tamilischen Saiva Siddhanta, also die historischen Namensgebungen, sind damit seit 150 Jahren vielmehr als Kampf um Bedeutung auf zwar religionsgeschichtlich eher marginalisierter, aber dennoch globaler Bühne zu betrachten. Um neben einer synchronen Nachverfolgung von „Saiva Siddhanta" der genealogischen Perspektive des hier gewählten Ansatzes gerecht zu werden, sollen daher im Folgenden exemplarisch einige historische Artikulationsmomente im Sinne einer diachronen Genealogie beleuchtet werden.

[137] Interview mit Cuntaramūrtti Cuvāmikaḷ 2012.

[138] Die Organisation, deren Sitz auf Hawaii heißt bezeichnenderweise „Kauai Adheenam", gibt unter anderem ein englischsprachiges Magazin namens „Hinduism Today" heraus. Zur Vereinigung und ihrem Gründer siehe Neubert 2012.

5. *Historische Perspektiven*

Wie oben im Zusammenhang mit der theoretischen Rahmung dieser Studie bereits angedeutet, soll die Nachverfolgung der Namensgebungen zu „Saiva Siddhanta" im rezenten tamilischen Diskurs als Umsetzung einer genealogischen Perspektive im Sinne Michel Foucaults verstanden werden. Foucault hatte in Anlehnung an Friedrich Nietzsches Überlegungen zur Sinn- und Zwecklosigkeit der Suche nach einem Ursprung als „Ort von Wahrheit" eine Theorie der Genealogie als Maxime für ein Geschichtsverständnis vertreten.[139] Diese besagt, dass „die Chimäre des Ursprungs" keineswegs als Garant für Eindeutigkeit oder Kontinuität in der Geschichte gelten kann. Jede detailliertere historische Betrachtung muss demnach feststellen, dass eine solche eindimensionale Perspektive den umstrittenen und widersprüchlichen Charakter alles Historischen missachtet. Dies äußert sich etwa durch Privilegierung des geschichtlichen Anfangs von etwas und, damit einhergehend, durch die Annahme von Gesetzmäßigkeiten oder Zielgerichtetheit von historischer Entwicklung. Umgekehrt müsse, laut Foucault, die Einmaligkeit historischer Konstellationen und ihre gleichzeitige Kontingenz anerkannt und entsprechend theoretisch durch ein nicht-essentialistisches Verständnis von Geschichte gewürdigt werden. Da sich historische Arbeitsweisen oftmals ihrer eigenen Perspektivität zu wenig bewusst seien, weil sie genau durch den Glauben an einen Ursprung und daraus resultierenden Gesetzmäßigkeiten oder Teleologien jene Perspektivität verschleiert, muss für Foucault die Blickrichtung radikal umgekehrt werden. Das bedeutet, dass historisches Arbeiten immer in der Gegenwart beginnen muss, also das Wissen des Historikers oder der Historikerin im Hier und Jetzt als Ausgangspunkt der Analyse zu nehmen hat. Forschungspraktisch bedeutet dies aber in der Regel, dass die konventionelle historische Arbeitsweise, wie Michel de Certeau angemerkt hat, eine „skripturale Umkehrung" darstellt, also chronologisch von einem Punkt in der Vergangenheit aus in Richtung der Gegenwart vorgeht. Problematisch ist dies vor allem dann, wenn gegenwärtige Teleologien und Überzeugungen dadurch anachronistisch in die Betrachtung der Vergangenheit eingetragen werden. Die Gefahr liegt also in der ahistorischen Verwendung von gegenwärtigen, hegemonialen Namen, deren Eigenschaft ja gerade ist, ihre eigene Historizität zu verschleiern, indem sie ständig performativ wiederholt werden. Der retro-aktive Effekt der daraus erfolgenden Sedimentierung objektiviert geradezu die artikulierte Bedeutungsfixierung zu einer vermeintli-

---

[139] Vgl. Foucault 1996.

chen Totalität und entzieht ihr die Widersprüchlichkeiten ihrer Geschichtlichkeit.[140]

Von der Position der Genealogie aus muss also das präsentische Wissen zurückverfolgt werden, um auf diese Weise die Kämpfe um Bedeutung und Widersprüche in der historischen Entwicklung dessen zu zeigen, was uns heute als gültiges Wissen, Alltagsverständnis oder „common sense" begegnet. Eine methodische Umsetzung dieser theoretischen Überlegungen Foucaults erlaubt gemäß dem hier vertretenen Ansatz, die Sedimentierung von gegenwärtiger Namensgebung zu verfolgen. Konkret heißt das, die machtvollen Artikulationen, die als Wiederholungen eine zeitweise Fixierung von Bedeutungen erzeugen, konsequent zu historisieren, also ihre geschichtliche Gewordenheit nachzuzeichnen. Dieses Vorgehen, das immer und notwendig in der Gegenwart beginnt, vermag so zu zeigen, dass die Dinge (also Namen) eben nicht so sind wie sie sind, weil sie den historischen Gesetzmäßigkeiten einer kontinuierlichen und zielgerichteten Entwicklung folgen, die in einem klaren Ursprung ihren Anfang nimmt. Vielmehr eröffnet die genealogische Perspektive Wege, die Umkämpftheit von machtvollen Signifikationen nachzuvollziehen und so die – damit keineswegs beliebige – Gewordenheit jedes Namens als Prozess hegemonialer Artikulationshandlungen zu verstehen. Genau hier liegt das kritische Potential dieses Ansatzes, der scheinbare „ursprüngliche Gegebenheiten" oder vermeintlich eindeutige und transhistorische Bedeutungen grundlegend anzweifelt. Dies erlaubt eine nicht-essentialistische Historisierung eines „Namens", die gleichzeitig immer die praktische Unmöglichkeit der Nachverfolgung aller Wiederholungen dieses Namens akzeptieren muss. Forschungspragmatisch gilt es, die Analyse des Diskurses, oder des „Fließens der Signifikanten", also in präsentischer Artikulation als Versuche der Bedeutungsfixierung durch Namensgebung, praktisch zu beschränken. Hierzu schlägt Michael Bergunder vor, die Wiederholungen eines Namens als diskursives Netzwerk zu beschreiben, das durch Artikulationen *dieses* Namens hervorgebracht wird und jenen in der Regel als überzeitliche und kontinuierliche Wiederholungen versteht. Genau dies ist in diesem Kapitel unternommen worden, namentlich als Beschreibung eines synchronen – und diese Synchronizität umfasst hier etwa die letzten 20 Jahre – diskursiven Netzwerkes. Wie zu zeigen versucht wurde, scheint das Bild des Netzwerkes einer „Saiva Siddhanta Diskursgemeinschaft" oder „Saiva Siddhanta Szene", bestehend aus Vertretern orthodoxer Maths und Adhinams, religiösen Lehrerinnen, Tamilisten, Propagandisten, Aktivisten und „einfachen Sivaiten", aufgrund der mannigfaltigen Verbindungen, artikulierten Bezugnahmen

[140] Bergunder 2012b, 41–45.

und gegenseitigen Abhängigkeiten und Referenzen durchaus gerechtfertigt.[141]

Auch wenn etwa der Saiva Siddhanta des Thiruvavaduthurai Adhinam einen gegenteiligen Eindruck zu vermitteln sucht, hat ein solches Netzwerk kein beständiges, außerdiskursives Zentrum, sondern etabliert sich durch Artikulation. Die Autorität des Thiruvavaduthurai Adhinam und anderer Institutionen ist damit das *Ergebnis* und nicht die *Voraussetzung* dieser Akte der Signifikation. Dass die hegemoniale Namensgebung, wie sie ausführlich für den Thiruvavaduthurai Adhinam vorgestellt wurde, aber niemals unumstritten war, ist anhand der oben beschriebenen, teilweise deutlich abweichenden Artikulationen, klar geworden. Die Unvollkommenheit und Widersprüchlichkeit jeder Bedeutungsfixierung liegt in der fragilen Natur des Diskurses selbst begründet. Kritik an solchen Namensgebungen, die, wie gesehen, Realitäten und Identitäten hervorbringen, und Versuche ihrer aktiven Verschiebung sind unvermeidlich, wenngleich sie durch „Einschluss durch antagonistischen Ausschluss" jene hegemonialen Namensgebungen ebenso weiter sedimentieren können.

Die Nachverfolgung der Wiederholung eines bestimmten Namens, im Falle dieser Studie also die Artikulationen zu „Saiva Siddhanta", ist nicht nur im Sinne eines synchronen Blickwinkels niemals umfassend möglich. Gleiches gilt entsprechend und vielleicht sogar verstärkt für Nachzeichnung einer Signifikation in diachroner Perspektive. Dennoch bietet die methodische Operationalisierung der Lesart der Genealogie eine pragmatische Option historischen Arbeitens, indem sie die zitatförmigen Namensgebungen und die damit einhergehenden Kämpfe um Bedeutung von der Gegenwart aus verfolgt. Dies geht mit einer konsequenten Historisierung der Bedeutungsfixierungen in ihren Artikulationskontexten einher. Nur so kann gezeigt werden, dass die Verwendung gegenwärtiger Namen auch in historisch arbeitender Forschungsliteratur oftmals die heutigen Überzeugungen anachronistisch, ahistorisch und objektivierend in die Vergangenheit einträgt. Gerade weil Wiederholungen auf eine solche „Dekontextualisierbarkeit" angewiesen sind, um überhaupt zu *verschiedenen Zeiten* sedimentierte Bedeutung erzeugen zu können, müssen die Artikulation nicht nur nachverfolgt, sondern re-kontextualisiert werden. Diese Wiedereinbindung von Akten der Signifikation in historische Diskurse vermag dadurch die Umkämpftheit und Widersprüchlichkeit ihrer Artikulation offen zu legen. Eine solche Vorgehensweise wird vermeintliche Kontinuitäten, die durch den retro-aktiven Effekt gegenwärtige Affirmation von Namen durch Historiographie erzeugt werden, stellenweise

---

[141] Bergunder 2012b, 41–47.

zu brechen vermögen. Dies schließt die Konstatierung von Kontinuitäten in Form von iterierter und sedimentierter Bedeutung keineswegs aus. Allerdings erkennt die vorliegende theoretische Haltung zum einen an, dass eine solche Diagnose ebenfalls den präsentischen Versuch einer hegemonialen Schließung durch (wissenschaftliche) Namensgebung markiert. Zum anderen erfordert ein derartiger „Kontinuitäts-Befund" weiterhin eine Plausibilisierung anhand historischer Quellen für verifizierbare Rezeptionslinien, die zeigen, dass die jeweiligen Artikulationen an vorherige Diskursnetzwerke anschließen.[142]

Für den Untersuchungsgegenstand dieser Studie, den Namen „Saiva Siddhanta", liegt das Hauptaugenmerk auf der Analyse des gegenwärtig-synchronen diskursiven Feldes. Der Thiruvavaduthurai Adhinam nimmt, wie ausführlich bei der Analyse der von ihm vertretenen Doktrinen gezeigt, keine konkreten historischen Verortungen vor. Der geschichtliche Rahmen seines „Saiva Siddhanta" ist vielmehr eine überzeitliche, göttliche Offenbarung.[143] Für die genealogische Perspektive dieser Arbeit stellt sich damit die Schwierigkeit, konkrete Rezeptionlinien nachzuzeichnen. Denn diese werden in der hier vorgestellten Fallstudie nur in Ansätzen oder gar nicht benannt. Der erste Direktor des Studienprogramms, Vaithiyanathan, hat in seinen Lehrbüchern etwa kaum auf nachvollziehbare Autoren rekurriert, sondern meist direkt den göttlichen Kanon des Saiva Siddhanta bemüht. Ein schrittweises Bearbeiten expliziter Rezeptionlinien ist damit schwer möglich. Allerdings konnte bei der obigen Analyse mehrfach deutlich und nachvollziehbar gezeigt werden, dass auch dieser Saiva Siddhanta signifikante Charakteristika aufweist, die plausibel bis ins frühe 20. und späte 19. Jahrhundert nachverfolgt werden können. Damit gibt es starke Hinweise darauf, dass der heutige Saiva Siddhanta in Form und Inhalt ein ausgesprochen moderner ist. Um diesen historischen Kontext für die nachfolgende Darstellung besser einordnen zu können, wird zunächst ein Überblick über die gesellschaftlichen Veränderungen in Tamil Nadu, vor allem ab der zweiten Hälfte des 19. Jahrhunderts, gegeben.

Um diese Argumentationslinie der modernen Genealogie des Saiva Siddhanta weiter zu stützen, sollen im Folgenden zweitens ausgewählte Beispiele vorgestellt werden, wo heutiger Saiva Siddhanta in Tamil Nadu eine konkrete geschichtliche Selbstverortung vornimmt. Hierbei wird zunächst ein Hinweis aus der bereits mehrfach erwähnten, zehnbändigen

---

[142] Bergunder 2012b, 43–44.

[143] Dies bildet in der Lesart der Adhinams keinen Widerspruch, da „Historizität" – selbst eine moderne Kategorie – schlicht nicht der entscheidende Faktor für die eigene historische Verortung darstellt, bzw. für die religiöse Abstammungslinie reklamiert wird. Vgl. Klöber 2017b, 196.

Sivaismus-Enzyklopädie zur konkreten Geschichtlichkeit der Kanonizität *Saiva Siddhanta Sastras* präsentiert, der – zumal in der Forschung – kaum bekannt ist und in einer Publikation von 1866 einen entscheidenden Moment für die Fixierung der 14 Werke sieht. Danach soll die, bereits genannte, populäre Saiva Siddhanta Organisation des *Saiva Siddhanta Perumanram* aus Chennai näher vorgestellt werden, die nicht nur seit ihrer Gründung 1905 aktiv an den Diskussionen über tamilischen Sivaismus beteiligt war, sondern vielmehr ein aussagekräftiges Beispiel für die orientalistisch-globale Verwobenheit des Diskurses darstellt. Anschließend wird nochmals auf den „Saiva Siddhanta" des Dharmapuram Adhinam und des *Tiruneriya Tamil Manram* rekurriert. Hier wird sich deutlich zeigen, dass die dortigen historischen Bezugnahmen ebenfalls explizit in die Zeit sivaitisch-orientalistischer Debatten um 1900 führen.

In einem dritten und letzten Schritt soll eine prominente Signifikation der positiven Äquivalenzkette des heutigen Namens „Saiva Siddhanta" historisch verortet werden, namentlich der textuellen Saiva Siddhanta Kanon. Dieser gegenwärtig etablierte Kanon, der den zwingenden Ausgangspunkt jeder historischen Betrachtung zum Thema bilden muss, taucht in allen hier besprochenen Artikulationen als „quasi-stabiler Kern" auf. Der historische Befund wird zeigen, dass auch dieses zentrale Element des Saiva Siddhanta Verständnisses eine durchaus umstrittene und moderne Genealogie aufweist. Für den Fall des Signifikanten „Saiva Siddhanta Kanon" als hegemoniale Bedeutungsfixierung innerhalb der Äquivalenzketten zum Namen „Saiva Siddhanta" heißt dies folgerichtig, dass der überzeitliche und „transzendentale" Anspruch jener Sedimentierung einer historischen Prüfung unterzogen werden muss. Auch diese geschichtliche Nachverfolgung führt ins 19. Jahrhundert.

5.1. Das 19. Jahrhundert in Tamil Nadu und die Verbreitung des Druckwesens

Das 19. Jahrhundert in Tamil Nadu muss, wie für den gesamten Subkontinent, unter dem Einfluss des europäischen und vor allem britischen Kolonialismus, als Zeit radikaler Veränderungen verstanden werden.[144] Dabei spielte orientalistische Wissensproduktion, die von westlichen Indologen und Kolonialbeamten, christlichen Missionaren und indischen Intellektuellen und Aktivisten in gemeinsamen und global geführten Dis-

[144] Dass das 19. Jahrhundert auch weltweit betrachtet eine Zeit der Veränderungen, des globalen Austausches und gleichzeitig der Uniformierung in Religion, Kultur und Politik darstellte, zeigen eindrücklich jüngere Studien, wie Bayly 2006; Osterhammel 2009.

kursen betrieben wurde, eine herausragende Rolle. Diese orientalistischen Vorstellungen von indischer Gesellschaft und Religion führten, wie einflussreiche Studien nachgewiesen haben, zu tiefgreifenden Veränderungen für soziale, religiöse und kulturelle Realitäten und Identitäten Indiens.[145] Tamil Nadu bildet hierbei keine Ausnahme, und Eugene Irschick hat diese geschichtliche Phase der Auseinandersetzung als Situation des „Dialogs" zwischen indischen und westlichen Stimmen charakterisiert.[146] Wenngleich eine solche dialogische Konzeption der Debatten im 19. und frühen 20. Jahrhundert die meist assymetrische Machtdimension innerhalb dieser richtungsweisenden kolonialen Diskurse etwas zu schwach betont,[147] kommt doch zum Ausdruck, dass auch tamilische Stimmen für die Ausformung zeitgenössischer Identitäten eine gewichtige Rolle spielten. Der Ort, an dem diese Diskurse heute noch besonders erkennbar historisch aufspürbar sind, ist die südindische Printlandschaft.

Die großflächige Einführung der Druckerpresse und ihre Nutzung durch tamilische Autoren und Publizisten kann, wie jüngere Untersuchungen zeigen, in ihrer Bedeutung für das Entstehen einer tamilischen Öffentlichkeit kaum überschätzt werden.[148] Der Tamilist und Sprachistoriker Sascha Ebeling nennt das 19. Jahrhundert „ein Jahrhundert des kulturellen Wandels" und „eine Periode von überragender Bedeutung in Bezug auf die historische Entwicklung tamilischer Literatur und tamilischer Kultur".[149] In diesem Zusammenhang hat Stuart Blackburn weiterhin darauf hingewiesen, dass die Etablierung der massenhaften Herstellung und Verbreitung von Texten, in Buch-, Zeitungs-, Pamphlet- oder irgendeiner sonstigen gedruckten Form, die öffentliche Auseinandersetzung über Themen jeglicher Art, „von regionalsprachlicher Bildung, bis Kinderheirat und Nationalismus", überhaupt erst ermöglicht hat.[150] Diese oft mit dem Namen „Print-Revolution" versehenen Phase, die vor allem ab Mitte des Jahrhunderts einen deutlichen Anstieg an Druckerzeugnissen zu verzeichnen hatte, führte weiterhin zu Veränderungen im Bereich der Alphabetisierung, potenzierte den Verbreitungsgrad von Texten, die vorher auf manuelle Abschriften angewiesen waren, beeinflusste das Entstehen neuer literarischer Genres und erschloss ein neues (lesendes) Publi-

---

[145] Inden 1992; King 2002; Dirks 2001.

[146] Irschick 1994.

[147] Vgl. Nehring 2010, 16–17. Massive Kritik an Irschicks Konzeption findet sich prominent v.a. Dirks 2001, 303–315.

[148] Blackburn 2003; Ebeling 2010; Venkatachalapathy 2012; Weiss 2016.

[149] „*A century of cultural change [...] [T]he nineteenth century must be considered a period of paramount importance within the historical development of Tamil literature and Tamil culture*" Ebeling 2010, 15.

[150] „*[T]hrough all these innovations, print facilitated public debate on everything from vernacular education to child marriage and nationalism.*" Blackburn 2003, 12.

kum.[151] Dabei darf nicht vergessen werden, dass sich diese Entwicklungen vor einem kolonialen Hintergrund abspielten, und so wurde nicht zuletzt der Großteil der Veröffentlichungen von christlich-missionarischen Autoren und Verlagen publiziert.[152] Der Kontext der Verbreitung des Druckwesens muss also als aufs engste verknüpft mit kolonialen und missionarischen Initiativen verstanden werden, die durch den Ausbau eines britischen Bildungswesens, welches vor allem auf Missionsschulen basierte, die indische Gesellschaft massiv beeinflusste. Diese Entwicklungen, die Christopher Bayly für Nordindien wie folgt beschreibt, galten auch für den tamilischen Süden:

„Die gleichzeitige Einführung öffentlicher Bildung, des Druckwesens, öffentlicher Debatten in Zeitungen, der englischen Sprache, von Bibliotheken und gefüllten Archiven veränderte die indische Gesellschaft im 19. Jahrhundert tiefgreifender als der koloniale Kapitalismus seine Wirtschaft veränderte."[153]

Die fundamentalen Auswirkungen dieser Prozesse, die immer vor dem Hintergrund des kolonialen Projekts und der orientalistischen Wissensproduktion zu denken sind, kann zurecht als „»Modernisierung« der tamilischen Sprache und Literatur"[154] verstanden werden. In diese historische Phase fällt, angetrieben durch orientalistische und missionarische Interessen, das Entstehen einer philologischen Erforschung des Tamil, die in der „Entdeckung" einer eigenen dravidischen Sprachfamilie Mitte des Jahrhunderts einen akademischen Ausdruck fand.[155]

Das 19. Jahrhundert sah ebenso die erstmalige Publikation der ältesten bekannten tamilischen Werke der sogenannten „Sangam-Dichtung" (*caṅkam*) (ca. 100 v.u.Z. bis 250 u. Z.), die oftmals plakativ mit Begriffen wie „Tamilische Renaissance" oder „Wiederentdeckung" belegt wurde. Diese Entwicklung wird maßgeblich den beiden tamilischen Dichtern und Gelehrten U. V. Swaminatha Aiyar (*Uttamatāṉapuram Vēṅkaṭarāmaṉ Cāminat'/Cuvāminat' Aiyar*) (1855–1942) und C. W. Damodaram Pillai (*Ci. Vai. Tāmōtaram Piḷḷai*) (1832–1901) aus Sri Lanka zugeschrieben, die systematisch nach Palmblattmanuskripten mit Abschriften möglichst

[151] Blackburn 2003, 12.

[152] Vgl. die zeitgenössische Katalogisierung für die Mitte des 19. Jahrhunderts in Murdoch 1865.

[153] „*[T]he simultaneous introduction of public instruction, the printing press, public debates in newspapers, the English language, libraries and dense archives transformed Indian society in nineteenth century more thoroughly than colonial capitalism transformed its economy.*" Bayly 1996, 9.

[154] „*»[M]odernization« of Tamil language and literature*" Ebeling 2009, 292.

[155] Die einflussreiche Veröffentlichung des britischen Missionars Robert Caldwell wird in der Regel als entscheidender Moment für die wissenschaftliche Begründung einer vom Sanskrit unabhängigen dravidischen Sprachfamilie betrachtet, vgl. Caldwell 1961. Dass es hierfür allerdings auch Vorläufer gab, zeigen u.a. Trautmann 2002; Nehring 2002.

alter tamilischer Literatur suchten. Die beiden Protagonisten der vermeintlichen Wiederentdeckung publizierten in der zweiten Hälfte des 19. Jahrhunderts als erste unter anderem die genannten *Sangam*-Werke und machten diese damit der gebildeten Öffentlichkeit zugänglich. Dabei muss erwähnt werden, dass sowohl Swaminatha Aiyar als auch Damodaram Pillai durch die Adhinams in Thiruvavaduthurai und Dharmapuram finanziell und logistisch unterstützt wurden. Vor allem Aiyar war sogar, wie sein Lehrer T. Minakshi Sundaram Pillai (*Tiricirapuram Mīṉaṭcicuntaram Piḷḷai*) (1815–1876), zeitweise als Dichter-Gelehrter (*vittuvāṉ*) in Thiruvavaduthurai angestellt.

Die Bemühungen Swaminatha Aiyars und Damodaran Pillais wurden in der dominanten tamilistischen Historiographie der zweiten Hälfte des 20. Jahrhunderts, vor allem durch ihre prominenten Vertreter wie A. K. Ramanujan (*A. Ki. Rāmāṉujaṉ*) (1929–1993) und Kamil V. Zvelebil (1927–2009),[156] durch ein ausgesprochenes „Wiederentdeckungs-Narrativ" beschrieben. In dieser Lesart waren die Aktivitäten Swaminatha Aiyars und Damodaran Pillais heroische Leistungen, welche die dem Vergessen anheim gefallene klassisch-tamilische Literaturtradition aus den Untiefen der Geschichte freigelegt und somit vor dem Untergang bewahrt haben. Sowohl Ramanujan, als auch Zvelebil sahen im brahmanischen Hinduismus und dem Aufkommen der sivaitischen *bhakti*-Tradition die Hauptgründe für das zwischenzeitliche vollständige Verschwinden der tamilischen Klassik.[157] Jüngere Beiträge haben dieses „Wiederentdeckungs-Narrativ" überzeugend kritisiert. Hierbei wurde hervorgehoben, dass die Thesen Ramanujans und Zvelebils etliche Schwächen aufweisen: zum einen sei es praktisch gar nicht möglich, verschwundene, also nicht mehr existente, Manuskripte zu finden. Vielmehr müssten alte Texte auf sensiblen Palmblättern – insbesondere im subtropischen Klima Südindiens – immer wieder reproduziert worden sein, um im 19. Jahrhundert „wiedergefunden" werden zu können.[158] Weiterhin seien die religionskritischen Argumentationen Ramanujans und Zvelebils überlagert von der antibrahmanischen Rhetorik der Dravidischen Bewegung.[159] Darüber hinaus hat Jonas Buchholz kürzlich in seiner Analyse zeitgenössischer Manuskripte stichhaltig gezeigt, dass die klassische *Sangam*-Dichtung in den gelehrten Kreisen – und dazu gehörten ausdrücklich die bekannten sivaitischen Zentren in Thiruvavaduthurai und Dharmapuram – keineswegs vollständig vergessen waren.[160]

---

[156] Ramanujan 1985, xi–xiv; Zvelebil 1974, 5–13; 1992, 144–154.
[157] Vgl. Ramanujan 1985, xi–xii; Zvelebil 1992, 146–147.
[158] Vgl. Wilden 2014; Rajesh 2014.
[159] Vgl. Tieken 2010.
[160] Buchholz 2016.

Egal wie die Leistungen der Vertreter der „Tamilischen Renaissance“ abschließend beurteilt werden, kann jedoch festgehalten werden, dass die Publikation und Verbreitung der alten *Sangam*-Texte weitreichende Folgen für tamilische Identitätspositionierungen hatte. Tamil wurde in den Debatten des 19. Jahrhunderts der Status einer klassischen Sprache neben dem Sanskrit zuerkannt, was tamil-nationalistische Tendenzen auch philologisch und sprachpolitisch unterstützte.[161] Vor allem das späte 19. und frühe 20. Jahrhundert muss, wie A. R. Venkatachalapathy nachweist, als die entscheidende historische Phase für die hegemoniale und heute akzeptierte Bestimmung des klassischen tamilischen Kanons gelten. Dieser „moderne Kanon“ unterscheidet sich seither, insbesondere durch den Einschluss und die Privilegierung der *Sangam*-Literatur, massiv von älteren, vormodernen Kanones.[162] Unter Berücksichtigung dieser Erkenntnisse darf es nicht überraschen, dass auch sivaitische Institutionen und ihre Gelehrten, allen voran Arumuka Navalar als Vertreter des Thiruvavaduthurai Adhinam, an der Sammlung und Drucklegung religiöser Manuskripte beteiligt waren. Dies führte entsprechend zu einem Anstieg der Publikation sivaitischer Literatur.[163] In diesem Kontext sind, wie unten noch ausführlich gezeigt werden soll, auch die Veröffentlichungen der kanonischen Saiva Siddhanta Literatur zu betrachten.

Das 19. Jahrhundert, dessen literarische Produktion in literaturgeschichtlicher Forschung immer noch als „dunkles Zeitalter“ gilt und entsprechend auffällig ignoriert wird,[164] ist im Rahmen einer religionsgeschichtlichen Arbeit deshalb so wichtig, weil in dieser Zeit entscheidende globale Auseinandersetzungen geführt und Bedeutungsfixierungen vorgenommen wurden. Diese Signifikationen bilden bis heute Referenzpunkte für religiöse, kulturelle und nationale Identitätspositionierung sind, deren geschichtliche Gewordenheit meist verkannt wird. Was Michael Bergunder für den Namen „Religion“ festgehalten hat, muss analog für „Saiva Siddhanta“ konstatiert werden:

> „In jener Zeit fanden Namensgebungen für »Religion« statt, die im Angesicht der Herausforderungen der Naturwissenschaften und der Entdeckung der Religionsgeschichte sowie der Globalisierung im Zeichen des Kolonialismus neue Äquivalenzketten produzierten, die den heutigen sedimentierten Namen »Religion« nach wie vor bestimmen.“[165]

---

[161] Vgl. Ebeling 2010, 19–26 Zur Rolle von Tamil als „klassischer Sprache“ im tamilischen Nationalismus, siehe Ramaswamy 1997, v.a. 34–46.

[162] Venkatachalapathy 2005, 89–113.

[163] Zu den Publikationsbemühungen Arumuka Navalars siehe Weiss 2016.

[164] Ebeling 2010, 15–19.

[165] Bergunder 2012b, 46.

Dass diese Aussage auch für den Namen „Saiva Siddhanta" standhält, ist bereits mehrfach angedeutet worden. Gerade die Analyse der Doktrinen des Saiva Siddhanta, die der Thiruvavaduthurai Adhinam vertritt, lassen auffällige Charakteristika oder Signifikationen erkennen, die in die Zeit um 1900 weisen. Gegenwärtiger Saiva Siddhanta in Tamil Nadu kann damit ohne Anerkennung der hier beschriebenen historischen Rahmenbedingungen und Rezeptionslinien nicht verstanden werden.

5.2. Historische Selbstverortung im gegenwärtigen Saiva Siddhanta

Einen expliziten Hinweis auf die moderne Genealogie des gegenwärtigen Saiva Siddhanta selbst im Thiruvavaduthurai Adhinam, der in seinen *Grundsätzlichen Lehren* kaum konkrete historische Verortungen vornimmt, bietet die bekannteste bildhafte Darstellung der Saiva Siddhanta Philosophie, das weit verbreitete sogenannte „Siddhanta-Poster" *(cittānta-p paṭam)*. Dieser Druck, der heute exklusiv vom Thiruvavaduthurai Adhinam vertrieben wird und der auf dessen Gelände an mehreren Stellen prominent zu sehen ist, hängt nicht nur in zahlreichen Maths und Adhinams Tamil Nadus, sondern auch im Büro von Arvind Venkatachalam in Coimbatore, in den Räumlichkeiten des *Saiva Siddhanta Perumanram* in Chennai und in der ehemaligen „Maraimalai Adikal Library" *(maṟaimalai aṭikaḷ nūlnilaiyum)* in Tirunelveli. Letztere Einrichtung beherbergt heute noch eine formelle, jedoch kaum aktive Niederlassung eines Saiva Siddhanta Verlags namens „*caiva cittānta nūṟpatippu-k kaḻakam liṭ.*". Darüber hinaus wird diese Darstellung in sivaitischen Publikationen wie der mehrfach erwähnten zehnbändigen Sivaismus-Enzyklopädie, reproduziert.[166]

Das „Saiva Siddhanta Poster" wurde 1917 von einem P. Valaiyananda Swami (*Pa. Vālaiyānantacāmi*) aus Koradacheri (*Koraṭāccēri*) im Tiruvarur-Distrikt (*Tiruvārūr Māvaṭṭam*) angefertigt. Über seine Person, der auch unter dem Namen Satchitananda Swamikal (*Caccitāṉanta Cuvāmikaḷ*) bekannt war, und seine genauen Lebensdaten – die Angabe lautete hierzu nur spätes 19. und frühes 20. Jahrhundert – ist offensichtlich auch den Autoren der umfangreichen Saiva-Enzyklopädie wenig bekannt. Gleichwohl wird er in dem kurzen Eintrag mit dem Titel „Meister des Saiva Siddhanta Wissens" (*cittānta caiva ñāṉapānu*) bezeichnet und es wird weiterhin erwähnt, dass er etliche Schüler in Saiva Siddhanta unter-

[166] Celvakkaṇapati 2013b, 604.

richtete, einige Schriften zu Saiva Siddhanta veröffentlichte[167] und insbesondere die graphische Darstellung der Saiva Siddhanta Lehre publizierte, um die Verwirrungen seiner Zeitgenossen in diesem Bereich zu klären.[168] Die Illustration, für die Valaiyananda Swami zusätzlich eine „Erklärung des Siddhanta-Posters" (*cittānta-p paṭa viḻakkam*) veröffentlichte, zeigt eine bildliche Darstellung der Saiva Siddhanta Ontologie und ihrer philosophischen Ausformulierung, die die detailreichen Zusammenhänge der Seelen auf ihrem Weg zur Erlösung darstellt. Hierbei sind vor allem die *36 Tattvas* und ihre Wirkungen auf die Seelen graphisch dargestellt. Wie auf einem Originaldruck aus dem Februar 1917, der in der oben genannten Bibliothek in Tirunelveli hängt, zu sehen ist, fertigte Valaiyananda Swami das Poster im Auftrag eines K. Venkatachala Pillai (*Kō. Veṅkaṭācala-p Piḷḷai*) aus Mannargudi (*Maṉṉārkuṭi*), einer kleinen Stadt ebenfalls im Tiruvavarur-Distrikt, an. Diese Hinweise auf den Autor und das Entstehungsjahr des „Siddhanta-Posters" ist auf den gegenwärtig durch den Thiruvavaduthurai Adhinam vertriebenen Bildern verschwunden; dort wird heute lediglich erwähnt, dass alle Rechte dafür bei jener Einrichtung liegen. Dieses Beispiel kann exemplarisch für den Umgang des Adhinam mit der Geschichtlichkeit seiner eigenen Positionen verstanden werden. Die Institution verbreitet heute eine bildliche Darstellung der Saiva Siddhanta Philosophie aus dem frühen 20. Jahrhundert als quasi-authentische Lehre – allerdings ohne irgendwelche expliziten historischen Bezüge zum Entstehungskontext vorzunehmen. Dies verdeutlicht aber, wie wichtig diese historische Phase auch für den Saiva Siddhanta des frühen 21. Jahrhunderts ist. Valaiyananda Swami war offenbar an den sivaitischen Debatten dieser Zeit auch publizistisch aktiv beteiligt. Die Approbation seines Werkes durch den Adhinam deutet darauf hin, dass er eher dem orthodoxen Spektrum des zeitgenössischen Diskurses zugerechnet werden muss.

Die Fixierung der 14 Saiva Siddhanta Sastras

Der Zusammenhang von Drucklegung und damit Verbreitung der *14 Saiva Siddhanta Sastras* und ihrer Sedimentierung durch eine so massenhaft möglich gewordene Iteration ist bisher in der religionshistorischen Forschung zu Saiva Siddhanta kaum beleuchtet worden. Eine Historisie-

[167] Im Online-Katalog der *Roja Muthiah Research Library* aus Chennai werden zwei sivaitische Publikationen von Valaiyananda Swami/Satchitananda Swamikal von 1930 und 1937 aufgeführt, vgl. http://dsal.uchicago.edu/bibliographic/rmrl/rmrl.php?author=Valaiyananta+cuvami&title=&subjects=&series1=&date=&language=&sortorder=author (zuletzt aufgerufen am 03.06.2016).

[168] Celvakkaṇapati 2013a, 543.

rung dieser geschichtlich relativ jungen Signifikationen sucht man daher vergeblich. Umso überraschender ist es, dass zwei jüngere tamilisch-sivaitische Publikationen die Gewordenheit oder Kontingenz dieses Aktes einer „modernen Kanonisierung" andeuten. Sowohl die bereits mehrfach erwähnte Saivaismus-Enzyklopädie von 2013 als auch ein 2008 erschienene, umfangreiche tamilische Bibliographie zu den Saiva Siddhanta-Publikationen der letzten 150 Jahre verweist auf die erstmalige Veröffentlichung der *14 Sastras* durch den sivaitischen Gelehrten und Publizisten Madurai Nayakam Pillai (*Maturai Nāyakam Piḷḷai*) von 1866 als entscheidenden historischen Moment.

In einem Beitrag der Enzyklopädie zum sivaitischen Text „Satamani Kovai" (*catamaṇikkōvai*), den Maraimalai Adigkal 1898 zusammen mit dem *Sivagnana Botham* herausgab, wird erläutert, dass es einige jüngere Autoren gibt – genannt wird ein der ehemalige Professor für Saiva Siddhanta an der Hindu University in Benares und einflussreiche Tamilist M. Arunachalam (*Mu. Aruṇācalam*)[169] –, die diese Schrift Maraignana Sampantar zuschreiben.[170] Maraignana Sampantar gehört, wie gezeigt, zu den vier großen „philosophischen Lehrern" des Saiva Siddhanta. Allerdings herrscht die etablierte Ansicht vor, er sei zwar der Guru Umapatis gewesen, hätte aber keine eigenen Schriften hinterlassen. Dieser Meinung wird offensichtlich, zumindest vereinzelt, widersprochen. So wird stellenweise behauptet, der Text *Satamani Kovai* gehöre in den Kanon der *Saiva Siddhanta Sastras*. Neben der Frage der möglichen Autorenschaft Maraignana Sampantars, deren Beantwortung weitergehende Untersuchungen erfordert, weist diese hier besprochene – wohl marginale – Forschungsdebatte vor allem auf zwei wichtige Punkte hin. Es wird zum einen deutlich, dass es alternative Vorstellung zur genauen Zusammensetzung des sedimentierten Kanons der autoritativen *14 Siddhanta Sastras* gab und gibt.

Zum anderen, und das ist der zentrale Hinweis, spricht die sivaitische Enzyklopädie Madurai Nayakam Pillais *Saiva Siddhanta Sastra* Veröffentlichung von 1866 die maßgebliche Rolle bei der hegemonialen Fixierung dieses Kanon zu. Der Herausgeber habe durch diese Veröffentlichung nicht nur erklärt, dass der Saiva Siddhanta genau diese *14 Sastras* besitze. Vielmehr habe Madurai Nayakam Pillai durch den Abdruck eines leicht zu erinnernden Merkverses, der vorher wohl nirgendwo aufgetaucht war, diese Vorstellung prominent propagiert: „Von genau dieser Zeit an ist die Zahl 14 als fixiert bekannt. [...] Diejenigen, die die 14 Sastras defi-

---

169 Zur Person, siehe Zvelebil 1995, 69–70.

170 Celvakkaṇapati 2013a, 126–129.

nierten, haben vergessen, das Satamani Kovai zu berücksichtigen.“[171] Das gleiche Argument wird in der jüngeren Saiva Siddhanta Bibliographie des Gelehrten R. Rajashekaran (*Irā. Irājacēkaraṉ*) vorgetragen.[172] Dort heißt es über Madurai Nayakam Pillai: „Er war derjenige, der als erster gesagt hat, es seien 14 Sastras.“[173]

Die Ansicht eines konkreten historischen Moments der Kanonisierung genau dieser 14 heute akzeptierten Werke im Jahr 1866 durch die Edition Madurai Nayakam Pillais, scheint es also vereinzelt in den sivaitischen Gelehrten-Debatten geäußert zu werden. An gleicher Stelle wird in diesem Zusammenhang davon gesprochen, dass einer der Schüler Madurai Nayakam Pillais, ein Anur Sinkalavelur Mudaliyar (*Āṉūr Ciṅkāravēlu Mutaliyār*) (1855–1931), für die Benennung der Werke des „philosophischen Lehrers“ Umapati als „Siddhanta Addakam“ verantwortlich gewesen wäre.[174] Bei diesen Positionen handelt es sich aber offensichtlich um wenig verbreitete Meinungen innerhalb des heutigen Saiva Siddhanta. Denn trotz des Hinweises auf die konkrete historische Fixierung der 14 *Saiva Siddhanta Sastras* in den genannten Veröffentlichungen, ist mir dieser Standpunkt aus keinem anderen Kontext des tamilischen Sivaismus bekannt. Dort wird der überzeitliche Charakter der Saiva Siddhanta Kanons in der Regel nicht in Frage steht. Ein solch deutlicher Bruch der transhistorischen Kontinuität des Saiva Siddhanta wäre zumindest schwerer mit der Bestimmung der eigenen Lehre als göttlich offenbarte und unveränderliche Wahrheit in Einklang zu bringen. Das heißt, wenn die normative Rolle Madurai Nayakam Pillais bekannt sein sollte, wird sie zumindest nicht besonders hervorgehoben als solche artikuliert. Die kritischen Implikationen einer Historisierung, die durch diesen konkreten Hinweis ermöglicht wird, sollen unten dezidiert nochmals aufgegriffen werden.

Die offensichtliche Missachtung der hier angedeuteten Hintergründe der *Saiva Siddhanta Sastras* ist sicherlich auch auf die Propagierung eines ahistorischen und göttlichen Saiva Siddhanta durch eine Organisation zurückzuführen, die im Folgenden vorgestellt werden soll. Dabei handelt es sich um den *Saiva Siddhanta Perumanram* in Chennai, der die sivaitisch-orientalistischen Debatten im frühen 20. Jahrhundert maßgeblich geprägt hat. Diese wären aber wahrscheinlich ohne die Edition Madurai Nayakam Pillais so zunächst nicht möglich gewesen. Jener *Perumanram*

[171] „*inta kālattiliruntutāṉ »patiṉāṉku« eṉṟa varaiyaṟai toṭaṅkukiṟatu eṉṟu terikiṟatu. […] patiṉāṉku eṉṟa varaiyaṟai ceytavarkaḷ catamaṇikkōvaiyai maṟantuviṭṭārkaḷ.*“ Celvakk-aṇapati 2013a, 128.

[172] Irājacēkaraṉ 2008, 246–247.

[173] „*cāttiraṅkaḷ patiṉāṉku eṉṟu mutalil coṉṉavarē avar.*“ Irājacēkaraṉ 2008, 246.

[174] Vgl. Irājacēkaraṉ 2008, 246–247.

ist nicht nur der historische Ort, an dem sich die Artikulationen von J. M. Nallaswami Pillai, Maraimalai Adikal, G. U. Pope, H. W. Schomerus und anderer in publizierter Form begegneten, sondern auch eine Vereinigung, die ihre eigene Geschichte explizit auf den historischen Kontext um 1900 zurückführt. Sie steht damit exemplarisch für die moderne Genealogie und die Verwobenheit des Saiva Siddhanta Diskurses.

Der „Saiva Siddhanta Perumandram" in Chennai

Die Zentrale der 1905 gegründete[175] Vereinigung des *Saiva Siddhanta Perumanram* befindet sich in Mylapore (*Mayilappūr*), einem der ältesten Stadtteile der Metropole Chennai. Dort betreibt sie heute einige wenige Räume im ersten Stock eines etwas heruntergekommenen Gebäudekomplexes. Wie einfluss- und umfangreich die Aktivitäten der Vereinigung im Jahr 2016 noch sind, lässt sich in diesem Zusammenhang schwer beurteilen und bedarf weiterer Untersuchung. Es konnte allerdings in der bisherigen Analyse bereits deutlich gemacht werden, dass die Organisation 2005 vom Thiruvavaduthurai Adhinam für ihre Leistungen als *„cittānta-c cuṭar nilaiyam"*, also als „Ort des Lichts/der Flamme des Siddhanta", ausgezeichnet wurde und dass der *Perumanram* selbst ebenfalls andere Saiva Siddhanta Initiativen und Vertreter, wie Swarna Somasundaram in Coimbatore, durch Titelvergaben ehrt. Auch war am Beispiel Siva Mathavans, dem Koordinator des sivaitischen Vereinigungen in Pondicherry, erkennbar, dass dieser sich in seiner Ansicht des tamilischen Ursprungs des *Sivagnana Botham* auf eine, nicht näher genannte, Publikation des *Saiva Siddhanta Perumanram* berief.

Die Organisation hält wöchentliche Veranstaltungen ab, die von etwa 30 Personen besucht werden. Bei diesen Treffen, die durch die gemeinsame Rezitation von *Tirumurai*-Hymnen und eine kurze *Puja* an einem kleinen Schrein für die vier „religiösen Lehrer" des tamilischen Sivaismus eingeleitet werden, werden in der Regel Vorträge von Gastrednern zu Themen des Sivaismus und des Saiva Siddhanta gehalten.[176] Die

[175] Als Gründungsjahr wird in der Forschungsliteratur in der Regel der Dezember 1906 angeben, da zu diesem Zeitpunkt die erste große programmatische Konferenz der Organisation in Chidambaram stattfand. An den späteren Jahreskonferenzen, wie 1909 in Tiruchirappalli und 1910 in Ramnad, nahmen auch christliche Missionare wie H. W. Schomerus teil. Vgl. Nehring 2010, 19–20; 2003, 335–341. Die Vereinigung selbst führt auf ihren Dokumenten allerdings das Gründungsjahr 1905 und hielt entsprechend 2005 eine größere Feier zu ihrem 100-jährigen Bestehen ab. Eine kurze Darstellung der Geschichte des *Saiva Siddhanta Perumanram* findet sich in Celvakkaṇapati 2013b, 270–271.

[176] Am 16. September 2011 habe ich ein solches Treffen besucht, bei dem ein als Gastredner eingeladener Tamil-Professor aus Chennai über eine neu publizierte Anthologie wichtiger *Tirumurai*-Hymnen referierte.

Vereinigung publiziert eine englischsprachige Vierteljahresschrift mit dem Namen „Saiva Siddhanta. Journal Devoted to the Exposition of Siddhanta Philosophy, Religion, Literature and Comparative Understanding", in der auch Artikel europäischer und amerikanischer Wissenschaftler wie Kathleen Koppedrayer und Glenn Yocum abgedruckt werden.[177] Der bereits mehrfach erwähnte ehemalige Direktor des *International Institute of Saiva Siddhanta Research* des Dharmapuram Adhinam und Siddhanta-Aktivist T. N. Ramachandran fungierte für diese Zeitschrift zeitweise als Herausgeber. In seiner Funktion als Leiter des Forschungsinstituts in Dharmapuram hat er, wie oben gezeigt, die historischen Leistungen des *Saiva Siddhanta Perumanram* stets hervorgehoben.

Der gegenwärtige Anspruch der Vereinigung kommt im genannten Namen des eigenen publizistischen Organs zum Ausdruck. Dieser Anspruch wurde auf einem anlässlich des 100-jährigen Bestehens (mit Erlaubnis der indischen Post) eigens gedruckten Briefkuverts wie folgt formuliert:

> „Der Perumanram bemüht sich um die Propagierung der Philosophie und der Praxis des Saiva Siddhanta durch das Abhalten von Vorträgen, Seminaren, Festivals und durch die Publikation von Büchern und Zeitschriften."[178]

Dieser Impetus drückt ein historisches Selbstverständnis als Ort des kontinuierlichen Einsatzes für Saiva Siddhanta aus. Heute zeigt sich dies beispielsweise in einer kürzlich geäußerten Ankündigung des aktuellen Präsidenten des *Perumanram,* S. Saravanan (*Ca. Caravaṇaṉ*). Die Vereinigung plane demnach, die öffentlichen Kurse zur Ausbildung von sivaitischen Gelehrten namens „Saiva Pulavar" (*caiva-p pulavar*) wiederzubeleben. Dieser Kurs wurde vom *Perumanram* in den 1940er Jahren für Interessierte in Tamil Nadu und Sri Lanka ins Leben gerufen, allerdings in den 1960er Jahren in Tamil Nadu eingestellt. Im tamilischen Teil Sri Lankas jedoch existiert der Kurs als „Ilam Saiva Pulavar" (*īḻam caiva-p pulavar*)[179] bis heute, wobei seine Abschlussprüfung auch von etlichen Diaspora-Tamilen abgelegt wird. Der oben vorgestellte katholische Siddhanta-Lehrer in London, S. J. Fatimaharan, der diese Ausbildung noch

[177] Vgl. Ramachandran & Santhanamoorthy 1996.

[178] „*The Perumanram seeks to propagate the philosophy and practices of Saiva Siddhantam through Conduct of lectures, seminars, festivals and publication of books and periodicals.*" Saiva Siddhanta Perumanram 2005.

[179] „Ilam" oder auch „Tamil-Eelam" (*tamiḻīḻam*) ist die Bezeichnung für einen von tamilischen Separatisten geforderten Staat, der den Nord- und Ostteil Sri Lankas umfassen sollte und dessen Region zeitweise während des Bürgerkriegs in Sri Lanka unter der Kontrolle jener Separatisten stand. Seit dem Ende des Bürgerkriegs wird dieses Gebiet, in dem vor allem die tamilische Minderheit des Landes lebt, wieder von der Regierung Sri Lankas kontrolliert.

in Sri Lanka selbst durchlaufen hat, bereitet Schüler in ganz Europa auf die Erlangung dieses Titels vor, der von einigen Bildungseinrichtungen in Sri Lanka als einem B.A.-Abschluss ebenbürtig angesehen wird.[180] Diese akademische Gleichstellung entspricht den Zielen des *Perumaram*, der hierfür eine Kooperation mit der *Madras University* eingehen möchte, um das geplante dreijährige Programm zur Verbreitung von Sivaismus, Kunst und klassischer tamilischer Literatur wieder einzuführen.[181]

Die konkrete Ausgestaltung der Räumlichkeiten des *Saiva Siddhanta Perumanram* zeugen deutlich von der historischen Selbstverortung der Organisation. Dort hängen etliche Bilder an den Wänden, die die personalen Vorgänger in der Leitung der Einrichtung darstellen, allen voran ihre Gründungsväter. Auf zwei lebensgroßen Postern werden dort die beiden Männer dargestellt, die als entscheidende Figuren der Etablierung Vereinigung betrachtet werden. Zum einen ist das der Siddhanta- und Tamil-Aktivist Maraimalai Adikal (*Maṟaimalai Aṭikaḷ*) (1876–1950), der als Vordenker der anti-brahmanischen Ideologie der tamilischen Bewegung und des „Pure-Tamil-Movement" gilt und der zu den wichtigsten Propagandisten des tamilischen Sivaismus in der ersten Hälfte des 20. Jahrhunderts zu zählen ist.[182] Das zweite Poster zeigt Gnaniyar Swamikal (*Ñāṉiyār Cuvāmikaḷ*) (1873–1942), der in akademischer Literatur heute kaum vorkommt. Gnaniyar Swamikal, der das Oberhaupt des kleinen Thirupathiripuliyur Math (*tiruppātirippuliyūr maṭam*) in der Küstenstadt Cuddalore (*Kaṭalūr*) war, wird in jüngeren sivaitischen Darstellungen neben Maraimalai Adikal und dessen tamilnationalistischem Siddhanta-Mitstreiter Thiru. V. Kalyanasundaram (*Tiru. Vi. Kaliyāṇacuntaraṉam*) (1883–1853) als großer Tamil- und Saiva Siddhanta-Gelehrter (*aṟiñar*) seiner Zeit gefeiert.[183] Laut Überlieferung des *Saiva Siddhanta Perumanram* hat Gnaniyar Swamikal am 7. Juli in seinem Math die Vereinigung unter dem Namen „Saiva Siddhanta Maha Samaj" (*caiva cittānta maka camājam*) ins Leben gerufen:

> „Der Saiva Siddhanta Perumanram wurde 1905 von Gnaniyar Swamikal und Maraimalai Adikal gegründet und durch eminente Männer wie J. M. Nallaswami Pillai, Thiru. V. Kalyanasundaram, A. Somasundaram, M. Balasubramaniam etc. gefördert."[184]

---

[180] Interview mit Paṟṟimākaraṉ 2014.

[181] http://www.dtnext.in/Preview/Spirituality/2016/03/03015038/Siddhanta-Perumandram-plans-to-restart-Ilam-Saiva.vpf (zuletzt aufgerufen am 28.05.2016).

[182] Zu Leben und Wirken Maraimalai Adikals, der unter dem Namen Vedachalam Pillai (*Vētāchalam Piḷḷai*) geboren wurde, siehe Vaitheespara 1999; 2009; 2010.

[183] Celvakkaṇapati 2013a, 534.

[184] „*Saiva Siddhanta Perumanram was founded in 1905 by Thava Thiru. Gnaniar Swamigal and Arul Thiru. Maraimalai Adigal and nurtured by eminent men like J. M.*

Die hier genannten „Förderer" der Organisation werden auch in den Räumlichkeiten des *Perumanram* auf Porträts dargestellt, allerdings in der zweiten Reihe von Bildern, und in wesentlich kleinerem Format. Erwähnenswert sind an dieser Stelle vor allem zwei dieser Vertreter. Zum einen M. Balasubramaniam, der die Entstehung der „quasi-authentischen" Arbeit John H. Piets durch seine Kommentare bereichert hat.[185] M. Balasubramaniam, der als „Ehrensekretär" der Vereinigung fungierte, war Anwalt und Saiva Siddhanta Gelehrter. In dieser Funktion hielt er auch, auf Einladung des Tiruppanandal Kasi Math, 1950 drei Vorträge zu Saiva Siddhanta an der *Banaras Hindu University*.[186] Zum anderen muss auf den bereits oftmals erwähnten und vielfach zitierten J. M. Nallaswami Pillai hingewiesen werden, der nachweislich zu den Gründungsmitgliedern des *Perumanram* gehörte. In jüngerer Forschung wird dessen zeitgenössischer Einfluss wie folgt eingeschätzt:

> „Er war wohl der einflussreichste Propagandist des Saiva Siddhanta im späten 19. und frühen 20. Jahrhunderts und der Koordinator eines großen Netzwerks regionaler Saiva Siddhanta Organisationen in ganz Südinien und Sri Lanka."[187]

Entgegen dieser Bewertung, die von Zeitgenossen geteilt wurde,[188] spielt Nallaswami Pillai in den Vorstellungen der heutigen Saiva Siddhanta Szene eine untergeordnete Rolle.[189] Sein Name ist außerhalb akademischer Diskurse relativ unbekannt, wenngleich seine Übersetzungen klassisch-kanonischer Texte vielfach noch verwendet werden. Eine Enkelin

---

Nallaswami Pillai, Thiru. Vi. Ka., A. Somasundaram, M. Balasubramaniam etc." Saiva Siddhanta Perumanram 2005.

185 So sagt Piet in seinem Vorwort „*As this book goes to press, the writer wishes to express his appreciation for the help given by: [...] Balasubrahmanya Mudaliar (Honorary Secretary of the Madras Śaiva Siddhānta Mahasamajam) for his criticisms and suggestions relative to the translation of the Śiva-jñāna-bodha;*" Piet 1952, vi.

186 Balasubrahmania Mudaliar 1965.

187 „*Arguably, he was the most influential propagator of Saiva Siddhanta [...] in late 19th and early 20th-century India, and the main coordinator of a vast network of regional Saiva Siddhanta organizations all over South India and Ceylon.*" Bergunder 2010, 30. Ähnlich auch bei Vaitheespara 1999, 158–178. Dort findet sich eine der wenigen wissenschaftlichen Darstellungen von Nallaswami Pillais Leben und Werk. Die oben bereits erwähnte Biographie Balasubramaniam 1965 gleicht mehr einer Hagiographie.

188 Sein Biograph Balasubramaniam vergleicht die zeitgenössische Bedeutung Nallaswami Pillais für den Saiva Siddhanta mit der Swami Vivekanandas für den Advaita Vedanta, Balasubramaniam 1965, 27. H. W. Schomerus, der mit Nallaswami Pillai gut bekannt war, bezeichnete letzteren in einem Beitrag für eine Missionszeitschrift als „spirituellen Vater der versuchten Wiederbelebung [des Saiva Siddhanta]" („*the spriritual father of the attempted revival*") Schomerus 1910, SD X., 12.509. Schomerus Artikel ist in kommentierter Version in mehreren Teilen in der *Siddhanta Deepika* abgedruckt worden,

189 Der Sohn Nallaswami Pillais, J. N. Ramanathan (*Je. Eṉ. Rāmanātaṉ*), wurde später zu einem wichtigen Vertreter tamilischer Interessen der Dravidischen Bewegung und ihrem frühen politischen Arm der „Justice Party". Vgl. Irschick 1969, 292.

und ein Großneffe Nallaswami Pillais, beide waren 2012 um die 80 Jahre alt, haben sein Werk erst in den letzten Jahren für sich entdeckt und versuchen seitdem, den „ersten brillanten Vertreter der Saiva Siddhanta Philosophie in englischer Sprache“[190] durch eine eigens gegründete Stiftung wieder populärer zu machen. Nallaswami Pillai war es auch, der zwischen 1897 und 1914 die hier schon mehrfach zitierte Zeitschrift *Siddhanta Deepika* herausgab, die 1911 zum offiziellen Organ des *Saiva Siddhanta Perumanram/Mahasamaj* wurde.[191] Wie oben bei der Besprechung der Lektüreliste des Saiva Siddhanta Studienprogramms des Thiruvavaduthurai Adhinam gezeigt werden konnte, war die *Siddhanta Deepika* das Medium, das für einen Großteil der kanonisch-sivaitischen Literatur die ersten englischen Übersetzungen veröffentlichte und damit aktiv am globalen orientalistischen Diskurs der Zeit teilnahm. Für die ersten fünf Ausgaben der *Siddhanta Deepika* hatte auch Maraimalai Adikal an der kurzzeitig herausgegebenen tamilischen Version der Zeitschrift („*uṇmai viḷakkam allatu cittānta tīpikā*“) als Übersetzer mitgearbeitet, wobei er sich schnell aus politischen Gründen mit dem Projekt überwarf. In der tamilischen Ausgabe erschienen im Übrigen auch Artikel verschiedener Oberhäupter sivaitischer Maths und Adhinams sowie Schriften des umstrittenen Dichter-Heiligen Ramalinga Adikal.[192]

In dieser frühen Phase des *Saiva Siddhanta Perumanram* trug vor allem Nallaswami Pillai dazu bei, die Saiva Siddhanta Positionen der Organisation darzulegen und ihre Ziele zu formulieren. Diese wurden auf der zweiten Konferenz der Organisation 1910 in Ramnad (*Irāmanātapuram*) durch das Gründungsmitglied R. S. Subramanyam (*Ra. Ca. Cuppiramaṇiyam*) deutlich formuliert. Subramanyam hatte empfohlen, dass sich die junge Vereinigung explizit an den missionarischen Tätigkeiten christlicher Bibel-Gesellschaften orientieren sollte. Jene Vorsätze lassen sich wie folgt zusammenfassen: 1.) die Publikation von Siddhanta-Schriften und klassischer Literatur auf Tamil, 2.) das regelmäßige Abhalten von Kursen und Vorträgen zu Saiva Siddhanta, 3.) der soziale Dienst für die unterprivilegierten Kasten der Gesellschaft und 4.) die Verbesserung der Administration tamilischer Tempel, insbesondere in Bezug auf die Zugangsmöglichkeiten „niederer Kasten“.[193] Inwieweit die Vereinigung diese Ziele in den vergangenen 100 Jahren kontinuierlich verfolgt hat,

---

[190] „*Mr. J. M. Nallaswami Pillai was the first brilliant exponent of the Saiva Siddhanta Philosophy in English. His name will ever be remembered in connection with the popularization of the Saiva Siddhanta system of religion and metaphysics, since he has taken pains to give to the world a lucid translation of almost all the fourteen standard works on the subject.*“ Nallaswami Pillai 2010, (Bucheinband Rückseite).

[191] Nehring 2003, 336.

[192] Nehring 2003, 337; Vaitheespara 1999, 240–248.

[193] Nehring 2010, 19; 2003, 336–337.

lässt sich aus meiner Sicht nicht abschließend beurteilen. Die Verbreitung des Saiva Siddhanta und klassischer Literatur in Wort und Schrift gehört nominell aber auch Anfang des 21. Jahrhunderts zu den Ansprüchen der Vereinigung und legt nahe, dass man sich dort diesen Zielen weiterhin verpflichtet fühlt.

Die beiden prägenden Figuren der frühen Phase der Vereinigung, Nallaswami Pillai und Maraimalai Adikal, waren zeitweise Schüler des kontroversen sivaitischen Intellektuellen Somasundara Nayakar (*Cūḷai Cōmacundara Nāyakar*) (1846–1901), der, neben Arumuka Navalar (*Āṟumuka Nāvalar*) (1822–1879), als einflussreicher und publizistisch aktiver Vertreter eines orthodoxeren tamilischen Saiva Siddhanta des 19. Jahrhunderts gilt.[194] Sowohl Arumuka Navalar, der zwischenzeitlich als Gelehrter am Thiruvavaduthurai Adhinam tätig war, als auch Somasundara Nayakar fühlten sich jenen traditionellen Institutionen verpflichtet. Wie Eric Steinschneider kürzlich zeigen konnte, griff Somasundaram Nayakar in seinen teilweise polemischen Beiträgen zu sivaitischen Diskussionen der Zeit – etwa der bereits erwähnten Kontroverse um die umstrittene Autorität von Ramalinga Adikal oder in seinen Kritiken an Advaita Vedanta – auf klassische Argumentationen aus den kanonischen Saiva Siddhanta Schriften zurück.[195]

Wenngleich Nallaswami Pillai und Maraimalai Adikal beide zentrale Stimmen der sivaitischen Debatten des späten 19. und frühen 20. Jahrhunderts waren und sie mit ihrem öffentlich-reformistischen Engagement, wie der Gründung des *Saiva Siddhanta Perumanram*, die organisatorische und ideologische Landschaft des Saiva Siddhanta stark beeinflussten, suchten sie gleichzeitig die Nähe der großen sivaitischen Zentren. Nallaswami Pillais Publikationen wurden, wie oben gesehen, massiv vom Dharmapuram Adhinam unterstützt, der posthum unter der Regentschaft des 24. Gurumaha Sannidhanam die Rechte an allen Werken Nallaswamis hielt und diese teilweise in mehreren Auflagen erneut publizierte.[196] Maraimalai Adikal wurde von seinem Lehrer Somasundara Nayakar 1898 zum Thiruvavaduthurai Adhinam geschickt, um den Segen des damaligen 17. Gurumaha Sannidhanam für die eigene propagandistische Arbeit zu erhalten, der ihm, seinen eigenen Aussagen zufolge, auch erteilt wurde.[197] Eine Verbindung zu den traditionellen religiösen Zentren

[194] Zu Somasundara Nayakars Leben und Werk siehe Vaitheespara 1999, 118–139.

[195] Vgl. Steinschneider 2015.

[196] Vgl. das Vorwort von P. C. Punnaivananatha Mudaliar, dem Konrektor des Dharmapuram Adhinam Colleges, in dem er über Nallswami Pillai sagt: „*He was a profound scholar in Tamil as well as in English, and generally accepted to be one of the well-informed intepretors of the Saiva Philosophy to the English-knowing people.*“ Nallaswami Pillai 1948, vi.

[197] Vaitheespara 1999, 250–251.

war also offensichtlich für die Siddhananta-Aktivisten des frühen 20. Jahrhunderts geradezu eine Notwendigkeit, um das eigene Engagement nicht nur wissenschaftlich oder ideologisch zu rechtfertigen, sondern um damit Anschluss an die anerkannten, sivaitischen Autoritäten zu erhalten.

Zusammenfassend lässt sich festhalten, dass sich der *Saiva Siddhanta Perumanram* seit über einem Jahrhundert nominell der Verbreitung des Saiva Siddhanta widmet. Hierbei bezieht er sich dezidiert und sichtbar auf die Gründungsphase im frühen 20. Jahrhundert und beansprucht eine historische Kontinuität seiner Aktivitäten. Dass es sich bei diesem Saiva Siddhanta aber immer wieder um unterschiedliche Interpretationen gehandelt haben muss, legen alleine die beiden Figuren Nallaswami Pillai und Maraimalai Adigal nahe. Während ersterer, wie oben gezeigt, für einen Saiva Siddhanta als potentielle Universalreligion unter Einschluss des sanskritischen Erbes stand, vertrat Maraimalai Adikal zunehmend tamilnationalistische Positionen.[198] Gerade Maraimalai Adikal wird heute, neben Gnaniyar Swamikal, offensichtlich als Gründungsvater verehrt, dessen anti-sanskritischen Geist man sich weiter verpflichtet sieht. Die Betrachtung lässt erkennen, dass die Bemühungen zur Popularisierung der Philosophie oder Religion des Saiva Siddhanta auf Tamil und Englisch auch um 1900 durch Verbindungen zu den etablierten sivaitischen Maths und Adhinams und damit der orthodoxen tamilischen Tradition gekennzeichnet waren. Die Zertifizierung des *Perumanram* durch den Thiruvavaduthurai Adhinam 2005 als „Ort der Flamme des Siddhanta" in Anbetracht dessen Leistungen steht heute symbolisch für diese Abhängigkeit. Die Organisation, die wiederum selbst ähnliche Bestätigungen für andere Initiativen ausstellt – der Plan zur Wiederbelebung eines Kurses zur Ausbildung von sivaitischen Gelehrten fällt ebenfalls in diesen Bereich – war aber auch seit ihrer Gründung durch ihre handelnden Personen fundamental in eine akademisch und global geführte Diskussion über tamilische Religion eingebunden. Die Verwobenheit von christlichen Missionaren, orientalistischen Forschern, tamilischen Pandits und reformistischen Aktivisten zeigt sich also exemplarisch in der Geschichte des *Saiva Siddhanta Perumanram* und seiner prominenten Vertreter.

Historische Bezüge in Dharmapuram und Coimbatore

Die heutige Saiva Siddhanta Szene in Tamil Nadu muss als ein eng verwobenes personales und diskursives Netzwerk verstanden werden. Wie gesehen, hat darin auch der *Saiva Siddhanta Perumanram* historisch eine

---

[198] Vgl. u.a. Vaitheespara 2009.

wichtige Rolle eingenommen. Die Vereinigung verortet sich konkret in diesem diskursiven Feld „Saiva Siddhanta“ seit dem frühen 20. Jahrhundert. Im Folgenden soll nun gezeigt werden, dass dies stellenweise für den Dharmapuram Adhinam wie für den *Tiruneriya Tamil Manram* in Coimbatore gilt. Dabei wird nochmals deutlich werden, dass den Artikulationen aus der Zeit um 1900, eine zentrale Bedeutung zukommt, da Saiva Siddhanta dort – vor allem durch seine Rezeption in missionarisch-orientalistischen Debatten – zum ersten Mal global verhandelt wurde. Die orthodoxen sivaitischen Zentren wie der Thiruvavaduthurai Adhinam oder der Dharmapuram Adhinam sind heute offensichtlich um einen Anschluss an global-sivaitische oder akademische Debatten bemüht und nicht unabhängig davon zu verstehen. Dies gilt im Übrigen auch für den Siddhanta-Aktivisten Sathiyavel Murugan, dessen Arbeit, wie er selbst anmerkt, ohne die Publikationen des *French Institute* in Pondicherry nicht in dieser Form möglich gewesen wäre.

Anhand der englischsprachigen Publikationen, vor allem des Dharmapuram Adhinam, lässt sich deutlich erkennen, wie stark dieser die weltweite Forschung zum Saiva Siddhanta rezipiert und diese in Form seiner Veröffentlichungen reiteriert wird. Der Adhinam, der von sich selbst und den verwandten Institutionen als einzig wahre Autoritäten für Saiva Siddhanta spricht, reproduziert ausdrücklich Darstellungen europäischer und amerikanischer Autoren seit der Mitte des 19. Jahrhunderts. Hierzu zählen unter anderem H. R. Hoisington, G. U. Pope, W. Goudie, H. W. Schomerus, L. D. Barnett, H. A. Popley, J. Gonda, J. Filliozat, K. Kopedrayer, G. Yocum, genauso wie die tamilisch-sivatischen Autoren J. M. Nallaswami Pillai, V. V. Sastri, Maraimalai Adikal, K. Vajravelu Mudaliar, K. Subramania Pillai, T. N. Ramachandran, Mariasusai Dhavamony und andere. Das Werk des amerikanischen Theologen und Missionars John H. Piet von 1952, das der Adhinam in einer Publikation von 1984 als „quasi-authentisch“ kennzeichnete, ist ein exzellentes Beispiel für die Verwobenheit der orthodoxen Diskurse um Saiva Siddhanta mit südindischen und global geführten wissenschaftlichen Debatten. Denn bereits aus dem Vorwort von „A Logical Presentation of the Śaiva Siddhānta Philosophy“ lässt sich entnehmen, wie sehr John H. Piet wiederum auf die akademischen Vorarbeiten anderer und Diskussionen mit tamilischen Gelehrten und Aktivisten angewiesen war. Dort werden beispielsweise die Werke von G. U. Pope, Violet Paranjoti, Hilko W. Schomerus und J. M. Nallaswami Pillai als maßgebliche Einflüsse genannt (und im Buch etliche Male zitiert). Zudem wird tamilischen Sprachlehrern, Tambirans und Wissenschaftlern, wie unter anderem K. Vajravelu Mudaliar, V. A. Devasenapathi oder dem Ehrenpräsidenten des

Saiva Siddhanta Samaj/Perumanram, Balasubramania Mudaliyar, ausdrücklich für ihre Hilfe gedankt.[199]

Der globale Charakter des Namens „Saiva Siddhanta" seit dem späten 19. Jahrhundert kann exemplarisch an diesem Beispiel nachverfolgt werden. Piets Buch, das entscheidend von missionarischen Autoren und tamilischen Gelehrten beeinflusst wurde, wird in einer Publikation des traditionellen und einflussreichen sivaitischen des Dharmapuram Adhinam genutzt, um wiederum Aussagen zum „orthodoxen Saiva Siddhanta" zu tätigen. Das heißt also, dass der Dharmapuram Adhinam an den Stellen, wo er seinen Saiva Siddhanta konkret historisch und eben nicht als göttlich offenbart verortet, unvermeidlich von der orientalistisch-sivaitischen Wissensproduktion des späten 19. und frühen 20. Jahrhunderts abhängig ist.

Gleiches gilt für Arvind und Neela Venkatachalam und den *Tiruneriya Tamil Manram* in Coimbatore. Dass das Ehepaar Venkatachalam sich nicht scheut, Anregungen für den eigenen Saiva Siddhanta auch von missionarischen Beiträgen des frühen 20. Jahrhunderts zuzulassen, zeigt ihre Bewunderung für die Leistung des Leipziger Missionars Hilko W. Schomerus. Denn neben dem klassischen Saiva Siddhanta Text-Studium, das vor allem Neela Venkatachalam bei Swarna Somasundaram in einem jahrelangen Lehrerin-Schülerin-Verhältnis durchlaufen hat, sagen die beiden Siddhantins aus Coimbatore ausdrücklich, dass ihre initiale Auseinandersetzung mit der Philosophie des Saiva Siddhanta mit dem Werk jenes deutschen Missionars begonnen habe. Schomerus' 1912 erstmals in deutscher Sprache publiziertes Buch „Der Çaiva-Siddhānta. Eine Mystik Indiens" erschien im Jahr 2000 zum ersten Mal in englischer Übersetzung.[200] Die Venkatachalams halten diesen Band von Schomerus – trotz des, stellenweise missionarischen, Tons – für die beste systematische Darstellung des Saiva Siddhanta. Diese Einschätzung ist aber insofern nicht überraschend, da Schomerus nicht nur aktiv in die sivaitischen Debatten des frühen 20. Jahrhunderts involviert war, sondern auch, weil er in engem Kontakt zu Nallaswami Pillai stand und dessen Beiträgen für sein eigenes Werk massiv rezipierte.

Daher verwundert es wenig, dass das Buch in der *Siddhanta Deepika* durchaus positiv besprochen wurde. Die Herausgeber der Siddhanta-Zeitschrift schreiben in der August-Ausgabe von 1913 über Schomerus' *Der Çaiva-Siddhānta. Eine Mystik Indiens*:

„Das vorliegende Buch stellt die wertvollste und systematischste Abhandlung zur sivaitischen Philosophie dar, und der Autor hat sich umfassend mit der

---

[199] Piet 1952, v–vii.

[200] Schomerus 1912. Englisch erstmals 2000, Schomerus 2000.

Metaphysik und dem Mystizismus der Philosophie befasst, die sogar Mr. Nallaswami Pillai in seinen Beiträgen zum Thema ausgelassen hat, da sie für den einfachen Leser nicht nötig sind. Der Autor folgt nichtsdestotrotz den Hauptargumentationslinien und der Darlegung des Themas durch Mr. Nallaswami Pillai“[201]

An diesem Auszug wird nicht nur die enge Verbindung zwischen dem Leipziger Missionar und der führenden Figur der Saiva Siddhanta Propagierung im frühen 20. Jahrhundert, Nallaswami Pillai, deutlich. Er zeigt auch die Wertschätzung für den Beitrag von H. W. Schomerus von sivaitischer Seite. Die Rezension wurde 1984 vollständig im bereits erwähnten Band zur weltweiten Erforschung des Saiva Siddhanta durch den Dharmapuram Adhinam abgedruckt[202] – ebenso wie ein gekürzter ins Englische übertragener Abschnitt zum *Anaval-Mala*, die bereits 1976 in der Zeitschrift des *Saiva Siddhanta Perumanram* erschien, und somit die Schomerus-Rezeption auch dort nachweist.[203] Die oben wiedergegebene Passage findet sich in leichter Abwandlung, allerdings völlig ohne Kennzeichnung eines Zitats oder Quellenangabe, auch in der hagiographischen Biographie J. M. Nallaswami Pillais von K. M. Balasubramaniam aus dem Jahr 1965.[204]

Die Hochachtung heutiger Siddhantins in Coimbatore, die etwa Nallaswami Pillai nicht bewusst rezipieren, für den inzwischen in englischer Sprache erhältlichen Beitrag von Schomerus, ist ein weiterer Hinweis darauf, dass die Formulierungen von Saiva Siddhanta aus dem frühen 20. Jahrhundert weiterhin als relevant angesehen werden. Gerade der Fall des Leipziger Missionars macht deutlich, wie eng missionarische und sivaitische Stimmen miteinander verknüpft waren. Die Abhängigkeit der jüngeren Namensgebung für „Saiva Siddhanta“ mit der indologisch-tamilistischen Forschung seit dem 19. Jahrhundert spiegelt sich somit exemplarisch in der wohlwollenden Bewertung von Schomerus *Der Çaiva-Siddhānta. Eine Mystik Indiens* durch Vertreter des *Tiruneriya Tamil Manram*, des Dharmapuram Adhinam und des *Saiva Siddhanta Perumanram* wider.

Die 2000 publizierte vollständige englische Übersetzung von Schomerus Werk wurde im Übrigen auch innerhalb der tamilistischen Forschung

---

[201] „*The book before us is the most valuable and systematic treatise on Saiva Philosophy and the author has gone fully into Metaphysics and mysticism of the Philosophy which even Mr. Nallaswami Pillai has avoided in his contributions on the subject as not necessary for the general reader. The author has however followed the main lines and exposition of the subject by Mr. Nallaswami Pillai*“ The Agamic Bureau 1913, 92.

[202] Vgl. Ramachandran 1984a, 108–110.

[203] Schomerus 1984. Der Ausschnitt, unter Auslassungen v.a. der Zitate aus den kanonischen *Sastra*-Texten, entspricht Schomerus 1912, 104–115.

[204] Vgl. Balasubramaniam 1965, 51–52.

positiv aufgenommen. Die Religionshistorikerin Karen Pechilis sieht in ihrer Rezension aus dem Jahr 2001 hierin eine „willkommene Ergänzung“ („*welcome addition*“) zur wachsenden Zahl englischsprachiger Werke zum Saiva Siddhanta.[205] Auch sie konstatiert, ähnlich wie die sivaitischen Kommentatoren des frühen 20. Jahrhunderts: „[d]ie Stärke des Buches liegt in der Verhandlung der philosophischen Konzepte innerhalb des tamilischen Saiva Siddhanta durch den Autor.“[206] Das ausdrückliche Lob des Beitrags von Schomerus, ist dabei – ohne hier die Qualität jener Darstellung in Frage stellen zu wollen – vor allem ein Hinweis darauf, dass der „Saiva Siddhanta“ des „Revivals“ aus dem frühen 20. Jahrhundert, auch in der Forschung in der Regel affirmiert wird. Diesem, durchaus nicht unproblematischen Umstand, wird im Folgenden Rechnung getragen.

5.3. Historisierung des Saiva Siddhanta Kanons

Der autoritative Saiva Siddhanta Kanon, bestehend aus Veden, *Agamas*, *Zwölf Tirumurai* und den *14 Saiva Siddhanta Sastras*, muss, wie die Ergebnisse dieser Studie nahelegen, seit dem frühen 20. Jahrhundertals als verbreitete und relativ stabile Bedeutungsfixierung verstanden werden. Beispielhaft sei dies nochmals durch den Beginn eines Vorworts von 1945 zu einem der kanonischen *Sastra*-Werke ausgedrückt. Jene Publikation steht exemplarisch für die Vernetzung der Saiva Siddhanta Szene Tamil Nadus. Der damalige Vizepräsident des *Saiva Siddhanta Perumanram*, S. Satchidanandam Pillai (*Ca. Caccitāṉantam Piḷḷai*), leitet diese Veröffentlichung, namentlich die durch den Dharmapuram Adhinam nochmals aufgelegten Übersetzung des *Tiruvarudpayan* von Nallaswami Pillai, wie folgt ein: „Die Veden und die Siva-Agamas in Sanskrit und die Tirumurai und die Siddhanta-Sastras in Tamil sind die grundlegenden Schriften des Saiva Siddhanta.“[207] Die Kanonizität dieser vier Textsammlungen kommt zudem, wie bereits ausführlich gezeigt, im viel zitierten „klassischen“ Vers unbekannten Ursprungs, der bis zu Nallaswami Pillai zurückverfolgbar ist, zum Ausdruck. Hierin wird der Kanon im Bild von den Veden als Kuh, den *Agamas* als Milch, den *Tirumurai*-Hymnen der „religiösen Lehrer“ als *Ghee* und dem Werk Meykandas (und damit das der ihm folgenden „philosophischen Lehrer“, also den *14 Saiva Sid-*

---

[205] Pechilis Prentiss 2001b.

[206] „*The strength of the book is in the author's discussion of the philosophical concepts within Tamil Śaiva Siddhānta.*“ Pechilis Prentiss 2001b, 595.

[207] „*The Vedas and the Sivagamas in Sanskrit and the Tirumurais and the Siddhanta Sastras in Tamil are the principal scriptures of Saiva Siddhanta.*“ Nallaswami Pillai 1945.

dhanta Sastras), als Süße dieses *Ghee* beschrieben. Die überwältigende Mehrheit der Publikationen zu Saiva Siddhanta im 20. und 21. Jahrhundert erkennt diesen Kanon explizit an – wenngleich vereinzelte Stimmen, wie die Sathiyavel Murugans, die Veden als blasphemische Sanskrit-Schriften ablehnen.

Der Saiva Siddhanta Kanon als gewichtiger Teil des „quasi-stabilen Kerns" der Namensgebung zu Saiva Siddhanta wird ausdrücklich auch in tamilistischer und religionshistorischer Literatur des 20. Jahrhunderts durchgehend affirmiert. Betrachtet man weiterhin sivaitische Ansichten hierzu, wird offenbar, dass es sich hierbei im wahrsten Sinne des Wortes um ein „transzendentales Signifikat" handelt, da jene vier textuellen Korpora alle als eine (in)direkte Offenbarung Gottes verstanden werden. Dabei wird in beiden Interpretationen in der Regel übersehen, dass auch dieser Kanon – und vor allem seine Verbreitung – eine Geschichte hat. Die obige Analyse des Lektürekanons des Saiva Siddhanta Studienprogramms des Thiruvavaduthurai Adhinam konnte zeigen, dass nahezu alle Texte dieses Kanons erst im Laufe des 19. Jahrhunderts erstmalig publiziert wurden.[208] Damit soll keineswegs ausgeschlossen werden, dass es vor der Veröffentlichung und damit der Zugänglichmachung dieser Werke in den gelehrten Kreisen – insbesondere in den Maths und Adhinams Tamil Nadus – Vorstellungen über die Kanoniziät bestimmter Schriften gegeben hat. Auch finden sich in den heute kanonisierten *Sastra*-Texten Signifikationen, die die jeweiligen autoritativen Texte kennzeichnen. Aber die Entwicklungen des 19. Jahrhunderts, die oben in Hinblick auf die „Print-Revolution" dargestellt wurden, haben erstmals zu einer „öffentlichen" Debatte über diese Schriften in einer „neuen Arena" geführt. Gerade durch die Verwobenheit dieser Diskussionen mit einem global-orientalistischen Diskurs, der paradigmatisch an der Zeitschrift *Siddhanta Deepika* und dem *Saiva Siddhanta Perumandram* erkennbar wird, und die damit einhergehende neue Englischsprachigkeit der sivaitischen Auseinandersetzungen, erhielten die seither vorgenommenen Namensgebungen eine bis dato ungekannte Plausibilität. Dass jene Diskussionen über Kanoniziät sich nicht nur auf den heute klassischen Siddhanta Kanon bezogen, sondern eben auch auf zeitgenössische Denker, hat Rick Weiss eindrücklich am Beispiel der Debatten um die Autorität Ramalinga Adikals nachgewiesen.[209] Im Folgenden soll nun aber gezeigt werden, dass selbst die Bedeutung der vier klassischen Kanones des Saiva Siddhanta im 19. Jahrhundert zumindest nicht unumstritten, sondern ihre Akzeptanz durchaus brüchig war. Dabei muss anerkannt werden, dass die literarische Produktion des 19. Jahrhunderts in Tamil Nadu, wie oben

---

[208] Vgl. hierzu auch Tabelle 1.

[209] Vgl. Weiss 2015; 2017.

erwähnt, vergleichsweise „untererforscht" ist. Die nachstehend bearbeiteten Beispiele sind daher als historische Schlaglichter zu verstehen, die zwar aussagekräftige Indizien für jenen Rückschluss liefern, allerdings noch vertiefter zukünftiger Forschung bedürfen.

Veden, Agamas und Tirumurai

Die göttliche Autorität der Veden und *Agamas* wird in den tamilisch-kanonischen Schriften generell anerkannt. Tirumular stellt in seinem *Tirumantiram*, wie oben bei der Analyse der Bedeutung der Veden und *Agamas* bereits zitiert, fest, dass beide Textsammlungen wahr und von Gott offenbart sind.[210] Im späteren *Sastra*-Texten wie dem *Sivagnana Botham* wird diese Autorität vielfach affirmiert. Besonders deutlich zeigt sich die Reklamation beider göttlicher Text-Traditionen für den Saiva Siddhanta im *Sivagnana Siddhiyar*. Dort heißt es beispielsweise in einer Passage, die sich gegen buddhistische Lehrmeinungen richtet: „Er [Gott] war es, der uns das [göttliche] Gesetz gegeben hat. Dieses besteht aus *unseren Veden und Agamas*." [Herv. RK][211] Dass diese Ansicht offensichtlich auch im 18. Jahrhundert galt, zeigt der kanonisch-unkanonische Text *Sivagnana Mapadiyam* des Sivagnana Munivar aus Thiruvavaduthurai. Das *Sivagnana Mapadiyam* ist durchzogen von expliziten Bezügen zu beiden Textgruppen, unter denen vor allem die *Siva-Agamas* für den Saiva Siddhanta in Anspruch genommen werden, und stellt unter anderem fest:

> „Es muss aus dem bisher Gesagten verstanden werden, dass die Veden und die *Siddhanta Siva-Agamas* die einzig gültigen Schriften sind und dass Bücher anderer Religionen nur gültig sind, wenn sie nicht durch diese beiden großen textlichen Werke widerlegt werden." [Herv. RK][212]

Seit Mitte des 19. Jahrhunderts ist die Überzeugung der Autorität beider Kanones sowohl in sivaitischen als auch in orientalistischen Publikationen nachweisbar. Der Missionar H. R. Hoisington beschreibt 1851 in seinem Überblick zum *Sivagnana Botham* den sivaitischen Kanon wie folgt: „In Südindien gibt es drei Kategorien von Büchern, die als höchste Autorität in religiösen Fragen gelten. Diese sind die vier Veden, die 28

---

[210] Siehe auch Nallaswami Pillai 1984, iii.

[211] „*He it was who gave out our law, which is comprised in our Vedas and Agamas.*" hier zitiert in der Übersetzung bei Nallaswami Pillai 1913, 37.

[212] „*It must be understood from the foregoing that ihe Vedas and the Siddhanta Sivagamas are the only valid scriptures and the books of other religions [...] are valid in so far as they are not refuted by these two great scriptural works.*" Vajravelu Mudaliar 1985, 46.

Agamas und die 18 Puranas.“[213] Hoisington, und in Anschluss an ihn auch Murdoch 1865,[214] weisen zudem explizit darauf hin, dass erstens die Veden den Tamilen gemeinhin unbekannt seien. Zweitens wäre von den *Agamas*, denen – wohl aufgrund ihrer nominellen Verwendung in den Tempelritualen – die höchste praktische Autorität zugesprochen wird, lediglich ein kurzer, ins Tamil übersetzter Ausschnitt bekannt. Gemeint ist hier ausdrücklich das *Sivagnana Botham* Meykandas, dessen möglicher sanskritischer Ursprung bis heute umstritten ist.[215] Dass es sich bei dieser aus heutiger Sicht begrenzten Lesart des Saiva Siddhanta Kanons nicht nur um eine missionarische Verkürzung handelt, zeigt Sabhapati Mudaliyars „Sivaitischer Katechismus“ von 1863, der, wie oben beschrieben, Veden, *Agamas*, *Puranas* und *Sastras* als autoritative Schriften bezeichnet. Es ist jedoch auch bereits darauf hingewiesen worden, dass mit „Sastras“ hier eben nicht die *14 Saiva Siddhanta Sastras* gemeint sind, sondern die sechs philosophische Schulen „Vedanta“, „Vaisheshika“, „Patta“, „Prabakara“, „Purva-Mimamsa“ und „Uttara-Mimamsa“.[216] Auffällig ist bisher, dass die *Tirumurai* in den Aufzählungen der kanonischen Texte aus der Mitte des 19. Jahrhunderts gar nicht auftauchen. Karen Pechilis hat darauf hingewiesen, dass der „philosophische Lehrer“ Umapati die tamilischen *bhakti*-Hymnen für den Saiva Siddhanta beanspruchte.[217] Umapatis Inanspruchnahme ist allerdings wenig aussagekräftig, wenn berücksichtigt wird, dass – wie unten noch gezeigt wird – auch Umapati bis in die zweite Hälfte des 19. Jahrhunderts kaum bekannt war. So ist auch für die *Tirumurai* bis in die Mitte des 19. Jahrhunderts die Ansicht ihrer Saiva Siddhanta Kanonizität in publizierten Werken kaum nachweisbar. Ebenso wenig werden die *Siddhanta-Sastras* erwähnt. Hoisington, der den heutigen Kerntext dieses Kanons, das *Sivagnana Botham*, 1851 und 1854 in großen Teilen übersetzte, erkannte in Meykanda zwar denjenigen Autoren, „der zumindest unter den Sivaiten Südindiens die höchste Autorität im Bereich heiliger Bildung genießt“.[218] Aber er verstand diesen Text als tamilische Übersetzung aus den *Agamas* und nicht als Teil eines kanonisch fixierten textlichen Korpus.

Einer ausführlicheren Beschreibung des tamilisch-sivaitischen Kanons hat sich Arumuka Navalar 1875 im zweiten Band seiner „Fragen und

213 „*In Southern India there are three classes of books recognized as of chief authority in religious matters. They are the four Vedas, the twenty-eight Agamas, and the eighteen Puranas.*“ Hoisington 1851, 137.

214 Murdoch 1865, 122–123.

215 Hoisington 1851, 137–138.

216 Mudaliyar & Mudaliyar 1863, 2–6.

217 Pechilis Prentiss 2001a.

218 „*The author is regarded, by the Saivas of Southern India at least, as the highest authority in this department of sacred learning.*“ Hoisington 1854a, 33.

Antworten zur sivaitischen Religion" (*caiva camaya viṉāviṭai – iraṇṭām putakkam*)[219] gewidmet. Dort erläutert er zum einen, dass die „Natur der Veden und Agamas" (*vētākamaviyal*) die von göttlich offenbarten Schriften sei, wobei die Rezitation der ersteren ausschließlich den männlichen Angehörigen der „zweimalgeborenen" Gemeinschaften der Brahmanen (*piramaṇar*, Skt. *brāhmaṇa*), Kshatriyas (*kṣattiriyar*, Skt. *kṣatriya*) und Vaishyas (*vaikiyar*, Skt. *vaiśya*) erlaubt wäre. Frauen und Sudras (*cūttirar*, Skt. *śūdra*), zu denen er als Vellalar aus brahmanischer Sicht selbst gehörte, dürften lediglich die *Puranas* rezitieren und immerhin der Bedeutung der Veden lauschen. Alle vier Gruppen dürften, sofern sie die zweite sivaitische Initiation des *Visheda-Diksha* erhalten hätten, bestimmte ritualistische Teile der *Siva-Agamas* rezitieren. Die Passagen der *Agamas* über das göttliche Wissen oder *Gnana* stünde aber nur denjenigen offen, die die Stufe der *Nirvana-Diksha* erreicht hätten.[220]

Diese Ausführungen verdeutlichen nicht nur, dass die Fragen der Berechtigung zur Initiation, wie oben dargestellt, im 19. Jahrhundert ebenfalls virulent waren, sondern auch, dass ein Teil der Ursprungstexte des Saiva Siddhanta damals für den Großteil der tamilischen Siddhantins, die eben meist keine Brahmanen waren, nur sehr indirekt zugänglich war. Die frühesten Publikationen und ersten tamilischen Teilübersetzungen der *Agamas* finden sich ab den 1880er Jahren, maßgeblich vorangetrieben durch Shanmuga Sundara Mudaliyar (*Caṇmuka Cuntara Mutaliyār*).[221] Die *Agamas*, die zumindest partiell legitim rezipiert werden durften, waren dennoch, wie Chris Fuller ausführlich gezeigt hat, bis ins 20. Jahrhundert, als sie vom *French Institute* in Pondicherry wissenschaftlich bearbeitet, ediert und veröffentlicht wurden, nahezu unbekannt.[222] Dies schließt, wie Arumuka Navalars, H. R. Hoisingtons und Sabhapati Mudaliyars Äußerungen zeigen, ihre „zitathafte Autorität" keineswegs aus. Aber diese Sanskrit-Texte, die in Südindien nur in Grantha-Schrift und in sivaitischen Tempeln (oder Adhinams) in Ausschnitten durch Ritualhandbücher überliefert waren, können schwerlich Gegenstand einer breiten Debatte gewesen sein. Das stellte unter anderem Nallaswami Pillai 1913 mit Bedauern fest, indem er die Schwierigkeit des Zugangs zu jenen Texten aus genannten Gründen bemängelt, und dabei insbesondere ihre fehlende Rezeption durch „europäische Gelehrte und solche aus

[219] Nāvalar 1959.
[220] Nāvalar 1959, 13–17.
[221] Vgl. zur Publikationsgeschichte, Irājacēkaraṉ 2008, 61–63.
[222] Vgl. Fuller 2003, 80–113.

anderen Teilen Indiens" hervorhob.[223] Ähnlich konstatierte H. W. Schomerus 1912: „daß die Āgama-Literatur heutigen Tages eine fast unbekannte Größe ist."[224] Die gegenwärtig selbstverständliche (nominelle) Anerkennung der Veden und *Agamas* weist aber dennoch eine ausgesprochene Kontinuität zu den Artikulationen des 19. und 18. Jahrhunderts auf, die sich zudem ganz ähnlich in den Texten der *Siddhanta-Sastras* wiederfinden lässt. Allerdings muss eine heutige Bewertung, wie Ravi Vaitheespara festgestellt hat, berücksichtigen, dass um die Bedeutung dieser Texte für den Saiva Siddhanta gerade ab Ende des 19. Jahrhunderts unter verstärktem Einfluss des entstehenden Tamil-Nationalismus gestritten wurde:

„Vom Ende des 19. Jahrhunderts bis in die Mitte der 1920er Jahre war eine der kritischsten Fragen für Sivaiten die Position des Sanskrit und des sanskritisch-vedischen Textkorpus, einschließlich der Veden, der Siva-Agamas und der Puranas, im Saiva Siddhanta."[225]

Arumuka Navalar, der dem orthodoxeren Spektrum dieser Debatten zugeordnet werden kann, hat sich hierzu, wie gezeigt, eindeutig positioniert. In seinem „Sivaitischen Katechismus" findet sich als einem wohl frühesten Vertreter – das unterscheidet ihn von den oben genannten früheren Autoren – eine dezidierte Anerkennung von Teilen der *Zwölf Tirumurai* für den Saiva Siddhanta. Allerdings spricht er dort, wie auch in seiner älteren Publikation von 1854,[226] lediglich von acht dieser Bücher, namentlich von den Hymnen des *Tevaram* und des *Tiruvacakam*. Diese Gesänge der vier großen „religiösen Lehrer" Sampantar, Appar, Suntarar und Manikkavacakar bezeichnet er als „Tamilische Veden" (*tamiḻ vētaṅkaḷ*), die die Botschaften der sanskritischen Veden transportierten und gleichzeitig nicht im Widerspruch zu den *Agamas* stünden.[227] Hierdurch eröffnet Navalar zwar einen möglichen indirekten Weg zu den Erkenntnissen der Veden für Sudras, indem er die Aussage von *Tevaram* und *Tiruvacakam* mit den Veden und *Agamas* gleichsetzt. Allerdings muss in Hinblick auf die heute kanonischen *Zwölf Tirumurai* festgehalten

[223] Vgl. „*The vastness of the Āgamānta or Siddhānta literature in Sanskrit has hardly been realised by European savants. [...] Unfortunately all these Sanskrit works are in Grantha character and they are as such not being availed of by European scholars, and scholars in other presidencies of India. This defect was sought to be remedied.*" Nallaswami Pillai 1913, iv–v, Fn §.

[224] Schomerus 1912, 8.

[225] „*[F]rom the late nineteenth century until the mid 1920s, one of the most crucial questions for the Saivites was the position accorded to Sanskrit and the Sanskritic-Vedic corpus, including the Vedas, the Saiva-Agamas and the Puranas in Saiva Siddhanta.*" Vaitheespara 2012, 773.

[226] Nāvalar 1910, 13.

[227] Nāvalar 1959, 18.

werden, dass diese in der zweiten Hälfte des 19. Jahrhunderts nicht selbstverständlich als umfänglich relevanter Korpus betrachtet wurden. Wie bereits im Rahmen der obigen, ausführlichen Darstellung dieser Textsammlung dargelegt werden konnte, sind auch die *Tirumurai* erst im Laufe des 19. Jahrhunderts publiziert und übersetzt worden. Thomas Lehmann hat zusätzlich angemerkt, dass selbst die sivaitische Kommentar-Tradition zu diesen Schriften für Jahrhunderte mehr oder weniger versiegt war. Vielmehr erschien erst 1834 ein ausführlicher Kommentar zum *Tiruvacakam*.[228]

H. R. Hoisington verweist in seiner Einführung zum *Sivagnana Botham* von 1851 darauf, dass neben Veden, *Agamas* und *Puranas* „zahlreiche weitere Schriften verbreitet sind; allerdings würden diese nicht so hoch geschätzt und seien von zweifelhafter Autorität."[229] Es kann vermutet werden, dass hiermit die weiteren, heute selbstverständlich als kanonisch geltenden, *Saiva Siddhanta Sastras* gemeint sind. Wie oben gezeigt wurde, nennt Arumuka Navalar, der 1885 ebenfalls das *Sivagnana Botham* veröffentlichte, bei seiner Erläuterung der Reihenfolge des Textstudiums für Sivaiten 1854 „14 Dravidische Sastras" als höchste Gruppe religiöser Literatur, deren Lektüre sich erst nach Initiation und Beschreiten der vier agamischen Erlösungswege eröffnet. Eine solche exklusive Ansicht unterscheidet sich massiv von der vom Thiruvavaduthurai Adhinam im Studienprogramm propagierten Praxis. Denn dort gilt nicht nur selbstverständlich akzeptiert, welche 14 Schriften diesen Kanon ausmachen, sondern vielmehr bietet das Studienprogramm Zugang zu Texten, die bis in die zweite Hälfte des 19. Jahrhunderts gar nicht in gedruckter Form vorlagen. Gerade damals sprachen einflussreiche Stimmen wie Arumuka Navalar aber nur bestimmten fortgeschrittenen Personen die Berechtigung zu, diese Texte auch studieren zu dürfen. Dabei gilt festzuhalten, dass Arumuka Navalar denselben Adhinam vertrat, der heute durch seine populäre Organisation Saiva Siddhanta für die interessierte Öffentlichkeit anbietet. An diesen Entwicklungen werden die fundamentalen modernen Verschiebungen in Hinblick auf die Zugänglichkeit jener Werke deutlich, die zudem mit den englischsprachigen Publikationen der *Siddhanta Deepika* ab 1897 eine radikale Öffnung erfahren haben.

---

[228] Lehmann 2009, 64–66.

[229] „*Numerous other works are extant; but they are not esteemed as of so high and undoubted authority.*" Hoisington 1851, 137.

Die 14 Saiva Siddhanta Sastras

Gerade die *14 Saiva Siddhanta Sastras* gelten heute unwidersprochen als expliziter Ausdruck der tamilischen Saiva Siddhanta Philosophie. Die Einheit und die Kanonizität dieses Korpus wird im Saiva Siddhanta des 20. und 21. Jahrhunderts an keiner mir bekannten Stelle explizit angezweifelt. Auch in tamilistisch-religionshistorischen Beiträgen wird in der Regel selbstverständlich davon ausgegangen, dass diese Textsammlung, die zwischen dem 12. und 14. Jahrhundert entstanden ist, seither so existierte und anerkannt wurde. Im Folgenden soll darauf hingewiesen werden, dass auch dieser relativ „stabile Kern" des modernen Namens „Saiva Siddhanta" eine Geschichte hat, die sich im 19. Jahrhundert wesentlich uneindeutiger zeigt, als heute suggeriert wird. Es ist bereits ausführlich beschrieben worden, dass ein Großteil der kanonischen 14 Werke erst ab Mitte jenes Jahrhunderts ediert und veröffentlicht wurde. Die früheste vollständige Ausgabe in Tamil stammt, wie bereits erwähnt, von Madurai Nayakam Pillai aus dem Jahre 1866. Die Publikation enthielt lediglich die Grundtexte (*mūlam*) jener *14 Sastras,* ohne die jeweiligen zentralen Kommentare. 1871 wurden die *Sastras* einzeln mit dazugehörigen Kommentaren (*urai*) durch den Herausgeber der *Agamas*, Shanmuga Sundara Mudaliyar, veröffentlicht. 1897 legte Kanchi Nagalinga Mudaliyar (*Kāñci Nākaliṅka Mutaliyār*) alle *14 Saiva Siddhanta Sastras* mit ausführlichen Kommentaren als „*meykaṇṭa cāttiram (mūlamum uraiyum)*" auf. Letztere beiden Editionen scheinen in zeitgenössischen Siddhanta-Kreisen verbreitet gewesen zu sein, wie die Referenz Nallaswami Pillais eingangs seiner Übersetzung des *Sivagnana Siddhiyar* von 1913 nahelegt.[230] Die ausführliche *Sastra*-Ausgabe von 1897 ist auch diejenige, die in der etablierten Forschungsliteratur des 20. Jahrhunderts zum Saiva Siddhanta in der Regel als früheste Publikation genannt wird.[231] Hierin zeigt sich, dass die spätere wissenschaftliche Auseinandersetzung auch in diesem formalen Punkt ausgesprochen abhängig ist von den Entwicklungen des tamilischen Sivaismus um 1900. Der Finanzier dieser Edition von Kanchi Nagalinga Mudaliyar, ein Puvai Kalyana Sundara Mudaliyar (*Pūvai Kalyāṇa Cuntara Mutaliyār*), gilt weiterhin als derjenige, der den alternativen und heute ebenfalls etablierten Namen „Meykanda Sastras" vorgeschlagen hat.[232]

Es ist also wahrscheinlich, dass die gegenwärtig sedimentierten *14 Saiva Siddhanta Sastras* vor der Mitte des 19. Jahrhunderts nicht als autori-

---

[230] Nallaswami Pillai 1913, li. Zur Publikationsgeschichte der *Sastras*, siehe Irājacēkaraṉ 2008, 246.

[231] Vgl. u.a. Dhavamony 1971.

[232] Vgl. Irājacēkaraṉ 2008, 246.

tativer textueller Kanon einer expliziten Philosophie namens Saiva Siddhanta bekannt waren – zumindest nicht im Sinne einer allgemeinen, oder öffentlichen Meinung. Wie Eric Steinschneider kürzlich gezeigt hat, waren vor allem heute unkanonische Autoren Gegenstand der sivaitischen Debatten.[233] Es kann vielmehr als relativ gesichert gelten, dass die genaue Zahl und Zusammensetzung der kanonischen *Sastras*, ihre fundamentale Bedeutung als expliziter Saiva Siddhanta, und der Zugang zu diesen Texten nicht generell akzeptiert oder doch zumindest umstritten war. Noch 1895 beklagte sich Nallaswami Pillai in seiner Einleitung zur Übersetzung des *Sivagana Botham*, also der fundamentalen Schrift des Saiva Siddhanta, wie folgt: „es finden sich selbst heute nur sehr wenige Gelehrte in Südindien, die den Text richtig erklären können."[234] Dies soll nicht heißen, dass es solche Konzeptionalisierung nicht vor dieser Zeit gegeben haben kann, etwa in den gelehrten Kreisen der Maths und Adhinams. Aber im Sinne eines öffentlich akzeptierten Kanons kann dies als unwahrscheinlich gelten. Einige der 14 Werke wurden sicherlich vor dem 19. Jahrhundert auch außerhalb dieser sivaitischen Zirkel als wichtige Texte verstanden. Der jesuitische Missionar Roberto de Nobili (1577–1657), der in der Gegend um Madurai wirkte, zitierte beispielsweise aus dem *Sivagnana Siddhiyar*, um den tamilischen Sivaismus als Monotheismus darzustellen.[235] Das kanonisch-unkanonische Standardwerk des Saiva Siddhanta, Sivagnana Munivars *Sivagnana Mapadiyam* aus dem späten 18. Jahrhundert, erkennt als Autoritäten neben Veden und *Agamas* vor allem das *Sivagnana Botham* Meykandas an, offenbart aber keine Hinweise auf ein Verständnis eines 14 Werke umfassenden philosophischen Saiva Siddhanta Kanons. Vielmehr sind hier die Bezüge zum Sanskrit-Autor Srikantha deutlich stärker betont.[236]

Die oben bereits angesprochene Relevanz der erstmaligen Publikation der *14 Saiva Siddhanta Sastras* durch Madurai Nayakam Pillai muss in diesem Zusammenhang als der entscheidende Moment, sowohl zur Fixierung dieses Kanons als auch seiner öffentlichen Zugänglichkeit, gesehen werden. Dieser Hinweis, der auffällig unbekannt zu sein scheint, macht es zum ersten Mal möglich, den vermeintlich überzeitlichen oder göttlichen Kanon der expliziten Saiva Siddhanta Philosophie zu historisieren. Beide oben bereits zitierten sivaitischen Publikationen verweisen eindeutig auf einen geschichtlichen Bruch im tamilischen Saiva Siddhanta, namentlich die erstmalige Drucklegung der *14 Saiva Siddhanta Sastras* im Jahre

---

[233] Vgl. Steinschneider 2017b.

[234] „*very few Pundits could be found in Southern India who are able to expound the text properly even now.*" Nallaswami Pillai 1984, xviii.

[235] Vgl. Nobili 2000, 21 und 91–92.

[236] Vgl. Vajravelu Mudaliar 1985.

1866, als den Ort der hegemonialen Fixierung dieses Kanons. Die Wirkung dieser Möglichkeit zur massenhaften Verbreitung, darf im Lichte der bisher präsentierten Ergebnisse nicht unterschätzt werden. Madurai Nayakam Pillais Publikation war mir leider nicht zugänglich – genauso wenig wie offensichtlich den meisten Autoren der zweiten Hälfte des 20. Jahrhunderts. Ihre Bedeutung für die weiteren publizistischen Tätigkeiten des „Saiva Siddhanta Revivals“ lässt sich aber durch die oben genannten Referenzen unter anderem bei Nallaswami Pillai erahnen. Noch deutlicher wird dieser Bezug und der Einfluss dieser „modernen Kanonisierung“, wenn ihr Urheber näher betrachtet wird.

Über Madurai Nayakam Pillai ist leider sehr wenig bekannt, auch die oben zitierten Werke geben keine weiteren biographischen Informationen. Folgt man dem Religionshistoriker Ravi Vaitheespara, „scheint Madurai Nayakam Pillai ein gewichtiger Faktor in der Geschichte des Saiva Siddhanta Revivals in Tamil Nadu gewesen zu sein.“[237] Die Studien Vaitheesparas legen nahe, dass der Publizist Madurai Nayakam Pillai einen entscheidenden Einfluss auf den wirkmächtigen Saiva Siddhanta Aktivisten Somasundara Nayakar hatte, der ein polemischer Kritiker des Advaita Vedanta war.[238] Maraimalai Adikal, der wie Nallaswami Pillai zu den Schülern Somasundara Nayakars gerechnet wird, berichtet in der Biographie seines Lehrers, von einer Begegnung Madurai Nayakam Pillais und Somasundaram Nayakars in Madras. Letzterer soll zu diesem Zeitpunkt etwa 22 Jahre alt gewesen sein. Vaitheespara paraphrasiert dieses Treffen, das zur „Konversion“ Somasundara Nayakars zum Saiva Siddhanta führen sollte, wie folgt:

> „Der junge Nayakar und Madurai Nayakam Pillai hatten die Möglichkeit, sich zu treffen und sich auszutauschen. Nayakar sprach von Vedanta und den Zweifeln, die er diesbezüglich entwickelt hatte. Madurai Nayakam Pillai war beeindruckt von Nayakar und gab ihm einige seiner Publikationen wie das Sivagnana Botham und das Sivagnana Siddhiyar, um diese zusammen mit einer kurzen Zusammenfassung der Lehren des Saiva Siddhanta zu lesen. Nachdem Nayakar die Bücher gelesen und über diese sowie über die Worte Madurai Nayakam Pillais nachgedacht hatte, war er von der Wahrheit des Saiva Siddhanta und der Unwahrheit des Vedanta überzeugt. Laut [Maraimalai] Adikal war es also diese kurze Intervention Madurai Nayakam Pillais, zu einer Zeit, als Nayakar begonnen hatte verstärkt an der Wahrhaftigkeit des Vedanta zu zweifeln, die zu Nayakars Konversion zum Saiva Siddhanta führte.“[239]

[237] „*Madurainayagam Pillai appears to have been a significant player in the story of the Saiva Siddhanta revival in Tamil Nadu*“ Vaithees 2015, 68.

[238] Vgl. hierzu u.a. Steinschneider 2015; 2017b.

[239] „*The young Nayakar and Madurainayagam Pillai chanced to meet and converse. Nayakar talked of Vedanta and the doubts that had arisen in his mind regarding it.*

Diese Schilderung ist insofern zeitlich plausibel, als dass sich dieses Treffen um das Jahr 1868 zugetragen haben muss, also kurz nach der erstmaligen Publikation der *Siddhanta-Sastras* durch Madurai Nayakam Pillai. Schenkt man dem Bericht Maraimalai Adikals Glauben, war Madurai Nayakam Pillai also nicht nur derjenige, der die moderne Kanonisierung der *14 Saiva Siddhanta Sastras* im 19. Jahrhundert wesentlich geprägt hat, sondern übte auch entscheidenden Einfluss auf die religiöse Entwicklung eines ausgesprochen bedeutenden Saiva Siddhanta Intellektuellen der Zeit aus. Ravi Vaitheespara legt in seinen Untersuchungen weiterhin nahe, dass Madurai Nayakam Pillai, durch die Vermittlung Somasundara Nayakars, später zu einer Art Vaterfigur des jungen Maraimalai Adikal wurde. Damit wäre die überragende Wichtigkeit Madurai Nayakam Pillais für den modernen Saiva Siddhanta abermals unterstrichen. Vaitheespara beschreibt Madurai Nayakam Pillai, der ursprünglich aus Thirisirapuram (*Tiricirapuram*) im heutigen Tiruchirappalli stammte, weiterhin als gut vernetzten Siddhantin, der im Hauptberuf Gerichtsbeamter in Nagapattinam (*Nākappaṭṭiṉam*) an der Ostküste Tamil Nadus war. Er gründete dort demnach eine ausgesprochen aktive und einflussreiche Saiva Siddhanta Vereinigung namens „Saiva Siddhanta Sabhai Velippalaiyam“ (*caiva cittānta cabai veḷippāḷaiyam*).[240] Zudem soll er mit einem der angesehensten sivaitischen Poeten des 19. Jahrhunderts, Minakshi Sundaram Pillai, dem Dichter-Gelehrten am Thiruvavaduthurai Adhinam und der Lehrer U. V. Swamianatha Aiyars,[241] verwandt gewesen sein und Verbindungen zu Arumuka Navalar unterhalten haben.[242]

Allerdings offenbart die Darstellung Madurai Nayakam Pillais bei Vaitheespara ein Problem. Denn Vaitheespara gibt die Lebensdaten Madurai Nayakam Pillais, des Gerichtsbeamten aus Nagapattinam, mit 1851 bis 1920 an, wobei er ihn eindeutig mit Madurai Nayakam Pillai, dem Publizisten und Mentor Somasundara Nayakars, gleichsetzt.[243] Das genannte Geburtsjahr 1851 lässt die publizistische Leistung der Veröffentlichung der Saiva Siddhanta Sastras 1866 sehr unrealistisch erschei-

---

Madurainayagam Pillai was impressed with Nayakar and gave him some works such as Sivajnan Botham and Sivajna Sittiar to read along with a brief summary of the principles of Saiva Siddhanta. Nayakar, upon reading and reflecting on the books and on the words of Madurainayagam Pillai, became convinced of the truth of Saiva Siddhanta and the fallacy of Vedanta. Thus, according to Adigal, it was this brief intervention by Madurainayagam Pillai at a time when Nayakar had begun to increasingly doubt the veracity of Vedanta that led to Nayakar's conversion to Saiva Siddhanta.“ Vaitheespara 1999, 126–127, Fn 43.

[240] Zu dieser Vereinigung, siehe eine kurze Übersicht bei Celvakkaṇapati 2013b, 268.

[241] Zu Minakshi Sundaram Pillai, siehe u.a. Richman 1997.

[242] Vgl. Vaitheespara 1999, 215–218.

[243] Vaitheespara 1999, 215; Vaithees 2015, 67.

nen, genauso wie den prägenden Einfluss auf Somasundara Nayakar. Zum Zeitpunkt ihrer Begegnung um 1868 war letzterer bekanntlich 22 Jahre alt und es ist relativ unwahrscheinlich, dass er sich von einem 17-jährigen zu einer „Konversion" überzeugen ließ. Die fünf im Katalog der „Roja Muthiah Research Library, Chennai" (*rōjā muttaiyā ārāycci nūlakam*) gelisteten Veröffentlichungen Madurai Nayakam Pillais legen aber nahe, dass es sich dennoch um dieselbe Person handelt.[244] Wahrscheinlich ist also schlicht das Geburtsjahr 1851 falsch, oder aber es gab zwei Saiva Siddhanta Aktivisten mit demselben Namen, die etwa um die gleiche Zeit am sivaitischen Diskurs teilnahmen, und Vaitheespara hat sie fälschlicherweise zu einer Person gemacht. Beides ist durchaus im Bereich des Möglichen und offenbart einmal mehr, wie groß die Notwendigkeit weitergehender Erforschung der sivaitische Religionsgeschichte Tamil Nadus im 19. Jahrhundert ist.

Ohne also diese offensichtliche Unklarheit in diesem Kontext auflösen zu können, kann in Hinblick auf die Entwicklungen der zweiten Hälfte des 19. Jahrhundert festgehalten werden, dass sich in dieser Phase, angefeuert durch die Verbreitung des Druckwesens, ein Saiva Siddhanta Diskurs entwickelte, der von tamilischen Sivaiten und orientalistisch-missionarischen Autoren geprägt war. Gerade die tamilsprachigen Beiträge dieser Debatten sind bis heute ausgesprochen wenig bearbeitet worden, was ihrem zeitgenössischen Einfluss nicht gerecht wird. Der heutige Saiva Siddhanta kann, wie ausführlich dargestellt, plausibel bis ins späte 19. und frühe 20. Jahrhundert zurückverfolgt werden. In dieser Zeit wurden jene Bedeutungen erstmals wirksam und massenhaft fixiert, die bis heute die Iterationen prägen. Dass sich hierbei die „modernen Sivaiten" wohl auch aufgrund ihrer Englischsprachigkeit durchgesetzt haben, darf aber nicht den Blick auf die tamilischen Auseinandersetzungen verstellen. Auch wenn sich beide sprachliche Sphären zweifelsohne beeinflusst und bedingt haben, scheint es aber auch deutliche thematische Unterschiede gegeben zu haben. Ein paradigmatisches Beispiel hierfür ist die kurzlebige tamilische Version der *Siddhanta Deepika*, die, auch durch den Einbezug orthodoxerer

[244] Dort erscheint er als Herausgeber diverser *Sastra*-Werke. Die Angaben im Katalog führen damit wohl den Publizisten Madurai Nayakam Pillai und geben zusätzlich den Ursprungsort Thirisirapuram an. Weiterhin offenbart der Eintrag auch die von Vaitheespara beschriebene Verbindung zu C. Virappa Chettiyar (*Cō. Vīrappa Ceṭṭiyār*), der der Co-Gründer der Vereinigung Saiva Siddhanta Sabhai Velippalaiyam in Nagapattinam gewesen war und hier als Mitherausgeber einiger Werke aufgeführt ist. Vgl. http://dsal.uchicago.edu/bibliographic/rmrl/rmrl.php?names=&author=Maturainayakam+Pillai&title=&subjects=&series1=&date=&language=&sortorder=author (zuletzt aufgerufen am 17.06.2016).

Autoren, „weniger kosmopolitisch“ und „beschränkter auf Saiva Siddhanta und Tamil-Themen“ war.[245]

Zusammenfassend kann aber festgehalten werden, dass die vorgetragenen historischen Perspektiven auf die Namensgebung zu „Saiva Siddhanta“ vor allem im späten 19. und frühen 20. Jahrhundert nahelegen, dass es sich hierbei um entscheidende Artikulationen für die Bedeutung dieses Namens handelte. Hier wurde nicht zuletzt der heute akzeptierte Saiva Siddhanta Kanon in dieser Form hervorgebracht. Dies gilt damit auch für die *14 Saiva Siddhanta Sastras*, deren Zahl, Zusammensetzung, Zugänglichkeit und Bewertung als explizite Philosophie maßgeblich in dieser Zeit verbreitet wurden. So konnte der Fokus auf den vermeintlich überzeitlichen oder göttlichen Kanon des Saiva Siddhanta, der in der Regel in der wissenschaftlichen und sivaitischen Literatur gleichermaßen als „transzendentaler Signifikant“ affirmiert wird, die historische Brüchigkeit und Gewordenheit des „quasi-stabilen Kerns“ des heutigen Saiva Siddhanta deutlich vor Augen führen. Die Möglichkeit der Saiva Siddhanta Reformer des beginnenden 20. Jahrhunderts, diesen autoritativen Kanon relativ selbstverständlich vorzutragen, war wiederum nur durch die intellektuellen und publizistischen Vorarbeiten früherer Artikulationen gegeben. Denn natürlich sind die Beiträge ab der Mitte des 19. Jahrhunderts nicht in einem intellektuellen Vakuum geäußert worden. Jene zeitgenössischen Autoren haben sich selbst auch auf ältere Überlieferungen gestützt, die aber – und das ist der entscheidende Punkt – nicht Teil einer breiteren Debatte waren, wie sie durch die „Print-Revolution“ möglich wurde. Rick Weiss hat in seinen Untersuchungen zu den sivaitischen Debatten um die Autoren Ramalinga Adikal und Arumuka Navalar demonstriert, dass sich durch jene modernen Verbreitungswege eine „neue Arena“ im Bereich der religiösen Auseinandersetzung auftat, die nicht mehr nur den traditionellen und wohlhabenden sivaitischen Institutionen und ihren Mitgliedern offen stand:[246]

„Die Druckerpresse, zugänglich für jede Gruppe, die genügend Geld für ihren Einsatz hatte, stellte ein Werkzeug für religiöse Gruppen jenseits der etablierten religiösen Zentren dar, um [...] Autorität für sich zu beanspruchen. Dieses Vorgehen bot das Potenzial, die Autoritätsverhältnisse zwischen etablierten religiösen Institutionen und Anführern einerseits und jenen, die neue religiöse Visionen am

---

[245] Vgl. die Einschätzung Vaitheesparas: „*The Tamil edition of Siddhanta Deepika however, had a slightly different emphasis than the English edition since it aimed for an exclusive Tamil reading audience. It was clearly less cosmopolitan in its flavor. Most of the articles were more narrowly confined to Saiva Siddhanta and Tamil subjects.*“ Vaitheespara 1999, 242.

[246] Weiss 2015; 2017.

Rande des institutionalisierten Spektrums artikulierten andererseits, zu verändern."[247]

Es muss für diese „neue Arena" der Auseinandersetzung um Sivaismus und konsequent Saiva Siddhanta aber abschließend nochmals festgehalten werden, dass diese sivaitischen Diskussionen äußerst vielstimmig waren. Die Rezeption orientalistischer Forschung, die Zurückweisung missionarischer Vorwürfe oder die Publikation sivaitischer Literatur – vor allem in englischer Sprache – riefen unter orthodoxen tamilischen Sivaiten massive Kritik hervor. Jüngere Untersuchungen zeigen, dass die sivaitische Szene zutiefst uneins war. Orthodoxere Autoren argumentierten scharf gegen eine so empfundene „Rekonfiguration des Sivaismus", die von sogenannten „modernen Sivaiten" (*navīṉa caivar*) wie beispielsweise Nallaswami Pillai oder Maraimalai Adikal vertreten wurde.[248] Für das Verständnis des heutigen Saiva Siddhanta sind die Beiträge jener „modernen Sivaiten" allerdings unentbehrlich, da sie nicht nur durch den Anschluss an die traditionellen Maths und Adhinams gestützt wurden und gleichzeitig Teil eines orientalistisch-sivaitischen Diskurses waren, sondern weil ihre Beiträge die Namensgebung zu „Saiva Siddhanta" bis heute prägen. Eine zukünftige Bearbeitung der Beiträge, vor allem auch vor dem späten 19. Jahrhundert ist daher wünschenswert. Denn auch das „Saiva Siddhanta Revival" hat historisch frühere Bezugspunkte. Zukünftige Forschung muss daher konsequenterweise versuchen, die Rezeptionslinien zu älteren Debatten nachzuzeichnen. Eine solche Untersuchung wird unweigerlich ins 18. Jahrhundert führen und könnte sich beispielsweise bemühen, die kanonisch-unkanonischen Autoren Sivagnana Munivar und Tayumanavar zu erschließen, die im 19. Jahrhundert äußert populär waren.[249] Im Sinne des genealogischen Ansatzes wäre hierbei dieser kritischen Nachverfolgung keine zeitlichen Grenzen gesetzt, solange sich auch weiterhin Bezugnahmen plausibel nachweisen ließen.

---

[247] „*The printing press, accessible to any group that had the money to employ it, provided a tool for religious groups on the margins of established religious centres to make bids for [...] authority. In doing so, it offered the potential to transform the relationships of authority between established religious institutions and leaders, on the one hand, and those who were articulating new religious visions from the institutional margins, on the other.*" Weiss 2015, 27.

[248] Ausdrücklich hierzu, Vaitheespara 2012.

[249] Einen Beitrag zu vormodernen Debatte liefert Steinschneider 2017a.

V.

Schlussbemerkungen: Kritik am hegemonialen Namen „Saiva Siddhanta"

Die vorliegende Arbeit hat sich zum Ziel gesetzt, die Frage „Was ist Saiva Siddhanta?" zu bearbeiten. Zur Beantwortung dieser Frage hat sich die Studie zunächst mit dem Thiruvavaduthurai Adhinam beschäftigt, der heute mit Abstand einflussreichsten Institution Tamil Nadus im Bezug auf die Propagierung der Lehren des Saiva Siddhanta. In seinem 1991 gegründeten populären „Saiva Siddhanta Studienprogramm" verbreitet der Adhinam als traditionell-sivaitisches Zentrum in etwa 70 lokalen Zweigstellen in Tamil Nadu und darüber hinaus die philosophisch-theologischen Doktrinen und die religiöse Praxis des Saiva Siddhanta. Durch die Etablierung jenes Programms vertritt die Institution seither einen expliziten Bildungsauftrag, der sich zum Ziel gesetzt hat, die tamilischen Sivaiten wieder mit ihrer „ursprünglichen" Religion vertraut zu machen. In über jeweils zwei Jahre monatlich stattfindenden Kursen wurden bereits mehrere zehntausend Teilnehmende in den Lehren des Saiva Siddhanta unterrichtet. Die Organisation wird logistisch und inhaltlich zentral von einem eigenen Direktorat aus geleitet und verfügt über ein ausgedehntes personales und pädagogisches Netzwerk innerhalb der tamilsprachigen Welt. Der organisatorische Aufbau des gesamten Kurs-Netzwerkes offenbart die strukturelle und religiöse Hoheit des jeweiligen Oberhauptes des Thiruvavaduthurai Adhinam. Jener Gurumaha Sannidhanam steht nicht nur der sivaitischen Einrichtung mit ihrer asketisch-zölibatären Bruderschaft und seinen reichen Besitzungen vor, sondern fungiert nominell als „göttlicher Lehrer" für die Anhänger des Studienprogramms. Dieses Studienprogramm zeichnet sich durch eine relative Offenheit aus, die ihr Angebot für alle Interessierten, die des Tamil in Wort und Schrift mächtig sind, gegen eine verhältnismäßig geringe Gebühr zugänglich macht.

Diese Einordnung des Saiva Siddhanta Studienprogramms bildete den Rahmen für die inhaltliche Analyse der Lehren der einflussreichen und unter den Sivaiten Tamil Nadus weitgehend als autoritativ angesehenen Institution des Thiruvavaduthurai Adhinam. In der Darstellung ist deutlich geworden, dass der Adhinam einen bestimmten textuellen und personalen Kanon als Grundlage des Saiva Siddhanta ansieht. Dieser umfasst die sanskritischen Werke der Veden und *Agamas*, sowie die tamilischen Schriften des *Tirukkural*, der *Zwölf Tirumurai*, der *14 Saiva Siddhanta Sastras* und der *14 Pandara-Sastras*, die in eigens gedruckten und kommentierten Versionen an die Studierenden ausgegeben werden. Der Adhinam beansprucht, durch seine autorisierten Dozenten, die Lehren dieser Texte im Studienprogramm zu verbreiten, wobei ein klarer Fokus auf die *14 Siddhanta Sastras* gelegt wird. In den insgesamt 24 monatlichen Sitzungen werden die Teilnehmenden in die Geschichte des Sivaismus und seiner Literatur, als dessen ultimative Ausformulierung Saiva Siddhanta verstanden wird, eingeführt. Anhand der kanonisierten Texte werden die grundsätzlichen Überzeugungen und Doktrinen des Saiva Siddhanta erläutert und ihre lebenspraktische Bedeutung hervorgehoben.

Die Untersuchung der Lehren des Saiva Siddhanta laut dem Thiruvavaduthurai Adhinam konnte deutlich zeigen, dass diese nicht nur über eine eigene Epistemologie verfügen, sondern ontologisch-kosmologische Grundannahmen vertreten, die die detailreichen philosophischen Ausarbeitungen bedingen. Der Saiva Siddhanta geht von der ewigen und ungeschaffenen Existenz dreier Entitäten, namentlich Gottes, der Seelen und der Fesselung (der Seelen) aus. Letztere gliedert sich abermals in drei unterschiedliche Teile namenes *Anava-Mala*, *Karma-Mala* und *Maya-Mala* auf. *Anava* markiert hierbei den unvermeidlichen Ausgangspunkt der Fesselung der Seelen, da es den Grund aller Unwissenheit darstellt. Durch die zwangsläufige Verbindung von *Anava* mit den Seelen wird das kosmische Gesetz des *Karma* in Kraft gesetzt, welches bedingt, dass die Seelen gemäß ihrer Taten in den Prozess von Wiedergeburten eintreten. Dieser Eintritt führt letztlich zum Erhalt eines konkreten Körpers in der immanent-materiellen Welt, die Gott aus *Maya* formt. Gott, der im Saiva Siddhanta in der höchsten Form als Siva bezeichnet wird, verfügt über die drei *Malas* insofern, als dass er sie aktiv für den Fortschritt der Seelen auf dem Erlösungsweg einsetzt. Um das endgültige Ziel aller Seelen – das der Erlösung als vollständiger Entfesselung – zu erreichen, müssen die Seelen zwangsläufig durch diese Fesselung gehen, um in der Lage zu sein, sich „weltliches Wissen" anzueignen. Hierfür ist die Rolle eines Lehrers oder Gurus zentral. Dieses Wissen bedingt in der Interpretation des Adhinam eine konkrete religiöse Praxis, die sich durch die liebevolle Verehrung Gottes auszeichnet. Das so vertiefte „weltliche Wissen" ist die Bedingung dafür, dass Gott aufgrund seines Mitgefühls und seiner Gnade den Seelen schließlich „göttliches Wissen" schenkt, welches letztendlich die Erlösung kennzeichnet. Hieran wird deutlich, dass die Soteriologie des heutigen, durch den Thiruvavaduthurai Adhinam vertretenen Saiva Siddhanta vor allem auf die Kategorien des Wissens und der göttlichen Gnade basiert. Das Studienprogramm verspricht, durch seinen Unterricht die Wege hierzu aufzuzeigen und zur allgemeinen Verbesserung des Lebens der Teilnehmenden beizutragen. Durch diese Kenntnisse sei die Erlösung für jeden Menschen in diesem Leben möglich.

Die im ersten Teil dieser Untersuchung vorgenommene Einbettung dieser Lehre in den breiteren Kontext des Studienprogramms und der Propagierung von Saiva Siddhanta in Tamil Nadu muss im Rahmen der theoretischen Verortung dieser Studie als Teil einer konsequenten Historisierung betrachtet werden. Saiva Siddhanta wurde hier als „Name" verstanden, also als hegemoniale Artikulation der Bedeutungsfixierung. Es ist gezeigt worden, dass solche Namen das Ergebnis umkämpfter gesellschaftlicher Aushandlungsprozesse darstellen, die konkrete Realitäten und Identitäten hervorbringen. Im Anschluss an die Ausarbeitung dieser Ideen der Namensgebung, durch den nicht-essentialistischen Ansatz Michael Bergunders, wurde damit der Artikulationskontext des „Saiva Siddhanta" des Thiruvavaduthurai Adhinam beschrieben. Die Arbeit versteht sich entsprechend als konkrete Umsetzung einer genealogischen Perspektive, die versucht, realitätsevozierende Namensgebungen wie die zu „Saiva Siddhanta" historisch synchron und diachron nachzuzeichnen, um damit ihre geschichtliche Gewordenheit offenzulegen.

Hierin wird der kritische Impetus einer so verstandenen Religionswissenschaft deutlich. Michael Bergunder hat dies wie folgt formuliert:

> „Genealogie kritisiert die versteinerten und verschleierten Machtpraktiken, die sich im Sozialen sedimentiert haben. Sie arbeitet deren geschichtliche Gewordenheit heraus und damit deren »Kontingenz«. Kontingenz heißt hier weder »Zufall« oder gar »Beliebigkeit«, sondern die Einsicht, dass das, was ist, nicht notwendig so ist. Damit wird nicht die Macht und Kraft sedimentierter Namen bestritten, die als materialisierte Referenzen eine notwendige Existenz beanspruchen. Die entschleiernde Genealogie zeigt lediglich auf, dass die sedimentierten Namen diesen Anspruch auf Notwendigkeit nicht einlösen können, weil andere historische Verläufe möglich gewesen wären und die vermeintliche historische Kontinuität und Einheit der inhaltlichen Bestimmung der Namen erst ein rückwirkendes Ergebnis präsentischer Namensgebung ist."[1]

Entsprechend dieser Überlegungen hat die obige Bearbeitung der Lehren des Saiva Siddhanta gezeigt, dass diese eine konkrete, kontingente und umkämpfte Geschichte aufweisen. Der heutige Saiva Siddhanta, in seiner autoritativen Ausformulierung vor allem, aber nicht nur durch den Thiruvavaduthurai Adhinam, ist eben keine überzeitliche Philosophie, die seit Anbeginn der Zeit und ausgehend von einer göttlichen Offenbarung unverändert artikuliert wird. Für die gegenwärtig etablierte und tausendfach iterierte Namensgebung des Adhinam konnte vielmehr nachgewiesen werden, dass viele ihrer zentralen Positionen auf Entwicklungen aus dem späten 19. und frühen 20. Jahrhundert zurückgeführt werden können. Diese historische Phase, die unter dem Einfluss des Kolonialismus und

---

[1] Bergunder 2012b, 48–49.

der orientalistisch-missionarischen Wissensproduktion stand, hat massive Veränderungen der öffentlichen Debatten, vor allem durch die Verbreitung des Druckwesens in Tamil Nadu, hervorgebracht.

Die historische Rückverfolgung des gegenwärtig sedimentierten Namens „Saiva Siddhanta" in diese geschichtlichen Kontexte konnte demonstrieren, dass selbst diejenigen Signifikationen, die in der Regel als allgemein gültig anerkannt werden, wie etwa der textuelle Kanon des Saiva Siddhanta, eine umkämpfte Geschichte haben. Diese Geschichte ist eingebettet in und aufs engste verwoben mit einer global geführten Auseinandersetzung über indische Gesellschaft, Religion und Kultur im Allgemeinen und über südindischen Sivaismus, tamilische Sprache und universal-religiöse Ansprüche indischer Traditionen im Speziellen. Die in dieser Untersuchung vorgenommene Historisierung des Namens „Saiva Siddhanta" konnte etliche Verbindungen von sivaitischen Gelehrten, Siddhanta-Aktivisten, tamilistischen Indologen und christlichen Missionaren nachweisen, deren gemeinsamer Diskurs bis heute die Artikulationen zu Saiva Siddhanta beeinflusst. Saiva Siddhanta erscheint in dieser Perspektive nicht mehr als ahistorische philosophische Tradition – diese Vorstellung ist der „retro-aktive Effekt" der heutigen hegemonialen signifikatorischen Schließung und wird oftmals auch in der Forschung zum Thema vertreten –, sondern vielmehr als Ergebnis eines kontingenten, modernen und global verflochtenen Prozesses der Sedimentierung von Bedeutung durch kontinuierliche, wenngleich notwendigerweise verschiebende Wiederholung durch verschiedene Stimmen innerhalb einer Saiva Siddhanta Diskursgemeinschaft.

Dass es sich bei den Beiträgen zu Saiva Siddhanta seit dem späten 19. Jahrhundert um *ein* diskursives Feld handelt, konnte durch die enge Verschränkung und gegenseitige Bezugnahmen der bearbeiteten Beiträge deutlich gezeigt werden. Doch bei der durchaus vorhandenen Kontinuität dieser historischen und gegenwärtigen Artikulationen, hat die vorliegende Studie ebenfalls klar herausgearbeitet, dass keine der in den letzten 150 Jahren vorgenommenen Namensgebungen zu „Saiva Siddhanta" so allmächtig war, dass sie den totalisierenden Anspruch einer jeden Bedeutungsfixierung absolut durchgesetzt hätte. Gemäß des theoretischen Ansatzes dieser Untersuchung ist dies grundsätzlich nicht möglich, da jede Artikulation durch Iteration das Potenzial zur Verschiebung, Verfremdung und Negierung von bereits Geäußertem bietet. Anhand der exemplarischen Darstellung des Saiva Siddhanta Spektrums, seiner vielfältigen traditionellen und populären Institutionen, Organisationen, Programme, Initiativen und Propagandisten ist zweifelsfrei deutlich geworden, dass auch die Ansichten einer noch so wohlhabenden, einflussreichen und breit respektierten Einrichtung wie des Thiruvavaduthurai Adhinam keineswegs immer und überall affirmiert oder identisch iteriert werden. Vielmehr konnten die Einblicke in die Saiva Siddhanta Szene Tamil Nadus nachweisen, dass dort verschiebende und teilweise gegenläufige Namensgebungen für Saiva Siddhanta vorgenommen werden, die wiederum die Realitäten und Identitäten tamilischer Sivaiten weltweit beeinflussen und hervorbringen.

Der damit vorgenommene Nachweis einer konkreten und kontingenten Geschichtlichkeit des Saiva Siddhanta kritisiert also die ahistorischen Darstellungen sivaitischer, tamilnationalistischer und akademischer Stimmen, die eine ungebrochene Kontinuität des Saiva Siddhanta postulieren. Die nicht-essentialistische, nicht-teleologische und somit strikt historische Aufarbeitung situiert Saiva Siddhanta kritisch innerhalb der Vorannahmen religiöser Genealogien, innerhalb der reduktionistischen Funktion als „Vorläufer" nationalistischer Narrative und als Teil einer Forschungsdebatte, die die Relevanz der modernen Phase tamilischer Kulturproduktion (und ihrer globalen Verflechtung) – etwa als „Dunkles Zeitalter" – missachtet. Die Studie bietet durch diesen expliziten Einbezug den Raum für eine Perspektive, die tamilische Religionsgeschichte nicht mehr unabhängig und unkritisch von heutigen Diskursen betrachtet, sondern deren hegemoniale Wirkung reflektiert. Gleichzeitig öffnet sie das (Forschungs-)Feld für historische Argumentation, die Saiva Siddhanta klar als Produkt der modernen und globalen Verflechtungensgeschichte ansieht, aber gleichzeitig konkrete Anknüpfungspunkte für weitere Untersuchungen liefert, die die Spuren dieser modernen Konstellation aufgreifen und diese weiter synchron und diachron nachverfolgen. Damit wird also Saiva Siddhanta nicht etwa seiner (religiösen, tamilnationalistischen oder akademisch-philologischen) Geschichte beraubt, sondern vielmehr wird eine solche überhaupt erst dadurch konkret und nachweisbar beschrieben.

Die Untersuchung des modernen Saiva Siddhanta weist letztlich über die Religionsgeschichte Südindiens oder Tamil Nadus hinaus. Sie kritisiert namentlich etablierte Darstellungen indischer Religionsgeschichte. Die vorliegende historische Betrachtung der Propagierung und Lehre des tamilischen Saiva Siddhanta verdeutlicht namentlich die Brüchigkeit der seit dem späten 19. Jahrhundert verbreiteten Überzeugung eines umfassenden, pan-indischen und sanskritisch-brahmanischen Hinduismus. Die vor allem durch die Vertreter eines modernen Vedanta wie Swami Vivekananda verbreitete Ansicht, „der Hinduismus" sei die überzeitliche Universal- und Weltreligion Indiens, die als Kernphilosophie den Advaita Vedanta und etwa als religiöse Praxis Yoga aufweist, kann hierdurch als totalisierender Anspruch einer globalen Namensgebung verstanden werden. Die Bemühungen der Saiva Siddhanta Aktivisten Südindiens seit dem späten 19. Jahrhundert sind ein deutliches Beispiel dafür, dass die, heute relativ selbstverständliche, Darstellung des Hinduismus eine wesentlich umkämpftere Vergangenheit hat, als in der Regel suggeriert wird. Die hier besprochenen sivaitisch-orientalistischen Beiträge, die den „wahren" Hinduismus für den Saiva Siddhanta beanspruchten und aus brahmanisch-sanskritischer Dominanz zu lösen versuchten, waren zwar religionsgeschichtlich letztlich deutlich weniger erfolgreich. Allerdings stehen sie exemplarisch für die Fragilität der hegemonialen Namensgebung für „Hinduismus", die in Traditionen wie dem Saiva Siddhanta lediglich eine marginale Lokaltradition oder regionalsprachige Variante eines vermeintlichen wahren Kerns (Advaita Vedanta) des Hinduismus sieht. Der Erfolg des globalen Hinduismus ist somit das Ergebnis einer kontingenten Geschichte, der eben nicht durch eine Essenz des wahren Hinduismus erklärt werden kann. Vielmehr hat sich dieser Hinduismus nicht nur in globaler Auseinandersetzung mit anderen „Weltreligionen", sondern auch in Abgrenzung zu gegenläufigen Interpretationen innerhalb indischer Traditionen herausgebildet. Die formulierten Ansprüche der Vertreter des Saiva Siddhanta, für den eigentlichen Hinduismus zu sprechen, sind damit ein zwar marginalisierter Teil der modernen indischen Religionsgeschichte, allerdings untrennbar an der Sedimentierung dieses Namens beteiligt. Kurz gesagt kann der „Hinduismus" als globaler Name nicht ohne die tamilischen Stimmen des Saiva Siddhanta verstanden werden – und umgekehrt.

In der heutigen Saiva Siddhanta Szene Tamil Nadu kursiert eine Anekdote, deren Historizität schwer zu überprüfen ist, die aber den prominenten Vertreter des modernen Hinduismus als Universal- und Weltreligion, Swami Vivekananda, mit der eigenen Tradition versöhnt. Diese Geschichte, die Vivekananda von einer absichtlichen Missachtung der geistigen Größe des Saiva Siddhanta frei spricht, wird hier exemplarisch aus einer Vorwort einer jüngeren populären Saiva Siddhanta Darstellung zitiert:

> „Als Swami Vivekananda nach seiner brillanten Rede in Chicago [1897] nach Madras zurückkehrte, wurde er dort mit großen Ehren durch den König von Ramanathapuram empfangen. Viele Gelehrte und Philosophen trafen ihn. Ein berühmter Saiva Siddhanta Gelehrter hatte die Möglichkeit mit dem Swami zu sprechen und unterrichtete ihn über die grundlegenden Konzepte der Philosophie [Saiva Siddhanta], die von drei Entitäten ausgeht; [...] Swami Vivekananda soll von dieser brillanten Erklärung sehr beeindruckt gewesen sein und bedauerte, diese bis dato noch nicht gekannt zu haben."[2]

---

[2] *„Swami Vivekananda after his brilliant speech at Chicago returned to Madras and was received in a very grand manner by the king of Ramanathapuram. Many scholars and philosophers met him. A renowned Saiva Siddhanta scholar had the opportunity to interact*

Wahrscheinlich handelte es sich bei dem Saiva Siddhanta Gelehrten, der Vivekananda beeindruckt haben soll, um einen Gesandten Nallaswami Pillais.[3] Diese gängige Erzählung steht aber vor allem exemplarisch für das heutige Bewusstsein über die aktive Auseinandersetzung der tamilischen Siddhantins mit den modernen Repräsentationen des Hinduismus als Advaita Vedanta. Vivekananda und seine Lehren stellen hierdurch heute weiterhin eine der zentralen Referenzgrößen bei der Beschreibung der eigenen Tradition dar.[4] Saiva Siddhanta wird damit aus sivaitischer Sicht in die Geschichte des Hinduismus eingeschrieben und seine heutige Marginalität durch die Unwissenheit des prominentesten Vertreters des modernen Hinduismus erklärt. Der Überlegenheitsanspruch des Saiva Siddhanta bleibt also bestehen, seine fehlende Dominanz ist damit lediglich einer „dummer Zufall" der Religionsgeschichte.

Die hier vorgelegte Studie versteht sich im Sinne der oben dargestellten theoretischen Annahmen als ein Beitrag zur modernen Religionsgeschichte Tamil Nadus. Dieses Forschungsfeld gehört in der wissenschaftlichen Bearbeitung Südasiens weiterhin zu den eher randständigen Themenkomplexen. Es steht daher zu hoffen, dass die vorliegende Untersuchung zumindest für einige Aspekte der tamilischen Religionsgeschichte konstruktive Analysen erbracht und neue Erkenntnisse erlangt hat. Sollten diese als Anregung für weitere Forschungen in jenem Bereich dienen, wäre das Ziel dieses Beitrags erreicht.

---

with Swami and briefed him about the basic concept of the philosophy which identifies the 3 entities; [...] Swami Vivekananda is said to have been impressed by this brilliant explanation and regretted for not having known it until then." Aus dem „Preface" von B. K. Sri Krishnaraj Vanacarayar, in Venkatachalam 2007, 19–20.

[3] Sein Biograph spricht sogar von einem persönlichen Treffen der beiden Persönlichkeiten, vgl.Balasubramaniam 1965, ix, 122–125.

[4] Zu den zeitgenössischen Auseinandersetzungen, siehe auch Bergunder 2010, 54–63. Weitere Quellen für die Begegnung zwischen Nallaswami Pillai und Swami Vivekananda sind abgedruckt in Bergunder et al. 2010, 369–374 Appendix II.

Anhang

Tabelle 1: Klassische Literatur im Lektürekanon des Saiva Siddhanta Studienprogramms

(Publikations- und Übersetzungsdaten soweit ermittelbar)

Werk	**Autor**	**Datierung**	**1. Publikation**	**1. (Teil-) Übersetzungen**
civākamam (Sanskrit)	Civan̲ (Gott)	7.–8. Jh.?	1881	1887 (Tamil) 1980er (Englisch)
tirukkur̲aḷ	Tiruvaḷḷuvar	450–550	1840	1730 (Latein) 1819 (Englisch) 1856 (Deutsch)

12 Tirumurai (*pan̲n̲iru tirumur̲ai*)				
Werk	**Autor(en)**	**Datierung**	**1. Publikation**	**1. (Teil-) Übersetzungen**
tēvāram (*tirumur̲ai* 1-3)	Tiruñān̲acampantar	1. Hälfte 7. Jh.	1864	1911 (Englisch) 1947 (Deutsch)
tēvāram (*tirumur̲ai* 4-5)	Appar	Mitte 7. Jh.	1866	1899 (Englisch) 1947 (Deutsch)
tēvāram (*tirumur̲ai* 7)	Cuntaramūrttināyan̲ār	1. Hälfte 9. Jh.	1865	1901 (Englisch) 1947 (Deutsch)

tiruvācakam (*tirumuṟai* 8)	Māṇikkavācakar	9. Jh.	1835	1897 (Englisch) 1923 (Deutsch)
tiruvicaippā (*tirumuṟai* 9)	Tirumāḷikaittēvar, Cēntaṉār, Karuvūrttēvar, Pūnturutti Nampikāṭanampi, Kaṇṭarātittar, Vēṇāṭṭaṭikaḷ, Tiruvāliyamutaṉār, Puruṭōttama Nampi, Cētirāyar	10.–11. Jh.	vollständig frühe 2000er	???
tirumantiram (*tirumuṟai* 10)	Tirumūlar	11. Jh.	1887	1897 (Englisch)
pirapantam (*tirumuṟai* 11)	Tiruvālavāyuṭaiyār, Kāraikkālammai, Aiyaṭikaḷ Kāṭavar Kōṉ, Cēramāṉ Perumāḷ, Nakkīratēvar Nāyaṉār, Kallāṭatēvar, Kapilatēvar, Paraṇatēvar, Iḷamperumāṉ Aṭikaḷ, Atirāvaṭikaḷ, Paṭṭiṉattu-p Piḷḷaiyār, Nampi Āṇṭār Nampi	7.–11. Jh.	vollständig frühe 2000er	???
periya purāṇam (*tirumuṟai* 12)	Cēkkiḻar	12. Jh.	1852 (in Prosa)	1903 (Deutsch) 1914 (Englisch)

14 Siddhanta-Sastras (*caiva cittānta/meykaṇṭa cāttiraṅkaḷ*)				
Werk	**Autor**	**Datierung**	**1. Publikation**	**1. (Teil-) Übersetzungen**
tiruvuntiyār	Tiruviyalūr Uyyavanta Tēvanāyaṉār	1147	1866	1907 (Englisch)
tirukkaḷiṟṟu-p paṭiyā	Tirukkaṭavūr Uyyavanta Tēvanāyaṉār	1177	1866	1971 (Englisch)
civañāṉapōtam	Meykaṇṭar Tēvar	1221	vor 1865	1851 (Englisch)
civañāṉa cittiyār	Aruḷnanti Civācāriyar	1254	1866	1854 (Deutsch) 1913 (Englisch)
irupā irupakatu	Aruḷnanti Civācāriyar	1254	1866	1912 (Englisch)
uṇmai viḷakkam	Tiruvatikai Maṉavācakaṅkaṭantār	1255	vor 1865	1902 (Englisch)
civappirakācam	Umāpati Civācāriyar	1306	1866	1854 (Englisch)
tiruvaruṭpayan	Umāpati Civācāriyar	1307	1866	1896 (Englisch)
neñcuviṭutūtu	Umāpati Civācāriyar	1311	1866	???
viṉāveṇpā	Umāpati Civācāriyar	1308	1866	1913 (Englisch)
koṭkkavi	Umāpati Civācāriyar	1309	1866	1914 (Englisch)
pōṟṟipakroṭai	Umāpati Civācāriyar	1309	1866	???
uṇmai neṟi viḷakkam	Umāpati Civācāriyar	1312	1866	1914 (Englisch)
caṅkaṟpa nirākaraṇam	Umāpati Civācāriyar	1313	1866	???

Pandara-Sastras des Thiruvavaduthurai Adhinam (*tiruvāvaṭuturai ātīṉa-p paṇṭāra cāttiraṅkaḷ*)				
Werk	**Autor**	**Datierung**	**1. Publikation**	**1. (Teil-) Übersetzungen**
upatēca-p pakaroṭai	Takṣiṇamūrtti Tēcikar	16. Jh.	ab 1959	-
tacakāriyam	Takṣiṇamūrtti Tēcikar	16. Jh.	ab 1959	-
tacakāriyam	Ampalavāṇa Tēcikar	16. Jh.	ab 1959	-
caṉmārkka cittiyār	Ampalavāṇa Tēcikar	16. Jh.	ab 1959	-
civāccirama-t teḷivu	Ampalavāṇa Tēcikar	16. Jh.	ab 1959	-
cittānta-p pakaroṭai	Ampalavāṇa Tēcikar	16. Jh.	ab 1959	-
cittānta cikāmaṇi	Ampalavāṇa Tēcikar	16. Jh.	ab 1959	-
upāyaniṭṭai veṇpā	Ampalavāṇa Tēcikar	16. Jh.	ab 1959	-
niṭṭai viḷakkam	Ampalavāṇa Tēcikar	16. Jh.	ab 1959	-
upatēca veṇpā	Ampalavāṇa Tēcikar	16. Jh.	ab 1959	-
aticaya mālai	Ampalavāṇa Tēcikar	16. Jh.	ab 1959	-
namaccivāya mālai	Ampalavāṇa Tēcikar	16. Jh.	ab 1959	-
tacakāriyam	Cuvāmināta Tēcikar	2. Hälfte 17. Jh.	ab 1959	-
pañcākkara-p pakaroṭai	Pērūr Vēlappa Tēcikar	spätes 17. Jh.	ab 1959	-

Tabelle 2: Die Lektüreliste des Saiva Siddhanta Studienprogramms 2008–2009

	Titel (in Übersetzung)	**Anzahl Bücher/ Seitenzahl**
1.	Geschichte der Saiva Religion und Geschichte der Tirumurai	2/232
2.	Grundsätzliche Ziele des Saiva Siddhanta (Hindernisse und Antworten), Saiva Siddhanta Fachwörterbuch	2/228
3.	Tiruvuntiyar, Tirukkalirru Padiyar, Unmai Vilakkam	3/166
4.	Siddhanta Addakam: (Sivaprakasam, Thiruvarudpayan, Nenjcuviduthuuthu, Vinaavenpaa, Kodikkavi, Poorrippharodai, Unmai Neri Vilakkam, Cankar niraakaranam)	8/422
5.	Sivagnana Siddhiyar – Parapakkam, Irupaa Irupathu	2/238
6.	Saiva Siddhanta im Tirukural	1/120
7.	Saiva Siddhanta in den Zwölf Tirumurai (Tevaram, Tiruvacakam, Tirumantiram, andere Tirumurai, Periyapuranam)	5/538
8.	Sivagnana Botham	1/320
9.	Sivagnana Siddhiyar – Supakkam	1/386
10.	Pandara-Sastras des Thiruvavaduthurai Adhinam	14/680

Tabelle 3: Der Lehrplan des Saiva Siddhanta Studienprogramms 2008–2009

1. Jahr: „Wissenschaftlicher Teil“		
Sitzung		**Titel (in Übersetzung)**
1.	Januar	Geschichte der Saiva Religion, Geschichte der zwölf *Tirumurai*
2.	Februar	Grundlegende Lehren des Saiva Siddhanta
3.	März	Erläuterung der 36 Tattvas
4.	April	Erläuterung der ersten 26 Verse des *Unmai Vilakkam*
5.	Mai	Erläuterung der Verse 27 bis 53
6.	Juni	Erläuterung der 50 Strophen des *Tiruvarudpayan*
7.	Juli	Erläuterung der 50 Strophen des *Tiruvarudpayan*
8.	August	Erläuterung der ersten 12 Verse des *Sivaprakasam*
9.	September	Erläuterung der Verse 13 bis 50
10.	Oktober	Erläuterung der Verse 51 bis 100
11.	November	Erläuterung der wichtigsten Inhalte aus *Tiruvuntiyar* und *Tirukkalirru Padiyar*
12.	Dezember	Saiva Siddhanta im *Tirukkural*

2. Jahr: „Erfahrungsteil“		
Sitzung		**Titel (in Übersetzung)**
1.	Januar	Saiva Siddhanta in den zwölf *Tirumurai*
2.	Februar	Erläuterung der wichtigsten Inhalte der 14 *Pandara-Sastras* des Thiruvavaduthurai Adhinam
3.	März	Erläuterung der wichtigsten Inhalte der 14 *Pandara-Sastras* des Thiruvavaduthurai Adhinam
April bis November		Verständliche Lehre der feinen/nuancierten Bedeutungen des *Sivagnana Botham* und des *Sivagnana Siddhiyar*
4.	April	1. Sutra
5.	Mai	2. Sutra
6.	Juni	3., 4. und 5. Sutra
7.	Juli	6. und 7. Sutra
8.	August	8. Sutra
9.	September	9. Sutra
10.	Oktober	10. und 11. Sutra
11.	November	12. Sutra
12.	Dezember	*Unmai Neri Vilakkam*

Literaturverzeichnis

Interviews

Āṉanta Jōti. Interview in Pondicherry am 19. September 2011.

Cattiyavēl Murukaṉ, Mu. Pe. Interview in Chennai am 3. Oktober 2012.

Cuntaramūrtti Cuvāmikaḷ. Interview in Tiruppanandal am 14. September 2012.

Curēṣ. Interview in Pondicherry am 22. September 2012.

Kantacuvāmi, Ca. Interview in Chennai am 3. Oktober 2012 .

———. Telefoninterview am 22. Februar 2015.

Kiruṣṇamūrtti, Muḻi. Interview in Pondicherry am 22. September 2012.

Kumāracuvāmi Tampirāṉ. Interview in Dharmapuram am 15. September 2012.

———. Interview in London am 20. September 2014.

Kumāraliṅkam, Pa. Interview in Palani am 26. September 2012.

Kuñcitapātam, Cu., und Tiruccir̲r̲ampala Tampirāṉ. Interview in Thiruvavaduthurai am 13. September 2012 .

Mātavaṉ, Civa. Interview in Pondicherry am 9. und 20. September 2012.

Muttucāmi, Kē. Interview in Tirunelveli am 23. Februar 2015.

Muttucāmi, Pā., Kē. Muttucāmi, und A. Paramēsvaraṉ. Interview in Tirunelveli am 23. Februar 2015.

Muttukkumāracuvāmi Tampirāṉ. Interview in Tiruppanandal am 15. September 2012.

Neṭumār̲aṉ, I. Interview in Neyveli am 4. Oktober 2012.

Pālacuntaram. Interview in Pondicherry am 6. September 2012.

Par̲r̲imākaraṉ, Cū. Yō. Interview in London am 21. September 2014.

Rāmanātaṉ, Vai. Rā. Interview in London am 21. September 2014.

Vaiyāpuri, Ra. Interview in Coimbatore am 20. Februar 2015.

Bibliographie

Acharya, Diwakar. 2012. „Pāśupatas". In *Brill's Encyclopedia of Hinduism*, herausgegeben von Knut A. Jacobsen, Helene Basu, Angelika Malinar und Vasudha Narayanan. http://dx.doi.org/10.1163/2212-5019_beh_COM_9000000056.

Adikal, Panchakshara, Hrsg. 1988. *Arvam Sivamayam. An Outline of Saivite Hinduism*. London: London Meikandar Aadheenam Trust.

Agrawal, Purushottam. 2012. „Nirguṇa and Saguṇa". In *Brill's Encyclopedia of Hinduism*, herausgegeben von Knut A. Jacobsen, Helene Basu, Angelika Malinar und Vasudha Narayanan. http://dx.doi.org/10.1163/2212-5019_beh_COM_2050210.

Ambalavanar, Devadarshan Niranjan. 2006. „Arumuga Navalar and the Construction of a Caiva Public in Colonial Jaffna". Ph.D., Harvard University.

Anandhi, S. 1991. „Women's Question in the Dravidian Movement c. 1925–1948". *Social Scientist* 19, Nr. 5/6, S. 24–41.

Anonymus. 2012. „caiva cittānta nērmuka payiṟci". *Tiṉamalar Putuccēri*. 24. September 2012.

——— 1912. K., R. „Experience". *Siddhanta Deepika* XIII., 4., S. 168–75.

——— 1910. „The Saiva Siddhanta Samajam Conference". *Siddhanta Deepika* VII., 10., S. 322–24.

Arulappa, Antony. 1980. „The role of grace in salvation according to Śaiva Siddhānta". *Studia Missionalia* 29, S. 273–306.

Arulsamy, Saverimuthu. 1987. *Saivism: A Perspective of Grace*. New Delhi: Sterling Publishing.

Arunachalam, Ponnambalam. 1897a. „The House of God". *Siddhanta Deepika* I., 3., S. 49–51.

——— 1897b. „Tiruvachakam". *Siddhanta Deepika* I., 3., S. 97–101.

Balasubrahmania Mudaliar, M. 1965. „Saiva Siddhānta". In *Collected Lectures on Saiva Siddhanta, 1946–1954*, Bd. 1950. Srila-Sri Arulnandi Sivacharya Swamigal Sivagnana Siddhiyar Endowment Lectures. Annamalainagar: Annamalai University.

Balasubrahmania Mudaliar, N. 1900. „A Hymn from Devaram". *Siddhanta Deepika* IV., 2. S. 33–34.

Balasubramaniam, K. M. 1965. *The life of J. M. Nallaswami Pillai. The centenary memorial to a champion of Saiva Siddhanta*. Tiruchirapalli: J. M. Somasundaram Pillai.

——— 1959. *Special Lectures on Saiva Siddhanta*. Annamalainagar: Annamalai University.

Balasubramanian, Ranganathan. 2007. „The Tirukkaḷiṟṟuppaṭiyār. Transition from Bhakti to Caiva Cittāntam Philosophy". M.A., McGill University.

Bartley, Christopher. 2012a. „Vedānta: Advaita Vedānta and the Schools of Vedānta". In *Brill's Encyclopedia of Hinduism*, herausgegeben von Knut A. Jacobsen, Helene Basu, Angelika Malinar und Vasudha Narayanan. http://dx.doi.org/10.1163/2212-5019_beh_COM_9000000078.

——— 2012b. „Vedānta: Modern Vedānta". In Brill's Encyclopedia of Hinduism, herausgegeben von Knut A. Jacobsen, Helene Basu, Angelika Malinar und Vasudha Narayanan. http://dx.doi.org/10.1163/2212-5019_beh_COM_000352.

Bayly, Christopher A. 2006. *Die Geburt der modernen Welt: eine Globalgeschichte, 1780–1914*. Frankfurt am Main: Campus Verlag.

——— 1996. *Empire and Information: Intelligence Gathering and Social Communication in India, 1780-1870*. Cambridge: Cambridge University Press.

Beckerlegge, Gwilym. 2010. „‚An ordinary organisation run by ordinary people': A study of leadership in Vivekananda Kendra". *Contemporary South Asia* 18, Nr. 1, S. 71–88.

Bergunder, Michael. 2016. „'Religion' and 'Science' within a Global Religious History". *Aries* 16, Nr. 1, S. 86–141.

——— 2014. „Experiments with Theosophical Truth: Gandhi, Esotericism, and Global Religious History". *Journal of the American Academy of Religion* 82, Nr. 2, S. 398–426.

——— 2013. „Religionsvergleich in der nordindischen Nirguna-Bhakti des 15. bis 17. Jahrhunderts? Die Sant-Tradition und ihre Vorstellung von ‚Hindus' und ‚Muslimen'." In *Religion in Asien? Studien zur Anwendbarkeit des Religionsbegriffs*, herausgegeben von Peter Schalk, Historia religionum 32, Uppsala: Uppsala Universitet, S. 43–80.

——— 2012a. „Indischer Swami und deutscher Professor: ‚Religion' jenseits des Eurozentrismus". In *Religionswissenschaft*, herausgegeben von Michael Stausberg, Berlin: De Gruyter, S. 95–108.

——— 2012b. „Was ist Religion? Kulturwissenschaftliche Überlegungen zum Gegenstand der Religionswissenschaft". In *Zeitschrift für Religionswissenschaft* 19, Nr. 1/2, S. 3–55.

——— 2010. „Saiva Siddhanta as a Universal Religion". In *Ritual, Caste, and Religion in Colonial South India*, herausgegeben von Michael Bergunder, Heiko Frese, und Ulrike Schröder, Neue Hallesche Berichte 9, Halle: Verlag der Franckeschen Stiftungen, S. 30–88.

——— 2006. „Die Bhagavadgita im 19. Jahrhundert: Hinduismus, Esoterik und Kolonialismus". In *Westliche Formen des Hinduismus in Deutschland. Eine Übersicht*, herausgegeben von Bergunder, Michael, Neue Hallesche Berichte 6, Halle: Verlag der Franckeschen Stiftungen, S. 187–216.

——— 2002. „Umkämpfte Vergangenheit: anti-brahmanische und hindu-nationalistische Rekonstruktionen der frühen indischen Religionsgeschichte". In *„Arier" und „Draviden": Konstruktionen der Vergangenheit als Grundlage für Selbst- und Fremdwahrnehmungen Südasiens*. Neue Hallesche Berichte 2, Halle: Verlag der Franckeschen Stiftungen, S. 135–180.

2001. „Reinkarnationsvorstellungen als Gegenstand von Religionswissenschaft und Theologie". In *Theologische Literaturzeitung* 126, Nr. 7/8: 701–720.

——— 1999. *Die südindische Pfingstbewegung im 20. Jahrhundert*. Studien zur interkulturellen Geschichte des Christentums 113, Frankfurt am Main: Lang.

Bergunder, Michael, und Rahul Peter Das, Hrsg. 2002. *„Arier" und „Draviden": Konstruktionen der Vergangenheit als Grundlage für Selbst- und Fremdwahrnehmungen Südasiens*. Neue Hallesche Berichte 2, Halle: Verlag der Franckeschen Stiftungen.

Bharati, Shuddhananda. 1965. „Lights on Saiva Siddhānta". In *Collected Lectures on Saiva Siddhanta, 1946-1954*, Bd. 1954. Srila-Sri Arulnandi Sivacharya Swamigal Sivagnana Siddhiyar Endowment Lectures. Annamalainagar: Annamalai University.

Bhatt, N. R., Hrsg. 1955–. *Catalogue descriptif des manuscrits*. Publications de l'Institut Français d'Indologie.

Bilimoria, Purushottama. 2012. „Nyāya and Navyanyāya". In *Brill's Encyclopedia of Hinduism*, herausgegeben von Knut A. Jacobsen, Helene Basu, Angelika Malinar und Vasudha Narayanan. http://dx.doi.org.ubproxy.ub.uni-heidelberg.de/10.1163/2212-5019_beh_COM_9000000074.

Blackburn, Stuart. H. 2003. *Print, Folklore, and Nationalism in Colonial South India*. Delhi: Permanent Black.

——— 2000. „Corruption and Redemption: The Legend of Valluvar and Tamil Literary History". In *Modern Asian Studies* 34, Nr. 02, S. 449–482.

Brooks, Douglas Renfrew. 1997. *Meditation Revolution: A History and Theology of the Siddha Yoga Lineage*. South Fallsburg, N.Y.: Agama Press.

Buchholz, Jonas. 2016. „Klassische Tamil-Literatur im 19. Jahrhundert: Wiederentdeckung oder Kontinuität?". Konferenzvortrag, 1. Mitteldeutscher Südasientag Leipzig, 3. Juni 2016.

Butler, Judith. 1998. *Hass spricht: zur Politik des Performativen*. Berlin: Berlin Verlag.

——— 1995. *Körper von Gewicht: die diskursiven Grenzen des Geschlechts*. Berlin: Berlin Verlag.

Caldwell, Robert und Wyatt, J. L. 1961. *A Comparative Grammar of the Dravidian or South-Indian Family of Languages*. 3. überarbeitete Auflage, Madras: University of Madras.

Cāminātaiyar, Uttamatānapuram Vēṅkaṭacuppaiyar. 1958. *En̲ Carittiram (Curukkam) Ṭākṭar U. Vē. Cāminātaiyar*, herausgegeben von *Ci. Vā. Jakaānntan̲*. Chennai: Tiyākarāja Vilācam.

——— 1990. *The Story of My life/1*. Übersetzt von Kamil V. Zvelebil. Madras: Inst. of Asian Studies.

——— 1994. *The Story of My life/2*. Übersetzt von Kamil V. Zvelebil. Madras: Inst. of Asian Studies.

Canagarayar, Thiruvilankar. 1961. *Sivajnana Bodham. Metaphysics of Saiva Siddhantam*. Wellawatte: Raja Press.

Carman, John B. und Vasudha Narayanan. 1989. *The Tamil Veda: Piḷḷān̲'s interpretation of the Tiruvāymoḻi*. Chicago : University of Chicago Press.

Carrette, Jeremy R. und Richard King. 2005. *Selling Spirituality*. London: Routledge.

Celvakkaṇapati, Irā., Hrsg. 2013. *caiva camaya-k kalai-k kaḷañciyam, tokuti – 8, caiva cittāntam*. Bd. 8. Cen̲n̲ai: Teyvac Cēkkiḻār Man̲itavaḷa Mēmpāṭṭu Ar̲akkaṭṭaḷai.

——— 2013. Hrsg. *caiva camaya-k kalai-k kaḷañciyam, tokuti – 9, caiva camaya amaippukaḷ*. Bd. 9. Cen̲n̲ai: Teyvac Cēkkiḻār Man̲itavaḷa Mēmpāṭṭu Ar̲akkaṭṭaḷai.

Chellappa, Gregory T. Basker. 2013. „Bibelauslegung im tamilischen Kontext am Beispiel des Johannesevangeliums". Heidelberg, Universitätsdissertation.

Christopher, C. Sam. 2009. *Dravidian Philosophy*. Kuppam: Dravidian University.

Civācāriyār, Umāpati. 1896. *Light of Grace or Thiruvarutpayan*. Herausgegeben von J. M. Nallaswami Pillai. Trichinopoly: Saiva Siddhantha Sabha.

Copeman, Jacob und Aya Ikegame, Hrsg. 2012a. *The Guru in South Asia: New Interdisciplinary Perspectives*. Edinburgh South Asian Studies Series. London: Routledge.

——— 2012b. „The Multifarious Guru. An Introduction". In *The Guru in South Asia: New Interdisciplinary Perspectives*, herausgegeben von Jacob Copeman und Aya Ikegame, Edinburgh South Asian Studies Series. London: Routledge, S. 1–45.

Cutler, Norman. 2003. „Three Moments in the Genealogy of Tami Literary Culture". In *Literary cultures in history*, herausgegeben von Sheldon Pollock, Berkeley: University of California Press, S. 271–322.

——— 1992. „Interpreting Tirukkur̲aḷ: The Role of Commentary in the Creation of a Text". In *Journal of the American Oriental Society* 112, Nr. 4, S.: 549–66.

——— 1987. *Songs of Experience: The Poetics of Tamil Devotion*. Bloomington: Indiana University Press.

Davis, Richard H. 2010. *A Priest's Guide for the Great Festival. Aghorasiva's Mahotsavavidhi*. South Asia Research. Oxford: Oxford University Press.

Derrida, Jacques. 2004. *Die différance: Ausgewählte Texte*. Herausgegeben von Peter Engelmann. Stuttgart: Reclam.

——— 1999. *Randgänge der Philosophie*. Edited by Peter Engelmann. 2. überarbeitete Auflage, Passagen Philosophie. Wien: Passagen-Verlag.

——— 1972. *Die Schrift und die Differenz*. Frankfurt am Main: Suhrkamp.

——— 1974. *Śaiva Siddhānta as expounded in the Śivajñāna-Siddhiyār and its six commentaries*. Madras University Philosophical Series 7. Reprint, Madras: University Madras.

Devasenapathi, Vadakkuppaitu Arumugam. 1963. *Of Human Bondage and Divine Grace*. Madras: Annamalai University.

Dharampal-Frick, Gita. 1994. *Indien im Spiegel deutscher Quellen der frühen Neuzeit (1500–1750): Studien zu einer interkulturellen Konstellation*. Frühe Neuzeit 18, Tübingen: Niemeyer.

Dharmapuram Adhinam, Hrsg. 1981. *Mutt and Temples*. 3. Auflage, Dharmapuram: Gnanasambandam Press.

Dhavamony, Mariasusai. 1971. *Love of God according to Śaiva Siddhānta*. Oxford: Clarendon Press.

Dirks, Nicholas B. 2001. *Castes of Mind: Colonialism and the Making of Modern India*. Princeton: Princeton University Press.

Donald, Samuel. 2005. „Grace and social justice in Saiva Siddhantham". In *Journal of Asian and Asian American Theology* 7, S. 52–63.

Doniger, Wendy. 1981. *Śiva – the Erotic Ascetic*. Reprint, Oxford: Oxford University Press.

Dorai Rangaswamy, M. A. 1990. *The Religion and Philosophy of Tēvāram. With Special Reference to Nami Ārūrar (Sundarar)*. 2. Auflage, Madras: Madras, University.

Ebeling, Sascha. 2010. *Colonizing the Realm of Words: The Transformation of Tamil Literature in Nineteenth-Century South India*. Albany: SUNY Press.

——— 2009. „Tamil or ‚Incomprehensible Scribble?' The Tamil Philological Commentary (urai) in the Nineteenth Century". In *Between Preservation and Recreation: Tamil Traditions of Commentary. Proceedings of a Workshop in Honour of T. V. Gopal Iyer*, herausgegeben von Eva Wilden, Collection Indologie 109 , Institut Français d'Indologie, Pondichéry: French Institute of Pondicherry, S. 281–312.

Fabricius, J. P. 1972. *J. P. Fabricius's Tamil and English Dictionary*. 4. überarbeitete und erweiterte Auflage, Dictionary, Tranquebar: Evangelical Lutheran Mission Publishing House.

Fischer-Tiné, Harald. 2012. „Arya Samaj". In *Brill's Encyclopedia of Hinduism*, herausgegeben von Knut A. Jacobsen, Helene Basu, Angelika Malinar und Vasudha Narayanan. http://dx.doi.org/10.1163/2212-5019_beh_COM_9000000226.

Flood, Gavin D. 2012. „Wisdom and Knowledge (Jñāna/Vidyā)". In *Brill's Encyclopedia of Hinduism*, herausgegeben von Knut A. Jacobsen, Helene Basu, Angelika Malinar und Vasudha Narayanan. 2012. http://dx.doi.org/10.1163/2212-5019_beh_COM_2050140.

——— 2003. „The Śaiva Traditions". In *The Blackwell Companion to Hinduism*, herausgegeben von Gavin Flood, Oxford: Blackwell Publishing, S. 200–228.

——— 1996. *An Introduction to Hinduism*. Cambridge: Cambridge University Press.

Forsthoefel, Thomas. 2012. „Māyā". In *Brill's Encyclopedia of Hinduism*, herausgegeben von Knut A. Jacobsen, Helene Basu, Angelika Malinar und Vasudha Narayanan. http://dx.doi.org/10.1163/2212-5019_beh_COM_2050230.

Foucault, Michel. 1996. „Nietzsche, die Genealogie, die Historie". In *Von der Subversion des Wissens: mit einer Bibliographie der Schriften Foucaults*, Frankfurt am Main: Fischer-Taschenbuch-Verlag, S. 69–90.

Frenz, Albrecht, Hrsg. 1975. *Grace in Saiva Siddhanta, Vedanta, Islam and Christianity*, Madurai: Tamil Nadu Theological Seminary.

Fuller, Christopher J. 2003. *The Renewal of the Priesthood: Modernity and Traditionalism in a South Indian Temple*. Princeton: Princeton University Press.

——— 2001. „Orality, Literacy and Memorization: Priestly Education in Contemporary South India". In *Modern Asian Studies* 35, Nr. 1, S. 1–31.

——— 1997. „Religious Texts, Priestly Education and Ritual Action in South Indian Temple Hinduism". In *Contributions to Indian Sociology* 31, Nr. 1. S. 3–25.

——— 1980. „The Calendrical System in Tamilnadu (South India)". *Journal of the Royal Asiatic Society (New Series)* 112, Nr. 1, S. 52–63.

Ganapathy, T N. 1997. „The way of the Siddhas". In *Hindu spirituality, Postclassical and modern,* herausgegeben von K. R. Sundararajan und Bithika Mukerji, Bd. 2, New York: Crossroad, S. 232–252.

Ganesan, T. 2003. *Śivajñānabodha with the Laghuṭīkā of Śivāgrayogī*. Chennai: Śrī Aghoraśivācārya Trust.

Gangadharan, Shanmugam. 1992. *Saiva Siddhānta with special reference to Sivaprakāsam*. Madurai: Angayarkanni Agam.

Gantsen, Martin. 2012a. „Astrology and Astronomy (Jyotiṣa)". In *Brill's Encyclopedia of Hinduism*, herausgegeben von Knut A. Jacobsen, Helene Basu, Angelika Malinar und Vasudha Narayanan. http://dx.doi.org/10.1163/2212-5019_beh_COM_2060010.

———. 2012b. „Modern Astrologers". In *Brill's Encyclopedia of Hinduism*, herausgegeben von Knut A. Jacobsen, Helene Basu, Angelika Malinar und Vasudha Narayanan. http://dx.doi.org/10.1163/2212-5019_beh_COM_9000000254.

——— 2012c. „Navagrahas (Sūrya, Candra/Soma, etc.)". In *Brill's Encyclopedia of Hinduism*, herausgegeben von Knut A. Jacobsen, Helene Basu, Angelika Malinar und Vasudha Narayanan. http://dx.doi.org/10.1163/2212-5019_beh_COM_1030310.

Gengnagel, Jörg. 1996. *Māyā, Puruṣa und Śiva: Die dualistische Tradition des Śivaismus nach Aghoraśivācāryas Tattvaprakāśavṛtti*. Beiträge zur Kenntnis südasiatischer Sprachen und Literaturen 3, Wiesbaden: Harrassowitz.

Glasenapp, Helmuth von. 1958. *Glaube und Weisheit der Hindus*. Baden-Baden: Holle-Verlag.

Godwin, Joscelyn. 1994. *The Theosophical Enlightenment*. SUNY Series in Western Esoteric Traditions. Albany: State University of New York Press.

Goodall, Dominic. 2004. *Parākhyatantram*. Collection Indologie 98, Pondichéry: Institut Français de Pondichéry.

Graul, Karl, Hrsg. 1856. *Der Kural des Tiruvalluver: ein gnomisches Gedicht über die 3 Sterbeziele des Menschen*. Leipzig: Dörffling & Franke.

——— 1854. „Die tamulische Bibliothek der evangelisch-lutherischen Missionsanstalt zu Leipzig : II. Widerlegung des Buddhistischen Systems vom Standpunkte des Sivaismus". In *Zeitschrift der Deutschen Morgenländischen Gesellschaft* 8, S. 720–739.

Guzy, Lidia. 2007. „Askesekonzeptionen im Hinduismus". In *Hinduismus - eine nicht organisierte Religion? Analysen und Kontroversen*, herausgegeben von Katja Eichner und Michael Schied, Kulturen Asiens Band 1, Berlin: Trafo, S. 71–79.

Hammer, Olav, Hrsg. 2013. *Handbook of the Theosophical Current*. Brill Handbooks on Contemporary Religion , Bd. 7 , Leiden: Brill.

Handelman, Don und David Dean Shulman. 2004. *Śiva in the Forest of Pines: An Essay on Sorcery and Self-Knowledge*. New Delhi: Oxford University Press.

Harlass, Ulrich. 2017. Another Neo-Hinduism? The Reception of Theosophy in the South Indian Journal the Siddhanta Deepika. *The Journal of Hindu Studies* 10 (2), S. 164–186.

——— 2012. „Śaiva Siddhānta und westliche Esoterik im späten 19. und frühen 20. Jahrhundert. Die Rezeption der Theosophie in der Zeitschrift Siddhanta Deepika". Unveröffentlichte M.A.-Thesis, Universität Heidelberg.

Harris, A. Gardner. 2014. „Gracious Possession, Gracious Bondage: Śiva's Aruḷ in Māṇikkavācakar's Tiruvācakam". *Journal of Indian Philosophy* 44, Nr. 3, S. 411–436.

——— 2008. „Obtaining Grace: Locating the Origins of a Tamil Saiva Precept". Ph.D. Thesis, The University of Texas at Austin.

Hart, George L. 1980. „The theory of reincarnation among the Tamils". In *Karma and rebirth in classical Indian traditions*, herausgegeben von Wendy Doniger, Berkeley: University of California Press, S. 116–133.

Hellmann-Rajanayagam, Dagmar. 1989. „Arumuka Navalar: Religious Reformer or National Leader of Eelam". *Indian Economic & Social History Review* 26, Nr. 2, S. 235–257.

Hemingway, F. R. 1906. *Madras District Gazetteers - Tanjore*. Madras: Government Press.

Hohenberger, Angela. 2012. „Liṅga". In *Brill's Encyclopedia of Hinduism*, herausgegeben von Knut A. Jacobsen, Helene Basu, Angelika Malinar und Vasudha Narayanan. http://dx.doi.org/10.1163/2212-5019_beh_COM_9000000175.

Hoisington, Henry R. 1854a. „Siva-Gnâna-Pōtham, Instruction in the Knowledge of God. A Metaphysical and Theological Treatise". *Journal of the American Oriental Society* 4, S. 31–102.

——— 1854b. „Siva-Pirakâsam, Light of Sivan. A Metaphysical and Theological Treatise". *Journal of the American Oriental Society* 4, S. 125–244.

——— 1854c. „Tattuva-Kaṭṭaḷei, Law of the Tattuvam. A Synopsis of the Mystical Philosophy of the Hindûs". *Journal of the American Oriental Society* 4, S. 1–30.

——— 1851. „Syllabus of the Siva Gnana Potham". *Journal of the American Oriental Society* 2, S. 135–151.

Hopkins, Steven P. 2012. „Vedāntadeśika". In *Brill's Encyclopedia of Hinduism*, herausgegeben von Knut A. Jacobsen, Helene Basu, Angelika Malinar und Vasudha Narayanan. http://dx.doi.org/10.1163/2212-5019_beh_COM_9000000134.

Inden, Ronald B. 1992. *Imagining India*. Oxford: Blackwell.

Irājacēkaraṉ, Irā. 2008. *caiva-t tōraṇaṅkaḷ*. Puhar: Pattiṉi Kōṭṭa-p Patippakam Pūmpukār.

——— 2006. *eṉṉumuḷa caivam. caivam vaḷartta tamiḻariñarkaḷ, ātīṉaṅkaḷ, amaippukkaḷin varalāṟum, vaḷarcciyum*. Chennai: Narmatā Patippakam.

Irschick, Eugene F. 1994. *Dialogue and History: Constructing South India, 1795–1895*. Berkeley: University of California Press.

——— 1969. *Politics and Social Conflict in South India: The Non-Brahman Movement and Tamil Separatism, 1916–1929*. Berkeley: Univ of California Press.

Irudayaraj, Xavier. 1974. „Self understanding of ‚Saiva Siddhanta' scriptures". In *Research seminar on non-biblical scriptures*, herausgegeben von D. S. Amalorpavadass, Bangalore: National Biblical, Catechetical and Liturgical Center, S. 445–454.

——— 2012. „Shaiva Siddhanta", 23. Mai 2012. DOI: 10.1093/obo/9780195399318-0084

Jacobsen, Knut A. 2012a. „Gurus and Ācāryas". In *Brill's Encyclopedia of Hinduism*, herausgegeben von Knut A. Jacobsen, Helene Basu Angelika Malinar, und Vasudha Narayanan. http://dx.doi.org/10.1163/2212-5019_beh_COM_9000000033.

Ishimatsu, Ginette. 1999. „The Making of Tamil Shaiva Siddhanta". *Contributions to Indian Sociology* 33, Nr. 3, S. 571–79.

——— 2012b. „Sāṃkhya". In *Brill's Encyclopedia of Hinduism*, herausgegeben von Knut A. Jacobsen, Helene Basu, Angelika Malinar und Vasudha Narayanan. http://dx.doi.org/10.1163/2212-5019_beh_COM_9000000076.

Jesudasan, C. und Hephzibah Jesudasan. 1961. *A History of Tamil Literature*. The Heritage of India Series. Calcutta: Y.M.C.A. Publishing House.

Kailasapathy, K. 1987. „The Writings of the Tamil Siddhas". In *The Sants: Studies in a Devotional Tradition of India*, herausgegeben von Karine Schomer, Delhi: Motilal Banarsidass, S. 385–414.

——— 1979. „The Tamil Purist Movement: A Re-Evaluation". *Social Scientist* 7, Nr. 10, S. 23–51.

Kanungo, Pralay. 2012. „Fusing the Ideals of the Math with the Ideology of the Sangh. Vivekananda Kendra, Ecumenical Hinduism and Hindu Nationalism". In *Public Hinduisms*, herausgegeben von John Zavos, Los Angeles: SAGE, S. 119–140.

King, Richard. 2002. *Orientalism and Religion*. Repr. London: Routledge.

Klöber, Rafael. 2017a. Introduction: Modern Tamil Saivism and Saiva Siddhanta. *The Journal of Hindu Studies* 10 (2): 133–144.

——— 2017b. What is Saiva Siddhanta? Tracing Modern Genealogies and Historicising a Classical Canon. *The Journal of Hindu Studies* 10 (2): 187–218.

Koppedrayer, Kathleen I. 1996. „Siva Worship as a means of Knowing". *Saiva Siddhanta. Journal devoted to the exposition of Siddhanta philosophy, religion, literature and comparative understanding* XXX, Nr. 1&2, S. 47–60.

——— 1991a. „Are Sudras Entitled to Ride in the Palanquin". *Contributions to Indian Sociology* 25, Nr. 2, S. 191–210.

——— 1991b. „The ‚Varnasramacandrika' and the ‚Sudra's' Right to Preceptorhood: The Social Background of a Philosophical Debate in Late Medieval South India". *Journal of Indian Philosophy* 19, Nr. 3 (September): 297-314.

——— 1990. „The Sacred Presence of the Guru: The Velala Lineages of Tiruvavatuturai, Dharmapuram, and Tiruppanantal". PhD-Thesis, McMaster University, *Open Access Dissertations and Theses*.

Krishnamoorthy, S. 2003. *Thiruvavaduthurai Adheenam (History of Thiruvavaduthurai Mutt)*. Chennai: Unnamalei Pathippagam.

Kumaraswami Thambiran. 1997. *Saint Kumaraguruparar and the two great Mutts associated with him (A historical sketch)*. Tiruppanandal: Sri Kumaraguruparar Offset Printing.

Kuñcitapātam, Cu. 2014. *ñāṉa ulakam (caiva cittāntam – ōr eḷiya aṟimukam)*. Thiruvavaduthurai: Sri Namaccivāya Mūrttikaḷ Accakam.

——— 2011. *tiruvāvaṭutuṟai ātīṉa-p paṇṭāra cāttiraṅkaḷ, patiṉāṉkum - uraiyuṭaṉ*. Spezielle Auflage des 12 Tirumurai Forschungszentrums, Coimbatore zur Konferenz zu den Pandara Sastras an der Kapagam Universität 27./28. 08.2011. Thiruvidaimaruthur: o.A.

Laclau, Ernesto. 2013. *Emanzipation und Differenz*. Unveränd. Nachdruck. Wien: Turia + Kant.

——— 2007. *On populist reason*. London: Verso.

Laclau, Ernesto, and Chantal Mouffe. 2012. *Hegemonie und radikale Demokratie: zur Dekonstruktion des Marxismus*. 4. durchgesehene Auflage, Passagen Philosophie. Wien: Passagen.

Lambotharan, R. 2014. „Saiva Siddhanta". Vortrag gehalten auf der 2nd International Thirumurai Festival and Research Conference, London, 21. September 2014.

Landwehr, Achim. 2012a. „Von der ‚Gleichzeitigkeit des Ungleichzeitigen'." *On the Synchronicity of the Non-Synchronous.* 295, Nr. 1, S. 1–34.

——— 2012b. „Zeitrechnung". In *Europäische Erinnerungsorte. Mythen und Grundbegriffe des europäischen Selbstverständnisses*, Bd. 1., herausgegeben von Pim Boer, Heinz Duchhardt, Georg Kreis, und Wolfgang Schmale, München: Oldenbourg, S. 227–236.

Lawrence, David P. 2012. „Kashmir Śaivism". In *Brill's Encyclopedia of Hinduism*, herausgegeben von Knut A. Jacobsen, Helene Basu, Angelika Malinar und Vasudha Narayanan. http://dx.doi.org/10.1163/2212-5019_beh_COM_9000000049.

Lehmann, Arno, Hrsg. 1947. *Die sivaitische Frömmigkeit der tamulischen Erbauungsliteratur*. Berlin: Heimatdienstverlag.

——— 1935. *Die Hymnen des Tayumanavar: Texte zur Gottesmystik des Hinduismus*. Allgemeine Missions-Studien 19 , Gütersloh: Bertelsmann.

Lehmann, Arno und Hilko Wiardo Schomerus, 1977. *Das Unbewegliche und das Bewegliche: Legenden und Preislieder aus dem alten Tamil, überliefert von den drei großen Heiligen des Siva-Glaubens Sambandar, Appar und Sundarar*. Weimar: Kiepenheuer.

Lehmann, Thomas. 2009. „A Survey of Classical Tamil Commentary Literature". In *Between Preservation and Recreation: Tamil Traditions of Commentary. Proceedings of a Workshop in Honour of T. V. Gopal Iyer*, herausgegeben von Eva Wilden, Collection Indologie 109, Pondicherry: Institut Français d'Indologie, S. 55–67.

Lipner, Julius. 2012. „Karman". In *Brill's Encyclopedia of Hinduism*, herausgegeben von Knut A. Jacobsen, Helene Basu, Angelika Malinar und Vasudha Narayanan. http://dx.doi.org/10.1163/2212-5019_beh_COM_2050150.

——— 2012. „Rāmānuja". In *Brill's Encyclopedia of Hinduism*, herausgegeben von Knut A. Jacobsen, Helene Basu, Angelika Malinar und Vasudha Narayanan. http://dx.doi.org/10.1163/2212-5019_beh_COM_900000012.

Liu, Lydia H. 2002. „The Problem of Language in Cross-Cultural Studies". In *Comparative Political Culture in the Age of Globalization: An Introductory Anthology*, herausgegeben von Hwa Yol Jung, Global Encounters: Studies in Comparative Political Theory. Boulder: Lexington Books, S. 305–355.

Madhavan, R. 2002. „Religious Orders, Language Resurgence and Collective Identity in Tamil Nadu: A Sociological Study". PhD-Thesis, Jawaharlal Nehru University.

Malinar, Angelika. 2012. „Monasteries (Maṭhas)". In *Brill's Encyclopedia of Hinduism*, herausgegeben von Knut A. Jacobsen, Helene Basu, Angelika Malinar und Vasudha Narayanan. http://dx.doi.org/10.1163/2212-5019_beh_COM_9000000018.

Malten, Thomas. 1994a. *Wörterbuch Tamil-Deutsch*. Beiträge zur Kenntnis südasiatischer Sprachen und Literaturen: Köln: Institut für Indologie und Tamilistik der Universität zu Köln.

——— 1994b. *Cumulative Tamil Dictionary*. Köln: Institut für Indologie und Tamilistik der Universität zu Köln.

Manninezhath, Thomas. 1989. „The Ecumenical Theme in the Religious Poetry of Tayumanavar: Vedanta Siddhanta Samarasam". Ph.D., McMaster University (Canada).

Mātavaṉ, Civa (u.a.). 2012. „maturai ātīṉa karttar putavi: nitiyāṉantavai nīkkavēṇṭum. putuccēri caiva maṉṟaṅkaḷ tīrmāṉam", 5. Mai 2012.

Mātavaṉ, Vē. Irā., Hrsg. 2005. *Tiruvāvaṭuturai-p purāṇam: cuvaṭip patippu*. Ceṉṉai: Ulakat Tamiḻ Ārāycci Niṟuvaṉam.

Matchett, Freda. 2003. „The Purāṇas". In *The Blackwell Companion to Hinduism*, herausgegeben von Gavin D. Flood, Oxford: Blackwell Publishing, S. 129–43.

McCrea, Lawrence J. 2012. „Mīmāṃsā". In *Brill's Encyclopedia of Hinduism*, herausgegeben von Knut A. Jacobsen, Helene Basu, Angelika Malinar und Vasudha Narayanan. http://dx.doi.org.ubproxy.ub.uni-heidelberg.de/10.1163/2212-5019_beh_COM_9000000073.

Mena, Carlos Ney. 2009. „The Hermeneutics of the ‚Tirumantiram'." Ph.D., University of California, Berkeley.

Michael, R. Blake. 2012. „Liṅgāyats/Vīraśaivas". In *Brill's Encyclopedia of Hinduism*, herausgegeben von Knut A. Jacobsen, Helene Basu, Angelika Malinar und Vasudha Narayanan.. http://dx.doi.org/10.1163/2212-5019_beh_COM_9000000050.

Michaels, Axel. 1998. *Der Hinduismus: Geschichte und Gegenwart*. München: Beck.

——— 2012. „Saṃskāras“. In *Brill's Encyclopedia of Hinduism*, herausgegeben von Knut A. Jacobsen, Helene Basu, Angelika Malinar und Vasudha Narayanan. http://dx.doi.org.ubproxy.ub.uni-heidelberg.de/10.1163/2212-5019_beh_COM_2030060.

Monier-Williams, Monier. 2008. *Sanskrit-English Dictionary [Pha - Ha]*. Bd. 2. Varanasi: Indica Books.

Monius, Anne E. 2011. „U. Vē. Cāminātaiyar and the Construction of Tamil Literary "Tradition"“. *Journal of Indian Philosophy* 39, Nr. 6, S. 589–597.

Mudaliyar, Sabhapati und Sadashiva Mudaliyar. 1863. *A Catechism of the Shaiva Religion*. Übersetzt von Thomas Foulkes. Adelphi Press: London und Madras.

Münster, Daniel. 2007. *Postkoloniale Traditionen: eine Ethnografie über Dorf, Kaste und Ritual in Südindien*. Bielefeld: Transcript.

Murdoch, John. 1865. *Classified Catalogue of Tamil Printed Books*. Madras: The Christian Vernacular Education Society.

Murukavēḷ, Āti. 2010. *meykaṇṭār aruḷiya civañāṉapōtattiṉ ceṟiporuḷ – The quint essence of Meikandar's Civanaana Poatham (tamiḻilum āṅkilattilum)*. Thiruvavaduthurai: Sri Namaccivāya Mūrttikaḷ Accakam.

Mutaliyār, Kāñci Nākaliṅka, Hrsg. 1897. *meykaṇṭa cāttiram (mūlamum uraiyum)*. Madras.

Nallaswami Pillai, J. M. 2010. *Periyapurnam (The Live of the Saiva Saints) by St. Sekkilar*. 3 (New Edition). Coimbatore: Mr. J.M. Nallasamy Pillai Commemoration Trust.

——— 1984 [1895]. *Sivagnana Botham of Meikanda Deva. Translated with notes and introduction by J.M. Nallasawmi Pillai.* Reprint. Madras: South India Saiva Siddhanta Works Publishing Society.

——— 1948. *Sivagnana Siddhiyar Supakkam of Arulnandhi Sivam*, 2. Auflage, Dharmapuram: Dharmapuram Adhinam.

——— 1945. *Thiruvartupayan of Umapathi Sivacharya*. Repr. 1945. Dharmapuram: Gnanasambandam.

——— 1914. „Light on the True Path of St. Umapathi Sivachariar“. *Siddhanta Deepika* XIV., 5, S. 216–223.

——— 1913. *Śivajñāna Siddhiyār of Arulnandi Śivāchārya. Translated with Introd., Notes, Glossary Etc. by J.M. Nallaswmi Pillai*. Madras: Madras Meykandan Press.

——— 1911a. *Studies in Saiva Siddhanta*. Madras: Meykandan Press.

——— 1911b. „Saivaism in Its Relation to Other Systems“. In *Studies in Saiva Siddhanta*, Madras: Meykandan Press, S. 347–360.

——— 1911c. „Advaita according to Saiva Siddhanta“. In *Studies in Saiva Siddhanta*, Madras: Meykandan Press, S. 244–272.

——— 1911d. „The Four Paths“. In *Studies in Saiva Siddhanta*, Madras: Meykandan Press, S. 203–222.

——— 1911e. „The Personality of God according to the Saiva Siddhanta“. In *Studies in Saiva Siddhanta*, Madras: Meykandan Press, S. 223–243.

——— 1911f. „The Saiva Religion and the Saiva Advaita Siddhanta Philosophy“. In *Studies in Saiva Siddhanta*, Madras: Meykandan Press, S. 273–315.

——— 1911g. „The Svetasvatara Upanishat“. In *Studies in Saiva Siddhanta*, Madras: Meykandan Press, S. 109–145.

——— 1911h. „The Tattvas and beyond“. In *Studies in Saiva Siddhanta*, Madras: Meykandan Press, S. 35–41.

——— 1911i. „Tree of Knowledge of Good and Evil". In *Studies in Saiva Siddhanta*, Madras: Meykandan Press, S. 185–201.

——— 1902. „Light of Truth, Or, Unmai Vilakkam of Tiruvadigai Manarosagam Kandanthar". *Siddhanta Deepika* V., 11, S. 165–168.

——— 1897. „The Ethics of Kural". *Siddhanta Deepika* I., 2, 37–43.

Nallaswami Pillai, J. M. und V. V. Raman, Hrsg. 1897-1914. *Siddhanta Deepika, Or, The Light of Truth. A Monthly Journal Devoted to Religion, Philosophy, Literature, Science &c.*, 14 Jahrgänge.

Nambi Arooran, K. 1981. „Changing Role of Three Saiva Maṭhs in Tanjore District since the Beginning of the 20th Century", London: School of Oriental and African Studies.

——— 1980. *Tamil Renaissance and Dravidian Nationalism: 1905-1944*. Madurai: Koodal.

Ñāṉakumāraṉ, Na. 1995. „Studies in Caiva Cittāntam". In *Studies in the Tamiḻ Cultural Heritage of Yāḻppāṇam, Iḻam (Lanka)*, Bd. 2, herausgegeben von Peter Schalk, Uppsala Studies in the History of Religions, Uppsala: Uppsala Universitet, S. 49–55.

Ñāṉaprakāca Tēcika Paramācariya Svāmikaḷ, Cīlattiru. 2010. *uṇmai viḷakkam (Tiruvatikai Maṉavācakaṅ Kaṭantār aruḷiyatu)*. Herausgegeben von Svarṇā Cōmacuntaram. Kōvai (Coimbatore): Tiruneṟiya Tamiḻ Maṉṟam – Center for Divine Tamil Studies.

Nanda, Meera. 2009. *The God Market: How Globalization Is Making India More Hindu*. Noida: Random House India.

Narayana Ayyar, C. V. 1974. *Origin and Early History of Śaivism in South India*. Madras University Historical Series 6, Madras: University of Madras.

Narayanan, Vasudha. 2012. „Oṃ". In *Brill's Encyclopedia of Hinduism*, herausgegeben von Knut A. Jacobsen, Helene Basu, Angelika Malinar und Vasudha Narayanan. http://dx.doi.org.ubproxy.ub.uni-heidelberg.de/10.1163/2212-5019_beh_COM_9000000179.

——— 1994. *The Vernacular Veda: Revelation, Recitation, and Ritual*. Studies in Comparative Religion. Columbia: University of South Carolina Press.

Natarajan, B. 1999. *Thirumandiram. A Classic of Yoga and Tantra by Siddhar Thirumular*, 3 Bde. Chidambaram: Babaji's Kriya Yoga Order of Acharyas.

Nāvalar, Āṟumuka. 1959. *caiva camaya viṉāviṭai - iraṇṭām putakkam*. 17. Auflage, Bd. 2. Ceṉṉapaṭṭaṉam: vittiyānu pālaṉa yantiracālai.

——— 1910. *caivatūṣaṇaparikāram*. 2. Auflage, Madras: Matarās Rippaṉ Acciyantiracālai.

——— 1861. *tirukkuṟal mūlamum parimēlaḻakaruraiyum*. Madras.

Nehring, Andreas. 2013. „Zwischen Monismus und Monotheismus - Hinduismus und indische Aneignungen des Religionsbegriffs. Ein poststrukturalistischer Versuch". In *Gott - Götter - Götzen*, herausgegeben von Christoph Schwöbel, Veröffentlichungen der Wissenschaftlichen Gesellschaft für Theologie 38, Leipzig: Evangelische Verlagsanstalt, S. 792–821.

——— 2010. „Performing the Revival: Performance and Performativity in a Colonial Discourse in South India". In *Ritual, Caste, and Religion in Colonial South India*, herausgegeben von Michael Bergunder, Heiko Frese, und Ulrike Schröder, Neue Hallesche Berichte 9. Halle: Verlag der Franckeschen Stiftungen, S. 12–29.

——— 2006. „Religion und Gewalt - ein leerer Signifikant in der Religionsbeschreibung: Überlegungen zur religionswissenschaftlichen Theoriebildung". In *Religion, Politik und Gewalt*, herausgegeben von Friedrich Schweitzer, Veröffentlichungen der Wissenschaftlichen Gesellschaft für Theologie 29 , Gütersloh: Gütersloher Verlagshaus, S. 809–821.

——— 2005. „Die Erfindung der religiösen Erfahrung". In *Kultur, Politik, Religion, Sprache - Text*, herausgegeben von Christian Strecker, Bd. 2, Kontexte der Schrift. Stuttgart: Kohlhammer, S. 301–322.

——— 2004. „Bekehrung als Protest - Zur Konstruktion religiöser Identität der Dalits in Indien". *Zeitschrift für Religionswissenschaft* 12, 1, S. 3–22.

——— 2003. *Orientalismus und Mission: die Repräsentation der tamilischen Gesellschaft und Religion durch Leipziger Missionare 1840-1940*. Studien zur Außereuropäischen Christentumsgeschichte 7, Wiesbaden: Harrassowitz.

——— 2002. „„... nur ein Halbbruder des griechischen Genius'. Die Entdeckung des Dravidischen durch deutsche Missionare im 19. Jahrhundert". In *„Arier" und „Draviden": Konstruktionen der Vergangenheit als Grundlage für Selbst- und Fremdwahrnehmungen Südasiens*, herausgegeben von Michael Bergunder und Rahul Peter Das, Neue Hallesche Berichte 2, Halle: Verlag der Franckeschen Stiftungen, S. 109–122.

Neubert, Frank. 2012. „Satguru Sivaya Subramuniyaswami". In *Brill's Encyclopedia of Hinduism*, herausgegeben von Knut A. Jacobsen, Helene Basu, Angelika Malinar und Vasudha Narayanan. http://dx.doi.org/10.1163/2212-5019_beh_COM_9000000266.

——— 2010. *Krishnabewusstsein: die International Society for Krishna Consciousness (ISKCON) – „Hare-Krishna-Bewegung"*. REMID-Schriftenreihe 12, Marburg: Religionswissenschaftlicher Medien- und Informationsdienst.

Nilakanta Sastri, Kallidaikurichi Aiyah. 1998. *A History of South India: From Prehistoric Times to the Fall of Vijayanagar*. 4. Auflage, Delhi: Oxford University Press.

——— 1956. „An Historical Sketch of Śaivism". In *The Cultural Heritage of India. The Religions*, herausgegeben von Haridas Bhattacharyya, 2. überarb. und erw. Auflage, Bd. IV, Calcutta: Ramakrishna Mission Institute of Culture, S. 63–78.

Nobili, Roberto de. 2000. *Preaching Wisdom to the Wise: Three Treatises*. Herausgegeben von Anand Amaladass. Series Jesuit Primary Sources in English Translations 19, Chennai: Satya Nilayam Publishing.

Oddie, Geoffrey A. 1991a. *Hindu and Christian in South-East India*. London Studies on South Asia 6, London: Curzon Press.

——— Hrsg. 1991b. *Religion in South Asia: Religious Conversion and Revival Movements in South Asia in Medieval and Modern Times*. 2. überarbeitete Auflage, New Delhi: Manohar.

Olivelle, Patrick. 2012a. „Upaniṣads and Āraṇyakas". In *Brill's Encyclopedia of Hinduism*, herausgegeben von Knut A. Jacobsen, Helene Basu, Angelika Malinar und Vasudha Narayanan.. http://dx.doi.org/10.1163/2212-5019_beh_COM_2020020.

——— 2012b. „Dharmaśāstra". In *Brill's Encyclopedia of Hinduism*, herausgegeben von Knut A. Jacobsen, Helene Basu, Angelika Malinar und Vasudha Narayanan. <http://dx.doi.org.ubproxy.ub.uni-heidelberg.de/10.1163/2212-5019_beh_COM_ 2020030.

Osterhammel, Jürgen. 2009. *Die Verwandlung der Welt: eine Geschichte des 19. Jahrhunderts*. München: Beck.

Padoux, André. 2003. „Mantra". In *The Blackwell Companion to Hinduism*, herausgegeben von Gavin Flood, Oxford: Blackwell Publishing, S. 478–492.

Pandian, J. 1983. „Political Emblems of Caste Identity: An Interpretation of Tamil Caste Titles". *Anthropological Quarterly* 56, Nr. 4, S. 190–197.

Pandian, M. S. S. 2007. *Brahmin and Non-Brahmin: Genealogies of the Tamil Political Present*. Delhi: Permanent Black.

Paranjoti, Violet. 1954. *Saiva Siddhanta*, 2. überarbeitete Auflage, London: Luzac & Co.

Pechilis, Karen. 2012. *Interpreting Devotion*. Routledge Hindu Studies Series. London: Routledge.

Pechilis Prentiss, Karen. 2001a. „On the making of a canon: historicity and experience in the Tamil Śiva-bhakti canon". *International Journal of Hindu Studies* 5, Nr. 1, S. 1–26.

——— 2001b. Review of *Review of Śaiva Siddhānta: An Indian School of Mystical Thought*, von H. W. Schomerus, Mary Law, und Humphrey Palmer. *The Journal of Asian Studies* 60, Nr. 2, S. 594–596.

——— 1999. *The Embodiment of Bhakti*. New York , Oxford: Oxford University Press.

——— 1996. „A Tamil Lineage for Saiva Siddhānta Philosophy". *History of Religions* 35, Nr. 3, S. 231–257.

Peterson, Indira Viswanathan. 1989. *Poems to Śiva*. Princeton Library of Asian Translations. Princeton: Princeton University Press.

——— 1983. „Lives of the Wandering Singers: Pilgrimage and Poetry in Tamil Śaivite Hagiography". *History of Religions* 22, Nr. 4, S. 338–360.

——— 1983. „Tamil Śaiva Hagiography - The Narrative of the Holy Servants (of Śiva) and the Hagiographical Project in Tamil Śaivism". In *According to Tradition - Hagiographical Writing in India*, herausgegeben von Winand Callewaert, Winand und Rupert Snell, Wiesbaden: Harrassowitz, S. 191–228.

Piet, John H. 1984. „Advaita". In *Saiva Siddhantam. An Explication and Assessment by Scholars the World Over*, herausgegeben von T. N. Ramachandran, Bd. 1 Dharmapuram: Dharmapuram Adhinam, S. 177–184.

——— 1952. *A Logical Presentation of the Śaiva Siddhānta Philosophy*. Indian Research Series 8, Madras: The Christian Literature Soc. for India.

Phillips, Stephen. 2015. Epistemology in Classical Indian Philosophy. In *The Stanford Encyclopedia of Philosophy*, edited by Edward N. Zalta. Spring 2015. Online unter http://plato.stanford.edu/archives/spr2015/entries/epistemology-india/. (zuletzt aufgerufen am 4. August 2016).

Ponniah, V. 1962. *Theory of Knowledge of Śaiva Siddhanta*. 2. Auflage, Annamalai University Philosophy Series IV. Chidambaram: Pandian Press.

Pope, George U. 1998. *A Compendious English Tamil Dictionary*. 7. Auflage, New Delhi: Asian Educational Services.

——— 1987. *Five Naayanmar*. International Institute of Saiva Siddhanta Research, Dharmapuram.

——— 1982. William Hoyles Drew, John Lazarus, und Francis Whyte Ellis, übers. von. *Tirukkural*. 7. Repr., Madras: South India Saiva Siddhanta Works Publishing Society.

——— 1900. *The Tiruvāçagam, Or, „Sacred Utterances" of the Tamil Poet, Saint, and Sage Manikka-Vacagar: The Tamil Text of the Fifty-One Poems, with English Translation*. Oxford Clarendon Press.

——— 1911a. „Tiruñāna-Sambandar's Devāram". *Siddhanta Deepika* XII., 4., S. 145.

——— 1911b. „Tiruñāna-Sambandar's Devāram". *Siddhanta Deepika* XII., 6., S. 241–244.

Popley, Herbert A. 1931. *The Sacred Kural, Or, The Tamil Veda of Tiruvalluvar*. Calcutta, Association Press.

Prunč, Erich. 2012. *Entwicklungslinien der Translationswissenschaft: von den Asymmetrien der Sprachen zu den Asymmetrien der Macht*. 3. erweiterte und verbesserte Auflage, Arbeiten zur Theorie und Praxis des Übersetzens und Dolmetschens 43, Berlin: Frank & Timme.

Quack, Johannes. 2012. *Disenchanting India: Organized Rationalism and Criticism of Religion in India*. New York: Oxford University Press.

Radhakrishnan, Sarvepalli. 2010. *Indian philosophy*, Bd. 2, 2. Auflage, New Delhi: Oxford University Press.

Raghava Aiyar, A. 1994. „Knowledge and Conduct According to Saiva Siddhanta". In *Saiva Siddhantam (An Assessment by International Scholars)*, herausgegeben von T. N. Ramachandran, Bd. 3, Dharmapuram: Dharmapuram Adhinam, S. 126–150.

——— 1994. „Saiva Siddhanta or Suddha Advaita". In *Saiva Siddhantam (An Assessment by International Scholars)*, herausgegeben von T. N. Ramachandran, Bd. 3, Dharmapuram: Dharmapuram Adhinam, S. 151–186.

Raj, Joseph Jaswant. 1989. *Grace in the Saiva Siddhāntham and in St. Paul: A Contribution in Inter-Faith Cross-Cultural Understanding*. Madras: South Indian Salesain Society.

Rajesh, V. 2014. *Manuscripts, Memory and History: Classical Tamil Literature in Colonial India*. Culture and Environment of South Asia. New Delhi: Foundation Books.

Ramachandran, T. N. 1999. *Sivagnaana Munivar*. Makers of Indian Literature. Sahitya Akademi.

——— 1996. „Cittar-s". *Saiva Siddhanta. Journal devoted to the exposition of Siddhanta philosophy, religion, literature and comparative understanding* XXX, Nr. 1&2, S. 1–15.

——— 1994. Hrsg. *Saiva Siddhantam. An Assessment by International Scholars*. Bd. 3. Dharmapuram: International Institute of Saiva Siddhanta Research, Dharmapuram.

——— 1988. Hrsg. *Saiva Siddhantam*. Bd. 2. Dharmapuram: International Institute of Saiva Siddhanta Research , Dharmapuram.

——— 1984a. Hrsg. *Saiva Siddhantam. An Explication and Assessment by Scholars the World Over*. Bd. 1. Dharmapuram: Dharmapuram Adhinam.

——— 1984b. „Editor's Note". In *Saiva Siddhantam. An Explication and Assessment by Scholars the World Over*, herausgegeben von T. N. Ramachandran, Bd. 1 Dharmapuram: Dharmapuram Adhinam, xv – xxii.

Ramachandran, T. N. und Santhanamoorthy, S. K., Hrsg. 1996. *Saiva Siddhanta. Journal Devoted to the Exposition of Siddhanta Philosophy, Religion, Literature and Comparative Understanding*. Bd. XXX. No. 1&2.

Ramakrishnan, S., Hrsg. 2008. *kriyāviṉ taṟkālat tamiḻ akarāti: tamiḻ-tamiḻ-āṅkilam*. überarb. Auflage, Ceṉṉai: Kriyā.

Raman, Srilata. 2017. 'Unlearnt Knowing' (Ōtātu Uṇartal): The Genealogy of Wisdom in Ramalinga Swamigal (1823-1874) and the Tamil Śaiva Siddhānta. *The Journal of Hindu Studies* 10 (2): 145–163.

——— 2014. „Justifying Filicide: Ramalinga Swamigal, the Periyapuāṇram". *International Journal of Hindu Studies* 18, Nr. 1, S. 33–66.

——— 2013. „The spaces in between: Ramalinga Swamigal (1823-1874), hunger, and religion in colonial India". *History of Religions* 53, Nr. 1, S. 1–27.

——— 2002. „Departure and Prophecy: The Disappearance of Iramalinka Atikal in the Early Narratives of His Life". *Indologica Taurinensia* 28, S. 179–203.

Ramana Sastrin, V.V. 1911. „Introduction". In *Studies in Saiva Siddhanta*, Madras: Meykandan Press, i–xvi.

Ramanathan, P. 2007. *The Culture of the Soul among Western Nations*. Repr., Whitefish: Kessinger Publishing.

——— 1988. „The Key of Knowledge or The Fundamental Experiences of The Sanctified in Spirit". In *Saiva Siddhantam*, herausgegeben von T. N. Ramachandran, Bd. 2. Dharmapuram: International Institute of Saiva Siddhanta Research , Dharmapuram, S. 1–27.

Ramanujan, Attipat K. 1985. *Poems of Love and War: From the Eight Anthologies and the Ten Long Poems of Classical Tamil*. Translations from the Oriental Classics. New York: Columbia University Press.

Ramanujachari, R. 1965. Saiva Siddhānta. In *Collected lectures on Saiva Siddhanta, 1946–1954*, IV: Vol. IV. Srila-Sri Arulnandi Sivacharya Swamigal Sivagnana Siddhiyar Endowment Lectures. Annamalainagar: Annamalai University.

Ramaswamy, Sumathi. 1997. *Passions of the Tongue: Language Devotion in Tamil India, 1891–1970*. Studies on the History of Society and Culture 29, Berkeley: University of California Press.

Reyna, Ruth. 1984. „Saiva Siddhanta and Modern Science". In *Saiva Siddhantam. An Explication and Assessment by Scholars the World Over*, herausgegeben von T. N. Ramachandran, Bd. 1, Dharmapuram: Dharmapuram Adhinam, S. 191–195.

Richman, Paula. 1997. *Extraordinary Child: Poems from a South Indian Devotional Genre*. SHAPS Library of Translations. Honolulu: University of Hawaii Press.

Rigopoulos, Antonio. 2012a. „Vibhūti". In *Brill's Encyclopedia of Hinduism*, herausgegeben von Knut A. Jacobsen, Helene Basu, Angelika Malinar und Vasudha Narayanan. http://dx.doi.org/10.1163/2212-5019_beh_COM_9000000185.

——— 2012b. „Trimūrti". In *Brill's Encyclopedia of Hinduism*, herausgegeben von Knut A. Jacobsen, Helene Basu, Angelika Malinar und Vasudha Narayanan. http://dx.doi.org/10.1163/2212-5019_beh_COM_000346.

Rodrigues, Hillary. 2006. *Introducing Hinduism*. World Religions Series. New York: Routledge.

Rösel, Jakob. 1997. *Die Gestalt und Entstehung des tamilischen Nationalismus*. Berlin: Duncker und Humblot.

Rukmani, T. S. 2012 . „Jīvanmukta". In *Brill's Encyclopedia of Hinduism*, herausgegeben von Knut A. Jacobsen, Helene Basu, Angelika Malinar und Vasudha Narayanan. http://dx.doi.org/10.1163/2212-5019_beh_COM_2050130.

Saiva Siddhanta Perumanram. 2005. „Special Cover Released during the Centenary Celebration of Saiva Siddhanta Perumanram", 7. Juli 2005.

Sanderson, Alexis. 2015. „Śaiva Texts". In *Brill's Encyclopedia of Hinduism*, herausgegeben von Knut A. Jacobsen, Helene Basu, Angelika Malinar und Vasudha Narayanan. 2015. http://dx.doi.org.ubproxy.ub.uni-heidelberg.de/10.1163/2212-5019_beh_COM_2020080.

Sankaranarayanan, Sivapuram Appaya Deekshidar. 2010. *Tirumurai the Eleventh - Patiṉoṉrām Tirumuṟai*. Mayilsaaduthurai: Gnaanasambantham Pathippakam.

Sathiyavayl Muruganaar, M. P. 2012. *VaNdamizhil Vaazhival SasanggugaL. Life Rituals in Tamil*. Chennai: Dheiva Thamizh Arakkattalai.

——— o. J. *cittānta cintaṉaittēṉ - Sweet Thoughts of Saiva Siddhanta*. DVD. Chennai: Tamil Vazhipattu Payirtchi Mayam.

Satish, Navina T. 2013. *Die Weisheit der Palmblätter: theoretische und systematische Betrachtung südindischer Astrologie*. Religionen aktuell, Bd. 15, Marburg: Tectum-Verlag.

Schalk, Peter. 2013. „Tamilische Begriffe für Religion". In *Religion in Asien? Studien zur Anwendbarkeit des Religionsbegriffs*, herausgegeben von Peter Schalk, Historia religionum 32, Uppsala: Uppsala Universitet, S. 81–125.

——— 2010. „Sustaining the Pre-Colonial Past: Saiva Defiance against Christian Rule in the 19th Century in Jaffna". In *Ritual, Caste, and Religion in Colonial South India*, herausgegeben von Michael Bergunder, Heiko Frese, und Ulrike Schröder, Neue Hallesche Berichte 9, Halle: Verlag der Franckeschen Stiftungen, S. 106–130.

Schomerus, Hilko Wiardo. 2000. *Śaiva Siddhānta*. übersetzt von Mary Law und Humphrey Palmer. Delhi: Motilal Banarsidass.

——— 1984. „Der Saiva Siddhanta". In *Saiva Siddhantam. An Explication and Assessment by Scholars the World Over*, herausgegeben von T. N. Ramachandran, übersetzt von Dr. Fritz, Bd. 1, Dharmapuram: Dharmapuram Adhinam, S. 111–117.

——— 1981a/b. *Aruṇantis Śivajñānasiddhiyār: die Erlangung des Wissens um Śiva oder um die Erlösung*. 2 Bde. Beiträge zur Südasienforschung, Wiesbaden: Steiner.

——— 1936. *Meister Eckehart und Māṇikka-Vāśagar*. Gütersloh: Bertelsmann.

——— 1925. *Šivaitische Heiligenlegenden*. Jena: Diederichs.

——— 1923. *Die Hymnen des Manikka-Vasaga*. Jena: Diederichs.

——— 1912. *Der Çaiva-Siddhānta. Eine Mystik Indiens, nach den tamulischen Quellen bearbeitet und dargestellt*. Leipzig: Hinrichs.

———1910/1911. „The Šaiva Siddhānta Conference at Trichinopoly". *Siddhanta Deepika* X., 12. /XI., 1., 3. und 4, S. 509–413 bzw. 25–29, 113–418, 226–230.

Schröder, Ulrike. 2017. Being Saivite, the South African Way: Questioning Authenticity and Canon from the Margins of the Saiva World. *The Journal of Hindu Studies* 10 (2): 219–240.

——— 2015. „‚Conceived in India, Made in South Africa'. Konstruktionen südafrikanisch-indischer Identität zwischen doppeltem Ursprung und doppelter Ausgrenzung". *Berliner Theologische Zeitschrift* 32, Nr. 2, S. 368–93.

——— 2009. *Religion, Kaste und Ritual. Christliche Mission und tamilischer Hinduismus in Südindien im 19. Jahrhundert*. Neue Hallesche Berichte 8, Halle: Verlag der Franckeschen Stifungen.

Sesha Aiyer, K. G. 1912. „The Spiritual Value of Manikka Vacagar's Tiruvacagam". *Siddhanta Deepika* XIII., 2., S. 51–66.

Shulman, David. 1991. „The Yogi's human self: Tāyumānavar in the Tamil mystical tradition". *Religion* 21, Nr. 1, S. 51–72.

Sieler, Roman. 2015. *Lethal Spots, Vital Secrets: Medicine and Martial Arts in South India*. Oxford: Oxford University Press.

Sivaraman, Krishna. 1984. „The Knowledge of God's Existence". In *Saiva Siddhantam. An Explication and Assessment by Scholars the Worl Over*, herausgegeben von T. N. Ramachandran, Bd. 1, Dharmapuram: Dharmapuram Adhinam, S. 196–208.

——— 1973. *Śaivism in Philosophical Perspective: A Study of the Formative Concepts, Problems and Methods of Śaiva Siddhānta*. Delhi: Motilal Banarsidass.

Smith, David. 1996. *The Dance of Śiva: Religion, Art and Poetry in South India*. Cambridge Studies in Religious Traditions 7, Cambridge: Cambridge University Press.

Smith, Travis L. 2012. „Tantras". In *Brill's Encyclopedia of Hinduism*, herausgegeben von Knut A. Jacobsen, Helene Basu, Angelika Malinar und Vasudha Narayanan. http://dx.doi.org/10.1163/2212-5019_beh_COM_2020100.

Steinschneider, Eric. 2017a. Arguing the Taste of Fresh Butter: Īcūr Caccitāṉanta Cuvāmikaḷ's Advaitic Interpretation of Tamil Śaiva Theology. *International Journal of Hindu Studies* 21 (3), S. 299–318.

Steinschneider, Eric. 2017b. Subversion, Authenticity, and Religious Creativity in Late-Medieval South India: Kaṇṇuṭaiya Vaḷḷal's Oḻiviloṭukkam. *The Journal of Hindu Studies* 10 (2), S. 241–271.

Steinschneider, Eric. 2015. „True Religion in an Uncertain Age: Cōmacundara Nāyakar (1846-1901) and Nineteenth-Century Tamil Śaiva Hermeneutics". Konferenzbeitrag, XXI IAHR Conference, Erfurt, 24. August 2015.

Stietencron, Heinrich von. 2001. *Der Hinduismus*. München: C.H. Beck.

Subramania Pillai, G. 1965. „Introduction and History of Saiva Siddhānta". In *Collected Lectures on Saiva Siddhanta, 1946-1954*, Bd. 1946. Srila-Sri Arulnandi Sivacharya Swamigal Sivagnana Siddhiyar Endowment Lectures. Annamalainagar: Annamalai University.

Subramaniam, R. S. 1914. „Tiruvunthiar". *Siddhanta Deepika* XIV., 5., S. 193–207.

——— 1910. „Tayumanavar - His Life, Teachings and Mission". *Siddhanta Deepika* XI., 6., S. 371–374, 396–404, 452–456.

——— 1907. „Tiruvunthiar". *Siddhanta Deepika* XIII., 6., S. 175–190.

Subramanyam, Sanjay. 1995. „An Eastern El Dorado: The Tirumala-Tirupati Temple Complex in Early European Views and Ambitions, 1540-1660". In *Syllables of Sky: Studies in South Indian Civilization, in Honour of Velcheru Narayana Rao*, herausgegeben von David D. Shulman, Delhi: Oxford University Press, S. 338–390.

Surdam, Wayne Edward. „South Indian Saiva Rites of Initiation: ‚The Diksavidhi' of Aghorasivacarya's ‚Kriyakramadyotika'." Ph.D., University of California, Berkeley.

The Agamic Bureau. 1984. *Review: Der Caiva Siddhanta eine Mystik Indiens*, von Hilko Wiardo Schomerus. *Siddhanta Deepika* XIV., 2. (1913), S. 92–93.

Thirumurai Steering Committee, 2nd World Thirumurai Festival and Research Conference, Hrsg. 2014. *2vatu ulakattirumuṟai-p peruviḻā 2014, ulakattirumuṟai mānāṭṭu, āyvu-k kaṭuraikaḷ/2nd International Thirumurai Festival and Research Conference 2014, Conference Proceedings*. London: o. A..

Thiruvavaduthurai Adhinam, Hrsg. 2015. *kuruvaruṭkoḻuntu*. Thiruvavaduthurai: Thiruvavaduthurai Adhinam.

Thiyagarajan, S. 2013.„Saivam". In *caiva camaya-k kalai-k kaḷañciyam, tokuti - 9, caiva camaya amaippukaḷ*, herausgegeben von Irā. Celvakkaṇapati, Bd. 9, Ceṉṉai: Teyvac Cēkkiḻār Maṉitavaḷa Mēmpāṭṭu Aṟakkaṭṭaḷai, xix – xxi.

Tieken, Herman. 2010. „Blaming the Brahmins Texts Lost and Found in Tamil Literary History". *Studies in History* 26, Nr. 2, S. 227–243.

Timalsina, Sthaneshwar. 2012a. „Śakti". In *Brill's Encyclopedia of Hinduism*, herausgegeben von Knut A. Jacobsen, Helene Basu, Angelika Malinar und Vasudha Narayanan. http://dx.doi.org/10.1163/2212-5019_beh_COM_000293.

———. 2012b. „Mantras". In *Brill's Encyclopedia of Hinduism*, herausgegeben von Knut A. Jacobsen, Helene Basu, Angelika Malinar und Vasudha Narayanan. http://dx.doi.org/10.1163/2212-5019_beh_COM_2030070.

Trautmann, Thomas R. 2002. „Die Entdeckung von ‚arisch' und ‚dravidisch' in Britisch-Indien. Eine Erzählung zweier Städte". In *„Arier" und „Draviden": Konstruktionen der Vergangenheit als Grundlage für Selbst- und Fremdwahrnehmungen Südasiens*, herausgegeben von Michael Bergunder und Rahul Peter Das, Neue Hallesche Berichte 2, Halle: Verlag der Franckeschen Stiftungen, S. 14–39.

University of Madras. 1924-1936. *Tamil Lexicon*. Madras: University of Madras.

Vaithees, Ravi. 2015. *Religion, Caste, and Nation in South India: Maraimalai Adigal, the Neo-Saivite Movement, and Tamil Nationalism, 1876 - 1950*. New Delhi, India: Oxford University Press.

Vaitheespara, Ravi. 2012. „Re-Inscribing Religion as Nation: Naveenar-Caivar (Modern Saivites) and the Dravidian Movement". *South Asia: Journal of South Asian Studies* 35, Nr. 4, S. 767–786.

——— 2010. „Forging a Tamil Caste: Maraimalai Adigal (1876-1950) and the Discourse of Caste and Ritual in Colonial Tamil Nadu". In *Ritual, Caste, and Religion in Colonial*

South India, herausgegeben von Michael Bergunder, Heiko Frese, und Ulrike Schröder, Neue Hallesche Berichte 9, Halle: Verlag der Franckeschen Stiftungen, S. 89–105.

——— 2009. „Maraimalai Atigal and the Genealogy of the Tamilian Creed". *Economic and Political Weekly* 44, Nr. 14, S. 45–51.

——— 1999. „Caste, Hybridity and the Construction of Cultural Identity in Colonial India: Maraimalai Adigal and the Intellectual Genealogy of Dravidian Nationalism, 1800–1950". Ph.D., University of Toronto.

Vaittiyanātaṉ, Ku. 2010. *2010-2011 iraṇṭāṇṭu-t tokuppiṉ. mutal āṇṭukkāṉa viṉākkaḷ*. Thiruvidaimaruthur: Thiruvavaduthurai Adhinam.

——— 2008a. *2008 – ām āṇṭukkāṉa vivara aṟikkaiyum, kāla aṭṭavaṇaiyum*. Thiruvidaimaruthur: Thiruvavaduthurai Adhinam.

——— 2008b. *vitiyai velvatu eppaṭi?*. 9. Auflage, Thiruvidaimaruthur: Thiruvavaduthurai Adhinam.

——— 2007. *eḻāvatu tokuppu 2008–2009, (takaval tokuppu aṟikkai), (vitimuṟaikaḷum aṟivuraikaḷum)*. Thiruvidaimaruthur: Thiruvavaduthurai Adhinam.

——— 1995a. *caivacittānta aṭippaṭai-k koḷkaikaḷ (taṭaikaḷum viṭaikaḷum)*. Thiruvidaimaruthur: Thiruvavaduthurai Adhinam.

——— 1995b. *caivacittānta-k kuṟiyīṭṭu-c collakarāti*. Thiruvidaimaruthur: Thiruvavaduthurai Adhinam.

——— o.J. „tiruvāvaṭutuṟai āṭīṉa caiva cittānta nērmuka payiṟci maiyam – viṇṇappa-p paṭivam", o. A..

Vajravelu Mudaliar, K. 1985. *Sivajñāna Māpādiyam*. Madurai: Madurai Kamaraj University.

Valpey, Kenneth. 2012. „Pūja and Darśana". In *Brill's Encyclopedia of Hinduism*, herausgegeben von Knut A. Jacobsen, Helene Basu, Angelika Malinar und Vasudha Narayanan. http://dx.doi.org/10.1163/2212-5019_beh_COM_2030050.

Vedachalam, R. S. 1906. „Saiva Siddhanta". *Siddhanta Deepika* VII., 2, S. 64–69.

Veḷḷaivāraṇam, Tā. Ma. 2010a. *āṟāṟu tattuvam ētu (36 tattuva viḷakkam)*. Chidambaram: tiruvāvaṭutuṟai āṭīṉa caiva cittānta nērmuka payiṟci maiyam, citamparam kiḷai.

——— 2010b. *caivacittānt viṉāṭi viṉā (Saiva Siddhanta Quiz)*. 4. Auflage, Chidambaram: tiruvāvaṭutuṟai āṭīṉa caiva cittānta nērmuka payiṟci maiyam, citamparam kiḷai.

——— 2010c. *caivacittānta viṉāra*. 4. Auflage, Chidambaram: tiruvāvaṭutuṟai āṭīṉa caiva cittānta nērmuka payiṟci maiyam, citamparam kiḷai.

——— 2010d. *meykaṇṭa cāttiram 14 nulkaḷil, viṉākkaḷ (Saiva Siddhanta 14 Sastras - Question Bank)*. 4. Auflage, Chidambaram: tiruvāvaṭutuṟai āṭīṉa caiva cittānta nērmuka payiṟci maiyam, citamparam kiḷai.

Venkatachalam, Neela. 2007. *Saiva Siddhantam*. Coimbatore: Bharatiya Vidya Bhavan.

Venkatachalapathy, A. R. 2012. *The Province of the Book: Scholars, Scribes, and Scribblers in Colonial Tamilnadu*. Ranikhet: Permanent Black.

——— 2005. *In Those Days There Was No Coffee: Writings on Cultural History*. New Delhi: Yoda Press.

Venkatraman, Ramaswamy. 1990. *A History of the Tamil Siddha Cult*. Madurai: ENNES Publishing.

Viswanathan, Gauri. 2012. „Theosophical Society". In *Brill's Encyclopedia of Hinduism*, herausgegeben von Knut A. Jacobsen, Helene Basu, Angelika Malinar und Vasudha Narayanan. http://dx.doi.org/10.1163/2212-5019_beh_COM_9000000280.

Weiss, Richard S. 2016. Religion and the emergence of print in colonial India: Arumuga Navalar's publishing project. *The Indian Economic & Social History Review* 53 (4): 473–500.

——— 2015. „Print, Religion, and Canon in Colonial India: The Publication of Ramalinga Adigal's Tiruvarutpa". *Modern Asian Studies* 49, Nr. 3, S. 650–677.

——— 2009. *Recipes for Immortality: Medicine, Religion, and Community in South India*. Oxford: Oxford University Press.

White, David Gordon. 2012. „Tantra". In *Brill's Encyclopedia of Hinduism*, herausgegeben von Knut A. Jacobsen, Helene Basu, Angelika Malinar und Vasudha Narayanan. http://dx.doi.org/10.1163/2212-5019_beh_COM_9000000067.

Wilden, Eva. 2014. *Manuscript, Print and Memory: Relics of the Caṅkam in Tamilnadu*. Studies in Manuscript Cultures 3, Berlin: De Gruyter.

Winslow, Miron. 1984. *Winslow's a comprehensive Tamil and English dictionary*. Repr. New Delhi: Asian Educational Services.

Yocum, Glenn E. 1990. „A Non-Brāhman Tamil Śaiva Mutt: A Field Study of the Thiruvavaduthurai Adheenam". In *Monastic Life in the Christian and Hindu Traditions: A Comparative Study*, Issues in Comparative Religion, 3) herausgegeben von Austin B. Reel und Vasudha Narayanan, Lewiston: Edwin Mellon Press, S. 245–279.

——— 1982. *Hymns to the Dancing Siva: A Study of Māṇikkavācakar's Tiruvācakam*. New Delhi: Heritage.

Yule, Henry, und Arthur C. Burnell. 1903. *Hobson-Jobson: A Glossary of Colloquial Anglo-Indian Words and Phrases, and of Kindred Terms, Etymological, Historical, Geographical and Discursive*. London: Murray.

Zehme, Siegfried. 1903. *Die tamulische Singpredigt: Nebst einem Anhang: Legenden des Grossen Purana, die in heidnischen Singpredigten zum Vortrage kommen. Eine Missionsstudie*. Leipzig: Verlag der Ev.-luth. Mission zu Leipzig.

Zvelebil, Kamil V. 1995. *Lexicon of Tamil literature*. Leiden: Brill.

——— 1992. *Companion Studies to the History of Tamil Literature*. Leiden: Brill,.

——— 1974. *Tamil literature*. A history of Indian literature / Auflage von Jan Gonda , A History of Indian Literature, Vol. 10, Fasc. 1. Wiesbaden: Harrassowitz.

Online-Artikel und Webseiten

http://blogs.timesofindia.indiatimes.com/tracking-indian-communities/citing-agamas-priest-conducts-weddings-in-tamil/. 2016. Citing Agamas, priest conducts weddings in Tamil. *Times Of India Blogs* (zuletzt aufgerufen am 14. Juni 2016).

http://drtnr.org/ (zuletzt aufgerufen am 03.06.2016). n.d. http://drtnr.org/ (zuletzt aufgerufen am 03.06.2016).

http://dsal.uchicago.edu/bibliographic/rmrl/rmrl.php?names=&author=Maturainayakam+Pillai&title=&subjects=&series1=&date=&language=&sortorder=author (zuletzt aufgerufen am 17.06.2016).

http://dsal.uchicago.edu/bibliographic/rmrl/rmrl.php?author=Valaiyananta+cuvami&title=&subjects=&series1=&date=&language=&sortorder=author (zuletzt aufgerufen am 03.06.2016.

http://manivasagar.com/ (zuletzt aufgerufen am 09.06.2016).

http://manivasagar.com/faq.html (zuletzt aufgerufen am 09.06.2016).

http://mkuniversity.org/direct/# (zuletzt aufgerufen am 06.06.2016).

http://oldquestionpaper.in/category/annamalai-university/diploma-in-saving-siddhanta/ (zuletzt aufgerufen am 06.06.2016).

http://swamisatchidananda.org/ (zuletzt aufgerufen am 10.06.2016).

http://thiruvavaduthuraiadheenam.org/Aadheenam/?page_id=1886 (zuletzt aufgerufen am 11.02.2014).

http://timesofindia.indiatimes.com/city/madurai/Nithyanandas-mutt-appointment-causes-flutter/articleshow/12918403.cms .2012. Nithyananda's mutt appointment causes flutter. *The Times of India*. (zuletzt aufgerufen am 29.07.2016).

http://www.bhavan.net/ (zuletzt aufgerufen am 08.06.2016).

http://www.bhu.ac.in/arts/indian_lang/ (zuletzt augerufen am 06.06.2016).

http://www.firstpost.com/politics/from-vivekananda-to-pmo-stars-meet-modis-favourite-think-tank-1574369.html, From Vivekananda to PMO stars: Meet Modi's favourite think tank. *Firstpost* (zuletzt aufgerufen am 8. Dezember 2015).

http://www.integralyogaindia.org/ (zuletzt aufgerufen am 10.06.2016).

http://www.jfn.ac.lk/grad/images/Files/MA.Saiva.Siddhanta-Curriculum.pdf (zuletzt aufgerufen am 06.06.2016).

http://www.knowingourroots.com/ (zuletzt aufgerufen am 16.06.2016).

http://www.newindianexpress.com/states/tamil_nadu/article1350802.ece (zuletzt aufgerufen am 21.06.2016).

http://www.newindianexpress.com/states/tamil_nadu/article517947.ece?service=print (zuletzt aufgerufen am 15.07.2016).

http://www.nithyananda.org/#gsc.tab=0 (zuletzt aufgerufen am 29.07.2016).

http://www.rktapovanam.org/ (zuletzt aufgerufen am 4. September 2014).

http://www.saivamunnettasangam.com/ (zuletzt aufgerufen am 02.08.2016).

http://www.saivaworld.org/pageview.cgi?iD=106&cat=1 (zuletzt aufgerufen am 24.04.2015).

http://www.sivasiva.in/english/index-2.html (zuletzt aufgerufen am 09.06.2016).

http://www.sydneymurugan.org.au/murugan2/index.php/downloads/documents/category/7-general-documents (zuletzt aufgerufen am 03.06.2016).

http://www.thehindu.com/2002/07/14/stories/2002071402290400.htm (zuletzt aufgerufen am 21.06.2016).

http://www.thehindu.com/2003/12/23/stories/2003122308210400.htm (zuletzt aufgerufen am 21.06.2016).

http://www.thehindu.com/todays-paper/tp-national/tp-tamilnadu/hindu-outfits-welcome-nithyanandas-ouster/article4018352.ece. 2012. Hindu outfits welcome Nithyananda's ouster. *The Hindu*. Madurai (zuletzt aufgerufen am 11.06.2016).

http://www.thehindu.com/todays-paper/tp-national/tp-tamilnadu/saivite-world-shocked-ooran-adigal/article3368694.ece. 2012. Saivite world shocked: Ooran Adigal. *The Hindu*. Chennai. (zuletzt aufgerufen am 29.07.2016).

http://www.thehindu.com/todays-paper/tp-national/thiruvavaduthurai-adheenam-no-more/article4125348.ece, 2012. Thiruvavaduthurai adheenam no more. *The Hindu*. Nagapattinam (zuletzt aufgerufen am 23. Dezember 2015).

http://timesofindia.indiatimes.com/city/madurai/Mutt-head-passes-away-in-Nagai/articleshow/17330377.cms, Mutt head passes away in Nagai - Times of India. *The Times of India* (zuletzt aufgerufen am 21. Juni 2016).

http://www.unom.ac.in/index.php?route=academic/coursehighlights (zuletzt aufgerufen am 06.06.2016).

http://www.unom.ac.in/index.php?route=department/department/syllabus&deptid=63 (zuletzt aufgerufen am 06.06.2016).

http://www.vivekanandakendra.org/ (zuletzt aufgerufen am 9. Dezember 2015).

https://annamalaiuniversity.ac.in/dde/course_684.php?pros=rgl&course=684 (zuletzt aufgerufen am 06.06.2016).

https://annamalaiuniversity.ac.in/dde/oldqp/dec12/7625A.doc (zuletzt aufgerufen am 06.06.2016).

https://mkudde.org/diploma.php (zuletzt aufgerufen am 06.06.2016).

https://www.mkudde.org/download/course/diploma_saiva_siddhanta.pdf (zuletzt aufgerufen am 06.06.2016).

https://www.youtube.com/watch?v=lAwf6dsawwU, 2012. *Madurai Aadheenam - Source of Vedanta and Siddhantha* (zuletzt aufgerufen am 29.07.2016).

https://www.youtube.com/watch?v=ZbPYPHLk7w4&list=PL12phJZ33rPdIHOW9o0Aw9VZHQ2Sr3S_e&index=1, Unmai vilakam Speech in Malaysia by Thiru. Kunjithapatham Avargal – YouTube (zuletzt aufgerufen am 6. Dezember 2015).

Index